长江流域原史时代考古学研究

向桃初　著

科学出版社
北京

内 容 简 介

本书通过对整个长江流域商周时期考古学文化背景和青铜器的系统研究，展现了不同于国内外学术界关于湖南出土商周青铜器群传统认识的新的解释体系，核心突出、相互关联，是长江流域古代文明研究的典型个案。

本书可供考古学、历史学及相关专业的专家学者参考使用。

图书在版编目（CIP）数据

长江流域原史时代考古学研究 / 向桃初著. —北京：科学出版社，2023.3
ISBN 978-7-03-075159-1

Ⅰ. ①长…　Ⅱ. ①向…　Ⅲ. ①长江流域-考古-文集　Ⅳ. ①K872.504-53

中国国家版本馆CIP数据核字（2023）第044876号

责任编辑：李　茜 / 责任校对：邹慧卿
责任印制：肖　兴 / 封面设计：张　放

科学出版社 出版
北京东黄城根北街16号
邮政编码：100717
http://www.sciencep.com
中国科学院印刷厂 印刷
科学出版社发行　各地新华书店经销
*
2023年3月第　一　版　开本：787 × 1092　1/16
2023年3月第一次印刷　印张：26 1/2
字数：628 000

定价：268.00元

（如有印装质量问题，我社负责调换）

目　　录

（一）导　　论

（二）考古学文化研究

（三）青铜器研究

（一）导　　论

长江流域“原史时代”概论

一、“原史时代”概念及其在中国的应用

“原史时代”亦称“原史时期”，它是西方历史和考古学界广泛使用的一个概念，用以指称史前时代和历史时代之间的过渡阶段。关于“原史时代”的定义，法国《史前大辞典》的表述为：“首先具有一种方法论之意义，应用于一些为历史文献所不能确定的文化群体……它可以是指那些自身尚未拥有文字、然而却为同时代的其他人群所记述和提及的人群；也可以指那些通过后世的口头传说、记忆或者记载而保存下来其历史的人群。在此两种状况下，其研究可以包括考古学资料及间接的文字记载资料两方面。此时期在年代学体系中只具有一个很短暂的时间范围，而且也不精确。”[1]

国内学术界最早提到“原史时代”概念的是李学勤先生1984年出版的《东周与秦代文明》[2]一书，稍后夏鼐、王仲殊[3]和石兴邦[4]等先生也都相继提及，但均未进行详细讨论。20世纪末以来，年轻一辈学者如陈星灿[5]、刘文锁[6]、钱耀鹏[7]、吴晓筠[8]、许宏[9]等非常重视“原史时代”这一概念及其对于中国考古学特别是夏商周三代考古研究的重要意义，相继著文就“原史时代”的含义、“原史时代”考古的特点、中国“原史时代”的具体划定等各方面进行了比较全面而深入的讨论。但由于学者在中国“原史时代”的具体时间划分上意见分歧较大，“原史时代”这一概念在中国考古学研究中的实际操作意义受到影响。目前，学术界对于中国“原史时代”具体划分的意见分歧如下。

李学勤、钱耀鹏将“原史时代”的年代下限划定在两周之际；吴晓筠认为这一时间应晚至春秋中期；夏鼐、王仲殊先生将整个商代均划归为历史时代；许宏则认为以殷墟为代表的晚商文化已经进入历史时代，而二里冈期商文化尚属“原史时代”；石兴邦先生则将夏代也划归为历史时代。至于“原史时代”的年代上限，各家一般都将龙山时代划了进来，唯石兴邦先生将其提前到仰韶文化时期。之所以会出现如此大的分歧，关键是因为划分标准的不同。

钱耀鹏、吴晓筠等认为，虽然历史文献有大量关于商代和西周时期的记载，但

这些都属于后人的记录；甲骨文、金文虽是当时留下的文字材料，但分别属于占卜的记录和纪念性文字，均不属于当时“史”的性质的历史记载，这种情况只有到春秋时期才改变，即晋史《乘》、楚史《梼杌》、鲁史《春秋》等著作出现（《孟子·离娄下》载：“王者之迹熄而《诗》亡，《诗》亡然后《春秋》作。晋之《乘》、楚之《梼杌》、鲁之《春秋》，一也。其事，则齐桓晋文；其文，则史……”）。而许宏认为，晚商、西周时期已经有了直接的文字材料“自证”其考古学文化所属社会集团的历史身份，不再属于“无法依据文字材料复原的群体”，与以后的历史时期考古学文化在文字材料的占有上仅有多寡的不同而无本质的区别，因而已进入了历史时代。

我国历史文献中也有大量夏商周以前所谓“三皇五帝”时期的传说材料，以历史唯物主义的观点来看，这些传说绝非真实的历史，但又不是完全的主观臆造。依照“原史时代”的含义，它还应该包括传说材料所反映的那个时代。但是，传说材料反映的时代是无法确定的，而且按照现代考古学知识，所谓“三皇”时代恐怕要早到旧石器时代中晚期至新石器时代早期，如果将“原史时代”的上限划到这一时期显然不妥。所以，大家一致将所谓“五帝”时期作为我国“原史时代”的年代上限，并认为这一阶段与考古学上的龙山时代相当。

可见，“原史时代”是人类历史上一个非常特殊的阶段，从史料性质方面来说它又是一个异常复杂的阶段，既有少量的历史记载，又有庞杂的传说材料，而这些均不足以描述这一时代的真实历史，还需要考古学提供大量的实物证据，甚至要以考古材料为主来书写这一时期的历史。所以，吴晓筠就“原史时代”的特点进行了如下归纳：①“原史时代”是介于史前时代与历史时代之间的过渡阶段；②“原史时代”研究的对象应是一些为历史文献所不能确定或认识不够充分的文化群体；③属于某一人群（族）的“原史时代”的文字材料来自其他人群（族）的文字记载或是该人群自身遗留下来的片断的文字记录（如纪念性的刻铭、零碎的日常书记、宗教性文书等），而确认这些无法依据文字材料复原的群体的主要手段是考古学；④由于“原史时代”时的文献稀少，考古材料的重要性超过或等于文献材料。

二、长江流域“原史时代”之命题背景

考古发现证明，长江流域与黄河流域有着同样灿烂、发达的史前文明，但进入历史时期以后，长江流域的历史进程被纳入了以黄河流域为主体的或者说由中原地区主宰的中国历史的框架体系，长江文明的地位和重要性被削弱，甚至可以说沦为了黄河文明的附庸。这一历史变化的过程、规律和动因值得我们思考和关注。

张光直先生曾经用“连续与破裂”来概括他对世界上人类文明起源模式的新认

识。他认为，中国文明与西方文明是两种不同类型的文明，中国文明是连续性文明，而西方文明属于破裂性文明[10]。毋庸置疑，他所说的中国文明是指以中原地区为代表的黄河文明，是用黄河流域的区域文明代替了整个中国文明。其实，除了黄河文明如张先生所说属于连续性文明外，中国其他地区的区域文明几乎都是间断的、非连续性的文明，其中长江文明就是非常典型的例子。

长江流域新石器时代晚期的良渚文化、石家河文化、宝墩文化等，从社会生产力水平和社会政治水平等方面来看，距离进入文明时代仅一步之遥，但最终并没有演化成文明社会。而从其后长江流域各地区商周时期文明的特征来看，它们几乎都不是渊源于当地史前文明基础上的原生文明，而是受中原地区商周文明影响而发展起来的次生文明，也就是说，长江流域的商周时期文明与史前文明之间是断裂而非连续的。

长江流域古代文明从新石器时代晚期到商周这一转折时期所表现出的断裂性特征可从以下几个方面得到确认。

（1）长江流域各区域高度发达的史前文明几乎在相同时间内突然中断或衰落。考古研究成果显示，长江流域的史前文化发展到新石器时代晚期，可以毫不夸张地说已经进入高度发达的阶段。其表现之一是，在上、中、下游分别形成了文化面貌高度一致、分布地域辽阔并在相当长一段时期内稳定的文化共同体。例如，下游的良渚文化、中游的石家河文化和上游的宝墩文化，这表明了各区域内社会组织的高度强化和政治管理水平的发达。其表现之二是，文明社会的诸多要素如城市、大型礼仪性建筑和礼器等在各文化共同体中相继出现并得到了长足发展，社会复杂化程度已相当高，完全具备了进入文明社会的条件。例如，石家河文化的大量城址、祭坛、玉礼器，良渚文化的祭坛、大墓、玉琮和最近发现的城址，宝墩文化的城址群等。但是，这些高度发达的准文明社会均在公元前2000年左右几乎同时衰落或终止，这一点在学术界已经达成了共识。关于这一现象出现的原因，学术界主要从环境变迁、社会系统内部失控和外部入侵等几个方面进行了探讨。笔者认为其中环境变迁可能是起因或主要原因。距今约4000年前可能延续了数百年的环境异常（据文献记载和环境考古材料来看应该是洪水泛滥）给长江流域史前文化造成了巨大冲击，而社会内部调控能力有限会使这种冲击产生连锁效应，最终导致长江流域史前文化的衰落，而此时中原文化趁机南侵加速了这一过程，成为长江流域史前文明的终结者。

（2）商周时期长江流域各区域文明从文化传统上来看，均不是当地史前文化的直接延续和发展，来自中原地区的文化传统在各地商周时期文明的形成中起了重要甚至是主要的作用。长江中游，从盘龙城、荆南寺等遗址的考古材料来看，长江以北的江汉平原地区至少在二里头文化晚期已经为中原南下的二里头文化所控制，成为二里头文化的地方类型分布区；早商时期，二里冈商文化来势更猛，不仅在盘龙城建立了政治和军事据点，并将其影响力延伸到长江以南及鄂西渝东峡区，促使了各地地域文化的中兴。湘西北澧水流域的皂市中层文化，湘江流域的铜鼓山一期遗存、费家河文化，赣江流域的吴城文化，鄂西峡区的路家河文化等的形成均与商文化有密切的关系。在这些考古学文化中，本地新石器时代晚期传统因素虽依稀可见，但所占分量较少，居于次要的地位。长江下游，太湖流域的马桥文化也不是良渚文化的直接继承者，来自二里头文化的因素在其中占据很重要的地位；宁镇地区点将台下层文化受到二里头文化较多的影响，湖熟文化的形成又是商文化南下影响的结果；安徽江淮地区相当于夏代的斗鸡台文化与二里头文化关系极为密切，至商时期已成为商文化的分布区（商文化大城墩类型）。长江上游，三峡地区相当于夏代前期出现与王湾三期文化有关的“白庙文化”（或称“白庙类型”），夏代晚期至商代前期出现与二里头文化相关的“朝天嘴类型”遗存，此后兴起的路家河文化与商文化关系也较密切；川西成都平原地区，宝墩文化之后的三星堆文化是二里头文化西迁形成的[11]，宝墩文化因素在三星堆文化中保留较少。

（3）相对于史前文化来说，长江流域商周时期文化的地域性特征更加突显，史前时期那种大范围的文化共性区不复存在，各小地理区域间的文化独立性和差异成为长江流域商周时期文化的主要特征。这种情况大约到战国时期楚文化统一长江中、下游地区甚至秦统一六国之后才完全改观。长江中游，史前时期的石家河文化分布范围北抵鄂西北、南及湘江和沅水中游、东至鄂东南、西达巫峡口，但此后直至楚文化统一前，这样大范围的文化共性区不再出现。这一时期，江汉平原地区均为南下的中原文化（分别为二里头文化、商文化、周文化）所占据，鄂西、鄂东南、湘西北和湘东地区则生存着文化面貌差别较大的地方文化。鄂西地区先后有朝天嘴类型遗存、路家河文化、周梁玉桥文化，湘西北地区为皂市中层文化（约从商代中期一直延续到西周晚期），湘东地区先后有费家河文化、炭河里文化等，鄂东南地区有阳新大路铺类型遗存及“毛家嘴-神墩类型”文化等。长江下游，史前时期为良渚文化，虽然其分布区仅在江苏南部和浙江北部，但其影响所及有皖西的薛家岗文化、赣鄱地区的樊城堆文化，甚至南岭南麓的石峡文化和湘江流域的石家河文化岱子坪类型，整个长江下游地区这一时期的文化面貌具有较强的共性。而此后该区域的地域文化如相当于商时期的马桥文化、湖熟文化、吴城文化之间则明显缺乏这种共性。

（4）长江流域商周时期文化的发展演变开始紧跟中原文化变迁的步伐，文化存续的时间缩短，更替加快，而且外因成为文化更替的主要原因。例如，长江中游的江汉平原地区从夏商之际开始，由二里头文化分布区变为早商文化分布区，从商周之际开始又成为周文化分布区，直到楚文化于春秋中晚期正式形成之前，该地区的文化变迁和更替一直非常契合黄河流域文化演变的节拍。楚文化虽然在许多方面仍然保持其独立的地域特征，但其上层阶层的文化心理认同及其物质表现已与中原地区的华夏文化日渐趋同，其发展、变化的趋势和节奏也与中原地区基本同步。其他地区的情况也基本类似，此略。

但尽管如此，一直到秦灭六国统一整个长江流域之前，长江流域文明的性质仍然是独立的地域文明，还没有正式纳入以中原地区为核心的华夏文明体系。这一时期长江文明所表现出的既受到来自中原地区的巨大影响又保持自身独立性的总体特征与新石器时代和秦统一之后有着显著的不同，从长江流域历史发展的全过程来进行衡量，它应该是一个独立的发展阶段。笔者建议，我们不妨将这个阶段作为长江流域的“原史时代”来看待。理由有二。

（1）传统的“史前”和“历史”两分法既不符合长江流域自身的历史过程，也无法处理从新石器时代末至秦统一这一时段的归属问题。如上述分析所示，长江流域自身的历史过程明显经历了三个阶段，这是“史前”和“历史”两分法无法体现的，应该采取三分法。而将从新石器时代末至秦统一这一时段放在“史前”阶段显然不合适，因为它与新石器时代之间存在着明显的断裂；放在“历史”阶段也有问题，因为这一时期长江流域不仅没有自身“文字记载”的历史，甚至没有自己的文字，也不像秦以后完全被纳入以中原地区为主体的历史体系。

（2）“原史时代”这一概念的含义非常契合长江流域新石器时代末至秦统一这一时段历史的实际状况。例如，时间上正好处在史前和历史时代的过渡阶段；这一时期少量的历史记载都是来源于他族（华夏系统）的文献或后世的记录（如《史记》《吴越春秋》《越绝书》《华阳国志》等）；这一时期的文化群体均是历史文献所不能确定的，研究这一时期的历史必须更多地依赖考古学提供的材料等。虽然史载楚国大约于春秋时期出现了“史书”《梼杌》，但由于已失传，其体例、性质不得而知，不过从出土简帛文献来看，楚国到战国时期仍然以大事纪年，不像《春秋》以王世纪年，《梼杌》的“史书”性质尚存疑问。总之，如果不参考《春秋》《国语》等华夏系统的历史书籍，我们仍不能建立楚国本身的历史编年。因此，春秋、战国时期的楚国可能依旧没有进入正式意义上的“历史时期”。

三、长江流域“原史时代”的特征与分期

长江流域“原史时代”的特征可以归纳如下。

（1）长江流域“原史时代”的年代上、下限都非常明确。它始于本地史前文明的断裂，止于被整体纳入以中原地区为核心的中华文明体系之时，属于长江流域自身历史发展过程三分法的中间阶段。与此相对，黄河文明则是连续的，其发展的阶段性不很明显，故学术界对其“原史时代”年代上下限的划定存在较大分歧。

（2）长江流域“原史时代”地域文化的内涵和面貌始终与中原文化关系密切，而

且这种关系的密切程度与时间的先后和地域的远近成正比。总体而言，长江流域这一时期的地域文化一般包含本地文化传统、中原文化因素和周邻地区文化因素等，其中中原文化因素往往占据主导地位并决定着该文化的性质和发展道路。

（3）长江流域“原史时代”区域文明的形成和演变始终与中原地区关系密切。这一时期不同阶段和不同地域先后兴起的区域文明大多是中原地区夏商周文明向当地移植或在此基础上变异的次生文明。

（4）长江流域“原史时代”整体的和宏观的历史过程与中原地区关系密切，其中起决定性作用的是中原文化对本地的影响及其与本地文化的融合，这也是长江流域“原史时代”最主要的特征。

因此，我们不妨以中原文化对长江流域的影响及其与本地文化融合关系的发展程度为标准对长江流域“原史时代”进行分期。根据目前考古材料和研究成果，笔者认为可以楚文化、吴越文化和巴蜀文化的兴起为界将长江流域的“原史时代”划分为早、晚两期。

早期：年代相当于夏、商、西周时期（下限或可至春秋早、中期之交）。虽然这一时期中原文化对于本地文化的兴起和演变发挥了非常重要甚至决定性的作用，但其整体的主体性地位尚未出现或形成，本地文化传统的独立性特征仍较突出，这一时期长江流域较大区域的文化共性区尚未形成，各小地理区域的文化差异仍较强烈。

晚期：年代相当于春秋、战国时期。这一时期，中原文化传统在本地已经居于主体地位，出现了几个以中原文化传统为主要特征的大的区域文明，如楚文化、吴越文化等，形成了几个大的文化共性区，如楚文化区、吴越文化区、巴蜀文化区等。

四、长江流域“原史时代”的命题意义

（1）“原史时代”命题的提出，明确地将长江流域的历史进程划分为史前、原史和历史时代三个阶段，这比此前的两分法更加契合长江流域自身历史发展的实际情况，对于长江流域古代文明发展过程及相关问题的研究有重大意义。

（2）长江流域“原史时代”命题的提出，有助于我们突破以中原地区为主体的中国历史结构体系的束缚，一方面可以避免因使用“商周时期”或“青铜时代”等概念来指称长江流域新石器时代之后至秦帝国建立这一历史时段所出现的与长江流域自身文明或文化演进过程及其阶段性而出现的抵牾，另一方面是能够以长江流域文化或文明的自身发展为主要线索来研究长江流域的古代历史和社会，而将中原文明对于本地区的影响直到最后的同化或替代只是作为一种对外关系来处理，使长江流域自身文明演进诸问题研究的独立性得以体现，这样有利于对一个相对独立的地区内人类文明起

源、发展轨迹、发展模式及其动力机制的研究和探索。

（3）长江流域“原史时代” 的划分和研究，可以使我们更加清晰地认识到长江流域的古代文明从独立的区域文明发展成为中华民族文明组成部分这一历史过程的演变轨迹、发展规律及其原因等。对于中国古代文明从多源起源、并行发展到华夏文明一枝独秀、君服天下，最后形成大一统的中华文明这一学术课题的研究有重大意义。实际上，长江流域“原史时代” 历史文化的进程及其特征就是中华民族文化形成过程的缩影及典型案例。

注　释

［1］ 转引刘文锁：《论史前、原史及历史时期的概念》，《华夏考古》1998年第3期。

［2］ 李学勤：《东周与秦代文明》，文物出版社，1984年。

［3］ 夏鼐、王仲殊：《中国大百科全书·考古学》，中国大百科全书出版社，1986年。

［4］ 石兴邦：《中国文化与文明形成和发展史的考古学探讨》，《亚洲文明》（第三集），安徽教育出版社，1995年。

［5］ 陈星灿：《中国史前考古学史研究（1895～1949）》，生活·读书·新知三联书店，1997年。

［6］ 刘文锁：《论史前、原史及历史时期的概念》，《华夏考古》1998年第3期。

［7］ 钱耀鹏：《中国原史时代论纲》，《文博》2002年第2期。

［8］ 吴晓筠：《中国的“原史时代”》，《华夏考古》2005年第1期。

［9］ 许宏：《商文明——中国“原史”与“历史”时代的分界点》，《东方考古》（4），科学出版社，2008年。

［10］ 张光直：《连续与破裂：一个文明起源新说的草稿》，《中国青铜时代》（二集），生活·读书·新知三联书店，1990年，第131～142页。

［11］ 向桃初：《三星堆文化的形成与夏人西迁》，《江汉考古》2005年第1期。

（原载于《考古与文物》2012年第1期）

（二）考古学文化研究

湖南岳阳铜鼓山商代遗址试析

1987 年底由湖南省文物考古研究所正式发掘的铜鼓山商代遗址是湖南省目前已发掘的唯一一处属于商文化的遗址，根据该遗址发掘报告[1]（以下简称《报告》）的分析，其时代可早至中原商文化的二里冈下层时期，在目前长江以南商时期遗址中是最早的。笔者通过对该遗址的发掘和整理，有一些粗浅的认识，谨就教于方家。

一、铜鼓山遗址地理位置、堆积情况及发掘的主要收获

铜鼓山遗址位于湖南省岳阳市北区陆城镇与临湘市交界的长江南岸，西南距岳阳市区30余千米，隔长江与湖北省监利县朱河镇相望，地处幕阜山与长江干流之间狭长河谷平地的西端。

遗址为靠近江边的一低缓山坡，面积3万平方米，海拔56.7米。长江在此处为东南—西北流向，遗址坐落其南坡，面向长江。由于农耕，山坡被垦成多级倾斜台地。

由于山坡上部文化堆积很浅和后期的破坏，原生堆积仅在个别地方有所保留，此层发掘主要集中在山坡下部海拔50米左右的两级台地上。根据发掘后生土的平面可以推断，这里在商人活动之前是一个山坡的自然冲沟，沟内堆积呈倾斜状（或称“坡状”），层次非常复杂，这使我们不得不考虑此处文化堆积形成过程中抛弃物自然滚动和流水冲蚀造成严重扰动的极大可能性，那么地层划分的可信性无疑会受到影响。通过勘查发现，铜鼓山整个南坡都有商时期文化堆积，只是均被破坏，无原生堆积。本次发掘区正因为处在地势低的冲沟内，文化层才得以保留。另外，在山顶、北坡等处发现的东周墓葬均用商时期堆积土回填，并出大量陶片。可以肯定，商时期人们在这里的活动规模是相当大的。这次发掘的主要收获是出土了大量的陶片，共修复30多件，另有一定数量的石器和少量铜器。陶器的质地以夹砂为主，次为泥质，硬陶（包插釉陶、原始瓷下同）很少。陶色以灰陶为主，次为褐陶，还有红陶、黑陶和少量黄陶。根据T13第4层器类个体的陶系统计：夹砂陶占71.5%、泥质陶占27.3%、硬陶占1.3%，其中夹砂灰陶33.8%、夹砂褐陶16.9%、夹砂红陶16.9%、夹砂黄陶3.9%、泥质灰陶18.2%、泥质黑陶9.1%。夹砂灰陶陶色多不纯正，往往呈红褐、深褐色；泥质黑皮

陶多红胎，有个别黄胎。纹饰以绳纹为主，次为方格纹，附加堆纹、弦纹、戳印纹、刻划纹亦较多，还有少量篮纹、乳钉、镂孔、扉棱、花边等装饰。戳印纹有云雷纹、变形涡纹、网格纹、树叶纹、贝纹等，刻划纹有弦纹、条纹、横人字纹、斜线纹等。一般说来，夹砂陶多饰绳纹、方格纹和附加堆纹，泥质陶多饰弦纹，往往一件器物上由多种纹样组成的组合纹样。

陶器器类有鬲、斝、甗、大口尊、釜、鼎、罐、盆、簋、豆、碗、大口缸、器盖、纺轮等，硬陶无完整器，据残片可辨为罐、尊类器物。石器均为磨制，器类有斧、锛、钻、网坠等。铜器仅铜镞3件，铜刀1件。

这次发掘未见商代居址和同时期墓葬。

二、分期与年代

通过对该遗址主要出土物陶器的形态对比分析发现，其早晚关系明显，可以分期。但由于文化层堆积的坡状特点，地层和文化遗物之间的对应关系呈现出较大的复杂性，给分期造成了很大困难。《报告》根据T13、T14之可对应的地层单位，其他探方结合出土物比较与之对应，得出三组地层单位对应关系（见《报告》地层对应关系表），以此为依据，将商时期遗存分三期。基于以下考虑，笔者不完全赞同《报告》的分期。

（1）地层的划分只能得出地层（含遗迹单位）堆积时间的早晚关系，而一个文化发展的阶段性变化只有通过对该遗存文化内涵的仔细分析才可求得，这样，对出土物的类型学研究比层位关系更具意义。

（2）铜鼓山遗址本身堆积的特点又使地层关系在分期仅能发挥的作用相应降低。

故本文的分期在原则上参照地层对应的同时，着重于对出土物器类的变化和器形发展演变序列及其与中原地区商文化和本地（指长江中游地区，下同）其他商时期遗存相互对应的比较研究，力求使遗址的分期在现有资料的条件下尽可能地准确，尽可能地接近历史原貌。

检索地层关系和出土陶器的器类、器形发展变化，笔者认为铜鼓山遗址商代遗存可分为两期四段，具体如下（附表一）。

第一期　含《报告》第1、2组地层单位。本期陶器特点：鬲有两型（A、B型），均束颈或微束颈，腹外鼓，平裆或略分裆，尖锥足较高，器表均饰细绳纹。仅A型一种，下体与本期B型鬲相同，亦饰细绳纹。斝、爵数量较多，簋仅B型一种。不见釜、鼎等器类。可分两段。

Ⅰ段：以T13第5层、T14第5层为典型单位，出土物不多，估计延续时间不很长。

典型陶器有B型Ⅰ式鬲、A型斝、A型甗、爵、B型Ⅰ式簋、A型Ⅰ式小口高领罐、A型夹砂罐等。B型Ⅰ式鬲与Ⅱ段流行的B型Ⅱ、Ⅲ式鬲鬲体均较扁矮，分裆不显，与郑州二里冈[2]Ⅱ式陶鬲相似，更接近盘龙城[3]李M2所出陶鬲及江陵荆南寺[4]A型陶鬲，但B型Ⅰ式鬲高束颈，最大腹径居中，更具较早特征。A型斝，敞口，分裆，袋足，与二里冈Ⅰ式陶斝（H9：362）、郑州南关外中层陶斝（T95：117）均相同。A型夹砂罐同南关外下层陶罐（T95：116）。另T14[5]出土铜镞1件，弧刃，双翼，四棱脊，锥形圆铤，体形宽大，与二里冈下层H14：9铜镞相一致。据研究[6]，二里冈H9、H14为下层较早单位，南关外中、下层与之相当。那么，Ⅰ段的年代可定在二里冈下层偏早阶段。

Ⅱ段：以T13第4层、T14第4、5层为典型单位，出土物最为丰富，应为铜鼓山遗址最繁荣时期。典型陶器有A型Ⅰ、Ⅱ式与B型Ⅱ、Ⅲ式鬲，A型斝，爵，簋，盆等。A型Ⅱ式鬲接近二里冈Ⅰ式陶鬲（HⅠ7：116），与盘龙城王家咀F3所出陶鬲一致，唯后者不见附加堆纹，与荆南寺B型陶鬲相比较，后者不束颈，腹壁较直，锥足显矮，应稍晚。A型Ⅰ式鬲束颈，最大腹径居中，颇似南关外中层Ⅳ式陶鬲（H62：17）。B型Ⅱ、Ⅲ式鬲与盘龙城李M2：48比较，锥足略高，饰细绳纹，应稍早。二里冈H17为下层较晚单位，盘龙城王F3年代相当于二里冈上下层之间，盘龙城李M2年代相当二里冈上层偏早阶段。故Ⅱ段的年代应相当二里冈下层偏晚阶段或至上下层之间。

第二期　含《报告》第3组地层单位，由于前述的原因，第1、2组地层单位出土的部分器形如B型斝、大口尊等明显较晚，应该将它们分离出来，这样，文化发展的阶段性变化才更加明了。本期陶器特点为：鬲仍为大（A）、小（B）两型，但整体上来说，方唇已较多见，细绳纹虽未绝迹，但主要为较粗的绳纹。且大型鬲变为不束颈，直腹，小型鬲裆为分裆，锥足变矮且向内收。斝口内折，平裆。不见A型甗，新出釜、鼎、B型甗、A型簋、大口尊等。《报告》第3组地层单位中各探方均可分出若干早晚不同的单位，且器形的差别也能反映出这一期的年代跨度较大。因此，笔者认为本期亦可分为两段。

Ⅲ段：以T13第3层为典型单位。代表性器物有A型Ⅲ式、B型Ⅳ式鬲，B型斝，大口尊等。A型Ⅲ式鬲与二里冈Ⅳ式陶鬲（H2乙：220）、荆南寺B型陶鬲均接近；B型Ⅳ式鬲（86岳铜采：1）与荆南寺C型Ⅰ式陶鬲比较，口部，足部均显较早特征。B型斝同南关外上层Ⅱ式斝（T87：139），似二里冈Ⅱ式斝。大口尊似二里冈Ⅲ式大口尊（H2乙：119）。无疑，此段的年代应与二里冈上层相当。

Ⅳ段：以T7H6为典型单位。代表性器物有B型Ⅳ式鬲、B型甗、A型簋、釜、鼎等。B型Ⅳ式鬲（T6H8：1）足矮且内收，与盘龙城杨M4：16陶鬲一致。年代应相当于二里冈上层偏晚阶段。另A型簋，敞口，深腹，矮圈足，接近殷墟早期陶簋。B型釜，曾在岳阳费家河商代晚期遗址中见到同类器物，应为其发展而来。因此，Ⅳ段的年代或晚至殷墟文化早期。

以上的分期及年代的确定可以证明，铜鼓山商时期遗存两期四段是相互衔接的，中间没有缺环。各期段主要器类型式演变序列比较清楚，并能与中原地区商文化及本地其他商时期遗存的同类器物的演变相对应。

三、文化性质

要确定一种考古学文化的性质，认清这种文化中包含的各种不同的文化因素是至关重要的。因为哪怕是在人类社会最原始的时期，任何一支原始人群的生存活动都不可能完全孤立地存在，而是必然地与周围其他人群发生或多或少的联系。随着人类文明的不断进步，这种联系会在更大的范围内展现出更加深入的态势。因此，一种考古学文化中往往包含几种文化因素，也正是这些不同的文化因素的有机统一构成了考古学文化赖以存在或成立的独特内涵和面貌。在这些不同的文化因素中，必然有一种文化因素居于主导地位，且决定着该考古学文化的性质。

铜鼓山遗址同样存在几种不同的文化因素，这当然与它所处的地理位置和历史背景有必然的联系（详见本文第四节）。这里首先对出土物进行仔细分析，以期找出该遗存中不同文化因素的存在。经过分析，笔者认为铜鼓山遗址商时期遗物可初分为以下六大组。

A组　陶鬲、斝、A型甗、爵、盆、簋、大口尊、小口矮领罐、夹砂罐、器盖及铜镞等。

B组　陶小口高领罐、花边圈足碗、豆等。

C组　A型陶釜、B型陶鼎。

D组　B型陶釜、A型陶鼎等。

E组　陶大口缸。

F组　B型陶甗、硬陶器等。

下面逐一分析。

A组　陶系以灰或褐色陶为特征，纹饰多绳纹。四段均出土，前三段较多。这组器物在陶系、纹饰、器类及器形诸方面都与中原商文化早期即二里冈期表现出相同的特征。二里冈商文化陶器亦以灰陶为主，绳纹为大宗，主要器类也是商式鬲、甗、斝、爵、盆、簋、大口尊、罐等。器形方面，铜鼓山A型Ⅰ、Ⅱ式鬲似二里冈Ⅰ式鬲，A型Ⅲ式鬲似二里冈Ⅳ、Ⅴ式鬲，B型Ⅰ～Ⅲ式鬲似二里冈Ⅱ式鬲，B型Ⅳ、Ⅴ式鬲似二里冈Ⅵ式鬲，A型斝同二里冈Ⅰ式斝，B型斝似二里冈Ⅰ式斝，小口矮领罐、夹砂罐同二里冈陶瓮。还有簋、盆、大口尊等均与二里冈同类器物相似或相近。毋庸置疑，

A组器物应代表商文化因素。

但是，中原商文化在向南传播过程中，不可避免地要受到南方本土文化的抵制和影响，商文化的面貌也会发生相应的变异而烙上土著文化的印迹。这种现象亦见于盘龙城、荆南寺等遗址，可能因为地域的原因，这种变异表现出相当程度的一致性。例如，陶系方面，二里冈灰陶占98%以上，陶色纯正，而盘龙城、铜鼓山等陶色多不纯正，往往灰中泛红、褐、黄色，纯正的灰陶较少，并有相当数量的红、黄陶。纹饰方面，后者较前者多见篮纹、方格纹等。器类方面，后者不见或少见前者流行的如盆形鼎、夹砂中口罐、口沿上有捺痕的小口尊、十字镂孔豆、敞口浅腹盆等器类。器形方面，如鬲、斝等，前者多方体分裆，后者扁体平裆、弧裆或分裆不显。正如前面所说，这些差异只是商文化在南传过程中的变异，它受制于商文化本身势力的强弱和被征服地区土著文化势力的强弱、土著文化的文化背景以及各种文化势力在这一地域文化构成中的主次、消长，这是异常复杂的现象，需要具体问题具体分析。笔者认为铜鼓山A组陶器的商文化性质是不容怀疑的：第一，在中原商文化向南扩张前，本地及周围地区没有哪一支土著曾使用过一套以鬲、甗、斝为组合的袋状三足器，可以肯定它不是本地土著文化因素。第二，中原二里头[7]文化二期以后出现了陶鬲，且矮体弧裆，近似铜鼓山B型鬲，这之间或许有某种联系，但二里头文化的主要炊器是夹砂中口罐、束颈圆腹罐、侧装扁足罐形鼎，不见甗、斝等器类，且中原商文化与二里头文化之间本来就存在着某种渊源关系，如二里冈下层特别是与其时代相当的南关外遗址出土了较多的矮体弧裆鬲，所以不能肯定铜鼓山B型鬲就是受了二里头文化的影响而产生的，即使如此，两者在时代上也有较大差异，不能等同；况铜鼓山A型鬲无疑来源于二里冈商文化陶鬲，且A组其他器类均近似于二里冈同类器，与二里头文化似乎没有什么联系。所以铜鼓山A组应是二里冈期商文化而不是二里头文化因素。

根据邹衡先生的研究（见［6］第三篇），二里冈期商文化（即早商文化）可分三个类型，其中南方地区以盘龙城遗址为代表，西达江陵地区，东至鄂、皖交界的英山县，南至长江的广大区域内的早商文化称为盘龙城类型。铜鼓山遗址距盘龙城不足三百千米，而且文化面貌上又表现出上述众多的一致性。所以，笔者认为铜鼓山A组陶器应代表盘龙城类型商文化因素。

B组　均为泥质陶，多红胎，器表多黑色，纹饰多弦纹、戳印纹、刻划纹等。四段均有出土。小口高领罐、花边圈足碗、豆等是洞庭湖西北特别是澧水流域[8]商代遗址中普遍流行的器物。它们除较多见于湖北江陵荆南寺遗址外，其他地区少见。这几类器物在铜鼓山的出现应代表了该文化遗址与湘北澧水流域土著文化的交往和联系。

C组　以粗砂褐陶为特征。器壁较厚，器表多拍印横线纹或稀疏的绳纹，下腹及底部往往有块状凸起或裂痕，似“痂斑”或称“橘皮”。这种现象亦见于荆南寺B型釜鼎上，称“米粒纹”。近年来三峡地区的考古发现与研究[9]证明，夏商时期长江西陵峡区确实存在一支新的文化类型，其陶器的特点是：陶质以夹砂为主，颜色多褐色，纹饰主要有绳纹、方格纹、“橘皮”纹等，主要器类有卷沿圆肩釜、侈口溜肩釜、有肩小平底罐、灯形器座等，文化面貌及特征与同时期成都平原地区的原始文化比较接近，可能是早期巴蜀文化向东发展的一支。铜鼓山C组陶器无疑与三峡地区这支文化类型有一定联系。

D组　陶器以夹砂红陶为特征，纹饰有绳纹、方格纹、刻划弦纹、条纹等，多见于第四段。A型鼎，上为釜，下设侧装三扁平足，素面无纹。这种鼎是本地（湘江中下游及邻近地区，下同）新石器时代晚期普遍流行的一种器物。例如，在通城尧家林[10]、修水山背[11]、清江筑卫城[12]等遗址中出土较多，尤以前两处所出与铜鼓山A型鼎相近，再如岳阳、平江等县市的文物普查资料显示，这种侧装扁足鼎在这一地区“龙山期文化”[13]遗址中非常流行，是主要的炊器之一。B型釜，外折沿，高束颈，圜底，颈部上刻多道弦纹，下刻竖条纹一周。相似的器物曾见于岳阳费家河[14]商代晚期遗址（Ⅰ式釜HIF：8），1988年岳阳市文物工作队主持发掘的岳阳对门山[15]遗址中也出土不少。可以肯定，它们应均源于前者。所以，铜鼓山此组陶器的出现应代表了本地新石时代晚期文化因素的遗留及土著文化因素在新的历史条件下开始“复归”[16]和中兴的端倪。

E组　大口缸，陶系以夹砂红陶为主，有少量黄陶，质地一般较软，纹饰绳纹、方格纹并重，篮纹少见。大口缸是一种比较特别的器形，目前学术界对其起源、用途及文化属性等一直未有定论，笔者近年来对此也多加注意，并将有专文论及，这里简述之。

查检大口缸出土情况与时代等，有以下几点值得注意。

第一，大口缸主要分布在长江中游和黄河中下游地区。其中长江中游地区出土地点多，出土数量多，种类丰富，分布范围广，西起川东[17]、东至赣水流域[18]、北抵河南、南达沅水中上游地区[19]，以两湖平原为中心。黄河中下游地区即中原地区仅见于二里头[20]、东下冯[21]、二里冈、南关外、安阳殷墟、辉县琉璃阁[22]等遗址，数量少，种类较少。

第二，大口缸的时代：中原地区最早见于二里头文化三期，长江中游地区除见于商文化及二里头文化时期遗存外[23]，新石器时代晚期文化遗存中也出土了大量类似的器形[24]，如天门邓家湾遗址[25]出土的陶缸已初具夏商时期大口缸的雏形，甚至相当于屈家岭文化晚期的当阳季家湖遗址[26]出土的陶缸也与大口缸相类似。

第三，出土大口缸的所有文化遗存可归纳为两类：一类是属于二里头文化或商文化（包括先商文化，下同）的遗存[27]，一类是受二里头文化或商文化影响的遗存[28]，这说明大口缸这种文化因素与二里头文化和商文化有密切的关系。

第四，出土大口缸的文化遗存所属文化性质有二里头文化、商文化，有长江中游地区各小区域的土著文化，虽然各遗存文化性质不同，但都出土大口缸，这说明大口缸是一种独特的或者说有特殊意义的器物。例如，盘龙城等属于中原夏商文化在南方的地方类型，出土大口缸数量很多，石门皂市等受商文化影响非常强烈，出土大口缸的数量也不少，泸溪浦市[29]等受商文化影响较弱，出土大口缸数量很少等。

根据以上四点，笔者得出以下几点结论。

（1）大口缸起源于长江中游地区，即是说，夏商时期的大口缸的原形应为长江中游地区新石器时代晚期文化常见的那种的夹砂红陶缸，两者形制上已相当接近，应该可以说，最早的大口缸在新石器时代晚期已经产生[30]。

（2）大口缸发展与繁荣的契机是中原夏商文化的南侵，看来这与大口缸的用途有密切的关系。如后所述，夏商时期大口缸的主要用途是酿酒和冶铜，且从石家河遗址群[31]等出土的大量厚胎红陶杯推测，江汉平原新石器时代晚期的缸就已经用于酿酒了。由于夏人、商人对酒的浓厚兴趣，故在征服这一地区后对大口缸这一文化因素大加提携并向中原反馈这一点不难理解，此时的大口缸已不是绝对意义上的土著文化因素，而是中原文化在本地的地方类型的典型文化因素之一（当然这也是这个地方类型成立的前提之一）。那么商时期大口缸应该就是盘龙城类型商文化的典型器物，因为它本身就是土著因素的变体，因而在本地比起鬲等典型商文化因素易为接受，盘龙城类型商文化以外地区发现大口缸，不仅表示它与盘龙城类型商文化有联系，也构成了其时代特征。至于盘龙城类型商文化消亡后，各地仍然见到的大口缸则应是绝对的土著文化因素了。至此，大口缸这种文化因素的时间和空间上多层次并相互交错的异常复杂的特点已大致明了。

（3）大口缸的用途，笔者想从其产生与兴盛的动机来讲，只有两种：一是用于酿酒，一是用于熔铜。我们知道夏商时期是我国酿酒业和冶铜业发展的一个高潮阶段。说到饮酒，夏商铜器中大量的酒器和文献记载中酒池肉林的描写已经表现得淋漓尽致了。再说大口缸的形制，基本上分两类，一类形制较大，壁底厚薄差别不大，小平底或尖底；一类形制较小，壁底厚薄悬殊，圜底，俗称“将军盔”。前一类形制的大口缸，容量大，口大，应为短时期储盛物品的器具，笔者认为是储盛酿酒原料或煮酒用的容器。东下冯遗址出土的一件大口缸内装有大量酿酒用的酵母便是实物证据。后一类形制的大口缸，底部有意加厚，便于保温，而且目前发现的此类形制的缸底不少残留有铜渣，证明此类大口缸应为熔铜之用。中原夏商文化已进入文明时代，是当时我国古代文化的最发达地区，酿酒业和冶铜业的发展也正是夏商文明的标志之一，大口缸这两种用途正反映了它产生的动机和发展及特殊意义。当然，我们并不能完全排除大口缸作为一般储器用，甚至可以说有时候这种用途在某些遗存中是普遍或主要的，但这与大口缸这一特殊器形产生的目的是没有关系的，否则将无法解释大口缸产生和发展的历史背景与文化意义及其相互之间的关系。

F组　以B型甗、硬陶器等为代表。B型甗，仅见两个个体，一为甗腰部分

（T7H6：9），一为甗（T115：14），均夹砂红陶，前者表面饰方格纹，可以肯定它与江西商周时期土著因素的特征器——“甗形器”为同类器。至于硬陶器（包括釉陶等）则是我国东南地区自新石器时代到商周时期最流行的“印纹陶文化因素”。

上述六组的划分及具体分析表明，铜鼓山商时期遗存包含下列五种文化因素。

①商史化即盘龙城类型商文化因素，以A、E两组为代表。②以石门皂市为代表的湘西北、澧水流域的土著文化因素，以B组为代表。③长江西陵峡区早期巴蜀文化类型的因素，以C组为代表。④本地土著文化及东南“印纹陶”文化因素，以F组为代表。⑤江西地区土著文化及东南“印纹陶”文化因素，以F组为代表。

根据T13第4层器类个体标本的统计：A组器物占65%、B组占14.3%、E组占19.5%，其他三组空缺，这就是说，属于商文化因素的陶器个体数占全部陶器总数的84.5%左右，其他几个单位的统计数值与此接近或略低，即商文化因素更准确地讲盘龙城类型商文化在铜鼓山商时期遗存中占绝对多数和主导地位，那么铜鼓山商时期遗存的文化性质应为盘龙城类型商文化。其次，澧水流域土著文化因素亦占一定比例，说明相互间有较多联系。“印纹陶文化因素”在两期四段中都有，但数量一直很少。本地土著文化因素和早期巴蜀文化因素仅见于第Ⅳ段。盘龙城类型商文化因素在第Ⅱ段最丰富，第Ⅰ、Ⅲ段次之，第Ⅳ段较少，说明铜鼓山商文化遗存前三段比较发达，第Ⅳ段开始出现衰微趋势，当然这仅是从陶器的面貌所看到的。

铜鼓山商文化遗存虽属盘龙城类型，但也有一些地方特点，与盘龙城遗址有所差别。除其他因素外，商文化因素如铜鼓山不出假腹豆，却有不少类似岳阳费家河遗址最多的曲下腹管状底或尖底的大口缸等，也反映了盘龙城类型商文化在更小区域中的变异。

铜鼓山商文化遗址的发掘与研究，为探讨二里头文化、先商文化、二里冈文化之间的关系及其在南方的传播等提供了非常有意义的线索。

四、铜鼓山遗址的历史意义

前面已经证明，铜鼓山遗址商时期遗存的文化性质属于盘龙城类型商文化，是商人的直接控制区。但目前的文物普查资料证明，现今岳阳市区以南地区再没有与铜鼓山遗址文化性质相类的商时期遗址，可以推定以铜鼓山遗址为代表的岳阳市区以北至长江这一小片区域是长江中游商王朝版图的最南端，是商文化势力的南方前哨。

又铜鼓山遗址商文化遗存的年代自二里冈下层偏早至二里冈上层偏晚，存在的时间应在二百年左右，且在这么长的时间内，始终未改变其文化性质。这样就向我们提出了一个问题，商人为什么长期经营铜鼓山这个地点而又不向南发展，即铜鼓山遗址在当时具有怎样的历史意义？

要解决这个问题，有必要首先对铜鼓山时期即二里冈时期长江中游地区的战略形势即各种文化势力的存在与分布做一些分析，基本勾勒出当时这一地区考古学文化的总体格局。

长江中游地区二里冈期考古学文化总体格局的形成有下列五个背景。①本地新石器时代晚期各文化或类型的延续或遗留。②二里头文化的向南影响。③先商文化或二里冈商文化向南影响和扩张。④早期巴蜀文化的向东发展。⑤东南地区以印纹陶为特点的古文化的兴盛。

本地新石器时代晚期文化目前比较清楚的是石家河文化，多数研究者将其划分成江汉平原的石家河、汉水上游的青龙泉、湘北鄂西的季家湖等不同类型，其他还有一些文化遗存面貌不太清楚，或存在不同的争议。这些不同的文化类型或遗存的延续和它们在外来文化的入侵及相互交流中因地理位置的远近、文化势力的强弱而显示出的相应变化是构成该地区商时期考古学文化总格局的主要形式。需要指出的是，商文化强大势力当在这中间起着决定性作用。商文化南下，在摘取二里头文化胜利果实的同时，显示出远远超过二里头文化的强大的进攻势头，商文化在非常广阔的范围内对各原始文化施加不同程度的影响，另外，各地土著文化在外来文化刺激下被迫进行内部调整而出现中兴，这样就构成了长江中游地区二里冈时期各种文化势力之间相对稳定和平衡的局面。

当时的主要文化势力目前比较清楚的大致有六大区，下面进行具体介绍。

（1）江汉平原东部地区，包括汉水以东和汉水下游沿岸至长江沿岸地区，铜鼓山遗址在其内。这一地区，二里头时期即受中原文化较多影响，二里冈时期为商文化直接控制区，盘龙城是其统治中心。

（2）江汉平原西部地区，主要为湖北省的荆州地区，以荆南寺遗址为代表，这一地区的文化面貌异常复杂，一是商文化对这里施加了强烈的影响，二是当地土著文化因素势力强大，这两种主要文化势力在这里长时期的对抗和融合使我们对该遗址的文化属性很难下肯定的结论，不过可以肯定，荆南寺遗址是商人势力直接抵达或曾经控制的最西地点。另外，川东鄂西峡区的土著文化类型和这里有较多的交往。

（3）湘西北地区，主要为湖南的常德地区，以石门皂市遗址为代表。该区的文化面貌上虽可见商文化的较多影响，但土著文化因素一直占绝对支配地位。

（4）川东鄂西峡区，峡区文化是早期巴蜀文化向东发展的一支，与江汉平原西部地区联系密切，且从出土的少数鬲、斝等可见其与商文化也有一些间接的交往。

（5）湘东即湘江中下游地区，以浏阳樟树潭遗址[32]上层为代表，其晚期以费家河遗址为代表。现有资料证明，这一地区商时期确实生存着一支较为发达的土著文化，除樟树潭、费家河遗址外，还有浏阳社港[33]、宁乡炭河里[34]、汨罗楚塘[35]、长沙杨家山[36]、株洲银子园等[37]。其共同特点是，陶器以夹砂红陶为主，有大量的印纹硬陶，器类有鼎、釜、罐等，以拍印的方格纹、云雷纹，刻划的水波纹最具特色，并出有段石锛、有肩石锄和马鞍形石刀等。这一类遗存土著特点明显，应是本地新石器时代晚期文化的延续和发展，同时与东南地区的印纹陶文化因素为特点的古文化有较多联系。由于可供研究的材料甚少，这类遗存的具体内涵还不十分明了，或者其中又可分出几个类型，又这类遗存的年代绝大多数在商代晚期，可以大致定为商代早期的遗址仅樟树潭上层一处，我们推测本地新石器晚期文化的相对年代可以延续到商代早期（含早期即二里头期），费家河这类遗存是紧接其发展下来的。

（6）赣鄱区，以清江吴城遗址为代表。吴城类型文化历年来就有较对立的两种意见，一种意见认为，吴城类型文化是商文化的一个类型，应称吴城类型文化；另一种意见认为，其为受商文化影响较强的土著文化，应称吴城文化。后一种意见近年来已为多数学者接受，特别是新干商代大墓[38]的发现更加证明了其正确性。

以上六大区所代表的六种文化势力在同时期一定地域上的分布表明长江中游地区商时期各文化间有机联系的相对稳定局面的存在，这几种文化势力的因素在铜鼓山遗址中的出现，表明铜鼓山遗址至少具有以下三方面的意义。

（1）铜鼓山遗址所处地理位置恰好是这几种文化势力交汇和联系的枢纽地带。顺江而下为盘龙城，东南为吴城文化区，溯江而上是荆南寺、皂市和三峡地区，南是湘江中下游文化区。它的存在有利于湘北、鄂西地区与盘龙城之间长江干流上的水路交通，钳制了湘北、鄂西及湘江流域各文化势力向东、向北的发展，保证了盘龙城这个商王朝军事据点的安全。

（2）铜鼓山遗址的发现，证明商王朝的正式版图已过了长江。但商人并未继续南进，这是不是说明湘江中下游土著文化的强大，使商人无力继续南下或者商人的进取意图不在于此。

（3）不少学者认为[39]，商王朝向南方扩张的主要目的是掠夺南方的铜、锡矿原料，且目前确在湖北、江西、安徽等省发现了不少商时期的采矿遗址。若此论点成立，则铜鼓山又是这条南北“铜路”的西部屏障。由于长江干流与幕阜山之间有一狭长的河谷丘陵地带，长江下游土著势力仍有顺江而下的可能，商人选择于铜鼓山这一地区建立军事哨岗，应该是出自这种考虑。

总之，铜鼓山遗址的存在对于商文化在南方的巩固及商王朝经营南方的策略具有较重要的意义，长江中游地区二里冈时期各种文化势力相对稳定和平衡局面的构成，铜鼓山起了支点的作用。

附记：本文写作中，曾得到何介钧、裴安平、吴铭生老师及岳阳市文物工作队部分同志的支持和帮助，在此敬表谢忱。

注　释

[1] 湖南省文物考古研究所、湖南省考古学会：《岳阳市郊铜鼓山商代遗址与东周墓发掘报告》，《湖南考古辑刊》（第5集），岳麓书社，1989年。

[2] 河南省文物局工作队：《郑州二里冈》，科学出版社，1959年。

[3] 陈贤一：《盘龙城商代二里冈期墓葬陶器初探》，《中国考古学会第四次年会论文集》，文物出版社，1983年；陈贤一：《江汉地区的商文化》，《中国考古学会第二次年会论文集》，文物出版社，1980年。

[4] 荆州地区博物馆、北京大学考古系：《湖北江陵荆南寺遗址第一、二次发掘简报》，《考古》1989年第8期。

[5] 河南省博物馆：《郑州南关外商代遗址的发掘》，《考古》1973年第1期。

[6] 邹衡：《夏商周考古学论文集》，文物出版社，1980年。

[7] 洛阳市文物工作队：《河南洛阳吉利东杨村遗址》，《考古》1983年第2期。

[8] 湖南省文物研究所：《湖南石门皂市商代遗存》，《考古学报》1992年第2期。

[9] 林春：《宜昌地区长江沿岸夏商时期的一支新文化类型》，《江汉考古》1984年第2期；杨权喜：《西陵峡商周文化的初步讨论》，中国考古学会第七次年会提交论文。

[10] 武汉大学历史系考古专业、咸宁地区博物馆、通城县文化馆：《湖北通城尧家林遗址的试掘》，《江汉考古》1983年第3期。

[11] 江西省文物管理委员会：《江西修水山背地区考古调查与试掘》，《考古》1962年第7期。

[12] 江西省博物馆、北京大学历史系考古专业、清江县博物馆：《清江筑卫城遗址发掘简报》，《考古》1976年第6期；江西省博物馆、清江县博物馆、厦门大学历史系考古专业：《江西清江筑卫城遗址第二次发掘》，《考古》1982年第2期。

[13] 湖北、湖南两省的新石器时代晚期文化过去惯称“湖北龙山文化”，简称“龙山文化”，目前许多学者已采用“石家河文化”这一名称。但湘东地区的工作开展较少，这一时期的文化面貌还不十分清楚，究竟这一地区的新石器时代晚期文化是否属于石家河文化还无法断定，故暂以“龙山期文化”称之。

[14] 湖南省博物馆、岳阳地区文物工作队、岳阳市文管所：《湖南岳阳费家河商代遗址和窑址的探掘》，《考古》1985年第1期。

[15] 岳阳市文物工作队发掘资料。

[16] 何介钧：《商文化的南渐与商时湖南方的青铜文化》，待刊。

[17] 四川省长江流域文物保护委员会文物考古队：《四川忠县㽏井沟遗址的试掘》，《考古》1962年第8期。

[18] 江西省博物馆：《江西省清江吴城商代遗址发掘简报》，《文物》1975年第7期；江西省文物工作队、厦门大学人类学系四级考古专业、清江县博物馆：《清江吴城商代遗址第六次

发掘的主要收获》，《江西历史文物》1987年第2期。

[19] 湖南省博物馆：《湖南沅江中下游古文化遗址调查》，《考古》1980年第1期。

[20] 中国科学院考古研究所二里头工作队：《河南偃师二里头早商宫殿遗址发掘简报》，《考古》1974年第4期。

[21] 中国社会科学院考古研究所、中国历史博物馆、山西省考古研究所：《夏县东下冯》，文物出版社，1988年。

[22] 中国科学院考古研究所：《中国田野考古报告集第一号：辉县发掘报告》，科学出版社，1956年。

[23] 湖北省宜昌地区博物馆、四川大学历史系：《宜昌中堡岛新石器时代遗址》，《考古学报》1987年第1期。宜昌路家河遗址，长办发掘资料。盘龙城王家咀二里头时期作坊遗址等。

[24] 石河联合考古队：《天门石河遗址群1987年考古发掘的主要收获》，《江汉考古》1989年第2期；湖北省博物馆：《湖北当阳季家湖新石器时代遗址》，《文物资料丛刊》（10），文物出版社，1987年；湖南省文物考古研究所、常德地区文物工作队、临澧县文物管理所：《湖南临澧县太山庙遗址的发掘》，《考古》1989年第10期。

[25] 石河联合考古队：《天门石河遗址群1987年考古发掘的主要收获》，《江汉考古》1989年第2期；湖北省博物馆：《湖北当阳季家湖新石器时代遗址》，《文物资料丛刊》（10），文物出版社，1987年；湖南省文物考古研究所、常德地区文物工作队、临澧县文物管理所：《湖南临澧县太山庙遗址的发掘》，《考古》1989年第10期。

[26] 石河联合考古队：《天门石河遗址群1987年考古发掘的主要收获》，《江汉考古》1989年第2期；湖北省博物馆：《湖北当阳季家湖新石器时代遗址》，《文物资料丛刊》（10），文物出版社，1987年；湖南省文物考古研究所、常德地区文物工作队、临澧县文物管理所：《湖南临澧县太山庙遗址的发掘》，《考古》1989年第10期。

[27] 二里头、东下冯、南关外、二里冈、盘龙城等。

[28] 荆南寺、皂市、江荆张家山、宜昌路家河、石门宝塔、费家河、樟树潭、泸溪浦市等。陈贤一：《江陵张家山遗址的试掘与探索》，《江汉考古》1980年第2期；王文建、龙西斌：《石门县商时期遗存调查——宝塔遗址与桅岗墓葬》，《湖南考古辑刊》（第4集），岳麓书社，1987年。

[29] 湖南省博物馆：《湖南沅江中下游古文化遗址调查》，《考古》1980年第1期。

[30] 各地新石器时代和夏商时期出土的陶缸很多，这样所谓的大口缸应限指长江中游地区商时期流行的那种标准形制的大口缸，这种缸多为夹砂红陶，敞口或直口，底较小，器表饰满纹饰，多有一道或数道凸箍等。

[31] 石河联合考古队：《天门石河遗址群1987年考古发掘的主要收获》，《江汉考古》1989年第2期；湖北省博物馆：《湖北当阳季家湖新石器时代遗址》，《文物资料丛刊》（10），文物出版社，1987年；湖南省文物考古研究所、常德地区文物工作队、临澧县文物管理所：

《湖南临澧县太山庙遗址的发掘》，《考古》1989年第10期。
[32] 湖南省博物馆：《湖南浏阳樟树潭新石器时代遗址调查》，《考古》1965年第7期；高至喜：《湖南宁乡黄材发现商代铜器和遗址》，《考古》1963年第12期；何介钧：《湖南商周时期古文化的分区探索》，《湖南考古辑刊》（第2集），岳麓书社，1984年。
[33] 湖南省博物馆：《湖南浏阳樟树潭新石器时代遗址调查》，《考古》1965年第7期；高至喜：《湖南宁乡黄材发现商代铜器和遗址》，《考古》1963年第12期；何介钧：《湖南商周时期古文化的分区探索》，《湖南考古辑刊》（第2集），岳麓书社，1984年。
[34] 湖南省博物馆：《湖南浏阳樟树潭新石器时代遗址调查》，《考古》1965年第7期；高至喜：《湖南宁乡黄材发现商代铜器和遗址》，《考古》1963年第12期；何介钧：《湖南商周时期古文化的分区探索》，《湖南考古辑刊》（第2集），岳麓书社，1984年。
[35] 湖南省博物馆：《湖南浏阳樟树潭新石器时代遗址调查》，《考古》1965年第7期；高至喜：《湖南宁乡黄材发现商代铜器和遗址》，《考古》1963年第12期；何介钧：《湖南商周时期古文化的分区探索》，《湖南考古辑刊》（第2集），岳麓书社，1984年。
[36] 湖南省博物馆：《湖南浏阳樟树潭新石器时代遗址调查》，《考古》1965年第7期；高至喜：《湖南宁乡黄材发现商代铜器和遗址》，《考古》1963年第12期；何介钧：《湖南商周时期古文化的分区探索》，《湖南考古辑刊》（第2集），岳麓书社，1984年。
[37] 湖南省博物馆：《湖南浏阳樟树潭新石器时代遗址调查》，《考古》1965年第7期；高至喜：《湖南宁乡黄材发现商代铜器和遗址》，《考古》1963年第12期；何介钧：《湖南商周时期古文化的分区探索》，《湖南考古辑刊》（第2集），岳麓书社，1984年。
[38] 李家和：《吴城遗址文化分析》，《江西历史文物》1980年第4期；李伯谦：《试论吴城文化》，《文物集刊》（3），文物出版社，1981年；江西省文物考古研究所、江西省新干县博物馆：《江西新干大洋洲商墓发掘简报》，《文物》1991年第10期。
[39] 何介钧：《商文化的南渐与商时湖南方的青铜文化》，待刊。

附表一　岳阳铜山遗址商代陶器分期表

期段 器类	一		二	
	Ⅰ	Ⅱ	Ⅲ	Ⅳ
鬲（A型）		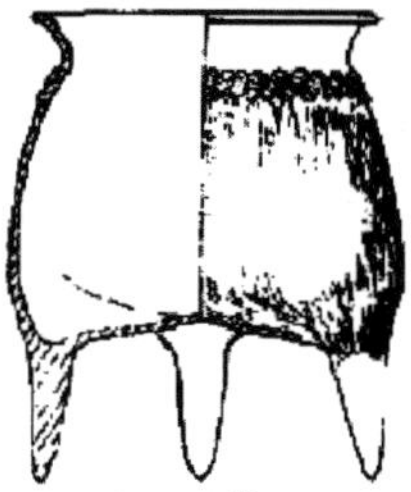 1. T14④：1	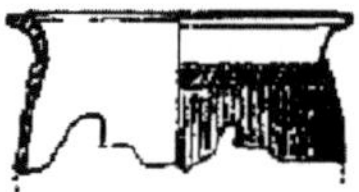 2. H5：1	
鬲（B型）	 3. T13④：16	 4. T13④：15	 5. 86采：1	 6. T13④：24  7. H8：1
斝	 8. T13⑤：1		 9. T13⑤：2	
甗	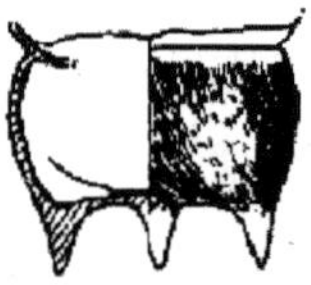 10. T13⑤：10			 11. H6：9 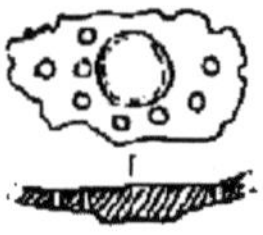 12. T11⑤：14
爵	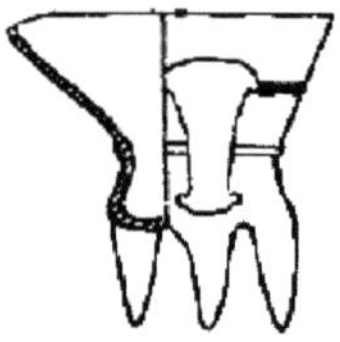 13. T14⑤：10	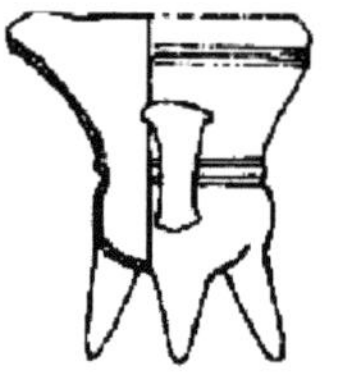 14. T13④：64		
簋	 15. T13⑤：13	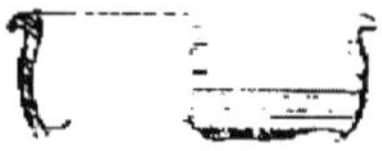 16. T13④：26		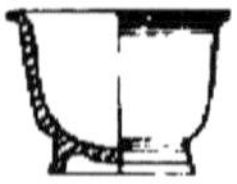 17. H6：4

续表

期 段 器 关	一		二	
	Ⅰ	Ⅱ	Ⅲ	Ⅳ
罐	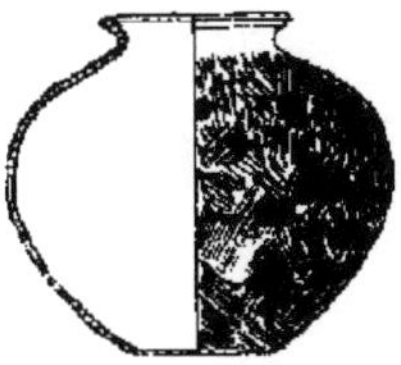 18. T14⑤ : 8		 19. H10 : 1	
盆		 20. T2③ : 1		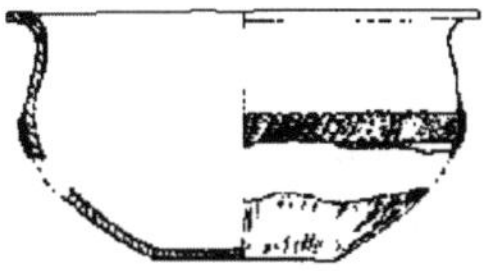 21. H16 : 3
其他	 22. T14⑤ : 12 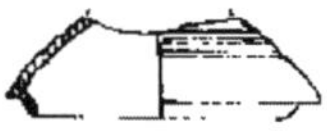 23. T13⑤ : 18			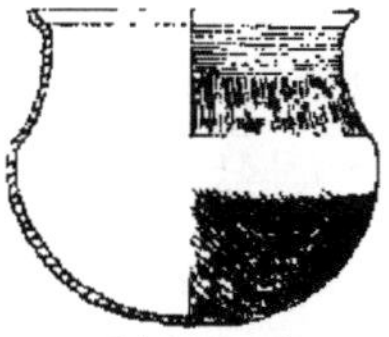 24. H6 : 1 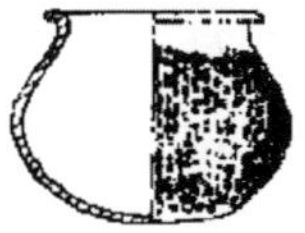 25. H6 : 2

（原载于《南方文物》1993年第3期）

湖南湘江流域商周时期古文化初论

一、引　　言

湘江源自南岭山脉，向北经衡阳、株洲、湘潭、长沙入洞庭湖，是长江中游较大的支流之一，它纵贯南北，相继汇入潇水、耒水、洣水、涟水、沩水、浏阳河等支流，将湖南东部的大部分地区连为一体。概观湖南省地形图，我们发现，东北—西南方向延伸在湖南中部地区的雪峰山脉北端与洞庭湖南缘在益阳地区相接（可以想象远古时期洞庭湖范围远大于现在，这种连接会更加紧密），基本上将湖南全境划分为东西两大区。东区以湘江流域为主，包括洞庭湖东岸和资水流域地区，因其东有罗霄山脉、南有南岭而成为相对封闭和独立的地理区域，西边的沅水、澧水流域包括洞庭湖西北岸地区也因西有武陵山脉和云贵高原而成为相对封闭和独立的区域。这两大区域的划分对于湖南古代文化的考察和研究具有非常重大的意义。

从逻辑上讲，因为这两个区域相对封闭和独立的存在，必然导致：①两区域因地理环境和人们心理因素等的差别形成不同的文化传统；②自然因素不仅使区域间的文化交流受到限制，同时又会对人文因素的形成与发展施加消极影响。因此，东西两大区域即使在同一历史背景下都会产生文化面貌上的差异，这种差异的程度以年代的愈久远、人类生产力水平的愈低下、征服自然能力的愈弱成正比。这些已为湖南几十年来的考古发现和研究所证实。

商周时期，湖南东西两大区域内的古文化因自新石器时代以来形成的文化传统的差异和南下中原商周文化活动方式的不同而迥然有别，从两区现已发现和发掘的这一时期的文化遗存观察，这种差别一目了然。春秋以后，楚文化势力占领湖南全境，情况才略有改观，但由于文化传统的根深蒂固，完全趋同几乎是不太可能的。甚至今天，湖南东西两边的文化风俗仍有一定的差异。

本文将要讨论的实际上就是以湘江流域为主体的湖南东部地区上至新石器时代末期下迄秦汉这一时间内的古代文化的分布、特点、发展及其与中原商周文化关系的探索。由于本地原有的土著文化的薄弱和分散，加上各个时期中原文化不同程度、不同方式的影响，这一时期本地的古代文化显得异常复杂。虽然多年来在以湘江中下游为主的地区出土了大批精美的青铜器和其他遗物，但正式发掘的考古遗存甚少，许多重要问题还处在初步探索之中，本文也是在众多前辈们研究基础上的一些心得，不当之词，敬请斧正！

二、湘江流域商周时期古文化概况及分期分区探索

截至目前，发表的资料表明，湘江流域商周时期的古文化遗存（含出土商周时期青铜器的窖藏）已达数百处，根据各遗存文化面貌和特征，可以空间和时间上分别划分出两区、五期。两区为包括湘江下游、资水下游和洞庭湖东岸地区的湘东区（含今岳阳、长沙、益阳、湘潭四地区及株洲地区北部）和包括湘江中上游、资水上游地区的湘南区（含今衡阳、郴州、娄底、零陵、邰阳五地区和株洲地区南部），以下分别简称为北区、南区。五期的时代分别相对于中原地区的商代前期（含夏时期）、商代晚期至西周早期、西周中晚期至春秋早期、春秋中晚期至战国早期、战国中、晚期。现以分期为线索将南北两区各文化特征概述如下。

第一期：商代前期（含夏时期）。

南北区属于本期的文化遗存各有三处，详见表一，以下各期同。

表一　湘江流域商周时期古文化遗存分期分区表

分期	分区	遗存名称及器物	性质	时代	资料来源
第一期	北区	岳阳铜鼓山	遗址	商代前期	《湖南考古辑刊》（第5集），第29页
		浏阳樟树潭上层	遗址	商代前期	《考古》1965年第7期，第368页
		长沙烟墩冲	遗址	商代前期	《考古通讯》1956年第5期，第12页
	南区	安仁何古山下屋	遗址	商代前期	《考古》1965年第6期，第5页
		南岳彭家岭	遗址	商代前期	《考古》1966年第4期，第217页
		衡阳金山岭下层	遗址	商代前期	《考古学集刊》（2），第18页

续表

分期	分区	遗存名称及器物	性质	时代	资料来源
第二期	北区	岳阳费家河	遗址	商代晚期	《考古》1985年第1期，第1页
		浏阳社港炮台坪	遗址	商代晚期	《湖南商周时期古文化的分区探索》，《湖南考古辑刊》（第2集），第120页；《商时期澄水流域青铜文化的发展序列和文化因素分析》，《考古类型学的理论和实践》，第138页
		长沙月亮山	遗址	商代晚期	
		湘乡牛形山	遗址	商代晚期	
		株洲银子园	遗址	商代早期	
		宁乡炭河里	遗址	商代早期	《考古》1963年第12期，第646页
		湘乡狗头坝	遗址	商代早期	《文物》1977年第2期，第2页
		岳阳新开青龙尊、黄秀桥滨湖铙、荣家湾尊、华容东山尊、长沙宝堤垸鸮卣、跳马涧羊尊、金井双江戈、矛、浏阳秀山保塘卣、柏嘉乡铙、宁黄材寨子山瓿、人面纹鼎、炭河里卣、王家坟山、三亩地铙、水塘湾分裆鼎、梆子山觚、老粮乡师古寨铙、北峰滩铙、月山铺铙、四羊方尊、唐市乡陈家湾铙、米良桥侯家咀刀、伪山虎食人卣、望城高塘岭铙、湘潭青山桥爵、九华船形山豕尊、湘乡狗头坝铙、株洲卣、醴陵仙霞岭象尊、益阳谢林港角、桃江灰山港	窖藏	商代晚期	见表二
		宁乡回龙埔卣	窖藏	西周早期	《文物》1983年第10期，第72页
		望城高山脊卣	窖藏	西周早期	《江汉考古》1984年第3期，第59页
		湘潭青山桥尊、爵、斛等	窖藏	西周早期	《湖南考古辑刊》（第1集），第21页
		岳阳黄秀桥象形山鼎	窖藏	西周早期	《湖南考古辑刊》（第2集），第26页
		桃江马迹塘鼎	窖藏	西周早期	《江汉考古》1984年第3期，第59页

续表

分期	分区	遗存名称及器物	性质	时代	资料来源
第二期	北区	株洲均坝簋	窖藏	西周早期	《湖南考古辑刊》（第3集），第27页
		湘阴罍	窖藏	西周早期	《江汉考古》1984年第3期，第59页
		宁乡黄材“父乙”罍	窖藏	西周早期	《湖南博物馆文集》，第141页
		湘乡金石黄马寨铙	窖藏	西周早期	《江汉考古》1984年第3期，第59页
	南区	安仁何吉山上层	遗址	西周晚期	《考古》1960年第6期，第5页
		衡阳金山岭上层	遗址	西周晚期	《考古学集刊》（2），第18页
		衡阳东方红渔场牛尊	窖藏	西周晚期	见表二
		新邵陈家坊甗	窖藏	西周晚期	
		邵阳祭旗坡爵	窖藏	西周晚期	
		双峰鸮卣	窖藏	西周晚期	
		邵东民安村	窖藏	西周晚期	
		常宁县方尊	窖藏	西周晚期	
		衡阳楠垅泉口甬钟	窖藏	西周早期	《文物》1985年第6期，第83页
		耒阳夏家山甬钟	窖藏	西周早期	《文物》1984年第7期，第49页
第三期	北区	长沙接驾岭、杨家山	遗址	西周中期	《中国考古学会第一次年会论文集》，第195 页
		湘阴晒网场	遗址	西周晚期	《湖南考古辑刊》（第2集），第120页
		岳阳毛家堰、阎家山	遗址	西周晚期—春秋早期	《文物》1993年第1期，第17页
		长沙金井茶场	墓葬	春秋早期	《湖南考古辑刊》（第2集），第35页
		湘潭花石洪家峭	墓葬	西周中期	《文物》1966年第4期，第1页
		浏阳淳口、澄潭甬钟	窑藏	西周中期	《江汉考古》1984年第3期，第60、61页
		桃江连河冲马纹簋	窑藏	西周中期	《江汉考古》1984年第3期，第61页
		湘乡马龙甬钟	窑藏	西周中期	《江汉考古》1984年第3期，第60页
		长沙望新板乔铙	窑藏	西周中期	《文物资料丛刊》（5），第103页

续表

分期	分区	遗存名称及器物	性质	时代	资料来源
第三期	北区	湘潭青山桥鼎等	窑藏	西周中、晚期	《湖南考古辑刊》（第1集），第21页
第三期	北区	株洲太湖头坝铙	窑藏	西周中期	《湖南考古辑刊》（第2集），第128页
第三期	北区	宁乡黄材五里堆	窑藏	西周晚期—春秋早期	《文物》1983年第10期，第72页
第三期	南区	零陵菱角塘	遗址	西周中期	《考古》1965年第9期，第482页
第三期	南区	衡阳周子头	遗址	西周晚期—春秋初期	《湖南考古辑刊》（第3集），第27页
第三期	南区	资兴旧市	墓葬	春秋早期	《湖南考古辑刊》（第1集），第25页
第三期	南区	衡阳岳屏北塘甬钟	窑藏	西周中期	《文物》1980年第11期，第95页
第三期	南区	资兴兰布、天鹅山甬钟	窑藏	西周中期	《湖南考古辑刊》（第3集），第27页
第三期	南区	临武县甬钟	窑藏	西周晚期	《江汉考古》1984年第3期，第59页
第四期	北区	长沙太子冲	遗址	春秋中期	《文物》1960年第3期，第64页
第四期	北区	汨罗罗子国故城	遗址	春秋中期	《考古通讯》1958年第2期，第10页
第四期	北区	岳阳铜鼓山M2、M5	墓葬	春秋晚期—战国早期	《湖南考古辑刊》（第5集），第29页
第四期	北区	岳阳筻口风形咀M1	墓葬	春秋晚期	《文物》1993年第1期，第9页
第四期	北区	临湘义子山8座	墓葬	春秋晚期	《湖南博物馆文集》，第152页
第四期	北区	汨罗汨罗山54座	墓葬	春秋晚期—战国早期	《湖南考古辑刊》（第3集），第45页
第四期	北区	华容丰家山M2等	墓葬	春秋晚期	《文物》1993年第1期，第9页
第四期	北区	华容鲇市1座	墓葬	春秋晚期	《湖南考古辑刊》（第4集），第174页
第四期	北区	长沙沙湖桥2座	墓葬	战国早期	《考古学报》1957年第4期，第33页
第四期	北区	长沙陈家大山等7座	墓葬	战国早期	《长沙发掘报告》
第四期	北区	长沙浏城桥M1	墓葬	春秋晚期	《考古学报》1972年第1期，第59页
第四期	北区	湘潭下摄司M3	墓葬	战国早期	《考古》1963年第12期，第83页
第四期	北区	湘乡五M1、何M1～M3	墓葬	春秋晚期	《湖南考古辑刊》（第3集），第39页

续表

分期	分区	遗存名称及器物	性质	时代	资料来源
第四期	北区	韶山灌区19座	墓葬	春秋晚期—战国早期	《文物》1977年第3期，第36页
		湘潭古塘桥1座	墓葬	春秋中期	《考古》1978年第5期，第297页
	南区	衡南胡家港1座	墓葬	春秋中期	《考古》1978年第5期，第297页
		衡阳苗圃21座	墓葬	战国早期	《文物参考资料》1954年第6期，第53页
		郴州马家坪Ml	墓葬	战国早期	《考古》1961年第9期，第496页
		耒阳灶市19座	墓葬	春秋晚期	《文物》1985 年第6期，第1页
		祁东小米山1座	墓葬	春秋晚期	《湖南考古辑刊》（第2集），第203页
		资兴旧市33 座	墓葬	战国早期	《考古学报》1983年第1期，第93页
第五期	北区	平江瓮江茶厂	遗址	战国时期	《文物集刊》（第3集），第253页
		长沙陈家大山等	墓葬	战国中、晚期	《长沙发掘报告》
		益阳新桥河、赫山庙	墓葬	战国中、晚期	《考古学报》1981年第4期，第523页
		汨罗汨罗山	墓葬	战国中、晚期	《湖南考古辑刊》（第3集），第45页
	南区	耒阳县城	墓葬	战国中、晚期	《文物》1985年第6期，第1页
		资兴旧市	墓葬	战国中、晚期	《考古学报》1983年第1期，第9页

北区三处遗存可分两类：一类是以岳阳铜鼓山遗址为代表的商文化遗存，据笔者《湖南岳阳铜鼓山商代遗址试析》（《南方文物》1993年第3期）一文的分析，该遗址是二里冈时期盘龙城类型商文化在长江南岸的一个军事哨岗，其文化内涵中除了以商文化因素为主体外，还有本地土著文化、吴城文化及洞庭湖西北岸地区和川东鄂西峡区类型等几种不同的文化因素。一类以浏阳樟树潭遗址上层为代表，陶器以夹砂红陶为主，有少量的印纹硬陶，不见任何青铜遗物。印纹陶占比较重要的地位，如樟树潭遗址上层印纹陶片占30%。主要纹饰有方格纹、曲折纹、圆圈纹、重圈纹、菱形纹、云雷纹、水波纹、叶脉纹等。陶器器类有斝、罐、瓮、大口缸、碗、豆等。生产工具出土了有段石锛、马鞍形石刀、有肩石锄等。这类遗存所代表的是本地土著文化。

南区三处遗存的文化面貌既相同又有差别，相同的是陶器均以夹砂红陶为主，基本不见印纹硬陶，陶器多素面、纹饰简单，主要有绳纹、方格纹、篮纹、附加堆纹等，器类仅见罐、盆尊、器座、支座等，均不见青铜器。不同的是从各遗存陶器的形制观察，没有较多的共同点，说明它们虽处于同一发展水平上，但相互间交往不多，缺乏共性。

总体来看，这一时期南区的古文化相对北区来说比较落后，印纹陶还不很成熟，不见印纹硬陶和几何形纹饰，而且与周围地区的文化交流缺乏，基本不见中原夏商文化的影响。

第二期：商代晚期至西周早期。

属于本期的文化遗存北区有遗址七处和出土了相当于这一时期的青铜器窖藏近四十处，南区有遗址两处和窖藏八处。

北区七处遗址中岳阳费家河遗址和宁乡炭河里遗址可以分别作为商代晚期和商末至西周早期本地古文化的代表。岳阳费家河遗址1982年正式发掘，获得了比较丰富的资料，其文化内涵除了占60%的夹砂红陶和占10%的印纹硬陶的鼎、釜、罐所代表的土著文化因素外，也有一定的绳纹、附加堆纹和较多的大口缸等，表明受到了中原商文化一定程度的影响。宁乡炭河里遗址陶器除以夹砂红陶为主外，见较多的夹砂灰陶，硬陶占15%左右，印纹陶片占陶片总数的一半，纹饰以绳纹、间断绳纹、方格纹为主。从其面貌观察，本地土著的特点固然明显，但受中原商周文化影响是比较深的。另外，在该遗址周围数平方千米范围内曾出土过如“癸[illegible]”卣、人面纹方鼎、兽面纹罍、“戈”卣、兽面纹分裆鼎等一批非常精美的商周铜器，可以推测它们之间有着密切的联系。

南区的安仁何古山遗址上层出土物以陶器为主，铜器仅见在遗址地表采集的一件残戈内部。陶器中硬陶很多，余为火候很高的夹砂红、灰、褐陶，印纹以方格纹为大宗，另有曲折纹、叶脉纹、回纹、云雷纹、绳纹等，器类有折沿凹底罐、竖环耳圆锥足鼎、豆等。衡阳金山岭遗址上层陶器以夹砂黑褐陶为主，夹砂红陶居次，有较多的硬陶，印纹陶片占一半以上，主要有方格纹、叶脉纹、菱形回纹等，器类有鼎、罐、盘、瓶、豆、杯、器盖等，不见铜器。不难看出，这两处遗存的文化内涵是清一色的土著因素，尽管在本地区八处窖藏中出土有相当于这一时期的青铜器，但它们与遗址并无直接关系，且这些窖藏的埋藏年代和青铜器本身的族属、来源等问题还值得深入的讨论，笔者姑且认为，南区在这一时期仍然没有受到中原文化的明显影响。

综合本期南北两区各遗存文化遗物的分析，我们发现，湘江流域这一时期古文化的突出特征除了青铜冶铸技术从出现到发展外，印纹陶特别是印纹硬陶的发展和鼎盛尤其引人注目，它们的呈现标志着本地区古代文化一个新的发展阶段的形式和成熟，是以中原地区商周文化的向南推进为契机，土著文化受到刺激、本地区之间或与周围地区间联系的加强等的必然趋势。

第三期：西周中晚期至春秋早期。

属于本期的遗存北区有遗址五处、墓葬两处和出土属于本期青铜器的窖藏七处，南区有遗址两处、墓葬一处和窖藏四处。

从遗址和墓葬反映的情况看，北区本期的文化面貌又可分为两类，一类是以洞庭湖东岸地区的湘阴晒网场、岳阳毛家堰、阎家山遗址为代表的楚文化，一类是包括长沙及其以南地区的以长沙接驾岭、杨家山遗址为代表的土著文化。

湘阴晒网场遗址出土的鬲、绳纹罐、喇叭形圈足豆、折沿深腹盆等与澧县周家湾[1]西周晚期遗址出土的遗物基本一致，年代应相当。岳阳毛、阎两遗址出土遗物陶器以夹砂和泥质灰陶为主，少见硬陶，纹饰多为绳纹和间断绳纹，器类常见鬲、甗、盆、盂、罐、豆等，与湖北当阳磨盘山[2]、澧县周家坟山[3]等遗址同时期文化特征相同，时代为西周晚至春秋早期。又《湘阴图志》（光绪本）卷六《沿革表》载："楚文王灭罗，而徙都郧，乃从宜城徙罗丹阳，已而又南徙湘水之阴，遂为罗子国。"《史记·屈原贾生列传》张守节正义云："故罗县城在岳州湘阴县东北六十里（即今汨罗市罗子国故城遗址）。"说明在春秋早期，洞庭湖东岸的湘阴、汨罗一带虽非楚国版图但与楚国接壤，这与上述考古材料的分析结果是吻合的。

长沙接驾岭、杨家山两遗址的文化遗物陶器以泥质红胎黑皮陶居多，印纹硬陶较前期大大减少，纹饰也趋于简化，但仍保留一定数量的大方格纹和少量S形纹、仿铜的大块云雷纹、刻划的水波纹等，器类除具中原周文化或楚文化特点的罐、盆、钵、豆等外，本地特有的釜数量还很多，且不见中原文化或楚文化最典型的器类——鬲。另外，长沙县金井春秋早期墓出土的铜鼎、湘潭花石西周中晚期墓出土的甬钟等都是极具地方特点的器物。说明本期长沙及其以南的湘东地区虽受中原文化或楚文化的强烈影响，但其古代文化的性质仍为土著文化。

南区的零陵菱角塘、衡阳周子头两遗址时代分别相当于西周中期和西周晚期至春秋初，文化面貌虽因时代差异而有所区别，但共性较多，特别是印纹硬陶均仍呈继续发展的势头，达到了空间鼎盛的局面，虽然灰陶逐渐取代红陶居主要地位，但基本不见中原文化或楚文化影响的明显痕迹。资兴旧市春秋早期墓葬无论形制还是出土遗物都极具地方特点，如墓葬均为长条形竖穴土坑，长宽之比多在4∶1左右，不少有头龛、腰坑和生土二层台，随葬器物多铜器，陶器极少，铜器主要为兵器、工具类，有随葬砺石的习俗等。可见南区这一时期的古文化虽受到中原文化的一些影响，但这并未妨碍而是促进了地方特色的进一步发展和完善，本地土著文化达到了空前繁荣的态势。

在这一期，南北两区的古文化虽因中原文化或楚文化的影响程度不同而别有差异，但一个共同点就是青铜冶铸技术在前一阶段的基础上逐步发展成完全属于土著文化自己的具有强烈地方特色的一种物质文化，它如异军突起，标志着本地土著文化完全的前所未有的独立性和发展水平。

第四期：春秋中晚期至战国初期。

属于本期的文化遗存北区有遗址两处、墓葬十一处百余座，南区有墓葬八十余座，未发现遗址。由于遗址发现较少，虽然长沙太子冲和汨罗市罗子国古城等遗址的出土物反映出这一期当地的文化面貌是楚文化特点的进一步普遍和具有本地特色的印纹陶更加衰落，但材料尚欠丰富，而且南区的遗址材料目前还是空白，所以，对这一时期墓葬材料的研究至为重要。

北区的百余座墓葬可分大型和中小型两类，大型墓四座，分别是：岳阳凤形咀M1、长沙浏城桥M1、湘乡五里桥M1、何家湾M1。这四座墓的出土物多为铜器或仿铜陶礼器，前二者形制为宽长方形竖穴土坑，主要器物组合为鼎、簠、壶，应为楚贵族墓葬。后二者为窄长方形竖穴土坑，尖端一侧有龛，同前期土著墓葬形制，器物组合为鼎、敦、壶、缶，为典型楚式组合，不过组合中的鼎如五M1三件均为本地式、何M1四件中三件为本地式，还有扁茎无格剑、刮刀等具有本地特点的器物，这两座墓的主人为本地越人贵族的可能性很大。

九十六座中小型墓均为长条形竖穴土坑，长宽比在3∶1以上，有的达5∶1，其中有二层台者二十九座、有头龛或边龛者十五座、有腰坑者三座，这是本地的特点。随葬器物以陶器为主，均为日常生活用器，组合中以楚文化特点的罐最常见，次为豆、钵，次为鬲、盆、壶、罍等，但有的罐加双耳，鬲发现不多，仅出土于十座墓中，特别是组合形式仍继承了本地前期一般为铜器加单件陶器的传统。铜器出土不多，以本地特点的为主，如容器类的鼎，兵器类的剑、镞，工具类的斧、铲、刮刀、匕首等。根据以上分析，笔者认为这一时期北区大部分已为楚文化势力所控制，不过楚文化对土著文化的融合在某些地方（指长沙以南地区）还只是部分地开始且仅停留在表面上，本地的文化传统并未发生太大的改变和动摇。

南区八十余座墓葬均为中小型墓，与本地前期墓葬一样，其特点为：形制以长条形竖穴土坑为主，随葬器物多铜器、陶器极少，有随葬砺石的习俗。铜器组合为单件铜鼎加工具和兵器，且均为土著特点的器物。陶器虽以泥质、夹砂灰陶为主，但有相当数量的硬陶，纹饰虽以绳纹为主，也不少见米字纹、方格纹、席纹、叶脉纹、水波纹等几何纹饰，陶器的基本组合为罐、壶、豆、盘，极少见鼎，不见鬲。这些特征表明，这一期南区的古文化仍为土著文化，楚文化在控制湘东地区后不免会对这里施加影响，但程度有限，本地土著文化还在继续强盛，印纹陶虽已渐趋衰微，但仍保持较强的生命力。

第五期：战国时期。

属于这一期的文化遗存主要为墓葬，因为材料甚多又很零散，这里仅从数批比较大的发掘材料着手，来揭示其文化特征。

总体说来，这几批材料的共性是主要的。例如，墓葬形制多为长方形宽坑竖穴，随葬器物除陶器、铜器外，还有铁器、玉器等。陶器以灰陶为主，多素面，组合一般为鼎、敦、壶或鼎、盒、壶加豆、罐、盘、匜、勺等，即以仿铜陶礼器为基本元件。铜器除容器外，还有铜镜、带钩等生活用品。这些共同点表明战国时期湘江流域南北两区的文化面貌已基本接近，均为典型的楚文化，本地原有的土著文化已被势力强大的楚文化所融合，可以推定，迟至战国晚期，湘江流域全境已纳入楚国的版图。

当然，这一时期南北两区的古代文化也有一定差异，由于北区已于前期为楚文化势力所控制，而南区前期还是典型的土著文化，两地纳入楚国版图的时间差异造成南北两区处于不同的文化融合和变迁阶段是理所当然的。反映在随葬器物上，如资兴旧市战国中期墓有二十六座所出器物并非为楚式的仿铜陶礼器组合，而以罐、壶为基本组合元件，且多出土本地式铜鼎。这说明楚文化对本地文化的融合是一个漫长的过程，同时证实本地文化传统顽强持久的生存能力，诸如长沙、益阳、汨罗等地这一时期的墓葬中仍出土本地式铜鼎、剑、矛及印纹硬陶罐，平江瓮江茶厂本期遗址中出土非常多的印纹硬陶等现象可以加深我们对这一问题的认识。

综上所述，湘江流域商周时期古代文化的发展历程为：土著文化以本地原有的新石器时代晚期文化为基础，在中原商周文化的刺激和影响下逐步发展起来，进而强大，经历具有明显自身特色的发展阶段，进而被楚文化融合、走向衰落，这是一条线索。另一条线索即是中原文化包括夏商文化、周文化和楚文化先后对湘江流域施加越来越强的影响，直至最后征服湘江流域全境。

三、印纹陶问题概说

印纹陶全称“几何印纹陶”，是我国东南地区广大区域自新石器时代晚期至商周时期古代文化共有的盛行在陶器表面拍印或戳印各种呈几何形态的纹样的一种特殊文化因素。印纹陶的产生应源于陶器制作技术工艺本身。我国各地新石器时代原始文化中，都可见到在陶器表面拍印绳纹、篮纹等现象，但这些并不是以装饰陶器为目的，而是制陶技术方面的需要，特别是用作炊具的大型夹砂陶器，在其表面拍上纹饰能增强陶器的黏结度，能使其经久耐用。这些并非装饰目的纹饰所产生的出人意料的实际审美效果给人们以启发，进而有意识地进行陶器装饰、美化生活，这是印纹陶产生的原因。同时，印纹陶一个独特的内涵就是拍印的纹样具有几何形态，这种特征来源于本地本民族生存的自然环境、生产力发展水平、生活习俗和宗教心理等综合因素，所以印纹陶具有鲜明的民族文化特征。

湘江流域印纹陶的产生始于新石器时代文化晚期，商周时期发展成为本地土著文化的一个最重要的特征，它的兴衰始终与本地区青铜文化的兴衰同步。迄今为止，这一地区经过调查和发掘的商周遗存中多多少少都有印纹陶的发现，其纹饰乃至器物的质地、颜色、器类等都与江西、广东等地的印纹陶相同或相似，说明它们同属于一个大的文化系统，其文化的主人为同一个系统的古代民族。

湘江流域南北两区印纹陶的发展分为产生期、发展期、鼎盛期、衰落期四个大的阶段，但具体的时间南北区有所不同，具体如下。

北区：新石器时代晚期为产生期，商代前期为发展期，商代晚期至西周早期为鼎盛期，西周中晚期以后为衰落期。

南区：商代前期为产生期，商代晚期至西周早期为发展期，西周中晚期至战国初为鼎盛期，战国时期为衰落期。

北区在新石器时代晚期遗址如樟树潭下层、平江献冲舵上坪[4]、沅江石君山[5]、益阳鹿角山[6]等出土了一定数量的印纹陶，纹样有方格纹、曲折纹，不见硬陶和其他纹样。至本文所分第一期，出现了不少的硬陶，印纹数量增多，纹样大大增加，鼎盛时期的主要纹样如方格纹、曲折纹、菱形纹、云雷纹、回纹、网格纹、水波纹等在这一阶段均已出现。本文所分第二期北区的印纹陶达到鼎盛状态，其特点是印纹陶比例很大，纹样种类十分丰富，特别是印纹硬陶的进一步发达，如费家河遗址大部分陶器都印有纹饰，其中硬陶占全部陶器的22.3%，器类有鼎、罐、釜、瓮、盘、豆、钵等，炭河里遗址印纹陶占1/2以上，硬陶占15%，浏阳社港遗址硬陶达30%左右。至本文所分第三期的以湘阴晒网场、岳阳毛、阎遗址代表的西周晚期及春秋早期，北区的印纹陶已呈衰势，所以可以将这一期定为北区印纹陶的始衰期。至第四、五期，北区已为楚文化控制，印纹陶虽在某些局部有所保留，但本地原有的以印纹陶为特色的土著文化已被楚文化同化。

南区印纹陶的产生以第一期三处遗址为代表，虽有一定数量，但不见硬陶，纹饰以绳纹、篮纹为主，几何形纹样仅方格纹一种，至本文所分第二期，印纹陶数量增多，出现较多的硬陶，纹样除方格纹外，还有曲折纹、叶脉纹、云雷纹、回纹等，是为发展期。第三期的零陵菱角塘遗址印纹陶占95%以上，硬陶占25%，衡阳周子头遗址印纹陶占80%以上，硬陶占40%，达到了空前发达的水平。第四期没有发现遗址，不过从资兴旧市战国早期墓葬材料考查，印纹陶已呈衰势，因此可以定第四期为南区印纹陶的始衰期。战国时期，印纹陶纹饰单一，多为米字纹，硬陶也大大减少，陶器大部分为楚式的绳纹灰陶取代。不过南区印纹陶衰落的速度相对缓慢一些，直至汉代还有相当数量的印纹陶，特别是汉武帝统一岭南地区之后，印纹陶还曾一度向北发展过。

四、有关青铜器的两个问题

（一）商代青铜器的来源及相关问题

截至目前的材料，湘江流域出土的商周时期青铜器（不含楚墓出土的铜器）已达三百余件，其中普遍认为属于商代的五十多件（表二）。这批青铜器按形制、纹饰等特点可分三种类型，即所谓中原型、混合型、地方型[7]，以下分别论述。

表二　湖南湘江流域出土商代青铜器一览表

出土时间地点	名称	分类	资料来源	备注
1959年长沙收集	人面纹方鼎	A	《湖南省博物馆》，文物出版社，1983 年，图版11	据传出土于宁乡黄材寨子山
1974年收集	“口戈父”圆鼎	A	《湖南省博物馆》，文物出版社，1983 年，图版12	
1962年宁乡黄材出土	“己[illegible]”圆鼎	A	《湖南省博物馆》，文物出版社，1983 年，图13；《考古》1963年第12期	
1959年宁乡黄材寨子山出土	瓿	A	《考古》1963年第12期，图版四，3	内有铜斧224 件
1984年新邵县陈家坊出土	瓿	A	《湖南考古辑刊》（第3集）	
1958年收集	三羊鬲	B	《湖南省博物馆》，文物出版社，1983年，图版14	
1976年黄材栗子山出土	觚	A	《文物》1983 年第10 期	同出的戈、矛、镞均已散失
1960年华容县东山出土	圆尊	A	《湖南省博物馆》，文物出版社，1983 年，图版17	
1971年岳阳县新开青龙出土	圆尊	A	《文物资料丛刊》（5）	
1984年岳阳县荣家湾鲂鱼山出土	圆尊	B	《湖南考古辑刊》（第2集）	
收集	圆尊	A	《湖南省文物图录》，图版八，2	
常宁县出土	方尊	A	《文物》1966年第4期；《文物》1978年第6期，图版柒，1	
1938年宁乡月山铺转耳出土	方尊	B	《湖南省文物图录》，图版五	“四羊方尊”
1981年湘潭九华船形山出土	豕尊	B	《湖南考古辑刊》（第1集）	

续表

出土时间地点	名称	分类	资料来源	备注
1975年醴陵县仙霞岭出土	象尊	B	《文物》1976年第7期	
1977年衡阳市东方红渔场包家台子出土	牛尊	B	《湖南省博物馆》，文物出版社，1983年，图版16；《文物》1978年第7期	
据传为长沙跳马桶出土	羊尊	B	现藏伦敦不列颠博物馆	
1953年衡阳蒋家山东汉墓出土	爵	A	《文物参考资料》1954年第6期；《湖南省博物馆》，文物出版社，1983年，图42	
湘乡出土	爵	A	《湖南省博物馆》，文物出版社，1983年，图版26	
邵县市祭旗坡出土	爵	A	《中国考古学会第七次年会论文集》	
1981年湘潭青山桥出土	爵	A	《湖南考古辑刊》（第1集），图版玖，1	
1970年宁乡黄材王家坟山出土	戈卣	A	《湖南省博物馆》，文物出版社，1983年，图版40；《文物》1972年第1期	内有玉管、玉环等320余件
1963年宁乡黄材炭河里出土	“癸[illegible]”卣	A	《考古》1963年第12期，图版四，1	内有玉器1172 件
1971年浏阳秀山保塘村出土	卣	A	《湖南考古辑刊》（第3集）	
1985年衡阳杏花村出土	卣	A	《中国考古学年鉴·1986年》	内盛玉器150余件
1966年长沙宝堤垸出土	鸮卣	A	《湖南省博物馆》，文物出版社，1983年，图版24	
1956年株洲出土	鸮卣	A	《湖南省博物馆》，文物出版社，1983年，图版25；《文物》1960年第3期	
双峰县出土	鸮卣	A	《湖南文物》（第1辑）	
传为宁乡、安化县交界的伪山出土	虎食人卣	B	现藏日本京都泉屋博古馆	
1955年收集	卣	A	《湖南省博物馆》，文物出版社，1983年，图41	
1953年衡阳蒋家山东汉墓出土	觯	A	《湖南省博物馆》，文物出版社，1983年，图44	
桃江县出土	盉	B	现藏桃江县文化馆	资料待刊
益阳谢林港出土	角	B	现藏益阳地区博物馆	资料待刊

续表

出土时间地点	名称	分类	资料来源	备注
1971年收集	钺	B	《湖南省博物馆》，文物出版社，1983年，图30	
长沙金井双江1978年出土	戈	A	《湖南博物馆文集》	
1975年黄材栗山村宋家冲收集	戈	A	《文物》1983年第10期	
收集	戈	A	《湖南省文物图录》，图版九，1、2	
1975年长沙收集	矛	A	《湖南博物馆文集》	5件
宁乡米良桥侯家咀出土	刀	A	《湖南文物》（第3 辑）	
1985年邵东县民安村出土	镈	C	《中国考古学年鉴·1986年》	
1983年宁乡县月山铺转耳出土	象纹大铙	C	《文物》1986年第2期	打破商周时期文化遗存
1959年宁乡县老粮仓乡师古寨出土（窖坑中有商周时期陶片）	象纹铙之一	C	《文物》1966年第4期；《湖南省博物馆》，文物出版社，1983年，图27、28	有虎纹、鱼纹装饰，11个乳钉
	象纹铙之二	C	《文物》1960年第10期；《湖南省文物图录》，图版一一，1	无虎纹、鱼纹装饰，9个乳钉
	虎纹铙之一	C	《湖南省博物馆》，文物出版社，1963年，图43	器较轻薄重55. 75千克
	虎纹铙之二	C	《湖南考古辑刊》（第2集），图版五，4；《湖南省文物图录》，图版一一，2	旋部有C形纹
	兽面纹铙	C	《湖南考古辑刊》（第2集），图版五，1；图版陆，2	
1978年宁乡县老粮仓乡北峰滩出土	兽面纹铙之一	C	《文物》1979年第6期；《南方文物》1993年第2期，第51页，图16	口部有四只卧虎重109 千克
	兽面纹铙之二	C	《文物》1983年第10期；《湖南考古辑刊》（第2集），图版陆，1	无卧虎重154千克干上有C形纹
1971年岳阳县黄秀桥乡出土	兽面纹铙	C	《文物资料丛刊》（5），图版八，1、2	
1974年宁乡县唐市乡陈家湾出土	兽面纹铙	C	《湖南考古辑刊》（第2集），图版陆，3	重85.75 千克
1964年湘乡县狗头坝商代遗址出土	兽面纹铙	C	《文物》1977年第2期，第1页；《湖南考古辑刊》（第2集），图版五，3	《文物》1977年第2期，图版壹，1，误

续表

出土时间地点	名称	分类	资料来源	备注
1977年望城县高塘岭乡高冲出土	兽面纹铙	C	《湖南考古辑刊》（第2集），图版五，2	
1985年浏阳县柏嘉出土	兽面纹铙	C	《湖南文物》（第1辑）	
1973 年宁乡县黄材乡三亩地出土	云纹铙	C	《湖南省博物馆》，图版29；《湖南考古辑刊》（第2集），图版五，1	同出玉玦、玉环、玉虎、玉鱼等若干

注：表中分类项A、B、C 分别表中原型、混合型、地方型。

中原型，该类铜器无论形制特点、纹饰和装饰风格、铸造特点等都与中原地区典型商器无异或相近。最典型的如“戈”卣、“癸㠱”卣、觚、爵、瓿、“己㠱”鼎、鬲、圆尊等，根据邹衡[8]等先生考证，这些族徽铭文“戈”“㠱”等均为中原殷人大族。那么这类铜器的族属就为商族，铸地也应在商地。所谓商地即商王朝势力控制的地盘，或者说商王朝的版图。只有商人加商地两个条件同时存在，才会铸造出中原型的青铜器，这是毫无疑问的。那么湘江流域是否曾为商地呢？回答是否定的。从目前发现和发掘的商代遗址考察，除以铜鼓山遗址为代表的仅限于岳阳城陵矶附近长江沿岸的小片区域外，以南其他地区无论二里冈期或者殷墟期都没有很典型的土著文化。因此可以断定这类青铜器是在中原地区铸造，然后由商人带来本地的。接下来就是这类铜器南来的时间问题。笔者认为当在商末或周初，理由如下。

（1）前述本地有商一代未曾成为商地，商人没有有组织和成一定规模地进入湘江流域。

（2）这些青铜器在当时属于重器，不太可能以交换或馈赠形式来到本地。

（3）这批铜器均出土于窖藏，窖藏的性质除很少数可能为祭祀埋藏外，大部分应属于财富埋藏的性质，而且没有一件铜器的出土材料可证明其埋藏年代为商代，却有以下材料证明该器窖藏年代在商以后：①黄材寨子山出土铜瓶，内有铜斧224件，铜斧的形制与资兴旧市M276出土者相近[9]，说明其埋藏不早于西周晚期；②黄材三亩地出土的云纹铙，同出的铜刮刀[10]，与资兴旧市、耒阳县灶市、湘乡五里桥等墓葬出土者相同，那么云纹铙的埋藏年代当不早于春秋时期；③与湘潭青山桥铜爵同窖出土有西周晚期的鼎等，其窖藏年代应晚于西周晚期。另有衡阳蒋家山东汉墓出土的爵、觯等。

（4）与众多青铜器窖藏可能有密切关系的炭河里遗址，时代为商末至西周早期，且文化内涵中中原文化因素较多，如陶器见较多的夹砂灰陶，纹饰以绳纹、间断绳纹为主。而商代晚期地处商人南来必经之地的遗址中商或中原文化因素很少，确证商人在这一时期并未南下。

（5）湘潭青山桥商代晚期铜爵与同属中原类型的西周初或西周早期的铜尊、爵、觯等同窖，表明其主人来本地的时间当在周初或西周早期。

（6）商末，商人为周人所迫，一部分商人向南退却，湘江流域是最理想的避难之所，因为这里土著文化势力薄弱，正好是东边吴城文化和洞庭湖西北及鄂西强大土著文化势力之间的中间地带。

混合型青铜器或者形制同中原商器，纹饰具有地方风格，或者相反。其来源当有三种可能：一是商人在中原地区铸造，但吸取了南方文化的元素；二是商人南来后在本地铸造；三是本地土著民族得中原工匠指导或仿效中原而铸造。根据前面论证，若为第一种可能，则铸造年代为商，但来本地的时间为商末或以后；若为第二种可能，则铸造年代为商末或周初；若为第三种可能，其铸造年代可能为商代晚期，也可能为商末周初，不过这些铜器的铸造工艺和技术水平确令人惊羡，而湘江流域商代晚期遗址的发现无法令人相信这一时期土著民族业已熟练掌握了青铜器的冶铸技术，所以即使是这种可能，铸造年代也应在商人南来之后。从目前材料看，笔者认为三种情况都存在，但以后两种情况为主。

地方型青铜器无论形制还是纹饰的主要风格都为本地所独有，它是本地土著民族熟练地掌握了青铜冶铸技术之后的产物，从事物发展的逻辑上讲，它的出现应晚于前两类青铜器，所以根据对前两类青铜器铸造或来本地的年代的分析，地方型青铜器的铸造年代当不早于商末周初。目前有的学者[11]将这些铜器的年代定得很早，对此笔者不敢苟同。毫无疑义，湘江流域的青铜文化是受中原商文化的影响产生的，我们并不排除商代这里的土著民族已初步学会和掌握了铜器的冶铸技术，但像铙、镈这样大型的青铜器的铸造和与之相称的采矿、冶炼技术手段所反映的比较成熟的青铜文化只有在商末商文化大规模涌入本地之后的促进和帮助下才会产生。又因为其为地方型，中原或其他地区没有，无对比资料，又缺乏地层学依据，所以过去的断代均以这类器物的某些纹饰或装饰风格与中原地区商器对照比较，这样难免失之偏颇。因为这些用来对比的纹饰在中原和本地都不是主要的纹饰，没有明显的时代特征，况且即使在中原地区商代晚期和西周初期的铜器铸造特点和纹饰风格也是难以清楚地区分的。所以本地铸造特点或纹饰风格与中原某时期相同的铜器并不一定年代与之同时，这里要考虑文化传播的时间因素（如本文第二部分所述本地古文化的阶段性变化总比中原地区晚一个节拍）、文化传统的延续性（如本地直至春秋时期仍保持中原商代晚期的铸造作风）和青铜器本身发展的变化缓慢特点等因素。

如果上述论点成立，那么有商一代湘江流域就不可能存在一个由商人建立或控制的附庸于中原商王朝的政治实体——方国，也不可能有一个或几个由土著民族建立的可以与中原商王朝抗衡的方国，正如前文所述，商末周初商人大量南迁之前，本地土著文化还比较弱小和分散，社会组织形态恐怕还站在阶级社会的门外，不太可能建立起统一的强有力的政治集团。商代前期即二里冈期，商王朝对南方的扩张是卓有成效的，但商文化并没有向湘江流域纵深发展，只是在岳阳城陵矶附近的长江沿岸建立如铜鼓山遗址之类的军事岗哨，以保证从江西北部往中原的铜矿运输线的安全，也就是说商人当时并不是没有势力向湘江流域南进，而是其意图不在于此。商代晚期即殷墟期，商文化势力由于南方各地土著文化的强大而被迫撤退，这正是长江流域各地这一时期考古材料中本地文化因素普遍而商文化因素明显减弱的原因（这一时期商王朝甚至丢失了盘龙城这个军事据点），也是甲骨卜辞中屡见武丁等多次对南方用兵的直接原因。商末周初，商人进入湘江流域，但很快即被本地土著文化融合，正式成为本地民族的一员，在他们的帮助下，湘江流域的青铜文化得以迅速成熟和发展，至春秋时期，本地古代文化已迈入了阶级社会的门槛。

（二）湘江流域青铜器及冶铸技术的发展阶段问题

湘江流域的青铜文化应该说萌芽于商代前期中原商文化向南方的扩张和影响，商末周初中原先进的商周文化大量涌入湘江流域，促进了本地青铜文化的成熟，至战国末年，大体经历了三个阶段，从青铜器的文化面貌上讲为中原（商周）式→本地式→楚式，从青铜冶铸技术发展程度上讲为产生阶段（输入阶段）→成熟阶段（自产阶段）→变革阶段（衰落阶段）。

产生阶段：湘江流域青铜冶铸技术从萌芽到产生走了一个捷径，这一起步性的工作是在商代晚期开始至商末商人南迁的契机下完成的。这一阶段本地文化的青铜器是在商人工匠指导或本地已从商人那里学会掌握了这一门技术的土著匠人的主持下铸造出来的，因此，从铜器的形制、纹饰看，既有本地特点，又留下了中原商周文化的烙印。

成熟阶段：这一阶段北区最早开始于西周初或西周早期，至春秋早、中期发生变化，南区开始于西周中晚期，持续至战国早中期。其主要特点是：①拥有一批不见于中原地区具有地方特点的青铜器，如铙、镈、甬钟、浅腹足外撇的鼎、马纹簋、垂腹的尊，还有罍、斧、刮刀、扁茎无格剑等，这些不仅为本地铸造，而且极具本民族特点；②铜器的装饰风格虽与中原周文化一致，趋向简化，表现出一种凝滞的作风，但铸造方法仍继承了中原商代晚期至西周早期流行的做法，如通体浑铸，三足器鼎等一般采用三壁范加一三角形底范榫卯扣合一次浇铸而成，且往往不经打磨即使用；③纹饰除吸取中原风格的饕餮纹、云雷纹、焦叶纹、夔纹、涡纹外，大量使用本地几何印纹陶的纹饰，如曲折纹、网纹、圆点纹、重圈纹、栉纹、回纹、菱形纹、叶脉纹等，且只有主纹而无地纹，不见铭文。可见这一阶段本地青铜文化已经成熟，并发展到具有本民族自身文化特点的新阶段，湘江流域土著文化在这一时期才开始进入它的强盛阶段。

变革阶段：又可称为楚式阶段，因为楚文化对湘江流域的军事占领和文化同化作用，本地青铜文化不仅在青铜冶铸技术工艺上发生了变革，而且文化性质也发生翻天覆地的变化。这一阶段青铜器的特点是：①从铜器的文化面貌看，以楚文化特点的为主，但本地土著文化特点也有所保留，出现一些楚式与本地特点相结合的器物，如本地的浅腹鼎上加盖等；②铸造工艺上，出现分铸后铸接或焊接的方法，如鼎等耳、足分铸，器身为两壁范加一圆形底范，另外还出土了不少铁足铜鼎；③器类方面，新增加了铜镜、带钩等日常生活用品；④纹饰方面，新出现刻纹手法和镶嵌技术等。变革阶段的青铜文化虽在技术方面较前一阶段有所进步，但总体水平已显衰微之势，这可能与矿源的枯竭和铁器的出现有一定关系。这一阶段又是土著民族和外来民族融合的主要时期，楚人的入侵使本地土著文化遭受毁灭性打击，土著民族一部分被楚人同化，一部分南迁到岭南地区，土著的青铜文化走到了它的尾声。

注　释

[1] 湖南省文物考古研究所（何介钧）、澧县文物管理所（曹传松）：《湖南澧县商周时期古遗址调查与探掘》，《湖南考古辑刊》（第4集），岳麓书社，1987年。

[2] 宜昌地区博物馆：《当阳磨盘山西周遗址试掘简报》，《江汉考古》1984年第2期。

[3] 湖南省文物考古研究所（何介钧）、澧县文物管理所（曹传松）：《湖南澧县商周时期古遗址调查与探掘》，《湖南考古辑刊》（第4集），岳麓书社，1987年。

[4] 高至喜、周世荣：《略谈湖南出土的印纹陶》，《文物集刊》（3），文物出版社，1981年。

[5] 宜昌地区博物馆：《当阳西周遗址试掘简报》，《江汉考古》1954年第2期。

[6] 湖南省博物馆：《湖南益阳鹿角山发现新石器时代遗址》，《考古》1965年第10期。

[7] 熊传薪：《湖南商周青铜器的发现与研究》，《湖南省博物馆成立三十周年纪念文集》。

[8] 邹衡：《夏商周考古学论文集》，文物出版社，1980年。

[9] 何纪生、何介钧：《古代越族的青铜文化》，《湖南考古辑刊》（第3集），岳麓书社，1986年。

[10] 熊传薪：《湖南商周青铜器的发现与研究》，《湖南省博物馆成立三十周年纪念文集》。

[11] 高至喜：《论中国南方商周时期铜铙的型式、演变与年代》，《南方文物》1993年第2期。

（原载于《南方文物》1994年第1期）

湖南商代晚期青铜文化的性质及其与殷墟商文化的关系

一、湖南商代考古研究的现状和所面临的问题

湖南地区商时期的考古发现和研究一直是学术界非常关注和感兴趣的课题，特别是湘江下游宁乡等地出土的商代青铜器，其造型之独特、工艺之精巧，给人留下了非常深刻的印象。从20世纪20年代开始至今，湖南境内出土的商代铜器已达数百件，其中人面纹方鼎、四羊方尊、象尊、猪尊、大铜铙等为国内其他地区所罕见，堪享“国宝”之殊誉。可以说，青铜器的发现肇始了湖南商代考古研究的先声。

湖南商代考古发现和研究的历程可分为两个阶段。80年代以前为初始或准备阶段。其中中华人民共和国成立前湖南境内虽出土过不少青铜器，但在当时的历史条件下，并未引起政府和有关人士的重视。从中华人民共和国成立到70年代末的二十年里，湖南的考古工作者除了征集到一大批各地出土的青铜器外，还在湘资沅澧四水流域进行了大量的考古调查和试掘工作，为以后的科学发掘提供了重要线索。但由于工作地点分散、工作规模小、出土遗物少等的局限，这一时期还不太可能也没有人进行过系统和综合的研究工作。

自80年代初至2000年左右，湖南商代考古发现尤其是研究工作取得了前所未有的进展，这一时期可称为发展阶段，其开始的标志就是石门皂市遗址的发掘。皂市遗址商代遗存的发掘和研究不仅为认识湖南西部地区商时期古文化确立了一个参照标尺，而且对整个湖南的商代考古工作起了很大的促进作用，揭开了湖南商代考古史上的新篇章。

这二十年来湖南商代考古工作所取得的成果可以从下面两个方面来总结：①境内商时期重要文化遗址的发掘、商代考古学文化年代序列的建立和分区研究；②湖南出土商代青铜器及相关问题的探讨。

湖南商时期考古学年代序列的建立和分区研究的成果，主要得益于一些重要遗址的发掘和各地区文物考古工作的普遍开展。不过，由于各地开展工作的程度不同，目

前的认识也颇有差异，相对而言，湘西北地区澧水流域和湘东湘江下游岳阳地区商时期古文化面貌比较清楚一些，但仍有许多不同的问题需要解决。

1981年结束的石门皂市[1]遗址及随后在石门宝塔[2]、澧县斑竹[3]、保宁桥[4]等遗址的发掘，取得了非常大的收获，经何介钧[5]、王文建[6]先生研究，可以分为三至四期，年代相当于中原地区的二里冈下层偏晚至商末周初，并可根据其文化面貌和分布范围等暂时定名为“皂市类型遗存”或“皂市类型文化”（王文建先生称为“澧水遗存”）。这样，澧水中下游地区商时期考古学文化的年代序列就基本建立起来，并且已得到普遍的认同。皂市类型商代文化的主要出土物陶器依文化因素的不同可以分为两大组：一组为鬲、斝、爵、簋、大口尊、假腹豆等器类，具有鲜明的商文化特征；另一组为釜、鼎、小口高领罐、花边圈足碗、竹节状高柄豆、瓿、矮领折肩罐等器类，在中原地区商文化中不见，盘龙城、荆南寺等商代遗存中也少见，被一致认定是本地土著文化因素并和本地新石器时代晚期文化（石家河文化）有一定的渊源关系。皂市类型商代文化早期即相当于二里冈下层至殷墟一期的文化内涵虽以本土文化因素为主，但商文化因素也占较大的比例，表明其文化性质为“受商文化较强影响的本地青铜文化”[7]。从约相当于殷墟二期开始，商文化因素迅速消失，本土文化因素进一步凸显，这种现象与整个长江中游地区殷墟早期各地古文化所呈现出的发展趋势吻合。

随着近年来澧水中上游和沅水流域考古工作的进展，湖南西部地区商时期的整体文化面貌愈显清晰，研究表明，澧水中上游、沅水下游和沅水中游各地区商代古文化内涵及面貌非常接近皂市类型文化，很可能为同一种考古学文化的不同类型，即使不是一种文化也属于一个大的文化系统。70年代曾在辰溪县张家溜、潭湾、泸溪县浦市[8]等地做过调查，采集和出土了夹砂红陶大口缸、花边圈足碗、簋、竹节柄豆等皂市类型遗存常见的器物。1994年沅陵县董家坪[9]遗址的发掘，不仅出土了大量皂市类型遗存本土文化因素的器物，更出有鬲、斝、爵、簋、大口缸等商文化因素的典型器物，说明该遗存文化面貌与皂市类型文化是非常接近的。澧水中上游慈利江垭[10]几处商代遗址文化面貌与皂市类型晚期文化相近。桑植朱家台[11]遗址地方特点较为明显，如普遍出一种颈部刻多道弦纹和水波纹的夹砂褐陶卷沿溜肩罐，但这种颈部刻划纹饰的褐陶在皂市遗址也有少量发现，另外，朱家台遗址还出土了大口缸，陶器纹饰上也有云雷纹、乳钉纹、横人字纹等，表明朱家台类型遗存由于地处深山高谷，与外界接触相对较少，故更多地保持了本地文化的特色。

沅水上游地区商代文化遗存目前只有靖县斗篷坡一处，斗篷坡的发掘材料虽未公布，但据贺刚先生在《南岭南北地区新石器时代中晚期文化的关系》[12]一文中提供的材料和何介钧先生的研究（同［5］），其第二、三期的年代应相当于夏商时期，文化面貌上陶器以夹砂陶为主，流行圜底器、圈足器，不见三足器，纹饰以绳纹和条纹为主，有少量的方格纹、曲折纹、叶脉纹、云雷纹、刻划纹、篦点纹和指甲纹等。常见器类有圜底的釜、罐、钵、盆、盘、杯和圈足的簋形器、罐、豆、碗、器座、支架以及纺轮等，与沅水中下游地区同期遗存差别明显，倒与广东河宕遗址三层、后沙湾二期等遗存有较多的相似之处，看来“它们应属于同一个考古学文化，或可归结为同一考古学文化的两种地方类型”（同［12］），不过其中的簋形器可能受了皂市类型文化的影响。

西部地区商时期古文化的区域分布看来与本地新石器时代晚期文化有着密切的关系。目前已知的情况是，湘西地区石家河文化分布的最南端已到了麻阳县城以南，且这一区域的石家河文化几乎找不到与洞庭湖西北岸地区石家河文化不同的文化因素。而沅水上游斗篷坡遗址相当于石家河文化时期的遗存与石家河文化判然有别，却和珠江三角洲、广西西江流域的同期文化有许多共性。看来这种文化传统的地域分布到商时期还并未打破。

总之，湖南西部地区特别是澧水和沅水中下游地区商时期古文化的分期和年代序列的基本建立、文化性质的确定以及分区研究已经取得了比较普遍的共识，今后的工作主要是材料的充实、分期编年和类型区分的进一步细化及绝对年代的科学测定等，以期达到对该地区商时期考古学文化更加全面和深入的认识。

东部地区（包括资水和湘江流域）是湖南商周青铜器的主要出土区域，因此在过去的几十年里，人们总是把研究的眼光局限于青铜器上，所以从某种意义上讲，东部地区大量青铜器的发现反而制约了这一地区商时期考古研究的进展。1987 年，湖南省文物考古研究所在岳阳铜鼓山[13]遗址的发掘可以说是近年来湘江流域商代考古发现和研究工作突飞猛进的起点。继铜鼓山遗址的发掘，湖南省文物考古研究所和岳阳市文物工作队又接连在岳阳县对门山[14]、樟树潭[15]、温家山[16]、老鸦洲[17]、汨罗市玉笥山[18]等地进行了一系列的发掘工作，加上60年代浏阳县樟树塘[19]及1982 年岳阳县费家河[20]遗址的调查和发掘材料，湘江下游地区商时期古文化的编年序列也可以建立起来了。

目前看来，湘江下游地区商代早期（或称前期）文化基本上有两个类型。一是以铜鼓山遗址为代表的商文化，再是以浏阳樟树塘遗址为代表的土著文化。铜鼓山遗址商代遗存据笔者《湖南岳阳铜鼓山商代遗址试析》[21]（以下简称《试析》）一文的研究，可分二期四段，年代从相当于中原商文化二里冈下层偏早到殷墟早期，文化性质为盘龙城类型商文化。这些观点已为大多数学者认同。铜鼓山类型文化目前来看主要发现在岳阳市以北的长江南岸一带，范围比较小，而据岳阳市文物普查资料，该类文化遗址在岳阳市区以南没有发现（不过也未发现与铜鼓山遗址同期的其他不同遗存）。可能正如笔者所推测，铜鼓山遗址只是商代早期（二里冈期）南下商人在长江南岸为确保长江干流水路畅通而设立的一个军事哨堡，商的势力并未继续南下进入湘江腹地。

浏阳樟树潭遗址发掘面积仅36平方米（一个探方），据发掘报告称分上、下两层，笔者仔细检索两层出土的器物，发现两层都出土大量的石器如斧、凿、锛、镞和双孔石刀等，真正的区别主要是陶器，如下层出土盘口釜、卷沿罐、敛口钵、圈足碗、盆、袋足斝（或称鬶）、浅盘细柄外鼓的豆及大量的支座、纺轮等。上层则仅有大口缸、簋（报告称“异形豆”）和纺轮等少量器类，如果从报告发表的这几类器物看，则上层与铜鼓山类型有密切的关系，年代约为二里冈上层时期；下层的陶器则明显有本地新石器时代晚期和二里头文化的风格，年代估计为夏至二里冈下层时期。由于材料太少，该类遗存的分期和定性还不便下最后的结论。

湘江下游商代晚期（即殷墟时期）文化近年来做的工作最多，特别是对门山、老鸦洲等遗址发掘后，这一地区商代晚期文化的分期和年代序列已经可以基本确立。目前的主要分歧是对这类遗存文化性质认识的差异，这种分歧是由于各研究者对于该类遗存本身的认识角度和如何处理它与这一地区出土的商代铜器之间协调关系的不同造成的。这些问题笔者将在下文中专门讨论，此略。

湘江中上游地区，80年代以前曾在安仁何古山[22]、衡阳金山岭[23]、南岳彭家岭[24]、湘乡新坳[25]等地做过调查，90年代上半期，又先后在茶陵独岭坳[26]、攸县[27]等地做过发掘和调查。根据这些材料，我们可以得出如下粗浅的认识。

商代早期，其共同特点是陶系以夹砂红褐陶为主，有少量夹砂灰陶和泥质陶，主要器类为盘口釜、矮领罐、浅盘竹节柄豆、器座和支座等，纹饰除绳纹、方格纹外，出现曲折纹。这些特点与浏阳樟树塘下层很相近，只有器形略有差别。商代晚期与早期相比，印纹陶进一步发达，硬陶比例大大增加，陶器以轮制为主，主要器类有盘口釜、折沿釜、敞口高领罐、粗柄豆等，纹饰除绳纹、方格纹、曲折纹外，弦纹增多，还有席纹、漩涡纹、圆圈纹、水波纹、横人字纹、指甲纹等，由于没有进行系统的发掘工作，材料零碎，湘江中上游商时期古文化的分期还不能进一步细化，但对其文化属性的认识则比较一致，即其文化面貌上未见中原商文化的影响，而与周邻的赣西南和粤北地区的同期古文化共性不少。因此，湘江中上游地区的商代古文化为典型的土著文化，应为古代越系民族中的一支所创造。

另外，资水流域地区因为没有开展工作，对这一地区商时期古文化的认识还是空白。

关于湖南出土商代青铜器的研究，经过前辈学者们的努力，取得了不少基础性的成果。如一般将这些青铜器分为三个类型，即中原型、混合型和地方型，并认为中原型为中原铸造，为南下商人带来本地的，混合型是商人来本地后铸造或为本地民族在中原的工匠指导下铸造的，地方型则是本地土著文化的产品。又认为湖南商代青铜器的发现表明湖南湘江流域商代晚期已经有了高度发达的青铜冶铸业，并且可能存在一个势力强大的方国等。这里不想一一详述，下面仅介绍两个最新的观点。

一是何介钧先生在最近发表的《试论湖南出土商代青铜器及商文化向南传播的几

个问题》（同［5］）一文中根据新出土材料对中国南方铜铙进行了重新检索，重新分型分式和断代，提出了非常合理的看法，完全将高至喜先生的分型分式和断代颠倒过来。对于铜铙的文化属性，他认为是南方类型商文化的构成部分，而并非越所铸。这是一个非常了不起的成果。大家知道，铜铙在过去的研究中被划归为地方类型，认为是越族的典型器物，如果何先生的观点成立，则湖南出土的所有商代铜器则与越文化或越族无缘了。

二是笔者在《湖南商代铜器新探》[28]（以下简称《新探》）一文中对湖南商代铜器的分区分群研究。笔者首先将湖南东西部地区出土的青铜器分开，根据其不同的特点认为两地出土的商代铜器有不同的来源方式、来源路线和发展趋势，西部地区的青铜冶铸技术并没有在商以后得到继承和发展，而是中断至春秋中晚期以后楚文化的侵入。东部地区的青铜器又依出土地点的分布、铜器类型组合、来源方式等不同区分为两大类群，并分别被命名为“资水上游类群”和“沩水类群”。“资水上游类群”青铜器出土地点呈线状分布，北起湘江中游支流——涟水流域的湘乡、双峰，进入资水上游的邵东、新邵、邵阳、新宁，南可延伸至广西兴安[29]和武鸣[30]等地，这一类群的青铜器为清一色的商式铜器。而“沩水类群”则是以沩水流域的黄材等地出土的青铜器为代表的类群，其出土地点呈片状分布，似乎是以沩水流域为中心向四周扩散，这一类群包括了所谓中原型、混合型、地方型等各类型的青铜器。两个类群青铜器的性质和它们所传递的文化信息是不同的。文中通过结合本地区陶器文化面貌的分析，认为“资水上游类群”青铜器的来源应与商王朝同南海地区的商贸交往有关，来源年代当在商代。而“沩水类群”青铜器是商末周初商人（或与商文化关系密切）的一支受周人所迫进入本地的结果。

上述新发表的观点正确与否有待时间的检验，不过由此而引起的对湖南商代青铜器性质和文化背景的重新研究和讨论则具有非常积极的意义。

湖南商代铜器的性质问题是湖南商代考古研究最终要解决的课题，由于铜器本身年代（如铸造年代、埋藏年代）、传播方式和埋藏性质等方面的许多不确定因素，为解决这一课题增加了难以想象的困难。笔者认为，首先应从陶器文化的研究入手，通过大量扎实的基础性工作，确定本地区商时期陶器文化的性质，再结合铜器本身进行深入的探讨，本文不失为这样的一次尝试。

二、湘江下游商代晚期文化的编年及特征

湘江下游地处洞庭湖和罗霄山脉之间，北靠长江，南通湘江中上游和资水流域广大地区，既是中原地区和江汉平原进入湘中腹地的交通咽喉，又是湖南东部地区对外

交往的门户。考古发现表明，自新石器时代早期开始，这里不仅就是湖南省早期人类文化最发达的地区之一，而且一直是长江中游地区古代南北文化交流的纽带。夏代，二里头文化的影响已经波及这一地区。商代早期，随着商人大规模的南下，盘龙城的建立，铜鼓山一带长江南岸地区已毫无疑义地纳入了商王朝的直接控制区。进入商代晚期，由于整个长江中游地区历史文化背景的变迁，具体地讲就是盘庚迁殷之后，商文化政治重心北移，盘龙城废弃，长江中游商时期考古学文化普遍从殷墟一期左右开始商文化因素迅速消退，各地方土著文化因素同时兴起，这似乎暗示着商文化或商王朝势力在南方地区的总体撤退。但另一方面，商代晚期高度发展的青铜器却在长江中游地区普遍发现，这两种文化现象的不协调性在湘江下游地区尤显突出，这是导致本地区商代晚期文化及青铜器本身性质问题悬而不决的主要原因，本文试图对湘江下游主要是岳阳地区商代晚期文化的特征进行解剖，并通过其与殷墟商文化关系的探究，以期对湖南商代晚期文化及商代青铜器的认识有所启发。

（一）费家河类型文化的分期与年代

湘江下游商代晚期文化遗存的发现始于1981～1982 年岳阳县黄秀桥费家河北岸几处地点的发掘，发掘报告总称为费家河遗址。此次发掘共清理陶窑32座，灰坑1个，文化遗物均为陶器。其文化面貌表现为，陶系中夹砂红陶和红胎黑皮陶占绝大多数，印纹硬陶有一定比例，少见夹砂灰陶和泥质灰陶，纹饰以方格纹、间断绳纹为主，还有梯格纹、弦纹、刻划纹等，器类主要有扁平足方格纹鼎、大口缸、各类釜、直口罐、豆、硬陶瓮、器盖等。这种非常有特点的文化遗存与盘龙城等早商文化迥然不同。故发掘报告将其定性为商代晚期的一支地方类型文化。

1987年铜鼓山遗址中再次发现此类遗存，该遗址商代遗存第Ⅳ段单位（T7H6 等）出土的B型釜（T7H6：1）与费家河Ⅰ式釜特点一致，显属同类器，其他如侧装扁足鼎（T7H6：17）、夹砂红陶敛口罐（T2③：24、T7H6：12）、B型甗（T7H6：9）等虽在费家河遗址中找不到相同器形，但它们显然不属于以鬲、斝、爵、大口尊、簋、深腹盆、小口矮领罐等为代表的典型商文化因素，而且这些器物也不见澧水流域的同期遗存。

90年代前半期发掘的对门山、老鸦洲等一批遗址，不仅可以见到费家河遗址的所有器类，而且是其主要文化内涵。因而可以确定费家河遗址最早发现的这一类遗存为同一个考古学文化，为下文叙述方便，我们暂称之为“费家河类型文化”。

笔者早在1995年脱稿的《新探》一文中就费家河类型文化的分期提出过二期四段的初步意见，但在该文中未详细论证。本文亦坚持原有的认识，兹将各期段代表遗存、主要文化内涵及发展演变规律介绍如下。

一期Ⅰ段，代表遗存为铜鼓山商代遗存Ⅳ段，以T7H6为典型单位。最近岳阳市文物处罗仁林先生在《岳阳地区商时期的文化序列及其文化因素分析》[31]（以下简称《岳阳》）一文中又介绍了岳阳县樟树潭遗址的部分材料。罗先生将樟树潭商代遗存分为四段，并论定其第一段早于铜鼓山Ⅳ段，第二段则与铜鼓山Ⅳ段相当，因为详细材料尚未公布，本文暂从其说，将樟树潭第一、二段均归为本段范围内。本段陶器以夹砂红褐陶为主，次为夹砂灰褐陶、夹砂红胎黑皮陶、泥质红陶等，硬陶很少。主要器类有折沿釜、鬲、鼎、高矮釜、甗形器、簋、盆、豆、大口缸等。纹饰以绳纹为主，弦纹亦较常见，方格纹、云雷纹、附加堆纹、指甲纹、十字镂孔等数量均很少。折沿釜，多夹砂灰褐陶，平折沿，圆腹，尖圜底，器表素面或饰绳纹（图一，1）。鬲均连裆，有折沿方唇、折沿圆唇和卷沿三种。折沿方唇鬲颈稍内收，颈部有附加堆纹（图一，2）；折沿圆唇鬲，沿面内凹，束颈明显，颈部有台棱（图一，3）；卷沿鬲腹很浅，足外撇，形制少见（图一，4）。鼎有两种，一种为斜折沿，鼓腹，倒装扁平足（图一，6），一种为平折沿，圆腹，三锥足（图一，5），两者均为素面，此外还有面朝外的扁平鼎足（图一，10）。高领釜亦有两种形制，一为敞口、折腹或圆腹，圜底，颈部饰多道凹弦纹，上腹一周云雷纹，下腹为交错绳纹（图一，7）；一种为折沿，高直领，折肩圜底，颈上部多道凹弦纹、下部饰一周竖绳纹，腹上部为素面，下部饰交错绳纹（图一，8）。甗形器，敞口，长颈，鼓腹，圜底，颈腹间内壁有箅托一周，通体饰方格纹（图一，15）。簋，为泥质红陶，平折沿，腹内收，宽矮圈足（图一，11）。假腹豆，腹部戳印云雷纹（图一，12）。盆，敞口，束腰，深腹，圜底内凹，通体饰绳纹（图一，13）。大口缸，均夹砂红陶，多方唇，口外一周宽带箍，圆饼形底（图一，16）。另外还有少数斝（图一，14）、碗（图一，9）等。

一期Ⅱ段，代表遗存有对门山遗址早期、老鸦洲遗址下层、樟树潭遗址第三段、温家山早期墓葬等（后两者未见材料，此参见罗仁林先生《岳阳》一文，下同）。本段陶器以夹砂红陶或红褐陶和夹砂红胎黑皮陶为主，泥质红陶或泥质红胎黑皮陶次之，硬陶所占比例仍较小，夹砂灰褐陶较前段大大减少。主要器类有高领釜、矮领釜、小釜、鬲、甗形器、大口缸、浅盘粗柄豆、直口罐等，还有少量折沿釜、鼎、斝、硬陶瓮、器盖等，纹饰仍以绳纹、弦纹为主，方格纹仍较少，其他纹饰少见。从器形上看，鬲均为连裆鬲，主要形制为平折沿，沿面或有凹槽，直口束颈，鼓肩收腹，高尖锥足，通体饰绳纹（图二，1）。高领釜，多夹砂红胎黑皮陶，形制均为折沿圆唇，高直领，圆肩，圆腹，圜底，颈上部多道凹弦纹、下部一周竖斜绳纹，腹上部为素面、下部饰交错绳纹（图二，2），这种形制为费家河类型文化高领釜的标准形制，以后各段只是腹部稍有变化。矮领釜、小釜本段开始出现并流行，形制基本一致，只是大小差别明显。矮领釜，折沿较平，沿面或内凹，有很短的领部，腹、底均同高领釜，通体饰绳纹（图二，3）。小釜，沿面较窄，与鬲的口沿不易区分（图二，

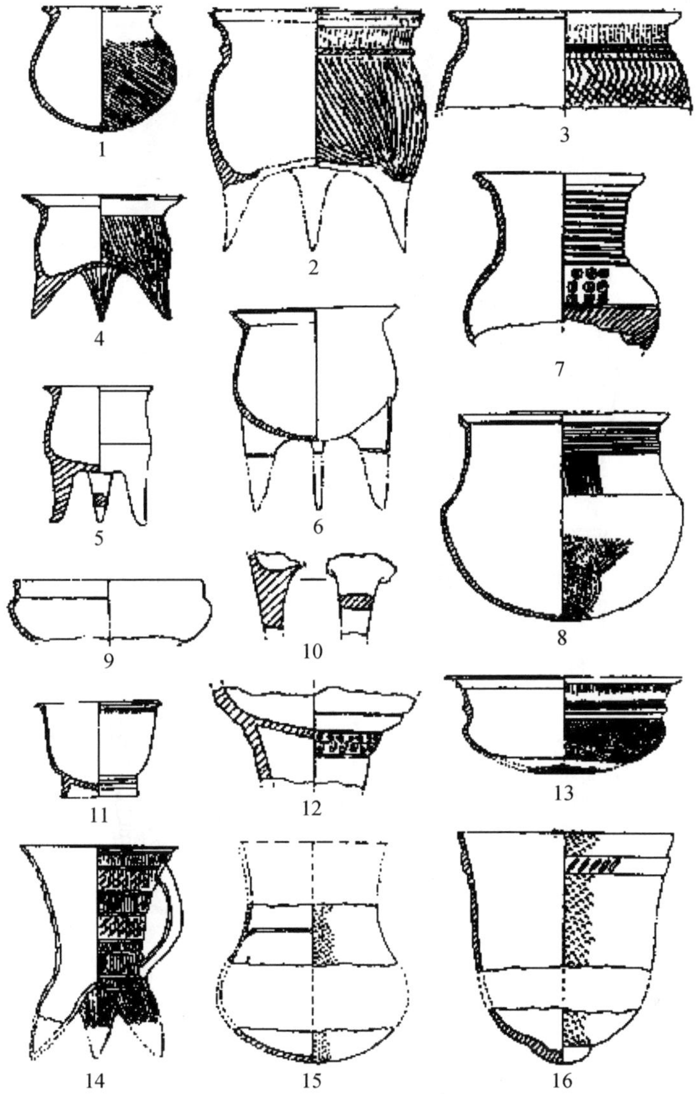

图一　费家河文化一期Ⅰ段陶器

1. 折沿釜（铜T7H6：17）　2～4. 鬲（樟T17⑥、T22④、T22⑦）　5、6. 鼎（铜T7H6：3、T7H6：17）　7、8. 高领釜（樟T18④b、铜T7H6：1）　9. 碗（樟T17⑧）　10. 鼎足（樟T22⑥）　11. 簋（铜T7H6：4）　12. 假腹豆（樟T22⑤）　13. 盆（樟T23④）　14. C型斝（樟T22⑦：1）　15. 甗形器（樟T22⑥）　16. 大口缸（樟T22⑥）

4）。甗形器，多夹砂红胎黑皮陶，敞口沿外侈，厚圆唇，口外一两道凸棱，上下体分开套接，内壁有一周箅托，上体均饰梯格纹，下体扁圆腹，饰交错绳纹（图二，5），这也是费家河类型文化甗形器的标准形制，本段无一例外，后段内壁箅托稍有变化。大口缸，均夹砂红陶，体形较大，深腹（图二，8），豆，多泥质红陶，大浅盘，粗高柄，柄上有凸弦纹，盘底有绳纹，为本段新见（图二，6）。直口罐，高直领，圆唇，

图二　费家河文化一期Ⅱ段陶器

1. 鬲　2. 高领釜　3. 矮领釜　4. 小釜　5. 甗形器　6. 豆　7. 直口罐　8. 大口缸（老鸦洲遗址出土）

鼓腹，圜底，有的口部有对称两个圆形镂孔（图二，7），这种器形亦为本段新见，数量稍少。其他鼎、折沿釜、斝等数量较少，鼎足除锥足外，也见扁平足。

二期Ⅲ段，代表遗存有对门山晚期、老鸦洲上层、樟树潭第四段、温家山晚期墓葬、玉笥山遗址等。本段陶器仍以夹砂红陶或红褐陶和夹砂红胎黑皮陶为主，但黑皮陶的数量大为减少，相反硬陶显著增加。主要器类有鼎、高领釜、矮领釜、小釜、甗形器、折沿釜、内环耳釜、大口缸、豆、直口罐等（图三），鬲仍可见，但数量很少，斝已消失。纹饰是绳纹与方格纹平分秋色，其他可见云雷纹、圆圈纹、菱形纹、S形纹、指甲纹等。总体上看，方格纹锥足鼎的流行和鬲的大量减少是本段的最大特点，高领釜、矮领釜、小釜、折沿釜等，腹部较前段下垂，最大腹径已在中腹以下并开始多见间断绳纹。甗形器内壁箅托出现三个对称泥突的形制（见于玉笥山遗址）。内环耳釜前段已见，本段开始流行，为斜折沿、圆腹稍下垂，折沿处内壁有对称的两个环形耳，通体饰方格纹（图三，9）。豆、直口罐、大口缸等，较前段变化不大。鼎，流行大型方格纹高锥足（图三，1），也见少量扁平鼎足。另外，本段大量流行一种长把的将军盔，体型均较小，壁厚，有的腹内有很深的槽，槽内有盛过铜液的残迹（图三，2、3）。

二期Ⅳ段，代表遗存为费家河遗址。陶器以夹砂红陶为主，夹砂红胎黑皮陶占6%，硬陶占10%以上，还有少量夹砂灰陶、泥质灰陶和泥质红陶等，主要器类有鼎、大口缸、折沿釜、内环耳釜、直口罐、钵、硬陶瓮、器盖等（图四）， 还有少量高领釜、豆等，纹饰绝大部分是方格纹，其次为绳纹、弦纹、梯格纹、刻划纹等。鬲基本消失，甗形器、矮领釜、小釜、粗柄豆等均不见。本段最大特点是前期一直存在但非常少见的扁平足鼎此时非常发达以及硬陶器类和数量的大量增加。此段的釜、鼎类器器腹普遍为垂腹，豆柄变细，直口罐领腹交界处折痕更加明显，新出现钵类器等，纹饰上最突出特点就是方格纹成为最主要的纹饰。

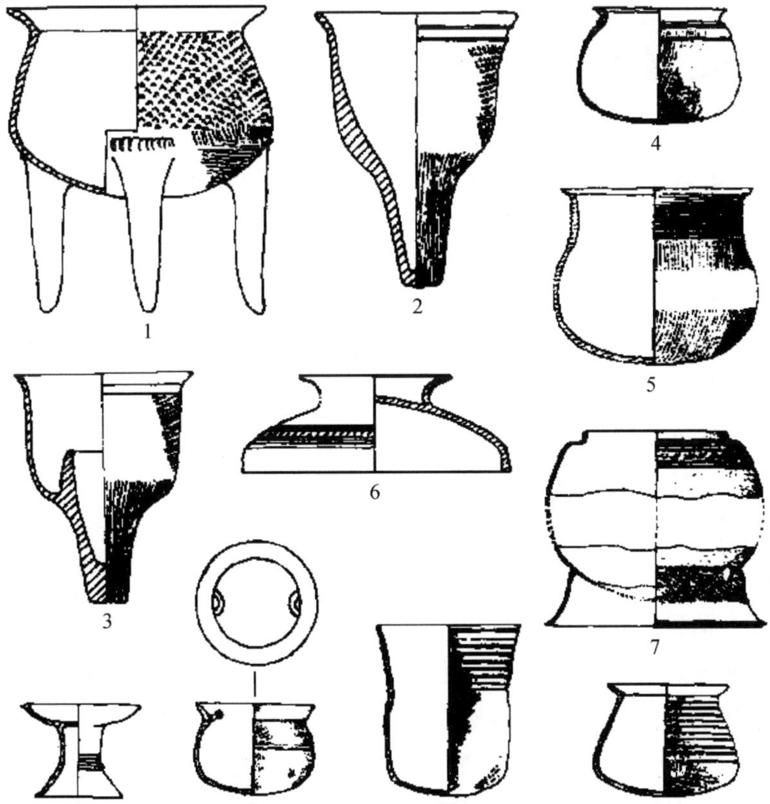

图三　费家河文化二期Ⅲ段陶器

1. 鼎　2、3. 将军盔　4. 矮领釜　5. 高领釜　6、7. 硬陶盖、瓮　8. 豆　9. 内环耳釜　10. 尊　11. 折沿釜

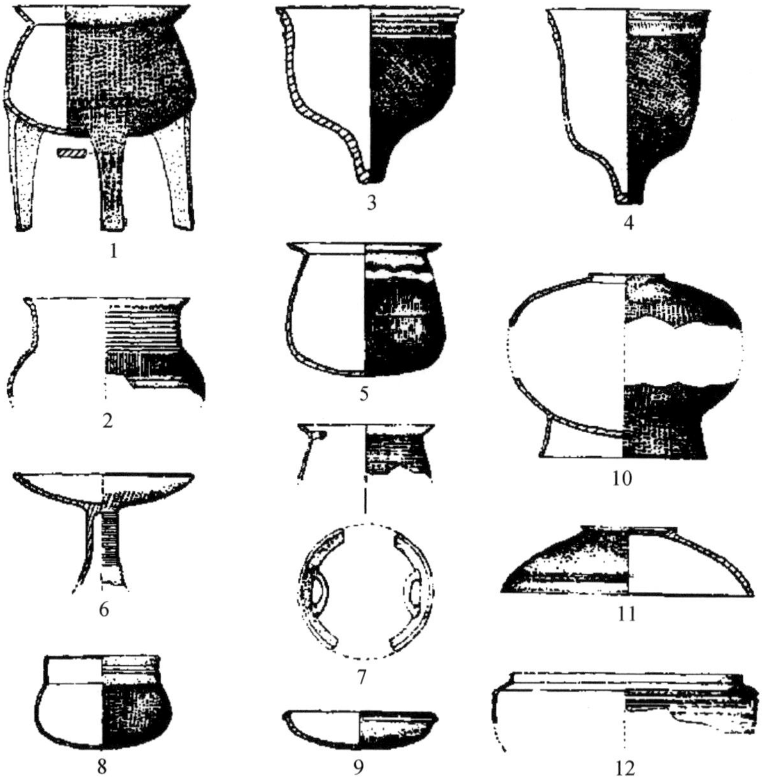

图四　费家河文化二期Ⅳ段陶器

1. 鼎（H1下：3）　2. 高领釜（H1下：8）　3、4. 大口缸（Y1：1、Y3：1）　5. 折沿釜（H1上：8）　6. 豆（H1上：10）　7. 内环耳釜（H1上：9）　8. 直口罐（H1上：6）　9. 钵（H1上：11）　10～12.硬陶瓮、盖（H1上：14、H1上：12、H1上：15）

综观费家河类型文化两期四段文化内涵，其发展变化趋势为：陶质方面，第Ⅰ至Ⅳ段，均以夹砂红陶或红褐陶为主，且比例不断增大，第Ⅳ段达到60%以上。夹砂红胎黑皮陶一直存在，数量渐趋减少，其中以第Ⅱ段最多，第Ⅳ段退居第三位，少于硬陶。灰陶数量一直很少，且颜色偏褐。硬陶一期比例很少，二期Ⅲ段始多，二期Ⅳ段最多。纹饰方面，一期以绳纹为主，弦纹次之，方格纹较少，二期Ⅲ段方格纹始与绳纹并重，二期Ⅳ段方格纹进居首位，绳纹少于弦纹退居第三位。器类方面，一期Ⅰ段器类复杂，形制多样，既有铜鼓山二里冈期商文化器类的孑遗，又有新型器类，这标志着费家河类型文化开始形成。一期Ⅱ段，铜鼓山二里冈期商文化器类除鬲外，均已消失。一期Ⅰ段新见的器类大量流行，且形制整齐划一。费家河类型文化一些标准器型均形成，表明费家河类型文化的成熟。二期Ⅲ段，一期一直有但数量很少的鼎突然盛行，同时折沿釜、内环耳釜等随之而起，硬陶也相应增加。之与相对，鬲数量锐减，高矮领釜、甗形器等也有减弱的趋势。这说明费家河类型文化正经历着一个较大的变化，走向一个新的发展时期。二期Ⅳ段，鬲、甗形器、高矮领釜等少见或消失，而鼎、折沿釜、内环耳釜、大口缸、硬陶器等居绝对地位，表明一个新阶段文化特点的成熟。

费家河类型文化的分期除笔者上述的分期意见外，另有两种不同意见，一是何介钧先生的三期分法，另一种是罗仁林先生的三段分法，这两种意见之间也有差异。三种不同分期意见具体差别见表一。

表一　三种不同分期意见

<table>
<tr><th>三种分期法
代表遗存</th><th>何介钧先生分期</th><th>罗仁林先生分期</th><th colspan="2">本文分期</th></tr>
<tr><td>樟树潭一、二段</td><td rowspan="6">一期</td><td rowspan="2">Ⅰ段</td><td rowspan="2">Ⅰ段</td><td rowspan="6">一期</td></tr>
<tr><td>铜鼓山Ⅳ段</td></tr>
<tr><td>樟树潭三段</td><td rowspan="5">Ⅱ段</td><td rowspan="4">Ⅱ段</td></tr>
<tr><td>老鸦洲下层</td></tr>
<tr><td>温家山早期墓</td></tr>
<tr><td>对门山早期</td></tr>
<tr><td>对门山晚期</td><td rowspan="5">二期</td><td rowspan="5">Ⅲ段</td><td rowspan="6">二期</td></tr>
<tr><td>樟树潭四段</td><td rowspan="5">Ⅲ段</td></tr>
<tr><td>老鸦洲上层</td></tr>
<tr><td>温家山晚期墓</td></tr>
<tr><td>玉笥山遗址</td></tr>
<tr><td>费家河遗址</td><td>三期</td><td>Ⅳ段</td></tr>
</table>

表一从逻辑上证明了本文二期四段分期意见的合理性，即第Ⅱ、Ⅲ段之间差别最大，一目了然，故而是期的变化，第Ⅰ、Ⅱ段之间和第Ⅲ、Ⅳ段之间变化较小，应为段的区别，这三个时期的变化程度并不是等同的。

关于费家河类型文化的年代，笔者曾发表过其二期四段“分别相当于殷墟文化一、二和三、四期”（同［28］）的观点，本文将予以补充论证。

费家河类型文化是一个特点突出的考古学文化，其主要陶器类型除鬲、大口缸外，多数代表性器物在已经建立起可靠断代标尺的中原地区均不见，又没有^{14}C年代可以参考，要准确判定其时代是极其困难的。但年代问题是一切研究工作的基础，是不可回避的问题。下面试将各阶段所出、可供与中原和周邻地区同期文化进行比较研究的材料做如下推测。

第Ⅰ段，可资比较的材料稍多，如铜鼓山T7H6：4陶簋（图一，11）与安阳大司空村[32]Ⅰ期陶簋（SH326：12）、苗圃北地[33]殷墟一段晚期（H15：36）陶簋很接近，但前者腹壁较直，圈足不及后者外撇厉害，形态上稍早，年代约相当于殷墟一期早段。樟树潭一段陶鬲（图一，2），口沿先外折再向上折，是中原二里冈上层至殷墟一期的作风，而其束颈的形态又与皂市三期B型Ⅲ式鬲（TB9②：14）类似。陶碗（图一，9）、假腹豆（图一，12）等，与皂市第三期同类器特点一致。皂市类型文化第三期年代为二里冈上层偏晚至殷墟一期。故推断本段年代主要相当于殷墟一期，上限可延至二里冈上层末期。

第Ⅲ段，对门山晚期T2H7：34，直口窄折肩硬陶瓮与殷墟苗圃北地三期（PNⅢT8③）硬陶瓿形制完全相同（见［33］第238页图一一五，6）。本段流行的锥足鼎与沙市周梁玉桥[34]的主要器类鼎相近，后者足尖外撇，折沿较缓，腹较圆，形态上略早。苗圃北地Ⅲ期为殷墟文化三期，周梁玉桥遗址年代约相当于殷墟二至三期。故推测本段年代相当于殷墟三期。

第Ⅳ段，年代可以根据笔者1996～1997年发掘的长沙市望城县高砂脊[35]遗址的材料进行推断。高砂脊遗址主要收获是两座出青铜器的墓葬和一个灰坑、一条沟中出土的陶器。根据青铜器形制、墓中陶器和灰坑、灰沟中陶器的研究，判断其时代为西周早期没有太大问题。高砂脊的陶器亦以夹砂红陶为主，主要器类为鼎，鼎足除锥足外，亦见扁足，方格纹非常普遍，折沿釜形制与本段折沿釜相近，只是沿更宽，亦有个别内环耳釜，釜、鼎等器腹更往下垂，硬陶器种类更多等。其发展趋势符合费家河类型文化逻辑链，并给人是紧承费家河类型第Ⅳ段的感觉。据此，我们可以将本段年代定为殷墟四期。

第Ⅱ段无可比材料，但可根据第Ⅰ、Ⅲ段年代定为相当殷墟文化二期。

上述分期和年代的论定并不是绝对的，随着工作的不断深入和材料的公布，或许还有修正的余地。不过，就目前来看，本文的意见应该是最为恰当的。

（二）费家河类型文化的主要特征

目前，费家河类型文化各遗址的发掘主要有两个方面的收获，遗迹方面，主要是发现了一大批陶窑以及在陶窑附近的灰坑，另外还发掘有少量房基、墓葬等，遗物方面主要是出土了大量极富特点的陶器。通过对这些材料的分析，我们可以从三个方面概括其文化特征。

1. 在生产和技术方面

首先是陶器的制作和烧造。费家河类型文化的陶器绝大部分为轮制，但均经过了慢轮修整加工，如釜、鼎的器身是轮上一次制成，鼎足为模制或手捏，与鼎身的黏接多为包接，即包在鼎身底部刻意留下的小泥突上，有的从器底内壁向外伸出泥榫，采用榫卯结构方法连接，这样足与器身的连接更牢固。豆的柄与盘先分别轮制，再行黏接，并在盘的底部刻花槽以利黏接牢固。鬲的器身为模制，但口部均经修整，肩部往往有台棱或凹凸弦纹，鬲足均采用包接的做法，即在器体袋足外留下细长的泥芯，并与器身同时拍上绳纹，待干后用泥包在外面手捏成锥形再经修整加工完成。甗形器、大口缸等则是上下部分别轮制成型后再套接成器的。从陶器的质地来看，泥料经过了比较严格的选择和区分，如泥质陶料非常细腻，夹砂陶如鬲、釜、甗形器等，砂粒较细，鼎、大口缸等则多夹粗砂。器表的装饰多交错拍印绳纹、方格纹，还有大量轮制留下的凹凸弦纹。总的说来，费家河类型文化陶器的造型、大小规格、纹饰布局等呈现出比较一致的风格，具有很强的规范性，说明当时陶器的制作已具一定的专业化和规模化。在对门山、老鸦洲、费家河等遗址发现最多的遗迹就是陶窑，极具代表性。费家河遗址共发现陶窑32座，老鸦洲遗址也发现20多个。这些陶窑一般成排分布，或一行，或两行，排列有序。窑的周围多有一些大型的灰坑发现，这些坑多用于拌泥料（对门山遗址共发现这类料坑四个，坑内还残留当时的泥料），尔后又用于堆放出窑后的废品及残渣。陶窑有多种形制，但普遍的是一种竖井式窑，这种窑为圆形，直径一般在1米以下，以80厘米左右最多，井深1.5米左右，窑壁较直或稍内收，周壁涂一层泥，均烧成青灰色，窑底平但无烧结现象，其上多发现厚厚的一层黑灰。推测烧窑前先在窑底垫放了一层草木灰之类的东西，然后再堆放柴草等燃料，上面放陶坯，一次性点火燃烧，待烧到八九成好再封窑。老鸦洲遗址的陶窑全部为这种竖井式窑，费家河遗址除以这种窑为主外，还发现一种“8”字形窑，即在竖井式窑的前面增加了火膛，这种窑可以多次添加燃料，可以进行闭烧，使窑内温度大大提高，显然比前者要先进。

在铜器的冶铸方面，根据出土物的分析，费家河类型遗存所代表的文化共同体应该说有过不少冶铸铜器的经历或者尝试，肯定可以铸造小型、简单的青铜器。在铜鼓山二里冈期遗存中出土过铜削、铜镞等器物，虽然它们并不能肯定是本地铸造，但距此地不太远的盘龙城遗址出土的早商铜器无疑是当地的产品，因此，盘龙城时期已掌握的这项技术肯定会被继承和发展，本地的文化也不会对此充耳不闻。费家河类型文化的以下几条材料应当引起我们的重视。老鸦洲遗址上层曾出土一块铜器残片，极似铜戈的“内”部，樟树潭遗址出土的一件大口缸底部有多层铜渣黏接在一起，同时该遗址还出土了一块残断的工具陶范。另外，费家河类型文化各遗址中普遍出土的长把底（或称管状底）的大口缸，与殷墟铸铜遗址中常见的“将军盔”形制一模一样，特别是老鸦洲遗址中一种小型厚底、内壁有粗砂加层、底内带凹槽的缸，槽内常见青紫色面，肯定是铜水留下的。而此类缸形器外壁又无任何烟炱痕迹，笔者推测当时是用木炭作燃料在缸内直接熔铜的，这种做法应该说还比较落后。

目前发掘的几处遗址中，农业生产工具出土极少，而陶窑和制陶工具、纺轮等则相对较多、我们推测当时的农业生产还是以使用木质的工具为主，不过从陶窑的分布密集、集中排列以及陶器形制的规范化等方面来看，制陶工业的专业化管理和规模化生产在当时的社会生产中应该占有非常重要的地位，而且很可能是当时人们经济生活来源的一个重要构成部分。

2. 在日常生活方面

日常生活情况主要从出土陶器来分析，费家河类型文化的主要陶器器类有高领釜、矮领釜、小釜、甗形器、鼎、鬲、豆、大口缸、直口罐、折沿釜、内环耳釜及硬陶瓮、器盖等。其中除豆外，均为夹砂陶质，器底分别为三足、圜底和圈足，很少见平底器。它们的用途为，鼎、鬲、矮领釜、折沿釜为煮食器，甗形器为蒸食器，小釜、直口罐为饮食器，豆为盛陈器等均无疑问。可见当时人们的饮食既有炖煮的汤食，又有蒸成的干食，说明饮食类型是丰富多样的。下面要讨论的是高领釜、大口缸这两种器物的用途。首先说高领釜。高领釜的陶质主要是夹砂陶，多红胎黑皮，胎一般较厚，器表多打磨光滑，而且个体较大和宽矮，这种形制适合作储藏器使用。另外，大口缸数量众多，这除了与冶铜有关外，其另一大的用途应该是酿酒，这一点笔者在《试析》一文中有详细的论证，正是因为商人嗜酒才有大口缸因应酿酒业需要而盛行发达，几乎遍及商文化所影响的各个地区，也正是商文化的撤退和周朝的禁酒，大口缸在原来流行的地区迅速减少以至消失。费家河类型文化大口缸继铜鼓山二里冈期商文化之后仍很盛行，说明这里的人们继承了商人嗜酒的习惯。当然这一点应以当时社会生产的发达为前提。

在居住方面，目前可供研究的材料甚少，仅对门山遗址发现了三处房基。对门山三座房子两座为地面建筑，形状呈长方形，单室，地面均垫烧土，四周有小型柱洞，一端有门道，房内设灶坑，房内面积在15平方米左右，这种房子的屋顶应该是两面坡式的。另一座房基为圆形半地穴式，现存深度不足0.5米，直径不足2米，周围有数个倾斜的柱洞，房内有灶坑，这种房子的屋顶应为尖顶。这种半地穴式的房子在本地的发现可能与中原商文化的影响有关。

3. 在丧葬等习俗方面

费家河类型文化的墓葬发现也较少，公布材料的仅有对门山遗址五座，另有温家山一批墓葬和岳阳县文管所在易家山[36]配合基建挖掘的几座墓葬。这些墓葬总的特点是墓坑呈圆形或圆角方形，做工均较粗糙，底部均不平。随葬品较少，多在下葬前打碎或下葬后用石头击碎，故墓内往往见到数个大小适中的卵石，墓葬填土多为同时期遗址土，坑内碎陶片较多，但又不可复原。因此在发掘中很难将它与灰坑区别，甚至罗仁林先生还认为可能是祭祀坑，墓葬随葬陶器的组合以釜、豆、硬陶器等为主，易家山一座墓葬中复原了2件折沿宽肩、收腹大圈足的硬陶瓮，可见硬陶器在当时是比较珍贵的，多用于丧葬和为上层人士使用。

三、费家河类型文化的性质及其与殷墟商文化的关系

(一)费家河类型文化与殷墟商文化的关系

如前所述，费家河类型文化的年代范围是从约相当于殷墟一期到殷墟四期，与中原地区商文化晚期——殷墟商文化是同时的。那么，两者之间又有何关系呢？下面仍从生产技术、日常生活习惯和丧葬习俗等方面进行比较。

在青铜器的冶铸方面，中原地区从二里头文化开始进入青铜冶铸的发展时期，经二里冈期到殷墟时期，其高度发达的青铜文化臻至巅峰，而湖南湘江下游地区目前还未发现二里冈时期可以铸造青铜器的直接证据。但到殷墟时期，费家河类型文化则懂得和掌握了这门技术，并至少能自己铸造小型的青铜器，这无疑是受中原商文化的影响所致。最直接的证据是，在殷墟铸铜遗址中大量出土的夹砂红陶大口缸或称“将军盔”，不仅在费家河类型文化遗址中大量出土，而且两地将军盔的形制几乎完全相同。费家河类型文化这种长把底的缸，除在殷墟文化常见外，其他地区都比较少见。笔者认为这种长把底的大口缸应最早起源于湘江下游及附近地区，如岳阳铜鼓山遗址二里冈下层即出现这种管状长把底的缸（见［13］第35页图六，18），由于其长把便于浇铸铜器时倾倒铜液，后来被中原商文化发展而在殷墟铸铜遗址中大量使用和盛行。岳阳老鸦洲遗址出土的一种小型缸，内壁用粗砂加层，有的在内壁底部有凹槽，槽内有装过铜水的痕迹，笔者推测其是用木炭直接溶铜的器物。同样的情况也见于殷墟，笔者最近见到在中国历史博物馆陈列的一件殷墟出土的小型长把底将军盔与老鸦洲的小型缸完全一样，而且殷墟铸铜遗址中也发现有大量木炭。不过，殷墟遗址熔铜主要是一种从地面挖下的熔铜坑，将军盔以大型的居多，小型的较少，这表明小型的将军盔主要用于熔铜，而大型的将军盔主要用于烧铸。另外，从樟树潭遗址出土的残陶范可以认为本地也使用陶范，这一点与殷墟遗址一致而不同于江西吴城文化以使用石范为主的情况。

在陶器的制作方面与殷墟陶器共性很多，如主要为轮制，有些器形为模制和泥条盘筑或手捏等，还有器物的套接、口部的轮修、表面的打磨以及纹饰的制作方法等都非常一致。值得关注的是陶鬲的制法问题，以前曾有人指出南方系统的陶鬲特别是后来的楚式鬲，足根都是包制的，并以此作为区别于中原系统陶鬲的重要证据。其实，中原地区从龙山文化开始到二里头文化、先商文化，直至殷墟一期，鬲的足根部分也多都是层层包制的[37]，殷墟一期以后，中原系统的鬲足越来越矮，已不需要再层层包制，而南方系统的鬲足较高，又没有很深的袋足，为了黏接牢固，需向下拉出较长的

泥突，故而包足显得很明显而已。另外，费家河类型文化亦发现不少和中原地区类同的陶拍等制陶工具，这说明南北方在制陶技术方面的差别是很小的。

在陶器的烧制上费家河类型文化与殷墟商文化应有所不同。殷墟遗址目前还没有发现明确的烧制陶器的陶窑，但1959 年在郑州铭功路[38]曾发掘过二里冈时期的一批陶窑，这种陶窑多为圆形或椭圆形，窑室前端为火膛，后端中间有一段间隔墙（作放置窑箅支撑用），窑底向前端倾斜。这种陶窑在老鸦洲遗址上层也发现了一座，估计殷墟遗址也是用这种陶窑烧制陶器的。不过，费家河类型文化的陶窑主要是使用一种圆形或椭圆形的竖井式窑，这不仅表明本地烧造陶器在窑温控制上的相对落后，更主要的应是一种文化传统上的不同，到了费家河类型文化的第Ⅳ段，出现在原竖井窑基础上改进性的“8” 字形窑，而并未见郑州铭功路那种陶窑的流行。

在陶器的陶系、纹饰、种类方面，费家河类型文化与殷墟商文化虽有一些共性，但差别是主要的。如陶系，殷墟商文化以夹砂灰陶为主，泥质灰陶、夹砂红陶、泥质红陶等次之，而费家河类型文化则以夹砂红陶和夹砂红胎黑皮陶为主，灰陶的比例很少，当然这除了与两地陶土中含铁量不同外，还与烧成温度和氧化还原的强度不同有关。再如纹饰，殷墟商文化陶器的主要纹饰为绳纹和弦纹，费家河类型文化第一期也是以这两种纹饰为主，但方格纹也占一定比例，到第二期，方格纹大量增加，最终居于统治地位。另外，殷墟商文化陶器装饰还有一些如兽面纹、勾连云雷纹、附加堆纹、三角纹等，这些纹饰在费家河类型文化中极为少见或不见。陶器的种类，殷墟商文化非常繁多，如炊器有鬲、甗、甑，食器有豆、簋、盂，盛储器包括酒器和水器，有尊、壶、罐、盆、盘、斝、卣、罍、爵等。费家河类型文化器类较少，主要为釜、鼎、鬲、甗形器、豆、罐等，鬲虽在一期阶段占有一定比例，但其形制与殷墟文化陶鬲完全不同，是在二里冈期盘龙城类型商文化土著陶鬲基础上的异化，完全脱离了中原陶鬲的风格。到第二期，陶鬲迅速减少并消失，釜、鼎成为主要的炊器。除鬲、大口缸之外，殷墟商文化其他类陶容器在费家河类型文化中基本不见。

值得特别提出的是，殷墟武官北地M229（见［33］第238页图一一五，5）和苗圃北地PNⅢT8③等出土的硬陶瓿应该是从湘江下游地区直接输入的。这种器形我们称为“硬陶瓮”，是费家河类型文化中最主要的硬陶器类，主要流行于第二期，与之同出的一种硬陶器盖（过去多称硬陶盘），从口径的大小，纹饰的分布位置来看，应是与硬陶瓮配套使用的，这种硬陶器盖在殷墟遗址也被同时发现（见［33］第238页图一一五，4）。一般认为江西地区商周时期的硬陶是非常发达的，而且中原商文化中的硬陶、釉陶器多是从赣江流域引进的，但江西地区独不见这种硬陶瓮。殷墟出土的这种器形应该是直接从湘江下游地区输入或本地工匠去中原制造的。这表明本地文化与殷墟商文化之间的交往是相互的。还有就是常见的“将军盔”， 其渊源应该是本地，因上文已有论述。在此从略。

在居住和日常生活方面，费家河类型文化发现的三座房址有两座是地面长方形，一座是半地穴式圆形，看来应以地面长方形房屋为主，这样比较适宜南方多雨水的情况。不过中原地区地面长方形房屋也是多见的。可见，到商周时期，两地在居住形式方面已渐趋接近。而日常生活饮食，根据炊器的情况看，殷墟商文化以鬲为主，费家河类型以釜、鼎为主，可以推测中原的人们主食以蒸食为主，而本地则以煮食为主，但本地出土的蒸食器（甗形器）数量也很多。因此，炊器种类的这种区别更多地应反映两地在文化传统上的不同。

在丧葬习俗方面，两地的区别是最大的。虽然费家河类型文化墓葬发现不多，也没有人骨架保存，但从可见的材料看，差别是明显的。例如，墓葬形制殷墟地区多长方形墓坑，有二层台和腰坑，而本地墓葬则多为圆形或圆角方形。殷墟的小墓都随葬陶礼器特别是酒器等，而本地墓葬高贵的随葬硬陶瓮和日用陶器，贫贱的则仅有日用陶器，且盛行一种埋葬前用石头将陶器击碎的习俗，这在中原是不见的。另外，中原普遍盛行杀牲祭祀的习俗，这一习俗在本地是否存在目前还无法证明。

总结殷墟商文化与费家河类型文化在各个方面的异同，可见两地在青铜器冶铸、陶器制作、房屋建造等方面共性较多，而在陶器的烧造、日常生活用器的种类、装饰以及丧葬习俗等方面却有明显的区别，也就是说，两种文化之间的交流主要是生产技术方面上，这对我们正确认识费家河类型文化的性质具有现实的意义。

（二）费家河类型文化的性质

考古学研究的目的，最终要归结到对古代历史的复原和重建，这就需要将考古学文化年代、地域以及文化属性等方面结合历史文献进行综合研究。由于湘江下游的特殊地理位置，费家河类型文化性质的确定不仅是解决湖南商代青铜器性质问题的关键，而且对中原地区殷墟商文化以及湖北、四川、江西，尤其是湖北江汉平原和鄂东地区商代晚期文化的研究具有重要的参考价值。

目前，虽然费家河类型遗存的许多材料没有发表，但对其文化性质问题的讨论却已见仁见智。例如，笔者在《新探》中已提出其属于地方土著文化，何介钧先生则认为："表面看来，似是商势力和商文化的退潮，但深层次的含意极可能意味着商人、商文化经与本地民族、文化长期同居、共处后，相互同化、融合进入一个新的更高的阶段。""当为早先南下的商人后裔与本地土著共同创造，是两种文化交融的产……"（同［5］）。而罗仁林先生更认为其文化性质属商文化，并直接称之为"晚商文化的对门山类型"（同［31］）。因此笔者有必要在此进行详细的讨论。

费家河类型文化的主要收获是陶器，因此本文要着重对陶器进行分析。费家河遗存的陶器依文化因素的不同可以分为三组：第一组主要器类有鬲和大口缸，第二组主要器类有鼎、折沿釜、内环耳釜、豆、斝、硬陶器等，第三组主要器类有高领釜、矮领釜、小釜、甗形器、直口罐等。下面逐组进行分析。

第一组器类让我们首先感觉到它们的商文化气息，但细一回味都觉得它们与商文化区别不小。试看鬲，费家河类型陶鬲的典型特征是平折沿、小口、束领、连裆、高锥足，盛行于第Ⅱ段，第Ⅲ段大大减少，第Ⅳ段基本消失。第Ⅰ段的鬲形制较为复杂，虽均是连裆鬲，但口沿唇部再上折的特点为商文化风格，同时束颈的特征还不典型，说明费家河类型文化典型陶鬲还处在萌芽阶段。费家河类型文化典型陶鬲的渊源无疑是铜鼓山二里冈期的B型连裆鬲，不过此时也完全脱离商鬲的形态和发展轨迹。中原殷墟时期陶鬲袋足渐趋变矮到基本消失，而费家河类型陶鬲则一直是高尖锥足。所以可以这样认定，费家河类型陶鬲不是商代晚期殷墟商文化的因素，而是二里冈期盘龙城类型商文化地方特色鬲的遗留和改造。大口缸，如前文所述，大口缸这种器物的原型很可能就是长江中游地区石家河文化中常见的那种缸（见［33］图四四，13）。不过，大口缸以一种很典型的器形发达起来，并在凡是有商文化影响的地区都可见到的直接原因是二里冈期商文化的南侵，南下的商文化出于铸铜和酿酒的需要将南方原有的缸形器发扬光大并反馈到中原地区，殷墟时期这种大口缸则成为中原商文化在铸铜和酿酒业中的主要用器。因此，笔者在《试析》一文中将大口缸定为商文化盘龙城类型的因素和构成部分。在铜鼓山遗址中有一种为数不多的管状底大口缸，是同时期其他商文化遗址中所不见的，到了商代晚期的费家河类型文化时期，这种长把底大口缸非常盛行，数量占大口缸总数的90%以上，这说明管状底或称长把底大口缸应该是以费家河类型文化为主体的一种文化因素，殷墟出土的同类器物应是本地与中原在青铜冶铸方面交流的结果。

第二组的鼎和釜是长江中游地区新石器时代晚期和商周时期普遍流行的器类，而且各地不同时期鼎的基本形制均多为折沿釜外加三足，其时代和地域的差异主要表现在鼎足和纹饰的变化上。费家河类型文化的鼎有两种形制，一种是扁足鼎，一种是锥足鼎。其第Ⅰ段铜鼓山T7H6出土的侧装扁平鼎，在江西修水山背［39］、清江筑卫城田［40］，湖北通城尧家林［41］，湖南平江舵上坪［42］、岳阳伍家墩［43］等遗址中常见，应为本地新石器时代晚期文化的遗留因素。费家河类型文化第Ⅳ段盛行的顺装扁足鼎更是长江中游新石器时代晚期常见的，其流行的地域更广，如在湘江中上游地区的长沙腰塘［44］、株洲磨山［45］、湘乡岱子坪［46］、茶陵独岭坳等遗址中曾发现大量这样的扁足鼎，而且足面也有刻槽的现象。锥足鼎主要流行于长江中游地区的商周时期，在石门皂市、沙市周梁玉桥、长沙望城高砂脊等典型遗址中锥足鼎的数量非常多。它与釜一起成为这些遗存中的主要炊器，是本地土著文化因素的代表性器物。本组中的硬陶器无疑属于南方印纹陶文化系统，是古代越族灿烂文化的代表，费家河类型文化的硬陶器从器类上看，与越族文化的中心地区江西等地又有不同，表明它们属于不同的文化分支。还有内环耳釜，也是其他地区所不见的，且在本地流行时间也短，望城高砂脊遗址有少量发现，可以肯定它是本地特有的。

第三组的高领釜、矮领釜、小釜、甗形器、直口罐等器形，不仅在中原商文化中不见，在澧水流域、鄂西地区乃至湘江中上游地区同时期均不见，其文化渊源不太清楚，这里有必要逐个进行讨论。

先说高领釜，费家河类型文化高领釜的标准形制是流行于第Ⅱ、Ⅲ段的折沿高直领、圆腹或扁腹、圜底的器形，其颈腹分界不明显，颈上部十数道弦纹，下部一周竖绳纹，腹上部为素面，下部为交错绳纹。根据时代的早晚和器形演变规律，其祖型应该是樟树潭一段的那种腹上部饰一周云雷纹的高领釜。将这种最早的高领釜与费家河Ⅰ段甗形器比较，我们发现，两者总体形态惊人地相似，甚至连纹饰的布局也相近，只是甗形器内壁有箅托而已，说明这种高领釜与甗形器的来源是相同的。把高领釜的长颈切掉，就是一个标准的矮领釜，将矮领釜原样缩小，则就是作为食器的小釜。其实只要如此简单地分析，就可以证明高领釜、甗形器、矮颈釜和小釜都是同一种文化因素或者有着共同的渊源。笔者遍查周围地区同时期考古材料，发现这个共同的源头在江西地区。在江西万年县斋山[47]、肖家山[48]、送嫁山[49]等遗址的调查发现中，不仅有大量的甗形器、高领釜、矮领釜，还有直口罐、大口缸，甚至有对门山遗址出土的费家河类型文化少见的尊形器（图五）等。根据器形分析，斋山遗址的时代略早

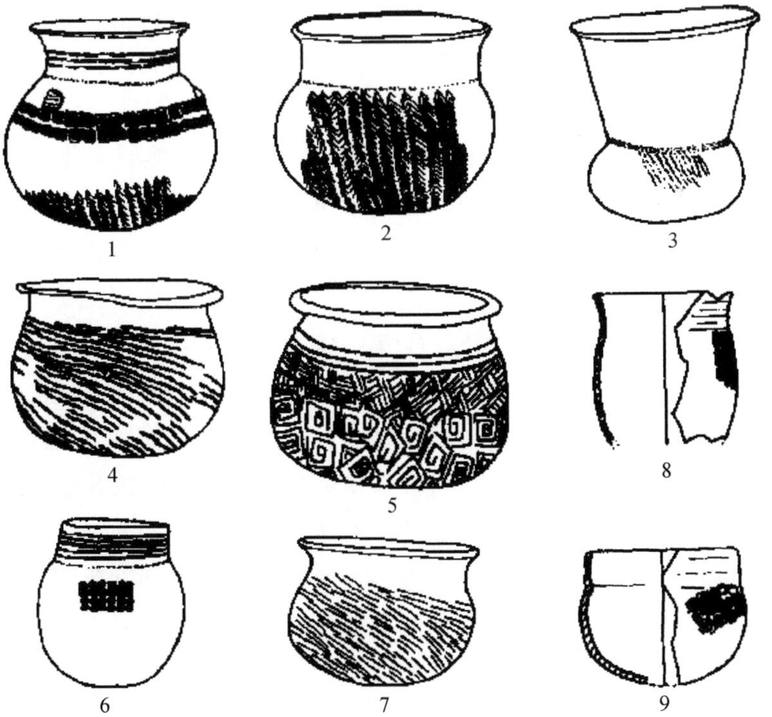

图五　江西万年类型陶器

1、6、7. 送M1　2、3. 送M4　4. 肖M2　5. 送M2　8. 斋：46　9. 斋：35

于肖家山和送嫁山，年代可能相当于二里冈上层至殷墟一期。江西万年的本组同类器物虽然在细部和纹饰上与费家河类型文化有或多或少的差异，但它们之间的亲缘关系是毋庸置疑的。

罗仁林先生在《岳阳》中认为，费家河类型标准形制的高领釜源自殷墟文化圜底尊和圜罐钵的合体，而其祖型即樟树潭一段的云雷纹高领釜又起源于二里冈期的敞口尊，进而把高领釜归为商文化因素，这是太欠考虑的。其一，二里冈期敞口尊多为泥质陶，素面，其后续形态是殷墟的圈足尊，显然两者没有任何关系。又殷墟文化圜底尊特别是其祖型郑州人民公园和小双桥遗址[50]出土的陶尊确有与费家河类型高领釜有相近的地方，但整体区别仍然巨大，如前者整体瘦长、口较小、颈较短，颈长为通高的1/3左右，而后者整体宽矮、大口，颈长占通高的1/2等，很难将两者归为同一种文化因素。而且就两者的祖源来看，郑州陶尊源于二里冈期圜底罐，而后者则源于樟树潭一段的云雷纹高领釜，两种祖源是风马牛不相及的。因此费家河类型高领釜的渊源绝不可能是中原地区的商文化。

当然，本组的这一批器物与江西万年类型的同类器在陶质和纹饰方面有些差别，如万年的陶器多夹砂灰胎、火候较高，这是两地陶器烧制技术上的差别；又陶器的纹饰，万年类型多见叶脉纹、云雷纹，而费家河本组陶器以绳纹为特色。这一点可能与湘江下游二里冈时期受商文化的强烈影响有关，长江中游地区商代晚期文化的陶器地域上越往北普遍饰绳纹而往南绳纹越少、印纹越多的现象应该与中原商文化对本地区影响的强弱有密切的关系。因此本组器物的文化属性可以归属为江西地区土著文化向湘江下游的发展，同时受到本地原有文化的影响而稍有变异。

通观费家河类型文化发展历程，可以概括为：费家河类型文化一期是三种文化因素并存的时期，即本地自新石器时代晚期延续下来的土著因素，二里冈时期商文化的遗留因素，江西万年类型文化的因素。如果从各因素陶器所占比例来看，第三种文化因素所占比重最大，那么这是否就可以说明当时江西万年类型文化势力在这里占统治地位呢？回答是否定的。理由如下：①第一组器类明显是从二里冈期商文化发展而来的，其居民应是二里冈时期被征服和被同化的本地居民，商代晚期商文化退却后，本地居民出于对被征服之前的文化传统的怀念，首先在文化面貌上表现出来的是本地原有文化因素的复出或重现，这一点可以从第一期Ⅰ段的侧装扁足鼎、折沿釜形素面鼎、陶斝等得到证实，但二里冈商文化的影响不可能马上消失，况且商王朝在中原地区仍然存在，仍具有一定的威慑力。所以说，本文第一、二种文化因素的主人总体来说应该是本地原有的居民（当然其中也应包括部分随二里冈商文化南下的江汉地区苗蛮系统居民乃至极少部分商人后裔），即使他们在二里冈时期被同化过，但这时的民族性又慢慢体现出来了。②本文所分第三种文化因素，即同于江西万年类型文化的因素又并非完全与万年类型文化等同，只能表示这两种文化因素之间的关系比较紧密，应是同一民族文化的不同分支。根据新石器时代晚期文化和印纹陶的研究，一般认为，湘江流域属于我国东南地区印纹陶文化系统的边缘区，其民族属性应该是古代越族。因此第三种文化因素的主人也应该是本地居民。

通过以上分析，我们已经不难得出这样的结论，即在费家河类型文化第一期，其文化的主体已是本地土著文化。同时，二里冈期商文化的影响并未马上消失，江西地区古文化势力也趁机向本地施加比较多的影响。到了第二期，盘龙城类型地方商文化因素基本绝迹，江西古文化对本地的影响也明显减弱，本地土著文化势力占据了绝对的统治地位，费家河类型文化已经形成其统一的本土民族文化的特色。因此，费家河类型文化自始至终是一支以本地土著民族为主体的地方性文化，根据考古学文化命名的原则，我们可以命名为“费家河文化”。

罗仁林先生根据费家河文化的第一组文化因素确定其文化属性为商文化的一个类型是肯定站不住脚的。其实罗先生已经敏感地觉察到铜鼓山二里冈期盘龙城类型商文化与费家河类型文化之间的巨大差别，但有一个致命的原因，让他非常勉强地抱着那种观点不放，那就是他无法对湖南湘江流域商代晚期的青铜器进行合理的处理，因为在他的认识中这批青铜器至少不是本地民族的东西，那么就只能是商人的了，如果不把费家河文化归为商文化的一个类型，又怎么解释呢！在这种不得已的情况下，就只有反复强调费家河文化是铜鼓山商文化与本地土著文化融合而产生的一个变体，是商文化“入乡随俗”的结果，殊不知“入乡随俗”这个词的真正含义是“乡”的“俗”势力太强大，非“随”不可！费家河文化第三组器类所代表的乡俗势力占绝对统治地位是显而易见的，为什么第一组器类所能体现的“融合”就一定是以商文化为主体的融合而不是倒过来呢！试想，皂市类型文化中商文化因素是非常典型的，而且其所占比重远大于费家河文化，然而学术界至今尚无一人将其定性为商文化的地方类型。

四、商代晚期长江中游政治格局蠡测及湖南商代青铜器性质再论

回顾前文对湘江流域商代晚期古文化性质的论述，湘江中上游地区为本地越系统民族的文化可确定无疑，湘江下游地区即使存在商人后裔和“江汉土著”民族的势力，但这里的文化主体是本地土著越民族也是可以肯定的。这样，湘江流域出土的商代晚期青铜器的归属就只有两种处理办法，要么它们是本地古代越族的创造，要么它们就与后来某政治集团的南进有关。具体地说即是以宁乡黄材为代表的“沩水类群”青铜器的性质问题要从这两种可能中任选其一，因为笔者认为“沩水类群”青铜器群是一个整体，肯定是一个政治集团存在的反映，而不是传世或单个流散到本地。如

此，则前一种可能是不能成立的，理由如下。

（1）从青铜器本身分析，“沩水类群”青铜器包括传统划分的三型器物，其中中原型为中原铸造自不必说。混合型青铜器如各种动物形尊以及圆尊、卣、人面纹鼎等，虽然纹饰风格方面与中原地区有一定差异，但基本器形与中原商式器相同，而这些纹饰上的差异乃是整个南方青铜器的特点，不是本地独有的。至于地方类型的铜铙则有待讨论，何介钧先生论证铜铙不是越民族的产品，笔者曾确信，现在看来有必要进行深入研究，首先笔者认同南方铜铙起源于殷墟发现的小铜铙的看法，但从鄂东南、赣江流域出土较早的铜铙看，南方铜铙的出现肯定与当本地方青铜文化的发达有关，它应是南方民族青铜文化的代表器物之一。不过由于下面几个因素，湖南出土的这批商代铜器为湘江流域本地铸造的可能性不大。

（2）根据费家河文化遗存及长沙望城高砂脊铜器墓的发掘来看，商代晚期本地越民族的青铜铸造水平，还不可能铸造出四羊尊、猪尊、象尊等那样精巧复杂的铜器。费家河文化虽然有炼铜的经历，但还处在比较原始的阶段，与制造那么多大型铜器所需要的技术手段是不相配的。望城高砂脊西周早期墓葬出土的铜器从铜质来看一目了然有两类：一类是中原过来的，这种铜器器壁厚重，颜色黝黑光亮，做工精良，器类主要是大鼎等，上面还有铭文；一类是小鼎和其他武器、工具等，胎质极薄，颜色呈灰白色，手捻即成粉末，且做工非常粗糙，如错范现象非常多，有的器物外面是铜皮、内胎全是砂和泥土，这种小鼎与附近灰坑和灰沟中发现的陶质小鼎形制一模一样，无疑是本地民族的产品，这类铜器无论铜质、表面颜色、器形还是花纹等与长沙金井[51]、湘潭青山桥[52]等出土者均被认为与本地越族的青铜器风格一致，其中有两件小铜鼎已出现盘口，无疑是后来越式盘口鼎的祖型。西周早期乃至春秋时期本地越民族的铸铜技术尚且如此，商代晚期要铸造那么精美的青铜器是不可想象的。

（3）湘江流域，商代青铜器出土材料并没有可以证明与本地商代晚期陶器文化有关系的直接证据。湖南商代青铜器几乎全出土于窖藏，没有陶器伴出，虽然有的窖藏附近有商周时期文化遗址，但其是否与该遗址有关联并不一定，况且遗址的年代是商是周也不清楚。唯一可能性较大的是黄材炭河里遗址，而其年代更可能为西周早期，且从采集的陶器看，文化属性应为土著文化，也含有中原西周文化的影响痕迹。湖南商代铜器埋藏年代无一可以肯定是在商代，而不少的窖藏的埋藏年代则可肯定是在西周中晚期以后。这不仅增大了“沩水类群”青铜器中商式铜器的进入年代不在商代晚期的可能性，而且还可以据此对同属于一个政治集团的地方类型青铜器中某些器物如兽面纹大铜铙等的铸造年代的目前认识产生怀疑。

既然湘江流域的商代青铜器绝大多数都不是本地的产品，则必然是从境外传入的，据笔者《新探》的类群划分和分析，这些青铜器并不是零零星星流散而来，应是某个时期具有一定势力的政治团体出于某种原因主动进入湘江流域的结果，而且入湘的年代也多不在商代。需要说明的是，这并不涵盖属于“资水上游类群”往北延伸线上而又实际上无法区分出来的以及个别可能在商代晚期零星流入的青铜器。这样就必须回答下面三个问题，即流入的时间、所属政治团体的文化属性、流入的动因和方式等，要回答这些问题，首先要从商代晚期长江中游地区的政治格局和文化背景谈起。

长江中游地区商代考古发现和研究表明，中原商文化早期（二里冈期）步二里头夏文化之后尘，为了掠夺南方丰富的铜矿资源，对南方实施了异常迅猛和强大规模的战争，征服了长江中游大片地区，不仅将整个江汉平原纳入其南土，而且将鄂西、湘北、赣北、鄂东南、皖西等广大地区作为其殖民地，其文化影响所及西起川东峡区，东至赣东北皖西南，南及澧水、沅水中游地区。但是，大约从中商白家庄期开始，长江中游地区古文化面貌发生了突变，即商文化因素一夜之间不见了，代之而起是各地土著文化因素百花齐放。同样的情况在北方地区也存在，“商文化的分布区，到了殷墟时期，不仅西面……而东退，北界也发生了南移”[53]。这种现象仅用一种商文化经过一段时间统治之后，对统治区内原有文化放任自流，各地古文化“表层向本土文化复归，而深层次却是商文化因素成了本地文化的有机部分”，“商文化向南方的传播，正经历着它的第二次浪潮”[54]的理论来解释是难以让人信服的。

其实这个问题古代文献中早有记载，《史记·殷本纪》云：“自中丁以来，废嫡而更立诸弟子。弟子或相代立，比九世乱，于是诸侯莫朝。”可见由于商王朝统治集团内部争权夺利，国力严重削弱，于是“诸夷皆叛”。毫无疑问，商文化因素从二里冈上层之后突然减少和消失，与仲丁至盘庚之际本地苗蛮民族乘机大举反叛，最终将殷人赶出江汉平原地区是有密切关系的。有人研究过[55]，从仲丁迁都到盘庚居殷之五迁的真正原因就是受到东南西北各方面外来的压力不得已而为之，其中最主要的就是来自北方和东方的势力。商王朝为了保全其文化发源地，最后定都安阳，以对付危及其文化根基的强大敌人，这期间商王朝已经根本顾不上南方了。直到武丁时期商王朝中兴之时，才又开始对南方用兵。《诗·商颂·殷武》载：“挞彼殷武，奋伐荆楚，深入其阻、裒荆之旅，有截所获，汤孙之绪。”郑笺云：“殷道衰而楚人叛，高宗（武丁）挞然奋扬威武，出兵伐之，冒入其险阻，谓逾方城之隘，克其军率而俘虏其士众。”以《诗经》的成书年代来看，这里所说的荆楚应指西周晚期时的荆楚地区，即整个汉水流域及江汉平原地区。虽然武丁时期的卜辞有《佚存》498：“……贞，令望乘眔舆乏虎方？十一月。”《掇续》62：“乙未［卜］贞，立事于南，右比□，中比舆，左比曾？”如此等等，但据李学勤先生考证[56]，武丁的军队曾到过汉水中上游地区的随县、枣阳等地和举水流域地区，这一时期的当地民族也许又重新臣服于商王朝，但这是政治上的权宜之计，而非文化上的趋同，到商王祖甲之时，“殷复衰”，武乙之时，“殷益衰”，整个长江中游地区恐怕都尽管表面上对商王朝臣服，但已成为周的盟友。从费家河文化的发展阶段来看，仲丁至盘庚之时，铜鼓山典型商文化衰败，土著文化因素应运而生，但仍有商文化因素陶鬲的存在，祖甲之时“殷复衰”，正是费家河文化一、二期之间大的变化时期，土著文化因素统治地位进一步加强和统一，商文化的因素已彻底消失，这种巧合绝不是偶然的。

商代晚期商文化退出长江中游地区之后，本地原有的各土著文化必然如雨后春笋，竞相复出，大小邦国各据一方，此伏彼长，经过一段时间的重新组合，从而形成一种新的相对平衡的政治格局。这种格局与商代早期以商文化为主体，各地土著文化围绕与商文化的关系而生存的格局是完全不同的，而是楚文化统一本地区之前的一种军事割据格局。通过对商代晚期考古学文化的研究，当时几个主要的割据势力或邦国可以明显地体现出来，本文暂且粗略地划分为以下几个区。

（1）赣江中下游区，以吴城文化为主体。

（2）湘江中下游区，以费家河文化为主体。

（3）湘西北地区，以皂市类型文化晚期为主体。

（4）鄂西峡区和川东地区，以早期巴文化为主体。

（5）江汉平原区，以周梁玉桥类型文化为主体。

（6）鄂东南、皖西地区。

（7）汉东地区。

（8）鄂西北汉水上游区。

由于考古工作开展的不平衡，目前有的区文化面貌比较清楚，有的区还比较模糊，相信随着考古研究的进展，这种分区会更细、更科学。因为本文篇幅有限，这个问题留待以后专文讨论。

上列各区中，与费家河文化关系较为密切的应是第1、5、6区，这是地理位置因素造成的。例如，江汉平原周梁玉桥文化也是一种以釜、鼎为主要特征的文化，鄂东南区商代晚期的材料很少，但从西周早期武昌放鹰台[57]遗址出土的鬲看，其商代晚期的鬲应该就是费家河文化一期鬲那种形态，费家河文化一期陶鬲的主要流行区域恐怕还是鄂东南或汉东地区，这表明鄂东南地区商代晚期文化与费家河文化的关系是比较密切的，是得地利之先。再就是赣江中下游地区吴城文化后期对费家河文化影响也较大，赣江流域不仅地理上与本地毗邻，而且又同族，是既得地利，又得人和，关系理应非同一般。

根据《战国策·魏策》中吴起关于三苗活动地域的一段描述，商末以前三苗主要活动于洞庭湖与鄱阳湖之间，现在看来就是从江汉平原地区东部至皖西地区之间的汉水中下游和长江沿岸地区，其中心区应为鄂东南及汉东地区。俞伟超先生在《早期中国的四大联盟集团》[58]一文中认为，长江中游地区出土的虎卣、大圆尊和各种动物形尊、大鼓、大铙等青铜器就是“商后期的三苗文化”，但在商末之后，“三苗”之名从古籍上消失，而越人开始扬名，说明三苗文化已融合于古越族文化之中去了。本文对费家河文化和湘江流域商代青铜器的研究，证明俞先生的推断是非常正确的。至此，我们可以回答，湖南湘江流域商代青铜器的“沩水类群”就是来源于商代晚期生存在以鄂东南及汉东地区为中心的古代三苗文化，其来源的原因不用说是商末周初周文化的向南拓展，西周早期汉阳诸姬的文化面貌及江西地区从商末开始地方文化中周文化因素的异常强烈等可以证明周文化对汉东地区的开拓是非常成功的。三苗文化最终不得不退到长江以南地区，而此时，土著势力相对较弱和在商代晚期已经建立起良好关系的湘江流域是其必然的选择。三苗文化的一支从洞庭湖东岸进入湖南后，其主力最后沿湘江下流支流——沩水到达西靠雪峰山脉、东南又有衡山—韶山—岳麓山的东北—西南走向的衡山余脉作为屏障的沩水上游地区，这样一个小的但比较独立的地理区域，对此时苟延残喘的三苗文化可以说是最理想的地方。三苗文化集团进入湘江流域后，大约生存了不长一段时间，于西周中晚期左右，完全融合于本地民族文化之中，不过，它们带来的先进青铜冶铸技术则为本地民族所接受，对本地特色青铜文化的形成起了直接的促进作用。

五、结　语

本文论证得出的主要结论如下。

（1）湘江下游以岳阳费家河遗址为代表的商代晚期文化遗存，可以分为二期四段，年代分别相当于殷墟商文化的一至四期，文化性质是本地土著文化，可以正式命名为“费家河文化”，其民族属性应为古代越族的一支。

（2）费家河文化与殷墟商文化的关系主要是在青铜冶铸等技术方面的交流，而文化传统上两者区别是较大的，相反，费家河文化与江西地区土著文化和鄂东南、汉东地区同期文化的关系则较为密切。

（3）湖南东部地区出土的商代铜器可以分为不同性质的两个类群，其中“资水上游类群”当是商王朝与岭南地区商贸交往过程中流入本地的。而“沩水类群”青铜器则属于原来生存在汉水流域地区的古代三苗文化集团，为商末周初三苗集团受周人所迫进入湖南时带来的，因而湖南独有的特大兽面纹铙可能就是三苗集团来本地后铸造的，年代应在西周早期。

附记：本文中有些未公布的材料承岳阳地区文物管理处欧继凡、何捷、岳阳县文物管理所易立勤等先生见告，在此深表谢忱！

注　释

[1] 湖南省文物考古研究所：《湖南石门皂市商代遗存》，《考古学报》1992年第2期。

[2] 王文建、龙西斌：《石门县商时期遗存调查——宝塔遗址与桅岗墓葬》，《湖南考古辑刊》（第4集），岳麓书社，1987年。

[3] 王文建、龙西斌：《石门县商时期遗存调查——宝塔遗址与桅岗墓葬》，《湖南考古辑刊》（第4集），岳麓书社，1987年。

[4] 湖南省文物考古研究所（何介钧）、澧县文物管理所（曹传松）：《湖南澧县商周时期古遗址调查与探掘》，《湖南考古辑刊》（第4集），岳麓书社，1987年。

[5] 何介钧：《湖南商时期古文化研究》，《湖南先秦考古学研究》，岳麓书社，1996年。

[6] 王文建：《商时期澧水流域青铜文化的序列和文化因素分析》，《考古类型学的理论与实践》，文物出版社，1989年。

[7] 湖南省文物考古研究所：《湖南石门皂市商代遗存》，《考古学报》1992年第2期。

[8] 湖南省博物馆：《湖南沅江中下游古文化遗址调查》，《考古》1980年第1期。

[9] 湖南省文物考古研究所发掘资料。

[10] 湖南省文物考古研究所发掘资料。

[11] 湖南省文物考古研究所、桑植县文物管理所：《湖南桑植县朱家台商代遗址的调查与发掘》，《江汉考古》1989年第2期。

[12] 贺刚：《南岭南北地区新石器时代中晚期文化的关系》，《中国考古学会第九次年会论文集》（1993），文物出版社，1997年。

[13] 湖南省文物考古研究所、岳阳市文物工作队：《岳阳市郊铜鼓山商代遗址与东周墓发掘报告》，《湖南考古辑刊》（第5集），岳麓书社，1989年。

[14] 岳阳市文物工作队：《岳阳县对门山商代遗址发掘报告》，《湖南考古辑刊》（第6集），岳麓书社，1994年。

[15] 岳阳市文物工作队发掘资料。

[16] 岳阳市文物工作队发掘资料。

[17] 湖南省文物考古研究所发掘资料。

[18] 岳阳市文物工作队发掘资料。

[19] 湖南省文物考古研究所：《湖南浏阳城西樟树塘遗址发掘的主要收获》，《考古》1994年第11期。

[20] 湖南省博物馆、岳阳地区文物工作队、岳阳市文管所：《湖南岳阳费家河商代遗址和窑址的探掘》，《考古》1985年第1期。

[21] 向桃初：《湖南岳阳铜鼓山商代遗址试析》，《南方文物》1993年第3期。

[22] 湖南省博物馆：《湖南安仁新石器时代遗址试掘简报》，《考古》1960年第6期。

[23] 湖南省博物馆：《湖南衡阳复溪公社金山岭遗址》，《考古学集刊》（2），中国社会科学出版社，1982年。

[24] 周世荣：《湖南南岳新石器时代遗址》，《考古》1966年第4期。

[25] 何介钧：《湖南商周时期古文化的分区探索》，《湖南考古辑刊》（第2集），岳麓书社，1984年。

[26] 湖南省文物考古研究所发掘资料。

[27] 株洲市博物馆、攸县文物管理所：《湖南攸县商周遗址调查报告》，《湖南考古辑刊》（第6集），岳麓书社，1994 年。

[28] 四川大学考古专业：《四川大学考古专业创建三十五周年纪念文集》，四川大学出版社，1998年。

[29] 梁景津：《广西出土的青铜器》，《文物》1978年第10期。

[30] 梁景津：《广西出土的青铜器》，《文物》1978年第10期。

[31] 罗仁林：《岳阳地区商时期的文化序列及其文化因素分析》，《湖南考古辑刊》（第7集），求索杂志社，1999 年。

[32] 中国社会科学院考古研究所：《殷墟发掘报告（1958 ~ 1961）》，文物出版社，1987年，第9页，图八，2。

[33] 中国社会科学院考古研究所：《殷墟的发现与研究》，科学出版社，1994年，第28页，图二，3。

[34] 沙市市博物馆：《湖北沙市周梁玉桥遗址试掘简报》，《文物资料丛刊》（10），文物出版社，1987 年。

[35] 湖南省文物考古研究所发掘资料。

[36] 岳阳县文管所发掘资料。

[37] 邹衡：《夏商周考古论文集》，文物出版社，1980 年，第106 ~ 117页。

[38] 赵全古、韩维周、裴明相等：《郑州商代遗址的发掘》，《考古学报》1957年第1期。

[39] 江西省文物管理委员会：《江西修水山背地区考古调查与试掘》，《考古》1962年第7期。

[40] 江西省博物馆、清江县博物馆、厦门大学历史系考古专业：《江西清江筑卫城遗址第二次发掘》，《考古》1982年第2期。

[41] 李龙章、彭明祺、向绪成等：《湖北通城尧家林遗址的试掘》，《江汉考古》1983年第3期。

[42] 湖南省博物馆发掘资料。

[43] 岳阳市文物工作队发掘资料。

[44] 长沙市文物工作队：《长沙县新石器时代遗址普查简报》，《湖南考古辑刊》（第6集），岳麓书社，1989年。

[45] 湖南省文物考古研究室所、株洲市博物馆：《株洲县磨山新石器时代遗址试掘报告》，《湖南考古辑刊》（第6集），岳麓书社，1994 年。

［46］ 湖南省博物馆：《湘乡岱子坪新石器时代遗址》，《湖南考古辑刊》（第2集），岳麓书社，1984年。

［47］ 江西省文物工作队、万年县博物馆：《江西万年类型商文化遗址调查》，《东南文化》1989年第4、5期合订本。

［48］ 江西省文物管理委员会：《一九六二年江西万年新石器遗址、墓葬的调查与试掘》，《考古》1963年第12期。

［49］ 江西省文物管理委员会：《一九六二年江西万年新石器遗址、墓葬的调查与试掘》，《考古》1963年第12期。

［50］ 河南省文物考古研究所、郑州大学文博学院考古系、南开大学历史系博物馆学专业：《1995年郑州小双桥遗址的发掘》，《华夏考古》1996年第3期。

［51］ 湖南省博物馆：《长沙县出土春秋时期越族青铜器》，《湖南考古辑刊》（第2集），岳麓书社，1984年。

［52］ 湖南省博物馆：《湘潭青山桥出土窖藏商周青铜器》，《湖南考古辑刊》（第1集），岳麓书社，1982 年。

［53］ 林沄：《商文化青铜器与北方地区青铜器关系之再研究》，《考古学文化论集》（1），文物出版社，1987年。

［54］ 何介钧：《商文化的南渐与商时期南方青铜文化》，《亚洲文明》（第三集），安徽教育出版社，1995 年。

［55］ 杨升南：《“殷人屡迁”辨析》，《甲骨文与殷商史》（第二辑），上海古籍出版社，1986 年。

［56］ 江鸿：《盘龙城与商朝的南土》，《文物》1976年第2期。

［57］ 俞伟超：《先楚与三苗文化的考古学推测——为中国考古学会第二次年会而作》，《文物》1980年第10期。

［58］ 俞伟超：《早期中国的四大联盟集团》，《中国历史博物馆馆刊》（总第十三～十四期），文物出版社，1989 年。

（原载于《考古耕耘录》，岳麓书社，1999年）

湖南商周考古和青铜器研究的新进展

湖南的商周考古发现和研究起步虽然较早，进展却很缓慢。从20世纪20年代开始至今，湖南出土的商周青铜器已达数百件之多，这些青铜器制作精美、风格独特，引起了海内外学者的广泛关注。但是由于它们大多出土于窖藏，既无地层学年代依据，又无其他伴出遗物，加之湖南商周时期古文化遗址的发掘和基础研究工作薄弱，本地区商周时期考古学文化的序列和谱系还有待建立，致使湖南出土商周铜器的来源和性质等问题至今悬而未决。20世纪末四川广汉和江西新干等重大考古发现，迫使湖南的考古工作者再也不能停留在仅限于对湖南出土的青铜器进行简单的资料收集和介绍了，而必须对湖南商周铜器的来龙去脉、生存背景、文化性质和族属等做合理的解释。近十年来，我们以此为目标，将工作重点放在湘东，尤其是湘江下游商周时期古文化遗址的调查、发掘和研究上，不仅已基本建立起了这一地区商周时期考古学文化的序列，在青铜器的研究上也有新的突破，可以说湖南商周铜器之谜的最终破译已经为时不远了。本文主要介绍近年来湖南商周考古的一些新的发现和研究成果，其中不乏笔者对湖南出土商周青铜器的性质等问题已经发表的观点的归纳和补充论述。不妥之处，敬请指正！

一、湘江下游商周时期考古学文化编年与文化性质的研究

湘江下游是湖南商周青铜器的主要出土地区，尤以沩水上游黄材等地最为集中。虽然表面看来其内涵比较复杂，但它们应是与商周时期某一特定历史文化背景有关的一个整体，或者说它们应是附着于同一文化载体而存在的。所以要解决其性质等问题，必须以同时期陶器文化的研究成果为前提。80年代中期以前，这一地区商周时期的考古工作开展得很少，正式发掘的仅有岳阳费家河[1]遗址一处，所以根本无法进行深入的研究。1987年岳阳铜鼓山[2]商代遗址的发掘，出土了一批在年代和文化面貌上可以与中原地区商文化参照对应的重要材料，为湘江流域商周时期考古学文化的研究找到了极好的切入点。以此为契机，我们相继在岳阳对门山[3]、温家山[4]、老鸦洲[5]、樟树潭[6]、易家山[7]、汨罗玉笥山[8]、望城高砂脊[9]等遗址进行了较大面积的发

掘，取得了比较丰富的实物资料，为本地区商周时期考古学文化序列的建立和文化性质等的研究奠定了良好的基础。

（一）洞庭湖东岸岳阳地区商时期考古学文化的序列与性质

岳阳地区地处洞庭湖与罗霄山脉之间的南北交通咽喉之地，既是湘江流域对外交往的前沿，又是外来文化进入湘江腹地的必由之路，因此该地区商周时期考古学文化的面貌和性质，对于整个湘江流域商周时期古文化和青铜器的研究有至关重要的意义。

关于岳阳地区商时期考古学文化的编年和性质，目前的意见虽不统一，但大同小异。大家一致认为可以分为两个大的阶段，前一阶段以岳阳铜鼓山商代遗存为代表，可称为铜鼓山类型，其年代相当于中原商文化的早商二里冈时期，文化性质为盘龙城类型商文化。后一阶段包括的遗址较多，可以最早发掘的岳阳费家河遗址命名为费家河类型文化，年代约相当于中原商文化晚期。具体的编年和文化内涵如下所述。

铜鼓山类型可分为两期四段，包括铜鼓山遗址的主要商代遗存。拙著《湖南岳阳铜鼓山商代遗址试析》[10]曾将铜鼓山商代遗存分为两期四段，最近受到郭胜斌[11]和罗仁林[12]先生的启发，觉得原定第Ⅳ段典型单位T7H6所出高领釜等，依形制似乎可以排在后述费家河类型第Ⅰ、Ⅱ段之间。故在此将原来的观点略做修改，将T7H6等遗迹单位从第Ⅳ段抽出列为铜鼓山商代遗存第Ⅴ段，且与岳阳樟树潭商代遗存第Ⅰ、Ⅱ段并为费家河类型第一期Ⅰ段，年代约相当于殷墟一期。

铜鼓山类型文化出土遗物主要为陶器，器类有鬲、斝、爵、甗、簋、盆、大口尊、小口矮领罐、大口缸、小口高领罐、碗、豆、器盖、硬陶器等。按照文化因素的不同可以将它们区分为两大组（图一）。第一组（A组）可细分出两个亚组，Aa亚组为典型的商文化因素，器物有分裆鬲、斝、爵、簋、盆、大口尊、小口矮领罐等。虽然器表颜色大多与典型商文化有别，但器形、纹饰及其演变规律均与典型商文化完全一致。Ab亚组为商文化因素在南方地区的变异或在南方形成的地方商文化因素，如连裆鬲、甗等裆部特征与典型商文化区别较大。大口缸据笔者研究[13]应是南方类型商文化——盘龙城类型商文化的特征性因素。第二组（B组）为南方地区的土著因素，也可分成两个亚组，如小口高领罐、碗等是江汉平原西部和澧水流域同期文化的因素，而陶豆、硬陶器等则是本地的土著因素。在铜鼓山类型两期Ⅰ～Ⅳ段中，第一组商文化因素一直居于绝对主要的地位，因此，大家一致认为铜鼓山类型文化的性质属于商文化范畴。而其与典型商文化不尽相同之处，则是长江中游地区的黄陂盘龙城、江陵荆南寺和石门皂市等遗址中所共见的、属于盘龙城类型商文化的特征。根据文物普查资料和迄今为止的考古调查发掘结果，铜鼓山类型的遗存在今岳阳市区以南没有发现。浏阳樟树塘[14]遗址上层虽出土有商代特征的大口缸、簋形器等，时代相当于二里冈时

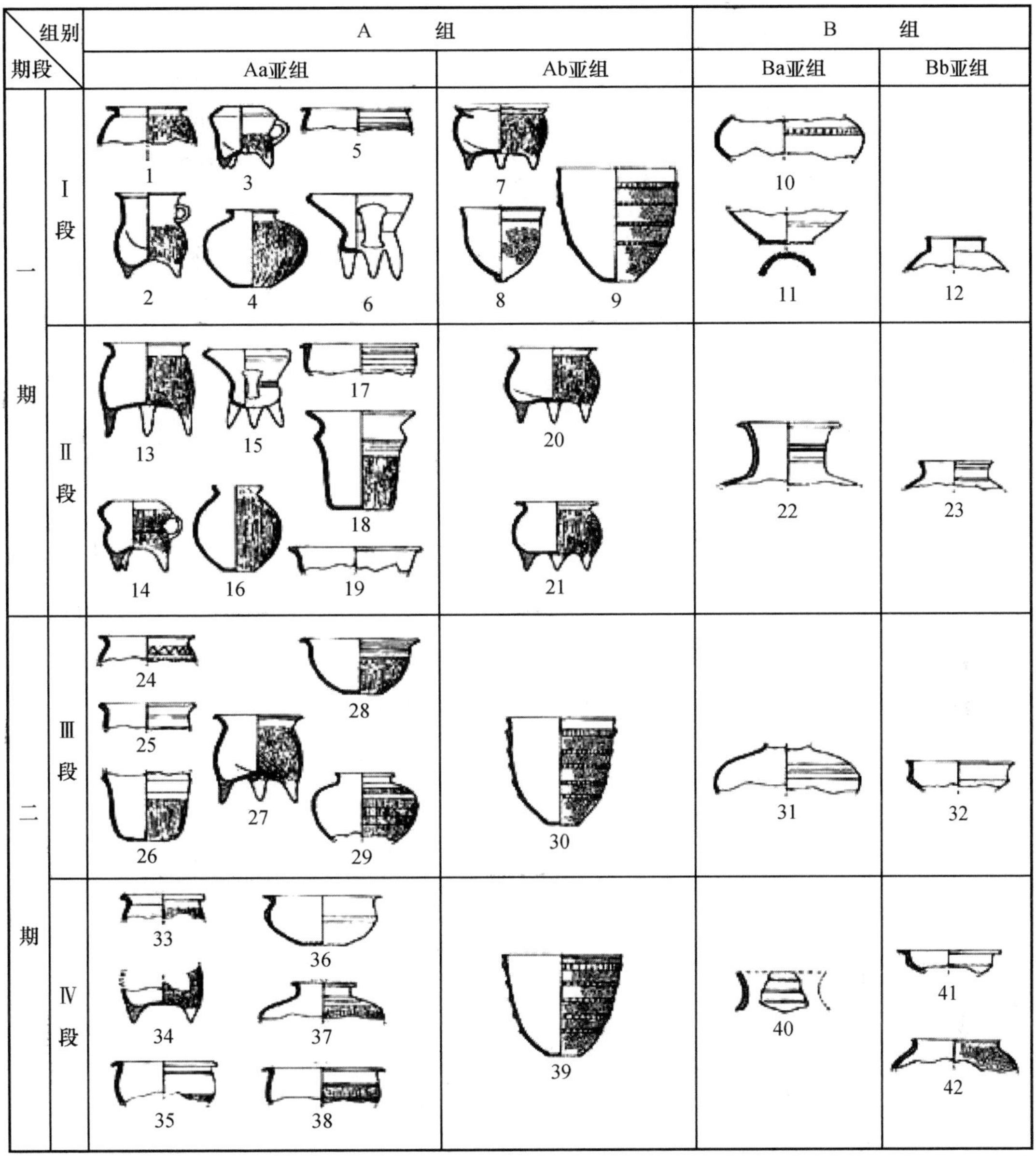

图一　铜鼓山类型陶器分期分组图

1、13、20、21、24、27、33、34. 鬲（T13⑤：8、T14④：1、TI3④：16、T13④：15、T11⑥：5、86铜采：1、T13③：24、T6H8：1） 2、3、14. 斝（T13⑤：1、T13⑤：2、T13④：1） 4、10、12、16、22、23、29、31、37、40、42. 罐（T14⑤：8、T14⑤：13、T13⑤：17、T13④：60、T13④：33、T13③：48、T7H10：1、T2③：2、T7⑦：2、T13③：34. T2③：13） 5、17、35、38. 簋（T14⑤：13、T13④：26、T11H15：6、T11⑤：3） 6、15. 爵（T14⑤：10、T13④：64） 7. 甗（T13⑤：10） 8、9、30、39. 大口缸（T14⑤：45、T14⑤：7、T13③：47、T6④：3） 11. 碗（TI4⑤：12） 18、25、26. 大口尊（T13④：22、T13③：16、T11⑥：2） 19、28、36. 盆（T13④：25、T6⑤：4、T11H16：3） 32、41. 豆（T13G3：2、T11G2：19）

期，但几乎不见典型商文化因素的器物，而是一种很典型的土著文化。这说明铜鼓山遗址所在的长江南岸一带，可能就是盘龙城类型商文化在湘江流域分布的最南境，在二里冈时期，商文化并没有继续向南拓展进入湘江流域腹地。又，铜鼓山类型中真正属于湘江下游本地的文化因素非常少见，可见商文化与当地土著文化之间的交往并不多，说明铜鼓山遗址很可能是盘龙城地方政权设在长江南岸的一个纯军事性堡垒。由于铜鼓山遗址所处的地理位置正是遏制长江中上游和湘江流域地方势力向东发展的咽喉之地，选择在这里设立军事堡垒，对确保商文化在鄂东、赣西北地区的稳定和南北铜矿运输线的安全具有非常重要的意义。

紧接着铜鼓山类型的是费家河类型文化。关于费家河类型文化，拙著《湖南商代晚期青铜文化的性质及其与殷墟商文化的关系》[15]（以下简称《的关系》）一文已进行过详细讨论，最后直接命名为“费家河文化”。属于费家河阶段的遗址发掘材料比较多，学术界意见也不统一，尤其是对其文化性质的认识，这里面还牵涉到对青铜器的认识问题。笔者的意见是，费家河类型文化亦分为两期四段。第一期含Ⅰ、Ⅱ段，是费家河文化的形成与成熟阶段，其特征表现为，土著文化与商文化遗留因素和邻近地区地方文化因素融合过程中，以一种新的面貌出现并形成自己独特的风格。第二期含Ⅲ、Ⅳ段，其特征表现为，商文化因素和邻近地区文化因素已纳入本地土著文化之中，本地地方文化经过商文化占据期和其后周围地方文化强烈影响期的洗礼和变革，已经从原始文化脱胎成为真正的地方青铜文化。

费家河类型文化遗物亦主要为陶器，其陶系演变趋势为：自始至终以夹砂红陶或红褐陶为主；红胎黑皮陶第一期数量较多，第二期大为减少；夹砂灰褐陶一期Ⅰ段有一定数量，一期Ⅱ段开始明显少见；硬陶一期Ⅰ段很少，Ⅱ段开始增加，Ⅳ段最多，达到陶器总数的10%。纹饰第一期以绳纹、弦纹为主，方格纹较少；第二期以方格纹为主。陶器的主要器类有釜、鼎、鬲、斝、罐、大口缸、将军盔、豆、硬陶瓿等。根据文化因素的不同可以分三组（图二），第一组（A组）是商文化的因素，器类有鬲、簋等；第二组（B组）是本地的土著因素，器类有折沿釜、内环耳釜、鼎、豆、直口罐、大口缸、将军盔、空足斝和硬陶器等；第三组（C组）器类有高领釜、矮领釜、小釜、甗形器等，其来源问题还没有形成一致的意见，笔者认为其源于鄂东南、赣北地区的地方文化。

对各组器物文化渊源和它们彼此之间相互融合的理解角度不同，造成了对费家河类型文化性质认识上的差异。多数人认为其是越民族土著文化的一支，或者说是以越民族为主体的融合性文化，也有人将它与湖南出土的商周铜器联系起来，认为它实质上是以商文化为主体的融合文化[16]，甚至有人认为是晚商文化的一个地方类型[17]。笔者是前一观点的首倡和力主者，我们的理由如下。

（1）费家河类型的典型陶鬲虽由铜鼓山类型地方型鬲演变而来，但其基本形态和

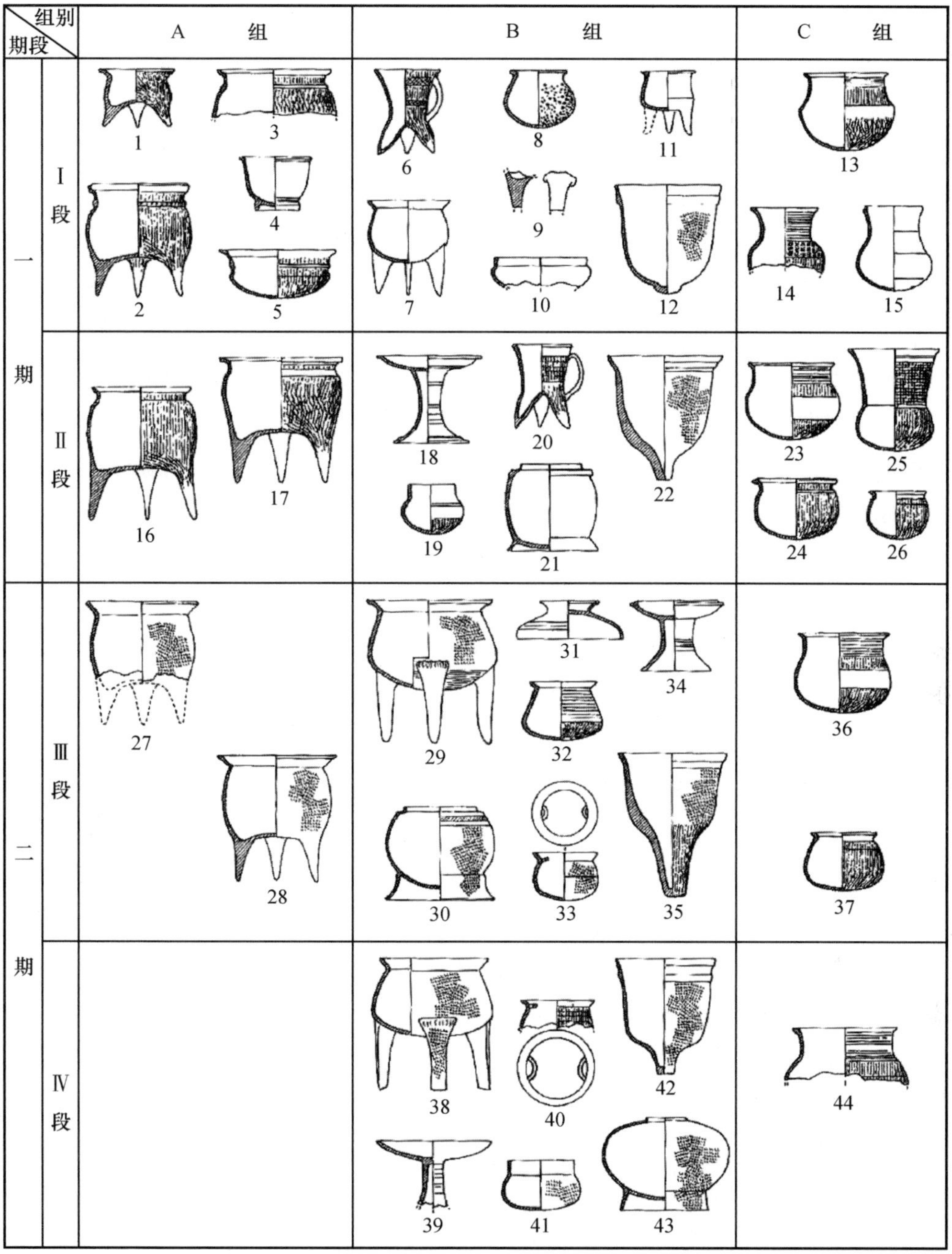

图二　费家河类型陶器分期分组图

Ⅰ段：1～3. 鬲　4. 簋　5. 盆　6. 斝　7、11. 鼎　8. 釜　9. 扁鼎足　10. 豆　12. 大口缸　13、14. 高领壶　15. 甗形器（1～3、5、6、10、12、14、15. 岳阳樟树潭遗址出土　4、7～9、11、13. 岳阳铜鼓山遗址出土）

Ⅱ段：16、17. 鬲　18. 豆　19. 直口罐　20. 斝　21. 硬陶瓿　22. 大口缸　23. 高领釜　24. 矮领釜　25. 甗形器　26. 小釜（16～19、22～26. 岳阳老鸦洲遗址下层出土，20、21. 岳阳易家山遗址出土）

Ⅲ段：27、28. 鬲　29. 鼎　30. 硬陶瓿　31. 硬陶器盖　32. 折沿釜　33. 内环耳釜　34. 豆　35. 将军盔　36. 高领釜　37. 矮领釜（27～29、35. 岳阳老鸦洲遗址上屋出土，30～34、36、37. 岳阳对门山遗址出土）

Ⅳ段：38. 鼎　39. 豆　40. 内环耳釜　41. 直口罐　42. 大口缸　43. 硬陶瓮　44. 高领釜（均岳阳费家河遗址出土）

发展变化趋势已经完全与商鬲不同，因此只能把它看成早商文化因素的遗留，不能成为晚商期商文化因素存在或影响的证据。

（2）大口缸在早商时期无疑是地方类型商文化的特征性因素，但并不是典型商文化和其他类型商文化共有的，那么盘龙城类型商文化消失以后，它就不再是商文化的因素了，应该将它作为地方因素来对待。

（3）本文划分在第二组土著因素中的空足斝，被后一种观点的论者作为商文化因素，笔者以为是错误的。对二里头文化以及鄂东、鄂西、湘西北、三峡地区和四川广汉三星堆等地出土的空足器及相同地域出土的明显属于二里头文化因素的“竹节柄”豆、璋形玉器等进行综合考察，可以认为它是先于商文化来到南方地区的二里头文化因素，在二里冈期商文化的殖民时期与本地土著文化一同被淹没，而在商文化撤退后又一同死灰复燃了。不过，这时的二里头文化因素因为没有了自己的载体而附着于各地方土著文化，因而成为地方土著文化的组成部分。这种器物虽亦大多名“斝”，但与典型商文化的陶斝并无任何关系。

（4）本文第三组的器物，与邻近的鄂东南和赣西北地区地方类型文化的同类器非常接近，应该是受后者的影响所致。而且从文化的渊源来说，它们属于一个大的民族文化系统中的不同分支，也可以将它们当作土著因素来对待。

总之，从费家河类型主要陶器中，我们无法找到多少晚商期殷墟商文化影响的证据，更谈不上以商文化因素为主体了。后一观点持有者的两个误区就是：①陶鬲=商文化=殷墟商文化，没有把陶鬲这种特征性文化因素放在更大的时空中进行动态地考虑。费家河类型的这种陶鬲，就是王光镐先生所讨论过的“江汉土著鬲”[18]，后来发展成为“楚式鬲”的早期形态，按照后者的观点，岂不是也可以把“楚式鬲”定性为商文化？②湘江下游出土的青铜器就是商代晚期流入本地或在本地制造和使用的。不过他们又认为以陶器为代表的土著文化不堪当此大任，于是请出商文化尊驾，铜器无疑高贵于陶器，那么费家河类型是以商文化为主体的融合性文化，甚至地方类型商文化，似乎也就顺理成章了。

当然，费家河类型文化与晚商文化也有一定的联系，如费家河类型的特色器物长把将军盔和硬陶瓿形器在殷墟[19]就有发现。笔者《的关系》一文通过详尽地比较后认为，湘江流域商代晚期文化与殷墟商文化的联系主要体现在生产技术或者说经贸交往上，如殷墟向本地输出铸铜技术和青铜器，并借此通畅与岭南地区的商贸通道。本地向殷墟出口将军盔和硬陶器等。费家河类型的许多遗址都发现大片的陶窑址作坊区，可见陶器的烧造和外销是费家河类型文化经济生活中的支柱产业之一。

（二）望城县高砂脊西周遗址和墓葬的发掘及其意义

1.高砂脊遗址发掘的主要收获

湘江下游商周时期考古学文化探索的另一个成果就是望城县高砂脊西周遗址的两次发掘和研究。高砂脊位于湘江下游西岸，沩水入湘江河口，南距长沙市20余千米。70年代，这里曾出土一件西周早期铜甗，现藏于湖南省博物馆。1996年底，为配合湘江防洪大堤的维修，我们对该遗址进行了第一次抢救发掘，1999年初又进行了第二次发掘，两次发掘共计350平方米。高砂脊遗址现存的商周时期文化堆积仅有很薄的一层，包含物非常少，而且遗址的主要部分被破坏，两次发掘的主要收获是清理了一批墓葬，其中有两座墓出土遗物主要为青铜器。高砂脊遗址是目前湖南省唯一的一处商周青铜器与同时期文化堆积直接关联的遗址，为湘江下游商周时期考古学文化和湖南商周铜器研究提供了非常宝贵的材料。

两次发掘共发现和清理西周时期墓葬20座、灰坑5个、陶窑1座。墓葬依形态结构和葬俗可分三类：一类墓2座（AM1、AM5），为窄长方形竖穴，口大底小，平底，底部四周有与葬具等高的熟土二层台，头向东，遗物大部分出土于二层台上，均打碎后散布于全坑。AM1除出土可能属于下葬后在墓坑周围或二层台上举行祭祀用的祭器外，墓的底部即葬具内还随葬有铜尊、矛、刮刀等物品。AM5二层台层面上有20～30厘米厚的草本灰夹木炭渣，少数铜器碎片可见烧熔和变形的现象，推测可能与所谓“燎祭”有关，但该墓葬具内没有随葬品。这类墓出土器物主要为铜器。第二类墓数量较多，墓坑平面形状有圆形、椭圆形、圆角长方形、不规则形等，墓壁多为斜壁或弧壁内收，墓底往往不平或有台阶。出土器物主要为陶器，均不完整，为埋葬前打碎后摆放在墓底，有的分两层或三层摆放，各层之间似有一定间隔。此类墓很可能没有葬具。第三类圆角方形深坑墓2座（AM19、AM20），开口为圆形或椭圆形，斜壁，往下一定深度后变成圆角方形，且垂直往下，开口以下4～5米深仍不见底，填土中含有大量的木炭末和陶片，但不见淤泥。这两座墓发掘尚未结束，其葬俗尚不清楚，我们暂据其中一座口外有放置陶器的龛定性其为墓葬。

文化遗物绝大多数出土于墓葬，地层中遗物很少。数量最多的是陶器，次为铜器，石器极少。

陶器有软陶和硬陶，其中软陶占95%以上，硬陶数量不足5%。软陶以夹砂陶为主，泥质陶次之，器表颜色比较杂乱。夹砂陶以夹砂红陶和红褐陶为主，夹砂灰陶或灰褐陶数量也较多，还有少量夹砂红胎黑皮陶和夹砂褐陶。泥质陶以泥质灰陶为主，泥质红陶次之，泥质黄陶和泥质红胎黑皮陶较少。纹饰以方格纹和弦纹最为流行，还有少量瓦棱纹、篮纹、绳纹、刻划的网格纹、水波纹、梯格纹、乳钉纹等。陶器的制法绝大多数为轮制，大型器物的口部都进行了修整。陶器的种类丰富，以釜、鼎的数量最多，其次为罐、盆、钵、簋、罍形器、碗、器盖，尊、鬲等较少。

陶釜普遍为一种宽折沿，沿面上有多道细密弦纹，鼓腹，圜底，通体拍印方格纹，发掘简报称为A型釜。这种釜的最大特点就是外折的沿很宽，相当于内口的半径，一般8～10厘米，最宽的达16厘米。

陶鼎有两大类，一类是A型釜加三个高大的锥足，定为A型鼎，这种鼎没有立耳，折沿不如A型釜那样宽，且上釜近沿下部位往往拍印横行或斜行的篮纹或绳纹，因此与A型釜容易区别。另一类是有两个立耳的B型鼎，这类鼎多为罐形，体形较小，侈口，束颈，颈部有台棱，鼓腹，圜底，三锥足，腹底拍方格纹，从立耳和整体形态考察，此类鼎是仿铜器的形制。

罐的种类较多，文化因素很复杂，大致可分为高领罐、矮领罐、圈足罐等几类，其中夹砂罐均通体饰方格纹，泥质罐一般肩腹部有弦纹夹戳印、刻划和乳钉纹，少数也有方格纹。

盆依有无圈足分二型：A型，深腹，无圈足，敞口，折沿，圆收腹，通体拍印方格纹；B型，浅腹，均有矮圈足，通体素面或有数道弦纹，有的底部拍印方格纹。

钵的数量较多，有敞口，直口和敛口三种，多为红陶，均饰方格纹。

簋有两种，一种为浅盆高圈足，另一种深腹外鼓。

罍形器，圆肩或折肩，斜收腹，矮圈足，肩部饰“s”纹或乳钉纹，腹部拍方格纹或绳纹。

碗，均泥质灰陶，折沿，折腹，矮圈足，腹部有一两道凹弦纹。

尊分二型：A型为觚形尊，腹部饰简化的兽面纹；B型为圆折肩，深腹，圜底，类似商文化的大口尊，通体饰绳纹。

器盖均浅腹，有饼形捉手和柱形捉手，柱形捉手盖为子母口。

鬲的标本很少，口沿部分2件，为夹砂红褐陶和红胎黑皮陶，侈口，束颈，上腹外鼓，腹部饰间断绳纹。鬲足仅6件标本，矮尖锥足和矮截锥足各3件。

另外还有数件扁平鼎足的标本，表面均饰方格纹。

硬陶数量不多，器类有釜、罐、瓮三类，通体均为方格纹。

铜器主要出土于AM1、AM5两座墓中，另AM12出土铜矛1件，灰坑AH5出土完整铜戈1件和残铜削，还有地层和AM5的填土中出土了一些残铜块，AM20出土的几块陶釜底部残片上附有大量的铜渣。大部分器物出土时破碎不堪，而且变形非常严重，很多个体本来就只有一部分。已修复的有鼎、尊、戈、矛、刀、削、刮刀、斧、构件等。

鼎分大小两类，大型鼎2件。其中一件方形立耳，平折沿，圆腹，圜底，三圆柱形足，腹部饰三组兽面加龙纹和蝉体蕉叶纹，内壁有一“酉”字铭文（图三，1）。这件鼎器体厚重，器表光亮，纹饰清晰，与其余所有鼎的质地判然有别，应是中原地区铸造的。另一件索状立耳，厚圆唇，垂腹，坦底，底外侧有三角形范线，三柱形足内侧变平，足根部明显粗于底部，呈亚腰形，出现了向蹄形足变化的迹象，腹部为四叶与涡纹相间的纹饰带（图三，2）。这件鼎胎质较差，器表呈灰白色，未打磨光亮，纹饰不清晰，底外侧有三角形范痕，应是本地的产品。

小型鼎 7件，均出土于AM1，这些鼎铸造痕迹都很明显，都是由三块壁范加一块底范铸成，底外侧均有三角形范线，有大量的错范现象，接缝处器壁厚薄悬殊。依器形和纹饰又可分三型。

A型 3件。直口，圆腹，上腹为三组尾上卷的饕餮纹，下腹是以蝉纹为主体的蕉叶纹，足根部兽头张开大口含着鼎足，眼珠突出（图三，3）。

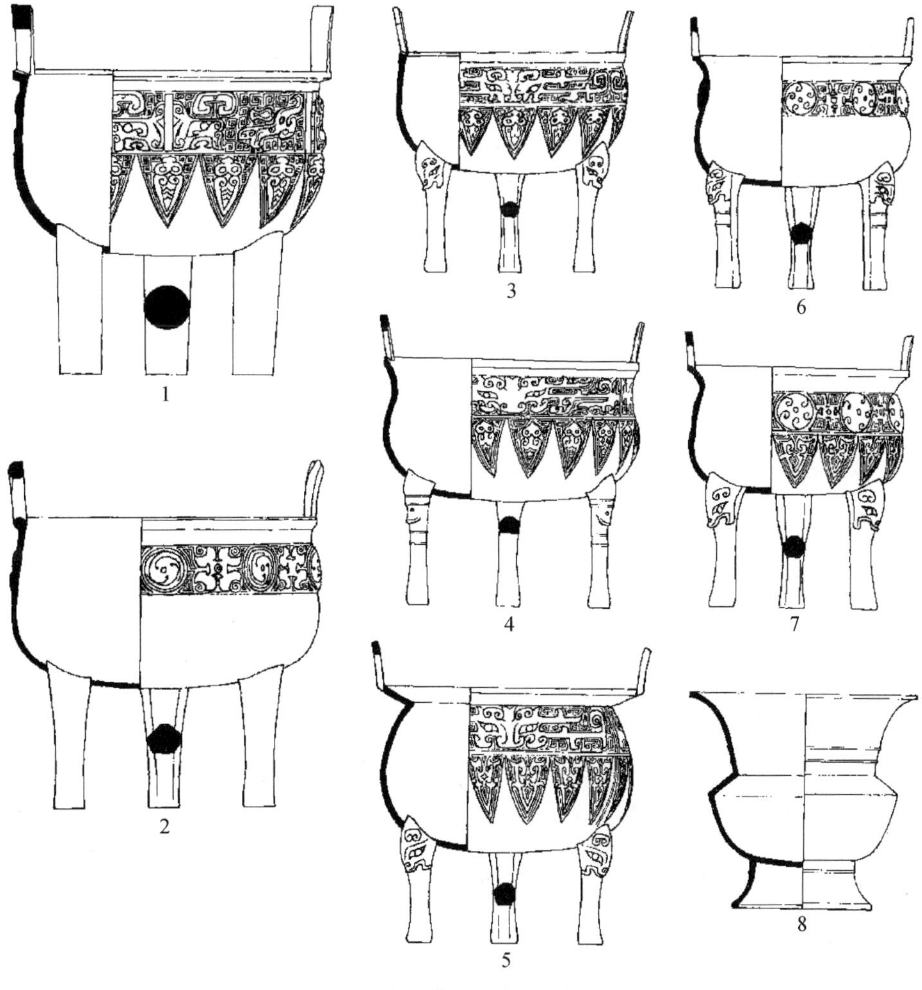

图三 高砂脊出土铜器（一）

1、2. 大型鼎（AM1：18、AM5：53） 3. A型小鼎（AM1：4） 4. B型Ⅰ式小鼎（AM1：6） 5. C型小鼎（AM1：7） 6、7. B型Ⅱ式小鼎（AM1：2、AM1：3） 8. 尊（AM1：28）

B型　3件。侈口，束颈，鼓腹。分二式。

Ⅰ式：1件。口微侈，圆鼓腹，三足较直。上腹三组尾上卷的饕餮纹，下腹为蝉体蕉叶纹（图三，4）。

Ⅱ式：2件。侈口较甚，腹最大径下移成垂腹，三足近亚腰形。一件上腹四叶目纹间涡纹带，下腹素面（图三，6）。另一件上腹纹饰同前者，下腹为简化的蝉体蕉叶纹（图三，7）。

C型　1件。宽折沿，鼓腹，足近亚腰形，上腹为尾上卷的饕餮纹，下腹为简化的蝉体蕉叶纹（图三，5）。

其他种类器物数量均较少，计有尊（图三，8）、戈（图四，2）、矛（图四，1、9）、刀（图四，7）、刮刀（图四，4、5）、削（图四，10）、车軎（图四，6）、斧（图四，3）、构件、不知名器（图四，8）等。

由于层位简单，地层中遗物甚少，各遗迹间几无打破关系，加上遗址被严重破坏，许多重要遗迹单位的开口层位不清楚，因而遗址的分期和年代只能依靠遗物的型式演变，并参照其他地区已有的材料来进行分析。

我们先看陶器，高砂脊遗址最具代表性的陶器是釜和鼎。釜主要是A型釜（图五，1、2），与这种方格纹宽折沿釜完全相同的在其他地区还没有，但相近的却在岳阳县老鸦洲遗址和汨罗玉笥山遗址有出土（图五，16），年代为费家河类型二期，相当于殷墟三、四期。与前者比较，沿稍窄，沿面上没有细密的弦纹，形态稍早。仅有1件的B型釜（图五，3），陶色浅灰，通体素面，是澧水流域商代晚期的釜（图五，19）的风格。D型釜（图五，5），内环耳。E型釜（图五，6），高领，颈部有十多道弦纹，是费家河类型的典型特征。Aa型鼎（图五，9、10）体形高大，方格纹，高尖锥足，是从费家河类型二期的鼎（图五，20）发展而来的。Ab型鼎（图五，11），体形较小，盘口，腹部有多道弦纹。类似的器物在澧县斑竹、宝宁桥[20]（图五，23、24）等遗址多有发现，年代在商末至西周中期。另外费家河类型Ⅳ段最发达的宽扁足鼎（图五，21）在本遗址也有少量发现（图五，14）。Ba型鼎（图五，7、8）为仿商晚和西周早期铜鼎的形制，如本文图五，7（AM19：30）与湖北江陵万城的一件[21]西周早期铜鼎很接近。其他器物还有如素面、颈部有弦纹的泥质高领罐（图五，25），似澧县斑竹二期的Ⅱ式罐（图五，51）；矮领罐（图五，28~30）似湖北蕲春毛家嘴[22]西周时期的同类罐（图五，54、55）；浅盘高圈足簋（图五，41）接近石门皂市[23]遗址商代晚期簋（图五，52）和陕西长安张家坡[24]西周早期的陶簋（图五，58、59）；深腹簋（图五，42）与毛家嘴陶簋（图五，56）和北京琉璃河[25]燕国墓地西周中期陶簋相似。鬲足有矮锥足和截锥足（图五，13）两种，从形制观察，是中原地区西周早期至中期的风格。综上所述，高砂脊陶器的年代上限可早到商末，下限到西周中期，主要存在时期为西周早期。

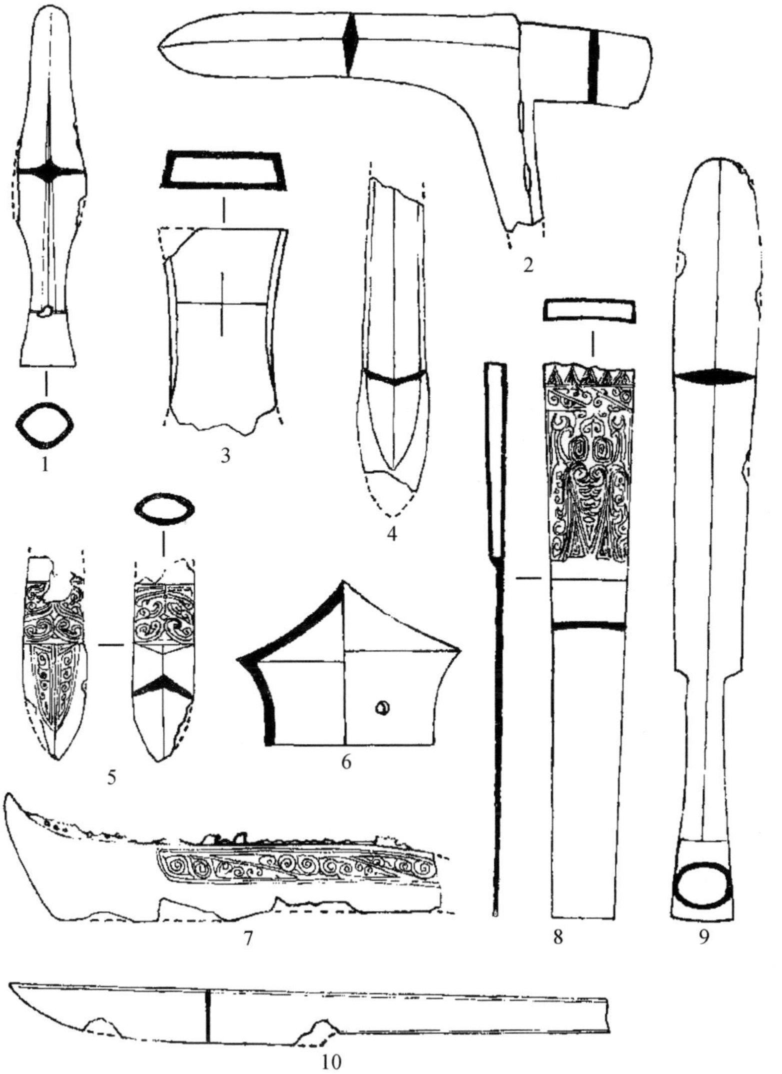

图四　高砂脊出土铜器（二）

1. B型矛（AM12：14）　2. 戈（AH5：37）　3. 斧（AM1：39）　4. A型刮刀（AM1：29）
5. B型刮刀（AM1：43）　6. 车軎（AM5：43）　7. 刀（AM1：37）　8. 不知名器（AM1：21）
9. A型矛（AMI1：32）　10. 削（AH5：42）

两座铜器墓的年代如下。

AM1，出土物主要为铜器，其中年代特征比较明确的为鼎和尊。AM1出土铜鼎十余件，已修复的8件鼎，根据形制和纹饰与中原地区商周时期同类器的比较，可以断代在商末周初至西周中期前段。如大型鼎，形制和花纹与1963年陕西长安县马王村西周墓出土的铜鼎[26]完全一致，年代当不晚于成、康时期。小型鼎从铜质和铸造技术方面观察明显是在本地铸造的，其中A型小鼎为直口深圆腹，腹部纹饰为歧尾上卷的饕餮和蝉体蕉叶纹，这些都是商代晚期铜鼎最流行的式样，不过，鼎足已非圆柱形，而是

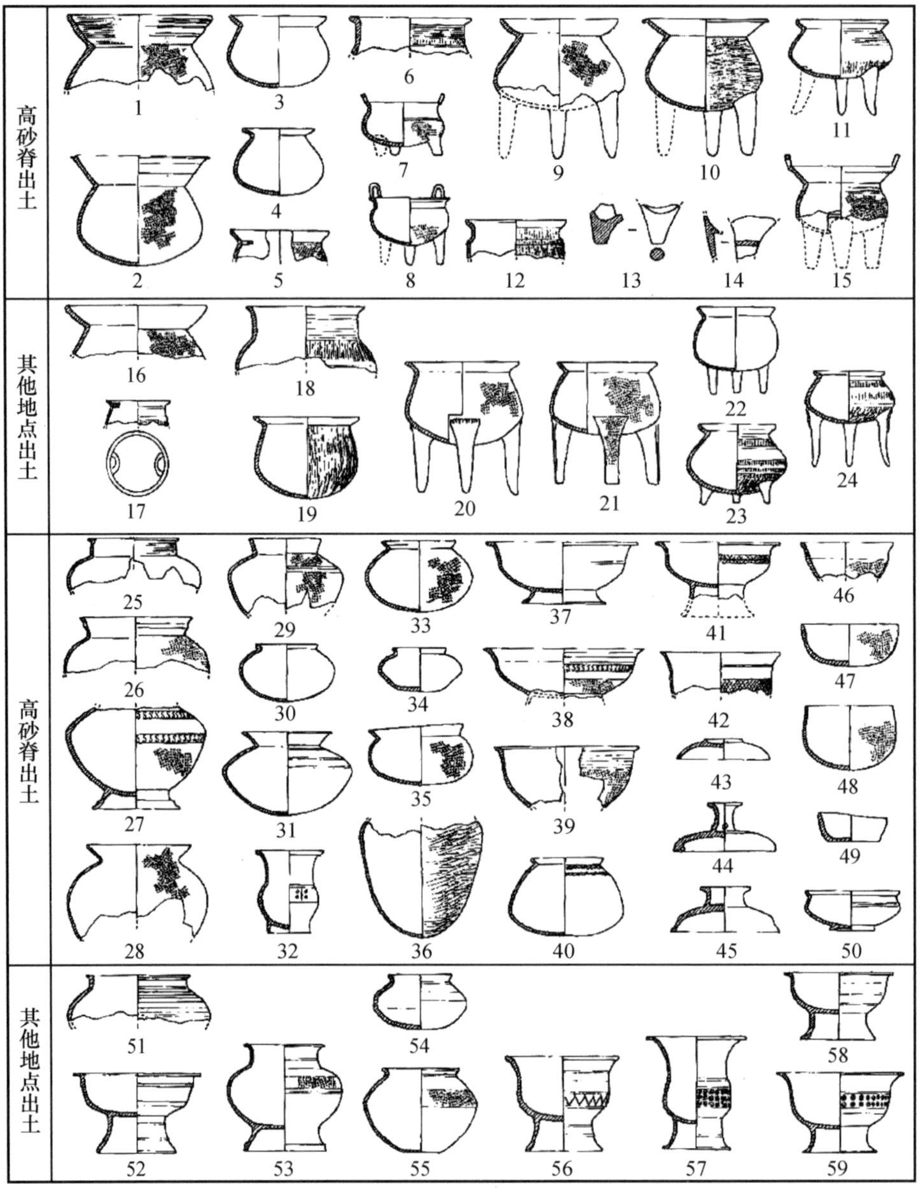

图五　高砂脊出土陶器及其他地区同类陶器参考图

1、2. A型釜（AM19：12、AM19：14）　3. B型釜（TI②：3）　4. C型釜（AM14：6）　5. D型釜（AH3：1）　6. E型釜（AM20：21）　7、8. Ba型鼎（AM19：30、AM14：2）　9、10. Aa型鼎（AM16：2、AH5：15）　11. Ab型鼎（AG3：2）　12. 鬲口沿（AM12：12）　13. 鬲足（AT7④：1）　14. 扁鼎足（AG1：21）　15. Bb型鼎（AM19：1）　16. 釜（汨罗玉笥山出土）　17、18、21. 岳阳费家河出土　19. 石门皂市出土　20. 岳阳老鸦洲出土　22. 宁乡炭河里出土　23. 澧县斑竹出土　24. 澧县宝宁桥出土　25. Aa型罐（AG1：27）　26、27. Ab型罐（AM11：3、AM16：5）　28、29. Ba型罐（AH5：6、AM19：25）　30. Bb型罐（AM10：2）　31. 罍形器（AH5：12）　32. 硬陶瓮（ATI③：1）　33. 硬陶釜（AM1：24）　34. A型尊（AM7：3）　35. 硬陶罐（AM11：7）　36. B型尊（AG1：1）　37、38. B型盆（AM1：9、AH5：11）　39. A型盆（AY1：1）　40. 硬陶罐（AM11：9）　41、42. 簋（AM6：4、AG3：5）　43. A型器盖（AM19：5）　44. B型器盖（AH5：5）　45. C型器盖（AM20：2）　46、49. A型钵（AM20：26、AM7：2）　47、48. B、C型钵（AT1②：5、AM14：1）　50. 碗（AM11：5）　51. 罐（澧县斑竹出土）　52、53. 石门皂市出土　54、55. 罐（蕲春毛家嘴出土）　56. 簋（蕲春毛家嘴出土）　57～59. 长安张家坡出土

足的上下两端变粗，内侧变平，已开始向蹄形演化。B型小鼎侈口垂腹，腹部纹饰为简化的蝉体蕉叶纹和四叶目纹间涡纹。C型小鼎为宽折沿鼓腹，是本地陶釜的特征。通过与陕西宝鸡竹园沟[27]和北京琉璃河燕国墓地等出土材料进行比较，A型小鼎为西周早期前段，B段小鼎为西周早期后段，C型小鼎与B型小鼎同时或稍晚。又该墓出土的两件陶器，一件硬陶釜时代特征不明确，另一件陶盆为卷沿素面，与商末和西周早期的折沿、腹部多弦纹的风格有别。所以此墓的下葬年代当定在西周早期后段至西周中期前段。

AM5，出土的残铜器很多，其中不少器类如车軎、构件、双耳釜和大型圈足器（尚待修复）等不见于AM1，而且该墓填土中有大量陶器墓常见的陶器残片，说明其下葬时间应晚于陶器文化堆积的主要时期。该墓出土的一件大型铜鼎（图三，2），铸造年代约为西周早期后段至早中期之交。因此，我们将此墓的年代暂定为西周中期前段。

高砂脊遗址的^{14}C测年数据有12个，最早的为公元前（1570±90）年，最晚的为公元前（440±100）年，误差较大，但大部分数据集中在商末至西周中期这段时间范围内。

根据对高砂脊遗址出土陶器文化因素的分析，可以将它们分为两大组：一组以A型釜和A型鼎为主，还有高领釜、内环耳釜、夹砂高领罐、硬陶器等。这组器物几乎都可以在本地区商代晚期费家河类型文化中见到。如上文所述岳阳老鸦洲和汨罗玉笥山遗址出土的宽折沿方格纹釜与本组A型釜形制已很接近，A型鼎、高领釜、内环耳釜则是费家河类型文化二期的典型器类。所以本组陶器无疑是本地土著文化因素。铜器中的刮刀是本地东周时期越人墓中常见的器物，也是土著文化因素。另外一些铜器如扁方銎尺状凿形器（不知名器）、尖头车軎、三叉形铜构件等在中原地区商周青铜器中均不见，应是南方地区的特产。另一组以B型鼎为主，还有簋、盆、各类罐、尊、鬲等。B型鼎，形制为罐形或盆形，沿很窄，口径与腹径大致相等，有两个立耳。它是一种仿铜鼎的形制，与AM1出土的小型铜鼎规格和形态上都很接近。这种陶鼎在本地区以前的无论哪一类型文化遗存中均不见，可以肯定是外来的因素。簋、盆、泥质素面高领罐等是澧水流域和整个江汉地区商及西周时期常见的，湘江流域只见于商代早期的铜鼓山类型文化，商代晚期不见，估计是西周早期从外地传入的。觚形尊是仿西周时期同类铜尊的形制所制。鬲足是西周时代的特征，但从其形态以及鬲口的特征来看与汉东及鄂东南地区的同类器更为接近。这组器物的文化因素看似比较复杂，既有商文化的因素，又有西周文化的特征，还有从澧水流域到鄂东南广大地区的文化传统，尽管如此，我们可以断定它们不是湘江流域的文化传统，而是一种外来因素。

上述两大类文化因素的源流是比较明确了，但要确定高砂脊遗址的文化性质却并非易事。按照考古学的基本原理，一个考古学文化的性质应由其中居于主要地位的文化因素的性质来决定。虽然我们在发掘简报中以外来因素器类和器物个体数量的微弱优势将高砂脊遗址定性为外来因素为主体的融合性文化，但对土著文化因素的重要地位也必须给予高度地重视。这不仅体现于本地文化因素在数量上几乎可以与外来因素平分秋色，而且外来因素的多数器物都装饰本地特点的方格纹而不是绳纹，体现了两种文化之间的高度融合。

接下来的问题是无论我们认为何种文化因素为主都必须回答的，即两种文化因素的族属问题。土著因素无论从时间还是空间上分析都应该是古代越族文化的传统，但是与湘江下游地区其他同期遗址一样，印纹硬陶所占的比例都不是很高。我们认为这是因为湘江下游正好处在各大文化区之间的接壤地区，自古以来受各外来文化影响所致，这里的越族文化尽管不断地被注入了新的血液，但仍然是以越民族文化传统为主体。

外来因素既包含中原商文化和周文化的因素，又显现出长江中游地区商周时期地方文化的传统，细分起来比较复杂。但是，从高砂脊遗址外来因素所居地位以及该遗址与“沩水类群”青铜器可能存在的密切关系来分析，这些不同文化传统的外来因素不太可能是单独与本地发生联系，它们在“高砂脊”+“西周时期”这个特定的时空交点上同时出现，应该是通过一个特定的文化载体与本地发生关联而实现的，这是我们讨论高砂脊遗址中外来文化因素来源和族属的前提。既然如此，那么高砂脊遗址外来因素只可能来源于以汉水流域为主体的苗蛮文化。理由如下。

（1）不是商文化。考古研究表明，约相当于殷墟一期以后，商王朝由于内部纷争势力衰退，加之东夷的威胁，商文化不得不从长江中游地区撤出，退守于桐柏山、大别山一线，长江中游地区已非商之“南土”，取而代之的是各地土著文化卷土重来。如湘西北澧水流域和江汉平原西部地区商文化因素迅速消失，汉水流域以及鄂东南、赣北和湘江下游地区虽然保留商文化的部分因素，但它已完全脱离了商文化在中原地区的发展演变轨迹，成为地方文化的一个组成部分，高砂脊所见商文化因素无疑就是这部分因素，它与商代晚期商文化已经没有任何关系。

（2）不是周文化。虽然高砂脊遗址出土的遗物，尤其是铜器在器形、纹饰等方面表现出了与中原西周文化相同的时代特征，但几乎不见周文化典型的陶器鬲、平底罐、豆、盂、瓿、瓮、敞口平底尊等，说明其只是间接地接受了周文化的一些影响。如果西周早期周文化直接进入湘江下游地区，那么在高砂脊遗址陶器中土著因素以外的部分应该是比较典型的周文化特征，至少应不亚于铜鼓山和荆南寺遗址中商文化因素的地位。

（3）不是鄂东南蕲春毛家嘴和赣北九江神墩[28]类型文化。毛家嘴、神墩类型文化的典型特征是炊器以一种口部或上腹部多道弦纹、腹部绳纹、三柱足外撇、足窝较浅的所谓“刻槽鬲”为主，其他还有护耳甗、粗喇叭柄豆、圜底罐等，虽然高砂脊所见的极少数陶鬲标本和一部分矮领罐风格与之有相似之处，而高砂脊外来因素的主要器类仿铜陶鼎在毛家嘴、神墩类型中均不见，表明两者间有本质的区别。

（4）也不是湘西北澧水流域和江汉平原西部地区的同期文化。高砂脊出土的Ab型陶鼎、簋、高领罐等在澧水流域和鄂西地区比较常见，但这些也是整个长江中游地区共有的文化传统，不能成为高砂脊此类文化因素来源于该地的证据。

（5）只有汉水流域地方文化才同时具备既保留商文化的因素又受到周文化的影响，既以长江中游商周地方文化传统为根基，同时又吸取了鄂东南、赣北地区古越族文化要素这个条件。而且从对本地区商代晚期青铜器的研究成果来看，“华中地方型”青铜器无论是制作技术，还是装饰理念，都继承了早商和中商期的传统，与晚商殷墟期的青铜器性质完全不同。可以说，它是在盘龙城青铜冶铸的基础上发展起来的以汉水流域为中心商代晚期地方青铜文化的杰作。而高砂脊遗址和“沩水类群”青铜器，应该就是这支地方文化迫于周文化的强大压力，于商末周初进入湘江流域后，从与本地土著文化互相接触、融合，到最后完全融入土著文化这段历史变迁的反映。虽然目前我们还无法从汉水流域找到高砂脊以仿铜陶鼎为代表的外来因素源头的考古学证据，但对于这种与商文化和周文化关系密切，而又绝不是商文化或周文化的考古学文化的源头来说，除了汉水流域之外的其他任何地区都是无法想象的。

2. 高砂脊遗址发掘的意义

高砂脊遗址的发掘出土了一批丰富的实物材料，填补了湖南西周时期考古发现的空白，对于湘江流域商周考古学文化序列和谱系的建立意义非常重大。但是除此之外，还有两个更重要的意义。

（1）高砂脊遗址的年代为商末至西周早、中期，与湖南出土商周青铜器的年代相同；高砂脊的地理位置为湘江下游腹地，这里不仅是湘东地理环境最优越、经济文化最发达的地区，也是外来文化自江汉平原沿洞庭湖东岸进入湘江流域后的第一个理想的驻足之地，恰好又是湖南商周铜器出土最为集中的地区，高砂脊扼沩水入湘江河口，是从湘江进入沩水到达湖南商周铜器出土的中心地区宁乡黄材、老粮仓等地的必经之路。高砂脊出土陶器的文化面貌和时代与黄材炭河里遗址目前所见材料几乎一致，高砂脊出土的青铜器既有属于中原商周文化特征于中原铸造的，也有本地铸造的有地方特征的器物，与黄材等地出土的青铜器内涵相同。这些无不说明高砂脊遗址与“沩水类群”青铜器存在千丝万缕的联系，可以说它们同属于一个文化载体。那么高砂脊遗址的发掘和深入研究定会有助于对湖南出土商周铜器的源流、性质和文化变迁过程的理解，成为解开湖南商周铜器之谜的钥匙。

（2）高砂脊出土的Ab型陶鼎、C型小铜鼎，其立耳，宽折沿、高足的特征，以及Aa型陶鼎较晚型式浅腹盆形、三足外撇的特征，在稍后的所谓“越式鼎”上都可以见到。因此，高砂脊的这一类鼎毫无疑问是“越式鼎”的祖源之一，这一发现对于古代越族青铜文化的起源研究具有突破性意义。

湘江下游商周时期考古学文化序列的建立，是近年来湖南商周考古研究的主要成果之一，它不仅对于湖南商周青铜器和青铜文化的研究意义重大，对于整个长江流域乃至中原地区商文化的研究亦有很重要的参考价值。

二、湖南出土商周青铜器诸问题的新检索

随着近年来商周铜器和相关材料越来越多的出土，更多学者萌发了对其进行重新研究的兴趣，并在前人研究的基础上有了新的突破。这除了得益于本地区同期陶器文化研究的成果外，更重要的在于对湖南出土商周铜器及相关问题的重新整理和检讨。这就是既从微观上准确、客观地把握材料，又着眼于文化背景和源流等方面的宏观研究。具体成果体现在以下几个方面。

（一）湖南出土商周铜器的分区与类群研究

湖南境内出土商周青铜器的地区除了湘江流域外，资水的上游和下游、澧水和沅水的下游也出土了不少，以前的研究者将他们不加区分地放在一起进行讨论，使许多其实很简单明了的现象被掩盖，以致造成了诸多研究思路上的模糊不清，找不到解决问题的关键环节。笔者《湖南商代铜器新探》[29]一文正是针对这种情况写就的。该文将湖南所出商代铜器的地域以雪峰山为界，分为东西两区，结果发现，西部地区的铜器都是所谓的中原型铜器，而且制作年代都是商代晚期至周初。这说明了两个问题：一是西部地区出土的商代铜器不是本地铸造的，系从中原传入的；二是由于传入的仅仅是青铜器的成品而不是技术，所以西部地区直到春秋后期楚文化进入时还没有自己的青铜冶铸业。东部地区的青铜器又可以铜器的组合和分布状况的不同，分为“沩水类群”和“资水上游类群”。所谓“沩水类群”是指以沩水上游的宁乡黄材为中心向外辐射，出土地点呈片状分布的一群铜器，分布范围包括整个湘江中下游和资水下游地区。这群青铜器的特点除种类包含前人所述中原型、混合型、地方型三种类别的全部外，就是许多大型重器非常集中而密集地出土。毫无疑问，它们为当时某个政治集团所拥有，而且与该集团的最高统治阶层的活动存在密切关系。而从双峰、邵东、新邵、邵阳，到湘桂边界新宁县资水上游沿岸（向南可延伸至广西兴安、武鸣等地）数量较少，出土地点呈一条线分布的“资水上游类群”则不可能是一个独立政治集团主体活动的反映。通过这样的地区和类群划分后，我们很清楚地看到“沩水类群”青铜器性质的研究才是解决湖南商周铜器问题的关键所在。

（二）湖南商周铜器的年代、铸地、族属和来源探索

20世纪90年代以前一些学者的文章中经常有这样的论述——湘江流域发现的青铜器从造型、装饰到技术工艺都如何如何之高精，表明商代晚期这里就存在高度发达的青铜文明或方国……近年通过对青铜器出土材料的重新整理，结合陶器文化研究的成果取得了以下新的认识。

（1）年代问题：一是何介钧先生新近发表的《试论湖南出土商代青铜器及商文化向南方传播的几个问题》[30]一文通过对中国南方铜铙的重新分型、分式和断代，完全将高至喜[31]先生的型式编排和断代颠倒过来。认为湖南特有的兽面纹大铜铙不是最早而是最晚的型式，年代应在商末至周初，而湖北阳新、江西大洋洲等地出土的铙应较早。这样一来，不仅使我们更清楚地领悟到南方铜铙与中原铜铙的渊源关系，而且解决了部分有可能在湖南境内铸造的青铜器的年代与陶器文化面貌之间的矛盾。二是埋藏年代的研究，据笔者对湖南商周青铜器出土材料的逐一检索，没有一条材料的埋藏年代可以确定为商代，都在西周早期或以后，这成为本地商代就有发达的青铜器技术和中原青铜器主要是在商代传入湖南的反证之一。

（2）铸地、族属和来源问题：按照前辈学者中原型、混合型、地方型三类的划分，属中原型的如“戈”卣、“癸[illegible]”卣、“己[illegible]”鼎及觚、爵等无疑是中原铸造的，问题的关键是混合型和地方型铜器。过去的讨论，对于混合型铜器要么认为是商人来本地后铸造，要么认为是本地越民族在中原工匠的技术指导下铸造的。而以铜铙为主的地方型几乎都认为是本地越民族的产品，后来何介钧先生又认为是商人在南方铸造的。最近笔者《的关系》一文提出“湖南的商周铜器可能主要是三苗部落的一支在汉水流域铸造和使用，商末周初受周人所迫其主力迁入湘江流域时带来的”观点，并从陶器文化所反映的商代晚期商文化撤退、南方各地地方青铜文化兴起的历史背景，湘江流域古文化的发展水平结合古代三苗文化的生存地域等方面进行了简要论证。笔者的这一观点虽然还没有陶器文化研究成果的有力证据，却得到日本学者难波纯子对于南方地区商代晚期青铜器研究结论的支持。难波氏《华中型青铜彝器的发达》[32]一文，通过对以湖北、湖南为主包括安徽阜南月牙河和四川广汉三星堆等地出土的一批尊、罍、瓿，从器形、饕餮纹、牺首、扉棱等方面进行深入考察后认为，这批铜器是继承早商和中商时期中原青铜器的技术传统和装饰理念，在华中地方发展起来的有独自特点的青铜器群，与殷墟青铜器和新干大洋洲吴城文化的青铜器性质是完全不同的，而且无法从青铜器的特征上将湖北、湖南两地分开。既然如此，笔者更加坚信了自己以前的想法。汉水流域商代早期就在南下商人的主持下进行了大量铜器冶铸的实践，商代晚器商文化撤退之后，这里应仍然是长江流域青铜器的铸造中心，

难波氏所论华中型地方青铜器群无疑是这个地方的产品。安徽月牙河出土的1号龙虎尊与四川三星堆一号祭祀坑出土的龙虎尊极其相似，月牙河2号尊与湖南岳阳、华容和三星堆二号祭祀坑出土的大量铜尊风格一致，这种文化因素笔者想既不是从安徽传到四川，也不是从四川传到安徽，从逻辑上讲应该是由汉水流域向东、南、西三面传播。然而有趣的是，汉水流域目前出土的商代晚期铜器却极少，多见的是西周早期铜器。如“安州六器”和黄陂鲁台山西周墓出土的一批铜器等，且多有铭文，经考证与西周王室有关。这就是说，应该是本地铸造的铜器流落到了外围地区，一批与周王室关系密切的西周早期铜器来到了这里，其中的缘由岂不是不言而喻？所以笔者考虑商周时期湖南湘江下游地区，可能并不存在很多人心中所想的与新干和广汉类似的独立的“青铜文明”，而应该属于汉水流域所谓“南方类型”或“华中型”青铜器文明中心的辐射范围，并且由于上述的原因有幸成为该青铜文明的最后归属之地。

上述这些新的观点和研究方法是否正确还有待实践检验，但它们可以为湖南商周青铜器问题的研究开辟新的思路，厘清一些问题的关键切入点，同时重新激发了人们的热情，对湖南商周考古研究的进展起到很好的推动作用。

初稿　2000年10月
定稿　2001年5月

注　释

［1］湖南省博物馆、岳阳地区文物工作队、岳阳市文管所：《湖南岳阳费家河商代遗址和窑址的探掘》，《考古》1985年第1期。

［2］湖南省文物考古研究所、岳阳市文物工作队：《岳阳市郊铜鼓山商代遗址与东周墓发掘报告》，《湖南考古辑刊》（第5集），求索杂志社，1989年。

［3］岳阳市文物工作队：《岳阳县对门山商代遗址发掘报告》，《湖南考古辑刊》（第6集），求索杂志社，1994年。

［4］岳阳市文物工作队发掘资料。

［5］湖南省文物考古研究所发掘资料。

［6］岳阳市文物工作队发掘资料。

［7］岳阳市文物工作队、岳阳县文物管理所：《岳阳县筻口镇易家山商代与东周墓发掘报告》，《湖南考古辑刊》（第7集），求索杂志社，1999年。

［8］岳阳市文物管理处：《试论汨罗玉笥山商代遗址》，《考古耕耘录——湖南中青年考古学者论文选集》，岳麓书社，1999年。

［9］湖南省文物考古研究所：《湖南望城高砂脊西周遗址的发掘》，《考古》2001年第4期。

［10］向桃初：《湖南岳阳铜鼓山商代遗址试析》，《南方文物》1993年第3期。

[11] 郭胜斌：《商时期洞庭湖东岸青铜文化的年代分期与文化性质》，《考古耕耘录——湖南中青年考古学者论文选集》，岳麓书社，1999年。

[12] 罗仁林：《岳阳地区商时期的文化序列及其文化因素分析》，《考古耕耘录——湖南中青年考古学者论文选集》，岳麓书社，1999年。

[13] 向桃初：《湖南岳阳铜鼓山商代遗址试析》，《南方文物》1993年第3期。

[14] 湖南省文物考古研究所：《湖南浏阳城西樟树塘遗址发掘的主要收获》，《考古》1994年第11期。

[15] 向桃初：《湖南商代晚期青铜文化的性质及其与殷墟商文化的关系》，《考古耕耘录——湖南中青年考古学者论文选集》，岳麓书社，1999年。

[16] 何介钧：《湖南商时期古文化研究》，《湖南先秦考古学研究》，岳麓书社，1996年。

[17] 罗仁林：《岳阳地区商时期的文化序列及其文化因素分析》，《考古耕耘录——湖南中青年考古学者论文选集》，岳麓书社，1999年。

[18] 王光镐：《楚文化源流新证》，武汉大学出版社，1988 年。

[19] 中国社会科学院考古研究所：《殷墟的发现与研究》，科学出版社，1994 年，图115，4～6；图118，1。

[20] 湖南省文物考古研究所（何介钧）、澧县文物管理所（曹传松）：《湖南澧县商周时期古遗址调查与探掘》，《湖南考古辑刊》（第4集），岳麓书社，1987 年。

[21] 李健：《湖北江陵万城出土西周青铜器》，《考古》1963年第4期，图版捌，1。

[22] 中国科学院考古研究所湖北发掘队：《湖北圻春毛家咀西周木构建筑》，《考古》1962年第1期。

[23] 湖南省文物考古研究所：《湖南石门皂市商代遗存》，《考古学报》1992年第2期。

[24] 中国科学院考古研究所沣西考古队：《陕西长安张家坡西周墓清理简报》，《考古》1965年第9期；中国社会科学院考古研究所：《张家坡西周墓地》，中国大百科全书出版社，1999 年。

[25] 北京市文物研究所：《琉璃河西周燕国墓地（1973～1977）》，文物出版社，1995年。

[26] 梁星彭、冯孝堂：《陕西长安、扶风出土西周铜器》，《考古》1963 年第8期，图版壹，1。

[27] 宝鸡市博物馆：《宝鸡強国墓地》，文物出版社，1988 年。

[28] 江西省文物工作队、九江县文物管理所：《九江神墩遗址发掘简报》，《江西历史文物》1987年第2期。

[29] 向桃初：《湖南商代铜器新探》，《四川大学考古专业创建三十五周年纪念文集》，四川大学出版社，1998 年。

[30] 何介钧：《试论湖南出土商代青铜器及商文化向南方传播的几个问题》，《湖南先秦考古学研究》，岳麓书社，1996 年。

[31] 高至喜：《论中国南方商周时期铜铙的型式、演变与年代》，《南方文物》，1993年第

2期。

[32] 〔日〕难波纯子著，向桃初译：《华中型青铜彝器的发达》，《南方文物》2000年第3期（原文刊于《日本中国考古学会会报》第8号）。

（原载于《长江流域青铜文化研究》，科学出版社，2002年）

宁乡黄材西周墓发掘的主要收获及其意义

2003年冬至2004年春，湖南省文物考古研究所在宁乡黄材炭河里遗址进行了大规模的考古发掘，除发现西周时期的城墙、大型人工土台和大型建筑遗迹外，最重要的收获就是在城墙西北不到200米远的二级阶地上发掘了7座西周时期的墓葬，这是湖南省继望城高砂脊遗址[1]后又一次科学发掘的成批西周墓葬材料。这几座墓规模虽不大，但均出土青铜器和玉器，对于以往宁乡地区出土的商周铜器乃至整个湘江流域商周青铜文化的研究应该说非常重要，值此马王堆汉墓发掘三十周年纪念盛典，先将初步整理的部分材料公布出来，与有兴趣的同行们共享。

这批墓葬均位于黄材水库人工灌渠南边台地上，隶属黄材镇寨子村新屋组，编号分别为：宁黄新M1、M2、M4、M7、M8、M9、M10（另M3为战国墓，M5、M6为春秋越人墓）。所在台地海拔120米左右，高出城址所在一级阶地5米，现为当地居民住宅集中分布区，近现代对这里的地貌破坏很大。几座墓葬散落在民居间的稻田和菜地中，分布没有规律。由于台地的大部分区域为民居所占用，本次发掘没有发现西周时期的主要墓地。

墓葬的形制均为长方形竖穴土坑，坑壁斜收，底部明显小于口部，作工很不讲究，其中M2、M10口部为椭圆形，口以下1米左右始呈长方形。M7南壁在下葬前有过大面积塌方，仅稍加清理后照常下葬。墓葬的规模均较小，墓口长度在3～3.5、宽度为1.3～1.8、深度均在2米以下。墓内葬具及人骨均未保存，但在M2、M7两墓距底部30～50厘米处发现长方形棺木腐朽后留下的痕迹，据此推测这批墓葬均应有棺。在墓葬附近一般可见西周时期陶片或文化层，墓内填土中也往往夹有西周时期陶片，而在随葬器物中除M8有一件硬陶罐被打碎但可复原外，其余墓葬均仅见无法辨认器形的零散陶片。7座墓葬主要的随葬品为青铜器和玉器，但青铜器多未见完整器，几乎都是破片，为器物的口、耳、腹、足等部位残片或装饰部件等，以鼎足、鼎口、鼎耳等最多见，且于墓内四处放置，无任何规律性。只有M4出土1件基本完整的提梁卣盖、M8发现于墓壁四周竖立着4件青铜工具，为锸1件、铲3件（图一，1～4）。玉器的玉料绝大部分为白色软玉，其矿物学成分尚有待鉴定，器类多数为管和珠，也有少量鱼、璧形圆片等，其性质应为饰玉。和青铜器一样，出土的玉器也是非常零乱地散见于墓底和接近墓底的填土中，无一定规律。玉器的形制一般很小，有的小玉片直径不足5毫米，

图一　炭河里西周墓出土遗物

1. 铜锸　2～4. 铜铲　5. 铜卣盖　6、7. 铜卣提梁　8、12. 铜鼎口沿　9～11、13. 铜鼎足

中间有穿孔，酷似高压锅减压阀上的垫片。另外要说明的是，这批墓葬虽然不少口部遭毁坏，其形状和深度等方面的情况已非本来面目，但可肯定均未被盗过。

根据以上情况结合出土文物并参照以往所做的工作和其他地区的类似发现，先就这批墓葬的年代、埋葬习俗、等级、文化属性等进行简单分析，最后谈一下这批墓葬材料的出土对于宁乡乃至湘江下游商周铜器和青铜文化研究的意义。

首先，墓葬的年代是最受关注的。因为墓葬的科学测年工作尚未进行，墓中多未出土可以复原的陶器标本，我们只能根据墓葬的形制、填土中的包含物、随葬器物的组合及时代特征，参照其他地区同类情况进行比较加以推定。

中华人民共和国成立五十年来，湖南省考古工作硕果累累，尤其在墓葬发掘方面积累了大量的经验和资料。这次清理的7座墓，填土颗粒很细、结构紧密，含杂质少、颜色纯净，与在同一地点清理的几座确定为战国时期的墓填土颗粒粗、结构松散、含料石等不同，沉积的时间肯定较长，其年代当早于战国时期，更有M4被战国墓（M3）打破的层位关系为证。多数墓葬填土中包含陶片，可辨认的有锥形鼎足、釜口沿，纹饰多方格纹，与城址内出土的西周时期陶片风格一致，表明墓葬的年代不可能早于西周，这样可以将它们限定在西周和春秋时期。湘江流域以往发现过不少春秋时期的墓葬，如资兴旧市[2]、衡南胡家港、湘潭古塘桥[3]、湘乡五里桥、何家湾[4]、长沙金井、路口[5]、桃江腰子仑[6]等。上述所有地点的春秋墓形制均为狭长形竖穴土坑、长宽之比绝大多数超过3∶1。从随葬器物的风格特征来看，资兴旧市、长沙金井两地墓葬年代约相当于春秋早期，不见任何楚文化风格遗物，其余地点墓葬年代为春秋中晚期，或多或少有楚文化风格遗物存在。黄材新屋的这批墓葬，墓坑长宽比例在2∶1左右，随葬器物不见任何楚文化风格，年代当在春秋中期以前。恰巧，在M7与M4之间发现了两座狭长形墓葬（M5、M6），长3.5、宽不足1米，一座出土一件铜矛，一座无随葬品。在同一地点的两类埋葬习俗迥异的墓葬，年代肯定有差别。前面七座墓，出土大量的青铜器残件，器类有鼎、卣、爵、尊、铲、矛、削、刮刀等，其中鼎、卣、爵、尊、矛等与中原地区商晚至西周早期同类器风格接近，而两座狭长形墓葬埋葬习俗与资兴旧市春秋墓类似，因此后者的年代应在春秋早期或稍后，那么，前者的年代只能是西周时期。

至于为何它们的年代早不到商代，除了墓葬填土中多包含西周陶片外，出土器物本身的时代特征也可为之佐证，如M4出有一件较完整的提梁卣盖和两段提梁（图一，5～7），卣盖四瓣形纽，每瓣上倒立一蝉，顶部外缘一周龙凤纹带，共四组、每组两个图案化的细凸线龙凤合体纹样。盖的形制是殷墟晚期至西周初期最常见的，但这样的龙凤合体纹样则不多见，根据其表现风格可以推定其铸造年代为商末至西周早期。同墓出土的一件宽折沿釜形大鼎（图一，8），乃仿本地特色陶鼎铸成，通体素面无纹，兽头形柱足似中原西周早中期鼎足（图一，9），从逻辑上讲，应晚于望城高砂脊遗址M1仍有兽面纹和蝉体尖叶纹的C型小鼎，其铸造年代当不早于西周中期。因此M4的下葬年代当在西周中期左右。M2出土了数件铜鼎足，可分两类：一类为细长形，上部饰饕餮纹、下部略呈蹄形（图一，10），与高砂脊M1小铜鼎的足几乎相同，年代为西周早期偏晚到西周中期；另一类为短锥形，足尖外撇，上饰尖叶纹（图一，11），同样的鼎足过去未曾见过，笔者以为其为长沙金井、路口等地所见那一类锥足外撇的春秋早期越式鼎鼎足的前身，年代可能为西周晚期。那么，M2的下葬年代当不早于西周晚期。M8出土的四件铜工具保存完好，但它们年代特征不甚明确。不过有一件铜鼎的残件（图一，12）很有意思，其形制为折沿，方唇，立耳，上腹部一周兽面间涡纹带，与西周早期最流行的铜鼎别无二致。奇怪的是在此纹带的下方有一周为本地特征的燕尾纹（或称鱼鳞纹），这两类纹饰组合在一起的情况是首次见到，是在模仿西周早期中原铜鼎的基础上加入了本地因素，其铸造年代不早于西周早期，并有可能晚到西周中期。该墓出土的硬陶罐（图二，10）年代也不会早于西周。因此M8的年代应为西周早中期。类似情况在其余几座墓中都存在，此不一一列举。

从埋葬习俗方面来看，这批墓葬也很特别。其一，墓的开口往往呈椭圆形，如M2、M10，大约从相当于葬具顶部的高度开始变成长方形，其他几座墓开口明显被破坏，本来的开口形状不明，很有可能也是椭圆形。这种情况以前在望城高砂脊AM5见过。其二，随葬品中陶器很少见，多为少量的碎片，只有M8一件硬陶罐可以复原，这种现象与后来的越人墓相同。其三，随葬的铜器几乎无一件完整器，都是器物的残片或部件零散分布在墓中，摆放位置毫无规律性，而且各墓出土的大量铜器残片分属许多不同的个体，多不能拼接和复原。古人在埋葬死者时免不了要举行一定的祭祀活动，祭祀结束后将祭器摔碎一起埋入墓中是可以理解的，如果这样，墓中的器物碎片应该可以拼接复原。新屋这几座墓的铜器残片可以肯定不是入葬时将完整的祭器打碎形成的，而是事先就已打碎，为墓主所拥有，那么它们被埋入墓中也肯定不是祭器性质而是财富象征物。这些铜器的破片都出土于墓底，更不可能是祭器，因为按理说祭器的掩埋至少应在墓圹祭祀、落棺仪式完成之后，掩埋的祭器摆放位置会在葬具顶部和周围的熟土二层台上。高砂脊两座出铜器的墓葬AM1、AM5主要器物放置在棺顶部位，但也不能完全肯定是祭器，如AM5共出土铜器残片80余件，能够拼接复原的极少，个体数量很多，也应属于财富性质的埋葬。那么，高砂脊和黄材新屋的这些墓葬随葬铜器残片而非完整铜器的普遍现象则不一定是一种习俗，也有可能与墓主的社会地位相关。

关于墓主的身份或等级问题，我们可以做以下推断。首先，所有墓葬都出土青铜器或玉器，其中M1、M2、M4、M7、M8、M10等六座墓铜器、玉器都有，M9只有两件铜工具，不见玉器。西周时期，铜器仍属贵重物品，恐非一般社会成员所能拥有，其拥有者一定是贵族阶层。又玉器在西周时期更是社会地位和身份的象征，在中原地区，用玉甚至有一套严格的制度。虽然新屋墓葬出土的玉器以珠、管为主，多数属饰玉而非礼玉，我们也很难设想一般社会成员在装束上可以用玉，因为湖南本地并不产玉，玉器在当时也是比较珍贵的。这样，我们可以推定这批墓葬的主人为贵族身份。其次，这批墓葬的规模均较小，均应有棺，但应无椁。墓葬的做工也不讲究。最主要的是随葬品状况反映出墓主身份并不非常高。铜器无完整个体，大量残片不是下葬时打碎的，而是生前就拥有这些残片，或者下葬前临时从完整的个体上取下某部分随葬。假定墓主的身份地位很高，有资格占有大量完整的铜器，能够满足在本阶层和家族内部以完整个体的形式进行分配，是不应该将这么贵重的东西有意损坏的。玉器的情况如少见礼玉也表明墓主生前的地位不高、没有参与高规格的政治和礼仪活动。所以我们判断这批墓葬主人的身份为中下层贵族。

这批墓葬的文化属性，我们分两个方面来谈。一是它们本身的属性，即归属于哪个文化，或者说墓主人属于哪个文化共同体。二是从文化面貌方面分析解读每一种现象所蕴含的文化传统信息，从而推断其所属文化体的构成成分、来源和族属等。

我们认为，第一个方面的属性是可以确定的，即新屋7座西周墓葬属于以炭河里城址为中心的文化共同体。理由是：①时代相同，均为西周时期；②地点邻近，墓葬分布区与炭河里城墙直线距离不到200米；③从随葬的陶器、填土及墓葬周围文化堆积中所见陶器残片可以判定其与炭河里城址内出土西周时期陶器纹饰、器类等相同，属同一文化；④炭河里城址内西周地层中出土有不少青铜器残片、铜块和玉器残件，其物质文化的发达水平与墓内随葬品吻合；⑤与新屋墓葬诸多类同的望城高砂脊西周墓地陶器文化面貌与炭河里西周遗存基本一致，属于同一考古学文化。所以新屋墓葬的主人无疑是炭河里城址所代表的方国或部族的中下级贵族成员。

第二个方面的文化属性即文化构成成分、文化传统的来源和族属等，虽然有关的信息材料太欠充分，这里也不妨做些类比分析。墓葬本身提供的信息，如墓坑还算狭长、宽度不及长度的一半，随葬品少见陶器等特点与春秋时期越人墓情况相似。墓口呈椭圆形、墓向多东西向与高砂脊西周贵族墓葬相同，这究竟关乎地域特征还是文化传统，存疑待考。还有前面谈到过的随葬铜器多为残片的问题，有可能属于经济或社会地位原因而形成的一种现象，也有可能属于意识形态领域内的一种风俗，或者两方面的因素都存在，或者前一种情况久而久之演变为一种风俗习惯，搞清楚这些问题，不仅要研究铜器，还要研究陶器，更要在广泛的时空范围内进行探讨。

考察新屋西周墓葬出土器物特别是铜器我们会很明显地发现有两种不同的文化传统因素存在，一是中原商文化传统，一是本地越族文化传统。在许多标本上，两种文化传统的特征结合在一起，可以非常清晰地看到商文化传统风格逐渐地方化的演变过程，是我们研究西周晚期以后湘江流域颇具特色的越式青铜器的起源非常难得的材料。M4出土的提梁卣盖及提梁，铸造年代为商末至西周早期，器形和纹饰特征为典型的商文化风格。还有M4出土的残爵柱（图二，1）、爵足（图二，2），M10出土的柱状鼎足（图一，13）等均如此。商文化传统地方化或地方器形接受商文化传统影响的标本很多：不少鼎耳形状宽扁、胎质薄，已类越式鼎的鼎耳。M2出土的两件锥型鼎足，表面有图案化的蝉体尖叶纹。M4出土的2件足（图二，3），素面无纹，形状也较商文化同类器足宽矮，甚至有可能是鼎足。M4出土的另外两件铜器腹部残片（图二，7、8），上面的动物纹样身体细长如线、从身体上长出许多奇形怪状的犄角，这在其他地区出土的铜器上从未见过。M8出土的铜鼎口腹残片上半部为非常典型的商文化特征，但腹部兽面间涡纹带下一周燕尾纹或鱼鳞纹，令人玩味。M10出土的半捺铜容器

（图二，9），从纹饰布局和风格及外壁口下残存的疙瘩来看应为鸮卣残件，但号鸟卣的提梁一般置于椭圆形口的长边两侧、两鸮鸟纹的尾部之间，此件器物则正相反，不过纹饰风格酷似商文化作风。同墓出土的另一件羊角牺首器（图二，5、6）是觥或簋、盘等某器的部件，为商式器物，但上面的扉棱为商晚期南方风格，铸造年代应为商代晚期，铸地必在长江中游某地，非中原产品。典型的本地文化传统器物有M4出土的大型宽折沿釜形鼎，口腹形态与炭河里西周遗存中陶釜或釜形鼎完全一致，仅蹄形柱足稍带商文化特点，足上部兽面形象也具地方风格。M8出土的3件铜铲銎部很长并有双肩，除在后来的越式铜器中见到外，其他地区商周铜器中未见。M9出土的刮刀（图二，4）是越人独有的青铜工具，西周的标本在高砂脊墓葬中也见过两件。

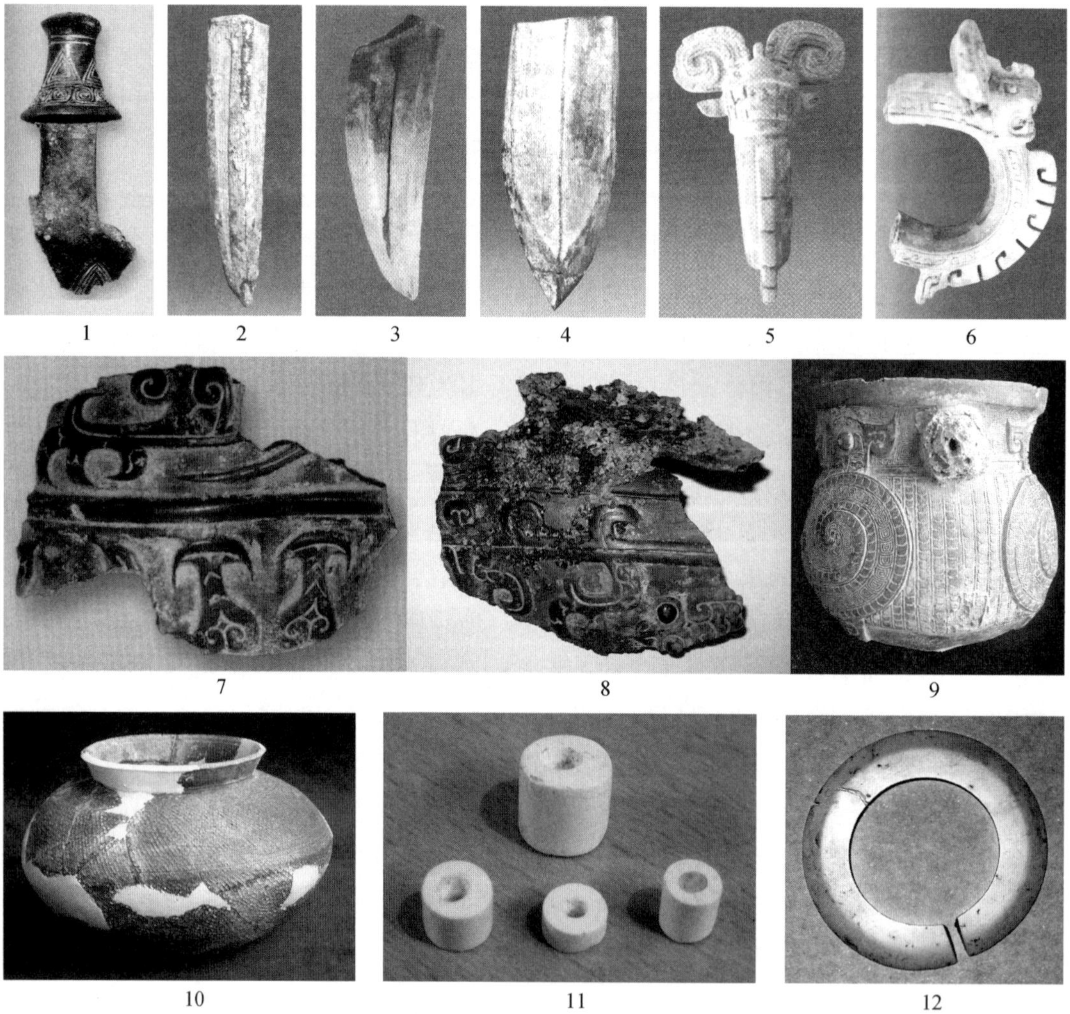

图二　炭河里西周墓葬出土遗物

1. 铜爵柱　2. 铜爵足　3. 铜斝足　4. 铜刮刀　5、6. 铜鸮卣（或铜觥）鋬　7、8. 铜器腹部残片　9. 铜鸮卣　10. 硬陶罐　11. 玉管、玉珠　12. 玉玦

不知大家是否注意到，笔者这里将新屋西周墓葬所见到的中原文化传统的因素归属为商文化因素而不是周文化因素，为什么？我们知道，西周青铜器是在商文化的基础上发展的，特别是西周早期铜器与商代晚期铜器无论在器类、造型还是装饰风格上几乎没有大的变化，周文化特色的青铜器从西周中期才开始形成，以装饰简略化、主题纹样图案化、内容世俗化为特点。新屋墓葬出土铜器甚至以前宁乡地区出土的商周铜器都没有见到典型周文化风格的东西，西周中期开始流行的窃曲纹、波带纹、垂鳞纹等在整个湘江流域几乎不见，西周早期铜器上商文化传统之外的极少数特征性纹饰如蜗形夔纹等本地也不见。而西周铜器上极少见的商文化特点如鼎腹部主要纹饰带下和鼎足上多见的蝉体尖叶纹在湘江流域西周迟至春秋时期的铜器上却比比皆是。这说明湘江流域地方青铜文明是在商文化传统的影响和熏陶下产生、发展起来，受周文化的影响很少。这一点也是本文想要强调的基本看法。

最后谈谈这批墓葬发掘的意义。首先，这批墓葬是在湘江流域出土商周铜器最多、最集中的地区经过科学发掘的，墓葬均没有被盗，材料完整，与以往零星出土的铜器相比，信息量多而准确率高，学术价值很大。其次，这批墓葬的发掘将以往黄材及宁乡地区出土的大量商周铜器与一定的考古学文化共同体联系起来了，为宁乡商周铜器群的深入研究搭建了一个坚实的平台。以前研究宁乡铜器靠得住的只有研究铜器本身，关于它们所属的文化载体、生存背景和来源等问题的结论或观点都不过是推测而已。新屋西周墓出土的铜器种类与以往黄材一带出土的铜器种类基本一致，都有鼎、卣、爵、尊、斧、铲、刮刀等。文化面貌和风格一致，都包含有商文化和地方文化的因素。都出土有玉器，玉器的类别也基本相同，都以珠、管类器物（图二，11）为主，都有玦（图二，12）、鱼等，玉器的颜色和玉料也大致差不多。虽然不能肯定两者的埋葬性质也相同，但属于同一文化共同体是应该确定的。前述新屋墓葬的文化属性属于以炭河里城址为中心的考古学文化，那么，以往黄材一带出土的大量青铜重器和炭河里城址有直接关联，亦属同一个文化共同体。而由城址和新屋墓葬的年代可以确定这些高规格铜器的埋葬年代以及它们的主人在黄材一带的生存年代也应该为西周时期。埋葬年代及其所属的考古学文化年代的确定是其他相关研究的基础和关键，现在大家来考察黄材乃至宁乡地区出土的商周铜器，已经有一个新的更接近历史的基点了。

注　释

[1] 湖南省文物考古研究所、长沙市博物馆、长沙市考古研究所等：《湖南望城县高砂脊商周遗址的发掘》，《考古》2001年第4期。

[2] 湖南省博物馆、湖南省东江水电站工程指挥部考古队：《资兴旧市春秋墓》，《湖南考古辑刊》（第1集），岳麓书社，1982年。

[3]　湖南省博物馆：《湖南衡南、湘潭发现春秋墓葬》，《考古》1978年第5期。
[4]　湘乡县博物馆：《湘乡县五里桥、何家湾古墓葬发掘简报》，《湖南考古辑刊》（第3集），岳麓书社，1986年。
[5]　湖南省博物馆：《长沙县出土春秋时期越族青铜器》，《湖南考古辑刊》（第2集），岳麓书社，1984年。
[6]　益阳市文物管理处：《湖南桃江腰子仑春秋墓》，《考古学报》2003 年第 4 期。

[原载于《湖南省博物馆馆刊》（第一期），2004年]

三星堆文化的形成与夏人西迁

三星堆文化发现和确认以来，有关它和夏商文化关系的讨论很多，学者们都谈到三星堆文化与中原夏商文化“关系密切”。但是，三星堆文化与夏商文化的关系到底密切到什么程度，尤其是这种“密切关系”的性质是什么，则少有人进一步深入阐述。就目前的考古材料来说，有些问题确实还无法完全说清楚，可是我们也不应满足对三星堆文化与夏商文化关系的描述总是停留在“关系密切”这种程度上。本文对三星堆文化各种文化因素的来源进行分析后认为，三星堆文化是夏人的一支从长江中游经三峡西迁成都平原、征服当地土著文化后形成的，同时西迁的还有鄂西川东峡区的土著民族。三星堆文化可以说是以夏文化和鄂西川东峡区土著文化的联盟为主体的考古学文化。另外，关于三峡地区夏商时期考古学文化的定性问题，笔者的看法也与时贤有所不同，在此一并披露出来供大家讨论和批评。

一、问题的提出与讨论前提

在提出问题之先，有必要就本文涉及的两个主要概念进行说明。一个是“三星堆文化”，另一个是“夏文化”。“三星堆文化”通常是指以广汉三星堆遗址第二至四期遗存[1]为代表的考古学文化，但学术界仍不乏将三星堆遗址第一期遗存归入其中进行讨论者，又有学者将鄂西川东峡区所见类似成都平原三星堆文化的遗存看作是三星堆文化向东发展的地方类型，而笔者认为成都平原的三星堆文化与峡区同期文化遗存的关系尚待进一步讨论。因此，本文所称“三星堆文化”仅指分布于成都平原的以广汉三星堆遗址第二至四期遗存为代表的考古学文化。至于三星堆文化的分期，本文赞同江章华、王毅等[2]先生的三期分法。关于“夏文化”的问题，学术界长期争论未决，但多数学者认为二里头文化就是夏文化，本文暂不论夏文化还是否包含其他考古学文化，所称“夏文化”均指二里头文化。

在绝大多数有关三星堆文化与夏文化关系的论述中，学者们一致认为三星堆文化陶封口盉、鬶、觚、高柄豆，铜牌饰、铃，玉戈、璋等都与夏文化有渊源关系，而且后者是源，前者为受后者影响所致。但目前还没有发现夏文化中有三星堆文化的任何影响。因此，如果撇开两者可能存在的深层次关系不谈，仅从三星堆文化与夏文化之间表层的文化传播关系来说，夏文化是传播主体，三星堆文化是受体，地理概念上是从中原地区流向成都平原。

至于传播的路线，虽然理论上讲有通过汉水上游和从南阳盆地顺汉江而下进入鄂西再溯江而上两条路线，但从考古发现来看，汉水上游目前既“基本上不见可以早到二里头文化晚期至商代二里冈期的三星堆文化的标本”[3]，也不见二里头文化或含有二里头文化因素的文化遗存。已经发现和发掘的考古遗存如城固宝山[4]、五郎庙、洋县六陵渡[5]、紫荆白马石[6]等，文化面貌与四川盆地的十二桥文化和峡区的路家河文化有类似之处，主体年代不早于殷墟早期。而另一条路线所经之地发现有典型夏文化因素的遗址很多，如襄阳法龙王树岗[7]、钟祥乱葬岗[8]、沙市李家台[9]、江陵荆南寺[10]、宜都红花套、向家沱、毛溪套[11]、宜昌中堡岛[12]、路家河[13]、三斗坪[14]、秭归朝天嘴[15]、何光嘴[16]、万州中坝子[17]、涪陵蔺市[18]等。各遗址最常见的夏文化因素器类主要有陶盉、鬶、高柄豆，其次为鸡冠耳盆、深腹罐、大口尊等。看来，夏文化与四川盆地的联系主要通过三峡这条路线。孙华先生在《四川盆地青铜文化初论》一文中（注［3］第39页正文）说：“中原二里头文化……通过鄂西地区、三峡地区这样的传播路线进入了四川盆地中心的成都平原，在当地相当发达的土著文化的基础上，形成了三星堆文化。以后的二里冈期商文化也是通过这样的传播路线与三星堆文化发生联系。”这个观点，笔者非常赞同。三星堆文化中二里头文化因素的源头和来源路线已经明确，接下来就是要对这种文化传播关系的性质进行更深入地探讨。考古学的目的就是要透物见人，这是本文草就的主要动机。

另一个原因就是笔者感觉到目前学术界对于三星堆文化的研究还存在某些欠缺，尤其是在宏观认识上。这也是对三星堆文化与夏商文化及周围地区同期文化关系问题缺乏深入研究造成的，反过来又制约了这些问题的研究进展。本文想提出来引起大家注意，以便形成某些基本共识，这是进一步深入讨论的基础。例如，①三星堆文化中的夏文化因素是从中原地区向四川盆地传播，从三星堆文化第一期开始就大量存在并伴随其始终，这些因素又都和夏人的精神文化有关，既表明三星堆文化与夏文化的关系不是一般性质的交流关系，也昭示了夏文化与三星堆文化的形成可能存在的内在联系。但多数学者往往点到为止，不再深究，让人引以为憾。而另外一些学者主张三星堆文化是成都平原土生土长的文化，对于三星堆文化中夏商文化之外的其他因素不做深入分析，简单地统归为土著文化因素，因为实在无法找到它们与宝墩文化在陶器面貌上有太多渊源关系，就从两者的城墙建筑方式、房屋特点、墓葬形制、生产工具等方面寻找共同点，殊不知这些共同点涵盖地域很广，非为两者所特有，是相同自然地理条件所产生的共性。②夏文化与三星堆文化间的文化传播方向和路线研究显示，在三星堆文化形成时期，长江中、上游东西两地文化互动的基本态势是从中游向上游流动。而且上游地区此前的宝墩文化从其城墙营造方法来看与石家河文化不无关系，此后的十二桥文化的形成据江章华等先生研究[19]也与鄂西地区的香炉石文化（或称“路家河文化”）向西影响有关。在研究三峡地区夏商文化的性质或其与三星堆文化的关系时，至少应该考虑到这种文化传播流向的基本态势。多数学者从三星堆文化本位观点出发，认为鄂西地区中宝岛、朝天嘴等夏商遗存是三星堆文化向东发展形成的地方类型。果真如此，则与前述东西两地文化传播的流向不合，三星堆文化一期就有的夏文化因素也有从天而降之嫌。更有学者甚至将荆南寺遗址所见小平底罐、凸肩杯、高柄豆等都归为三星堆文化因素（同注［10］）。试想，如果三星堆文化在鄂西地区与商文化及当地土著文化如此强烈地接触，为何三星堆丝毫不见绳纹圜底釜、罐等鄂西土著文化和鬲、大口尊、大口缸等商文化因素？即便以中宝岛、朝天嘴等遗址夏商遗存为代表的“朝天嘴类型文化”是三星堆文化向东发展形成的，但有直接地层关系证明属“朝天嘴类型”后续的“路家河文化”（同注［13］）明显是不属于三星堆文化范畴的另一支考古学文化，而且在与荆南寺二、三期相当的商文化二里冈下层偏晚至上层偏早阶段，路家河文化已在西陵峡东进入鼎盛时期，难道荆南寺遗址中所谓“三星堆文化”因素不更可能是路家河文化因素吗？

当前，三星堆文化的研究在学术界久热不衰，涉及内容可谓遍地开花。但笔者觉得从考古学文化研究角度出发，彻底弄清楚三星堆文化的性质及其与夏商文化、宝墩文化和峡区同期文化的关系仍是值得重视的课题。

二、三星堆文化与夏文化的性质问题

三星堆文化的内涵很丰富，出土遗物种类很多，突出表现其文化面貌的主要为陶器、铜器和玉器。通过对这几类遗物文化渊源的分析，我们发现来自中原地区的夏文化因素在不同的文化层面上特征突出，显示了夏文化在三星堆文化内部结构中的主导地位。

首先我们看与日常生活有关的陶器。三星堆文化主要陶器器类有小平底罐、高柄豆、盉、鬶、鸟头柄勺、壶、瓶、觚、圈足盘、鬲形器、器盖等。文化传统的来源有三种，其中属夏文化传统的有盉、鬶、觚、高柄豆、鬲形器等。

据刘绪先生研究[20]，在二里头文化中，盉、豆是墓葬随葬陶器组合中数量仅次于罐的器类，觚的数量也较多。二里头文化的盉、觚虽然来源于山东龙山文化，但已经形成自己独特的风格，在中原地区其他文化中不见，是二里头文化最典型的陶礼器。二里冈期商文化铜器组合有二里头文化传统的盉和觚，陶器组合却不见此类器物。目前发现的二里冈商文化遗址数百处，出土陶器数以万计，但几乎不见陶盉和陶觚。

二里头文化的陶豆，刘绪先生分为三型，其中C型豆浅盘，柄细高且上部加粗。许多学者认为它是三星堆文化高柄豆形器的最初源头，笔者颇为赞同。虽然三星堆高柄豆与二里头C型豆之间形态已有较大差距，但两者浅盘、细高柄、柄部外鼓的特点一致，而且在二里头文化向成都平原传播的所经之地鄂西川东峡区夏商遗存中不仅可以找到大量二者间逻辑演变的中间形态，也同出二里头文化特有的陶盉、觚等。

三星堆鬲形陶器有与盉同样的空三足，足的演变趋势与盉相同，应是在二里头陶盉（或鬶）基础上创造的，可以视为二里头文化因素在本地的变体。

由于三星堆遗址大部分的发掘材料尚未公布，我们无法给出上述器类在三星堆文化中所占比例的统计数据，但遗址发掘者在相关论文中提及时，盉、高柄豆等排名均靠前，可以理解为是数量较多的主要器类。又它们在三星堆文化一至三期都有大量发现，演变轨迹清晰，表明它们在三星堆文化日常生活中占有很重要的地位。盉、觚又都是二里头文化的重要礼器，特别是像盉这种结构复杂的器形，如果不是出于特殊需要不会大量制造，没有专门技术和蓝本也是不容易设计和制造出来的。因此，即使从陶器这种低层次的文化层面来看，三星堆人使用的也是“夏礼”。

铜器和玉器是贵重物品，一般为社会的上层统治阶层所掌握，主要用于祭祀等宗教礼仪，是通神的道具。在原始宗教时代，王权往往与神权结合在一起，一定的宗教体系可以反映出相应的社会组织和政治结构，因此对于宗教礼仪器具的研究无疑是我们打开古代社会之门的一把钥匙。

三星堆铜器种类非常复杂，按文化面貌进行划分，可以首先区分为以铜牌饰、铃、尊、罍为代表的外来传统和以大量人像、面具和神树等为代表的地方因素两大系。外来传统中的铜牌饰、铃等可以肯定源于夏文化。因为在三星堆以外地区，铜牌饰只在二里头文化的中心都邑二里头遗址的高等级墓葬中出土过，文化属性非常明确。铜铃是二里头文化最早的空腔铜器，三星堆2号器物坑[21]出土的形制较早的A、B型铜铃与之相近，两者之间肯定存在渊源关系。

三星堆的玉器仅两个器物坑就出土了百余件，器类有璋、戈、琮、璧、瑗、环等，与二里头文化玉礼器种类基本相同，唯一不见二里头常见的柄形器。璋是二里头文化特有的玉器种类，商文化玉器系统中不见。三星堆数量最多的玉璋不仅有的形制与二里头同类器完全一样，连上面的刻纹也相同，不排除其中有的制品就是从中原地区带来的可能。

夏文化传统在三星堆文化中的表现特征可以归结为以下两点：一是在不同的生活层面都占有非常重要的位置，尤其是在礼仪和宗教为主的精神生活领域；二是夏文化因素从三星堆文化一期开始就地位显赫，且自始至终保持这种地位。礼仪和宗教是古代社会占统治地位文化，三星堆文化结构中“夏礼”的重要地位表明夏文化或夏人至少是三星堆文化统治集团成员之一。器物坑的发现大大丰富了三星堆文化的内涵，但由于其遗迹性质的特殊性，即使器物坑本身的年代确定了，坑中埋藏的各类器物的具体年代也无法弄清楚，又因器物坑出土遗物所包含的文化因素异常复杂，造成这种现象的原因或者说形成途径也不能确定。所以笔者认为在判定三星堆文化的性质时，首先将器物坑暂时弃置一旁是必要的。这样我们可以很容易地通过对三星堆主要文化内涵陶器和少量其他类遗物如铜牌饰等的分析，认定以盉、觚、高柄豆、鬲形器、铜牌饰等为代表的夏文化因素和以小平底罐、鸟头柄勺、圈足盘、瓶、壶、器盖等为代表的后文论证源于鄂西三峡等地的文化因素是三星堆文化的两大主体因素，而本地土著文化——宝墩文化的因素除第一期外，二、三期几乎不见，并且不能排除第一期中的宝墩文化因素为后来扰入的可能性。在两大主体因素中，夏文化的因素主要是礼仪及宗教等精神生活用器，那么，夏人无疑是三星堆文化上层集团的主体。从三星堆文化一至三期陶器面貌的演变来看，整个过程中器类组合几乎没有发生变化，各类器物形式演进很有规律。这似乎说明三星堆文化一至三期整个演变过程中文化结构并没有发生大的变动。这时再来分析两个器物坑出土的各类遗物，其玉器在夏文化传统的基础上逐渐显现自身特点，器物形制多样，但主要组合仍为夏文化传统。铜器中的尊、罍等为受到中原及长江中游地区商系文化影响，也顺理成章。不好解释的是以人像、面具和神树为代表的铜器群的属性问题，但是任何解释都不应该与陶器文化面貌所显示的三星堆文化自始至终文化结构的一致性相矛盾。夏文化在三星堆文化的主体地位应该是没有发生变化的。

三星堆王国所在的成都平原远离夏王朝统治区，主要存在年代大部分在商代纪年范围内，那么其对“夏礼”如此钟情，绝不是用文化之间的一般交往和文化趋善心理可以诠释的。

三星堆文化一期开始夏文化因素就占主导地位，表明夏文化与三星堆文化的形成有密切的关系，夏文化因素的表现特征即其在礼仪和宗教等精神生活领域的重要地位表明夏文化必是三星堆文化结构中的主体。此前也有一些学者觉察到三星堆文化与夏文化关系的非同寻常特征和夏文化迁入对于三星堆文化形成的直接和关键的作用。江章华先生在《再论川东长江沿岸的史前文化》[22]一文中说：“在石家河文化衰落不久……川东峡江地区和成都平原的古文化都发生了突变……这种突变，很难用文化传播和影响来解释……伴随而来的可能是民族的迁徙和征服过程，这一路线由鄂西地区沿长江西进，成都平原正是在这一外力的作用下诞生了三星堆文明……”曹玮、秦小丽先生也认为，“中原夏商文化与三星堆文化的关系，不仅仅是一般的地域间的交流或影响”，“而是具有强制性质的一种介入”[23]。孙华先生在《神秘的王国》[24]一书中专列“来自二里头文化的王族”一节，除了本文上面所述理由外，还特别就三星堆文化的眼睛崇拜与二里头文化的关系进行了论述，最后他说：“有理由相信，三星堆文化所代表的三星堆王国的上层社会有来自中原及其以东的人群，三星堆王国王族如果不是全部的话，也有一个支系应当来自二里头王国王族中的东方氏族。”至此我们可以明确地说，三星堆文化是二里头文化的一支西迁成都平原在征服宝墩文化的基础上形成的。

三、三星堆文化“土著因素”的来源

三星堆文化构成中除了夏文化和少数仅见于第一期、明显渊源于宝墩文化的因素外，还有一类地位非常重要而来源并不太清楚的因素，其代表器类有小平底罐、鸟头柄勺、圈足盘、束颈瓶、长颈壶等。单从种类和数量来说，它们甚至超过了夏文化因素，不过大部分是日常生活用器，与夏文化因素在政治上的地位当然不能相提并论。这类因素在本地前期土著文化——“宝墩文化”中是怎么也找不到源头的，而且如果仅仅是二里头文化与宝墩文化发生碰撞，也不可能产生此类文化因素，但是几乎所有学者都把它当作“土著因素”来看待。笔者认为，它们的来源和性质的确定对于三星堆文化的研究至关重要，具有很强的关联性。通过以下分析发现，它们并不是“土著因素”，而是源于夏文化西迁途中的长江中游及鄂西川东峡区。

小平底罐特点为矮领，鼓肩，收腹，小平底或尖圜底。除成都平原外，峡区夏商时期遗存中也大量出土，分布地点西起涪陵蔺市，东到沙市李家台，且自身演变序列清楚、连续性强。据林春[25]、罗二虎[26]、孙华[27]等先生研究，小平底罐的形制演变规律是体形由高到矮，口部从明显小于肩径逐渐变大到接近或等于肩径，肩部由圆变凸再到折肩，底部从平底到圜底再到尖底。若此，则三星堆最早的小平底罐体形虽较高，但下腹开始内曲，平底已很小，充其量与中宝岛中区第六层（见注［12］图102-1，2）、朝天嘴B区、中坝子二期3段[28]同类器同时，而晚于中宝岛遗址中区第七层、哨棚嘴二期[29]、中坝子一期及二期2段的小平底罐。而且上述诸位先生的论述中，几乎都将宜都毛溪套灰坑出土的小平底罐列为最早的形制。可见小平底罐在三峡地区出现的时间早于成都平原。杨华先生[30]曾经著文论述小平底罐首先起源于鄂西地区，而后流传到成都平原，但此意见并未引起学术界足够重视。前节已证三星堆文化是二里头文化的一支经鄂西川东峡区西迁成都平原形成的，峡区土著文化随夏文化一同西迁为情理中事，加之成都平原的宝墩文化不见小平底罐的源头，鄂西的同类器年代又更早，逻辑上讲，其从鄂西流传到三星堆的可能性更大。

鸟头柄勺是三星堆文化最具特征的器类，目前以三星堆遗址出土数量最多，但在三峡地区的宜昌中宝岛、路家河、万州中坝子、涪陵蔺市等遗址也有出土。过去大多数学者认为它是三星堆文化的本地因素之一，三峡地区发现的同类器是从成都平原流传而来的。笔者认为，鸟头柄勺作为一种特定的文化因素在三星堆文化内涵中有其精神层面的特殊意义，很可能与三星堆文化统治阶层的某种信仰或宗教理念相关，而这种理念的产生又必定源于特定的自然环境和人们的生存方式。鸟头柄勺的鸟头形象长颈长喙，酷似鱼鹰。鱼鹰是捕鱼的助手，与古人的生活关系密切，以其为图腾者应属以捕鱼为主要生存方式的部族。三峡地区的自然环境不适宜大规模的农业经济，考古发现也证明该地区长期以渔猎经济为主要经济类型。而成都平原自然条件优越，在宝墩文化时期，这里的农业经济已很发达，人口较多，并出现了密集分布的古城，况且宝墩文化中又不见鸟头柄勺渊源的任何线索。因此鸟头柄勺的信奉者可能不是成都平原的土著先民，应是从一个农业经济不发达、以渔猎经济为主的地区迁徙而来的，那么三峡地区距离最近，又是夏人西迁的路经之地，也是三星堆以外唯一出土鸟头柄勺的地区，很有可能是鸟头柄勺的渊源之地。不少学者认为，鸟头柄勺就是《蜀王本纪》中“鱼凫”的物化表现，那么“鱼凫”族来源地的确定，也可以为鸟头柄勺的渊源提供旁证。张勋燎先生曾经从民族学、语言学和地名学材料出发论证古蜀王族“鱼凫”为巴系统民族，并勾画出了巴系鱼凫族从鄂西川东峡区迁徙入蜀的路线图[31]。孙华先生认为“鱼凫”[32]是由鱼氏和凫氏两个氏族组成的古族称号，凫氏是以鸟为祖神形象的氏族，且来自东方，并将三星堆文化的陶盉、鸟头柄勺与之联系起来。至于鱼氏，孙华先生虽然不完全同意张先生将其归属于巴人的意见，仍认为“是先秦时期活动于整个四川盆地及其东邻地区的古代部族”。两位先生的意见虽不完全统一，但共同之处是都认为鱼凫族是外来民族，而且都来自东方，且张先生确指“鱼凫”族的来源地为三峡地区。

圈足盘在三星堆从早到晚都流行，成都平原的宝墩文化虽然也流行圈足器，但绝不见圈足盘形器。长江中游地区整个新石器时代一直流行圈足盘，类似三星堆文化圈足盘的陶器是石家河文化最典型的器类之一，三峡地区新石器时代晚期至夏商时期的宜昌白庙、三斗坪、秭归下尾子、鲢鱼山、巫山魏家梁子[33]等遗址均有发现，尤其白庙 T1③：15[34]、T34⑦：8[35]、下尾子T6③：47[36]、鲢鱼山采集盘[37]等形制已与三星堆圈足盘非常接近。三星堆文化圈足盘显然是受石家河文化影响所致。

三星堆文化的束颈瓶、长颈壶、圈足壶等除了二期一件壶的宽沿、大敞口特征源于宝墩文化外，其他在宝墩文化中都找不到源头，而类似的器形却在长江中游的屈家岭文化和石家河文化中常见。

另外需要提及的是高柄豆。三星堆文化高柄豆的确源于二里头文化，不过我们也应该看到它与二里头文化陶豆的差别。从形态演变的逻辑关系看，两者之间存在较大缺环，后者并不是前者的直接源头。而长江中游及三峡地区夏商遗存中出土的大量陶豆形制更接近二里头陶豆，恰好可以填补两者形制逻辑演变上的缺环。所以，三星堆文化高柄豆的直接源头应该是长江中游和三峡地区所见二里头式陶豆的地方变体。

以上分析表明，三星堆文化面貌构成中，除前述夏文化因素的主体地位外，来自鄂西川东峡区的文化传统也占有很重要的地位，这一点特别在陶器文化层面上反映更加突出。前述孙华先生之“鱼凫”为鱼氏和凫氏两族联盟的看法与本文所论三星堆文化结构中夏文化因素与来自鄂西川东峡区文化传统的共主现象非常吻合。按孙先生所言，凫氏为来自东方夏人的一支，则“鱼氏”居地必在其西迁所经之处。又张勋燎先生考证的“鱼凫”族来源地正是鄂西川东峡区。这恐怕不仅仅是巧合吧！因此，我们认为三星堆文化是夏人的一支与鄂西川东峡区土著民族结成联盟后西进成都平原、征服当地土著文化而形成的。从陶器文化面貌来看，作为夏人盟友的鄂西川东峡区土著文化民族自始至终是三星堆文化的两大主体成员之一，那么是不是应该考虑三星堆器物坑出土的铜人像、面具、神树等是鄂西川东峡区土著文化在精神文化方面体现的可能性呢?

四、三峡地区夏商时期考古学文化的定性问题

三峡地区夏商时期文化遗存的内涵和面貌在中宝岛、朝天嘴、路家河等重要遗址发掘之后已经越来越清楚。由于它们确与成都平原的三星堆文化有较多的相似性而文明发展程度又明显低于后者，学术界几乎众口一词地认为其文化性质属于三星堆文化范畴，为三星堆文化向东发展的地方类型。这些论述中又有小的差别，林春先生似乎只认为她所命名的“朝天嘴类型文化”属三星堆文化范畴，而路家河文化（或称香炉石文化）则是独立的文化。但她又说路家河文化“居民们信奉三星堆文化的神祇……可能意味着三星堆文化对本文化遗存人们共同体具有的宗主地位”[38]。孙华先生同样将“朝天嘴类型文化”归为三星堆文化范畴，却将路家河文化归属为十二桥文化系统（同注［3］第20页）。而罗二虎先生没有将这两类遗存分开，均归于三星堆文化“中宝岛三期类型”（同注［26］）。最近王建新、王涛先生通过对中坝子遗址进行分析后认为，“以中坝子、哨棚嘴等遗存为代表的川东地区夏商周时期文化遗存和以中宝岛、朝天嘴等遗址为代表的鄂西地区同期文化遗存属于同一文化，而以三星堆遗址为代表的川西地区夏商周时期文化遗存则为与上述文化关系密切的另一文化”（同注［28］）。

针对上面多种观点，笔者认为有两个问题应该首先取得共识：一是“朝天嘴类型文化”和“路家河文化”是两个不同的文化还是同一文化的不同发展阶段的问题；二是路家河文化的年代问题。前一问题，林春、孙华两位先生所论甚确。从两类遗存陶器组合来看，前者以罐为主，后者以釜为主；前者夏文化因素的器类较多，后者明显减少。从文化属性来看，前者夏文化和土著文化势均力敌、平分秋色，体现为高度融合的特征；后者则土著文化占绝对优势，同时保留少量夏文化传统，又受到商文化的

些许影响。两者应为同一地区、时间前后衔接、关系比较密切的两个文化。罗二虎先生的分期意见将以路家河遗址为代表的遗存作为第四期，使之与第三期的差别等同于前三期之间的差别，显然是不恰当的，即使将它们归属同一文化，也应如孙华先生所说合并为两大期，即罗文第一至三期应合为第一期，第四期单独作为第二期。

关于路家河文化的年代，林春先生的意见与孙华先生有很大差距。林春先生主持编写的路家河遗址专题报告分为三段，年代分别相当于二里冈下层至殷墟早期。而孙华先生将它划归四川盆地青铜文化第二期，“年代上限当然不可能超越殷墟中期”（同注［3］第13页）。笔者认为，从与荆南寺遗址出土的路家河文化同类器凸肩杯、高领罐、豆形器等共存的其他器类的年代来看，路家河文化的年代上限至少应相当于何驽先生分析的荆南寺夏商遗存第三期即二里冈上层早段，与林春先生的意见接近。况且，在路家河遗址的路家河文化遗存之上还叠压着周梁玉桥文化遗存，不容许将路家河文化的开始年代拉晚至与十二桥文化同时的殷墟晚期。这样一来就引出了孙华先生已经觉察到的鄂西地区与成都平原青铜文化“发展进程不同”的问题（同注［31］第13页）。在孙华先生看来，鄂西地区青铜文化的发展进程与成都平原应该是一致的，故而对林春先生关于路家河文化的年代结论提出质疑。反过来，如果路家河文化年代上限为二里冈上层时期没有太大问题的话，则鄂西与成都平原青铜文化发展进程的不同应该就是确定无疑的了。在以上认识的基础上再来判定鄂西三峡地区夏商时期考古学文化的性质，我们首先可以认定路家河文化既不属于三星堆文化范畴，也不属于十二桥文化范畴，是一个单独的考古学文化，其年代主要相当于三星堆文化二、三期。

关于“朝天嘴类型文化”的性质，笔者认为如果从文化面貌特征和命名原则出发将其归属三星堆文化系统并无大碍，因为考古学的文化与类型的关系并不代表年代和文化流向关系。但是针对目前学术界普遍认为峡区夏商时期文化是成都平原三星堆文化向东传播和发展形成的观点，笔者觉得暂时保留“朝天嘴类型文化”这个名称很有必要。本文前面已经论证，三星堆文化是由夏人与鄂西川东峡区土著民族联盟迁居成都平原建立的，而“朝天嘴类型文化”也表现出夏文化与峡区本地文化融合的特征，从某种意义上说，三星堆文化应该是其向成都平原移植的产物，这种源流关系应该引起学术界重视和思考。而且，“朝天嘴类型文化”向成都平原移植后，两地往后的发展进程是不同的。三峡地区，夏文化因素迅速消退，土著文化因素崛起，最迟于二里冈上层早段发展为路家河文化，而成都平原的三星堆文化此时正进入发展高峰期。在成都平原三星堆文化一期即峡区朝天嘴类型文化时期，东西两地文化面貌共性较多，但政治上是否为一体还不敢说。但从路家河文化形成的三星堆文化二期开始，东西两地已经分道扬镳，不属于同一文化共同体，政治上各自独立发展的情况则是非常明显的。

因篇幅限制，与本文直接相关的其他问题如夏人西迁的动机、时间、历史背景等只好留待以后另文讨论了。

注　释

[1] 陈显丹：《广汉三星堆遗址发掘概况、初步分期》，《南方民族考古》（第二辑），四川科学技术出版社，1989年。

[2] 江章华、王毅、张擎：《成都平原先秦文化初论》，《考古学报》2002年第1期。

[3] 孙华：《四川盆地青铜文化初论》，《四川盆地的青铜时代》，科学出版社，2000年，第37页注②说明。

[4] 西北大学文博学院：《城固宝山——1998 年发掘报告》，文物出版社，2002年。

[5] 赵丛苍：《城固洋县铜器群综合研究》，《文博》1996年第4期。

[6] 陕西省考古研究所、陕西省安康水电站库考古队，《陕南考古报告集》，三秦出版社，1994年。

[7] 襄石复线襄樊考古队：《湖北襄阳法龙王树岗遗址二里头文化灰坑清理简报》，《江汉考古》2002年第4期。

[8] 荆州市博物馆、钟祥市博物馆：《钟祥乱葬岗夏文化遗存清理简报》，《江汉考古》2001年第3期。

[9] 沙市市博物馆：《湖北沙市李家台遗址发掘简报》，《考古》1995年第3期。

[10] 何驽：《荆南寺遗址夏商时期遗存分析》，《考古学研究》（二），北京大学出版社，1994年。

[11] 林春：《宜昌地区长江沿岸夏商时期考古学文化序列》，《葛洲坝工程文物考古成果汇编》，武汉大学出版社，1990年；林春：《鄂西地区三代时期文化谱系分析》，《南方文物》1994 年第 2 期。

[12] 国家文物局三峡考古队：《朝天嘴与中堡岛》，文物出版社，2001 年。

[13] 长江水利委员会：《宜昌路家河》，科学出版社，2002年。

[14] 湖北省文物考古研究所：《1985-1986 年三峡坝区三斗坪遗址发掘简报》，《江汉考古》1999年第2 期。

[15] 国家文物局三峡考古队：《朝天嘴与中堡岛》，文物出版社，2001 年。

[16] 国家文物局：《秭归何光嘴》，科学出版社，2003 年。

[17] 西北大学考古队、万州区文物管理所：《万州中坝子遗址发掘报告》，《重庆库区考古报告集 · 1997 卷》，科学出版社，2001年。

[18] 重庆市文物考古所、涪陵区文物管理所：《涪陵蔺市遗址发掘简报》，《重庆库区考古报告集 · 1998 卷》，科学出版社，2003年。

[19] 江章华、颜劲松：《川东长江沿岸商周时期考古学文化变迁的初步分析》，《2003三峡文物保护与考古学研究学术研讨会论文集》，科学出版社，2003 年。

[20] 刘绪：《从墓葬陶器分析二里头文化的性质及其与二里冈期商文化的关系》，《文物》1986

年第6期。
[21] 四川省文物考古研究所：《三星堆祭祀坑》，文物出版社，1999年。
[22] 江章华：《再论川东长江沿岸的史前文化》，《四川文物》2002年第5期。
[23] 曹玮、秦小丽：《三星堆文化与中原夏商文化的关系》，《殷商文明暨纪念三星堆遗址发现七十周年国际学术研讨会论文集》，社会科学文献出版社，2003年。
[24] 孙华、苏荣誉：《神秘的王国：对三星堆文明的初步理解和解释》，巴蜀书社，2003年。
[25] 林春：《宜昌地区长江沿岸夏商时期考古学文化序列》，《葛洲坝工程文物考古成果汇编》，武汉大学出版社，1990年；林春：《鄂西地区三代时期文化谱系分析》，《南方文物》1994年第2期。
[26] 罗二虎：《论鄂西地区的夏商时期文化》，《东南文化》1994年第1期。
[27] 孙华：《试论广汉三星堆遗址的分期》，《四川盆地的青铜时代》，科学出版社，2000年。
[28] 王建新、王涛：《试论重庆万州中坝子遗址夏商周时期文化遗存》，《江汉考古》2002年第3期。
[29] 王鑫：《忠县井沟遗址群哨棚嘴遗址分析兼论川东地区的新石器文化及早期青铜文化》，《四川考古论文集》，文物出版社，1996年。
[30] 杨华：《鄂西地区与成都平原夏商时期巴蜀文化陶器研究》，《湖北省考古学会论文集》（3），《江汉考古》编辑部出版，1998年。
[31] 张勋燎：《古代巴人的起源及其与蜀人、僚人的关系》，《南方民族考古》（第一辑），四川科学技术出版社，1987年。
[32] 孙华：《蜀人渊源考——鱼凫的构成及渊源》，《四川盆地的青铜时代》，科学出版社，2000年。
[33] 中国社会科学院考古研究所长江三峡考古工作队：《四川巫山县魏家梁子遗址的发掘》，《考古》1996年第8期。
[34] 湖北宜昌地区博物馆、四川大学历史系考古专业：《湖北宜昌白庙遗址试掘简报》，《考古》1983年第5期，图四，8。
[35] 三峡考古队：《湖北宜昌白庙遗址1993年发掘简报》，《江汉考古》1994年第1期，图八，10。
[36] 宜昌博物馆、秭归屈原纪念馆：《秭归下尾子遗址发掘简报》，《江汉考古》1994年第1期，图五，8。
[37] 中国科学院考古研究所长江队三峡工作组：《长江西陵峡考古调查与试掘》，《三峡考古之发现》（1），湖北科技出版社，1998年，图五，4。
[38] 长江水利委员会：《宜昌路家河》，科学出版社，2002年。

（原载于《江汉考古》2005年第1期）

炭河里城址的发现与宁乡铜器群再研究

宁乡炭河里遗址[1]的大规模发掘，取得了令人瞩目的成果。其中西周时期城址的发现和确认，是近年来南方地区商周考古最重要的发现之一。炭河里城址正好位于宁乡商周铜器群出土最集中的黄材地区，这两者之间究竟有何关联？宁乡铜器群的研究是否会因此而取得新的进展？本文将笔者的初步认识公之于众，供大家讨论和批评。

一、炭河里城址的年代与性质

炭河里遗址发现于1963年[2]，2001年第一次正式发掘，2003～2005年先后两次大面积发掘。其主要成果是：发现并解剖了城墙和城壕遗迹，整体揭露了两座大型宫殿基址，在城外发现和清理了数座西周时期墓葬，对遗址周边地貌变迁如河流改道情况进行了科学考察等，从而确认了商周时期城址的存在。这些成果为今后的继续发掘和研究奠定了重要基础。

炭河里城址的年代理应根据城墙、城壕等重要遗迹的出土遗物来判定，但由于与城墙直接相关的地层和遗迹单位出土的遗物甚少，仅依靠其本身出土物很难推断出比较准确的相对年代。不过，2005年对城内壕沟G5的大面积清理出土了大量陶器，因此我们可以通过G5出土的陶器以及G5与城墙和宫殿基址等的年代对应关系来综合判断。

G5出土陶器以第6层数量最多、种类最丰富，第4、5、7层出土陶器虽然较少，但面貌与第6层大体一致。陶器的陶系以夹砂灰、褐陶为主，纹饰以方格纹最普遍，器类以鼎、釜、罐、钵等为大宗，盆、簋、豆、盂、碗、鬲、器盖等数量较少。这些陶器大多数为地方特色器类，但有少数与中原及邻近地区商周时期的同类器有可比性，是判断年代的主要依据。例如，A型鼎（仿铜陶鼎）与中原地区商末至西周时期铜鼎类似，其中A型Ⅰ式鼎，深圆腹，高柱足，长方形立耳较厚，口下有纹饰带，与西周早期铜鼎的风格尤为接近，年代应为西周早期。A型Ⅱ式鼎，立耳变薄且横置，腹渐浅，与西周中期中原铜鼎和湘江流域早期越式铜鼎[3]风格接近，地方化趋势明显，年代应相当于西周中期。B型鬲，大口，卷沿，上腹圆鼓，弧裆，三柱状足较高，通体饰绳纹，整体风格接近西周早期周文化系统陶鬲，但与典型周式鬲有别。形制相同的陶鬲多见于鄂东北地区，如武昌放鹰台遗址最主要的C型陶鬲[4]等，鄂东南地区蕲春毛家嘴2式鬲[5]也与之相近，年代一般为西周早期或稍晚。不过，炭河里B型鬲的鬲足尖细，为偏早特征，年代应为西周早期。A型鬲，卷沿，有较长的颈部，与毛家嘴1式鬲相同，但其瘪裆、柱足的作风又极似周文化风格，与长安张家坡A型Ⅲb式鬲[6]、黄陂鲁台山H1④：1陶鬲[7]相近，年代也为西周早期。C型鬲，大口，平裆，柱足外撇，腹上部饰多道弦纹，与商式鬲无任何关系，和周式鬲也相去甚远，这种鬲在毛家嘴遗址最常见（4、5式鬲），江西九江神墩遗址上层也见类似的鬲[8]，可见这种鬲是鄂东南地区的土著因素，年代主要为西周早期。A型簋为殷式簋，其中A型Ⅰ式与典型殷式簋仅在口沿部位有细微差别，这种簋在西周时期不仅流行于黄河中下游广大地区，如北京琉璃河[9]、洛阳北窑[10]、山西天马-曲村[11]等，宗周地区也多见，如张家坡A型簋，南方地区也见于黄陂鲁台山等遗址，流行时间一般为西周早期。但A型Ⅱ式簋的腹部圆鼓，已开始地方化，年代应稍晚。B型簋与典型周式簋完全一致，简报发表的2件标本腹部均略鼓，是西周较早时期的特征，这种簋在黄陂鲁台山、武昌放鹰台、湖南望城高砂脊[12]等遗址均见，年代一般不晚于西周中期。C型豆为假腹，豆柄上有长方形镂孔，流行时间亦主要在商末至西周早中期。上举炭河里陶器大部分出土于G5第6层，个别出土于第7或第4、5层，通过以上比较分析，我们推测G5第6层的年代为西周早期，第7层可能早到商末周初，第4、5层出土陶器与第6层比较变化不大，年代下限当不晚于西周中期。居址区出土陶器与G5进行比较，其第6层以上各地层单位出土陶器与G5第6～4层陶器面貌一致，而第6层及第6层下出土陶器与G5第6层稍有区别，G5第6层的夹砂陶约占85%、泥质陶仅占13.4%，且夹砂红陶不及夹砂灰陶的一半，纹饰方面方格纹非常普遍，占全部陶片总数的59%，绳纹较少，仅占4.44%，而居址区第6层泥质陶占28.2%，夹砂陶约占70%，且夹砂红陶的比例远远大于夹砂灰陶，纹饰方面绳纹与方格纹并重，均约占23%，这种区别除了表明两者的文化面貌可能不同外，也表明它们在年代上可能有差距。其实，在G5第7层出土的有些器类如K型罐、B型碗、A型尊、A型豆座以及G5第6层出土的E、F、L型罐，A型盘，壶形器等，无论陶系、纹饰还是器形方面，与G5第6层大量出土的主体陶器群的风格明显不同，年代很可能较早或保留了较早时期的传统因素。不过，由于居址区第6层的陶器标本少且残破，无法进行器类的比较研究，本文暂定其与G5第7层的年代相当。

G5的年代既明，那么可以根据G5与城墙及居址区相关遗存的逻辑对应关系等就城址的年代做如下推断。

首先，炭河里遗址的整体堆积很单纯，除上层有较厚的清代以后（含清代）的堆积外，不见东周至少是战国至元明时期的堆积，也不见新石器时代的堆积层或遗物。城墙本身及相关地层单位（如墙③、G1、墙⑧、墙⑨、墙外堆积③层等）出土的陶器残片总体面貌与G5及居址区陶器一致，说明城墙的年代与G5及宫殿基址大体同时。

其次，从目前的发掘情况看，居址区堆积可分为4个时期，其中第1期为小型房屋和灶等日常生活遗迹，第2～4期均为大型建筑基址及废弃堆积，说明这里在第1期尚属普通居民生活区，而自第2期始辟为宫殿区，从逻辑上讲，城墙的建造年代应与第2期即最早的宫殿建筑年代相当，城的使用年代应与第2～4期的宫殿建筑同时或更晚，废弃年代不早于第4期。

最后，G5出土的主要陶器与居址区第6层以上堆积即第2～4期陶器的面貌一致，表明G5废弃堆积的形成年代与宫殿区的使用年代相同，则其废弃应该与最早期宫殿和城墙的建造有密切关系，年代应一致。

根据以上分析，我们推定炭河里城址的始建年代为西周早期，使用年代为西周早中期，废弃年代从居址区现存最晚期宫殿建筑（居址区第4期）来看，当不早于西周晚期。居址区第6层可能是第2期即最早期宫殿的基址，其形成年代当与城址始建年代相同，不过，因该层为第二次堆积，其所包含陶器的年代如上所述较G5第6层稍早应在情理之中。这说明炭河里遗址在建城之前曾经历过以居址区第1期遗存和G5（废弃前）为代表的时期，其年代可能为商末周初。炭河里城址的性质可从以下几个方面来论证。

（1）目前发现的南方地区商周时期的城址较少，仅湖北盘龙城[13]、江西吴城[14]、四川广汉三星堆城[15]等数座，不过这些都是商代城址。因此可以说，炭河里城址是南方地区西周城址的首次发现，即使在全国范围内西周城址的发现也是不多的。而“城”在商周社会的政治、军事、经济和文化方面具有重要地位和特殊意义。

（2）炭河里城址的规模虽然不能与吴城、三星堆城相比，但较盘龙城大得多，城壕也比盘龙城的城壕宽，就宫殿基址来说，与盘龙城最大的一号宫殿基址的规模相当，宫殿建筑也是四周有回廊的建筑，规格应较高。

（3）炭河里城址因大部分被冲毁，现存部分主要为宫殿区，其城内功能区布局已无法考证，但从居址区出土的较多铜器残片、小件铜器和铜块等以及城外墓葬出土的大量具有地方特色的铜器可知，炭河里城址所代表的文化或政治集团应有自己的青铜铸造工业，城内应有铸铜作坊。

（4）城外发现的同时期墓葬虽然规模不大，但均为长方形竖穴土坑墓，两座墓发现有葬具痕迹，大致为长方形的木棺，而且几乎都随葬铜器和玉器，在湘江流域目前所见商周墓葬中规格是最高的。例如，岳阳[16]等地的商代墓葬均不见长方形坑，望城高砂脊西周墓葬除两座铜器墓外，也均非长方形墓坑，长方形墓坑当然与有无木棺等葬具有关，也是墓主人身份等级的象征。炭河里西周墓葬规格很小，出土铜器无完整个体，可能是中下层贵族墓而不是高级贵族墓葬。但是，这些墓葬均随葬玉器，而高砂脊两座铜器墓规模更大，出土铜器较多，却不见玉器。从中原地区商周时期的考古发现来看，玉器比铜器有更严格的等级象征意义。这似乎表明炭河里城址是湘江流域最高等级的聚落。

（5）从炭河里城址出土陶器所反映的文化面貌看，其日常生活用陶器以地方传统的器类（如B、D型釜，B型鼎，G、H型罐，钵等）为主，但也有中原地区商代晚期和西周时期的特征性器类（如A型鼎，簋，C型假腹豆，A、B型鬲等），还有明显源于湖北东部（如C型鬲、刻槽鼎足等）和湘西北地区（如B型罐等）传统的因素，特别是大量仿铜陶鼎的出现和宫殿建筑的规格、朝向（略偏东）等特征以及葬玉、铸铜等，说明炭河里考古学文化不仅在日常生活而且在礼制习俗方面均受到了中原地区以商周文化为代表的外来文化的较大影响。但是，从整体文化面貌看，又绝对不属于商文化或周文化范畴，而且历史文献和考古研究成果均已表明，湖南湘江流域不是西周王朝或其封国的控制范围。因此，以炭河里城址为代表的考古学文化应该是一支地方青铜文化。

根据以上分析，我们认为炭河里城址是湘江流域西周时期某一支地方青铜文化的中心聚落，或者说是西周时期独立于周王朝之外的某个地方方国的都邑所在地。

二、炭河里城址与宁乡铜器群的关系

学术界一般将湖南湘江流域出土的大量商周铜器称为“宁乡铜器群”，是因为宁乡不仅是湖南出土商周铜器数量最多、种类最齐全、分布最集中的地区，而且宁乡出土的商周铜器风格较独特，具有一定的代表性。据不完全统计，到目前为止，湖南湘江流域出土的商至西周时期铜器400余件，其中近300件出土于宁乡境内，另外百余件也主要见于宁乡附近的长沙、湘潭、株洲、益阳、岳阳等湘江下游地区。

炭河里遗址的发掘是我们在伪水流域大量区域调查的基础上，对遗址和宁乡铜器群的地域、年代和可能属性等综合考察后进行的旨在解决宁乡铜器群来源和性质之学术课题的关键步骤，因为我们一直相信，炭河里遗址无论年代还是空间位置都与宁乡铜器群重合或交叉，两者很可能密切相关。尽管如此，炭河里城址的发现仍然让我们喜出望外。现在我们有理由说，炭河里城址与宁乡铜器群确有非常密切的关系，两者应该属于同一个古代政治或文化共同体。理由如下。

（1）炭河里遗址的地理位置正好处于宁乡铜器群分布最集中的黄材盆地内。城址周围不到2千米的范围内及城内以往出土的铜器已达250件，其中比较重要的有“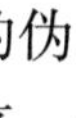”人面纹方鼎、“戈”卣[17]、“癸”卣（见注［2］）、“己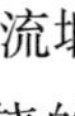”分裆鼎[18]、云纹铙[19]、寨子山兽面纹瓿[20]、“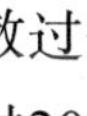父乙”涡纹罍[21]等。另外，出土虎食人卣的伪山和出土四羊方尊、象纹大铙[22]的月山铺分别位于黄材河及其支流塅溪河上游山区，无疑是基于某种方式从黄材盆地流散过去的。曾经出上数十件铜铙的老粮仓地区与黄材盆地仅一山之隔，最远距离也不过20千米。可以说，炭河里城址与宁乡铜器群的主体

部分在地域上是重合的。

（2）如前所述，炭河里城址的主要存在时期为西周时期，遗址的最早年代可能到商末，与宁乡铜器群的年代基本吻合。宁乡铜器群的铸造年代，有的为商代晚期，有的为商末周初，也有西周时期的。铜器的类别也较复杂，各自的铸地可能并不相同。但这不影响它们于西周时期被炭河里城址的人群或集团所使用以及由于某种原因在当时或稍后一段时间内被埋葬或向外扩散。

（3）炭河里城址的高墙宽壕和规模宏大的宫殿建筑，显示其不是普通聚落，而是一定范围内区域文化的中心都邑，这与宁乡铜器群在文化等次上相匹配。

（4）在炭河里城址宫殿区的发掘中，经常有小件铜器（如矛、镞等）、铜器残片和铜块等出土，推测城内应有铸铜作坊。城外西周墓葬所见地方特征的铜器如越式鼎、铲、锸、刮刀等，中原地区均不见，应该是本地铸造的。这样也就不能完全排除宁乡铜器群中某些中原风格的作品铸造于本地的可能性，如人面方鼎等。

（5）城址内出土的铜器、玉器等遗物显示其与周围地区出土的铜器群有直接联系。例如，1963年黄材河与塅溪河交汇处发现的“癸”卣，器表纹饰无任何磨损，内贮玉器未曾散落，可断定其不曾发生长距离位移。其出土处大致位于城址中心区，可证该器原本是城内窖藏坑或祭祀所埋之物。该器铭文“”字也见于城外出土的分裆鼎和涡纹罍上。器内所藏1170余件玉器，绝大多数为管、珠类，还有少量玦、环等，与城外出土的“戈”卣所藏玉器的种类一致，玉质和工艺也相同。2001年夏在城址东面1.5千米处黄材河中发现1件特大兽面纹瓿[23]，该器四个牺首已不见，口沿和圈足有残损，器表纹饰有明显消磨痕迹，应是埋葬于城内之物被河水冲下去的。2005年在G5第6层出土的1件小铜斧，形制与1959年寨子山出土的兽面纹瓿中所藏224件小铜斧完全一致。

（6）城外墓葬的年代和分布地点与城址及铜器群在相同区域内，墓葬出土遗物也分别与城址和以往出土的铜器有诸多联系，证明三者是一体的，是同一考古学文化的不同内涵。例如，墓葬周围台地及填土中常见与城内面貌一致的陶片，与M8出土硬陶罐相同的器形在G5中出土较多。墓葬出土的铜器既有具有中原商文化风格的器形，也有具有地方特点的作品，主要器类有鼎、卣、爵、尊、刮刀等，除不见铙外，其他与宁乡铜器群的种类基本一致。玉器亦以管、珠为主，还有少量玦、环等，种类和工艺都与“癸”卣、“戈”卣中所藏玉器一致。

也许有人认为宁乡铜器群中有一批铜器的年代为商代，而炭河里城址的年代为西周，年代上似乎并不十分吻合。我们认为铜器为耐用品，商代铜器在西周乃至更晚的时期被使用和埋藏不难理解，在考古发现中这样的实例不胜枚举。况且，宁乡出土的铜器中也有一些明显属于商末周初或西周前期的，如人面方鼎即有学者断代为商末[24]，“父乙”涡纹罍和2002年湖南省博物馆收集的铜盉[25]等的年代明显属于西周时期。另外，铜器本身的断代也不是绝对的，即使在中原地区，商代晚期和西周早期的铜器有时也无法绝对区分，南方地区铸造的铜器更是如此，某些中原铜器的传统因素在南方地区延滞的时间很长。总之，炭河里城址和宁乡铜器群之间可能存在的年代差距完全没有理由构成两者同属关系的反证。

炭河里城址的发现及其与宁乡铜器群同属关系的确定，对于学术界长期关注的宁乡铜器群来源、性质等问题的研究具有突破性意义。过去由于缺乏一个起码的考古学基点或平台，宁乡铜器群的研究主要是从器物学或美术史的角度对某一类器物或纹饰进行考察。炭河里城址的发现，为宁乡铜器群的研究建立了一个坚实可靠的平台，必将推动宁乡铜器群的研究进入一个新阶段。

三、宁乡铜器群来源与性质问题再研究

宁乡铜器群的来源和性质问题，已有不少学者进行过探讨，但由于缺乏考古学文化根基，分歧较大，这从大家对铜器群的分类上可看出（表一）。熊传薪先生首先将湖南商周铜器划分为中原型、混合型、地方型三类[26]，其中将铜铙和动物形铜器归入混合型。高至喜先生认为不存在混合型，而将铜铙和动物形铜器等归入地方型[27]。何介钧先生认为动物形铜器来源于中原地区[28]，只是中原地区暂未发现而已，而铜铙应是商人在南方创造的。笔者也曾将湖南商代铜器分为三类，不同之处是将前辈们均归入中原型的大口尊、折肩罍等分离出来而归入混合型[29]。王恩田先生将铜铙和越式铜器归为乙组，其余均为甲组[30]。

以上各家的不同认识，实际上已将宁乡铜器群分成了五类，本文以A～E类称之。各类包含的主要铜器如下。

表一　宁乡铜器群分类一览表

<table>
<tr><th>本文铜器分类</th><th>熊传薪</th><th>高至喜</th><th>何介钧</th><th>王恩田</th><th>笔者</th></tr>
<tr><td>A类</td><td rowspan="2">中原型</td><td rowspan="2">中原型</td><td rowspan="3">中原铸造</td><td rowspan="3">甲组</td><td>中原型</td></tr>
<tr><td>B类</td><td rowspan="2">混合型</td></tr>
<tr><td>C类</td><td rowspan="2">混合型</td><td rowspan="2">地方型</td></tr>
<tr><td>D类</td><td>商人在南方铸造</td><td rowspan="2">乙组</td><td>地方型</td></tr>
<tr><td>E类</td><td>地方型</td><td></td><td></td><td></td></tr>
</table>

A类：殷墟商文化风格的铜器，有铭文的铜器均属此类。

B类：与商文化二里冈期铜器风格相近的铜器，如华容、岳阳出土的大口尊，岳阳鲂鱼山、平江浯口[31]出土的折肩罍，新邵陈家坊出土的瓿和前述在宁乡黄材发现的特

大型瓿等。

C类：动物造型的各类尊、卣等，如宁乡月山铺出土的四羊方尊、传出自宁乡伪山藏于日本和法国的虎卣、出土于长沙跳马涧藏于大英博物馆的两羊尊、湘潭九华船形山出土的豕尊、醴陵狮形山出土的象尊、衡阳包家台子出土的牛尊（或称觥）等。

D类：大铜铙。

E类：地方类型或“越式”铜器，含越式鼎、钟、镈、斧、矛、刮刀等。

五类铜器中A、E两类各家意见一致，分歧主要在B～D三类上。这里不妨对这三类铜器的属性略做分析。

前辈学者均将B类铜器定为“中原型”或中原铸造，恐不妥。关于这一类铜器，国外学者研究颇多。例如，美国学者罗伯特·贝格立（Robert W. Bagley）在《商代青铜器》一书中将这一类铜器定为“南方青铜器”[32]，日本学者林巳奈夫称之为“地方型青铜器”[33]，难波纯子定名为“华中型青铜器”[34]等，均认为它们是南方地区铸造的。笔者同意这个观点。接下来的问题是，这类铜器到底产于南方何地或者说其文化传统中心区在哪里？从出土地点看，其分布北到湖北枣阳[35]、安陆雷公镇[36]，西北到汉水上游的陕西城固[37]，东到安徽阜南[38]、六安[39]、江苏江宁[40]，南到江西南昌[41]、湖南新邵[42]，西到湖北江陵[43]、沙市[44]、重庆巫山[45]、四川广汉[46]，范围很大，虽然不一定铸于同一地区，但也不可能是在上述地点各自铸造的，而且其文化传统应首先源于某一个地区。难波纯子认为是两湖地区，笔者在其基础上进一步认为是湖北江汉平原东部地区。理由是：第一，江汉平原东部处于上述出土地点分布范围的中心区，此类铜器由这里向周围地区扩散顺理成章。我们现在看到的南方地区夏商周时期外来文化因素无不以江汉平原地区为中介向东、西、南方向传播。除此而外，认为它们的产地为四川、湖南或安徽，都与其他文化因素的传播方向相矛盾。第二，江汉平原东部地区在二里冈时期是商文化的直接控制区，这里铸造了大量与中原地区完全一致的早商铜器，也是当时南方经济、文化最发达的地区。可以想象，在商代晚期商人退出该地之后，这里从地理条件、经济文化发展水平、青铜冶铸技术基础和铜矿资源等各方面来说，都应该是本地青铜文化最发达的地区，很可能存在一个或几个强大的方国。正如贝格立、难波纯子所说，这类铜器无论造型风格还是铸造技术都更多地继承了二里冈期铜器的传统，那么它们产于江汉平原东部地区的可能性大于其他任何地区。

C类动物形铜器目前在湖南出土的最多，类别也最全，故许多人认为它们应铸造于湖南境内。笔者以为，这仅是一种表面现象。诚然，这类器物的器形确实比较特别，在殷墟铜器中少见，但是它们的装饰风格和技术传统却与殷墟铜器基本相同。何介钧先生认为它们来自中原地区，并非完全没有道理。总之，要证明它们铸造于湖南境内，目前还缺乏考古学文化背景和铸造技术方面的证据。

D类铜器南方铜铙的研究自江西新干大洋洲遗存发现以后进展很大，本文不做过多讨论。我们认为，大铜铙虽为南方产品，但其与殷墟的小铙有渊源关系，只是在形制、装饰、用法甚至功能上发生了巨大变化。早期铜铙为三个基本型，即兽面纹铙、云纹铙和乳钉纹铙，三者的年代大致并行，基本不存在直接演变的关系。目前看来，各型铙的早期标本多见于鄂东南至赣西北地区，这一带应是南方铜铙的最早铸地。湖南特有的粗线兽面纹铙是该型铙中年代最晚的，这种铙应该主要产于湖南地区。

以上各类铜器在分布地域上并无明显的区分，尤其在宁乡地区，各类铜器均见，这表明宁乡铜器群内涵虽然复杂，但却是一个整体，它们至少在某一段时期内属于同一个文化，尽管它们来源于不同的文化传统。宁乡黄材不是一个交通要道，而是一个非常闭塞偏僻的地区，因而几乎不存在各类铜器在不是一个整体的情况下在这里汇集的可能性。所以，在探讨宁乡铜器群的性质与来源问题时，应该将上述各类铜器作为一个整体来考察。

现在，炭河里城址的发现及其与宁乡铜器群的同属关系为我们提供了一个新的平台，以此为基点，我们可以对宁乡铜器群的性质和来源问题做如下分析。

宁乡铜器群中的A类铜器表明在商末周初确有一部分商人来到了黄材地区。黄材出土的A类铜器多件有铭文，其中含“〓”字的就有3件，这些铭文属于中原文字系统，“〓”字已被证明是中原商人一支的族名，那么这些铜器一般应铸造于中原地区。青铜礼器对于商人来说具有政治和宗教意义，自然不会赠予外族人；又，这些铜礼器一般置于庙堂之内，处于商人控制的中心地区，除非灭国，否则不可能在一般的战争中为外族所获，更不会交换或买卖，而且商人也不会在普通的征战或贸易活动中将这些铜器带在身边。所以，A类铜器来到黄材只能是商人在不准备返回原驻地的情况下带来的，即使不能完全排除商人来本地后也铸造此类铜器，但有一批中原商人（包括“〓”“戈”等族）来到这里当毋庸置疑。

那么商人会在什么背景之下来到黄材？有三种可能：一是商人在商代晚期向南扩张来到了这里；二是商人在商末周初即周灭商前后为周人所迫南逃到此；三是西周早期随周人南征进入湖南。但是，以下理由表明第一、三两种可能性不成立。其一，黄材地区地理位置偏僻、交通闭塞，根本不适合作为控制整个湘江流域的政治和军事重心之地。商代晚期商人向南扩展也好、西周早期周人南征也好，都不可能选择在黄材盆地设立其在本地的政治、军事据点，而应该选择湘江干流地区，这是最起码的常识。即使他们在湖南的行动失利，也不会选择西进黄材，而应北退。其二，炭河里城址的文化面貌在日常生活方面是以本地文化传统为主，商周文化因素所占分量都较少，如果这里是商文化或周文化主动南进时设立的据点或重镇，其文化面貌断不致如此。其三，现有考古研究成果表明，商代晚期江汉平原地区已不为商人所控制，势力最强盛的武丁时期也只能偶尔征讨一下。所以，商代晚期商人根本没有可能扩张到湖南境内。湖南湘江下游商代晚期考古学文化是以本地传统为主的地方性文化，虽然可见一些商文化因素，但却是商代早期二里冈商文化因素的遗留，与殷墟商文化关系不大。西周早期，周人曾经南征汉水流域，但基本上以失败告终，最后仅能在汉水以北地区分封了一些诸侯小国，“以屏周室”。鄂东南地区西周时期考古学文化很明显属于地方土著文化，周文化的影响很小，湘江流域西周时期所见周文化的影响就更小了。可以说，西周时期周人的势力根本没有越过长江，更何况进入湖南湘江流域，因此商人也不可能是随周人南征进入湖南的。这样，只有第二种可能性值得考虑了。

王恩田先生早就提出，“湖南的甲组铜器就是部分商遗民被迫转移从北方带来的”，“时间似应在武王灭商和周公东征时期”（见注［30］）。笔者也曾在多篇文章[47]中强调，湖南的商代铜器是商末周初商遗民为周人所迫南逃时带来的，随同南逃的还有原居于江汉平原东部地区可能为“三苗”后裔的地方势力，而且后者在人数上可能是主体。这种认识原先只是建立在对宁乡铜器群和湘江流域商周时期考古学文化综合考察基础上的合理推测，炭河里城址的发现又为这种假说提供了如下有力的证据。

（1）炭河里城址始建于西周早期，至少使用至西周中晚期，遗址的年代可能早到商末。城外发现的贵族墓葬也均为西周时期。上文已经论证，炭河里城址、城外墓葬和当地出土的铜器群关系紧密，同属于以炭河里城址为代表的考古学文化。这表明宁乡铜器群的使用年代主要为西周时期，埋藏年代亦主要为西周时期或者更晚，至少到目前为止还不见任何埋藏年代早于西周的证据。这与“逃难说”在年代上契合。

（2）黄材盆地地理位置偏僻，四面环山，易守难攻，是非常理想的避难之所。商末周初商遗民一路南逃进入湘江流域时，军事能力很可能不足以在土著势力较强的湘江干流地区落脚，这种情况下，黄材盆地当然成为首选。

（3）炭河里城址的考古学文化面貌以本地文化传统为主、商文化和江汉平原或鄂东南地方文化传统占一定比例，显示出各种文化因素的高度融合，这一点和宁乡铜器群包含上述五类铜器的整体面貌暗合。这不仅与“逃难说”不矛盾，而且正好反映了商遗民等来到黄材后的政治处境和西周时期炭河里城址内部的政权组成结构。

此前学术界谈到湖南的商代文化，普遍认为湘江下游地区在商代晚期已有了发达的青铜文明。其依据无非是认定本文B、C、D类铜器均为湘江流域所铸，且年代均为商代晚期。现在来看，这种观点有必要重新讨论。

第一，B类铜器如前述应铸造于江汉平原地区。C类动物形铜器至少不能肯定是在湖南铸造的。此类造型和风格的铜器在江西新干大洋洲[48]也有，如虎、鹿、鱼、鸟等形状的鼎足、耳饰等。D类铜器大铙至少不是起源于湘江流域。过去高至喜先生将湖南特有的粗线兽面纹大铙定为南方铜铙的最早型式[49]，已为多数学者证为不确[50]，最早的南方铜铙应该是湖北阳新白沙[51]、江西大洋洲等地出土的甬部无旋的铙。

第二，即使C、D两类铜器为湖南铸造，其铸造年代肯定为商代吗？拿铜铙来看，目前所见最早的兽面纹铙为湖北阳新白沙出土的1件，其形制和纹饰布局源于殷墟的小铙但又与之有明显差距，年代当晚于后者一段时间。新干出土的3件铙的年代应与阳新铙大体同时或稍晚，彭明瀚先生的最新研究成果显示，大洋洲遗存的年代为殷墟三、四期[52]。殷墟小铙的年代也多为二、三期。所以，南方铜铙的起始年代应不早于殷墟三期。近来不少学者都将湖南特有的粗线兽面纹大铙排在最晚阶段，非常正确，但在年代判断上因为将最早的铙定为殷墟二期，而将湖南粗线兽面纹大铙的年代定为殷墟晚期。本文以为，如果从宁乡铜器群的整体考虑，湖南特有的粗线兽面纹大铙的铸造年代应以商末至西周早期为宜。

第三，可以确定为湘江流域所铸的D类铜器大铙和E类越式铜器，铸造技术都比较落后，而C类动物形铜器的铸造技术却非常先进。这种巨大的技术反差证明此三类铜器不可能铸于一地，因为一般认为C类铜器的年代为商代，而D、E类铜器为商末至西周以后，如果湘江流域商代就掌握了如此先进的铸造技术，绝不可能到西周时期反而出现这样巨大的倒退。因此，比较合理的解释是C类铜器非本地铸造，而是随商遗民南迁进入湖南的，当然其不一定铸造于中原，也有可能铸造于江汉平原或鄂东南某地。商遗民等的南迁虽然带来了精美的铜器，但他们来到本地后，因为政治、经济实力大不如以前，加上逃难途中技术人才流失等原因，铸造技术出现倒退也就在所难免了。

第四，以前被认定代表湖南商代青铜铸造水平的铜器群，现在被证明与炭河里城址属于同一个考古学文化，这个文化的生存年代是西周而不是商代，那么湖南商代就有发达青铜文明的说法则不攻自破。

第五，湘江下游地区商代考古截至今日，不仅没有发现铸造青铜容器（小件工具、武器等除外）的证据，而且本地商代考古学文化遗存的规模小而分散，似乎并未建立起铸造大量青铜重器赖以依靠的强大政治集团。退一步说，就算商代湖南地区有一个能够铸造铜器的政治实体，那么其势力必在本地区傲视群雄，其政治中心地也应该在湘江干流地区，这与铜器群集中在黄材地区不合。

因此，宁乡铜器群最大可能是在商末周初周人灭商和开发汉水流域的背景下，商遗民及江汉地区土著势力南逃进入湖南时带来（指本文A～C类铜器）和来本地后铸造（指本文D、E类铜器）的，其南逃路线应该是经鄂东南、幕阜山南北麓，进入洞庭湖东岸和湘江下游地区，再溯沩水而上，最后在雪峰山东麓的黄材盆地安顿下来，并与当地地方势力结合，建立了以炭河里城为中心的政治实体或方国。从炭河里城址的文化面貌看，该方国的内部构成应是非常复杂的，其中本地土著文化的地位十分显著。炭河里方国的存在时间大致从商末周初至西周晚期，最后可能被地方势力所取代。如此，则湖南岳阳、平江、浏阳、长沙等地出土的商代铜器应该就是商遗民及江汉地区土著势力南逃途中被迫主动弃埋或为沿途地方势力所获后一段时间内埋葬的。其他地区出土的铜器应该是他们到达黄材后在与周围文化的交往中不断向外流散形成的，而且更可能是炭河里文化衰落后的西周晚期或东周时期向外流散的。以上结论若不误，则湖南湘江流域商代晚期应该并不存在一个拥有先进青铜冶铸技术的发达文明，本地自西周开始的地方特色青铜文明形成和发展的契机正是商末周初商遗民等的南迁。以前我们认为湖南资水上游和广西兴安、武鸣等地出土的商代铜器是商代流传过去的，现在看来值得商榷，本文以为它们很可能是西周至春秋时期湘江流域的越人带去的。

注　释

[1] 湖南省文物考古研究所、长沙市考古研究所、宁乡县文物管理所：《湖南宁乡炭河里西周城址与墓葬发掘简报》，《文物》2006年第6期。

[2] 高至喜：《湖南宁乡黄材发现商代铜器和遗址》，《考古》1963年第12期。

[3] 向桃初：《“越式鼎”研究初步》，《古代文明》（第4卷），文物出版社，2005年。

[4] 湖北省文物考古研究所：《武昌放鹰台》，文物出版社，2003年。

[5] 中国科学院考古研究所湖北队：《湖北蕲春毛家嘴西周木构建筑》，《考古》1962年第1期。

[6] 中国社会科学院考古研究所：《张家坡西周墓地》，中国大百科全书出版社，1999年，图79，8。

[7] 湖北省博物馆、黄陂县文化馆、孝感地区博物馆：《湖北黄陂鲁台山两周遗址与墓葬》，《江汉考古》1982年第2期，图七，12。

[8] 江西省文物工作队、九江市博物馆：《江西九江神墩遗址发掘简报》，《江汉考古》1987年第4期，图十，1。

[9] 北京市文物研究所：《琉璃河西周燕国墓地——1973～1977》，文物出版社，1995年，图六一。

[10] 洛阳市文物工作队：《洛阳北窑西周墓》，文物出版社，1999年，图三四，12。

[11] 北京大学考古学系商周组、山西省考古研究所：《天马-曲村（1980-1989）》，科学出版社，2000年，M6183：4。

[12] 湖南省文物考古研究所、长沙市博物馆、长沙市考古研究所等：《湖南望城县高砂脊商周遗址的发掘》，《考古》2001年第4期。

[13] 湖北省文物考古研究所：《盘龙城——1963～1994年考古发掘报告》，文物出版社，2001年。

[14] 江西省文物考古研究所、樟树市博物馆：《吴城——1973～2002年考古发掘报告》，科学出版社，2005年。

[15] 陈德安：《早期蜀国都城初露端倪》，《中国文物报》1989年9月15日。

[16] 岳阳市文物工作队、岳阳县文物管理所：《岳阳县筻口镇易家山商代与东周墓发掘报告》，《湖南考古辑刊》（第7集），求索杂志社，1999年；岳阳市文物考古研究所：《湖南岳阳温家山商时期坑状遗迹发掘简报》，《江汉考古》2005年第1期。

［17］ 湖南省博物馆：《湖南省博物馆》，文物出版社、日本讲谈社，1983年，图版40。1970年黄材寨子村王家坟山出土。
［18］ 湖南省博物馆：《湖南省博物馆》，文物出版社、日本讲谈社，1983年，图版13。1962年黄材栗山村水塘湾出土。
［19］ 湖南省博物馆：《湖南省博物馆》，文物出版社、日本讲谈社，1983年，图版29。1973年黄材寨子村三亩地出土。
［20］ 湖南省博物馆：《湖南省博物馆》，文物出版社、日本讲谈社，1983年，图版21。1959年黄材寨子村寨子山出土。
［21］ 益阳地区博物馆：《宁乡黄材出土周初青铜罍》，《湖南博物馆文集》，岳麓书社，1991年。
［22］ 盛定国、王自明：《宁乡月山铺发现商代大铜铙》，《文物》1986年第2期。
［23］ 2001年6月由4名学生在黄材河中发现，现藏于宁乡县文物管理所。
［24］ 〔美〕贝格立：《长江流域的铜器与商代考古》，《奇异的凸目》，巴蜀书社，2003年，第132页。
［25］ 宁乡黄材镇月山铺乡龙泉村出土，湖南省博物馆2003年收集，参见湖南省博物馆编《湖南商周青铜器陈列》第13页下图。
［26］ 熊传薪：《湖南省商周青铜器的发现与研究》，《湖南省博物馆开馆三十周年暨马王堆汉墓发掘十五周年纪念文集》，湖南省博物馆，1986年。
［27］ 高至喜：《论中国南方出土的商代青铜器》，《中国考古学会第七次年会论文集》，文物出版社，1992年。
［28］ 何介钧：《湖南商时期古文化研究》，《湖南先秦考古学研究》，岳麓书社，1996年，第153页。
［29］ 向桃初：《湖南商代铜器新探》，《四川大学考古专业创建三十五周年纪念文集》，四川大学出版社，1998年。
［30］ 王恩田：《湖南出土商周铜器与殷人南迁》，《中国考古学会第七次年会论文集》，文物出版社，1992年。
［31］ 吴承翟：《平江县浯口镇出土商代铜罍》，《湖南省博物馆馆刊》（第二期），岳麓书社，2005年。
［32］ Robert W. Bagley, Shang Ritual Bronzes in the Arthur M. Sackler Collections, Washington, 1987.
［33］ 林巳奈夫：《殷、西周时代の地方型青铜器》，《考古学メモワÅル 1980》，东京，1981年。
［34］ 难波纯子著，向桃初译：《华中型青铜彝器的发达》，《南方文物》2000年第3期。
［35］ 枣阳市博物馆：《湖北枣阳发现一件商代铜尊》，《文物》1990年第6期。
［36］ 余从新：《湖北安陆发现商代青铜器》，《考古》1994年第1期。
［37］ 唐金裕、王寿芝、郭长江《陕西省城固县出土殷商铜器整理简报》，《考古》1980年第3期。
［38］ 葛介屏：《安徽阜南发现殷商时代的青铜器》，《文物》1959年第1期。

［39］ 安徽省皖西博物馆：《安徽六安出土一件大型商代铜尊》，《文物》2000年第12期。

［40］ 南京博物院：《南京博物院藏青铜器》，文物出版社，1977年。

［41］ 江西省文物管理委员会：《江西南昌老福山西汉木椁墓》，《考古》1965年第6期。

［42］ 湖南省博物馆、长沙市文物工作队：《新邵、浏阳、株洲、资兴出土商周青铜器》，《湖南考古辑刊》（第3集），岳麓书社，1986年。

［43］ 荆州地区博物馆：《记江陵岑河庙兴八姑台出土商代铜尊》，《文物》1993年第8期。

［44］ 彭锦华：《沙市郊区出土的商代大型铜尊》，《江汉考古》1987年第4期。

［45］ 张一品：《长江三峡出土文物精粹》，中国三峡出版社，1998年，乙001。

［46］ 四川省文物考古研究所：《三星堆祭祀坑》，文物出版社，1999年。

［47］ 向桃初：《湖南商代铜器新探》，《四川大学考古专业创建三十五周年纪念文集》，四川大学出版社，1998年；向桃初：《湖南商代晚期青铜文化的性质及其与殷墟商文化的关系》，《考古耕耘录——湖南中青年考古学者论文选集》，岳麓书社，1999年；向桃初：《关于湖南商周铜器性质诸问题的新思考》，《北京大学古代文明研究通讯》2001年第9期。

［48］ 江西省博物馆：《新干商代大墓》，文物出版社，1997年。

［49］ 高至喜：《中国南方出土商周铜铙概论》，《湖南考古辑刊》（第2集），岳麓书社，1984年；高至喜：《论中国南方商周时期铜铙的型式、演变与年代》，《南方文物》1993年第2期。

［50］ 施劲松：《我国南方出土铜铙及甬钟研究》，《考古》1997年第10期；彭适凡：《赣江流域出土商周铜铙和甬钟概述》，《南方文物》1998年第1期。

［51］ 咸宁地区博物馆：《湖北阳新县出土两件青铜铙》，《文物》1981年第1期。

［52］ 彭明瀚：《吴城文化研究》，文物出版社，2005年。

（原载于《文物》2006年第8期）

炭河里文化的发现与湖南先秦地方史重建

2001～2005年，湖南省文物考古研究所在宁乡县黄材镇炭河里商周遗址进行的三次大规模考古发掘，取得了重大收获[1]，发现并确认了西周时期的城址，包括城墙、壕沟和宫殿建筑基址等，出土了大量同时期的文化遗物，另在城址外围附近发现和清理了数座西周时期的墓葬，出土了较多青铜器和玉器。炭河里遗址的发掘成果以其突出的学术价值荣获“2004年度全国十大考古新发现”奖，2006年该遗址被国务院公布为第六批全国重点文物保护单位（简称“国保单位”）。

从炭河里遗址实地考察给人的印象来看，它非常不起眼。因为历史上自然和人为的严重破坏，炭河里遗址目前保存的面积已经很小（仅2万多平方米），城墙和宫殿基址保存情况也很差，而且，这几次考古发掘出土的主要遗物为陶器，并未发现类似四川广汉三星堆和江西新干大洋洲那样大量精美的文物。然而它的发现却获上述殊荣并被列为最高的保护级别，其价值究竟何在？中国考古学会原理事长、著名考古学家徐萍芳先生在2004年度全国十大考古新发现评选的新闻发布会上说，宁乡炭河里西周古城的发现，找到了久负盛名的湖南商周铜器群所属的考古学文化，对于解决湖南铜器群的来龙去脉这一长期悬而未决的重大学术课题，对于中国南方青铜文明诸问题的研究具有非常重要的学术价值和历史价值。

炭河里古城发现以来，笔者在《炭河里城址的发现和宁乡铜器群再研究》《湘江流域商周青铜文明研究的重要突破》[2]等论文中对炭河里城址的年代、性质及其与湖南铜器群的关系等问题进行过大量论述，命名了一种新的考古学文化，即“炭河里文化”，并由此讨论了湖南商周铜器群的文化性质、湖南地区青铜文明产生的背景和发展过程及其与中原及周边地区青铜文明的关系等问题。这些讨论均局限于考古学研究范畴，并未涉及与之相关的历史学研究。笔者认为，如果将炭河里西周古城及炭河里文化放在湖南地方史演进的宏观过程中进行考察，其学术意义同样重要。它不仅填补和丰富了湖南地区商周时期人类历史的内容，更重要的是作为一个基点或界标关系到湖南先秦地方史框架的重新建构。

先秦时期湖南的历史状况在传世文献中仅留下只麟片爪，研究湖南先秦史无疑主要依赖考古学。湖南的考古工作是中华人民共和国建立后才开始的，发展速度也非常缓慢。直到“文化大革命”结束前，除了发掘一些战国、汉晋时期的墓葬外，其他工作开展得很少，研究成果也非常少，湖南先秦地方史的构建还无从谈起。20世纪70年代后期开始，国家政治上拨乱反正，经济上改革开放，湖南的考古工作也进入了大发展时期。随着一大批先秦古遗址的调查发现和较大规模的发掘，湖南先秦史的材料日益增多，内容日渐丰富，学者们开始尝试对湖南先秦史的进程和发展阶段、湖南先秦时期社会的发展状况等问题进行讨论。

考古学界从物质文化的角度用旧石器时代文化、新石器时代文化、青铜文化和楚文化等概念来描述湖南先秦时期历史。目前看来，湖南旧石器时代文化，在湘西地区，存在潕水文化类群（分布范围为沅水中上游地区）和澧水文化类群（分布范围为澧水中下游地区）两大序列；湘东地区，道县玉蟾岩洞穴遗址除石器、骨器等外，还发现了最原始的陶器和最早的人工栽培水稻标本，年代距今15000 ~ 12000年，处于从旧石器时代向新石器时代过渡的阶段。新石器时代，湖南的地域文化基本分为三大块：洞庭湖西北地区，先后经历了彭头山文化、皂市下层文化、汤家岗文化、大溪文化、屈家岭文化、石家河文化，后三者的中心地区为湖北的江汉平原地区，本地区为其辐射范围；沅水中上游地区经高庙文化、松溪口文化、高庙上层文化之后，成为屈家岭文化、石家河文化的分布范围；湘江中下游地区经黄家园类型文化、大塘文化、堆子岭文化、岱子坪一期文化后为石家河文化占据。约在公元前2000年，以江汉平原为中心的石家河文化崩溃，湖南地域文化随之衰落，各区域间的文化趋同性削弱。夏商之际，由于商文化大规模进入长江中游地区，商文化及夏遗民文化进入湖南，刺激本地文化中兴。澧水和沅水中下游较大区域内形成了皂市（中层）文化，年代约从商代早期一直延续到西周晚期或春秋时期，后被楚文化替代；湘西武陵山区为朱家台文化和不二门文化分布区；湘江和资水下游地区先后经历了樟树塘类型文化、费家河文化、炭河里文化和以越人墓葬为代表的文化，春秋晚期以后成为楚文化分布区；湘江和资水中上游地区相当于商代、西周时期为山门脚类型文化分布区，春秋时期与下游地区趋同，为以越人墓葬为代表的文化区战国时期被楚文化占领。

关于湖南先秦时期的社会发展状况，考古学界很少有人进行深入讨论。一般认为旧石器时代和新石器时代为原始社会，青铜时代为奴隶社会，楚国统治时期为封建社会。由于受以中原地区为主体的中国断代考古体系的影响，考古学界往往将周边地区夏商周三代的地域文化一律概称青铜文化，其所属时代亦概称青铜时代，从而忽略了各地区古代文化发展进程和社会发展状况等方面的差异。固然，中原地区从夏商周三代开始确立了其在中国历史上的主导地位，不可避免会对周边地区的历史进程产生影响，但这种影响会因时间、空间和其他因素等呈现出不同的情况，需要具体分析。湖南的青铜时代从何时开始就是一个值得深入探讨的问题。传统观点认为，湖南在商代晚期已存在“高度发达”的青铜文明，其主要证据是湖南出土了大量商代晚期青铜器，那么，湖南至少在商代晚期已进入青铜时代。也就是说，湖南应该从商代晚期开始进入了奴隶社会发展阶段，因为，一个“高度发达”的青铜文明一定有一个高等级的社会组织与之相匹配。

历史学界对湖南先秦史的认识，以伍新福先生主编的《湖南通史·古代卷》[3]为代表。从其章节设定可以看出，该书将湖南先秦史分为三个阶段，即公元前21世纪以前为第一阶段，包含旧石器时代和新石器时代，公元前21世纪至前770年（即相当于中原地区夏、商、西周三代）为“先楚时代”，公元前770至前221年（相当中原春秋、战国时期）为楚国统治湖南时期。但该卷前言中又说：“作者认为西周以前，湖南地区蛮夷聚居，自成体系，基本上仍处于原始社会阶段，并未产生和形成中原地区那种奴隶制度。春秋战国以后，湖南进入楚、秦版籍，在中原封建制度影响和中央封建王朝统治之下，湖南地区才越过奴隶社会，从原始社会直接过渡到封建社会。”

笔者以为伍先生所论有两点值得讨论。

其一，既然认定湖南在进入楚国版图之前一直处于原始社会发展阶段，然后直接进入封建社会，那么，湖南先秦史就只应分为两个阶段，即楚国统治之前和楚国统治时期，前一阶段为原始社会，后一阶段为封建社会，如果用“先楚时代”这个概念与楚国统治湖南的时代进行对应的话，其时间范围则应包括湖南自有人类居住以来至楚国统治湖南这一漫长的时期。该书的“先楚时代”却仅包括公元前21世纪至前770年即夏、商、西周三代，与此前的石器时代分开，明显地将湖南先秦史分成了三个阶段。这与作者没有摆脱以中原地区为主体的中国先秦史框架的束缚有关。笔者以为，构建湖南先秦地方史自己的体系应该以湖南自身的历史发展过程为本，湖南先秦史固然是中国先秦史的一部分，但中国先秦史的框架体系并不一定适合湖南先秦地方史的发展过程及其阶段性。

其二，是楚国统治湖南的起始时间问题。过去，由于对一些关键考古材料认识的偏差，考古学界关于楚人大规模进入湖南的时间问题的主流意见是春秋晚期。20世纪90年代以后，越来越多新材料的发现和研究表明，楚人大规模入驻湖南是从战国早期开始的，这与文献所载楚国吴起变法后“南平百越、北并陈蔡”（《战国策·秦策》）是吻合的。看来，楚国统治湖南的时间仅为战国，不能包含春秋时期。

以上对湖南先秦史认识的一个非常关键的问题是湖南历史上是否经历了奴隶社会的问题，它决定了湖南先秦史的基本结构或总体构架。历史学者认为湖南古代没有经过奴隶社会有其原因，传世文献中没有湖南在楚人入驻前存在古代国家的记载，却有湘西和湘南等边远地区楚人入驻前甚至秦汉时期还存在原始部落的证据，如五溪蛮、“蛇君”及“雷君”[4]等。考古学者认为湖南先秦存在奴隶社会阶段的依据即发达的青铜文明因缺乏过硬的考古材料还处在推测和争论当中。炭河里城址及炭河里文化的发现因解决了湖南商周青铜文明的形成和性质问题成为湖南古代由原始社会进入奴隶社会的界标，是湖南先秦地方史结构体系中一个非常重要的里程碑。下面从几个方面论述炭河里文化在湖南先秦史研究中的地位，便于大家对炭河里文化发现之学术和历史价值的认识。

首先，炭河里文化的发现，基本解决了湖南出土商周青铜器群的性质和文化属性问题，对湖南地区青铜文明形成及发展历程等问题的研究有重大意义。

20世纪30年代以来，湖南境内特别是湘东地区出土了大量商周青铜器，这些青铜器造型奇巧、装饰华丽、工艺精湛，表现出极高的青铜文明发展水平。学术界对于湖南商周铜器的性质和文化属性有不同的看法：一种意见认为，湖南出土商周铜器的主体应是本地铸造的，年代多为商代晚期，这表明商代晚期湖南境内存在一个高度发达的青铜文明；另一种意见认为，湖南出土的这些铜器是商代晚期由南下的商人带来的，表明了商文化向南方的扩张和传播；笔者最早于20世纪90年代末提出了湖南出土的商周铜器是商末周初商人及江汉地区土著居民“三苗”为周人所迫逃难南下带来的，湖南地区商代晚期可能并不存在一个高度发达的“青铜文明”的新看法[5]。但是，由于缺乏考古证据的支持，以上观点推测的成分均较多，难以取得学术界的普遍认同。

炭河里遗址的发掘不仅发现了城址、大型建筑基址和贵族墓葬，还出土了大量文化遗物，有陶器、铜器、玉器等，文化内涵较为丰富，通过研究，可以确认以炭河里城址为代表的炭河里文化是一支以地方传统为主又包含大量商文化因素等外来文化传统的高度融合的地方青铜文化。而诸多证据表明，炭河里文化与湖南地区以往出土的商周铜器群有着非常密切的关系，具体如下。

（1）湖南铜器群出土最密集、最精美、等级最高的均分布于炭河里城址所在的沩水上游地区，其中城址周围数千米范围内目前出土的铜器达三百件之多，并包含了湖南大部分有铭文的铜器，这与城址属炭河里文化中心区的地位是吻合的。

（2）炭河里城址及炭河里文化的生存年代与青铜器的年代吻合。虽然湖南铜器群中一部分标本的年代确为商代晚期，而炭河里城址的始建年代为西周早期或商末周初，但这并不矛盾，商代晚期铜器在西周时期使用很正常。

（3）炭河里城内及城外墓葬中考古出土的铜器类别与湖南铜器群基本相同，且从产地来说均包含中原地区和本地制品，从铜器文化面貌或风格来看，可以发现由中原铜器到本地产仿中原铜器再到地方风格铜器这一地方青铜文明发展过程的清晰线索。

以上这些说明，以往湖南出土的商周铜器群的主体部分无论其铸造年代是商代还是西周，产地为中原地区或是本地，它们均曾作为一个整体属于炭河里文化的重要内涵，为炭河里文化的人们所使用。炭河里文化的分布范围以目前考古材料来看应该仅包括湘江下游地区，而湖南铜器群的出土地点却广布于整个湘东地区，甚至湘西北也有少量发现，不过这不成问题，完全可以理解为它们是在炭河里文化生存期间与邻近地区文化交流或炭河里文化消亡后向外流散的结果。

湖南铜器群与炭河里文化关系的确定，为铜器群的产地、来源、文化属性等问题的研究奠定了坚实可靠的基础，促成了湖南商周铜器群相关学术问题的基本解决。因为炭河里文化的形成年代为西周早期，传统观点将其作为本地产铜器如湖南特有的大铜铙等断为商代晚期的依据已不存在。通过对湖南铜器群重新系统地研究，可以发现湖南铜器群中凡年代属于商代者均为中原或湖北江汉地区所产铜器，而确定为本地铸造的铜器，除少数工具和兵器类标本外，铸造年代均为西周或春秋时期。这些足以说明湖南地区开始大量铸造青铜器或者说湖南地方青铜文明的形成应该始自炭河里文化，与炭河里城址的建立有直接关系。炭河里文化的性质是以本地文化为主并融合中原商文化及鄂东、湘西等地方文化因素形成的一种地方青铜文化，其中较多的商文化因素恰好诠释了湖南铜器群中大量中原产商代铜器的存在，表明湖南出土的中原商式铜器的来源方式主要是随商人一定规模地南迁带来的，而通过其他许多相关证据可以确认，这次商人南迁的时间只可能发生在商末周初。因此，湖南商周铜器群的谜底就是“商末周初殷遗民包括江汉地区土著居民为周人所迫逃难南下带来和来当地后铸造的”[6]。

湖南商周铜器群性质问题的解决，相应地解决了湖南地区青铜文明的形成问题，即湖南地方青铜文明是以商末周初殷遗民南迁为契机，在中原殷商及江汉地区青铜文明基础上，历经由舶来、模仿到本土化的过程而形成的，年代约在西周早期或稍晚。因此，湖南地区的青铜文明不是原生文明，而是中原商代青铜文明及江汉地区地方青铜文明向湖南移植、变异而成的次生文明。这一结论颠覆了湖南商代晚期存在发达青铜文明的传统认识。基于此，笔者将湖南地区青铜文明的发展划分为滥觞期（商代晚期）、形成发展期（西周至春秋时期）、变革期（战国时期）、衰落期（战国以后）等四个阶段，揭示了湖南地方青铜文明发展的历程[7]。

其次，炭河里城址和炭河里文化的发现，解决了湖南历史上是否存在和经历过奴隶社会的问题，对于湖南先秦地方史框架体系的构建至关重要。

国内外人类学和考古学界一般把城市、文字、复杂的礼仪中心及青铜器等作为“文明”的重要因素，认为只要具备了其中的某几项，就可以认为其进入了“文明社会”，或称“阶级社会”和“国家社会”，按照马克思和恩格斯的理论，人类的第一个阶级社会就是奴隶社会。炭河里古城面积约15万平方米，城墙宽十数米，现存高度3米以上，城墙内外均有城壕，城内有三个时期成组排列的大型宫殿建筑群，并可能存在青铜器铸造作坊，城外有贵族墓葬和祭祀遗存等，出土了较多青铜器和玉器等珍贵文物，城址周围分布有大量同时期的聚落遗址。这些充分显示炭河里城址是一个具备了高水平政治文明的文化中心，是某一个古代国家的都城所在地。可以认定炭河里文化的社会性质已属奴隶社会。前文已述，炭河里文化的形成与商末周初殷遗民的南迁有关，商文化传统在炭河里文化内涵中地位显要，那么商人先进的社会制度也势必对炭河里文化产生影响，这应是炭河里文化进入阶级或国家社会的主要原因。

炭河里文化的生存年代主要相当于中原的西周时期，此后至战国早期楚人大规模入驻湖南之前这一段时间（约当春秋时期）湖南的古文化，我们所知的是以越人墓葬遗存为代表的遗存。由于工作的原因，目前还没有发现城址一类的大型聚落，很难就当时的社会性质做准确的判断，但从墓葬遗存相关因素如墓葬规格、随葬品多寡、是否随葬青铜礼器及高级贵族墓单独埋葬等所反映出的等级差别来看，当时的社会制度仍然应该是阶级社会，也很难想象会在炭河里文化奴隶社会制度基础上出现倒退。所以，笔者以为湖南地区相当于中原的西周和春秋时期的历史应该划归为奴隶社会阶段，以与此前的原始社会和此后楚国统治时期的封建社会区别开来。当然，由于地理环境和文化背景的差异，湖南各地区的历史进程并非完全一致，尤其是像湘西和湘南边远地区不仅进入奴隶社会的时间相对较晚，并有可能在被楚人征服之前还处在原始社会，而从原始社会跨越奴隶社会直接进入封建社会。即使这样，我们也不能否认湖南经历了奴隶社会阶段的历史事实，边远地区的情况并不代表湖南的主体。如此，炭河里文化所代表的是湖南最早的国家社会，那么炭河里文化最突出和最重要的内涵——炭河里城址作为湖南进入国家社会的标志，在湖南先秦地方史结构中的重要地位当不容置疑。

最后，炭河里文化的发现填补了湖南地区西周时期历史文化的空白，极大地丰富了湖南先秦地方史的内容。

传世文献中关于湖南先秦时期的历史几近空白，西周时期更是未著一字，在炭河里文化发现之前，考古方面的材料除少量铜器外也别无其他，而且这些都是零星出土的，与湖南西周时期的历史是否有直接关联也不确定。炭河里文化的发现填补了湖南西周时期历史的空白，并为我们对于湖南先秦时期生产技术、社会组织、信仰习俗、贸易交通、人群迁移等多方面问题的研究提供了丰富的材料。

至此，我们不妨就湖南先秦史的总体结构进行如下调整。

石器时代（含旧石器时代和新石器时代），时间从有人类开始至相当于中原地区的商周之际，社会性质为原始社会。

青铜时代，时间相当于西周、春秋时期，社会性质为奴隶社会。

楚统治湖南时期（铁器时代早期），时间相当于战国时期，社会性质为封建社会。

注　释

[1] 湖南省文物考古研究所、长沙市考古研究所、宁乡县文物管理所：《湖南宁乡炭河里西周城址与墓葬发掘简报》，《文物》2006年第6期。

[2] 湖南省文物考古研究所：《湘江流域商周青铜文明研究的重要突破》，《南方文物》2006年第2期；湖南大学岳麓书院（向桃初）：《炭河里城址的发现与宁乡铜器群再研究》，《文

物》2006年第8期。

[3] 伍新福主编：《湖南通史·古代卷·“湖湘文库乙编，1”》，湖南人民出版社，2008年。

[4] 湖南省博物馆、湖南省文物考古研究所：《长沙马王堆二、三号汉墓·第一卷 田野考古发掘报告》，文物出版社，2004年，第98页。

[5] 向桃初：《湖南商代铜器新探》，《四川大学考古专业创建三十五周年纪念文集》，四川大学出版社，1998年；《湖南商代晚期青铜文化的性质及其与殷墟商文化的关系》，《考古耕耘录——湖南中青年考古学者论文选集》，岳麓书社，1999年。

[6] 湖南省文物考古研究所：《湘江流域商周青铜文明研究的重要突破》，《南方文物》2006年第2期；湖南大学岳麓书院（向桃初）：《炭河里城址的发现与宁乡铜器群再研究》，《文物》2006年第8期。

[7] 向桃初：《湘江流域商周青铜文化研究》，线装书局，2008年，第424～437页。

（原载于《湖南大学学报（社会科学版）》2010年第5期）

二里头文化向南方的传播

从20世纪70年代开始，二里头文化及其相关问题一直是国内外学术界经久不衰的热点，因为二里头文化的研究不仅关系到传世文献中的夏人或夏王朝，更关系到中国古代国家和政治文明的形成。近20年来，南方地区发现了越来越多的与二里头文化相关的考古学文化遗存，遍及整个长江流域甚至更广阔的区域。分析这些遗存的文化性质及其与中原地区二里头文化的关系，既有助于探讨南方地区夏商周时期古代文化的发展进程、特征及动因等，又可促进对中国古代文明及中华民族文化形成的研究。本文主要讨论二里头文化的南传问题。

一、南方地区二里头文化相关遗存的年代与性质

本文“南方地区”相对于中原地区而言，主要指长江流域及其以南地区，而“二里头文化相关遗存”是指有与二里头文化“典型特征”相同或相近之遗迹和遗物，即包含二里头文化因素的考古学文化遗存。因此，这类遗存的文化性质可以为二里头文化或其地方类型，也可以是其他考古学文化但包含二里头文化的某些因素；年代既可能与二里头文化相当，也可能晚于二里头文化。有必要说明的是，本文关于二里头文化性质的认定采用邹衡先生的观点，即二里头文化一至四期均为夏文化[1]。

根据目前发表的材料，南方地区所见与二里头文化相关的考古学文化遗存已达数十处，本文依文化面貌和性质并结合其自然地理环境和文化传统等将它们分为九个区，各区代表遗存及其年代和文化性质等如下。

Ⅰ区：豫陕鄂交界地区，指汉水中、上游交接地区。包括豫西南、鄂西北和陕东南地区，地处秦岭山脉东南、桐柏山以西、大洪山—荆山以北、武当山以东，以南阳盆地为中心。遗存地点有河南淅川下王岗[2]、方城八里桥[3]、邓州陈营[4]，湖北丹江口熊家庄[5]、郧县辽瓦店子[6]、襄阳王树岗[7]、枣阳墓子坡[8]，陕西商州紫荆[9]、东龙山[10]等。从公布的材料来看，以淅川下王岗、方城八里桥、商州东龙山三处材料最丰富，襄阳王树岗、郧县辽瓦店子、商州紫荆三处材料虽已公布，但数量极少，邓州陈营、丹江口熊家庄、枣阳墓子坡三处材料未正式公布。淅川下王岗遗址

1971～1974年三次发掘的二里头时期文化遗存，发掘报告将其分为两期并直接称之“二里头文化一期”和“二里头文化三期”。学术界对其年代和性质有不同看法。樊力将它们与龙山时代遗存合称为“乱石滩文化”[11]，多数学者如赵芝荃[12]、李龙章[13]、董琦[14]等均认为它们属于二里头文化的地方类型。《中国考古学·夏商卷》以其中的“二里头文化三期”遗存作为二里头文化豫西南地区的地方类型——“下王岗类型”的典型材料[15]。方城八里桥遗址堆积单纯，其第2、3层为二里头时期堆积，遗物主要为石器和陶器。陶器以夹砂灰陶居多，还有一些黑陶和红胎黑皮陶，器类有鼎、罐、盆、甑、豆、簋、大口尊、瓮、缸、盉、爵、罍、杯等，主要特征与伊洛地区的二里头文化基本一致。发掘简报将其归于二里头文化，并断其年代相当于二里头文化第三期，本文无异议。

商州东龙山遗址1997～2002年进行了发掘。二里头文化相关遗存分布于Ⅰ区，共发现灰坑21个、墓葬8座，出土石器、骨器、陶器等遗物400余件。简报认为这批遗存与伊洛地区的二里头文化第三、四期关系密切，年代为夏代晚期，并提议将其视为二里头文化的一个地方类型——“商洛类型”。王力之则认为应将东龙山夏代遗存与下王岗二里头文化遗存归入同一类型，即“东龙山类型”[16]。

郧县辽瓦店子遗址的二里头文化相关遗存数量丰富。遗迹有房址10余座、墓葬20余座、灰坑100余个。出土的遗物也很多，主要为陶器，以夹砂红陶为主，有少量灰陶和黑皮陶，器类有单耳罐、双耳罐、高领罐、釜、鼎、盆、盉、豆等，其中高领罐、盉、釜、盆等与本地新石器时代晚期同类遗物相同，细柄浅盘豆、釜形鼎等与二里头文化同类器相似，而带耳罐明显受到了陕南地区同期文化影响。

上述遗存均以二里头文化因素为主，也表现出一些地方特色，如除灰陶外，见部分黑陶、红陶和红胎黑皮陶，器类常见本地石家河文化晚期的釜、高领罐等，带耳器物较多，这是关中及其西部地区的文化传统。笔者以为，本区二里头文化暂不宜划分太多地方类型，可以统属于二里头文化“下王岗类型”（图一）。

Ⅱ区：江汉平原地区。相关地点有湖北黄陂盘龙城[17]、荆州荆南寺[18]、钟祥乱葬岗[19]、沙市李家台[20]等。

盘龙城遗址以商时期文化遗存为主体，但也有明显的二里头文化时期或二里头文化因素的遗存。发掘报告将遗址堆积分为七期，并推断其一期年代相当于二里头文化二期或三期偏早，二期年代相当于二里头三期，三期年代相当于二里头四期至二里冈下层偏早。许多学者认为此分期过细，各类遗物演变的阶段性不明显，而且年代推断也偏早。例如，蒋刚先生将盘龙城全部墓葬分为四组，推断其第一组（报告盘龙城二期杨家嘴M6和M8）和第二组（报告盘龙城三期杨家湾M6）的年代分别为早商一期Ⅰ段和一期Ⅱ段[21]。笔者以为杨家嘴M8所出陶圜底爵和锥足均不见于二里头文化，实为早商文化特征器，故其年代早不到二里头文化时期；而王家嘴盘龙城二期所出分

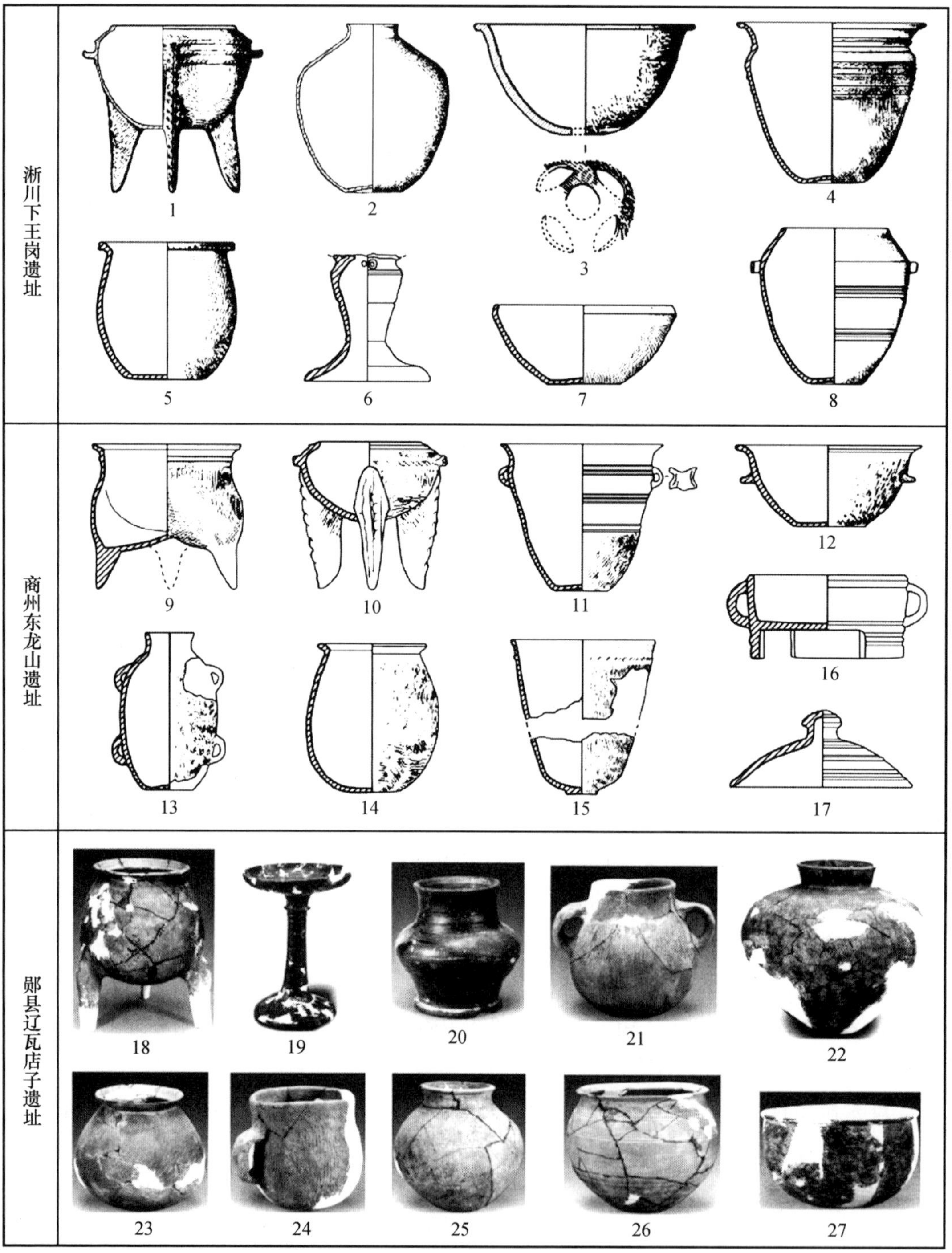

图一　豫陕鄂交界地区的二里头文化陶器

1、10、18. 鼎　2、8、22. 瓮　3. 甑　4、11. 大口尊　5、14、21、25、26. 罐　6. 豆柄　7、12、27. 盆　9. 鬲　13、20. 壶　15. 大口罐　16. 三足盘　17. 器盖　19. 豆　23. 釜　24. 杯

裆鬲、甗、斝、爵等无不与早商文化同类器相同，应为商文化典型器。因此，盘龙城遗址的年代当修订为：一期相当于二里头文化晚期，二至四期相当于早商时期，五至七期相当于中商时期。这样，盘龙城遗址二里头时期堆积则仅分布于城内第9层和城外王家嘴一期。这里出土的陶器以夹砂灰陶为主，纹饰以绳纹为主，器类有盆形鼎、罐形鼎、连裆鬲、深腹罐、花边罐、大口尊、豆、瓮、大口缸等。这些陶器不仅均见于中原地区的二里头文化，器形也非常接近，属二里头文化当无问题。另外，盘龙城商时期遗物中也有较多二里头文化因素，如王家嘴盘龙城二期扁足鼎和平底盘、杨家嘴盘龙城三期带鋬罐形鼎、王家嘴盘龙城二期平底盘、王家嘴盘龙城三期及杨家湾盘龙城三期盉、王家嘴盘龙城三期及杨家嘴盘龙城二期凸柄豆、李家嘴盘龙城四期鬶等（图二）。

荆南寺遗址夏商时期遗存在发掘报告中共分八期，其中第一期遗存仅H23一个灰坑，报告断其年代相当于二里头文化二期；第二期遗存较为丰富，报告断其年代为二里头四期或二里冈下层一期。这两期陶器有扁足盆形鼎、连裆鬲、深腹罐、花边口沿罐、大口尊、橘皮纹釜、凸肩小平底罐等，除后两者为本地传统因素器类外，余均为二里头文化常见器类。笔者认为，鉴于第一期遗存太少， H23所出遗物接近二里头文化同类器，但实际年代可能要晚些，因此，不妨将这两期合并为一期，其年代可推定为二里头四期前后。此外，荆南寺遗址商时期遗存中亦见部分二里头文化因素遗物，如足上带扉棱的罐形鼎、口部带绳纹的圆腹罐、鬶、算珠柄豆等。

钟祥乱葬岗遗址仅发掘2个灰坑，出土遗物较少，具有时代和文化属性特征的器类有扉棱鼎足、大口尊、敞口平底盘等，这些器物与二里头文化同类器特征基本一致。发掘简报将其归属为“夏文化”遗存，年代定为二里头三期前后。

沙市李家台遗址早期遗存年代约相当于二里头文化晚期至早商文化二里冈下层偏早阶段。遗物主要为陶器，可辨器形有深腹罐、卷沿垂腹釜、凸肩小平底罐、大口尊、深腹盆、算珠柄豆、圜底钵等，其中深腹罐、大口尊、算珠柄豆、深腹盆等与二里头文化有渊源，余为本地文化传统器类，在秭归朝天嘴、宜昌路家河等遗址出土较多。

本区二里头文化相关遗存可以分为两种情况。一是年代相当于二里头文化时期（主要是二里头文化晚期）的如盘龙城一期、荆南寺一期及乱葬岗、李家台主体遗存等与二里头文化关系非常密切的遗存，可归于二里头文化。有学者认为可定为二里头文化一个新的地方类型[22]，笔者赞同，并建议称为“二里头文化盘龙城类型”。二是商时期遗存中所见二里头文化因素遗物，应是前一时期本地二里头文化传统的遗留，为盘龙城类型商文化的组成部分。

Ⅲ区：鄂西重庆峡区。地点有湖北宜都红花套、毛溪套、向家沱[23]，长阳南岸坪[24]，宜昌中堡岛[25]、路家河[26]、三斗坪[27]，秭归朝天嘴[28]、何光嘴[29]，重

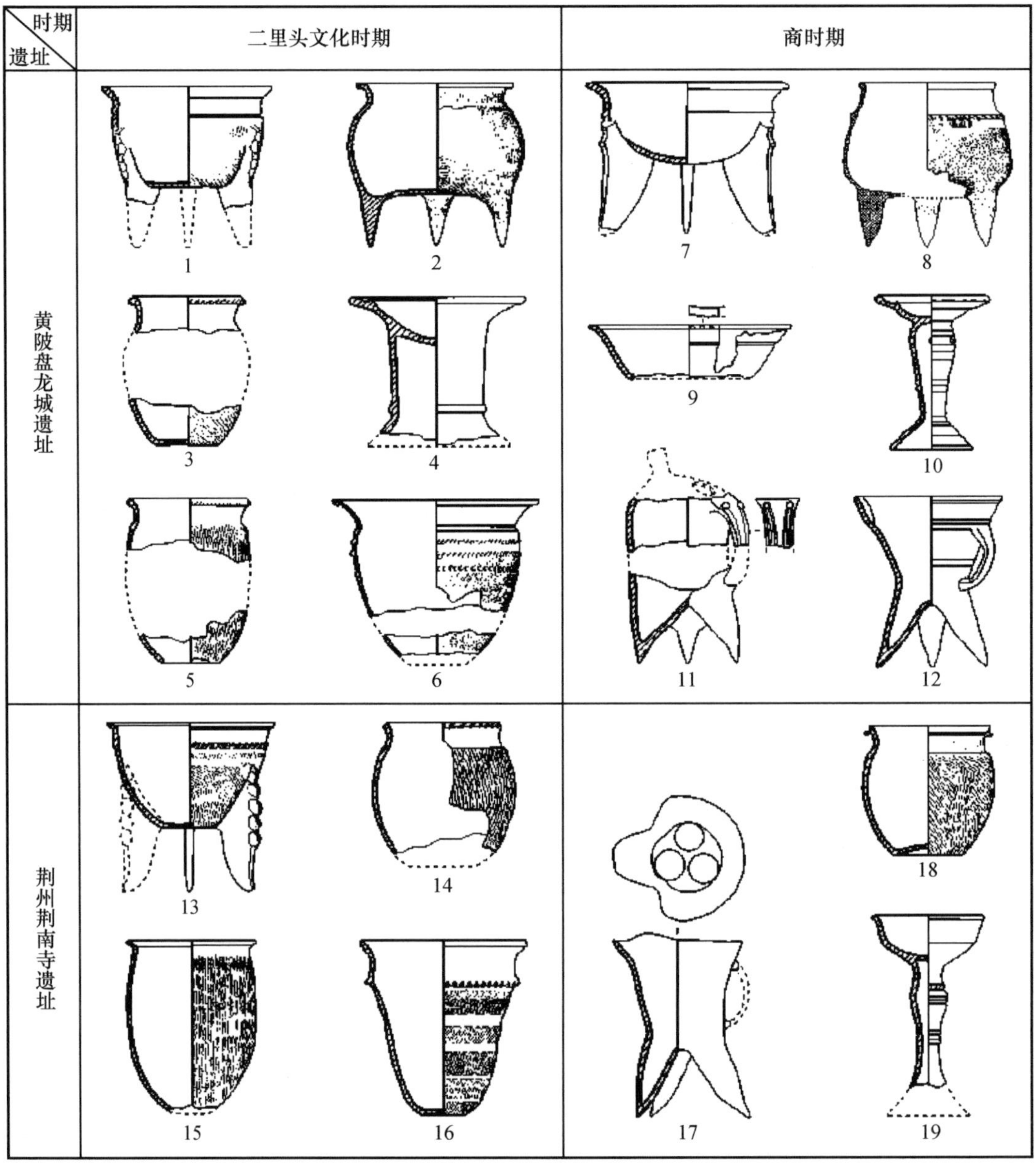

图二　江汉平原地区的二里头文化及二里头文化因素陶器

1、2、7、8、13.鼎　3、5、14、15、18.罐　4、10、19.豆　6、16.大口尊　9.盆　11.盉　12、17.鬶

庆万州涪溪口[30]、中坝子[31]，忠县哨棚嘴[32]、王家堡、老鸿冲[33]，涪陵蔺市[34]，酉阳清源[35]等。

本区所见二里头文化因素遗物种类较多，如盉、鬶、觚、大口尊、深腹罐、鸡冠耳盆、算珠柄豆等（图三），它们所属遗存均非二里头文化或其地方类型，而是以本地文化传统为主或受到二里头文化影响的地方文化。例如，鄂西地区毛溪套、朝天嘴B

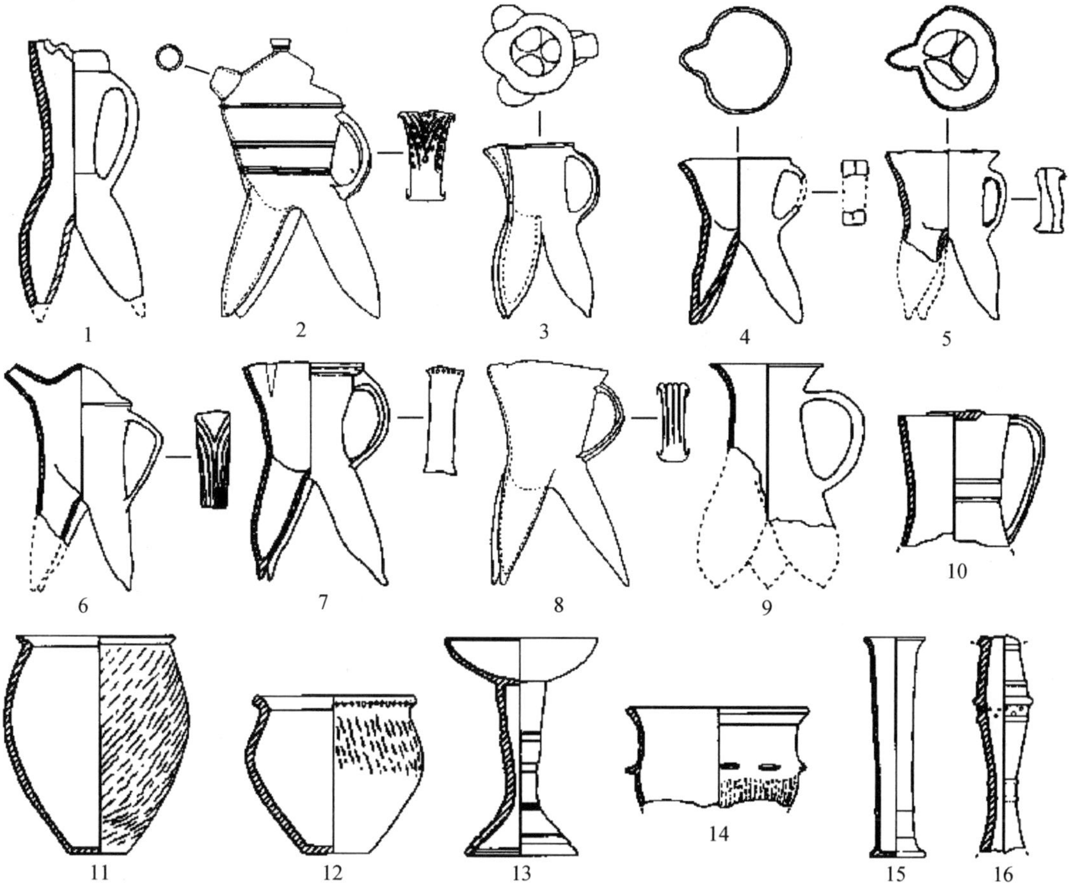

图三　鄂西重庆峡区的二里头文化因素陶器

1、2、6. 盉　3～5、7～10. 鬶　11、12. 罐　13、16. 豆　14. 盆　15. 觚

（1. 宜都毛溪套出土，2、8、14. 秭归朝天嘴出土，3、15、16. 万州中坝子出土，4. 宜昌三斗坪出土，5. 秭归何光嘴出土，6、9. 涪陵蔺市出土，7、11～13. 宜昌中堡岛出土，10. 忠县哨棚嘴出土）

区第6层、宜昌中堡岛等年代相当于二里头文化末期至二里冈下层时期，一般将其称为“朝天嘴类型”。路家河、二斗坪、何光嘴等年代为商代中、晚期，属于鄂西地区的土著文化——路家河文化（或称香炉石文化）。重庆地区所见二里头因素遗物年代均在商代甚至更晚，分属三星堆文化渝东类型和石地坝文化。

Ⅳ区：川西平原地区。地点有广汉三星堆[36]，成都十二桥[37]、金沙[38]，新都正因村[39]，新繁水观音[40]等。

本区所见二里头文化遗物分属三星堆文化三星堆类型和十二桥文化，属前者的有陶盉、鬲形器、细高柄豆、觚，铜牌饰及玉璋、圭、戈等，后者有陶盉、觚及玉璋等（图四）。前者器类和数量均多于后者，且后者形态变异较大。一般将三星堆文化的起始年代定为二里头文化晚期，笔者认为应不早于夏商之际。十二桥文化的形成年代则在殷墟晚期。

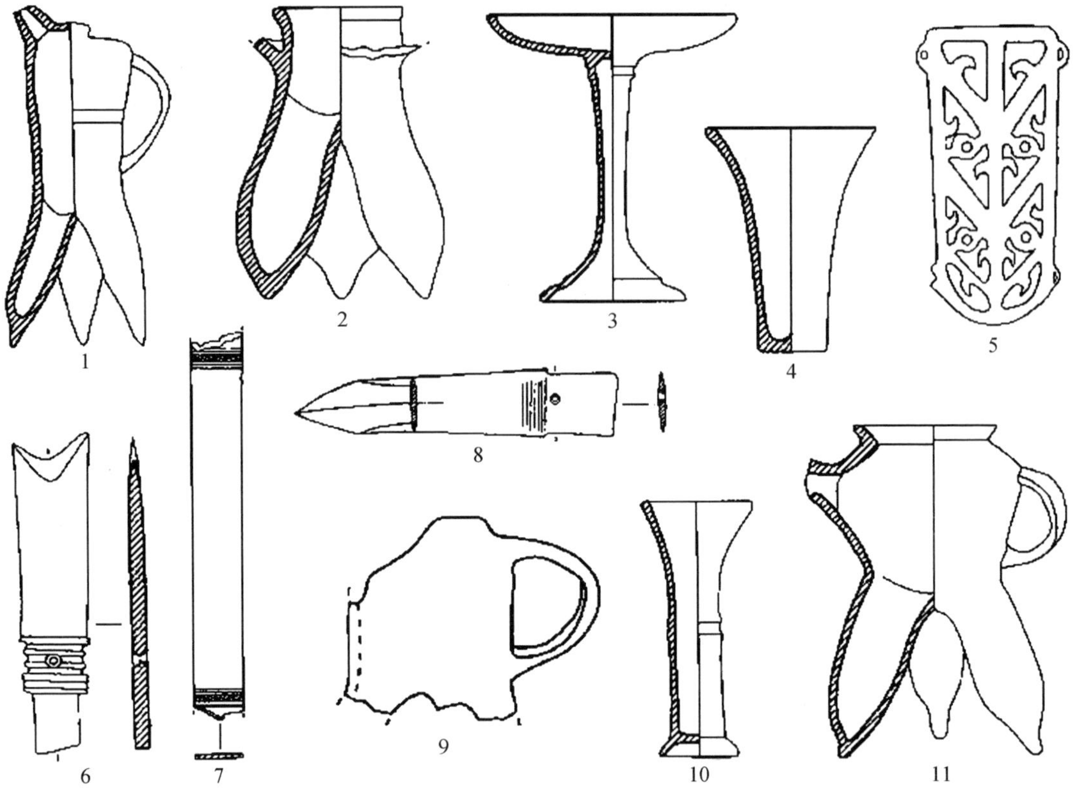

图四　川西平原地区二里头文化因素遗物

1、9、11. 陶盉　2. 陶鬲形器　3. 陶豆　4、10. 陶觚　5. 铜牌饰　6. 玉璋　7. 玉圭　8. 玉戈

（1～8. 广汉三星堆出土，9、10. 成都十二桥出土，11. 新繁水观音出土）

Ⅴ区：湘西地区，即雪峰山脉以西的澧水和沅水流域。地点有石门县桅岗[41]，沅陵县高坪[42]，辰溪县炮台、潭湾[43]，保靖县瓦场[44]等。

本区石门桅岗墓葬出土的玉圭、璋及陶豆柄、鬶足等与二里头文化同类器无异，年代或相当于夏末商初。沅陵高坪遗址二里头文化因素遗物有豆、灯形器座等，据共存器大口缸、折沿釜等可知年代为商代前期。辰溪炮台、潭湾出土的鬶口、算珠状豆柄等与大口缸共存，属商代无疑。保靖瓦场遗址出土的鬶足已属西周时期（图五）。

Ⅵ区：湘东地区，即雪峰山脉以东的湘江和资水流域。地点有岳阳铜鼓山[45]、樟树潭[46]、老鸦洲[47]、易家山[48]、温家山[49]，汨罗玉笥山[50]，浏阳樟树塘[51]，东安坐果山，零陵望子岗[52]等。

本区二里头文化因素遗物见于三类文化遗存。以浏阳樟树塘遗址为代表的樟树塘类遗存年代约为商代前期，其二里头因索遗物有鬶、豆、盘等。年代相当于殷墟文化的费家河文化众多遗址如铜鼓山二期、樟树潭、老鸦洲、易家山、温家山等地出土的二里头文化因素器类有鬶、豆、瓮等。湘江下游最近发掘的坐果山、望子岗遗址群中也见不少鬶足、算珠柄豆，年代在商代至西周时期（图六）。

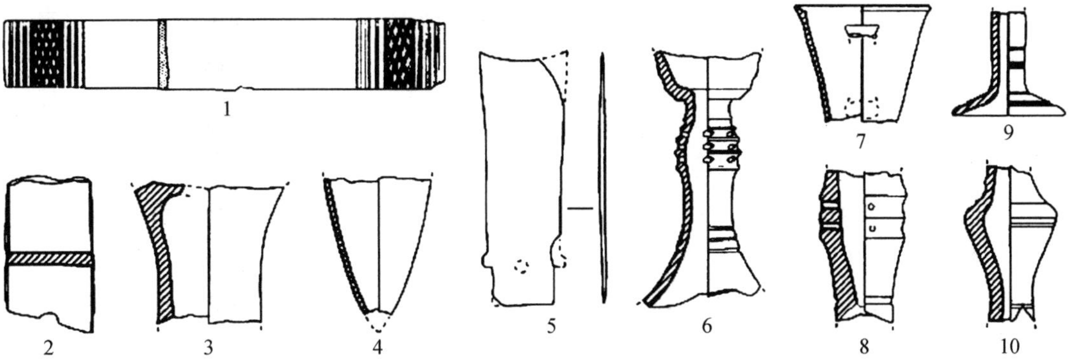

图五　湘西地区的二里头文化因素遗物

1、2. 玉圭　3、8～10. 陶豆柄　4. 陶鬶足　5. 玉璋　6. 陶灯形器　7. 陶鬶口

（1～5. 石门桅岗出土，6、9. 沅陵高坪出土，7、8、10. 辰溪炮台、潭湾出土）

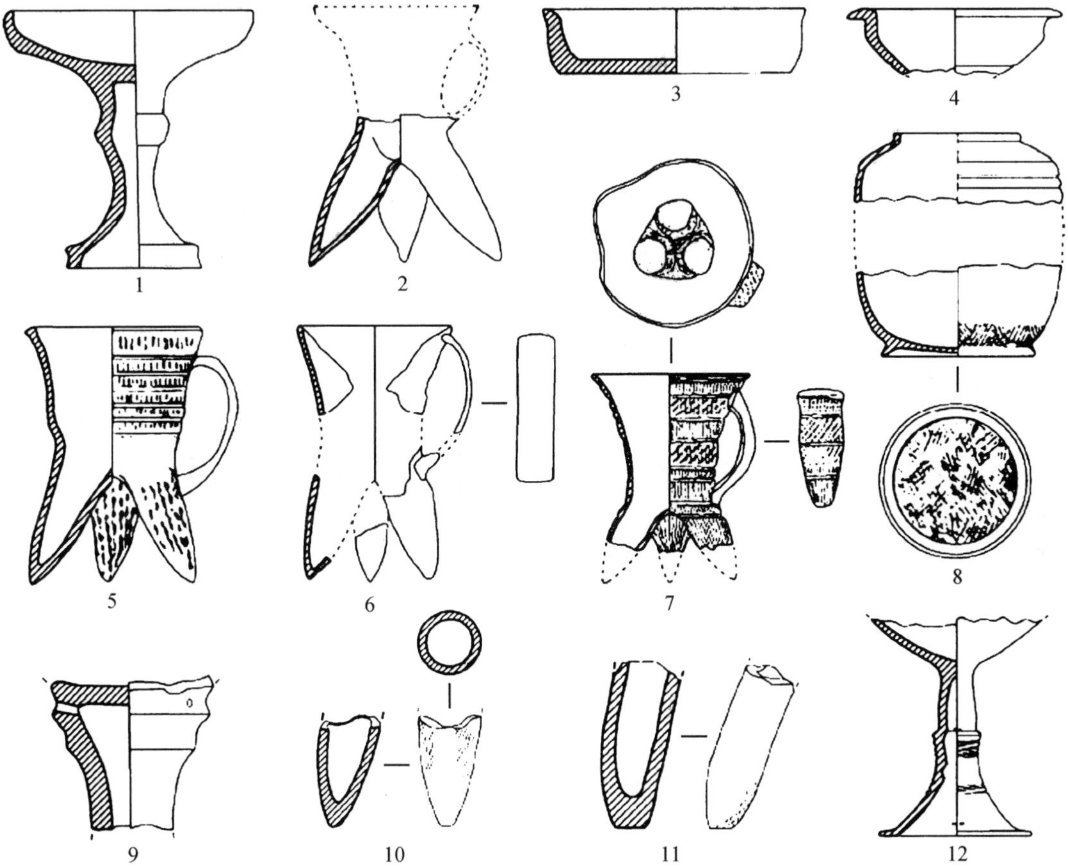

图六　湘东地区的二里头文化因素陶器

1、4、9、12. 豆　2、5～7、10、11. 鬶　3. 盆　8. 瓮

（1～3. 浏阳樟树塘出土，4. 岳阳铜鼓山出土，5. 岳阳易家山出土，6. 汨罗玉笥山出土，7. 岳阳樟树潭出土，8. 岳阳温家山出土，9、10. 零陵望子岗出土，11、12. 东安坐果山出土）

Ⅶ区：赣鄱地区，指赣江及鄱阳湖周围地区。地点有江西新余珠珊[53]，萍乡禁山下[54]，万年肖家山、斋山[55]，余江龙岗[56]，鹰潭角山[57]，安徽潜山薛家岗[58]等。

除新余珠珊有1件陶觚和1件玉戈为较单纯的二里头文化因素器物外，其余地点相关遗存分为两个时期，萍乡禁山下、余江龙岗、潜山薛家岗等地为夏商之际至商代前期，由于材料所限，目前尚未命名；万年肖家山、斋山、鹰潭角山等为商代后期或稍晚，一般称为“万年文化”（图七）。

Ⅷ区：安徽江淮地区。地点有寿县斗鸡台、青莲寺，霍邱小堌堆、洪墩寺、楼城子[59]，含山大城墩[60]，肥西大墩子[61]，肥东吴大墩[62]等。

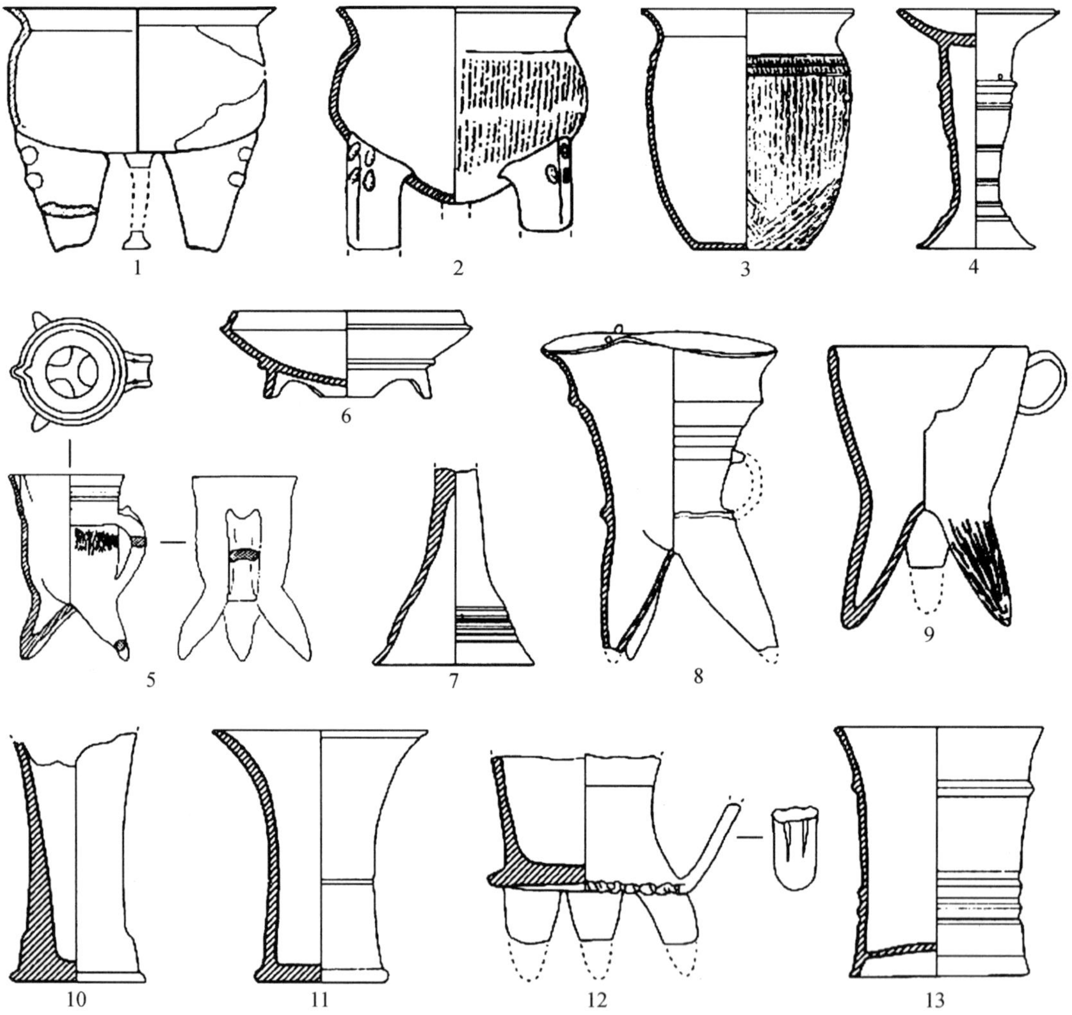

图七　赣鄱地区的二里头文化因素陶器

1、2. 鼎　3. 深腹罐　4、7. 豆　5、8、9. 鬶　6. 盘　10、11、13. 觚　12. 爵

（1. 余江龙岗出土，2～4、8、12. 潜山薛家岗出土，5、7、10. 鹰潭角山出土，6、13. 萍乡禁山下出土，9. 万年肖家山出土，11. 新余珠珊出土）

上述遗存均属于“斗鸡台文化”，其中属于二里头文化因素的遗物有陶鼎、深腹罐、盆、瓦足盘、爵、觚、豆、瓮及铜铃等，分别见于二至四期[63]（图八）。

Ⅸ区：江浙地区，包括苏南、上海和浙江地区。地点有江苏江宁点将台[64]，丹徒团山[65]，上海闵行马桥[66]，青浦金山坟[67]，金山查山、亭林[68]，浙江象山县塔山[69]，江山肩头弄[70]等。

宁镇地区的点将台、团山遗址所出二里头因素遗物有带按窝的侧装扁足鼎、三足盘、豆、觚等，分别属于点将台文化（或称“点将台下层文化”）和湖熟文化早期，年代相当于夏代晚期和商代前期。太湖流域的马桥、金山坟、亭林及宁绍平原的塔山和浙西南的肩头弄遗址等地二里头因素遗物均属于马桥文化或其地方类型，器类有盉、觚、觯、三足盘、豆、盆等。发掘者将马桥文化分四段，其一、二段年代相当于二里头文化二至四期，三、四段相当于商代前期，而二里头文化因素是马桥文化的主要因素之一（图九）。

此外，二里头文化相关遗物在福建、两广及港澳和东南亚地区也有零星发现，如广东东莞村头[71]、香港南丫岛大湾[72]等地出土的牙璋等。

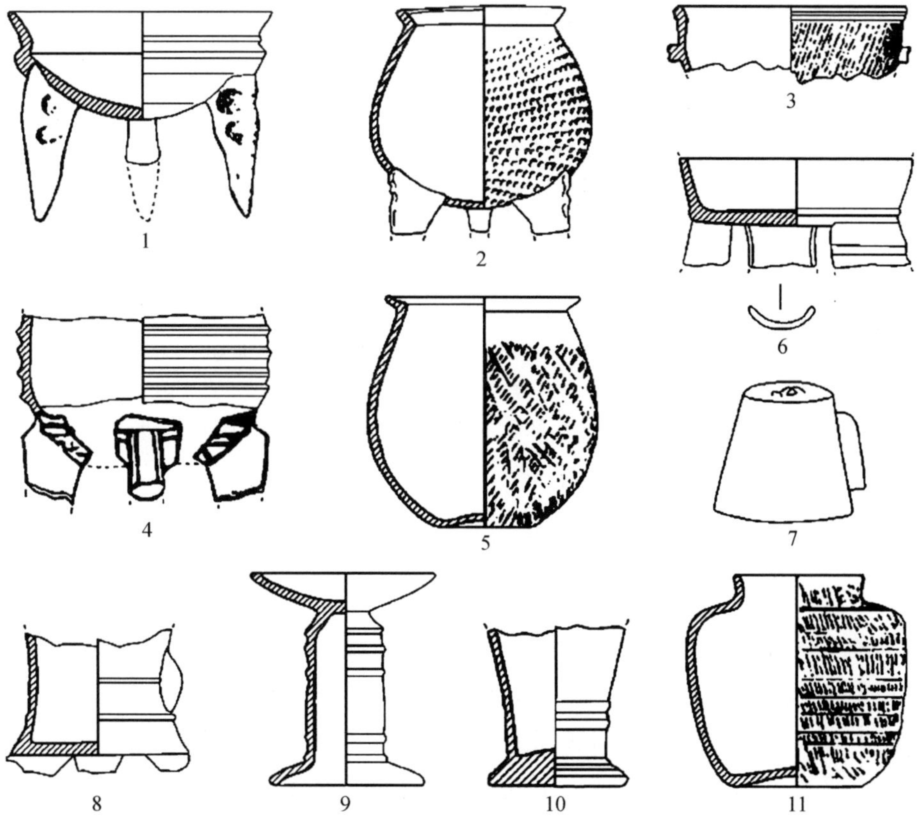

图八　安徽江淮地区的二里头文化因素遗物

1、2、4. 陶鼎　3. 陶盆　5. 陶罐　6. 陶盘　7. 铜铃　8. 陶爵　9. 陶豆　10. 陶觚　11. 陶瓮

（1、6、8～11. 含山大城墩出土，2、3、5. 寿县斗鸡台出土，4. 霍邱小堌堆出土，7. 肥西大墩子出土）

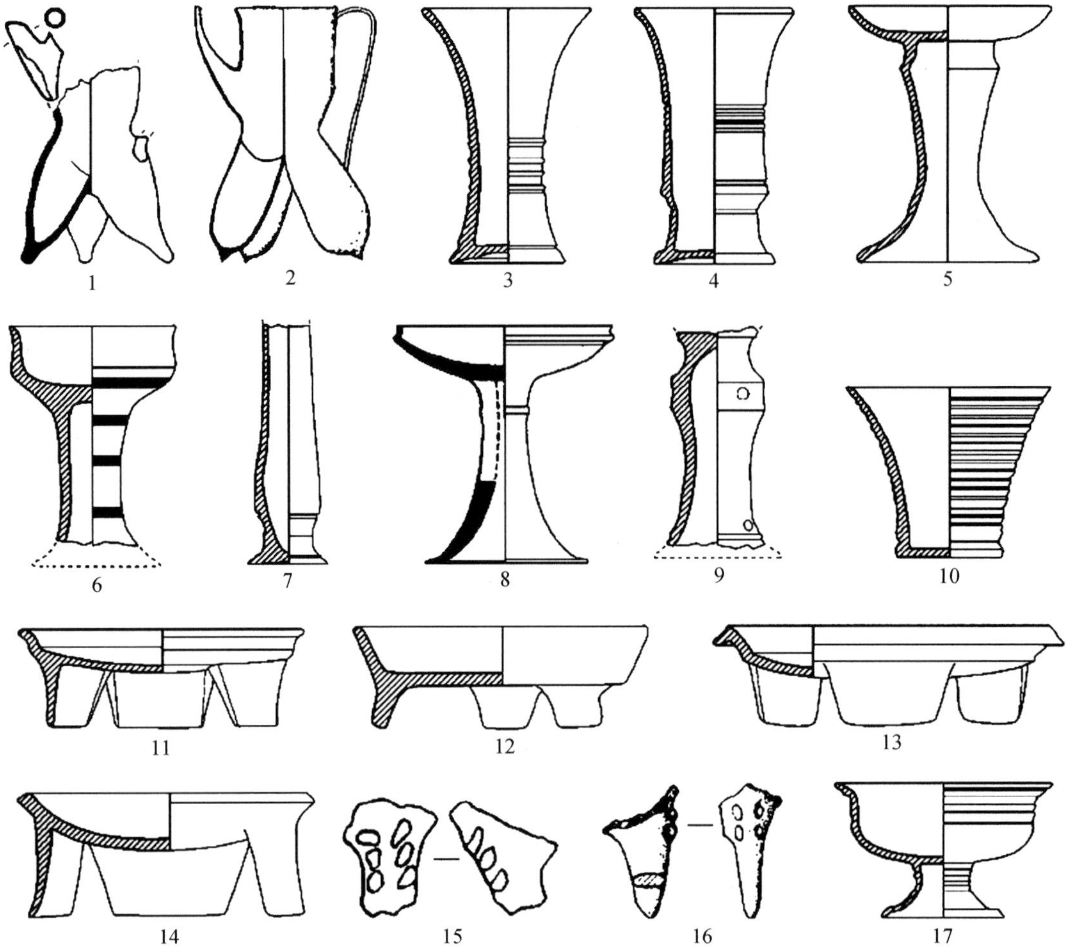

图九　江浙地区的二里头文化因素陶器

1、2. 盉　3、10. 觚　4、7. 觯　5、6、8、9、17. 豆　11～14. 三足盘　15、16. 鼎足

（1、3、4、11、17. 上海闵行马桥出土，2、5、14. 浙江江山肩头弄出土，6、9、15、16. 江苏江宁点将台出土，7、13. 浙江象山塔山出土，8. 上海金山亭林出土，10、12. 江苏丹徒团山出土）

二、二里头文化南传的路线、时间和方式

根据前文的分析，我们认为二里头文化南传的路线有两条（图一）。西线从南阳盆地过随枣走廊进入长江中游的江汉平原地区，再分东、西两路，西路从江汉平原西部溯江而上经三峡向西到达川西成都平原，或南过长江进入湘西的澧水和沅水流域；东路从江汉平原东部地区顺江东下至九江再转入赣江流域和鄱阳湖地区，或南渡长江沿幕阜山西麓、洞庭湖东岸进入湘江流域。东线从淮河上游的豫南过淮河进入安徽江淮地区， 再东过长江进入宁镇地区和太湖流域，再南传至浙江地区。过去有人认为盘

龙城发现的二里头文化来自豫南，即从淮河上游的信阳、潢川一线经水、倒水或举水到达汉东地区，但从已知材料看，二里头文化在信阳地区的分布有待确认，宋豫秦、雷兴山认为该地区的所谓二里头文化遗存与典型的二里头文化相去甚远，文化性质应另当别论[73]。笔者将盘龙城与驻马店杨庄两地的二里头文化遗存比较，发现后者几乎不见陶鬲，而前者却有二里头文化晚期常见的连裆鬲，似可作为盘龙城二里头文化遗存从豫南传入的又一反证。

关于二里头文化南传的时间，从各区相关遗存的年代可做如下分析。本文Ⅰ区以淅川下王岗遗址二里头文化遗存年代最早，为二里头一期，但该期遗存与伊洛地区二里头文化面貌差异较大，甚至有学者认为它不是二里头文化。其他如方城八里桥二里头遗存年代相当于二里头三期，东龙山二里头遗存年代相当于二里头三、四期。虽然江汉平原地区的盘龙城、荆南寺、川西平原的三星堆等遗址中的二里头因素年代或可早到二里头二期，也不排除南阳盆地确有二里头二期遗存的可能。但仅从目前的材料来说，二里头文化从西线大规模南传应该始自二里头三期，并可进一步推测，至迟到二里头四期，二里头文化已经占据了江汉平原地区。二里头文化从东线进入安徽江淮地区可能稍早。杨庄类型二里头文化起始年代为二里头二期，斗鸡台文化所见二里头因素遗物最早也相当于二里头二期，太湖流域马桥文化出土二里头因素遗物遗存的年代也被断代为二里头二期，笔者虽不敢认同这些与二里头二期同类器特征接近的当地标本均相当于二里头二期，但无法说明其实际年代应晚到何时。另外，盘龙城、荆南寺等所出二里头因素遗物更接近典型二里头文化而非地域邻近的二里头文化地方类型（下王岗类型或杨庄类型）。所以，此类遗存或为夏商之际从中原地区直接传入。而本文Ⅲ区至Ⅶ区二里头因素遗物的传入时间则可能在夏商之际或更晚。

二里头文化南传的方式在不同的时期和背景下应该有所区别。二里头文化存在时期，南传是有目的的主动扩张，而夏商文化更替时，其南传则是被动迁徙。这反映在考古学文化上是有差别的。前一种遗存中，二里头文化因素占重要地位，遗存性质为二里头文化的地方类型，如Ⅰ、Ⅱ区，或者是受其强烈影响的地方文化，如Ⅷ区等。后一种遗存中，二里头文化因素所占分量较小，其特征也有较大变异，并且成为地方文化的组成部分，其他各区多属后者。

有两方面的理由支持上述判断。一是除Ⅰ、Ⅱ、Ⅷ等区外，各区二里头因素遗存均不早于夏商之际，多为商代，有的晚至西周时期。它们与二里头文化不同时，当然不是其主动南传的结果。二是本文所列二里头文化遗存分布地区，比商文化或西周文化在南方传播的范围大很多，如果这一地域是二里头文化主动扩张所达，那么商文化替代二里头文化后必然会继承其扩张的成果，商文化的分布范围应该更大。但我们看到的并非如此，这只能解释为商文化强大压力下，二里头文化先民被迫向其原控制范围的外围地区多次迁徙。有趣的是，二里头文化的传统特别是礼制层面的代表物如陶鬶、玉璋等似乎有超常的生命力。南迁千里的二里头文化遗民及后裔数百年里一直保持着文化传统，这是研究古代人群迁徙和文化传播时值得关注的现象。

三、二里头文化南传对南方古代文化的影响

现有考古发现和研究成果显示，二里头文化南传对南方地区古代文化和历史发展影响重大。

从考古学层面上说，二里头文化南传，终结了南方地区自新石器时代以来的本地文化的发展轨迹和模式，开启了宏观上伴随中原地区文化变迁节奏而发展的新阶段。同时，二里头文化南传给业已衰落的南方地区文化强烈的外部刺激，促使南方各地域文化以新的面貌复兴。新石器时代末期，随着石家河文化、良渚文化等突然衰亡，南方地区古代文化发展进入低潮，这为中原文化南下提供了条件。长江中游地区的石家河文化或其孑遗（所谓“后石家河文化”）因二里头文化南下而彻底消失，南阳盆地、江汉平原等地则受二里头文化直接控制，长江上游成都平原的宝墩文化也因为二里头文化的西进形成了三星堆文化，江淮地区在二里头文化因素的参与下形成了斗鸡台文化，太湖流域的马桥文化也是本地前期良渚文化遗留与二里头文化结合的产物。这些新的地域文化尽管或多或少地保留着本地新石器时代文化的传统，但主体面貌均有很大变化，而且外来文化所占分量较大甚至起主导作用。二里头文化可能并没有直接占领和控制长江和淮河以南地区，但其影响波及了上述地区，斗鸡台文化、马桥文化中大量二里头文化因素的存在甚至已经不能仅仅解释为影响了，而是二里头文化直接参与的结果。夏商之际，二里头文化在与商的竞争中失败，其遗民必有一部分从中原南迁，加上已在南方的二里头文化先民在商人南下的压力下又被迫向长江以南和长江上游等地迁徙。社会生产力和政治发展水平均较先进的二里头基因的注入，促进南方各地域文化走向中兴。

从历史学层面上说，二里头文化南传是南方地区纳入中原王朝的“四土”“五服”系统的开始，也是南方地区纳入以中原地区为主体的中国历史体系的开始。

注　释

[1] 邹衡：《试论夏文化》，《夏商周考古学论文集》，文物出版社，1980年。

[2] 河南省文物研究所、长江流域规划办公室考古队河南分队：《淅川下王岗》，文物出版社，1989年，第264～306页。

[3] 北京大学考古学系、南阳市文物研究所、方城县博物馆：《河南方城县八里桥遗址1994年春发掘简报》，《考古》1999年第12期。

[4] 袁广阔：《邓州市陈营二里头文化遗址》，《中国考古学年鉴·1990》，文物出版社，1991年，第244页。
[5] 国家文物局：《辉煌历程：中国考古60年（1949～2009）》，文物出版社，2009年，第352页。
[6] 武汉大学考古与博物馆学系：《郧县辽瓦店子遗址》，《湖北省南水北调工程重要考古发现Ⅰ》，文物出版社，2007年。
[7] 襄石复线襄樊考古队：《湖北襄阳法龙王树岗遗址二里头文化灰坑清理简报》，《江汉考古》2002年第4期。
[8] 国家文物局：《辉煌历程：中国考古60年（1949～2009）》，文物出版社，2009年，第352页。
[9] 王世和、张宏彦：《1982年商县紫荆新石器时代遗址的发掘》，《文博》1987年第3期。
[10] 陕西省考古研究所：《陕西商州东龙山遗址》，《1998年中国重要考古发现》，文物出版社，2000年；陕西省考古研究院，商洛市博物馆：《商洛东龙山遗址Ⅰ区发掘简报》，《考古与文物》2010年第4期。
[11] 樊力：《乱石滩文化初论》，《江汉考古》1998年第4期。
[12] 赵芝荃：《试论二里头文化的源流》，《考古学报》1986年第1期。
[13] 李龙章：《下王岗晚二期文化性质及相关问题探讨》，《考古》1988年第7期。
[14] 董琦：《虞夏时期的中原》，科学出版社，2000年，第121、122页。
[15] 中国社会科学院考古研究所：《中国考古学·夏商卷》，中国社会科学出版社，2003年，第96、97页。
[16] 王力之：《试论商洛地区的夏商文化》，北京大学硕士学位论文，1999年。
[17] 湖北省文物考古研究所：《盘龙城——1963年～1994年考古发掘报告》，文物出版社，2001年。
[18] 荆州博物馆：《荆州荆南寺》，文物出版社，2009年。
[19] 荆州市博物馆、钟祥市博物馆：《钟祥乱葬岗夏文化遗存清理简报》，《江汉考古》2001年第3期。
[20] 沙市市博物馆：《湖北沙市李家台遗址发掘简报》，《考古》1995年第3期。
[21] 蒋刚：《湖北盘龙城遗址群商代墓葬再探讨》，《四川文物》2005年第3期。
[22] 张昌平：《夏商时期中原与长江中游地区的文化联系》，《华夏考古》2006年第3期。
[23] 林春：《宜昌地区长江沿岸夏商时期的一支新文化类型》，《江汉考古》1984年第2期。
[24] 王善才：《清江考古》，科学出版社，2004年，第337页。
[25] 国家文物局三峡考古队：《朝天嘴与中堡岛》，文物出版社，2001年。
[26] 长江水利委员会：《宜昌路家河——长江三峡考古发掘报告》，科学出版社，2002年。
[27] 湖北省文物考古研究所：《1985-1986三峡坝区三斗坪遗址发掘简报》，《江汉考古》1999

年第2期。

［28］ 国家文物局三峡考古队：《朝天嘴与中堡岛》，文物出版社，2001年。

［29］ 国家文物局、国务院三峡工程建设委员会办公室：《秭归何光嘴》，科学出版社，2003年。

［30］ 福建省考古队、重庆万州区文保所：《万州涪溪口遗址第三期发掘报告》，《重庆库区考古报告集·1999卷》，科学出版社，2006年。

［31］ 西北大学考古队、万州区文物管理所：《万州中坝子遗址发掘报告》，《重庆库区考古报告集·1997卷》，科学出版社，2001年。

［32］ 王鑫：《忠县㽏井沟遗址群哨棚嘴遗址分析——兼论川东地区的新石器文化及早期青铜文化》，《四川考古论文集》，文物出版社，1996年。

［33］ 重庆市文物考古所、重庆文化遗产保护中心：《重庆文物考古十年》，重庆出版社，2010年，第58、59页。

［34］ 重庆市文物考古所、涪陵区文物管理所：《涪陵蔺市遗址发掘简报》，《重庆库区考古报告集·1998卷》，科学出版社，2003年；重庆市文物考古所、重庆市涪陵区博物馆：《涪陵蔺市遗址发掘简报》，《重庆库区考古报告集·1999卷》，科学出版社，2006年。

［35］ 重庆市文物考古所、重庆文化遗产保护中心、四川大学历史文化学院考古学系：《酉阳清源》，科学出版社，2009年，图142。

［36］ 四川省文物管理委员会、四川省博物馆、广汉县文化馆：《广汉三星堆遗址》，《考古学报》1987年第2期。

［37］ 四川省文物考古研究所、成都文物考古研究所：《成都十二桥》，文物出版社，2009年。

［38］ 成都市文物考古研究所、四川大学考古系：《成都市金沙遗址“兰苑”地点发掘简报》，《成都考古发现》（2001），科学出版社，2003年；成都市文物考古研究所：《成都金沙遗址万博地点考古勘探与发掘收获》，《成都金沙遗址Ⅰ区“梅苑”东北部地点发掘一期简报》，《成都考古发现》（2002），科学出版社，2003年。

［39］ 成都市文物考古研究所、新都区文物管理所：《成都市新都区正因村商周时期遗址发掘收获》，《成都考古发现》（2001），科学出版社，2003年。

［40］ 四川省文物管理委员会：《四川新凡县水观音遗址试掘简报》，《考古》1959年第8期；沈仲常、黄家祥：《从新繁水观音遗址谈早期蜀文化的有关问题》，《四川文物》1984年第2期。

［41］ 王文建、龙西斌：《石门县商时期遗存调查——宝塔遗址与桅岗墓葬》，《湖南考古辑刊》（第4集），岳麓书社，1987年。

［42］ 郭伟民：《沅陵高坪商时期遗址》，《中国考古学年鉴·1996》，文物出版社，1998年。

［43］ 湖南省博物馆：《湖南沅江中下游古文化遗址调查》，《考古》1980年第1期。

［44］ 湘西土家族苗族自治州保靖县文物调查材料。

［45］ 湖南省文物考古研究所、岳阳市文物工作队：《岳阳市郊铜鼓山商代遗址与东周墓发掘报告》，《湖南考古辑刊》（第5集），岳麓书社，1989年。

［46］ 罗仁林：《岳阳地区商时期的文化序列及其文化因素分析》，《湖南考古辑刊》（第7集），岳麓书社，1999年。

［47］ 湖南省文物考古研究所1994年发掘资料。

［48］ 岳阳市文物工作队、岳阳县文物管理：《岳阳县筻口镇易家山商代与东周墓发掘报告》，《湖南考古辑刊》（第7集），岳麓书社，1999年。

［49］ 湖南省岳阳市文物管理处：《湖南岳阳温家山商时期坑状遗迹发掘简报》，《江汉考古》2005年第1期。

［50］ 何捷：《论汨罗玉笥山商代遗址》，《考古耕耘录——湖南省中青年考古学者论文选集》，岳麓书社，1999年；岳阳市文物考古研究所：《汨罗市玉笥山商代遗址发掘报告》，《巴陵古文化探索》，华夏出版社，2003年。

［51］ 湖南省文物考古研究所：《湖南浏阳城西樟树塘遗址发掘的主要收获》，《考古》1994年第11期。

［52］ 湖南省文物考古研究所：《坐果山与望子岗——潇湘上游商周遗址发掘报告》，科学出版社，2010年。

［53］ 彭振声、李小平、白青：《江西新余发现夏时期文化遗物》，《南方文物》1992年第3期。

［54］ 江西省文物考古研究所、萍乡市博物馆：《江西萍乡市禁山下遗址的发掘》，《考古》2000年第12期。

［55］ 江西省文物管理委员会：《一九六一年江西万年遗址的调查和墓葬清理》，《考古》1962年第4期；江西省文物工作队、万年县博物馆：《江西万年类型商文化遗址调查》，《东南文化》1989年第4、5期合刊。

［56］ 杨巨源：《江西余江县三处古文化遗址调查简报》，《东南文化》1989年第1期。

［57］ 江西省文物工作队、鹰潭市博物馆：《江西鹰潭角山窑址试掘简报》，《华夏考古》1990年第1期；江西省文物考古研究所：《江西鹰潭角山商代窑址》，《2000中国重要考古发现》，文物出版社，2001年。

［58］ 安徽省文物考古研究所：《潜山薛家岗》，文物出版社，2004年。

［59］ 北京大学考古系商周组、安徽省文物工作队：《安徽省霍邱、六安、寿县考古调查试掘报告》，《考古学研究》（三），科学出版社，1997年。

［60］ 安徽省文物考古研究所：《安徽含山大城墩遗址发掘报告》，《考古学集刊》（6），中国社会科学出版社，1989年。

［61］ 安徽省博物馆：《遵循毛主席的指示，做好文物博物馆工作》，《文物》1978年第8期。

［62］ 张敬国、贾庆元：《肥东县古城吴大墩遗址试掘简报》，《文物研究》（第一期），《文物研究》编辑部，1985年。

［63］ 王迅：《东夷文化与淮夷文化研究》，北京大学出版社，1994年，第48～57页。

［64］ 南京博物院考古部：《江宁汤山点将台遗址》，《东南文化》1987年第3期。

[65] 团山遗址考古队：《丹徒县赵家窑团山遗址》，《东南文化》1989年第1期。

[66] 上海市文物管理委员会：《马桥——1993～1997年发掘报告》，上海书画出版社，2002年。

[67] 上海市文物保管委员会、中国科学院上海硅酸盐化学与工学研究所、浙江农业大学：《上海青浦县金山坟遗址试掘》，《考古》1989年第7期。

[68] 孙维昌：《上海市金山县查山和亭林遗址试掘》，《南方文物》1997年第3期。

[69] 浙江省文物考古研究所、象山县文物管理委员会：《象山县塔山遗址第一、二期发掘》，《浙江省文物考古研究所学刊》，长征出版社，1997年。

[70] 浙江文物考古所牟永抗等：《江山县南区古遗址墓葬调查试掘》，《浙江省文物考古所学刊》，文物出版社，1981年。

[71] 邱立诚、刘成基：《东莞村头遗址发掘的初步收获》，《广东省博物馆馆刊》（2），1991年。

[72] 区家发等：《香港南丫岛大湾遗址发掘简报》，《南中国及邻近地区古文化研究》，香港中文大学出版社，1994年。

[73] 北京大学考古系、驻马店市文物保护管理所：《驻马店杨庄》，科学出版社，1998年，第206页。

（原载于《考古》2011年第10期）

湖南先秦文化时空结构及成因探析

“湖湘文化”理所当然是一个广义的概念，泛指今湖南境内（以洞庭湖和湘江流域为代表）自古至今存在过的人群所创造的包括物质层面、精神层面和制度层面的一切成就。在这种含义之下，湖南地区先秦时期的文化不仅是湖湘文化的早期阶段，也是湖湘文化作为一种地域文化其本土性特征最突显的阶段。因此，本文对于湖南先秦文化时空结构及成因的考察，无疑是有意义的。笔者才疏学浅，难免以管窥豹、坐井观天，拙陋之处，请大家批评指正！

一、湖南先秦文化的发展历程与阶段划分

传世文献中关于湖南先秦时期的记载极少，我们对湖南先秦文化的认识主要来自考古学。中华人民共和国成立以来湖南的考古发现及研究成果斐然，为湖南先秦文化的研究提供了不可或缺的宝贵材料。虽然考古材料主要反映的是物质文化层面的内容，但在文献资料匮乏的条件下，它是我们唯一所能依据的素材和研究对象。不仅湖南如此，即便是文献记载较丰富的中原地区，研究先秦时期特别是史前时期的历史和文化同样离不开考古学。因此，湖南先秦时期的考古学文化是本文讨论的基础。

到目前为止，湖南境内发现或确认的先秦时期考古学文化已达30余种，其中有的已正式命名为“某某文化”，有的因为相关材料较少而未正式命名，仅暂称为某某“遗存”或“类型”。下面先做一个简要介绍。

湖南旧石器时代考古学文化目前已知有“澧水类群”和“潕水类群”两大系统[1]，均分布于雪峰山脉以西的湖南西部地区。前者主要分布于澧水中、下游和沅水下游地区，包含了旧石器时代早期偏晚阶段（距今约40万年）、旧石器时代中期、旧石器时代晚期和末期连续发展的四个文化——虎爪山文化、鸡公垱文化、乌鸦山文化和十里岗文化；后者主要分布于沅水中、上游地区，尤以上游支流——潕水流域最为集中，故称“潕水类群”。目前该类群还未正式区分不同的考古学文化。此外，在东部地区的长沙、浏阳、益阳、安化等地点也发现有旧石器地点，因材料较少，未予命名。

湖南新石器时代考古学文化发现较多，几乎分布于境内各个地区，具体如下。

新石器时代早期文化有澧水下游以澧县八十垱遗址下层为代表的“八十垱下层遗存”[2]和南岭山区的玉蟾岩遗存（发现于永州市道县寿雁镇一名“玉蟾岩”的石灰岩洞穴中）。

新石器时代中期文化有分布于澧水下游和洞庭湖区的彭头山文化、皂市下层文化、汤家岗文化；沅水中、上游地区的高庙文化、松溪口文化；洞庭湖东岸及湘江、资水下游地区的黄家园类型、大塘文化等。

新石器时代晚期文化有分布于澧水中、下游、沅水下游及洞庭湖区的大溪文化、屈家岭文化、石家河文化；沅水中、上游地区的高庙上层文化、屈家岭文化高坎垅类型、斗篷坡文化；湘江、资水下游和洞庭湖东岸地区的堆子岭文化、岱子坪一期文化及石家河文化岱子坪·舵上坪类型；湘江中、上游地区的“望子岗一期遗存”[3]等。

商周时期考古学文化有分布于澧水中、下游和沅水中、下游地区的皂市文化（或称“皂市中层文化”，年代相当于商代早期至西周晚期）；澧水上游、沅水中游西侧武陵山区的朱家台类型；洞庭湖东岸地区的铜鼓山一期遗存（商代早、中期）、费家河文化（商代晚期）；湘江、资水下游的樟树塘类型（夏代至商代早期）、炭河里文化（西周时期）；湘江中、上游地区的坐果山类型（商代晚期至春秋时期）等。以上考古学文化的年代多为商代至西周时期，到春秋时期，澧水下游、洞庭湖区及洞庭湖东岸地区出现楚文化遗存，洞庭湖东南的湘江、资水流域为古代越族文化分布区。战国时期，湖南大部分地区为楚文化所占据。

通过以上考古学文化，我们可以梳理出湖南先秦时期历史的大致过程为：距今约40万年左右，湖南境内开始有人类活动；在距今1万年前进入新石器时代；商周之际，由于中原文化的传入，湖南被带入了青铜时代；战国时期，楚文化占据湖南后，进入早期铁器时代；秦帝国建立后，湖南被正式纳入以中原华夏文化为主体的历史体系，成为中华民族的组成部分。当然，这是从人类社会发展水平来区分的。从文化史的角度来看，我们认为，湖南先秦文化发展的总体趋势是从湖南本土文化传统起主导作用到外来文化传统起主导作用的过程，而中途又经历了一次大的反复或倒退。为后文叙述方便，本文将本土文化传统起主导作用的阶段简称“本土主导阶段”，外来文化传统起主导作用的阶段简称“外来主导阶段”，而在对这两个阶段湖南地域文化的总体特征进行宏观概括时又分别称为“本土主导型文化”“外来主导型文化”。“本土主导阶段”，湖南的地域文化均为湖南境内起源或以本土文化传统为核心，其分布区均未超出湖南境域。而在“外来主导阶段”，湖南的地域文化多为以境外为起源地或中心区、分布范围包含湖南在内并超出湖南境域之更大地理空间的区域文化的组成部分。任何人类文化都有其生存的空间区域，只是区域的大小不同，而且文化区域总体说来都是不断地从小到大发展的，国家和民族的形成就是文化之间交流、融合，共性文化区域不断拓展的结果。不过，不同地区具体的演进过程不完全一致，可以表现为发展阶段性、演变节奏、文化互动方式等多方面的差异。

与长江流域多数地区一样，湖南先秦文化在成为中华民族文化组成部分的过程中走过了由本土主导型文化到外来主导型文化、又退回到本土主导型文化再到外来主导型文化的反复而曲折的道路，本文将其划分为两个大的时期，分别称为“史前时期”和“原史时期”。

史前时期是湖南先秦文化从本土主导型文化到外来主导型文化的第一个时期，时间从旧石器时代早期偏晚阶段到新石器时代末，结束年代相当于中原地区的夏代初，湘南、湘西等边缘地区可能晚至商代早、中期。本期又可分为前、后两段。前段为本土主导型阶段，后段为外来主导型阶段，前、后两段的时间界线大致在新石器时代中、晚期之交。

史前时期前段湖南的地域文化有十余种。其中旧石器时代文化有湘西北洞庭湖区的“澧水类群”文化，沅水中、上游地区的“潕水类群”文化，以及湘江、资水下游地区的旧石器群；新、旧石器过渡时期及新石器时代早期前段的文化有洞庭湖区的八十垱下层遗存和南岭山区的玉蟾岩遗存；新石器早期后段和新石器时代中期的文化遗存有洞庭湖区的彭头山文化、皂市下层文化、汤家岗文化，沅水中、上游地区的高庙文化、松溪口文化，湘江下游地区的黄家园类型、大塘文化等。这一阶段湖南的地域文化均为湖南本土起源并以本土文化传统为核心；分布区均未超出湖南境域；发展水平相对较高，在与周邻地区同期文化的互动中处于主导地位，更多地是向外输出或传播。例如，江汉平原西部地区最早的新石器时代文化——城背溪文化就是彭头山文化的一支向北迁徙形成的；高庙文化、皂市下层文化开始出现、汤家岗文化盛行的白陶向东、南、北三个方向分别传到长江下游、岭南珠三角、江汉平原和汉水上游地区，鄂东皖西地区的黄鳝嘴文化、江西赣江流域的樊城堆文化、太湖流域的马家浜文化、珠三角地区的咸头岭文化与大黄沙文化、江汉平原地区的大溪文化等均发现了白陶器，器形和装饰风格与洞庭湖区的白陶亦接近，只是年代稍晚些。本阶段湖南地域文化的发展水平之所以相对较高并处于文化传播的主体地位，应与湖南境内稻作农业的最早起源和发展有密切关系。

史前时期后段湖南的地域文化有大溪文化、屈家岭文化、石家河文化、高坎垅类型、岱子坪·舵上坪类型、高庙上层文化、斗篷坡文化、堆子岭文化、岱子坪一期文化、望子岗一期遗存等。这些地域文化内涵中本土文化传统仍占较大比重，但外来文化传统已居于核心和主导地位，湖南境域成为以境外为中心的外来文化的边缘区，文化的演变节奏也与境外文化中心区同步。洞庭湖区的大溪文化、屈家岭文化、石家河文化是以江汉平原为中心的大溪文化、屈家岭文化和石家河文化的地方类型之一。高庙上层文化与洞庭湖区的大溪文化关系非常密切，而且其形成的主因实际上就是大溪文化向沅水中、上游地区的扩展；其后的高坎垅类型就是屈家岭文化在该地区直接存在的反映。湘江、资水下游流域的堆子岭文化一改本地从黄家园类型到大塘文化以釜为核心的炊器传统，代之以鼎为核心的来自长江下游或东方的文化传统，虽然湘江流域是堆子岭文化的中心区，但因堆子岭文化从更加宏观的视角来看属于东方文化系统，故实际上已是以境外为中心的文化边缘区。岱子坪一期文化是一个较短的过渡时期，到岱子坪·舵上坪类型时期，以江汉平原为中心的石家河文化取代东方文化将湘江、资水下游地区纳入了其政治版图。从大溪文化开始，外来文化一步步向湖南腹心地带挺进，到石家河文化时期，湖南一半以上的地区都被纳入了以江汉平原为中心的外来文化体系。仅湘南、湘西部分地区还处于本土主导型文化发展阶段，如斗篷坡文化、望子岗一期遗存等，这并不妨碍湖南大部分地区所呈现的外来主导型文化特征。

原史时期（亦称原史时代）是湖南先秦文化发展历程中第二个大的阶段。此前笔者已有专文就包括湖南在内的整个长江流域的“原史”时期进行了首倡和概论性阐述[4]。该文认为，长江流域从新石器时代末至秦帝国建立前这一段历史既不属于史前时期，也不属于历史时期，而是一个独立的阶段，并建议称为西方史学和考古界通行的“原史时期”。

理由是：长江流域的整个历史过程很明显分为三个阶段。秦帝国建立后，长江流域被纳入以中原地区或黄河流域为主体的历史体系，应与先秦时期分开；而先秦时期又须分为两个阶段，其分界点应在新石器时代末。因为从目前大量的考古发现和研究成果来看，长江流域相当于中原地区夏商周三代的考古学文化与新石器时代文化明显表现出一种文化传统的断裂。长江流域新石器时代末期高度发达的几个大的区域文化集团（可称为早期国家或酋邦）几乎同时衰落并消亡，而此后在当地再次兴起的地域文化均不是先前史前时期的遗裔，也就是说，长江流域各个地区先秦时期历史文化发展的过程在文化传统层面上是断裂而非连续的。与这种断裂特征相匹配，再次兴起的地域文化本土主导型特征重现，新石器时代中、晚期形成的大范围的区域文化圈不复存在，而各小地理区域间的文化独立性和差异成为主流。关于长江流域历史时期的起点，或认为春秋战国时期的楚、吴越和巴蜀已属历史时期，但按照“历史时期”的含义即“有文字记载的历史的时期”这一点来衡量，它们均未进入历史时期。传世文献中确有不少相关记载，但均非其本民族自己的历史记载，而是来自他族（华夏族），如《越绝书》《吴越春秋》《华阳国志》等；考古出土的铜器铭文、简帛文字等不过是些零散的、片段的纪念性文字、日常记录或专类文书而非“史”书，也没有较完备的编年系统，这些特征恰好符合西方通行的“原史时期”的概念属性。所以，本文亦将湖南新石器时代末至秦这一时段称为“原史时期”，并以楚进驻和统治湖南为界分为前、后两段。

原史时期前段，年代上限为新石器时代末，下限为楚国统治湖南之前（约当春秋、战国之际）。本段湖南的地域文化包括：澧水中、下游和沅水中、下游的皂市文化，澧水上游和沅水中游西侧武陵山区的朱家台类型，洞庭湖东岸地区的铜鼓山一期遗存、费家河文化，湘江、资水下游地区的樟树塘类型、炭河里文化，湘江中、上游地区的坐果山类型[5]等。本阶段楚文化已传入湖南境内，如湘西北澧水下游和洞庭湖东岸地区春秋中、晚期已见部分楚文化的居址和墓葬，但大量研究表明，楚人在战国以前并未大规模进驻湖南，春秋时期湖南的大部分地区仍为当地土著文化所占据，东部湘江、资水流域为百越文化分布区，西部澧水和沅水流域应为苗蛮文化分布区。从总体上看，本阶段湖南地域文化的面貌又回到本土主导型文化，各地域文化的分布区多未超出湖南境域（春秋时期的楚文化除外），并基本以本地主导型文化传统为核心，也非境外文化的分布区，但较史前时期前段的本土主导型文化有新的特点。例如，外来文化传统在各地域文化中所占比重有所增强；各小地理区内前后交替的地域文化间文化传统的继承性较弱；文化更替的原因多为外因且基本跟随境外文化的演变节奏。这种局面形成的原因是，中原文化的明显优势使其时刻对长江流域文化产生直接或间接的牵制作用，以致在两湖地区难以自发形成分布范围稍大的区域文化，但中原文化又无力完全征服和控制这一地区，没有可能将其直接变为中原文化的分布区。因此，这一阶段湖南的本土文化传统反复出现突变、复归的循环过程，不过每次复归后的本土文化传统又加入了新的外来因素，因而并不是简单重复而是一种向新的区域化不断迈进的过程。

原史时期后段，即楚国统治湖南时期，具体年代为战国时期。本阶段湖南全境基本上为楚文化所占据，仅雪峰山高原山区情况不明（目前邵阳地区尚未发现战国楚墓），也有可能仍为本地土著文化分布区。楚文化是以江汉平原地区为核心、以长江中游为主要分布区的区域文化，战国时期扩展到长江下游和淮河流域，楚国于此成为“地广千里、带甲百万”的泱泱大国，湖南遂成为楚文化的大后方，史称“南楚”。湖南境内战国时期的楚文化面貌上与江汉平原核心区已非常接近，楚文化亦将湖南境内古代越人的某些传统（如越式铜鼎）融合吸收并传播到其他地区。关于楚人大规模入驻即统治湖南的年代问题，学术界仍存在争议，传统意见认为当始于春秋晚期，但越来越多的证据表明应为战国早期或稍晚。湖南境内考古发掘的楚墓五六千座，然春秋楚墓不超过50座，战国早期楚墓数量也不多。这一现象与楚国公元前4世纪初吴起变法后“南平百越”的历史记载基本吻合。

以上就是湖南先秦文化的时间框架和文化传统演进的总体趋势。

二、湖南先秦文化的空间格局及其变化

湖南先秦文化的空间格局是指在湖南全境这样一个相对较大的自然空间内，“先

秦”这样一个相当长的时间过程中，各地域文化在空间分布上的一种相对稳定的状态。一个文化生存的空间范围在其不同发展阶段是有变化的，但其基本的空间范围又是相对稳定的，否则该文化就不存在或演变成为另一种文化。所以说，文化的生存空间，变化是绝对的，稳定是相对的，但相对稳定是主要的，变化是次要的。文化空间格局及其变化规律的探索，对于一定区域内人类文化史演进模式、动力机制及其与自然环境关系的研究意义重大。

通过对湖南先秦时期不同阶段地域文化的内涵、面貌特征、分布范围、兴亡时间以及相互间交流融合、更替传承关系等的考察，我们发现其在空间布局上一个总的特征就是：在每一个不同的时间段内，大体同时的地域文化分布空间在南北方向上联系紧密，而在东西方向上有所隔离，很明显地可以先划分成东、西两区而不是南、北两区，而且从历时角度来看，在大多数时间段之间，东、西两大区的空间范围也是基本稳定的；同时，在东、西两区内，大体同时的地域文化分布空间呈南北方向排列，而在不同时期这种南北排列的文化分布区空间位置经常发生变化。本文将这一特征概括为八个字：“东西分野、南北进退”。下文进行具体阐述。

从字面上理解，“东西分野、南北进退”的首要特征是东西分野，其次才是南北进退，而且分野是一种相对稳定的状态，进退则表示有变化。统而观之，这八个字非常贴切地概括了湖南先秦文化的空间格局。

东、西两区的分野情况，旧石器时代和新石器时代早期因为东部地区材料太少还难以看出，但新石器时代中期已经成形，新石器时代晚期直至战国前都十分明显和典型，战国时期由于楚文化非常强势，湖南东、西两区的文化面貌逐渐趋同，东、西分野才渐趋模糊，但东、西部的楚文化仍有较大的差别，且有研究表明，楚人进入湖南东、西部的路线和经营策略也是不同的。东、西分野的具体界线，南段以雪峰山脉为分水岭，北端沿洞庭湖南缘东行、再北折沿洞庭湖东岸直至城陵矶，略呈东北—西南走向。那么，东区范围涵盖湘江、资水流域全境和洞庭湖东岸地区，即今行政区划的岳阳（除华容）、长沙、益阳（除南县）、湘潭、株洲、娄底、衡阳、永州、郴州、邵阳十市所辖地区；西区范围为澧水、沅水流域及洞庭湖区，含今常德、张家界、湘西自治州、怀化四市（自治州）所辖地区。

在东、西两区内一般又可分为南、北小区，但不同时期南、北两小区的界线会有差别，总的趋势是从北向南移动，但也有反复。西区的南、北小区一般以沅水中、下游之交的沅陵县五强溪一带为界线，北小区包括澧水中、下游、沅水下游及洞庭湖区，南小区包括澧水上游和沅水中、上游，后来南移至麻阳、怀化市一线。东区的南、北小区一般以湘江中、下游之交的衡山一线为界，北小区包含湘江、资水下游和洞庭湖东岸区，有时（如原史时期前段）洞庭湖东岸地区与湘江下游地区分开形成单独的文化区；南小区总体为湘江中、上游地区。为后文叙述之便，笔者将西区北、南小区分别简称湘北区、湘西区，东区北、南小区分别简称湘东区、湘南区。

旧石器时代，由于东部地区考古材料太少，情况不明，但西部地区可以明确地区分为北（澧水类型）、南（潕水类群）两个不同的文化体系。新石器时代早期地域文化发现太少，难以对比。

新石器时代中期，湘北区先后出现的彭头山文化、皂市下层文化和汤家岗文化，继承关系明显，分布区东抵南县、华容一带，南至石门、慈利、桃源一线；湘东区先后有黄家园类型、大塘文化。在存续年代上，黄家园类型文化跨彭头山文化晚期和皂市下层文化时期，大塘文化跨皂市下层文化晚期和汤家岗文化时期。虽然两区地域文化面貌有相近之处，但文化的兴亡时间完全不同步。湘西区先后出现的高庙文化和松溪口文化，文化传统有传承关系，年代与湘北区皂市下层文化和汤家岗文化相当，但主体面貌差别较大。湘南区的情况目前不明。

新石器时代晚期，湘北区先后为长江中游区域文化——大溪文化、屈家岭文化和石家河文化分布区。而湘东区首先是属于东方系统的堆子岭文化、岱子坪一期文化分布区，其后为以江汉平原为中心的石家河文化岱子坪·舵上坪类型所替代，本区的石家河文化与湘北区差别甚大，并非由湘北区传播而来，而是来自汉东地区。湘西区高庙上层文化虽仍具本土文化特征，但受大溪文化较多影响，表明外来的区域文化开始向沅水中游地区渗透，接下来屈家岭文化高坎垅类型和石家河文化进一步深入沅水中游地区，仅上游渠水流域的斗篷坡文化仍以本土文化传统为主导。湘南区新石器时代晚期文化面貌尚不清楚，末期的望子岗一期遗存仍属于本土主导型文化。

原史时期前段，湘北区商代至西周晚期为本土传统的皂市文化所控制，范围包括沅水中游在内，春秋时期早、中期楚文化进入该区北部澧水下游一带。湘东区又可细分为两个小区，北部洞庭湖东岸地区先后有铜鼓山一期遗存、费家河文化和楚文化。其中铜鼓山一期遗存为早商文化在湖南境内的分布，范围仅为岳阳市以北的长江沿岸一带，费家河文化为商代晚期土著文化，西周时期情况不明，楚文化于春秋中期进入该区。南部湘江、资水下游地区先后有樟树潭类型、炭河里文化和百越文化。其中樟树潭类型文化面貌与湘江中、上游望子岗一期遗存有共同之处，表明后者所代表的文化传统曾经北传；炭河里文化虽是以商末周初殷遗民南迁为契机形成的，文化构成中也包含较多商文化因素，但它仍是以本地土著文化传统为主的地方青铜文化，与此前的樟树潭类型及春秋时期以“越人墓”为代表的遗存同属古代越族文化的一支。湘西区沅水中游商代至西周时期为皂市文化分布区，春秋时期有可能为楚文化分布区，澧水上游和沅水中游武陵山区商代至西周时期有朱家台类型，春秋时期情况不明；沅水上游地区商代仍为斗篷坡文化延续生存之地，西周、春秋时期情况不明。湘南区坐果山类型继承了新石器时代末期望子岗一期遗存的土著文化传统，并一直延续到春秋时期，亦属百越文化，战国时期逐渐为楚文化所同化。

原史时期后段，楚文化基本分布于湖南全境，但四个小区的楚文化面貌均略有差异，其中湘北区与湘西区、湘东区与湘南区相对较为接近，亦可看出东、西分区的格局。随着楚文化从北向南一步步推进，东区的本土文化越文化、西区的本土文化苗蛮文化逐渐向南及东西边远山区退却，前者主要向岭南地区和雪峰山高原迁徙，后者主要退避到武陵山区。

我们相信，以上所论湖南先秦文化的空间分布——“东西分野、南北进退”之格局，将会随着考古资料增多及研究的深入更加显现和完善。以往多数学者在涉及湖南先秦时期或某一阶段文化相关问题的讨论中，一般也是首先将它们分为与本文基本相同的四个小区来展开的，但尚没有人注意到这四个区之间空间层次的差别，本文指出的其在东西方向上相对稳定而南北方向上时有变化的现象，对于湖南先秦文化的深入研究当有所裨益。

三、湖南先秦文化时空结构成因探索

前文关于湖南先秦文化发展历程及空间分布特征的研究，得出两个非常重要的结论。

其一，湖南先秦文化发展的时间框架可明显分为两个大的阶段，即史前时期和原史时期，每期又分为前、后两段。而从文化发展空间规模和文化传统演变趋势来看，在史前时期和原史时期都经历了由本土主导型文化到外来主导型文化基本相同的过程，而且两个时期的地域文化之间缺乏明显的传承关系。

其二，湖南先秦文化的空间布局表现为“东西分野、南北进退”的特征，即整个先秦时期湖南地域文化空间分布的东、西分区具有相对稳定性，而在东、西两大区内文化的空间变化呈南北向移动，且总体趋势是从北往南推进。

关于第一点，我们认为与整个长江流域距今4000年左右自然环境和文化发展的大背景有关。这一特点不仅仅为湖南先秦文化所独有，长江流域其他地区的先秦文化同样具备。大量考古发现和研究成果表明，长江流域新石器时代末期的文化如石家河文化、良渚文化等，已经发展到了高水平的区域文化阶段，不仅空间分布范围很大，文明社会的诸多要素如城、大型宗教礼仪性建筑、礼器、社会的等级分化等都已出现或达到相应水平，与同时期的中原文化比较，亦有过之而无不及。但是，这些“准文明社会”却几乎同时衰落并消失了，长江流域相当于中原地区夏商时期的地域文化一致呈现出倒退的景象，原先大范围的区域文化圈不复存在，各地又退回了以本土文化传统为主导的阶段。这究竟是什么原因造成的？此前学术界提出过多种假设，或以为如良渚文化等在宗教生活中的过度侈靡奢华，耗尽了大量社会财富，加剧了社会各阶层之间的矛盾，制约了社会自我调节功能的发挥，而对自然界的无节制索取造成了生存环境的破坏终导致盛极而衰；或以为洪水泛滥直接所致；也有人认为是中原文化入侵造成的。笔者曾提出，洪水泛滥是起因，中原文化南侵是在洪水泛滥对长江文化造成巨大冲击之后的趁火打劫，并最终导致了长江文化的消亡。许多线索告诉我们，距今4000年左右的长江和黄河流域大范围内，可能的确经历了一个洪水泛滥的高发期。例如，大禹父子两代治水的故事；当今西南地区许多少数民族创世神话都有洪水传说，他们的祖先可能就是当时大洪水的劫后幸存者，后来才迁到了西南地区；文献记载尧、舜、禹在征讨三苗的檄文中也提到洪水等自然灾害并归咎于所编造的三苗的种种劣行，这当然是“欲加之罪”、是入侵长江流域的借口，但也正好说明当时自然环境的异常。另外，长江下游地区不少考古遗址发现了年代在新石器时代末期与商周时期之间的洪水淤积层。试想，如果不是洪水泛滥（包括接踵而来的瘟疫等）已经让长江流域区域文化大伤元气，中原文化（显然因为治水工程卓见成效而受洪水灾害影响较小）也不敢如此随意编造借口、无端用兵南下。考古证据表明，新石器时代末期，中原文化确已开始南下。河南伊洛地区的王湾三期文化（或称中原龙山文化）经南阳盆地、过随枣走廊，深入江汉平原腹地，江汉平原肖家屋脊文化及宜昌地区白庙文化的形成与此直接相关。夏商时期，江汉平原地区先后为夏文化（二里头文化）、商文化直接控制，长江上游的三星堆文化、下游的马桥文化包括湖南境内的皂市文化、铜鼓山一期遗存、樟树塘类型、费家河文化等无不或多或少地烙上了中原文化印迹。中原文化的南侵无疑打破了长江流域区域文化的原有体系，从而导致了包括湖南在内的长江中游区域文化传统的断裂，但是，外来的中原文化又无力在本地再建一种新的秩序，原区域文化各组成部分遂四分五裂，很自然地回到松散的本土主导阶段。此为湖南先秦文化史前时期与原史时期两大阶段形成及发展道路重复而曲折的主要原因。

关于湖南先秦文化空间格局形成的原因，我们认为主要与湖南的自然地理环境相关，其次为境外文化对湖南的影响。

湖南地处长江中游南岸，北临长江，东、西、南三面以罗霄山脉、云贵高原和南岭山脉为屏障，地势南高北低、西高东低，大体形状呈开口朝北的簸箕形，它与长江以北的江汉平原共同构成了两湖盆地，成为长江中游的主体。簸箕形的开口处、长江南岸为洞庭湖所在，它与长江对岸被称为“云梦泽”的大片低湿地通过长江连为一体，实际上构成了湖南北部的一道屏障。如此看来，湖南确为一个较为独立的地理空间。更为独特的是，在湖南中部从南到北突起着一条雪峰山脉，向南穿过南岭、向北直抵洞庭湖南岸，与洞庭湖水网湿地一起将湖南分开为东、西两半，且雪峰山脉峰峰相连，从北至南几无缺口，完全阻断了东、西两侧的交通。在无现代化交通工具的时代，唯一的通道就是沿洞庭湖南岸与雪峰山脉北端之间的狭窄地带。故此，在历史上多数时期，东、西部对外交流的主要对象不是彼此之间而是湖南境外的其他地区，即使在当代，湖南东、西两部在语言、饮食、风俗习惯等诸多方面仍存在明显的差别。

这是湖南先秦文化空间格局“东西分野”的根本原因。

湖南先秦文化空间范围在东西分野的大框架内呈南北向分布的主要原因亦为地理环境所致。境内湘、资、沅、澧四大水系基本上从南往北最后流入洞庭湖。由于境内中央为雪峰山脉，东、西两面又有罗霄山脉和武陵山脉，湖南的东、西两部分境域均呈南北狭长形，东西方向上纵深很短，不可能为人类文化提供较大的生存空间。另一方面，最适宜古代人类集中居住的地域往往为水系干流所在的盆地和宽谷地带，这些宜居地与河流走向一致，必呈南北向分布，这就决定了湖南先秦地域文化在“东西分野”总框架下“南北进退”的格局。

除地理环境外，文化之间的交流当然也是影响文化空间分布的因素，有时还是决定性因素。如果某一文化相对于周邻其他文化的优势特别巨大，足以突破地理环境的局限，自然可以成为决定文化相互间空间布局的主体，这种情况在秦汉以后已屡见不鲜。就湖南先秦文化而言，与境外文化之间的互动或者境外文化的直接进入固然对境内文化空间格局的形成及演变起到了一定的推动作用，但总体上不仅未能突破地理环境的局限，且多数时期很大程度上受到了地理条件的制约。例如，整个先秦时期，湖南东、西部地区的对外交流主要通过自然障碍较少的洞庭湖两侧往北进入江汉平原地区，其次是由南岭山区的河谷地带通往珠江流域。正因为如此，从史前时期后段开始，来自江汉平原或中原地区的强势文化从北边进入湖南后一步步向南推进，此为湖南先秦文化空间格局“南北进退”的又一原因。

注　释

[1] 袁家荣：《湖南旧石器文化的区域性类型及其地位》，《长江中游史前文化暨第二届亚洲文明学术讨论会论文集》，岳麓书社，1996年。

[2] 该类遗存目前尚无统一名称，为叙述分布，笔者暂名之为“八十垱下层遗存”。同类遗存还见于澧县宋家岗、临澧华垱、竹马等地。这些遗存的年代均在距今1万年以上，不少学者将其作为旧、新石器时代过渡时期的文化看待。参见裴安平：《湘西北澧阳平原新旧石器过渡时期遗存与相关问题》，《文物》2000年第4期。

[3] 以永州市零陵区望子岗遗址第一期为代表的遗存，年代相当于新石器时代末至商代前期，参见杨难得：《湘江中上游地区商周时期考古学文化研究》，湖南大学岳麓书院硕士学位论文，2012年。

[4] 向桃初：《长江流域“原史时代”概论》，《考古与文物》2012年第1期，第43～47页。

[5] 杨难得：《湘江中上游地区商周时期考古学文化研究》，湖南大学岳麓书院硕士学位论文，2012年。

（原载于《湖南大学学报（社会科学版）》2012年第3期）

湖南商周青铜礼仪及相关问题探索

湖南出土商周青铜器一直以来都是国内外学术界感兴趣的课题，特别是在炭河里城址发现之后，更成为学界同仁非常关注的热点。迄今为止，学界关于湖南商周铜器的研究论文和专著达数百篇，参与学者数十人，涉及的内容从单件标本的年代、产地、制造工艺、装饰艺术，每一类器物的演变序列、文化属性，上升到铜器群整体的宏观研究，以及与此相关的湖南商周青铜文明、湖南的青铜时代等问题，呈现出不断全面和深入的态势。然而，青铜器本身的研究远不是我们的终极目标，其背后的人类社会、思想文化等才能基本满足我们的探索欲望。本文试从青铜礼仪的角度对湖南商周铜器群进行分析，并在此基础上对湖南商周时期的社会结构、管理方式及宗教信仰等问题做力所能及的探讨。

传世文献对湖南商周历史的记载极少，如果仅以文献来谈湖南商周时期的社会状况，可以说基本无望！好在自20世纪前半叶以来湖南境内出土了大量商周时期的青铜器，目前总数已近千件，这是我们探秘湖南商周社会的希望之光。那么，怎么来探索呢？笔者以为从青铜器所反映的社会礼仪切入至少应该是一个值得一试的途径，这项工作此前还没有人做过。

当然青铜器并不能直接告诉我们当时的社会礼仪如何，但是作为当时人类最先进的技术成果，青铜器一定会成为彼时社会礼仪的物化载体，即青铜器曾经在湖南商周社会礼仪中扮演过重要角色，这是我们赖以研究的前提。另外，中原地区因有大量历史文献，其商周社会的基本状况较为清晰和丰富，而且中原地区青铜时代的考古工作开展较早，成果斐然，其青铜礼仪与社会结构的关联已经取得了高度共识。那么，将湖南商周青铜器所见之青铜礼仪与中原地区进行比较，考察它们之间的异同，再参考中原地区商周社会的基本情况，至少可以对湖南商周时期的社会结构、管理模式及宗教信仰等问题进行粗略的估计和推测，这是本文研究的基本思路。

一、“礼”的形成——中国古代的礼

所谓“青铜礼仪”，是指青铜器在当时社会礼仪中的表现方式，这种表现方式逐渐固定并形成较为严格的制度，就是我们通常所说的“青铜礼制”。要研究青铜礼仪，需先搞清楚什么是“礼”和“礼仪”。

关于“礼”，古人早有论述。东汉刘熙《释名》中说：“礼，体也。言得事之体也。”大致是说，礼是一种规范或规则。我们现在表示某件事处理得当或合规矩，也称“得体”。《礼记·仲尼燕居》篇也说：“礼者何也？即事之治也。君子有其事必有其治。治国而无礼，譬犹瞽之无相与，伥伥乎其何之！譬如终夜有求于幽室之中，非烛何见？若无礼，则手足无所措，耳目无所加，进退揖让无所制。”从这个意义上讲，礼是出于社会的整体利益要求人们共同遵守的行为准则和道德规范，它是人们在长期共同生活和相互交往中逐渐形成的，并以风俗、习惯和传统等方式固定下来。礼和礼仪的关系为，礼是核心内容，而仪是礼的外在表现，两者一般不能绝对分开。

礼是如何形成的呢？

学术界普遍认为，礼的出现与人类对神的崇拜和祭祀有关。郭沫若在《十批判书》中指出，大概礼之起起于祀神，故其字后来从“示”，其后扩展而为对人[1]。东汉许慎《说文解字》亦云：“礼，履也，所以事神致福也。”意思是履行你对神的承诺（即践约），以此来侍奉或讨好神灵，以求得神的护佑。今天我们许多人到寺庙里去烧香敬菩萨，先许愿，如果灵验了，还要再去还愿，否则菩萨会怪罪，就不再保佑你了。远古人类生产力水平低下，受大自然制约的程度很高，自然界中各种对人们生存和生活作用巨大或者有威力的事物都会受到人类的崇拜。出于自身生存和繁衍的强烈愿望，人类希望借助大自然的力量造福于己，于是就创造了各种各样的神，并通过对神的祭祀来表达自己的愿望和崇敬之意。最早创造的大概有太阳神及风雨雷电和各种凶禽猛兽之神，这时的神仙世界是诸神各显神通，不相统属，在学术界被称为“多神教”阶段。后来由于生产力和社会组织管理水平的提高，人类的能力显著增强，会出现人格之神（即祖先神，一般以英雄人物为原型创造而成）。马克思主义历史唯物论认为，人的意识形态是由其生产力、生产关系和上层建筑决定的。因此，神仙世界的构成脱离不了当时人类社会结构的发展状况，神的世界实际上就是人的世界的翻版。随着人类社会组织的进步，神的数量会越来越多、分工越来越细，其结构层次也会越来越复杂。当人类社会出现拥有绝对权威的“王”或“帝”之后，神仙世界中也会出现至高无上的神来统辖其他诸神，在学术界，这个时期被视为“一神教”阶段。人们创造神的目的当然是要神为己所用。这就需要与神沟通，表达自己的愿望，还要取悦于神，如果愿望实现，要答谢神的帮助，这一切均需通过祭祀仪式来实现，故祀神是古代社会最重要的政治活动。《左传·成公十三年》中说："国之大事，在祀与戎。"即祭祀和打仗，是一个国家最大、最重要的两件事，而且祭祀排在首位。所以说，祀神是人类最初的礼仪活动，为"礼"之源。

在祀神活动中，根据祭祀对象的神格差别，会选择不同的祭祀方式即仪式。在仪式中，会使用各种道具，这些道具可称为"礼器"，还有献给神的各种祭品，可称为"礼物"，其中有生命的物品，在我国古代被称为"牺牲"。为了尽可能地取悦神灵，人们会用当时最好的东西作为礼物，以最珍贵的材料、最先进的技术、最优美的形态、最华丽的色彩，制成具有各种功能的礼器，并以最宏大的规模、最隆重的场面来举行祭祀仪式。所有这些都可统称为"礼仪"。在不同时期，人类社会生产力发展程度和社会组织结构有别，神仙世界的结构也不一样，祭祀的对象、所用礼物和礼器、仪式形式都会有所差异。所以，某一个人类社会礼仪的内容和形式可以反观其社会政治结构、社会管理方式及宗教信仰等各方面的情况，青铜礼仪当然也不例外。

在中国古代，"礼"的出现应该很早。传世文献记载，夏商周时期已有非常成熟和系统的礼制，涵盖当时社会的各个领域，统称"五礼"。祭祀之事为吉礼，冠婚之事为嘉礼，宾客之事为宾礼，军旅之事为军礼，丧葬之事为凶礼。其中吉礼最重要，包括祀天地和祭人鬼两大类。前者属自然神，后者为祖先神，两者的祭祀有差别。祭祀自然神一般以玉器、丝帛等为祭品，而祭祀祖先神则用牺牲、酒醴、百谷等。夏商之前的三皇五帝时期，祀神之礼就已经产生。《山海经》中载有黄帝作礼祭神驱鬼的故事，《吕氏春秋》中也有颛顼作礼乐祭上帝的情节。《通典·礼序》卷四十一云："故自伏羲以来，五礼始彰。尧舜之时，五礼咸备。"从考古材料来看，礼器至迟于距今六七千年前已出现。湖南境内的高庙文化和汤家岗文化遗存中发现的戳印或刻划太阳、八角星、獠牙兽面、凤鸟等纹饰的白陶器以及黄河流域仰韶文化绘有人面纹、鱼纹等的彩陶器，做工精致，显然不是普通的日常生活用器，应是祭祀神灵所用之礼器，有学者称之为"神器"。良渚文化所见大量玉璧、琮、钺等，形态规范，已成定制，是非常成熟的礼仪之器，且多出土于大型墓葬中，表明在新石器时代晚期已经形成以玉器为代表的礼仪制度，玉礼器已成为当时社会中等级、地位和权力的象征物。进入青铜时代，虽然此前的玉礼器传统被延续下来并仍然承担一定的礼仪功能，但青铜器作为材质最珍贵、制作技术最先进、外观最优美、使用效果最好的人工产品，取代玉器成为最具代表性的礼器，广泛使用于包括祀神在内的各种社会活动中，并形成了一套较为完备和严格的制度。在夏商周三代，青铜礼器不仅成为社会政治秩序的象征，也是当时国家政权的象征。《汉书·郊祀志》载："禹收九牧之金，铸九鼎，象九州。"《孟子·梁惠王下》亦云：灭人之国，必"毁其宗庙、迁其重器"。

二、中原地区青铜礼仪发展与演变

我国中原地区的青铜礼器出现于二里头文化时期，年代相当于夏代后期。这一时期的青铜礼器种类和数量均较少，按实用功能可分为容器、乐器和仪仗器三类。其中容器类可细分为炊食器、酒器、水器等。炊食器仅见炊器鼎1种，不见食器。酒器有爵、角、斝3种，均为饮酒或温酒器，未出现大型储酒器。水器仅见盉。乐器类仅见铃。仪仗器有兵器戈、戚及牌饰等。看似简单的数种青铜礼器，已经初现此后整个商代青铜礼仪的基本特征，如容器为主要礼器，其中又以酒器为核心，仪仗器地位也较高，还有乐器。可见夏商时期青铜礼仪主要用于祖先神的祭祀，且在祭祀仪式中大量用酒。青铜仪仗器的出现，似可再现当时祭祀仪式的庄严肃穆。当然，此时的青铜礼器制作工艺还较低，器表几乎没有装饰，器物形态均仿自日常生活中使用的陶器。表明青铜礼仪在当时还处于初始阶段。

商代早、中期，青铜礼器较二里头文化时期有较大发展。主要表现为：礼器种类和数量大大增加，如炊器增加了鬲、甗，新见食器簋，水器盘，酒器新增尊、罍、觚、壶等，仪仗器除戈外，新出现钺；器表多装饰兽面纹，并形成相对固定的范式。

商代晚期，中原地区的青铜工业臻于顶峰，青铜器在当时礼仪方面的表现也达到了极致。一是青铜礼器的种类齐全、数量巨大，除前期所见各种器类外，又新增炊器分裆鼎，酒器卣、瓿、方彝、觚形尊、觯、觥，水器盂，乐器编铙及车马仪仗器等；二是青铜礼器的装饰艺术登峰造极，以兽面纹为主题的传统理念占据了青铜礼器的装饰艺术领域，也显示出崇尚神秘、浪漫的时代精神。

西周早期青铜礼器的主要变化是酒器的地位开始让位于炊食器，商代礼器的核心成员觚基本不见，爵、斝、尊的数量大为减少，但总体上仍延续和继承了商代晚期的传统，器类多而庞杂，纹饰繁缛，兽面纹依然是当时的主要装饰题材。

从西周中期开始，中原地区青铜礼器无论在器类组合、装饰风格还是搭配方式等方面均发生了前所未有的变化，体现了西周早、中期之间中原地区青铜礼仪的巨大变革。主要表现在以下几点。

（1）炊食器鼎、簋等替代酒器成为礼器组合的核心。商代晚期至西周早期流行的大量酒器如觚、爵、斝、觯、方彝、觥、卣、尊、罍等已非常少见或消失，而新出现簠、盨等食器。

（2）礼器组合器类减少，但搭配稳定，整齐划一，充分显示出较为严格的礼器使用制度。如一般使用奇数的列鼎和偶数的列簋，外加两件酒器壶、水器一盘一匜一盉、成套的乐器钟与镈及车马仪仗等。与此前礼器种类庞杂、搭配无定制的特点有明显区别。

（3）器表装饰风格普遍趋于简洁、明快，有别于此前繁复陈杂的特点。装饰题材以龙、凤为主导，新出现窃曲纹和几何形的波带纹、重环纹等，兽面纹装饰理念明显淡出。纹饰的表现手法也明显呈现程式化和图案化。

这些特点表明了从西周中期开始中原地区青铜礼制的成熟，青铜礼器已经在制度上成为当时社会政治秩序的象征物，真正发挥着社会政治管理的职能和作用，这与史籍中周公制礼作乐的记载是吻合的。故《论语·八佾》篇载：“子曰：‘周监于二代，郁郁乎文哉！吾从周。’”

三、湖南商周青铜礼仪及相关问题

湖南境内出土的商周铜器内涵非常复杂，从文化面貌来看有商文化、周文化、江汉平原地方文化和湖南本地土著文化等多种不同文化传统，产地有中原地区（仍可分为商文化中心区和周文化中心区）、江汉平原和湖南本地等，虽然这些不同文化传统和产地的铜器应该同属于湖南境内商周时期某一阶段的某一支人群集团或文化，但并不能认为它们都能体现湖南本地商周时期的青铜礼仪，也就是说，这些不同产地和文化面貌的铜器类别对于研究湖南商周青铜礼仪而言，其材料价值和地位应该是不一样的。因此，在根据湖南出土商周青铜器来探讨湖南商周时期的青铜礼仪时首先应该思考下面两个问题。

第一，湖南本地铸造的青铜器可能才是我们考察湖南商周青铜礼仪的主要对象，而外来铜器很有可能因为脱离了原来的文化背景而丧失其原有的礼仪功能。所以，对于外来铜器，首先应该深入考察其在本地是否仍然发挥了礼仪功能，如湖南出土的中原产铜器等在本地是否仍然作为礼器使用，如果不是，则不能体现湖南商周时期的青铜礼仪。因为中原与湖南两地在宗教信仰和社会结构等方面可能存在的差异，会导致中原文化的青铜礼器不适用于本地社会的礼仪活动，湖南本地的祭祀对象和祭祀仪式可能与中原地区完全不同而根本不需要使用这些异族的青铜礼器。《左传·成公》云：“非我族类，其心必异。”由于文化传统不同，来自中原的青铜礼器在湖南有可能只是作为一种财富被收藏或埋藏。

第二，即使是湖南本地铸造的青铜器，也要对其社会功能进行具体分析，需要确定其中哪些属于礼器以及它们在当时本地社会礼仪中的地位如何，只有这样，才能揭示湖南商周青铜礼仪的主旨。因为湖南本地铸造的青铜器也有不同类别，它们可能并不一定都是作为礼器使用的，而且即使是作为礼器使用，各自的地位也会不尽相同。

从这两点出发，通过对铜器出土相关情况的考察，我们没有找到来自中原或其他地区的青铜礼器在本地用作礼器的正面证据，而反面证据却不少见。例如，许多中原文化礼器的埋藏性质为窖藏而非墓葬，而且被埋藏时器内往往有其他小件铜器或玉器。笔者以为这些窖藏的性质不是以往多数学者所认为的祭祀坑，而是财富匿藏坑。

现罗列如下。

1959年宁乡黄材寨子山出土的兽面纹铜瓿，内藏小铜斧224件。

1963年宁乡黄材炭河里遗址附近沩水河滩上发现的“癸冉”提梁卣，内藏玉器1170余件。

1970年宁乡黄材王家坟山出土的“戈”卣，内藏玉器320余件。

1985年衡阳市郊杏花村出土的“戈作宝彝”提梁卣，内藏玉器170余件。

1986年双峰县金田乡月龙村出土的鸮卣，内藏玉器5件。

1984年新邵县陈家坊出土的铜瓿，同出两周之际的越式鼎3件、春秋铜豆1件、铜翣2件及玉环等。

前5例青铜礼器中埋藏时内藏工具或玉器，且玉器均为装饰用玉而非玉礼器，后1例埋藏年代为春秋中期以后，各类不同时代的器物埋在一起。这些例子的埋藏性质虽不排除是墓葬的可能，但肯定不是祭祀坑，最大可能是财富匿藏坑，其中出土的中原文化青铜礼器显然是作为财富而非礼器被埋入的。

另外，在宁乡炭河里、望城高砂脊等地西周墓葬中，许多来自中原及本地仿造的中原类型青铜礼器多为部分残片而不是整器下葬。很明显是以这些铜器残片象征财富，如果视为礼器，断不致如此。因为只有在不被视为礼器的情况下，一件完整青铜器和一块铜器残片的财富象征意义才能等同。

湖南本地铸造的青铜器可以大致分为三组。

第一组是仿中原式青铜礼器，以鼎为主，目前已见数十件，其他卣、尊、罍、簋、盉等，数量极少，可见当时本地仿制中原礼器并不是要作为礼器使用，而是别有他用。鼎虽为中原礼器之核心，但需与其他器类搭配使用，方能成“礼”。所以，笔者认为就算是湖南本地社会想效仿中原之礼，也不是全盘接受，而是有所选择的。况且，这些鼎中除极少数与中原商代晚期和西周早期铜鼎基本相同外，绝大部分标本都多少有些变异，数量最多是地方特色浓厚的所谓“越式鼎”。它们一般体形很小，胎壁很薄，足内侧为空槽或瓦足，这是尽量节省铜料的做法。铸造工艺也非常草率，铸造缺陷较常见，事后也不进行打磨，如果是礼器会这样粗制滥造吗？而且这些铜鼎底部多见烟炱，早有学者推测其为日常生活中的实用器。

第二组是乐器，包括铙、镈、甬钟等器类。尽管湖南出土青铜甬钟中的所谓“乳钉界格钟”“阴线界格钟”[2]可能是受到中原西周甬钟的影响出现的，但为本地铸造当不成问题。本组铜器中，铙的数量最多，据不完全统计，目前所见南方铜铙150件左右，而确定为湖南境内出土的70余件，其他不明出土地点的，许多与湖南出土的铙基本相同，亦有可能是从湖南境内流出的。这些铙多数体形硕大，重量一般达数十千克，最重者超过200千克，粗略估计湖南出土铜铙的总重量已超过3000千克，如果加上10多件镈、40多件甬钟，总重量已接近4000千克。现代矿产资料显示，湖南境内铜矿储藏量很小，品位不高，埋藏深，开采价值有限，应该说在当时的技术条件下开采难度很大或不能开采。那么，湖南境内铸造如此多的大铙，其铜料需从境外进口（应该来自江西或安徽境内），必将耗费巨大的社会财富。湖南先民在铸造铙等青铜乐器时，似乎毫不在乎铜料的消耗，一件比一件大，但在铸造中原礼器铜鼎时却非常吝啬，想尽办法节省铜料。可想而知，大铙等乐器才是湖南商周社会最重要的青铜礼器，其在当时社会礼仪活动中的地位和作用是不可替代的。

第三组是动物造型铜器，包括尊、卣、觥等器类，目前所见有四羊方尊、双羊尊、象尊、猪尊、牛觥、虎卣等，均为酒器。本组铜器过去均被断为商代晚期器，但越来越多的证据表明它们的铸造年代为商末周初或西周早期，笔者认为它们最有可能是湖南本地西周早期的制品。本组铜器有两大特点：一是造型设计上大气磅礴，器表装饰神秘诡异，给人以强烈的视觉冲击和心灵震撼；二是制作工艺异常细致、精湛。这样的作品从构思设计到整个铸造过程都一丝不苟、精心掌控，工匠们所花费的时间、精力、心思应该非同一般。这充分说明，本组铜器也是当时社会礼仪中非常重要的礼器。

如此看来，商周时期湖南地区的青铜礼器主要是以铙为代表的乐器和动物造型的铜器，中原文化的传统礼器炊食器（鼎、簋）、酒器（觚、爵、斝等）在本地可能未被作为礼器使用，至少不是必需的或最重要的礼器，表明湖南商周社会的青铜礼仪与中原地区有很大差别。根据以上情况并参照中原地区青铜礼仪的已有认识，我们对湖南商周青铜礼仪做如下推测。

（1）湖南商周青铜礼器以乐器铙、镈、钟为主，特别是铙，数量多，造型及装饰较为统一，说明其使用相当普遍。其次是动物造型的尊、卣、觥等，它们均为酒器，从器形、装饰和工艺等特点分析，它们属于湖南青铜礼器中的高大上者，使用者的级别应该很高。

（2）青铜礼器的使用范围主要为祭祀，可能并未用于随葬及其他社会生活领域，不像中原地区青铜礼器已经使用于社会生活的各个方面，目前湖南出土的青铜乐器及动物造型铜器还没有可以确定为墓葬出土者。其中最主要的原因，笔者想是受制于青铜礼器的数量，毕竟铸造青铜器会耗费不少的社会成本。

（3）湖南商周青铜礼器器类简单、功能单一，只有乐器和酒器，缺乏中原青铜礼器必备的食器、水器、仪仗器等。

（4）从礼器的实用功能来看，其祭祀的对象应与中原地区有别。铙、镈、钟都是打击乐器，尤其是铙，声音洪亮而悠长，应该是通神的道具，且多出土于山顶，可以想见其沟通的主要是自然神，如天神、山神等。动物造型铜器既可以是盛酒的礼器，也可以是巫师通灵的助手，而酒又是祭祀巫师通灵前的必备之物，因为醉酒可以使巫师的大脑神经进入非正常状态，达到忘我非人的通神效果。再加上没有炊食器，我们判断当时祭祀的对象是自然神而非祖先神。

（5）从各类铜器出土数量和埋藏情况来看，湖南的青铜礼器尚未形成固定的搭配组合，更未形成严格的礼器制度。礼器的使用可能相当随意，可能只要有乐器就可以了，未必需要一定的组合。乐器的使用数量也不固定，可以单件、两件或更多。

（6）祭祀地点应该多在旷野如山顶、河边等，不像中原地区以在庙堂中祭祀为主。目前发现的铜铙一般出土于山顶或河边，估计是在出土地点附近举行祭祀后埋下的。这样，祭祀的规模应该有限，仪式过程也应比较简单。

（7）通过祭祀活动，湖南的青铜礼器无疑在当时的社会管理中起到了一定的辅助作用，但应该没有像中原地区青铜礼器那样成为规范社会政治秩序的象征物，更未成为国家政权的象征。

根据以上特征，下面试就湖南商周社会的政治结构、管理方式及宗教信仰等问题略做如下推断。

前述中原地区青铜礼仪可以分为两个大的阶段，夏商至西周早期，青铜礼器以酒器为核心，辅以食器、乐器、仪仗器等，器类庞杂，搭配无定制，装饰风格崇尚神秘、浪漫，而从西周中期开始，青铜礼器以食器为核心，辅以酒器、乐器、仪仗器等，器类简单但搭配固定，且以成列成套的方式表现，整齐划一，装饰风格上程式化、图案化、生活化，这是青铜礼制成熟的标志。从政治角度考虑，我们认为从西周中期开始，世俗政治已居于当时社会政治的主导地位，而前一阶段可能仍处于政教合一的阶段，即广义上的宗教在当时的社会管理中尚发挥着巨大作用，故在青铜礼器方面表现出神秘主义和浪漫主义特色，而后一阶段的青铜艺术明显表现出现实主义和人文主义风格。这种转变与商、周社会政治形态是吻合的。商王朝是以商王国凌驾于其所征服的族邦之上为主要政治构架，而周王朝是以姬周王国的内部分封制为主要政治构架，两者的社会管理方式应有不同，后者用宗法制可以做到，而前者仍需要借力于宗教。

湖南商周青铜礼仪所反映的社会政治结构与中原地区夏商时期相对接近但又有区别，而与中原西周中期以后的状况相差甚远。

首先，湖南商周青铜礼器以乐器为核心，少见中原地区祭祀祖先神的主要礼器酒器和食器等，而可能为本地铸造的酒器如动物造型类铜器又凸显与自然界的密切关系，说明当时湖南民众对神的崇拜还处于以自然神为主的阶段，这是生产力落后和人类改造自然能力较低的反映。当时的社会管理还更多地借助神的力量来实现，而且是神秘莫测的自然神，反映宗教（确切地讲是巫术）在当时湖南地区的政治活动中占有相当重要的地位。

其次，湖南商周青铜礼仪形式简单、随意，缺乏复杂的程序和严格且完善的礼仪制度；同时青铜礼器所使用的范围还可能较窄，不像中原地区已经广泛使用于除祭祀以外的宴飨、婚嫁、丧葬等领域。表明了湖南商周时期社会生产力的总体水平较低，社会组织结构和政治管理水平较中原地区相对落后。

最后，本地铸造的青铜礼器上不见中原青铜礼器常见的族徽铭文或符号，可能当时湖南地区还没有自己的文字。如此，则社会管理的实施能力有限，这不仅反映了当时社会管理水平的落后，也说明当时人们对于人文祖先神或族的文化认同需求并不强烈。祖先神的出现与人类征服自然能力的大大提高及通过认祖归宗来加强社会群体的凝聚力、达到社会稳定、共同抵御自然灾害和外来威胁的需求有关。湖南境内自然地貌复杂，山多地少，不适宜人类大规模集中群居，但每个小自然地理区域内资源相对丰富，可基本满足小规模居民起码的生存需求，因而缺乏群体之间大规模协作共同抵抗自然威胁的条件和动机，因为再怎么协作也无能为力，而不作为也能苟安，顶多求求神保佑，一切都听天由命，这就是老子所讲的“小国寡民”的境界。

综上，我们将湖南商周时期的社会政治形态概括为巫政合一，即巫术在当时社会政治结构中居主导地位，而世俗政治地位较次，社会管理的职能主要通过巫术来实现，社会公共权力集中于巫师集团手中，而国王或酋长就是最大的巫师。

关于湖南商周时期的宗教信仰和祭祀礼仪，除了上文从青铜礼仪角度所能进行的探究外，传世文献中也能搜寻到一些蛛丝马迹。汉王逸《楚辞章句·序》云：“《九歌》者，屈原之所作也。昔楚国南郢之邑，沅湘之间，其俗信鬼而好祠。其祠，必作歌乐鼓舞以乐诸神，屈原放逐，窜伏其域，怀忧苦毒，愁思怫郁。出见俗人祭祀之礼，歌舞之乐，其词鄙陋，因为作《九歌》之曲。上陈事神之敬，下见己之冤结，托之以风谏。故其文意不同，章句杂错，而广异义焉。”这段记载里说，在楚国南方的湖南地区（沅湘之间），当地习俗信崇并敬奉鬼神，祭祀之时会唱歌跳舞、击鼓为乐，但其所唱歌词比较简陋、原始、低俗，不能登大雅之堂。这段记载讲的是屈原所在的战国时期，推测此前的商周时期也会和这种情况差不多或者更原始。可以想象当时祭祀时的情景是：在部落中心广场或荒郊野外空旷之地或视野高远离天最近的高山之巅，乐师击鼓撞铙，巫师奇冠异服，手舞足蹈，口中念念有词，作法通神，众人和之，凸显出一种原始、野性之美，与中原地区在庙堂之中仪式复杂、气氛庄严的祭祀场面应该大不相同。现藏日本京都泉屋博古馆可能出土于湖北或湖南一带的商周青铜鼓上有一幅神人图，其形象为头插两支长羽毛，双手上举，双腿弯曲下蹲。活脱脱就是一个正在作法的巫师形象（图一）[3]。

商周之时的湖南先民所信奉和祭祀的诸神到底有哪些，我们已无法知晓，但可从《楚辞》《山海经》等文献记载及战国楚墓出土的帛书、帛画中略窥一斑。

图一　日本京都泉屋博古馆藏铜鼓照片及拓片

《楚辞·九歌》中的神灵众多，号称“百神”，这些神灵包括天神、地祇和人鬼，前两者为自然神，后者为祖先神。

天神有东皇太一，是地位最高的天神。王逸注云：“太一，星名，天之尊神，祠在楚东，以配东帝，故曰东皇。”战国楚简所见祷词神祇的简文中，“太一”均排在首位（如湖北荆州望山1号墓、包山1号墓出土战国楚简等）。马王堆3号汉墓出土的帛画《太一出行图》中“太一”也明显居于主神地位[4]。可见在当时湖南人的精神世界中，虽神灵庞杂，但已有地位高低之分，推测当时湖南地区的神灵崇拜处于多神崇拜向一神崇拜的过渡阶段。

除东皇太一外，天神还有东君、云中君、大司命、少司命等。东君是太阳神，云中君是云神，大司命和少司命为星神，掌管人的寿夭生死，为生命之神。中华人民共和国成立前长沙子弹库楚墓出土的帛书上还有十二月神的形象。

地祇有湘君、湘夫人、河伯、山鬼等。

人鬼是指为楚国死去的英雄们。

总的看来，《九歌》记述的神祇以自然神为主，虽然它们已多少具有了一些人格，但自然属性仍是它们的主要特征，而且，这还是战国晚期的情形，楚人进入湖南之前的商、西周、春秋时期肯定会更加原始一些。这与上文对湖南商周青铜礼仪的分析结果不谋而合。

注　释

［1］　郭沫若：《十批判书》，人民出版社，2012年，第73页。

［2］　向桃初：《湘江流域商周青铜文化研究》，线装书局，2008年，第283～289页。

［3］　中国青铜器全集编辑委员会：《中国青铜器全集·商4》，文物出版社，2006年，图版一七九。

[4] 湖南省博物馆、湖南考古研究所：《长沙马王堆二、三号汉墓·第一卷田野考古发掘报告》，文物出版社，2004年。

（原载于《湖南省文物考古研究所建所三十周年纪念文集》，科学出版社，2016年）

（三）青铜器研究

湖南商代铜器新探

20世纪20年代开始至今，湖南各地陆续出土的商周青铜器已有数百件之多，其中可断为商代的亦近百件，这些造型生动、气势恢宏、纹饰精美、工艺高超的青铜制品，在过去一直被认为是蛮风未化的湖南地区出土。80年代以来，学术界不乏有识之士对湖南出土的商周铜器产生兴趣，但囿于材料自身特点和外部条件，多仅限于对材料的收集和简单分类，未做更深入的探讨，致使湖南商周青铜器的性质及相关诸问题长期以来悬而未解。近几年来，江西新干和四川广汉大批商代铜器群出土面世，表明这两个地区商时期中心政治实体的存在。那么地处川西平原和赣江流域之间且又出土了众多商周铜器的湖南三湘四水有商一代的青铜文化又当如何？这是摆在所有致力于湖南商周考古研究者面前的一个重大课题。笔者不避才疏学浅，斗胆尝试对湖南出土的商周铜器进行研究，本文中的一些观点和提法多悖于前辈学者的经世之论，实非为标新立异，意在引起学友同仁从不同角度加深对湖南商周青铜器问题的讨论，疏漏之处难免，敬请不吝赐教！

一、湖南商代铜器的分区及其意义

拙作《湖南湘江流域商周时期古文化初论》[1]（以下简称《初论》）一文中，曾将湖南商周时期古代文化以湖南中部东北—西南走向贯穿全省的雪峰山脉为分水岭划分为东、西两区。东区以湘江流域为主，含资水流域和洞庭湖东岸地区，并以“湘江流域”概称，本文亦沿用。西区包括澧水、沅水两河流域，从目前已知陶器文化的面貌来看，这样的划分是恰当的。当然东西两区内还可细分出许多亚区，例如，西区可大致分为澧水中下游—沅水下游区、澧水上游区、沅水中游区、沅水上游区等。东区也可大致分为湘江、资水下游—洞庭湖东岸区、湘江中上游区、资水中上游区等，这还需要大量的实际工作来证明，在此不做详述。

从铜器出土地点的分布来看，东西两区的划分更有意义。西区，商代铜器仅于代表本区商周时期古文化最高水平的澧水中下游—沅水下游区的石门、桃源、津市三地有少量出土，共计11件，其中商代前期的石门皂市[2]遗址出土6件，分别为镞、锥各2件；簪、钩各1件。商代后期5件，分别为石门出土的兽面纹提梁卣[3]、“父乙用享”簋[4]、桃源出土的“皿天全”方彝[5]（仅存盖，器身。流失域外，下落不明）和津市出土的爵、觚各1件[6]，湖南商代铜器主要出土在东区，《初论》附表二（见注[1]）统计有54件，另外商代前期岳阳铜鼓山遗址出土5件（含镞3件，削、泡各1件）[7]，宁乡县老粮仓乡粟山坡最近出土铜铙10余件[8]，新宁县出土的铜鼎1件[9]，总计70余件。1959年宁乡黄材寨子山出土铜瓿内所藏224件铜斧年代尚存争议，笔者也认为其年代为西周或稍后，故不计入此列。这70余件铜器除岳阳铜鼓山出土的5件属商代前期外，余均属商代后期，多数为殷墟文化晚期，分布于东区六个地市二十余县，最南端达到与广西交界的新宁县，主要集中于湘江下游地区。铜器的器类有鼎、鬲、甗、尊、瓿、罍、觚、爵、卣、觯、盉、角、钺、戈、矛、刀、削、镞、铙等，其中不少为国内知名的一级珍品，如“人面纹”方鼎、四羊方尊、象尊、牛尊、猪尊、“戈”卣、“虎食人”卣和象、虎纹大铜铙等。

从铜器的文化属性方面考察，东西两区的情况差别明显。西区出土的铜器不仅数量少，且全部为典型的中原商式，皂市遗址商代前期的兵器、工具虽为当地铸造，但样式完全照搬中原商式。无论是商代前期还是商代后期，都未见本区自身特点的青铜制品，更未见东区地方特点之物，这表明西区的青铜铸造技术不但没有形成自己的特色，而且与东部地区也缺乏联系。石门皂市商代遗址的发掘和研究，说明在商代前期湖南西部地区的土著文化已经在接受商文化的影响下掌握了铸造小件铜器的技术。但随着商文化影响的衰弱和消失，这里尚处在初级阶段的青铜冶铸技术没有得到长足的发展甚至中断了，西部地区至今尚未发现西周至春秋前期的青铜器就是明证。直到春秋中晚期以后楚文化的大量涌入，本地铸铜业才得到恢复和发展。毫无疑问，石门、桃源、津市等地出土的商代晚期青铜器都是稍后从中原传入的。

东部地区的商代铜器出土数量多，器类丰富，分布地域广，至少表明商周时期本地与中原高度发达的青铜文化有长期密切的交往和联系，而且从出土的一批西周中期以后的越式铜器可以看到，本地青铜冶铸技术在吸收中原先进文化的基础上得到发展，形成了独具特色的地方青铜文化，这是完全有别于西部地区的。以湘江流域为主的湖南东部地区地处中原商周文化向南扩张的要冲，也是中原王朝与岭南地区联系的主要通道，因而与中原文化交往频繁，受中原文化影响强烈，本地青铜文化也会得到较快的发展。从出土文物概貌不难看出，东部地区商周时期古代文化的总体发展水平要明显高于西部地区，它代表了湖南商周地方青铜文化的最高水平，因此，研究湖南商周铜器应着重于东部地区。过去由于东部地区商周时期古文化遗址方面的工作太欠缺，研究者往往将东西部混为一谈，这是不恰当的。近年来，湖南省在湘江流域相继发掘了一批商周时期文化遗址，如何进一步对这些遗存进行研究，了解它们与本地出土商周青铜器的关系，是解开湖南商周铜器悬案的关键所在。本文分区探索的意义正在于此。

二、东部地区商代铜器剖析

1. 类型的划分

湖南出土的商周铜器以形制和文化面貌来区分，可以分为三类，即所谓中原型、混合型和地方型，此为熊传薪先生首创[10]，但高至喜先生认为宜仅分中原型和地方型两类，将熊先生之“混合型”定为“地方型”[11]，因为定型标准不同，两位先生所定各型内涵也并不一致，如熊先生之“地方型”是指西周以后以变形夔龙纹瓦足鼎、桑蚕纹尊、竹叶状刮刀等为代表的越式铜器，而将高先生认为是“地方型”的铜铙和动物形铜尊统归为“混合型”。所以实际上就湖南出土的商代铜器而言，两位先生都只划分为两类，只是对“中原型”之外那类铜器定名有所区别，这反映了两位先生对此类铜器文化属性认识上的差异。笔者认为，从湖南商代铜器特点的一般逻辑分析，在现阶段某类铜器文化属性尚存歧义的情况下，分为三类似乎更为合适，本文亦定名为“中原型”、“混合型”和“地方型”。

中原型，即从器物造型和纹饰风格来说与中原地区商式青铜器完全一致。内涵与熊传薪先生所定“中原型”相同，包括鼎、甗、鬲、觚、爵、常宁方尊、觯、簋、卣及戈、矛、刀、镞等。此类铜器不仅都可在中原地区找到相同器形，纹样和装饰风格也完全一样，而且不少铜器上铸有铭文和族徽，从铭文的字体风格、铸造部位及族徽的考释等足证它们来源于中原地区商文化。

混合型，即器物造型同中原商式、而纹饰具地方特点，或反之，或各参其半，就是说与中原地区同时期铜器有相同之处，又有不同程度的地方特点。此类铜器包括华容、岳阳县出土的圆尊、罍，宁乡出土的虎食人卣、四羊方尊以及长沙、湘潭、醴陵、衡阳等地出土的各种动物形尊等。

地方型，只有铜铙一种器形，铜铙目前在中原地区基本不见，而在南方出土较多，其中主要出土于湖南东部地区。湖南出土的大铜铙为其他地区所不见，这种铜铙器体大而厚重，器表装饰盛行一种宽大而粗放的兽面纹，并饰写实的象纹、虎纹装饰，这种风格与中原商器差别较大。

中原型青铜器产地在中原地区，其文化属性为商文化，它是中原商人以某种方式带来湖南的，此已为绝大多数学者首肯，但混合型和地方型铜器的文化属性以及中原型铜器的来源方式和来源年代问题还存异议，诚然，湖南商代铜器多是窖藏中零星出土，缺乏地层学年代依据，又缺乏其他共存器物，学界同仁难免见仁见智，但如果真正冲破本位主义和主观臆断的篱笆，实事求是，客观深入地进行研究，上述诸问题可不日雪融冰解。

2. 中原型青铜器的来源方式和东部地区商代铜器的两个类群

湖南东部地区商代铜器除岳阳铜鼓山遗址出土的几件外，多数年代相当于殷墟文化晚期，由晚至殷末周初，从出土地点的分布来看，其基本走向是沿洞庭湖东岸进入湘江下游地区，再沿湘江支流——涟水进入资水上游（夫夷水）直达广西，以此结合铜器本身的类型划分可以发现，资水上游乃至涟水流域出土的商代铜器均属中原商式，不见混合型和地方型产品。联想到广西兴安[12]、武鸣[13]等地出土的清一色商式铜器，我们不得不对这些商式铜器的来源方式问题进行讨论了。

前述中原型铜器产地在中原，铸者为商人，那么流入本地的方式除了传世流入的偶然因素外，不外乎三种方式，如果以铜器所属的商文化相对于地方文化或民族关系而言，分别为伴随商文化军事侵入的“主动方式”、属于相互馈赠或交换的“对等方式”和作为地方文化战利品的“被动方式”。资水上游和广西地区远离商文化分布区，且从陶器文化的面貌中找不到该地与中原商文化的任何联系，所以这里出土的典型商式铜器，既不可能是商文化主动侵入的结果，更不会是战利品，只能是与中原商文化以“对等方式”的馈赠或交换所致。

据研究，安阳殷墟出土的大量龟板和海贝多数产于南海地区，又据近年来在广东东莞[14]、广西合浦、龙州[15]、香港大湾[16]，以及越南永富冯原[17]等地出土的中原夏商时期文化特点的石戈、戚牙璋等的研究，可以证明夏商时期中原王朝与东南沿海地区间的商贸交往是比较频繁和颇具规模的。根据《周礼·春官》的记载，裴安平先生认为：“沿海出土的商代牙璋，当属商王遣使执王命所掌信符，并以求龟、求贝为主要使命。”[18]此论甚为合理，又据何介钧先生研究，沿洞庭湖东岸入湘江，再经涟水至资水上游进入广西西江流域是商时期中原王朝与岭南和南海地区交流的主要通道之一，它不同于新石器时代是经沅水上游入西江，也不同于西周以后是由湘江上游入北江，故沅水和湘江上游至今未发现商代青铜器[19]。如果以上研究无误，那么湖南资水上游及广西兴安、武鸣等地的商式铜器必是商王朝使者沿途通关过卡所行礼节、馈赠给当地酋首的礼物，所以均为典型商器而不见地方特点的产品。如此则地处这条交通线中介地带的湘江下游地区出土的商式铜器中必有部分为商王使者馈赠之物，以馈赠为来源方式的商式铜器是商朝与南方土著民族外交和商贸文化行为的反映，不是商人或商文化主动方式（军事侵入）进入本地的结果。

而以宁乡黄材及周围地区出土铜器为代表的商式铜器则与混合型及地方型青铜器集中出土，且附近多发现有商周时期文化遗址，从遗址的文化面貌看，也多多少少受了商文化一定影响，它们显然不是前述馈赠方式而来的，应与商周时期商文化或某一与商文化关系密切的政治实体的活动有关，同时也可以肯定在这个范围内出土的混合型和地方型铜器也均为该实体所拥有。所以，研究湖南出土的商代铜器除了根据铜器的文化属性划分类型外，还至少可以划分出涵盖于文化属性之上的与文化行为密切相关的两大类群来，它们分别是以资水上游出土铜器为代表的属于商王朝与南方外交和商贸文化行为范畴的类群和以宁乡黄材出土铜器为代表的属于与商文化某一政治实体活动有关的类群，为后文研究之便，可分别简称为“资水上游类群”和“沩水类群”，两个类群的内涵和分布状况是大有差别的，前者仅为典型商式铜器，后者包括中原型、混合型和地方型三类铜器，前者出土地点呈线状分布，而后者则呈片状分布，两者的性质是完全不同的。研究湖南商代青铜器的性质，了解湖南商周时期地方青铜文化的面貌必须对这两大类群青铜器有深刻的认识，并应着重于对后者的研究和探讨，否则会胡子眉毛一把抓，扰乱我们的视线，无助于问题的解决。在实际研究过程中，虽然我们不能将两个类群的铜器清楚地区分出来，但这种区分理论上是成立的。

3. 地方型青铜器的族属与年代问题

铜铙是我国南方商周时期一种颇具地方特色的青铜乐器，目前仅见出土于长江中下游地区数省，中原和其他地区未见。根据高至喜先生统计，现有材料发表的铜铙共计77件，加上宁乡老粮仓粟山坡新出土的12件（其中1件未追回），共计89件[20]。其中湖南出土和湖南博物馆收集的51件、浙江2件、湖北2件、江西8件、安徽2件，其他为国内外其他博物馆所收藏，出土地点不明。关于铜铙的研究，国内学者以高至喜先生的研究最为系统，高先生在《论中国南方商周时期铜铙的型式、演变与年代》[20]一文中，将铜铙分为六大型，其中湖南特有的粗线条兽面纹大铜铙分属A、B型，认为这种大铜铙的年代早于其他各类铜铙，可早到殷墟二期（依张长寿先生殷墟铜器三期说[21]），并力持铜镜的发明者为南方土著民族——越族说，高先生的观点似乎得到了学术界多数学者的认同，但亦有少数学者持不同意见，笔者属后者。

1989年，江西新干大洋洲商代大墓出土的486件青铜器中，有铜铙3件，其共同特点是：器体均不大，通高在45厘米左右，甬部均无旋，钲部正中均有两个隆起的圆形或椭圆形巨目。但纹饰方面各有差异，标本064钲面S形云纹作阳纹，周围布满圆圈纹，鼓部、舞部阴刻云纹。标本066征部阴刻平整的方形勾连云纹，鼓部布满阴刻卷云纹。标本065钲部云纹作阳纹，但在阳铸云纹上每面有十二个凸起的乳钉，排列并不规整。大洋洲商墓的年代根据出土陶器形制的分析定在殷墟二期（依邹衡先生殷墟文化四期分期法[22]）比较恰当，如此则这3件铜铙是目前所知年代最早的铙。罗泰先生通过对大洋洲3件铜铙[23]与湖北阳新白沙刘荣山[24]出土的2件铜铙、安徽潜山出土的铙（现藏安徽省博物馆）[25]及浙江余姚石濑田家畈出土的铜铙[26]等器物形制的对比分析，认为上述几件铜铙均为中国南方铜铙年代较早的标本，并推断铜铙的形制演变趋势是器体不断增大，甬部从无旋到有旋，兽面主题花纹逐渐变抽象，并成为具有成组乳钉（或枚）的标准花纹进而发展为西周时期的甬钟，这些论述是非常正确的。

何介钧先生在新近撰写的《试论湖南出土商代青铜器及商文化向南方传播的几个问题》（见注［19］）一文中，既不赞同高至喜先生的南方铜铙的型式划分和族属推认，也反对殷玮璋、曹淑琴先生所谓江浙型和湖南型的提法[27]，他根据铜铙钲部纹饰明确划分为A、B、C三型，分别命名为“云纹铙”、“兽面纹铙”和“乳钉纹（或枚）铙”。A型云纹铙，是以云纹为主纹，周围辅以圆圈纹，B型兽面纹铙和C型乳钉纹铙都以云纹为地纹，主纹分别为兽面和乳钉。A型有三式，其中湖南宁乡黄材三亩地出土的大云纹铙为A型Ⅲ式，B型有四式，湖南宁乡老粮仓师古寨出土的象纹大铙等属B型Ⅲ式，月山铺大铙、北峰滩大铙等属B型Ⅳ式，C型有四式，湖南湘乡金石黄马寨出土铙为C型Ⅱ式[28]，株洲伞铺铙[29]、栗山坡铙中8件属C型Ⅲ式，株洲昭陵铙[30]属C型Ⅳ式。同时推定A型Ⅰ式、B型Ⅰ式、C型Ⅰ式年代相当于殷墟二期，A型Ⅱ式、B型Ⅱ式、C型Ⅱ式年代为殷墟三期，A型Ⅲ式、B型Ⅲ式、B型Ⅳ式、C型Ⅲ式年代为殷墟四期至周初。如此，则湖南出土的铜铙除湘乡金石黄马票1件年代为殷墟三期外，其余年代均为殷墟四期或晚至周初。

关于铜镜的族属问题，多数学者在认定铜铙的铸地为南方的前提下想当然地认为其族属是南方土著民族——古代越族。熊传薪先生认为，湖南出土的混合型青铜器（熊先生将铜铙划入混合型中）是商人南下湖南后，在湖南吸收地方文化后的产物（见注［10］），实际上首先提出了包括铜铙在内的有地方特色的青铜器的族属为商人的观点，但他未做进一步论证。何介钧先生明确指出，铜铙的主人姓“商”而不姓“越”，理由归纳为：①早期铜铙的出土集中于鄂东南、赣江下游和安徽长江沿岸地区，这个地区距商文化的南方据点盘龙城不远，属中原商文化的迁播范围。②这个地区目前已发现多处商周时期古铜矿，其中瑞昌铜岭铜矿遗址开掘年代始于二里冈下层时期，从二里冈期到西周初为铜矿的第一个开采时期，据铜矿遗址出土文物可认为，这一阶段开探者为商人[31]。③江西商周考古发现和研究表明，在江西境内，商时期同时并存着两种文化类型，即吴城类型和万年类型，吴城类型文化与商文化在铜器和陶器等物质文化面貌上均表现了许多共同性，在相邻地区不可能同时存在同一土著民族而文化面貌又差异迥然的两支文化，因而吴城类型文化只可能是商文化在南方的地方型文化，而不是土著越民族的文化。④南方铜铙的早期形态器体小，均无鏇，纹饰简单，与中原殷墟妇好墓等出土的铜铙[32]形制比较接近，它们之间应有亲缘关系。⑤湖南所见铜铙出土地点的分布与其他商式青铜器出土地点重合，说明铜铙与商式青铜器同为一个文化共同体所拥有，即商人的政治实体所掌握。以上证据足以证明铜铙的铸造者为商人，湖北黄陂盘龙城商王朝南方军事重镇的考古发现，证明从商代前期开始，商王朝为了掠取铜锡矿原料，已非常重视对南方的经营，在长江中游地区，商文化直接控制地区已包括整个江汉平原，南至长江以南的湖南岳阳地区北部，东括鄂东南、皖西及赣北广大地区，至于商文化影响所及范围则更广。南下的商人在中原铜铙的基础上，广泛吸收南方土著文化特点，创造了风格独特的青铜器——南方铜铙，这种铜铙又在西周时期传入关中地区成为中原西周文化的代表乐器，所以南方铜铙是商文化与南方土著文化相结合的产物，其铸造者为商人。

至于湖南出土的铜铙，如前所述，形制都较晚，年代多为殷墟四期以后至西周初期，且湖南出土的大铜铙其他省份基本不见，除如湘乡金石黄马寨铙等少数标本外，多数应为湖南本地铸造，铸者当然为南下进入湖南的商人，湖南铜铙的出土表明：①殷末至周初，有一个商人的政治实体进入湖南湘江下游地区；②南下湖南的商人与商代晚期居留鄂东南地区的商人关系密切或更进一步说同属一个民族集团，随这个商人集团南下的有大量商式铜器，其中有部分混合型青铜器，还有少数的早期形制的铜铙；③商人南下湖南后，其政治实体仍生存了较长一段时间，它们在湖南铸造了大量的铜铙和一些混合型青铜器，可以说，商人南下湖南后是南方铜铙的鼎盛发展时期。至此，混合型铜器的族属问题已无讨论的必要了。

4. 湖南商周青铜器的埋藏性质与埋藏年代问题

湖南商周青铜器可知明确出土地点的不多，它们当中有的出土于山顶、山坡或山脚下，有的出土于小河边或台地上，前者占多数，埋藏的方式绝大多数为窖藏，极个别可能是墓葬，如宁乡黄材栁子山出土的觚，同出的戈、矛、镞等均已散失。窖藏的埋藏性质可以分成祭祀埋藏和财富埋藏两类，从铜器出土地点和伴出其他器物分析，湖南商周铜器中较大部分应是作为财宝埋入地下的。理由是：①祭祀性埋藏需具备几个条件，一是祭祀埋藏地点当在祭祀场所内，祭祀场所需要适当的活动空间，如一定范围的平台或平地；二是祭祀场所应在一种文化群体的主要活动中心，而且一般有较固定的区域。②祭祀埋藏的器具应均为礼器，不应伴埋兵器、生产工具等类器物，宁乡出土的过去被认为是祭祀祖先或山川等自然诸神的铜器，无疑应是一种财富性质的埋藏。例如，炭河里兽面纹卣中有玉珠1000多颗，王家坟山戈卣中有多种玉器300多件，这些玉器多为装饰品，不是礼器。又寨子山铜瓿中有条纹铜斧（或锛）224件，湘潭青山桥窖藏铜器中有铜锸2件，铜斧、锸为生产工具，决非祭祀物品。再就是黄材三亩地云纹铜铙与柳叶形刮刀同出，青山桥窖藏典型商式铜器与越式瓦足鼎同出，两者显然不属于同一种文化族属。还有一点就是祭器应为本部族礼器，不会使用它部族之物，从湖南出土商代青铜器的埋藏年代看，多与铜器本身年代相隔很远，此时铜器的拥有者已多非商人，可能是几易其主，因此它只可能是一种传世的财富，而非拥有者本民族之礼器。

湖南商代铜器的埋藏年代是研究湖南青铜器无法回避的一个问题。铜器是一种耐用品，又是重器，一般来说其铸造年代与埋藏年代之间可以相隔相当长的时间，这期间文化的变迁更替是十分常见和复杂的，如果我们对铜器的埋藏年代不加思索，想当然地认为商代铜器就是商代埋入地下的，目的就是祭祀，未免太过轻率。因为事实上就湖南出土商代铜器的现有材料来看，无一例外可确证其埋藏年代为商代或接近商代，而可肯定埋藏年代远离商代多在西周晚期到春秋时期，甚至迟至东汉的例子则不胜枚举（详见注［1］第79页各例）。还有湖南商代铜器多找不到与同时期文化遗址的联系，个别似有直接联系的如1983年宁乡月山铺转耳仑象纹大铙出土窖坑中有商周时期文化特点的陶片，恰恰证明此窖藏坑打破商周时期文化层，其时代要晚于商周时期。王恩田先生认为湖南商周青铜器共存遗物年代多为西周至春秋中期，又不见更晚的共存物，故埋藏年代的下限多在春秋中期或稍晚，这与此时的社会大动荡有关，很可能是楚人的大规模入侵造成的[33]。此论题有见地。

从湖南商代铜器埋藏年代的分析引出它的来源年代问题，前述中原商式青铜器有两种主要来源方式，第一种馈赠性质的青铜器的来源年代当在商代范围内，但以宁乡黄材为代表的沩水类群青铜器的来源年代是何时呢？从铜器本身提供的信息看，其主要在商末至西周早期，如湘潭青山桥铜器窖藏中，出土了中原商式且属同一民族集团的铜器9件，年代为商末至西周早期，说明其来源年代在西周早期或以后，9件铜器多数铸铭文，有“戈”“”“旅父甲”等，可见湖南其他铭“”“戈”的青铜器来源年代也与这一群铜器大体同时，均应在商末至西周早期这一段时期内，另外，湖南出土的商代铜器年代也多为商代晚期晚段，那么它们来到湖南的年代也应为商末及以后。当然这一推断还需要得到其他各方面尤其是陶器文化方面的佐证。

三、湘江下游商代晚期陶器文化的面貌和性质

湘江下游（含洞庭湖东岸）地区是湖南东部与中原地区联系的窗口，又是中原文化进入湖南湘江腹地的必由之路。为解决湖南出土商周铜器的性质问题，近十年来，湖南省考古研究所和岳阳市文物工作队的同志做了大量的实际工作，相继在岳阳市郊铜鼓山、岳阳县对门山[34]、温家山[35]、樟树潭[36]、老鸦洲[37]、汨罗市玉笥山[38]等地发掘了商周时期古文化遗址，加上1972年岳阳县费家河遗址[39]和1964年浏阳樟树塘遗址[40]的发掘及浏阳社港[41]、宁乡黄材炭河里[42]等地调查材料，对这一地区商时期青铜文化的研究应是水到渠成的时候了。特别是岳阳地区可资研究的材料比较多，地理位置又为湖南东部与商文化交往的前沿阵地，对该地区商代晚期古文化性质的分析，意义尤其重要。

上述诸文化遗存中，年代相当于早商（二里冈期）的仅岳阳市郊铜鼓山和浏阳樟树塘两处，可以说，两处遗存分别代表着两种不同的文化类型，一种是铜鼓山遗址属

于商文化的南方类型——盘龙城类型的遗存，一种是樟树塘明显源于本地新石器时代晚期文化传统的土著文化。

铜鼓山遗址位于城陵矶下游的江边坡地上，文化堆积层不厚且破坏严重，但出土的文化遗物仍比较丰富，根据对出土陶器形制的对比研究，该遗存的文化性质为盘龙城类型商文化。时代为二里冈下层至殷墟文化一期。铜鼓山商代遗存最晚一段出现以高领圜底釜、方格纹束腰内壁设一周箅托且圜底的甗形器、方格纹圈足罐、夹砂罐和折沿广肩的硬陶罐（瓮）等为代表的完全有别于商文化面貌的新的文化因素，可能预示着此时此地商文化势力的衰退，商文化被一种新的文化所取代，这与整个长江中游此时古文化发展的总体态势是吻合的。

浏阳樟树塘遗址文化遗物主要为石器和陶器，石器均磨制，有斧、刀、镞、矛、凿、钻、锛、锄等，具有新石器晚期文化的特征，与湘乡岱子坪[43]遗址出土的石器相近。陶器以夹砂红陶为主，器类有斝、釜、甑、罐、缸、豆、钵、碗、盆等，其中斝与荆南寺[44]遗址出土的陶鬶相近，年代当在二里冈下层时期，属早商早段，特别是柄部外鼓的陶豆，有中原二里头文化晚期的特征。另外如小口高领罐、簋等与石门皂市早商遗存同类器相似，年代当在二里冈上层时期。该遗存的文化面貌主流是本地新石器晚期文化的延续，同时又受到中原二里头文化的影响，与澧水流域同期文化也有一定交往。不过，总的看来，外来文化的影响比较小，特别是商文化的影响尤其微弱，虽然它与铜鼓山遗址相隔不甚远，时代也相近，但相互间联系不多。据笔者研究，早商时期，商文化虽在长江南岸的铜鼓山设立了确保从赣北至中原铜矿运输线西部安全的军事哨堡，但商文化并未继续向南拓展[45]，岳阳地区文物普查材料中属于铜鼓山类型的商时期遗址仅见岳阳市以北城陵矶附近数处而绝对不见于岳阳市以南就是明证。

晚商阶段，岳阳地区已发掘的这一时期的遗存不少，从遗存文化遗物观察，岳阳地区数处遗址文化面貌比较一致，内涵也比较清楚，现重点讨论如下。

详查各遗存层位及出土陶器组合和器物型式演变，笔者认为岳阳地区晚商文化亦可分为二期四段，且属于同一种连续不断的考古学文化，如果必须予以命名，当以最早发掘的岳阳县费家河遗址称为“费家河类型文化”最为恰当。各期段代表遗存如下。

Ⅰ段：铜鼓山遗址商代遗存最晚段，以T7H6出土物为代表。

Ⅱ段：岳阳对门山遗址早期遗存，老鸦洲遗址下层（以T9H6为代表）

Ⅲ段：对门山遗址晚期遗存，老鸦洲遗址上层（以T5H5为代表）、汨罗玉笥山遗址。

Ⅳ段：以费家河遗址为代表。

据器类变化和同类器物型式变化大小可将前两段与后两段分开成为两期，年代分别相当于殷墟文化一、二和三、四期。

费家河类型文化两期四段自始至终有一套其他地区不见的典型陶器。它们是高领、颈部若干道凹弦纹、肩部竖绳纹、下腹绳纹的圜底釜，矮领、通体绳纹的圜底釜，环耳内置的浅腹釜，直口无沿的夹砂陶罐（口部一般有两个镂孔），鼎，粗高柄豆，甗形器，大口缸（“将军盔”）和硬陶瓮、罐、器盖等，但两期的变化也是明显的，从陶系来看，前期尚多见灰色或灰褐色陶，后期则主要为红褐色陶，前期多见绳纹，后期流行方格纹，前期少见硬陶，后期硬陶数量明显增多。从器类来看，前期尚多见中原商文化的陶鬲，而陶鼎不多，后期基本不见鬲，陶鼎非常流行，后期内环耳釜、直口罐数量增多，甗形器数量减少。从器类型式看，高领釜由器体矮而宽、颈腹交接处转折明显到器体瘦长、颈腹间圆转。矮领釜颈部从高到矮，腹部由深到浅，上腹绳纹上后期可见数道凹弦纹，甗形器束腰内壁箅托由一周变为三个泥托，直口罐领腹分界不显到明显，豆柄由粗变细等。上述特点说明了从铜鼓山最晚段到费家河遗存时期，岳阳地区古代文化的物质文化面貌具有非常普遍的共同性，而且它的变化发展是有序的，进一步表明它们属于同一个考古学文化范畴。

关于这种考古学文化的性质问题，目前已有分歧，何介钧先生认为它是一种以商文化为真正特质的融合性文化（见注［10］），对此笔者不能苟同。笔者认为何先生这种观点主要是基于对湖南湘江流域出土商代铜器的更多考虑，并认定这些铜器是与本地商代晚期文化有直接关系，而对湖南商代铜器的来源年代、来源方式以及本地商代陶器文化面貌和内涵考虑不足所致。

本文第二节对湖南商代铜器的剖析已经显示，商代铜器进入湖南的年代应主要在商末至周初这段时间，其时商王朝已为周人所困，趋于灭亡，这是它的历史背景，另外湖南商代铜器的出土材料并未表明它们与本地商代晚期陶器文化有直接关系，何先生列举的与商代铜器有关的宁乡黄材炭河里遗址的年代亦为商末或西周早期，文化面貌上也似乎可见中原西周文化的影子，这一点何先生自己也承认（见注［41］）。

岳阳地区商代晚期文化性质的判定应以其文化内涵本身为出发点，诚然，在费家河类型遗存中有商文化的典型器类——鬲，特别是在其前期，个体数量还可占到一定比例，但需指出的是：①此种陶鬲的形制特殊，为小口、束颈、浅鼓腹的连裆鬲，与中原商式鬲完全不同，与铜鼓山、盘龙城、荆南寺出土的连裆鬲也大相径庭，倒与后来的所谓早期“楚式小口鬲”很相近。②鬲的形制从早到晚变化不大，都是高尖锥足，完全不同于中原殷墟文化鬲的演变规律。从整体来看，费家河类型遗存陶器文化的主要器类为高领釜、矮领釜、鼎、内环耳釜、甗形器、直口罐、大口缸、豆和硬陶瓮等，而铜鼓山遗址中尚见的簋、盆、小口夹砂罐等典型商式陶器则无一见。另外，陶斝的形制与铜鼓山商式陶斝并无任何渊源关系，而是从本地新石器时代晚期文化常见的陶鬶演变而来的。所以费家河类型文化不是商文化的地方类型，而是地方土著文化，至于其文化主人是否为古代越族则有待进一步的探讨。

岳阳地区以南的湘江下游地区，商时期古文化面貌目前尚不清楚，唯有宁乡黄材炭河里遗址进行过小规模的发掘，但其年代偏晚至周初，又是唯一一处与商代铜器直接相关的遗址，本文将在下节中详述。

四、湘江下游青铜器群的性质及相关问题推论

本文第一节通过对湖南出土商代铜器的分区研究，探明解决湖南商代铜器性质问题的关键是对湖南东部地区出土青铜器的研究，又通过第二节对湖南东部出土商代铜器的类型和中原型青铜器来源方式的探讨引出湖南东部商代铜器“资水上游”和“沩水”两个类群的划分，进一步将湖南商代青铜器性质的探讨集中在湘江下游以沩水流域为代表的青铜器群上，又通过对地方型铜器——铜铙的族属研究，证明沩水类群商代青铜器都为商人铸造和拥有，其中中原铜器为商人在中原铸造，混合型和地方型铜器为商人在包括湖南的南方地区铸造，兽面纹大铜铙不见于其他地区，应该就是商人来到湖南后铸造的。南方铜铙最早在商文化直接控制的鄂东南、赣北地区出现，年代不晚于殷墟文化二期，南方铜铙的祖型看来应为中原地区的商代小铙，它发展为后来的甬钟并传入关中地区成为中原周文化的典型文化特征之一。虽然铜铙具有南方地方文化的诸多特点，但各种分析表明其铸造者应为南下的商人。

湖南湘江下游以沩水流域的宁乡黄材等地出土铜器为代表的青铜器群无疑与商周时期商人的一定政治实体的活动密切相关，但其历史背景、直接原因及活动情形又是怎样的呢？这需要我们将青铜器本身结合本地商时期的陶器文化遗存进行综合研究，本文第三节商时期古文化面貌和性质分析证明，商代前期，岳阳市区以北的长江沿岸地区虽为商人直接控制，但商人并未深入洞庭湖东岸地区，商代晚期，岳阳地区生存着一支具有典型特征的土著文化，虽然受商文化一定影响，但决非商文化的地方类型，也不是何介钧先生主张的具有商文化特质的融合性文化，因为除了勉强冠于其上的商代铜器之外，其商文化特质不知为何物。既然岳阳地区除城陵矶附近长江沿岸外，其他大部分地区在商代前期非为商文化控制地区，那么就不存在“当第一次冲击波过后，南下的商人入乡随俗，接受本地固有文化习俗……而本地传统文化因素复归”[46]的问题，而且何先生本人也认为商代青铜器进入湖南的主要时期是商末周初，那么，本地商代晚期陶器文化遗存应是与商代铜器关系不大的。

本文第二节湖南东部商代青铜器铸造年代、埋藏年代及来源年代等的分析，证明沩水类群青铜器进入湖南的年代多在商末或西周初期，而且与商文化一定政治实体的南下有关。究其历史背景，笔者认为，商末周初，中原商王朝已为周人所灭，周人继续南下，追击商人残余，原停留在江汉平原东部及鄂东南、赣北等地的商人必然首选溯江而上进入湖南湘江流域。湘江流域商时期土著文化势力比较薄弱，力量分散，易于立足是其主要原因。商人进入湖南后，沿洞庭湖东岸一路南下，迅速进入湘江下游地区，再沿湘江流域西部边缘到达湘江支流沩水流域，并在沩水流域居留下来，在与

周围土著文化的交往相处中，于西周中晚期基本被当地民族融合。商人从进入湖南至到达沩水流域期间，沿途留下了从原居地带来的大量青铜器，如华容出土的铜尊，岳阳出土的铜尊、罍，浏阳出土的提梁卣、觚以及望城、长沙出土的大批铜器等，其中华容、岳阳出土的尊、罍形制独特，中原地区少见，倒与四川广汉三星堆祭祀坑出土同类器惊人地相似[47]。而四川出土的龙虎尊等与安徽阜南出土的同类器又几近一致[48]，似乎可以证明商末周初进入湖南的商人确系原居留在鄂东南、赣北及皖西一带的商人，且其中有一部分继续溯长江而上到达了川西盆地。

进入湖南的商人主力在沩水流域定居下来后，其政治势力在一定时期内是比较强大且牢固的，集中在这一带出土的大铜铙就是商人到达后在本地铸造的，其政治势力的大小可见一斑，学者多因宁乡黄材出土商代铜器多而集中，认为黄材一带可能是南下商人主力的居住地，为此，笔者曾于1994年对黄材地区做过专门调查[49]。此次调查集中于黄材炭河里遗址及周围数十处铜器出土点间数千米范围内，虽未发现重要的居住遗址譬如城址之类，但可肯定炭河里遗址是南下商人比较重要的居民点之一。炭河里位于沩水主源之一黄材水与其支流段溪河（月山河）交汇处，因河水长年冲刷，遗址已所剩不多。1973年，湖南省博物馆曾对该遗址进行了试掘（见注［42］），试掘材料显示，炭河里遗址出土陶器泥质灰陶特点显著，几乎与夹砂红陶相等，器类凹底深腹盆、折肩瓮等明显接近于吴城类型同类器，而卷口平底盆、浅盆大圈足豆和敛口绳纹瓮等则受中原商周文化的影响，特别是大量的分段绳纹、大块云雷纹和乳钉纹更接近中原商末周初的作风，印纹硬陶数量很少，仅占到所有陶器的15%左右，和周围同时期以夹砂红陶和印纹硬陶为特征的文化遗存颇有差异。炭河里周围四面环山，内为一马蹄形盆地，从黄材水上溯可至五里堆、沩山（传“虎食人卣”出土于此），段溪河上游可至出土四羊方尊和大铜铙的月山铺，月山铺再往北不远，乃是出土商代铜盉的桃江县灰山港镇。从炭河里顺黄材水出盆地峡口至横市与沩水另一主源楚江汇合，楚江流域亦是商代铜铙出土集中的地区，著名的有老粮仓乡师古寨、北峰滩、唐市镇陈家湾等[50]，在流沙河也发现有一批商周时期遗址。总之，从湘江下游商代铜器出土地点分布来看，似乎是以黄材一带为中心，向四周扩散，北至益阳、桃江，西至安化，南到湘乡，东至湘潭、株洲等地，这与南下黄材、横市一带的商人同周围土著文化的密切交往是分不开的，黄材、横市一带西依湖南中部山区屏障，东面湘江下游广大丘陵平地，恰处本地土著文化边缘地带，无疑是理想的避难之所。因此可以说以炭河里遗址和以黄材等地出土铜器为代表的沩水类群青铜器群是商末周初南下商人在一定居留时期内物质文化的具体体现，这才是湖南商代青铜器的真正谜底，商末周初，大批逃难的商人南下，带来了先进的青铜铸造技术和先进的中原文化，给湘江下游土著文化注入了新的血液，至西周中晚期，本地土著青铜文化形成了自己鲜明的特色，南下的商人文化则逐渐融合于土著文化之中了。

注　释

[1] 向桃初：《湖南湘江流域商周时期古文化初论》，《南方文物》1994年第1期，第74页。

[2] 湖南省文物考古研究所：《湖南石门皂市商代遗存》，《考古学报》1992年第2期。

[3] 湖南省博物馆：《湖南省博物馆》，文物出版社、株式会社讲谈社，1983年，图版22。

[4] 湖南省博物馆：《湖南省博物馆》，文物出版社、株式会社讲谈社，1983年，图版20。

[5] 湖南省博物馆：《湖南省博物馆》，文物出版社、株式会社讲谈社，1983年，图版19。

[6] 谭远辉：《湖南涔澹农场发现商代铜器墓》，《华夏考古》1993年第2期。

[7] 湖南省文物考古研究所、岳阳市文物工作队：《岳阳市郊铜鼓山商代遗址与东周墓发掘报告》，《湖南考古辑刊》（第5集），岳麓书社，1989年。

[8] 1992年6月由农民挖出，一坑分两层堆放10件。次年，当地农民又在附近挖出2件大铜铙，其中1件未追回，出土地点距1959年5件大铜铙出土地不远，一在南坡，一在北坡，标本现藏长沙市博物馆。

[9] 新宁县文物管理所清理材料。

[10] 熊传薪：《湖南商周青铜器的发现与研究》，《湖南省博物馆开馆三十周年暨马王堆汉墓发掘十五周年纪念文集》，湖南省博物馆，1986年。

[11] 高至喜：《论中国南方出土的商代青铜器》，《中国考古学会第七次年会论文集》，文物出版社，1992年。

[12] 1976年兴安文化馆收购1件兽面纹提梁卣，器内底铭“天父乙”三字。见梁景津《广西出土的青铜器》，《文物》1978年第10期，图版肆，1；图六。

[13] 梁景津《广西出土的青铜器》，《文物》1978年第10期，图版肆，2；图四、图八，鲁面纹提梁卣。

[14] 朱非素：《珠江三角洲贝丘，沙丘遗址和聚落形态》，《南中国及邻近地区古文化研究——纪念郑德坤教授考古活动六十周年文集》，香港中文大学出版社，1994年，图29-2。

[15] 蒋廷瑜：《岭南出土石戈探微》，《南中国及邻近地区古文化研究——纪念郑德坤教授考古活动六十周年文集》，香港中文大学出版社，1994年，第229页，图30-2，6、12。

[16] 区家发等：《香港南丫岛大湾遗址发掘简报》，《南中国及邻近地区古文化研究——纪念郑德坤教授考古活动六十周年文集》，香港中文大学出版社，1994年，第195页，图26-7，1。

[17] 邓聪：《越南冯原遗址与香港大湾遗址玉石器对比试释》，《南中国及邻近地区古文化研究——纪念郑德坤教授考古活动六十周年文集》，香港中文大学出版社，1994年，第215页。

[18] 裴安平：《中原商代“牙璋”南下沿海的路线与意义》，《南中国及邻近地区古文化研究——纪念郑德坤教授考古活动六十周年文集》，香港中文大学出版社，1994年，第69页。

[19] 何介钧：《试论湖南出土商代青铜器及商文化向南方传播的几个问题》，待刊。

[20] 刊《南方文物》1993年第2期。

［21］ 张长寿：《殷商时代的青铜容器》，《考古学报》1979年第3期。
［22］ 邹衡：《夏商周考古学论文集》，文物出版社，1980年。
［23］ 〔德〕罗泰：《论江西新干大洋洲出土的青铜乐器》，《江西文物》1991年第3期。
［24］ 咸博:《湖北省阳新县出土两件青铜器铙》，《文物》1981年第1期。
［25］ 安徽省博物馆：《安徽省博物馆藏青铜器》，上海人民美术出版社，1987年。
［26］ 王士伦：《记新江发现的铜铙、釉陶钟和越王石矛》，《考古》1965年第5期。
［27］ 殷玮璋、曹淑琴：《早期甬钟的区、系、型的研究》，《考古学文化论集》（二），文物出版社，1989年。
［28］ 高至喜：《中国南方商周铜铙概论》，《湖南考古辑刊》（第2集），岳麓书社，1984年，图一。
［29］ 湖南省博物馆资料。
［30］ 湖南省博物馆资料。
［31］ 江西文物考古研究所铜岭遗址发掘队:《江西瑞昌铜岭商周矿冶遗址第一期发掘简报》，《江西文物》1990年第3期。
［32］ 中国社会科学院考古研究所：《殷墟妇好墓》，文物出版社，1980年，图版六二，1。
［33］ 王恩田：《湖南出土商周铜器与殷人南迁》，《中国考古学会第七次年会论文集》，文物出版社，1992年。
［34］ 岳阳市文物工作队：《岳阳县对门山商代遗址发掘报告》，《湖南考古辑刊》（第6集），岳麓书社，1994年。
［35］ 岳阳市文物工作队发掘资料。
［36］ 岳阳市文物工作队发掘资料。
［37］ 湖南省考古研究所发掘材料。
［38］ 岳阳市文物工作队发掘资料。
［39］ 湖南省博物馆、岳阳地区文物工作队、岳阳市文管所：《湖南岳阳费家河商代遗址和窑址的探掘》，《考古》1985年第1期。
［40］ 湖南省文物考古研究所：《湖南浏阳城西樟树塘遗址发掘的主要收获》，《考古》1994年第11期。
［41］ 何介钧：《湖南商周时期古文化的分区探索》，《湖南考古辑刊》（第2集），岳麓书社，1984年。
［42］ 高至喜：《湖南宁乡黄材发现商代铜器和遗址》，《考古》1963年第12期；熊传薪：《湖南商周时期的青铜文化》，湖南省博物馆打印论文。
［43］ 湖南省博物馆：《湘乡岱子坪新石器时代遗址》，《湖南考古辑刊》（第2集），岳麓书社，1984年。
［44］ 荆州地区博物馆、北京大学考古系：《湖北江陵荆南寺遗址第一、二次发掘简报》，《考

古》1989年第8期。

[45] 向桃初：《湖南岳阳铜鼓山商代遗址试析》，《南方文物》1993年第3期。

[46] 何介钧：《商文化在南方的传播》，《华夏文明》（第3集），北京大学出版社，1992年。

[47] 四川省文物管理委员会、四川省文物考古研究所、四川省广汉县文化局：《广汉三星堆遗址一号祭祀坑发掘简报》，《文物》1987年第10期；四川省文物管理委员会，四川省文物考古研究所、广汉市文化局、文管所：《广汉三星堆遗址二号祭祀坑发掘简报》，《文物》1989年第5期。

[48] 葛介屏：《安徽阜南发现殷商时代的青铜器》，《文物》1959年第1期。

[49] 湖南省考古研究所调查材料。

[50] 师古寨、北峰滩、陈家湾出土铜铙材料均见高至喜：《中国南方商周铜铙概论》，《湖南考古辑刊》（第2集），岳麓书社，1984年。

（原载于《四川大学考古专业创建三十五周年纪念文集》，四川大学出版社，1998年）

"越式鼎"研究初步

"越式鼎"一词最早由俞伟超先生于20世纪80年代初[1]首先提出来以后，不仅频繁地为学术界同行们使用，而且有不少学者对它进行过专门研究。近年以来，随着"越式鼎"及其相关材料的考古发现不断增多，其种类、源流等问题已经越来越清晰，进行综合研究的时机已基本成熟。本文试图就"越式鼎"的定义、种类、年代、分期、分布、源流及其与中原商周文化、楚文化和周围地区其他青铜文化的关系等基础性问题做些初步探索和阐述。谬误之处，敬请指正！

一、"越式鼎"的定义与内涵

俞伟超先生提出"越式鼎"这一名称时并未对其进行明确定义，以后也没有另文加以说明。1984年，彭浩先生首先发表了以"越式鼎"为题的专论，认为"越式鼎"应包括"两周时期越族聚居区内发现的各种异形鼎"[2]。90年代初，日本学者横仓雅幸、西江清高、小泽正人等也发表了"越式鼎"的研究专文[3]，他们认为典型的"越式鼎"应指中国东南地区春秋后期开始流行的无纹外撇足鼎。此外，熊传薪、吴铭生[4]、何介钧[5]、李龙章[6]等先后对古代越族的青铜文化进行了比较全面的研究，其中也包括"越式鼎"。然而，以上各家的研究不仅都没有对"越式鼎"进行明确定义，而且各自讨论的范围也不尽相同。彭浩先生虽然认为"越式鼎"包括"两周时期越族聚居区内发现的各种异形鼎"，却没有将湖南资兴旧市春秋墓[7]出土的那一类铜鼎（本文A类鼎）纳入讨论范围。日本学者将"越式鼎"限定为"春秋后期"开始流行的"无纹外撇足鼎"，连彭浩先生作为"越式鼎"讨论的安徽屯溪M1：80、M1：81两件铜鼎[8]和长沙金井Ⅲ式铜鼎[9]等（本文Ba类鼎）都排除在外了。与之相反，何介钧先生所涉及的越式青铜器范围却非常宽泛，像长沙路口区高桥[10]、江西萍乡高楼[11]、广西恭城秧家[12]等地出土的附耳深腹圜底鼎（注[5]图二，1～3，G型）和浙江绍兴M306采集的兽首鼎[13]等（注[5]图二，8，H型）都被其视为越式。看来大家对于"越式鼎"的判别缺乏一个统一的标准。因此，很有必要首先就"越式鼎"的定义和内涵问题取得共识，这是进一步深入讨论的基础。

其实“越式鼎”一词乃以古族之称命名一类特定的考古器物，严格地说有其逻辑上的缺陷，除非我们有大量的直接证据，否则，这样冠名确有一定的危险性。但是作为历史学分支的中国考古学，其学术定位和学科目标就是要复原古代历史，中国考古学产生和发展的动因也是为了印证和充实历史文献记载，所以将考古发现与文献记载中古代国家和族群对号入座、进行关联研究是非常自然的事情。笔者认为，“越式鼎”之名不仅在其提出之后发挥了应有的学术作用，而且现在和将来仍然有其学术意义，应当继续沿用并需进行更加深入的研究。

虽然俞伟超先生提出“越式鼎”这一名称时没有对它进行具体定义和详细说明，但他应该是基于下述三个方面的考虑的，即：①考古发现中有一批年代为周代但文化面貌与周文化、楚文化等同类器风格相异的器物；②这类器物主要出土于文献记载的古代越族活动范围内；③它们有自身的典型特征和发展变化规律。依此，本文姑且将“越式鼎”定义为：具有古代越族独特风格、主要在越族聚居区由越人铸造和使用的鼎类器。那么，在“越式鼎”的具体判别中可以相应地遵循如下原则，即越地普遍出土而他地少见，可以认定其为越民族创造和使用之物，这体现了它的地域特性；器物特征具有越民族传统风格，主要表现在器形特征和纹饰风格上（器形的决定作用应高于纹饰），这体现了它的文化特性。地域特性和文化特性两者结合构成其族属特性，这是我们判别“越式鼎”的基础。因此，越地铸造和使用但完全模仿它地的器物既不具备地域特性也不具备文化特性，不能视为“越式”。有的器物文化传统虽源于他地，但经过本地改造而具备了自身特征，且这种特征在来源地和其他地区又不见，这也具备了族属特性，应该视为“越式”。

我们认为，何介钧先生所列G、H两类铜鼎显然缺乏“越式鼎”的族属特性，不应纳入“越式鼎”范围。其中G型之湖南长沙路口区高桥鼎，器形为附耳、深卵形腹、圜底、矮蹄形足，这种形制的铜鼎在越地出土数量极少，有人认为可能是汉水流域或淮河上游地区某诸侯国的器物[14]。而江西萍乡高楼鼎和广西恭城秧家Ⅰ式鼎实为楚式鼎。H型兽首鼎主要分布于安徽江淮地区，应是“群舒”文化的特征器。由于地理位置接壤，它们在越地出土不难理解。而本文A、Ba两类鼎仅在越地出土，其他地区几乎不见，器形、纹饰也都具有本地特点，当然应归属“越式鼎” 范畴。何先生之C 型竖耳浅腹蹄足鼎（注［5］图三，1～4），其早期型式就形制而言与周文化同类器区别甚微，虽然纹饰已具备越地风格，亦恐难视为“越式鼎”。但是，其后续的形态，器形上已明显地方化，应当视为“越式鼎”。另外，1976年江苏丹阳司徒砖瓦厂[15]出土的5件垂腹鼎，其中3件（Ⅲ式）为敛口、折沿、附耳，腹部两道凸弦纹间分置四组八个乳钉，鼎足分别为柱足和尖锥足。另2件立耳矮足鼎（Ⅰ式）均为半圆形空槽柱足，腹部仅一两道凸弦纹。朱凤瀚先生考订其年代为西周昭、穆之时[16]，笔者以为至少后者应晚至两周之际。虽然这两类铜鼎从文化面貌来看地方特点显著，应是当地的产品，但相同器物在其他地点再没有发现过，也无法确认其同类作品系列的存在，故本文未将其纳入讨论范围。

横仓氏等日本学者称春秋晚期以后的无纹外撇足鼎为“典型”越式鼎，将湖南长沙金井、安徽屯溪弈棋等地出土的锥足鼎作为“越式鼎”之前的所谓“古阶段”之物进行介绍，而且和彭浩先生一样丝毫未提及本文A类鼎。这不仅反映了他们对于“越式鼎”含义的一种思考，也引起了我们对各类越式鼎文化特征构成中文化因素的源流及构成方式等问题的关注。各类“越式鼎”器形或装饰风格上的差异，应该是其文化因素来源和构成方式不同造成的，而且它们的产生和流布又与一定的文化背景密切相关。因此，我们可以通过对其文化因素来源、构成方式及文化背景的分析来把握它们的文化属性。如所谓“典型”越式鼎其中一类之敛口附耳带盖鼎（本文D类），流行时间为战国时期，且有不少出土于楚墓中，从器形特征来看，其除三足之外的部分与楚式敛口附耳带盖鼎很接近，明显是受后者影响形成的。战国时期是楚人征服越地的主要时期，敛口附耳带盖鼎的产生与传播可以说从一个侧面反映了楚、越文化交融的互动过程。如此看来，敛口附耳带盖类“越式鼎”的文化特征并非日本学者认为的那样“典型”。而本文所列C类宽折沿釜形鼎，与湘江流域及其东南地区长期流行的釜形陶鼎的区别仅为有无两耳，其出现时间至少可早到西周中期，约在春秋晚期前后发展成为大家公认的典型越式宽盘口鼎（本文Ea类鼎），并一直流行到西汉前期。从文化特征构成上说，这类鼎土著因素成分最多，应该是最典型的“越式鼎”。

二、“越式鼎”的种类和区域分布

目前所见“越式鼎”（以下“越式鼎”一词均不加引号）的形制确实非常复杂，如何进行分类才能更准确地反映其文化源流和地域分布的内在特征、更好地把握其发生、演变的逻辑过程，使我们的研究更加具有学术意义，应该是我们着重关注的问题之一。以往的研究者虽然在越式鼎的分类上观点比较接近，但其分类方法和结果大有可商榷之处。本文以口部特征为第一标准，将越式铜鼎分为5大类，即：侈口类（A）、窄平折沿类（B）、宽斜折沿类（C）、敛口类（D）、盘口类（E）。其中窄平折沿类又以足部特征为标准分为锥足（Ba）、蹄足（Bb）、扁足（Bc）3个亚类，蹄足亚类再分为直蹄足（Bb1）和撇蹄足（Bb2）2个小类，扁足亚类又依耳部特征分为竖方耳（Bc1）、横方耳（Bc2）、环耳（Bc3）、附耳（Bc4）、无耳（Bc5）5个小类，盘口类又分为宽盘口（Ea）和窄盘口（Eb）2个亚类，共计13类。各类再依形制演变轨迹进行有年代早晚逻辑关系的式别划分。以下首先介绍越式鼎的分类与式别，再就各类越式鼎的地域分布进行总结。

A类　侈口类。基本特征为口外侈，下腹外鼓，整体形状近盂形。腹部均有纹饰，以立耳为主，个别为附耳。足为兽首形柱足或空槽足。根据鼎足、腹部形态和装饰特点的变化可分4式。其早晚变化规律为：腹部由深而浅，腹最大径逐渐下移；底由圜底到坦圜底近平；足由矮变高并逐渐向底部中心聚拢，足内侧由平到凹最后呈空槽状，足根部兽面逐渐简化至消失；腹部纹饰布局最早在窄幅纹带下饰蝉体尖叶纹，后尖叶纹消失，再后又在主纹带的上、下部加饰几何纹边栏，最后通体素面无纹。

Ⅰ式：腹较深，兽首柱足下端略呈蹄形、内侧平、实心，口外侈幅度小，鼓腹圆收，圜底，口部下主纹带的纹样为兽面纹或涡纹间四叶目纹，下腹一般有尖叶纹。典型标本有湖南望城县高砂脊遗址AM1出土的B型Ⅱ式小铜鼎（图一，1，本文所列越式鼎标本未附插图者均可参考文后所附“越式铜鼎分类登记表”即附表一查阅文献出处，文中不再另外加注）、醴陵收集的涡纹鼎等。

Ⅱ式：腹变浅，口外侈幅度变大，腹底交接处圆转，足内侧有的出现凹槽，口下主纹带纹样多为龙纹、变形龙纹或斜角云纹、回首夔纹等，下腹不见纹饰。典型标本有湖南湘潭青山桥J：10 、J：11（图一，2）、株洲白关墓葬出土铜鼎、长沙金井干塘Ⅰ式鼎、长沙福临区和路口区高桥出土的Ⅲ、Ⅳ式鼎、安徽屯溪M1：79、M1：82、M3：11铜鼎、广东惠阳柯木山鼎、广东博罗横岭山鼎、广东和平龙子山M1鼎等。

Ⅲ式：鼎腹更浅，口外侈较甚，腹部明显下垂，底近平，腹底交接处圆折，鼎足内侧中空呈半圆形槽状，三足向底部聚拢，腹部主纹带上下多有几何纹边栏。典型标本有湖南长沙金井干塘Ⅱ式鼎、宁乡坝塘收集鼎、新邵陈家坊鼎、资兴旧市M276：6（图一，3）、广西贺县马东村鼎等。

Ⅳ式：仅见2件标本。湖南资兴旧市M351：1，腹近直、底近平，三瓦形扁足（图一，4）。湖南省博物馆藏东二1：28形制与前者相同，但通体已素面无纹，已是本类鼎的最晚标本。

B类　窄平折沿类。基本特征为平折沿、沿面较窄，整体形态近盆形。可依足部形态分为3个亚类。

Ba类　锥足类。均立耳，多敞口，收腹。依腹、足部形态和纹饰布局特点分为3式。其早晚变化规律为：腹部由浅而深；底由坦圜底到尖圜底；足由外斜到上直下撇再到足尖外折，足内侧由平到凹最后呈空槽状；腹部纹饰布局由仅有窄幅纹带到主纹带上下加几何纹边栏。

Ⅰ式：腹较浅，细锥足外斜较甚，腹部主纹带上下多无边栏。典型标本有安徽屯溪M1：80、M1：81 2件鼎，其中M1：81不见边栏（图一，13），M1：80主纹带下已见很窄的边栏，为后两式鼎腹部主纹带上下边栏布局之滥觞。湖南宁乡黄材新屋M2出土2件残鼎足应是此式鼎足的前身（见图四，9）。

Ⅱ式：腹较深，圜底，锥足较粗，足上部较直、足尖外撇，腹部主纹带上下均有几何纹边栏。典型标本有湖南长沙金井干塘Ⅲ式鼎（图一，14）、 衡阳市博物馆收集鼎和上海博物馆藏鼎等。

Ⅲ式：深腹，尖圜底，锥足内侧呈空槽状，足尖外折，腹部纹饰同前式。典型标本有湖南长沙福临区出土Ⅰ（图一， 15）、 Ⅱ式鼎、湖南宁乡坝塘收集鼎、益阳市博物馆藏鼎、新邵陈家坊鼎等。其中长沙福临区Ⅰ式鼎腹部纹饰为网格纹、上下栏消失，有简化之势，益阳市博物馆藏鼎足尖外折处内侧附凸榫。

Bb类　蹄足类。依足部特征分为2个小类。

Bb1类　直蹄足类。均立耳，圜底。可分2式。其早晚变化规律为：腹部由深而浅；耳由长方形到尖圆形；腹部从有凸弦纹到素面无纹。

Ⅰ式：腹较深，耳为长方形或尖圆形，槽状蹄足，腹部有凸弦纹。典型标本有湖南衡南胡家港Ⅲ式鼎、湘潭古塘桥Ⅲ式鼎（图一，16）、安徽铜陵金口岭Ⅱ式鼎等。

Ⅱ式：浅腹， 尖圆形耳，空槽足，腹部素面无纹、足尖蹄形消失。标本仅广西恭城秧家Ⅲ式鼎1件（图一，17）。

Bb2类　撇蹄足类。均立耳。可分3式。其早晚变化规律为：腹部由浅而深；底由圜底到坦圜底；耳由长方形到动物形或牛角形等；足由短粗变为细长；腹部从素面到装饰绳索状凸棱和几何形纹。

Ⅰ式：耳多为长方形，腹较浅，多圜底，腹部素面，蹄形短足稍外撇。典型标本有江苏丹徒烟墩山附葬小坑出土小鼎D、E、F（图一，18）3件。

Ⅱ式：耳多为动物形或牛角形，腹较浅，收腹，圜底，腹部素面或有一道凸棱，足较细长，外撇较甚。典型标本有江苏丹徒烟墩山附葬小坑出土小鼎A（图一，19）、B、C 3件和湖南桃江腰子仑B型铜鼎等。

Ⅲ式：耳多为牛角形，腹较深，底近平，腹部装饰绳索状凸棱和“S”形纹，足细长，外撇很甚。典型标本有湖南桃江腰子仑C型铜鼎、湘乡县何家湾M1出土的3件鼎（图一，20）等。

Bc类　扁足类。三足为扁圆形或扁平形。依耳部特征分5个小类。

Bc1类　竖方耳，即耳高大于或等于耳宽。又依耳、足形状和腹部装饰特征等分3式。其早晚变化规律为：腹由深到浅；耳由长方形变为正方形等；足由半圆形到扁平状，外撇程度由小到大；腹部装饰从有几何纹饰到通体素面。

Ⅰ式：耳为长方形，足为半圆形、内侧空槽，深腹、腹部有索状凸棱和几何纹饰。典型标本有湖南湘潭古塘桥Ⅱ式鼎（图一，21）、益阳市博物馆收集鼎、湘乡市博物馆藏鼎等。

Ⅱ式：耳为长方形，足为扁平形，腹变浅，腹部素面或有凸棱。典型标本有湖南长沙五里牌64M1出土鼎、株洲市博物馆藏1987年茶陵出土鼎（图一， 22）、益阳市博物馆藏鼎等。

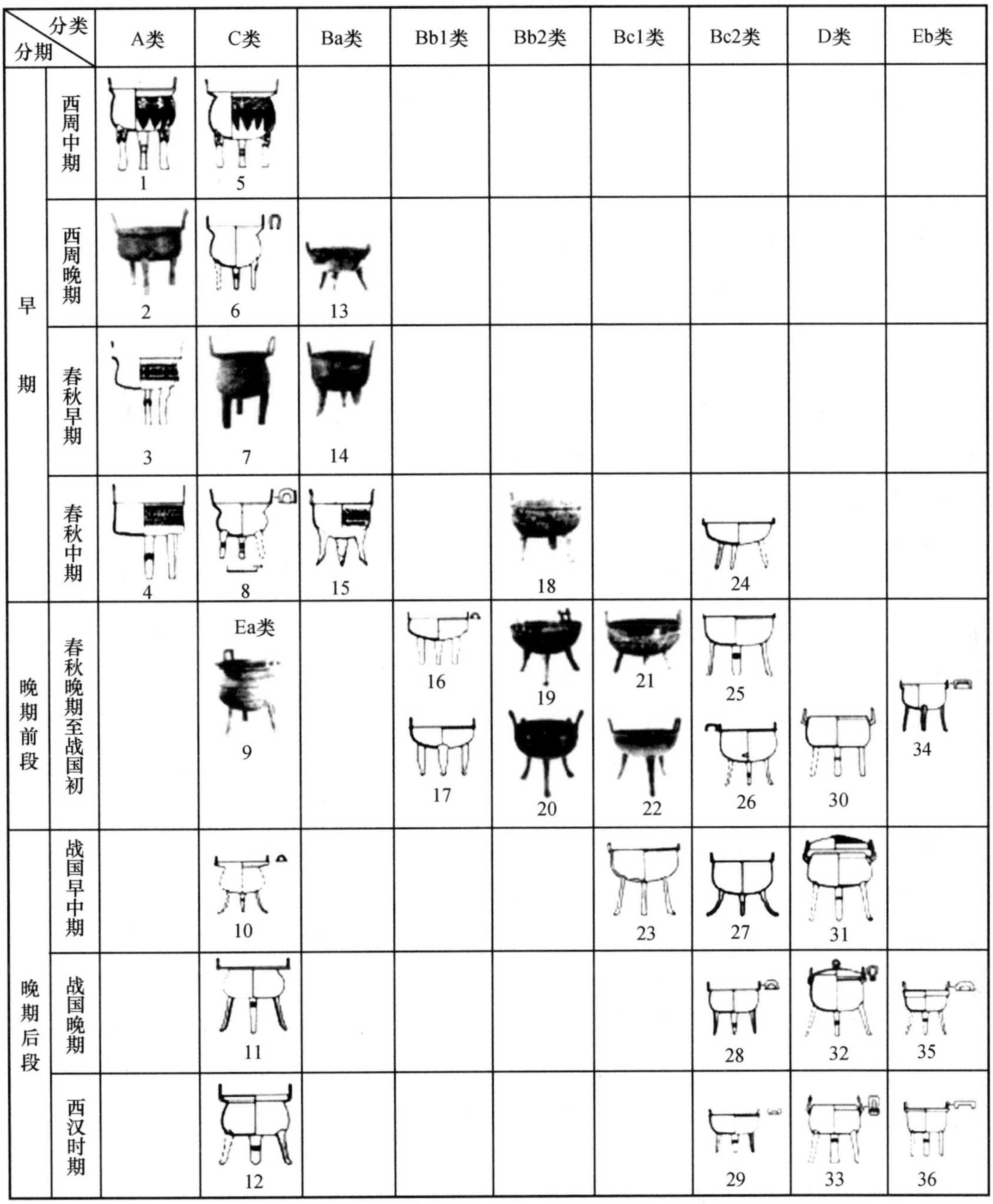

图一　越式铜鼎分类分期图

1～4. A类Ⅰ～Ⅳ式（望城高砂脊AM1：3、湘潭青山桥J：11、资兴旧市M276：6、M351：1）　5、6. C类Ⅰ、Ⅱ式（望城高砂脊AM1：6、宁乡黄材栗山收集鼎）　7、8. C类Ⅲ式（湘乡市博藏鼎、广东乐昌对面山M59：1）　9～12. Ea类Ⅰ～Ⅳ式（衡南胡家港Ⅳ式鼎、广西宾阳韦坡M1：14、广东罗定青夫山M1：16、广州南越王墓乙Ⅱ②式鼎）　13～15. Ba类Ⅰ～Ⅲ式（屯溪M1：81、长沙金井Ⅲ式鼎、长沙福临区Ⅰ式鼎）　16、17. BbⅠ类Ⅰ、Ⅱ式（湘潭古塘桥Ⅲ式鼎、广西恭城秧家Ⅲ式鼎）　18～20. Bb2类Ⅰ～Ⅲ式（丹徒烟墩山附葬坑小鼎F、A、湘乡何家湾M1：4）　21～23. BcⅠ类Ⅰ～Ⅲ式（湘潭古塘桥Ⅰ式鼎、株洲市博藏茶陵鼎、广西贺县龙中岩洞墓I式鼎）　24、25. Be2类Ⅰ式（安徽青阳龙岗M2鼎、江苏吴县何山鼎）　26、27. Bc2类Ⅱ式（江苏六合程桥M1鼎、广东四会鸟旦山M1Ⅱ式鼎）　28、29. Bc2类Ⅲ式（广东广宁龙嘴岗M5：37、广西平乐银山岭战国墓Ⅱ式鼎）　30～33. D类Ⅰ～Ⅳ式（湖南桃江腰子仑D型鼎、湖南长沙黄泥坑54M5鼎、湖南永州鹞子岭AM20：13鼎、广州南越王墓乙1型鼎）　34～36. Eb类Ⅰ～Ⅲ式（江苏武进淹城内河出土鼎、广西平乐银山岭战国墓Ⅰ式鼎、广州南越王墓鼎乙Ⅲ型鼎）

Ⅲ式：耳为正方形小耳，足扁平，腹部素面。典型标本有广东德庆落雁山M1出土鼎、广西贺县龙中岩洞墓Ⅰ式鼎（图一，23）等。

Bc2类　横方耳。耳宽大于耳高，均无纹。依腹、底、足部特征分3式。其早晚变化规律为：腹由浅到深再变浅，腹部形状由较直或内收到圆鼓；底部由圜底到平底；足由斜直到外撇。

Ⅰ式：浅腹，腹壁较直或内收，圜底，足斜直。典型标本有安徽青阳庙前龙岗M2出土鼎（图一，24）、江苏吴县何山鼎（图一， 25）、江苏丹徒谏壁粮山Ⅱ式鼎、湖南桃江腰子仑AⅠ式鼎、四川成都金沙巷M2出土鼎等，江苏丹徒谏壁王家山出土的铜炉上部之鼎的形制也属此式。

Ⅱ式：深腹，腹壁圆鼓，圜底，足外撇。典型标本有江苏六合程桥M1鼎（图一，26）、六合仁和东周墓出土鼎、苏州城东北东周墓出土鼎、江西樟树农校出土鼎、广东四会鸟旦山战国墓M1：3（图一，27）等。

Ⅲ式：浅腹，腹壁圆鼓，平底，足斜直外撇。典型标本有广东广宁龙嘴岗M5：37（图一，28）、广宁铜鼓岗M16出土鼎、广西平乐银山岭M119Ⅱ式鼎（图一，29）等。

Bc3类　环耳或半环耳，有的带提梁。典型标本有湖南桃江腰子仑AⅡ、AⅢ、AⅤ式鼎、湘乡市博物馆藏鼎、广西恭城秧家Ⅱ式鼎等。

Bc4类　附耳。此类标本很少，浙江长兴和平出土1件，年代约为春秋晚期至战国前期。另外，广西贺县龙中岩洞墓出土1件，为扁蹄足，年代应为战国前期，本文暂归为此类。

Bc5类　无耳。器形与本文Bc1类Ⅱ式相近，但无耳。典型标本有湖南湘乡五里桥M1、何家湾M3出土鼎、桃江腰子仑AⅣ式鼎等。

C类　宽斜折沿类。斜折沿，沿面很宽，均立耳，无颈，圆鼓腹，整体形态为釜形。依口、鼎足及腹部装饰特点分3式。其早晚变化规律为：口部由斜折沿、尖圆唇到唇上折、略呈盘口；腹部从装饰兽面纹到素面无纹；足由蹄足演变为柱足或截锥足。

Ⅰ式：斜折沿，圆唇，蹄形实足，腹部装饰兽面纹。典型标本有湖南望城高砂脊AM1出土C型小铜鼎（图一，5），益阳市博物馆藏鼎与之形制和装饰完全相同，但个体略小。

Ⅱ式：斜折沿， 圆唇，蹄形足兽面简化，腹部素面或有一道凸弦纹。典型标本有湖南望城高砂脊AM5出土鼎、宁乡黄材栗山收集鼎（图一，6）、黄材寨子村新屋M4出土鼎等。

Ⅲ式：足为柱足或截锥足，有的口部略呈盘口，均素面无纹。典型标本有湖南省博物馆藏鼎、湘乡市博物馆藏鼎（图一，7）、安徽屯溪奕棋M3：12、广东乐昌对面山M59：1（图一，8）等。

D类　敛口类。均附耳，扁足，多带盖，口部有凸棱一道。依腹、足形态及腹部装饰特征分4式。其早晚变化规律为：口由大到小；腹由浅而深，腹壁由较直变为球腹；底由坦圜底到尖圜底或大平底；器底范线由三角形且与鼎足相连变为圆形且逐渐与鼎足分离；三足由矮而斜直到细高外撇；腹部从光素到装饰凸弦纹。

Ⅰ式：腹较浅，腹壁斜直，底近平，多无盖，三足较矮。典型标本有湖南桃江腰子仑D型鼎（图一，30）、衡阳苗圃涂家山M4出土鼎等。

Ⅱ式：腹较浅、腹壁斜直，腹部素面。多有盖，盖上饰凸弦纹和几何纹，坦圜底，三扁足稍高、足较直或斜外撇。典型标本有湖南长沙黄泥坑54M5出土鼎（图一，31）、长沙识字岭74M1 Ⅰ式鼎、耒阳石油站M4D Ⅱ式鼎、江西高安太阳墟3号鼎等。

Ⅲ式：深圆腹，圜底，有的腹部饰多道凸弦纹。多带盖，三足较高，足尖外折，或三足很矮，有退化之势。典型标本有湖南长沙留芳岭85M5鼎、长沙火把山86M4鼎、永州鹞子岭AM20鼎（图一，32）等。

Ⅳ式：腹有深有浅，底为大平底，均素面无纹。典型标本有广州南越王墓乙Ⅰ型鼎（图一，33）、广西贺县高寨汉墓M8 Ⅱ式鼎等。

E类　盘口类。分2个亚类。

Ea类　宽盘口，台面斜，鼓腹。依耳、底、足部特征分4式。其早晚变化规律为：耳由长方形演变为索状半圆形，耳的位置由立于沿上到立于盘内再到附于盘外壁；腹由深变浅，由圆鼓逐渐下垂；底由圜底变为大平底；足由柱足演变为扁足；腹部装饰从有凸弦纹到通体素面。

Ⅰ式：长方形耳立于沿上，颈腹分明，圆鼓腹，圜底，柱足稍外撇，腹部有凸弦纹。典型标本有湖南衡南胡家港春秋墓Ⅳ式鼎（图一，9）。

Ⅱ式：耳为半圆形、立于盘内，有的颈腹分界已不明显，圜底，扁足。典型标本有江西瑞昌牛脚岭鼎、高安太阳墟鼎、广西宾阳韦坡战国墓M1：14（图一，10）、贺县龙中岩洞墓出土鼎等，广东清远马头岗M1出土1件，腹部残。

Ⅲ式：耳为半圆形、立于盘内，颈腹分界不明显，大平底，扁平足外撇。典型标本有广东罗定背夫山M1：16（图一，11）、四会鸟旦山、揭阳面头岭战国墓出土鼎等。

Ⅳ式：耳为半圆形、附于盘外壁，有的带提梁，大平底，扁平足足尖外折。典型标本有广州南越王墓乙Ⅱ②式鼎（图一，12）、广西贵县罗泊湾汉墓Ⅰ式鼎等。

Eb类　盘口较窄，台面较平，直腹，均横方立耳。依耳、腹、底、足部特征分3式。其早晚变化规律为：耳由高变矮，由窄变宽；腹由深变浅；底由圜底变为平底；足由扁圆形到扁平形。

Ⅰ式：深腹，圜底，扁圆形足，耳近正方形。典型标本有江苏武进淹城内河出土鼎（图一，34）、安徽铜陵金口岭Ⅰ式鼎、广东罗定背夫山战国墓M1：17等。铜陵金口岭Ⅰ式鼎索状半环耳立于盘口内，比较特别。

Ⅱ式：浅腹，底近平，扁平足背面起棱，耳为横长方形。典型标本有广东肇庆北岭松山M1 Ⅱ式鼎、乐昌对面山Ac式鼎、广西平乐银山岭战国墓M71：1（图一，35）等。

Ⅲ式：浅腹，平底，足扁平内弧呈瓦形，横长方耳较前式更宽矮。典型标本有广州南越王墓乙Ⅲ型鼎（图一，36）、广州汉墓异Ⅱ型鼎、广西贺县河东高寨汉墓M7 Ⅲ式鼎等。

据附表二统计，上述13小类越式鼎出土地域分布情况如下。

A类　31件。其中Ⅰ式5件，均见于湘江流域。Ⅱ式18件，湘江流域11件、广东4件、安徽皖南3件。Ⅲ式6件，湘江流域5件、广西1件。Ⅳ式2件，均见于湘江流域。合计湘江流域23件，约占四分之三，是该类越式鼎的主要分布区。岭南地区和皖南地区分别为5件、3件，为次要分布区。江浙地区不见此类越式鼎。

Ba类　16件。其中Ⅰ式2件，均出土于皖南地区。Ⅱ式5件，湘江流域出土4件，上海博物馆所藏1件，疑出自湘江流域。Ⅲ式9件，均见于湘江流域。合计湘江流域14件，是该类越式鼎的主要分布区。皖南地区2件，均为早期形制。岭南和江浙地区不见此类越式鼎。

Bb1类　20件。其中Ⅰ式19件，湘江流域17件，江西、皖南各1件。Ⅱ式1件，见于广西。可见湘江流域是该类越式鼎的主要分布区，江浙地区不见此类越式鼎。

Bb2类　36 件。其中Ⅰ式4件，江苏3件、湘江流域1件。Ⅱ式8件，湘江流域5件、江苏3件，Ⅲ式24件，湘江流域23件、广东1件。合计湘江流域29件，是该类越式鼎的主要分布区。江苏6件均为早期形制，广东1件为晚期形制。

Bc1类　9件。其中Ⅰ式和Ⅱ式共7件，均见于湘江流域。Ⅲ式2件，广东、广西各1件。可见湘江流域是该类越式鼎的主要分布区，岭南地区仅见其晚期形制，江西、皖南及江浙地区均不见。

Bc2类　23 件。其中Ⅰ式10件，江浙地区6件、湘江流域2件，皖南1件、四川1件。Ⅱ式7件，江浙地区4件、江西1件、广东2件。Ⅲ式6件，广东4件、广西2件。可见该类越式鼎早期流行于皖南和江浙地区，晚期流行于岭南地区。湘江流域、江西和四川地区所见少量标本应为舶来品。

Bc3类　11 件。其中湘江流域8件，为该类越式鼎主要分布区。岭南地区3件，江西、皖南及江浙地区均不见。

Bc4类　2件。1件出土于浙江，1件出土于广西。此类越式鼎数量极少。

Bc5类　5 件。均见于湘江流域。

C类　10件。其中Ⅰ、Ⅱ式共6件，均见于湘江流域。Ⅲ式4件，湘江流域2件，皖南、广东各1件。可见湘江流域为该类越式鼎的主要分布区，江浙地区不见此类越式鼎。

D类　121 件。其中Ⅰ式4件，均见于湘江流域。Ⅱ式49件，湘江流域28件、江西

5件、江浙地区6件、岭南地区5件，其他为湖南澧水流域2件、湖北3件。Ⅲ式61件，湘江流域41件、江西2件、江苏1件、岭南地区6件，其他为湖北10件、重庆1件。Ⅳ式7件，均见于岭南地区。合计湘江流域73件，岭南地区18件，为该类越式鼎的主要分布区，其中Ⅰ～Ⅲ式主要流行于湘江流域，Ⅳ式仅见于岭南地区。湖北、澧水流域、重庆地区见少量此类越式鼎标本，江浙地区仅见于淮阴高庄东周墓。

Ea类　45件。其中Ⅰ式1件，出土于湘江流域。Ⅱ式5件，江西2件、广东1件、广西2件。Ⅲ式6件，广东、广西各3件。Ⅳ式33件，广东27件、广西6件。合计岭南地区42件，是该类越式鼎的主要分布区，湘江流域和江西地区仅见少量早期标本，安徽和江浙地区不见该类越式鼎。

Eb类　22件。其中Ⅰ式3件，皖南、江苏、广东各1件。Ⅱ式11件，广东3件、广西8件。Ⅲ式8件，广东6件、广西2件。合计岭南地区20件，是该类越式鼎主要分布区，皖南、江苏各1件，为早期形制，湘江流域、江西地区不见该类越式鼎。

从出土地域的分布来看，越式鼎主要分布区可以划分为三大区域，即湘江流域、江浙地区和岭南地区，另江西地区和安徽皖南地区处于湘江流域与江浙地区之间，不是越式鼎的集中分布区或原产区，不仅越式鼎出土数量少，其种类和面貌也分别与湘江流域和江浙地区存在联系，在讨论中可以将它们分别从属于上述两大区。D类越式鼎的原产地和集中分布区为湘江流域，但因为这类鼎本来就是楚越文化融合的产物，随着楚人的活动，该类越式鼎的分布范围目前所见已广及湘西北澧水流域、鄂东南、鄂西、重庆等其他地区，从文化来源上讲均与湘江流域有关。各区主要特点如下。

（1）湘江流域，主要包括湖南东部的湘江和资水流域地区。本区流行的越式鼎有A、Ba、Bb1、Bb2、Bcl、Bc3、Bc5、C、D、Ea共计10类。唯不见Eb、Bc4两类，少量Bc2类标本为舶来品。10类中的大部分本区出土最多、分布最普遍或者其早期形制仅见于本区，可以认定它们起源于本地区。如A类鼎，Ⅰ、Ⅳ式本区独有，Ⅱ、Ⅲ式本区也出土最多，皖南和岭南地区出土的少量标本应系从本区直接输入或当地受本区文化传统影响的仿造品。Ba类鼎，虽然2件早期标本均见于皖南地区，但2004年湖南宁乡黄材寨子村新屋[17]M2出土的2件锥形鼎足似是该类鼎的鼎足，从其外侧有蝉体尖叶纹特征看，年代应为西周中期，而且该鼎足内侧有长条形凹槽，与墓葬所属炭河里西周城址内出土陶鼎足内侧大多刻槽的风格一致，推测宁乡黄材新屋M2出土的2件锥形鼎足应是Ba类鼎足的前身。又皖南地区仅见2件Ⅰ式标本而未见湘江流域大量发现的Ⅱ、Ⅲ式标本，因此可以认定此类越式鼎亦起源于湘江流域，皖南屯溪2件标本及上海博物馆所藏此类鼎应为来自湘江流域的舶来品或仿制品。Bb1类共21件，17件出土于本区。Bc1类共9件，7件出土于本区，岭南地区的2件均为晚期形制。Bc3类共11件，8件出土于本区。Bc5类为本区独有。C类共10件，本区出土8件，皖南和岭南各1件，均为晚期形制。D类共121件，本区出土73件，约占五分之三，且Ⅰ式仅见于本区。Ea

类渊源于C类，其Ⅰ式仅见于本区。Bb2 类的早期形制本区少见，虽不能说为本区起源，但其Ⅱ、Ⅲ式却主要或仅出土于本区。因此，湘江流域越式鼎出土数量最多、种类最丰富，无疑是越式鼎最主要的分布区和原产地。

（2）江浙地区，包括江苏、浙江两省，皖南地区可广义上归入本区。本区流行的越式鼎种类较少，有Ba、Bb2、Bc2、Eb类等，其中Ba类Ⅰ式标本虽仅见于皖南地区，但Ⅱ、Ⅲ式标本本区不见，当如前述为从湘江流域输入或仿制。Bb2类Ⅰ、Ⅱ式本区相对较多，但Ⅲ式本地不见，其发源地姑置不论。Bc2 类是本区最具代表性的越式鼎，湘江流域、成都等地出土的此类标本应属本区的输出品。Eb类起源于本区，但大量晚期标本仅见于岭南地区。

（3）岭南地区，包括广东、广西两省。本区最流行的越式鼎有Bc2、D、Ea、Eb四类，虽然出土数量很多，但多半是各类越式鼎的较晚期形制，没有起源于本区的越式鼎类型。其他A、Bb、Bc1、Bc3、C类少量标本多为直接输入品或仿制品。

上述三大区域地理位置上呈倒“品”形，而江西赣江流域担当了三大区域之间彼此联系的纽带和通道的角色，因而未能形成单独的文化区，这恐怕是江西地区越式鼎发现少、自身特点不突出的主要原因。

三、越式鼎的年代与分期

越式鼎的年代问题，前述诸学者虽多有论及，但由于材料本身缺乏或者分类方法欠妥当，越式鼎类型划分不够清晰，器形发展演变规律和彼此间的源流关系不甚明了，这样不仅影响了对越式鼎本身年代的判定，也影响我们对其地域分布规律性的把握，进而制约了越式鼎研究的深入。过去我们判断越式铜器的年代要么依据铜器本身的形制和花纹与中原地区商周文化或其他文化的青铜器进行类比，要么根据伴出非越式铜器或陶瓷器的年代进行推定。这两种方法都有其局限性：以越式铜器本身与中原或其他文化青铜器进行类比来断代，即使不考虑越式鼎自身的发展变化情况，其年代上限虽可大致确定，但年代下限无法确定，这中间存在文化传统传承的延续性和滞后性问题；以伴出非越式铜器或陶瓷器进行断代也必须同时考虑伴出铜器以及越式铜器本身铸造年代与埋藏年代的可能差距，逻辑上讲，越式铜器有可能与伴出的其他铜器年代相当，也有可能早于或晚于伴出的铜器，伴出陶瓷器的越式铜器年代有可能与陶瓷器年代相同，也可能早于伴出的陶瓷器。对于越式鼎来说，既然是“越式”而非中原或楚式铜器，则必然有其自身的特征和发展轨迹，那么，正确的断代方法是首先建立越式鼎自身的类型和逻辑演变体系，再用上述两种方法进行年代推断，其结果应不与其自身的逻辑发展序列相抵牾。本文在尽可能全部掌握越式鼎材料的前提下，通过严密的逻辑分类，再根据年代比较明确的标本及共存情况交叉参检找出了各类越式鼎的早晚变化规律，建立了越式鼎自身的分类和型式演变体系，所有的越式鼎标本都置于该体系中。通过这个体系，我们可以比较准确地了解各类各式越式鼎流行的相对年代范围，无论越式鼎相关遗迹或伴出物情况多么复杂，都不会影响我们对其自身年代的判断。同时，对于过去学术界争论较大的有关问题，也可以参考上述分类体系进行验证，得出相对正确的结论。

年代问题是越式鼎全部问题讨论的前提，为了对越式鼎其他相关问题进行更深入的研究，本文以自己的分类和型式演变体系为基础，参照前人的诸多研究成果，得出越式鼎各类、型、式的大致流行年代。为使读者一目了然，特以图表方式宣于文后（图二）。

A类　出现于西周中期前段，主要流行于西周晚期至春秋中期，消失于春秋中期。Ⅰ式，出土地点和数量均少，典型标本为湖南望城高砂脊[18]AM1出土的B型Ⅱ式小铜鼎，从纹饰来看，几乎与中原商代晚期和西周早期铜鼎无异，或许有学者不认为它们是越式鼎，但是这种铜鼎在器形上已经具备了本文A类Ⅱ、Ⅲ两式被公认的越式鼎的特征，如侈口，三足细高聚于底，质劣胎薄等，而且从该类越式鼎的逻辑演变轨迹来看，高砂脊A型、B型Ⅰ式小铜鼎已是其滥觞阶段的作品。本类Ⅰ式标本虽然纹饰及布局风格同于西周早期中原同类器，但考虑到其器形的变异，本文保守地推断其年代为西周中期偏早阶段。Ⅱ、Ⅲ两式数量较多，出土地点范围较广，无疑是该类越式鼎鼎盛阶段的作品，本文遵从湖南湘潭青山桥、株洲白关、长沙金井、资兴旧市等原报道作者的断代结论，将其时代分别定为西周晚期和春秋早期。Ⅳ式鼎，目前仅见2件，

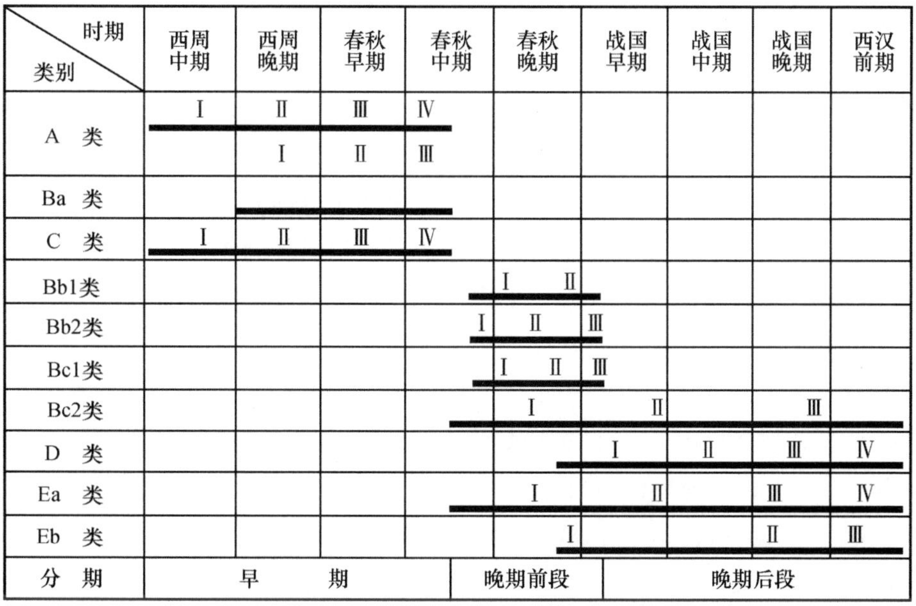

图二　越式铜鼎流行年代示意图

器形较Ⅲ式变异较大，具有明显的退化特征，本文定其年代为春秋中期。

Ba类　Ⅱ、Ⅲ式标本通常与A类Ⅲ式共存，如湖南长沙金井、路口、福临，宁乡坝塘、新邵陈家坊等，推测其年代大致相当于春秋早期，有的标本或晚至春秋中期。Ⅰ式2件标本均出土于安徽屯溪M1，与该墓出土的A类Ⅱ式越式鼎共存。屯溪M1的年代学术界公论为西周晚期。从其与Ⅱ式标本器形和纹饰布局的逻辑关系分析，将本类Ⅰ式的年代推定为西周晚期应该比较恰当。则本类越式鼎西周晚期开始流行，春秋早期为鼎盛期，消失于春秋中期。

Bb1类　Ⅰ式标本出土数量最多的是湖南湘潭古塘桥和衡南胡家港墓葬，两墓发掘报告断代为春秋中期。但两墓出土铜器的年代是有差别的，如湘潭古塘桥Ⅰ式鼎，浅盘收腹圜底、两耳外张、蹄足直立，与中原地区春秋早、中期铜鼎形制基本相同，同墓出土铜舟的年代也为春秋中期左右。衡南胡家港墓出土的铜簋与洛阳中州路东周墓[19]一、二期铜簋相近，年代也不晚于春秋中期。但是，古塘桥Ⅰ式鼎腹部纹饰与中原乃至安徽江滩地区同形鼎均不同，为一周横置的蝉纹，蝉与蝉之间有云纹，类似纹样在南方越式甬钟钲间部位多见，是越族地区春秋时期流行的纹饰。说明该鼎是仿照中原同类器在本地铸造的，年代应不早于春秋中期后段。本类Ⅰ式如古塘桥Ⅲ式鼎形制与之基本相同，明显是从其演变而来的。不过其腹部已不见几何纹饰，多为素面，或仅有一道凸弦纹，且鼎耳变为半环形、三足内侧已呈槽状，年代应晚于前者。衡南胡家港Ⅲ式鼎也是如此，而且据郑小炉研究[20]，同墓出土的甗形铜盉年代为春秋晚期。所以本类Ⅰ式的年代应为春秋晚期，如此则湖南湘潭古塘桥和衡南胡家港春秋墓的下葬年代应改定为春秋晚期。本类Ⅱ式仅广西恭城出土1件，与其伴出的其他铜器如楚式鼎、中原式罍的年代均为春秋晚期，故本文推定其年代为春秋晚期偏晚至战国初期。

Bb2类　Ⅲ式典型标本在湖南湘乡何家湾M1与春秋晚期楚式鼎、壶同出，年代应相当。Ⅱ式标本如江苏丹徒烟墩山A、B、C三件小鼎及湖南桃江腰子仑B型鼎等与Ⅲ式在形制和装饰上有一定差异，如前者腹较浅、腹部无纹饰，后者腹较深、腹部有几何纹装饰，但其耳均为动物形态，足均细长外撇，表明两者的年代距离并不太远，故Ⅱ式的年代宜定为春秋晚期偏早阶段。Ⅰ式标本丹徒烟墩山D、E、F三件小鼎，足短粗微外撇、足根部有兽面，耳为长方形，应早于后两式鼎，本文以为其年代或可早到春秋中期晚段。烟墩山大墓20世纪50年代发掘之后，学术界对其年代问题争论不休，现在看来，至少其附葬坑出土的小鼎年代不早于春秋中期，也许此附葬坑与大墓并无关系，或者大墓的年代亦为春秋时期。

Bc1类　Ⅰ式典型标本湖南湘潭古塘桥Ⅱ式鼎与Bb1类Ⅰ式鼎共存，腹部纹饰风格非常相似，仅三足为半圆形，年代与之相当或略晚，应为春秋中晚期之交或晚期前段。Ⅱ式典型标本湖南长沙五里牌64M1出土鼎，腹部无纹，《长沙楚墓》[21]定其年代为春秋晚期，可从。Ⅲ式典型标本广西贺县龙中岩洞墓Ⅰ式鼎三足扁平、足下端外撇，较前式变化较大，年代宜为战国前期。

Bc2类　Ⅰ式典型标本江苏丹徒谏壁粮山Ⅱ式鼎，与春秋晚期楚式铜鼎、罍等共存，年代应相当。但本文暂列此式的安徽青阳庙前龙岗M2出土鼎，腹盘更浅，与本文Ba类Ⅰ式安徽屯溪M1鼎相近，当然龙岗M2鼎为三扁足，腹部无纹，与屯溪M1鼎区别较大，应有一定年代差距。笔者以为，屯溪M1浅盘锥足鼎或许就是本文Bc2类鼎的源头之一。因此，龙岗M2鼎的年代应可早到春秋中期。Ⅱ式典型标本江苏六合程桥M1、六合和仁、苏州城东北、广东四会鸟旦山Ⅱ式鼎等，年代从多数学者意见定为春秋晚期后段至战国初期。Ⅲ式鼎仅见2件，均出土于岭南地区，形制变异较大，呈现衰败迹象，据其所属遗迹年代定为战国晚期。

Bc3类　流行时间较短，本文未分式别。根据广西恭城秧家墓中其与春秋晚期楚式铜鼎、中原式罍等的共存关系推定其年代为春秋晚期或战国初期。

Bc4类　目前仅见2件，浙江长兴1件，年代为春秋晚期或稍晚。广西贺县龙中岩洞墓出土1件，年代或可晚至战国晚期。

Bc5类　流行时间较短，本文未分式别。根据湖南湘乡五里桥M1中其与本文Bb2类Ⅱ式鼎的共存关系推定其年代为春秋晚期。

C类　Ⅰ式典型标本湖南望城高砂脊C型小铜鼎，腹部纹饰为西周早期风格，器形则模仿本地陶鼎，推测其铸造年代为西周中期早段或稍早。湖南益阳市博物馆藏有与此形制纹饰完全相同的鼎1件，仅尺寸略小。Ⅱ式与Ⅰ式器形基本一致，不同的是腹部已没有纹饰，或仅装饰一道凸弦纹，年代应与Ⅰ式相距不甚远，本文推断为西周晚期。Ⅲ式鼎宽折沿，唇部已上折略呈盘口，鼎足为柱足而非前式的蹄足，年代应稍晚。安徽屯溪M3出土了此式鼎1件，推测其年代为春秋早期。广东乐昌对面山出土1件，年代或晚至春秋中期。

D类　Ⅱ式标本主要出土于战国中期楚墓中，如湖南长沙子弹库53M35、黄泥坑54M5、资兴旧市、耒阳石油站、益阳天成垸、临澧太山庙、湖北鄂城百子畈等，少数出土于战国早期或晚期楚墓中，可见其流行年代为战国中期。Ⅲ式标本大多出土于战国晚期墓葬中，个别出土于西汉前期或其他墓葬，其流行年代应为战国晚期。Ⅳ式标本均出土于岭南地区西汉前期墓，Ⅰ式标本仅见于湖南桃江腰子仑春秋晚期墓和衡阳苗圃战国早期墓。则此类鼎出现于春秋晚期至战国早期，战国中晚期最为流行，西汉前期以后逐渐减少并消失。

Ea类　Ⅰ式典型标本湖南衡南胡家港Ⅳ式鼎，与Bb1类Ⅱ式鼎同出一墓，年代应为春秋晚期。Ⅳ式在广州南越王墓和广西贵县罗泊湾汉墓中出土较多，可见其流行年代为西汉前期。故推测Ⅱ式的年代为战国早中期，Ⅲ式的年代为战国晚期。

Eb类　Ⅰ式典型标本安徽铜陵金口岭1件与本文Bb1类Ⅱ式鼎同出，年代应为春秋晚期，江苏武进淹城1件与之同时，广东罗定背夫山1件年代为战国早期。Ⅱ式鼎数量较多，目前所见标本广东肇庆北岭松山、乐昌对面山、广西平乐银山岭诸鼎，参考共存器物均可定为战国晚期器。Ⅲ式鼎均出土于两广地区西汉前期墓葬，可见其主要流行年代为西汉前期。本类越式鼎Ⅰ式与Ⅱ式器形变化幅度较大，似存在缺环。

关于越式鼎的分期，以往的学者很少提及。前述日本学者将长沙金井、屯溪弈棋等地出土的锥足鼎作为越式鼎之前的“古阶段”之物，虽然意识到了古越族地区两周时期铜鼎以春秋晚期为时间界限的这种大的阶段性变化，但因为他们对越式鼎的界定范围很窄，故未对所谓“古阶段”之物给予应有的关注和讨论。本文在对全部越式鼎进行系统分类和年代判定后发现，越式鼎从产生到消亡可以非常明显地划分为两个大的发展阶段，即早、晚两期，两期分别流行不同种类的越式鼎，其时间界限大致在春秋中期，而且在地域分布上也反映出明显不同的特点。

早期，流行的越式鼎仅A、Ba、 C三类，分布地域主要为湘江流域，岭南地区见少量出土，江浙地区不见。如图三及附表2所示，A类鼎出现于西周中期、西周晚期至春秋早期普遍流行，消失于春秋中期。Ba 类鼎出现于西周晚期、春秋早期非常流行，春秋中期消失。C类鼎出现于西周中期、西周晚期至春秋早期大量流行，春秋中期以后发生大的变化演变为Ea类鼎。同时，其他类越式鼎均在春秋中期以后开始出现。故本文将A、Ba、C三类称为“早期越式鼎”。

晚期，又可分为两个小的阶段，分别称为晚期前段和晚期后段，时间界限约在战国初期。

晚期前段，流行的越式鼎主要有Bb1、Bb2、 Bc1、 Bc2、 Bc3、 Bc5、 Ea共7类，同时D、Eb 2类鼎此时也开始出现。本阶段越式鼎在分布地域上也发生了重大变化，即早期基本不见越式鼎的江浙地区此时已流行独具特色的越式鼎。这个阶段越式鼎的主要流行地区由早期的湘江流域一个区域发展为东、西两大区，岭南地区此时尚未大量铸造自己的铜鼎，仍主要从湘江流域输入。

晚期后段，Bb1、Bb2、Bc1、 Bc3、 Bc5 等几类鼎突然消失，流行的越式鼎仅存Bc2、D、Ea、 Eb 4类，从分布地域来看，此前越式鼎最主要的分布区湘江流域本阶段只流行D类越式鼎一样种，虽数量不少，但大量出土于楚墓中。江浙地区本阶段越式鼎极少，目前仅见淮阴高庄D类鼎6件，是楚文化从湘江流域带来的，前段本区自身传统的Bc2类鼎此时已基本不见。本阶段岭南地区成为越式鼎的主要流行区域，Bc2、Ea、Eb 3类鼎已只在这里大量制造和使用，战国中晚期，随着楚文化占领湘江流域全境，D类越式鼎也流传到本区，此后这4类越式鼎在岭南地区一直流行至西汉中期。

四、越式鼎的源流与文化背景

前面几节对越式鼎定义与内涵、种类与区域分布、年代与分期的初步整理为进一步探讨越式鼎的源流和隐藏其后的历史文化背景等问题奠定了基础。我们研究越式鼎，目的就是要以之为线索，梳理出古代文化的传承与相互影响、族群迁徙与融合的基本脉络，从而揭示相关历史阶段人类文化的演进过程。越式鼎作为古代越族地区制造并使用的具有自身文化特色的青铜器，其产生和发展至少应同时具备三个条件：一是相对独立的传统文化分布区域，二是相应的青铜铸造技术，三是一定的文化需求。从这三个方面去理解越式鼎之不同发展阶段、分布区域和种类诸特征，则不难了解其所依托的历史文化背景。下面以分区为线索对越式鼎的源流和文化背景问题进行一些粗略的探索。

（一）湘江流域区

前文显示，湘江流域不仅自始至终是越式鼎的主要流行区，本文13类越式鼎中的9类在本区流行，其中大部分起源于本区然后流传到其他地区，且本区又是早期越式鼎的唯一原产区。那么，湘江流域为什么会首先产生越式鼎，其文化背景是什么呢？回答这个问题之前，本文先就湘江流域早期越式鼎的渊源问题进行以下讨论。

早期越式鼎目前可见的有三类，即本文A、Ba、C类，对于这三类鼎以往学者有许多不同看法，其中C类鼎因为发表材料很少，并未引起注意，Ba 类鼎多数学者认为是越式鼎，A类的晚期形制（本文Ⅲ、Ⅳ式）一般认为是越式鼎。但是，早期越式鼎的渊源问题一直没有人进行过仔细研究，这当然与材料阙如有关。1996 年，湖南望城县高砂脊遗址的发掘为早期越式鼎研究提供了重要契机。高砂脊遗址两次发掘清理了一批西周时期的陶器墓和两座铜器墓，出土了几十件青铜器，其中复原的铜鼎近十件。本文早期越式鼎及其类别的认定与确立可以说主要得益于高砂脊铜鼎的面世。如果单独来看，本文A类Ⅰ式即高砂脊简报B型Ⅱ式小铜鼎，也许多数学者会不相信其为越式鼎，但若从本文A类Ⅲ式长沙金井、资兴旧市等地出土标本的典型特征往前追索，通过湘潭青山桥等地出土的本文A类Ⅱ式标本的联系，其确为越式鼎已是再明显不过了。不仅如此，高砂脊出土的铜鼎还为我们提供了A类越式鼎渊源的明确线索，即从高砂脊A型大鼎→A型小鼎→B型Ⅰ式小鼎→B 型Ⅱ式小鼎（图四，1～4）的演变轨迹，其中A型小鼎和B型Ⅰ式小鼎已明显具备了A类越式鼎滥觞时期的特征。高砂脊A类大鼎折沿、深腹、圜底、圆柱形足，口下一周兽面纹、腹部饰蝉体尖叶纹，与殷墟妇好墓中型圆鼎[22]非常相似，是中原地区商代晚期常见的器形，具有典型的商文化风格，且器壁厚、纹饰精美并有铭文，可以肯定不是本地产品。而大量小鼎均胎壁很薄、纹饰模糊不清，错范现象非常普遍，应为地方产品。但是，两类不同铸地、大小及工艺水平悬殊的铜鼎文化面貌上却有非常明显的传承关系，这说明A类越式鼎是在商文化传统的基础上发展演变而来的。高砂脊A型小鼎的年代，发掘报告定为西周早期后段，如果这种判断无误，则至少在西周早、中期之际最早的越式鼎已经产生了。高砂脊C型小鼎是仿造本地陶鼎制成的，为宽斜折沿、扁圆腹，外加两个立耳。这种铜鼎在中原地区商周文化中是绝对没有的，无疑是本地越民族的特色产品。高砂脊C型小鼎与B型小鼎同出一墓，腹部纹饰也相同，年代也应在西周早中期之际或中期前段。年代稍后的高砂脊AM5出土了1件类似的釜形铜鼎，但器体明显加大，腹部不见纹饰，商文化因素消失殆尽。另外在高砂脊还出土了大量与B、C型小铜鼎形制相同的陶鼎，外来文化与本地文化相互借鉴、彼此融合的现象一目了然。2003～2004年，湖南省文物考古研究所在宁乡黄材炭河里遗址进行发掘，除发现西周时期城址外，还在城址附近的台地上清理了7座西周小型贵族墓葬，根据城址出土陶器分析，其与高砂脊遗址属于同一考古学文化，年代基本一致。墓葬出土的铜器除一部分与该地以往出土的大量商代铜器风格一致外，多数出土品如铜鼎等均器壁很薄、质地很差、纹饰在商文化铜器纹饰基础上有较大变异，地方风格明显，无疑为本地铸造。其中新屋M4出土的一件大型宽折沿釜形鼎[23]与高砂脊AM5所出釜形鼎一致，为高砂脊C型小鼎的后续形态，即本文C类Ⅱ式鼎。发掘期间在邻近栗山村收集的一件釜形鼎（图一，6）与M4所出形制相同、均无纹饰，足亦为蹄形，仅体形较小。属于本文A类Ⅰ、Ⅱ式的标本也出土不少，惜均为残片。前述新屋M2出土的2件铜鼎足作圆锥形外撇状，外侧饰蝉体尖叶纹，笔者以为是本文Ba类鼎早期标本的鼎足，但器身部分不明。该鼎足内侧有一条纵向凹槽，与城址出土陶鼎足内侧多见的刻槽相同。这条线索说明本文Ba类铜鼎也应最先出现在湘江流域，本文列举的Ba类Ⅰ式2件标本虽均见于皖南屯溪M1，但从与其同出另3件A类越式鼎明显系从湘江流域传入而且皖南地区不见其后续形态标本等情况分析，这2件Ba类Ⅰ式标本也应来源于湘江流域，只是湘江流域尚未发现Ba类Ⅰ式的标本而已。

湘江流域并不是古代越族集聚的中心地区，却是越式鼎的最早起源地和主要分布区。其原因笔者认为主要有以下两个方面。

第一，湘江流域独特的地理位置和地理环境是其内因。湘江发源于南岭，自南而北流入洞庭湖，流域东、南、西三面为高山，北面洞庭湖与罗霄山脉之间为狭长的山地走廊，再往北是长江和古云梦泽。一方面湘江流域在大的区域地理上属于由秦岭、大别山、罗霄山、南岭和云贵高原包围起来的长江中游两湖平原的一个组成部分，因为临近南方青铜文明较为发达的江汉地区，先于越族集聚中心区接触到外来文化影响。在长期的交往和接触中本地居民逐渐学会和掌握了青铜冶铸技术，从而具备了形成本民族特色青铜文化的技术基础。另一方面，湘江流域腹地在洞庭湖以南，洞庭湖东岸交通通道非常狭窄，北边又有长江和云梦泽阻隔，从而构成了湘江流域相对封闭和独立的地理单元。中原文化经江汉平原南下时，东路必由汉水入长江然后顺江而下于九江一带渡江进入赣江流域，西路必南下荆州渡江进入湘西北平原，湘江流域独可避其锋芒。况湘江流域东南凭倚百越腹地，进退自如。与湘西北地区和江西赣江流域比较，湘江流域受外来文化冲击的程度会相对较弱，因而可以在一定时期内保持相对的独立性，使本民族文化传统得以长期保持而不被同化。

第二，商周时期长江中游地区特殊的历史文化背景是其外因。具体说来也有两个方面。

其一是商末周初，周人灭商后曾大力开发汉水流域，掌握先进青铜冶铸技术的当地部族和商人残余势力被迫南迁进入湘江流域，他们不仅带来了大量青铜器和相关技术，其先进的政治制度和礼制观念也势必对湘江流域土著文化产生一定影响。考古发现和研究表明，湘江流域商代晚期虽然已进入青铜时代，如岳阳地区的费家河文化发现有不少陶坩埚、小件铜器、残渣等，但目前尚无任何证据表明当时本地已能铸造大型青铜容器。从南方出土商代晚期铜器的类别和风格来看，湘江流域目前所见的商代铜器（如尊、罍、瓿等）与汉水流域乃至整个江汉平原同时期标本并无区别，说明商代晚期两湖地区并不存在两个青铜铸造中心。而从湘江流域的地理位置和自然条件、区域文化发展水平以及青铜冶铸技术基础等综合实力来看，商代晚期商文化从南方地区撤退之后，湘江流域绝不可能替代江汉地区成为两湖地区的青铜文明中心，充其量只会是江汉地区地方青铜文明的边缘区或辐射区。商末周初中原地区政治格局发生巨变，周人灭商后加大经营江汉地区的力度，封建"汉阳诸姬"，原居于此的地方方国以及商人残余势力不得不南逃，湘江流域相对封闭独立的地理环境和土著势力弱小的良好条件无疑会成为其首选之地。20世纪30年代以来一直出土商代青铜重器的宁乡黄材地区最近又发现了西周时期的城址和贵族墓葬，表明该地确实是一个方国都城所在地。而这里地处沩水上游、雪峰山东麓，位置非常偏僻，很难想象这里会是湘江流域土著文化的中心区域。果如有的学者所议，湘江流域的大量商代铜器为本地所造，则本地应该具备相应的政治势力或方国，且其中心区域必在湘江干流地区，岂会偏安于高山峡谷中之一隅？抑或如有的学者所论，湘江流域出土的商代铜器为商代晚期商人南下扩张时带来的，同样不可能将其政治中心选址在沩水上游地区。因而，宁乡黄材炭河里方国都城遗址最大可能是商末周初时外来集团逃难的落脚之地。城外台地清理的小型贵族墓中既见商式铜器如提梁卣等，又有不少早期越式鼎，这正是外来青铜文化向本地青铜文化过渡的绝佳证据。因此本文认为，商末周初外来青铜文化的迁入是湘江流域早期越式鼎产生的重要契机。

其二是从西周早期直至春战之际楚人强力开发本地之前，湘江流域存在数百年的文化稳定期，这是本地越式鼎得以长期流行的必要条件。西周建国后虽然在江汉地区封建了“汉阳诸姬”和异姓诸侯国，但这些诸侯国地小势弱，又各自为政，根本无力顾及江南地区。西周中晚期楚国势力坐大之后又主要致力于统一江汉地区和向北、向东发展，不仅没有冲击到江南地区反而阻隔了中原文化对江南的影响，客观上成了江南地区传统文化充分发展的保护伞。湘江流域于西周中期之后，几乎再也接受不到来自中原地区的文化养料，这或许正是越式鼎技术传统古老守旧的原因。另外，湘江流域很少发现西周中期以后中原风格的周式铜器而多见地方特点的铜器如桑蚕纹尊、蛇纹提梁卣和大量越式青铜甬钟、镈等，也是这种文化背景实际存在的旁证。

春秋中期至春战之际，湘江流域越式鼎有一个异常明显的变化，即早期流行的几类越式鼎几乎同时消失，即使最土著的C类鼎也已演变为Ea类鼎，而新出现Bb1、Bb2、Bc1、Bc3、Bc5类等越式鼎新品种。要探究为什么会发生这样的变化，还得先从这些新出越式鼎种类本身进行考察。Bb1 类越式鼎Ⅰ式标本主要出土于湘潭古塘桥和衡南胡家港两墓，从器形观察，其前身明显是古塘桥Ⅰ式鼎（图三，17）和胡家港Ⅰ、Ⅱ式鼎，而相同的器物在湘江流域数量并不多，反而在长江下游地区大量发现，如安徽肥西县金牛[24]、小八里[25]、舒城五里[26]、六安思古潭[27]、寿县枸杞[28]、肖严湖[29]、桐城桃园[30]、怀宁金拱[31]、繁昌汤家山[32]、江苏溧水白马[33]、丹阳司徒砖瓦厂（Ⅱ式鼎）[34]、高淳固陇下大路[35]等，分布地点以安徽江淮地区最为密集。这些鼎的形制与中原地区春秋早、中期铜鼎基本一致，仅纹饰带有地方风格，无疑是受周文化影响形成的。又，这类鼎在楚国境内非常少见。如此看来，湘江流域Bb1类越式鼎的源头当在长江下游的江淮地区。Bb2 类鼎，虽然其晚期形制在湘江流域很流行又少见于其他地区，但早期形制目前只见于江苏丹徒烟墩山，本文暂且认定其来源于长江下游地区。Bc1、Bc3、Bc5 三类，鼎形完全一致，仅耳部特征有别，它们与Bb1类鼎的区别仅鼎足为扁足，或与Bb1类鼎存在同源关系（图三，17、20）。以上推测如果大致不错的话，则春秋中晚期，有一次规模较大或延续时间较长的从江淮地区向湘江流域的文化流动。作为这种文化背景存在的旁证还可举出以下数例：①衡南胡家港墓出土的甗形铜盉属“群舒”典型器，应来源于安徽江淮地区；②益阳市博物馆收藏有2件Bc2类Ⅰ式鼎，此类鼎为江浙地区典型越式鼎，这2件标本乃从下游地区输入；③衡阳赤石春秋墓[36]M315出土的1件铜甗与安徽铜陵谢垅[37]出土的甗完全一样，后者被普遍认为属徐器；④湘乡市博物馆收藏的1件残鼎[38]与群舒文化平盖鼎相似，纹饰也相近；⑤江西高安、靖安[39]曾两次出土大量徐国铜器；⑥1993年江西樟树观上曹溪村[40]出土2件铜鼎与山东费县上冶出土的1件徐国铜鼎[41]极为相似；⑦广西贺县龙中岩洞墓出土1件兽首鼎[42]等。如此多的徐、舒铜器之所以从江淮地区西来江西、湖南、广西，应与春秋中晚期楚人相继吞灭淮河流域江、黄、徐、群舒等诸侯国后各国贵族的南迁以及吴楚争霸时期的社会大动荡有关。直到春秋晚期，楚人并未真

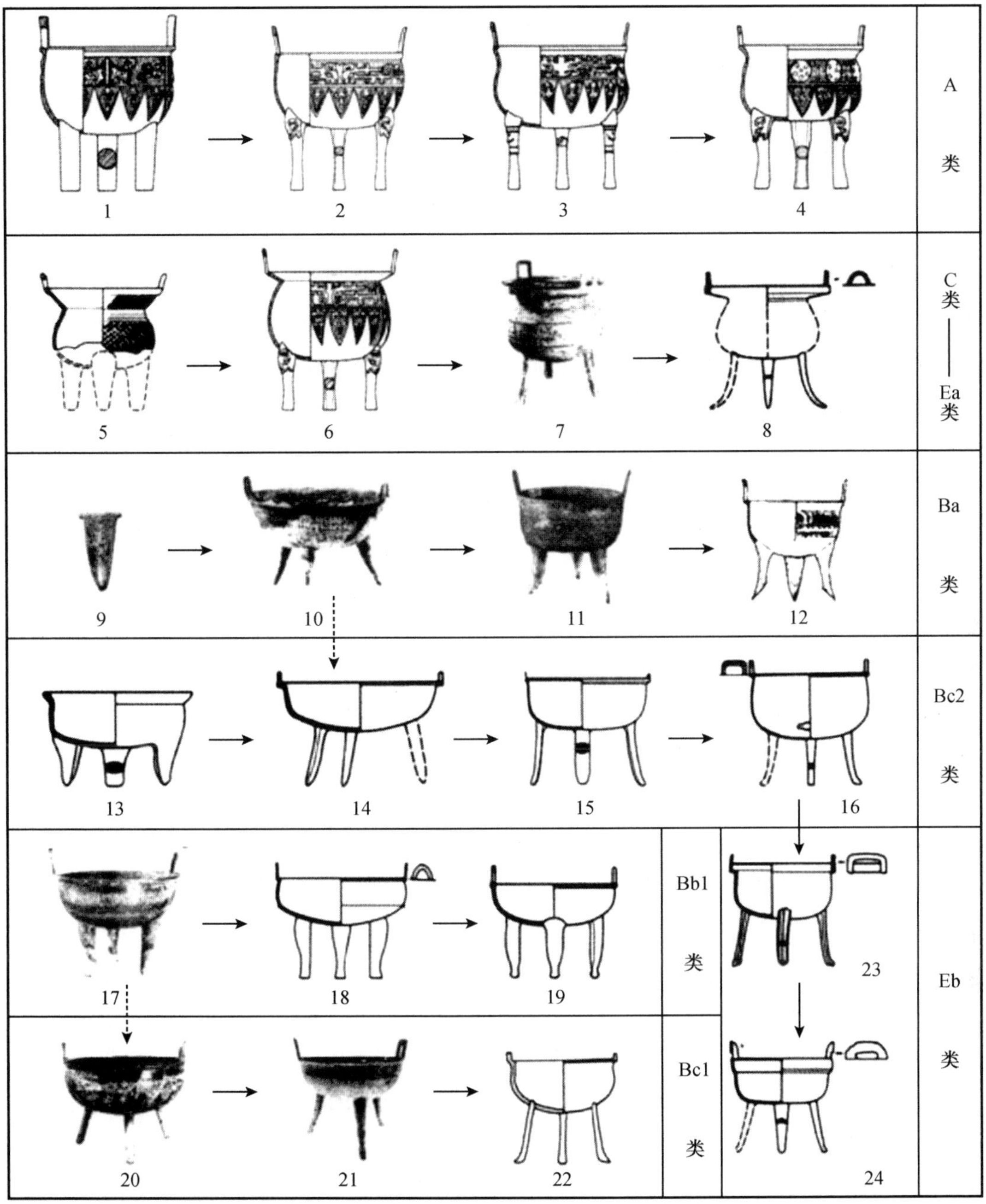

图三 各类越式鼎源流关系图

1. 高砂脊A型大铜鼎 2. 高砂脊A型小铜鼎 3. 高砂脊BⅠ式小铜鼎 4. 高砂脊BⅡ式小铜鼎（AⅠ式越式鼎） 5. 高砂脊Bb型陶鼎 6. 高砂脊C型小铜鼎（CⅠ式越式鼎） 7. EaⅠ式越式鼎（衡南胡家港） 8. EaⅡ式越式鼎（宾阳韦坡） 9. 黄材新屋M2鼎足 10. BaⅠ式越式鼎（屯溪M1：81） 11. BaⅡ式越式鼎（长沙金井） 12. BaⅢ式越式鼎（长沙福临） 13. 高淳顾陇Ⅱ式陶鼎 14. Bc2Ⅰ式越式鼎（青阳庙前） 15. Bc2Ⅰ式越式鼎（吴县何山） 16. Bc2Ⅱ式越式鼎（六合程桥） 17. 湘潭古塘桥Ⅰ式鼎 18. Bb1类Ⅰ式越式鼎（湘潭古塘桥） 19. Bb1类Ⅱ式越式鼎（恭城秧家） 20. Bc1类Ⅰ式越式鼎（湘潭古塘桥） 21. Bc1类Ⅱ式越式鼎（茶陵出土） 22. Bc1类Ⅲ式越式鼎（贺县龙中） 23. EbⅠ式越式鼎（江苏淹城） 24. EbⅡ式越式鼎（平乐银山岭）

（→表示源流关系，- →表示可能的源流关系）

正进入湘江流域腹地，目前发现的典型春秋晚期楚式铜器墓还只见于益阳赫山庙[43]和岳阳筻口[44]等地。

约当春战之际，湘江流域越式鼎又一次发生大的变化，此前流行的几类鼎消踪匿迹，新出现了D类越式鼎。此类鼎敛口，附耳，有隆起的盖，多由2块壁范和1块底范铸成，底部范痕近圆形，这些特征不能不说受了楚式铜鼎的很大影响。据《史记·孙子吴起列传》记载，楚悼王时，吴起变法，"于是南平百越，北并陈蔡"，时当战国早期。这个时候，楚国势力才真正大规模地进入湘江腹地，对湘江流域传统文化形成前所未有的冲击。但是，楚人在湘江流域采取了比较开明的文化融合政策，大量D类越式鼎出现在楚墓中即是楚人对越文化兼容的证据，后来D类越式鼎甚至出现在楚国中心腹地江陵并随楚人活动流传到三峡及苏北鲁南地区。不过尽管如此，楚人对湘江流域的征服终究还是打破了湘江流域数千年延续下来的文化传统，本地越民族除一部分南迁到岭南地区外，其余不可避免地被楚文化逐步同化了，后随楚灭于秦，至汉时终于成为中华文化大家庭的一员。

（二）江浙地区

江浙地区西周至春秋中期以前的青铜器不少，但至今没有发现这一时期自成系列的越式鼎，前述江苏丹阳司徒砖瓦厂出土的Ⅰ、Ⅲ式5件鼎，地方特征虽然很浓，但没有延续发展下来并形成体系，故本文未将其纳入越式鼎范畴。邻近的皖南地区所见早期越式鼎标本已如上述应是从湘江流域流传过去的。

笔者认为江浙地区春秋中期以前没有越式鼎主要是由该地区上层统治者的文化取向形成的。主要位于江苏地区的吴国是周王朝所封同姓诸侯国，乃太伯虞仲之后，至少在西周前期与周王朝还过从较密。虽然吴地下层民众主要为当地土著越族，但上层统治者的文化取向是效仿宗周文化。在这种文化背景下，该地区出土的西周至春秋中期铜器从器类到形制无不模仿周式铜器的现象就不足为怪了。

春秋中期以后，楚人经略淮河流域颇见成效，徐人南下进入吴地，给吴越地区青铜文化带来较大影响。从吴王寿梦开始，励精图治，逐渐强大，北灭徐、南臣越、西吞皖南赣东，成为与楚抗衡的大国，经济实力的强盛和技术的熟练使吴国的青铜工业有了长足进步，此时吴越地区开始出现Bc2、Eb类越式鼎。这说明此时吴国地区的经济技术基础已开始能够有限地满足下层土著越人的文化取向。

从本文附表一、附表二可知，江浙地区所见越式鼎标本绝大多数出土于江苏地区，属于越国腹地的浙江则很少见。这是因为，浙江地区地理位置靠南，相比江苏地区较晚接受来自中原青铜文化的影响，直到春秋中期以前本地青铜冶铸业还相当有限，不可能满足传统文化对于越式鼎的文化需求。况且越国统治者亦自称夏禹之后，其文化取向自然会倾向于模仿中原文化。春秋后期至战国前期，越国的铸铜技术已达到当时最先进的水平，但因长期与吴、楚两国对峙，其青铜铸造业的重心始终放在发展兵器上，也不可能大量铸造体现本地文化传统的越式鼎。

江浙地区最典型的越式鼎Bc2类铜鼎的主要源头应该是本地商周以来普遍流行的浅盘式陶鼎，这类陶鼎在湖熟文化中普遍见到，春秋中期的标本可见高淳顾陇Ⅱ式陶鼎[45]（图三，13）等。不过，在其形成过程中可能受到了从湘江流域传到皖南地区的Ba类鼎的影响，其最早标本安徽青阳庙前龙岗M2铜鼎，体形与屯溪M1两件Ba类Ⅰ式鼎很相似，应是屯溪M1鼎至吴县何山鼎的中间形态（图三，11、14、15）。Eb类鼎早期标本分别见于安徽铜陵金口岭和江苏淹城，器形与Bc2类铜鼎有渊源关系（图三，16、23），此类越式鼎应该起源于江浙地区，但本地战国时期再也见不到其后续形态作品。总体看来，江浙地区虽然在这一阶段有本区独特的越式鼎，但数量并不很多，该地区的主要青铜制品除兵器较有特色外，礼器系列则主要模仿中原地区作品，越式鼎自始至终在本地区处于比较微弱的地位。

进入战国，随着楚灭越，楚文化大量进入江浙地区，本地先前流行的越式鼎很快消失，其文化传统随越人南迁在岭南地区延续下来并有所发展，成为战国至西汉前期岭南地区流行的四大类越式鼎中主要两类。江浙地区这一阶段的越式鼎仅淮阴高庄一处所见6件D类鼎，其来源当与楚人有关。较之湘江流域战国时期越式鼎的流行情况，可知楚人在两地的经营方式是有所区别的，即对湘江流域越文化采取的是兼容并包的渐进融合方式，而对江浙地区采取的是急剧同化的方式。其原因可能是，湘江流域一直是楚人后方的弱小邻居，而江浙地区的吴、越两国曾经是楚人的强大对手。

（三）岭南地区

岭南地区与湘江流域地理位置邻近，又有大河相通，自古以来两地文化交往一直非常密切。从越式鼎出土情况来看，湘江流域的早期越式鼎在岭南地区也有不少发现，主要为A类Ⅱ、Ⅲ式鼎，有些标本如博罗横岭山鼎、惠阳柯木山鼎等与湘江流域同类器完全一致，应是湘江流域制造后流入当地的，这些标本的年代一般为西周晚期至春秋初期。有些标本如和平龙子山鼎、乐昌对面山鼎、贺县马东村鼎等则是湘江流域同类器的仿造品，年代应不早于春秋早期。从岭南地区目前出土的铜器种类和文化面貌来看，春秋早期以前，岭南地区还不太可能铸造青铜容器。春秋中期至战国初期，岭南地区虽然更多地接受了来自岭北地区的影响，但这一阶段该地区青铜文化的面貌并未发生太大变化，属于此阶段的越式鼎很少，其文化面貌和该地区出土的其他青铜容器如广西恭城秧家出土的鼎、罍、尊，荔浦、宾阳[46]等地出土的罍、钟，广东信宜[47]出土的盉等一样都与岭北地区出土的同类器一致，应非本地铸造，本地的青铜制品主要还是工具、武器等非容器类。从战国早期开始，岭南地区进入了本地青铜文化发展的鼎盛阶段，单以越式鼎来说，此时流行的种类有Bc2、D、Ea、Eb 4类，不仅数量很多，而且有自身特点，为当地制品已不容怀疑。当然，它们的文化传统均来自岭北地区。其中Bc2、Eb类源自江浙地区，D、Ea类源自湘江流域。有趣的是，这一阶段岭北的江浙地区已不再流行越式鼎，湘江流域也不见除D类之外的其他越式鼎，至战国晚期以后，D类越式鼎也只见于岭南地区了，岭南地区成为岭北东西两区越式鼎文化传统的汇集之地。这种局面的形成，毫无疑问与楚文化统一长江中下游地区有关。战国早期，楚灭越国，对江浙地区古越族文化进行了毁灭性的打击，该地越人只有被迫南逃。南逃的路线理论上讲有陆、海两条，陆路从浙江衢州至江西上饶之间的通道进入赣江流域、溯赣江而上过大庾岭进入粤北，海路从浙东沿福建东海岸南下到达粤东。不过，从广东地区出土的越式鼎情况分析，当时江浙地区越人南逃的主要方向是走陆路。上述推测并不仅仅基于越式鼎单方面的证据，其他如郑小炉对铜“镇”的研究结论[48]也可作为旁证。而楚文化统一湘江流域时，当地越人进入岭南是非常自然的事，因为两地之间本来就交往频繁、关系密切，而且文化传统上也有相同之处，如C、Ea 2类越式鼎的源头宽折沿釜形陶鼎一直是两地传统的主要炊器。

岭南地区青铜文化的起源和发展无疑与岭北湘江流域和江浙地区青铜文化的向南影响密切相关，但这两个地区对岭南发生影响的时间、方式有明显差别，产生的后果也不同。如果单从越式鼎种类、分布诸情况来看，则湘江流域青铜文化从西周时期开始一直对岭南地区发生直接影响，其影响方式，战国以前主要是渐进式的交往方式，大规模的人群迁移应较少，战国时期因楚人入驻湘江流域，当地越人才开始大量迁入岭南地区，因此可以说，岭南地区青铜文化的产生与湘江流域青铜文化的影响有直接关系。江浙地区青铜文化对岭南地区的影响，战国以前一直非常微弱，战国初因楚灭越，吴越居民大量迁往岭南地区，这种影响来势迅猛、影响力较大，对岭南地区青铜文化鼎盛阶段的到来起了至关重要的作用。

五、结　　语

本文首先给越式鼎定义为“具有古代越族独特风格、主要在越族聚居区由越人铸造和使用的鼎类器”，并据该定义就越式鼎的文化内涵和判别越式鼎的标准进行了阐述。依此，笔者共收集各地所见越式铜鼎351件，并将它们按口、足、耳、腹等部位不同特征分为5大类13小类共计35式，基本建立起了越式鼎自身类型与演变的逻辑体系，为后文对越式鼎的年代、分期、分区、源流和文化背景的研究奠定了坚实基础。本文研究结果显示，越式鼎早在西周早、中期之际即已出现，在其整个发展过程中，经历了两次大的时空和文化面貌的变迁，最后于西汉武帝统一岭南之后基本消失，终于走完了它在中国东南地区流行近八百年的历史。其中西周中期至春秋中期为其早期阶段，这一时期流行A、Ba、C 3类越式鼎，流行地区主要在湘江流域。安徽皖南地区和岭南地区输入或仿制了少量原产于湘江流域的早期越式鼎。春秋中期至战国初期为晚期前段，这一时期流行的越式鼎为Bb1、Bb2、Bcl～Bc5、Ea等数类，早期流行的三类越式鼎全部消失，而晚期后段流行的D、Eb 类越式鼎开始出现。这一阶段越式鼎流行地域主要为两个，除湘江流域外，吴越地区也流行具有自身特色的越式鼎，岭南地区仍旧主要与湘江流域发生联系，当地出土的越式鼎甚至包括其他类青铜容器等均与湘江流域基本一致，当地的青铜文明还处在大发展的前夜。从战国早期至西汉中期为晚期后段，这一时期流行的越式鼎主要为Bc2、D、Ea、Eb 4类，前段流行的其他几类鼎消失，流行地域上，吴越地区已不再为越式鼎分布区，湘江流域也仅仅流行D类越式鼎，而岭南地区一跃成为越式鼎最主要的流行区，战国晚期以后，湘江流域也不再见越式鼎，岭南地区成为越式鼎的唯一分布地区。总之，通过本文对越式鼎的源流、发展的阶段性、区域分布和文化背景等方面的总结，不仅反映出古越族分布区内各区域地理因素、文化传统、文化交流和演进历程等的异同，是古代越族文化进入中华文化大家庭前最后阶段的历史缩影，同时也反映了古代越族文化与中原地区商周文化、江汉地区楚文化、江淮地区徐、舒文化等性质各异的文化间的相互关系。

越式鼎是古代越族青铜文明的代表作品之一，是研究我国南方地区商周时期青铜文化的发生与演变、文化交往与民族融合等问题非常重要的线索，因此对越式鼎进行全面、深入的综合研究，有很重要的学术意义。本文仅就越式鼎相关的几个基础性问题做了一些肤浅的探讨，其他诸如越式鼎的用途、铸造工艺、其在越族青铜器中的地位及其与地方政治、宗教、习俗、文化礼仪的关系等等问题还很多，这些问题远非笔者的学识和研究水平所能涉足，因此，希望学术界有识之士予以大力关注并对本文提出宝贵意见。本文的探索犹如万里行之足下始，故名《越式鼎研究初步》。

附记：本文收集资料及撰写过程中得到了湖南省文物考古研究所高成林，湖南省博物馆熊建华、邓昭辉，广东省考古研究所吴海贵，广西壮族自治区博物馆蓝日勇和长沙、株洲、益阳、衡阳、岳阳、湘乡、宁乡、新邵等市、县文博单位诸多同仁的热情帮助，在此谨向他们表示衷心的感谢！

注　释

［1］ 俞伟超：《关于楚文化发展的新探索》，《江汉考古》1980年第1期。

［2］ 彭浩：《我国两周时期的越式鼎》，《湖南考古辑刊》（第2集），岳麓书社，1984年。

［3］ 横仓雅幸等：《所謂「越式鼎」の展開》，《考古学雜誌》 第76卷第1号（1990.10东京）。

[4] 熊传薪、吴铭生：《湖南古越族青铜器概论》，《中国考古学会第四次年会论文集》，文物出版社，1985年。
[5] 何介钧、何纪生：《古代越族的青铜文化》，《湖南考古辑刊》（第3集），岳麓书社，1986年。
[6] 李龙章：《湖南两广青铜时代越墓研究》，《考古学报》1995年第3期。
[7] 湖南省博物馆、东江水电站工程指挥部考古队：《资兴旧市春秋墓》，《湖南考古辑刊》（第1集），岳麓书社，1982年。
[8] 安徽省文化局文物工作队：《安徽屯溪西周墓葬发掘报告》，《考古学报》1959年第4期。
[9] 湖南省博物馆：《长沙县出土春秋时期越族青铜器》，《湖南考古辑刊》（第2集），岳麓书社，1984年。
[10] 宋少华：《长沙出土商、春秋青铜器》，《湖南博物馆文集》，岳麓书社，1991年。
[11] 彭适凡：《江西地区出土商周青铜器的分析与分期》，《中国考古学会第一次年会论文集》，文物出版社，1980年。
[12] 广西壮族自治区博物馆：《广西恭城县出土的青铜器》，《考古》1973年第1期。
[13] 浙江省文物管理委员会、浙江省文物考古所、绍兴地区文化局等：《绍兴306号战国墓发掘简报》，《文物》1984年第1期。
[14] 高成林：《长沙市博物馆所藏一件深腹矮足鼎浅析》，《青年考古学家》总第十六期。
[15] 镇江市博物馆、丹阳县文物管理委员会：《江苏丹阳出土的西周青铜器》，《文物》1980年第8期。
[16] 朱凤瀚：《古代中国青铜器》，南开大学出版社，1995年，第806页。
[17] 向桃初、刘颂华：《宁乡黄材西周墓发掘的主要收获及其意义》，《湖南省博物馆馆刊》（第一期），《船山学刊》，2004年，彩图四一。
[18] 湖南省文物考古研究所、长沙市博物馆、长沙市考古研究所等：《湖南望城县高砂脊商周遗址的发掘》，《考古》2001年第4期。
[19] 中国科学院考古研究所：《洛阳中州路（西工段）》，科学出版社，1959年，图版肆伍，3。
[20] 郑小炉：《试论青铜甗形盉》，《南方文物》2003年第3期。
[21] 湖南省博物馆，湖南省文物考古研究所：《长沙楚墓》，文物出版社，2000年，图106，1。
[22] 中国社会科学院考古研究所：《殷墟青铜器》，文物出版社，1985年，彩版八、彩版九；图版104、图版105。
[23] 向桃初、刘颂华：《宁乡黄材西周墓发掘的主要收获及其意义》，《湖南省博物馆馆刊》（第一期），《船山学刊》，2004年，图二、图三。
[24] 安徽省文物工作队：《安徽肥西县金牛春秋墓》，《考古》1984年第9期，图二，1。
[25] 李国梁：《群舒故地出土的青铜器》，《文物研究》（第六辑），黄山书社，1990年，图二，1。

［26］ 李国梁：《群舒故地出土的青铜器》，《文物研究》（第六辑），黄山书社，1990年，图二，2。
［27］ 六安县文物管理所邵建白：《安徽六安县发现两件春秋铜鼎》，《文物》1990年第1期。
［28］ 李国梁：《群舒故地出土的青铜器》，《文物研究》（第六辑），黄山书社，1990年，图三，3。
［29］ 寿县博物馆：《寿县肖严湖出土春秋青铜器》，《文物》1990年第11期，图一，1。
［30］ 李国梁：《群舒故地出土的青铜器》，《文物研究》（第六辑），黄山书社，1990年，图三，6。
［31］ 怀宁县文物管理所：《安徽怀宁县出土春秋青铜器》，《文物》1983年第11期，图一，1。
［32］ 安徽省文物工作队、繁昌县文化馆：《安徽繁昌出土一批春秋青铜器》，《文物》1982年第12期，图九、图十。
［33］ 溧水县图书馆：《江苏溧水出土的几批青铜器》，《考古》1986年第3期，图一，2。
［34］ 镇江市博物馆、丹阳县文物管理委员会：《江苏丹阳出土的西周青铜器》，《文物》1980年第8期。
［35］ 刘兴：《镇江地区近年出土的青铜器》，《文物资料丛刊》（5），文物出版社，1981年，图二，1、2。
［36］ 衡阳市博物馆：《湖南衡阳县赤石春秋墓发掘简报》，《考古》1998年第6期。
［37］ 张国茂：《安徽铜陵谢垅春秋铜器窖藏清理简报》，《东南文化》1990年第4期。
［38］ 湘乡市博物馆藏品。
［39］ 江西省历史博物馆、靖安县文化馆：《江西靖安出土春秋徐国铜器》，《文物》1980年第8期。
［40］ 樟树市博物馆：《江西樟树观上春秋墓》，《南方文物》1997年第2期。
［41］ 心健、家骥：《山东费县发现东周铜器》，《考古》1983年第2期。
［42］ 贺县博物馆：《广西贺县龙中岩洞墓清理简报》，《考古》1993年第4期。
［43］ 益阳市文物处发掘资料。
［44］ 岳阳市文物工作队、岳阳县文物管理所：《岳阳县筻口出土春秋人像动物纹提梁卣》，《湖南博物馆文集》，岳麓书社，1991年。
［45］ 杨楠：《江南土墩遗存研究》，民族出版社，1998年，图九，35。
［46］ 广西壮族自治区博物馆：《近年来广西出土的先秦青铜器》，《考古》1984年第9期。
［47］ 广东省博物馆（徐恒彬）：《广东信宜出土西周铜盉》，《文物》1975年第11期。
［48］ 郑小炉：《东南地区春秋战国时期的“镇”——古越族向岭南迁徙的一个例证》，《边疆考古研究》（第2辑），科学出版社，2004年。

附表一　越式铜鼎分类登记表

类别	式别	出土/收集/收藏地点	原编号或型式	数量/件	器物年代	文献名称	文献出处	备注
A类	Ⅰ式	湖南望城高砂脊AM1	B型Ⅱ式小铜鼎	3	西周中期早段	《湖南望城县高砂脊商周遗址的发掘》图一五，2～4	《考古》2001年第4期，图版伍，3	
		湖南醴陵黄达嘴	收集，现藏湖南省博物馆	2	西周中、晚期	《湖南省博物馆新征集的西周齿纹铜铙》图三，2	《湖南博物馆文集》，岳麓书社，1991年	
	Ⅱ式	湖南望城高砂脊AM5		约5件	西周中、晚期	均残破未能修复，有数个个体	湖南省考古研究所发掘资料，未发表	AM5三个标本^{14}C年代均为西周晚期
		湖南湘潭青山桥	J：10 J：11	2	西周中、晚期	《湘潭青山桥出土窖藏商周青铜器》	《湖南考古辑刊》（第1集），岳麓书社，1982年，图版捌，3；图版玖，2	
		湖南株洲白关	M1	1	西周晚期	《株洲白关西周晚期越人墓出土的青铜器》图一	《湖南考古辑刊》（第7集），求索杂志社，1999年	原报告线图稍走形
		湖南长沙金井干塘	Ⅰ式鼎	1	两周之际	《长沙县出土春秋时期越族青铜器》图一，2	《湖南考古辑刊》（第2集），岳麓书社，1984年，图版拾贰，3	有烟炱，耳为附耳
		湖南长沙路口高桥	Ⅳ式鼎	1	两周之际	《长沙县出土商、春秋青铜器》图二，3	《湖南博物馆文集》，岳麓书社，1991年，图版贰，4	有烟炱
		湖南长沙福临区	Ⅲ式鼎	1	两周之际	《长沙县出土商、春秋青铜器》图二，6	《湖南博物馆文集》，岳麓书社，1991年	附耳。腹部主纹带下有云雷纹边栏

续表

类别	式别	出土/收集/收藏地点	原编号或型式	数量/件	器物年代	文献名称	文献出处	备注
A类	Ⅱ式	安徽屯溪奕棋	M1∶79 M1∶82 M3∶11	3	西周晚期	周亚：《吴越地区土墩墓青铜器研究中的几个问题——从安徽屯溪土墩墓部分青铜器谈起》	《吴越地区青铜器研究论集》，第65页，图十A、图十B、图十二，标本M1∶82，沿似折，属特例	（香港）两木出版社，1997年
		广东惠阳柯木山		1	西周晚期	杨豪：《介绍广东近年发现的几件青铜器》	《考古》1961年第11期，图版陆，3	
		广东博罗横岭山		1	西周晚期	《广东博罗横岭山青铜时代墓葬群》	《2000中国重要考古发现》，文物出版社，2001年，第45页彩照	
		广东和平龙子山	M1	1	两周之际	《广东省和平县古文化遗址调查》图三，3	《考古》1991年第3期	有烟炱。腹部主纹带下有圆圈纹边栏
		广东乐昌对面山	Ab型鼎	1	两周之际	《广东乐昌市对面山东周秦汉墓》图一五，5	《考古》2000年第6期，图版叁，5	有烟炱
	Ⅲ式	湖南长沙金井干塘	Ⅱ式鼎	2	春秋早期	《长沙县出土春秋时期越族青铜器》图二，1、5	《湖南考古辑刊》（第2集），岳麓书社，1984年，图版拾贰，1	均有烟炱，1件甚残，1件耳经修补
		湖南宁乡坝塘	收集	1	春秋早期	1998年出土	现藏宁乡县文物管理所	材料未发表
		湖南新邵陈家坊	收集	1	春秋早期	90年代初陈家坊一岩洞出土，同出Ba型Ⅲ越式鼎、铜豆及玉环等	现藏新邵县文物管理所	资料未发表
		湖南资兴旧市	M276∶6	1	春秋早期	《资兴旧市春秋墓》图三，1、2、4	《湖南考古辑刊》（第1集），岳麓书社，1982年，图版拾，1	

续表

<table>
<tr><th>类别</th><th>式别</th><th>出土/收集/收藏地点</th><th>原编号或型式</th><th>数量/件</th><th>器物年代</th><th>文献名称</th><th>文献出处</th><th>备注</th></tr>
<tr><td rowspan="3">A类</td><td>Ⅲ式</td><td>广西贺县马东村</td><td>M2</td><td>1</td><td>春秋早期</td><td>《广西贺州市马东村周代墓葬》图三，1</td><td>《考古》2001年第11期，图版壹，5</td><td>此器素面无纹，属特例</td></tr>
<tr><td rowspan="2">Ⅳ式</td><td>湖南资兴旧市</td><td>M35：1</td><td>1</td><td>春秋中期</td><td>《资兴旧市春秋墓》图三，3、5</td><td>《湖南考古辑刊》（第1集），岳麓书社，1982年，图版拾，2</td><td></td></tr>
<tr><td>湖南省博物馆藏品</td><td>藏品号东二1：28</td><td>1</td><td>春秋中期</td><td>熊传薪、吴铭生：《湖南古越族青铜器概论》图一，9</td><td>《中国考古学会第四次年会论文集》，文物出版社，1985年</td><td></td></tr>
<tr><td rowspan="6">Ba类</td><td>Ⅰ式</td><td>安徽屯溪弈棋</td><td>M1：80
M1：81</td><td>2</td><td>西周晚期</td><td>周亚：《吴越地区土墩葛青铜器研究中的几个问题——从安徽屯溪土墩墓部分青铜器谈起》</td><td>《吴越地区青铜器研究论文集》，第65页，图十一A、图十一B</td><td>（香港）两木出版社，1997年，前者腹部纹带下有边栏</td></tr>
<tr><td rowspan="3">Ⅱ式</td><td>湖南长沙金井干塘</td><td>Ⅲ式鼎</td><td>3</td><td>春秋早期</td><td>《长沙县出土春秋时期越族青铜器》图一</td><td>《湖南考古辑刊》（第2集），岳麓书社，1984年，图版拾贰，2、4</td><td>均有烟炱</td></tr>
<tr><td>上海博物馆藏品</td><td></td><td>1</td><td>春秋早期</td><td>马承源：《吴越文化青铜器的研究——兼论大洋洲出土的青铜器》</td><td>《吴越地区青铜器研究论文集》，第13页，图二十七</td><td>（香港）两木出版社，1997年</td></tr>
<tr><td>湖南衡阳市博物馆藏品</td><td>废品站收集</td><td>1</td><td>春秋早期</td><td>空锥足外撇，主纹带为云纹，上下栏饰燕尾纹</td><td></td><td>材料未报道</td></tr>
<tr><td rowspan="2">Ⅲ式</td><td>湖南宁乡坝塘</td><td>收集</td><td>1</td><td>春秋中期前段</td><td>1998年出土</td><td>现藏宁乡县文物管理所</td><td>材料未发表</td></tr>
<tr><td>湖南新邵陈家坊</td><td>收集</td><td>2</td><td>春秋中期前段</td><td>90年代初陈家坊一岩洞出土，同出AⅢ越式鼎、铜豆及玉环等</td><td>现藏新邵县文物管理所，资料未发表</td><td>足尖稍外折</td></tr>
</table>

续表

类别	式别	出土/收集/收藏地点	原编号或型式	数量/件	器物年代	文献名称	文献出处	备注
Ba类	Ⅲ式	湖南长沙福临区	Ⅰ、Ⅱ式	5	春秋中期前段	《长沙县出土商、春秋青铜器》图二，1、2、5	《湖南博物馆文集》，岳麓书社，1991年	足尖外折较甚
		湖南益阳市博藏品		1	春秋中期前段	藏品号：KT-29001290	资料未发表	足外折处内侧有较长的凸榫
Bb1类	Ⅰ式	湖南湘潭古塘桥	Ⅲ式鼎	3	春秋晚期	《湖南衡南、湘潭发现春秋墓葬》图五，1	《考古》1978年第5期，图版肆，3	
		湖南湘乡大茅坪		2	春秋晚期	《湖南韶山灌区湘乡东周墓清理简报》	《文物》1977年第3期	无图片资料
		湖南衡南胡家港	Ⅲ式鼎	12	春秋晚期	《湖南衡南、湘潭发现春秋墓葬》	《文物》1978年第5期	
		安徽铜陵金口岭	Ⅱ式	1	春秋晚期	《安徽铜陵市金口岭春秋墓》图三，2；图四，2	《文物研究》（第七期），黄山书社，1991年	
		江西广昌魏家濠		1	春秋晚期	《江西广昌县出土春秋青铜器》图二；5	《考古》1988年第6期	无线图，型式据照片判定
	Ⅱ式	广西恭城嘉会秧家	Ⅲ式鼎	1	春战之交	《广西恭城县出土的青铜器》图一，2	《考古》1973年第1期，图版拾壹，1	
Bb2类	Ⅰ式	江苏丹徒烟墩山	附葬小坑	3	春秋中期	李朝远：《烟墩山墓青铜器的时代及其他》图四，D、E、F	《吴越地区青铜器研究论文集》，第33页	（香港）两木出版社，1997年
		湖南益阳市博物馆藏品		1	春秋中期			材料未发表

续表

类别	式别	出土/收集/收藏地点	原编号或型式	数量/件	器物年代	文献名称	文献出处	备注
Bb2类	Ⅱ式	江苏丹徒烟墩山	附葬小坑	3	春秋晚期	李朝远：《烟墩山墓青铜器的年代及其他》	《吴越地区青铜器研究论文集》，第33页，图四，A、B、C	（香港）两木出版社，1997年
		湖南桃江腰子仑	B型鼎	5	春秋晚期	《湖南桃江腰子仑春秋墓》图一九，6～9	《考古学报》2003年第4期，图版陆，1、2	
	Ⅲ式	湖南湘乡何家湾五里桥	何M1：4～M1：6 五M1：12	4	春秋晚期	《湘乡县五里桥、何家湾古墓葬发掘简报》图十；图三，2	《湖南考古辑刊》（第3集），岳麓书社，1986年，图版柒，1	五里桥鼎仅存腹片，纹饰与何家湾M1鼎同
		湖南湘乡市博物馆藏品		4	春秋晚期	其中3件为牛角形立耳1件为“Ⅱ”形耳	腹较深，腹部有几何纹	材料未发表
		湖南宁乡黄材		1	春战之交	《湖南省博物馆新发现的几件铜器》图一四，2；图一六	《文物》1966年第4期	
		湖南桃江腰子仑	C型鼎	14	春战之交	《湖南桃江腰子仑春秋墓》图一九，10、12；图版陆，3～5	《考古学报》2003年第4期	
		广东清远马头岗	M1Ⅰ式鼎	1	春战之交	《广东清远发现周代青铜器》图三	《考古》1963年第2期	有烟炱，图中鼎足非此器之物
Bc1类	Ⅰ式	湖南湘潭古塘桥	Ⅱ式鼎	1	春秋晚期	《湖南衡南、湘潭发现春秋墓葬》	《考古》1978年第5期，图版伍，2	有烟炱
		湖南益阳市博物馆藏品		1	春秋晚期	藏品号：DT-49000121	腹部几何纹带下有尖叶纹	材料未发表
		湖南湘乡市博物馆藏品		2	春秋晚期	藏品号：829等	长方立耳，腹较浅，腹部有几何纹	材料未发表

续表

类别	式别	出土/收集/收藏地点	原编号或型式	数量/件	器物年代	文献名称	文献出处	备注
Bc1类	Ⅱ式	湖南长沙五里牌	64M1	1	春秋晚期	《长沙楚墓》图106，1	文物出版社，2000年	
		湖南益阳市博物馆藏品		1	春秋晚期		足外撇，通体素面	材料未发表
		湖南株洲市博物馆藏品		1	春秋晚期	1987年茶陵县出土收集		材料未发表
	Ⅲ式	广东德庆落雁山	M1	1	战国中期	《广东德庆发现战国墓》图六、图一二	《文物》1973年第9期	
		广西贺县龙中	岩洞葬Ⅰ式鼎	1	战国时期	《广西贺县龙中岩洞墓清理简报》图二，1	《考古》1993年第4期	
Bc2类	Ⅰ式	安徽青阳庙前龙岗	M2	1	春秋中期	《安徽青阳县龙岗春秋墓的发掘》图六，1	《考古》1998年第2期	
		江苏吴县何山		2	春秋晚期	《江苏吴县何山东周墓》图三，1、2	《文物》1984年第5期	
		江苏丹徒谏壁粮山	Ⅱ式鼎	2	春秋晚期	《江苏丹徒出土东周铜器》	《考古》1981年第5期，图版叁，2、3	
		江苏丹徒谏壁王家	鼎形炉	1	春秋晚期	《江苏镇江谏壁王家山东周墓》图五，3	《文物》1987年第12期，图版肆，3	上为鼎，下承盘，为温食器
		浙江桐乡董家桥		1	春秋晚期	《浙江桐乡董家桥发现春秋战国及良渚文化遗址》	《中国文物报》2004年2月18日	
		湖南桃江腰子仑	AⅠ式鼎	2	春秋晚期	《湖南桃江腰子仑春秋墓》图一九，1	《考古学报》2003年第4期	
		四川成都金沙巷	M2	1	春秋晚期	《成都市金沙巷战国墓清理简报》图十，1	《文物》1997年第3期	墓葬年代为战国时期

续表

类别	式别	出土/收集/收藏地点	原编号或型式	数量/件	器物年代	文献名称	文献出处	备注
Bc2类	Ⅱ式	江西樟树农校		1	春秋晚期	彭适凡：《江西地区出土商周青铜器的分析与分期》图一，9	《中国考古学会第一次年会论文集（1979）》，文物出版社，1980年	
		江苏六合程桥M1		1	春秋晚期	《江苏六合程桥东周墓》图四，5	《考古》1965年第3期，图版壹，7	
		江苏六合程桥M2		1	春秋末期	《江苏六合程桥二号东周墓》	《考古》1974年第2期	残，未发表图像资料
		江苏苏州城东北		1	春战之交	《苏州城东北发现东周铜器》图一，1，图六	《文物》1980年第8期	
		江苏六合和仁		1	战国初期	《江苏六合县和仁东周墓》图七，2	《考古》1977年第5期	
		广东四会鸟旦山	M1Ⅱ式鼎	2	战国早期	《广东四会鸟旦山战国墓》图四，2、3；图八，9、10	《文物》1975年第2期，图版肆，1、2	有烟炱，耳内侧饰绹索纹
	Ⅲ式	广西平乐银山岭	Ⅱ式鼎M119等	2	战国晚期	《平乐银山岭战国墓》图二七，2	《考古学报》1978年第2期	
		广东广宁龙嘴岗	M4、M5	2	战国中期	《广东广宁县龙嘴岗战国墓》图十，3	《考古》1998年第7期	有烟炱，器本身应较早
		广东广宁铜鼓岗	M16：8AⅤ式鼎	2	战国中期	《广东广宁县铜鼓岗战国墓》图五，1	《考古学集刊》（1），中国社会科学出版社，1981年，图版拾柒，1	1件耳内侧饰绳纹，身外布满烟炱

续表

类别	式别	出土/收集/收藏地点	原编号或型式	数量/件	器物年代	文献名称	文献出处	备注
Bc3类		湖南桃江腰子仑	AⅡ、AⅢ、AⅤ式鼎	5	春秋晚期	《湖南桃江腰子仑春秋墓》图一九，2、3、5	《考古学报》2003年第4期	
		湖南湘乡市博物馆藏品		3	春秋晚期		材料未发表	其中1件有索状提梁
		广西恭城嘉会秧家	Ⅱ式	3	春秋晚期	《广西恭城县出土的青铜器》图一，1、3；图二	《考古》1973年第1期，图版拾壹，2	1件有提梁，1件有单字铭
Bc4类		浙江长兴和平		1	春秋晚期	《浙江长兴县的两件青铜器》图三	《文物》1973年第1期	腹部两道弦纹间饰蟠螭纹，足上部饰螺旋纹
		广西贺县龙中	岩洞葬Ⅱ式	1	战国时期	《广西贺县龙中岩洞墓清理简报》图3	《考古》1993年第4期	
Bc5类		湖南湘乡五里桥	M1：26～M1：28	3	春秋晚期	《湘乡县五里桥、何家湾古墓葬发掘简报》图三，1	《湖南考古辑刊》（第3集），岳麓书社，1986年	
		湖南湘乡何家湾	M3：1	1	春秋晚期	《湘乡县五里桥、何家湾古墓葬发掘简报》图六	《湖南考古辑刊》（第3集），岳麓书社，1986年	
		湖南桃江腰子仑	AⅣ鼎	1	春秋晚期	《湖南桃江腰子仑春秋墓》图一九，4	《考古学报》2003年第4期	
C类	Ⅰ式	湖南望城高砂脊AM1	C型小铜鼎	1	西周中期	《湖南望城县高砂脊商周遗址的发掘》图一六，1	《考古》2001年第4期，图版伍，4	
		湖南益阳市博物馆藏品		1	西周中期	藏品号：DT-450000122	材料未发表	圆形耳，腹部兽面纹带下有尖叶纹

续表

类别	式别	出土/收集/收藏地点	原编号或型式	数量/件	器物年代	文献名称	文献出处	备注
C类	Ⅱ式	湖南宁乡黄材新屋	M4	1	西周晚期	《宁乡黄材西周墓发掘的主要收获及其意义》图二、图三	《湖南省博物馆馆刊》（第一期），《船山学刊》，2004年	残存口、腹部并一足，素面无纹
		湖南宁乡黄材栗山	收集	1	西周晚期	2003年栗山王家凼出土，现藏宁乡县文管所	材料未发表	方形立耳，蹄足，素面无纹
		湖南望城高砂脊	AM5	1	西周晚期		湖南省考古研究所发掘资料，未发表	残破未修复
		湖南益阳市博物馆藏品		1	西周晚期	藏品号：KT-380001299	材料未发表	立耳外展，素面无纹，实蹄足
	Ⅲ式	湖南省博物馆藏品二5：18		1	春秋早期	熊传薪、吴铭生：《湖南古越族青铜器概论》图一，8	《中国考古学会第四次年会论文集》，文物出版社，1985年	原文定为春秋晚期，误
		湖南湘乡市博物馆藏品		1	春秋早期	藏品号：2066牛形山出土	材料未发表	立耳上部较圆，柱足内侧平，素面无纹
		安徽屯溪奕棋	M3：12	1	春秋早期	《安徽屯溪周墓第二次发掘》图二，5	《考古》1990年第3期	
		广东乐昌对面山	Aa型M59：1	1	春秋中期	《广东乐昌市对面山东周秦汉墓》图一四	《考古》2000年第6期	经修补有烟炱
D类	Ⅰ式	湖南桃江腰子仑	D型鼎	3	春秋末期	《湖南桃江腰子仑春秋墓》D型铜鼎（图九，11、13、14）	《考古学报》2003年第4期	
		湖南衡阳苗圃涂家山	M4	1	战国早期	《湖南衡阳市苗圃涂家山战国墓》图八，11	《考古》1997年第12期	

续表

类别	式别	出土/收集/收藏地点	原编号或型式	数量/件	器物年代	文献名称	文献出处	备注
D类	Ⅱ式	湖南长沙识字岭	74M1、M2Ⅰ式鼎	4	战国早期	《长沙识字岭战国墓》图三，1	《考古》1997年第1期	有烟炱，耳有方形和半环形
		湖南长沙子弹库	53M35	1	战国中期	《长沙楚墓》图101；彩版七，3	文物出版社，2000年	
		湖南长沙下麻园湾	64M12	1	战国中期	《长沙楚墓》图102，1；图版四二，1	文物出版社，2000年	盖失
		湖南长沙树木岭	74M1	1	战国晚期	《长沙树木岭战国墓阿弥岭西汉墓》图二，左	《考古》1984年第9期	同出四山镜、人首短剑等
		湖南长沙黄泥坑	54M5	1	战国中期	《长沙楚墓》图100；图版四一，6	文物出版社，2000年	
		湖南浏阳北岭		3	战国中期	《湖南浏阳县北岭发现青铜器》	《考古》1965年第7期	
		湖南汨罗汨罗山	83M72	2	战国中期	《汨罗县东周、秦、西汉、南朝墓发掘报告》图二十二，2	《湖南考古辑刊》（第3集），岳麓书社，1986年，图版捌，8（编号误）	
		湖南汨罗楚塘	采集	1	战国中期	《汨罗县东周、秦、西汉、南朝墓发掘报告》图二十七，6	《湖南考古辑刊》（第3集），岳麓书社，1986年	
		湖南益阳天成垸		1	战国中期	《益阳楚墓》图二二，13	《考古学报》1985年第1期	
		湖南耒阳石油站	DⅡ式M4	2	战国中期	《耒阳春秋、战国墓》图二八，9	《文物》1985年第6期	足为铸接
		湖南郴州高山背		1	战国中期	《郴州市出土的战国越人墓》图二，1	《湖南考古辑刊》（第4集），岳麓书社，1987年	
		湖南资兴旧市	Ⅰ式鼎	10	战国中期	《湖南资兴旧市战国墓》图一六，右上	《考古学报》1983年第1期	

续表

类别	式别	出土/收集/收藏地点	原编号或型式	数量/件	器物年代	文献名称	文献出处	备注
D类	Ⅱ式	湖南临澧太山庙	M17	2	战国中期	《临澧太山庙楚墓》图九，1、2	《湖南文物》（3），湖南大学出版社，1988年	
		江西瑞昌牛脚岭		1	战国中期	《江西瑞昌市出土春秋青铜器》图二	《考古与文物》1992年第5期	报告误定为春秋中晚期
		江西高安太阳墟		3	战国中期	《江西高安太阳墟春秋墓》器物图，1～3	《江西历史文物》1986年第2期	
		江西上高塔下村	Ⅰ式鼎	1	战国中期	薛尧：《江西出土的几件青铜器》图四	《考古》1963年第8期	
		江苏淮阴高庄	Ⅱ、Ⅲ式	6	战国中期	《淮阴高庄战国墓》图七，1、3	《考古学报》1988年第2期	
		湖北鄂城百子畈	M3	1	战国中期	《鄂城楚墓》图版二五，2	《考古学报》1983年第2期	
		湖北江陵蚂蟥山		1	战国中期	《江陵蚂蟥山越人墓简报》图一	《考古与文物》1987年第5期	
		湖北江陵包山	M5：13	1	战国晚期	《包山楚墓》图二一三，1；图版二二六，1	文物出版社，1991年	
		广东肇庆北岭松山	M1	1	战国晚期	《广东肇庆市北岭松山古墓发掘简报》图二，2	《文物》1974年第11期	有烟炱，墓葬年代为战国末
		广东乐昌对面山	Ba、Bb	3	战国晚期	《广东乐昌市对面山东周秦汉墓》图一五，2、3、6	《考古》2000年第6期，图版叁，6	1件经修补，有烟炱，2件裹麻布
		广西平乐银山岭	Ⅲ式鼎 M110：12	1	战国晚期	《平乐银山岭战国墓》图二七，3	《考古学报》1978年第2期	
	Ⅲ式	湖南长沙魏家堆	74M1	1	战国晚期	《长沙楚墓》图104；彩版八，1	文物出版社，2000年	
		湖南长沙留芳岭	85M3	1	战国晚期	《长沙楚墓》图九九，4	文物出版社，2000年	环耳，盖上有烟炱
		湖南长沙黄泥坑	54M5	1	战国中期	《长沙楚墓》图103；彩版七，4	文物出版社，2000年	

续表

类别	式别	出土/收集/收藏地点	原编号或型式	数量/件	器物年代	文献名称	文献出处	备注
D类	Ⅲ式	湖南长沙火把山	86M4	2	战国晚期	《长沙楚墓》图102，2	文物出版社，2000年	
		湖南益阳赫山庙		1	战国晚期	《益阳楚墓》图二二12（同出陶敦、壶、豆、勺、铜剑、铁镞等）	《考古学报》1985年第1期	
		湖南湘乡新坳		1	战国晚期	《湖南湘乡汉墓》图一二，5	《文物资料丛刊》（2），文物出版社，1978年	出土墓葬为新莽时期
		湖南平江红门村	M2	1	战国晚期	《平江红门遗址发掘简报》图六，15	《湖南考古集刊》（第4集），《求索》增刊，1992年	
		湖南资兴旧市		31	战国晚期	《湖南资兴旧市战国墓》图一六，左	《考古学报》1983年第1期，图版贰陆，6	
		湖南永州鹞子岭	AM20	2	战国晚期	《永州市鹞子岭战国墓发掘简报》图五，2～4	《湖南考古辑刊》（第4集），岳麓书社，1987年	经修补，铁足
		江西上高塔下村	Ⅱ式鼎	2	战国中期	薛尧：《江西出土的几件青铜器》图五	《考古》1963年第8期	
		江苏句容下属	Ⅳ式鼎	1	战国晚期	《镇江地区近年出土的青铜器》图二，3	《文物资料丛刊》（5），文物出版社，1981年	
		湖北江陵九店	C型铜鼎M19：5 M55：7	2	战国晚期	《江陵九店东周墓》图一三四，9、10；图版六六，5、6	科学出版社，1995年	M19：5为三块壁范，M55：7壁外范为2块
		湖北江陵雨台山	Ⅲ式鼎M480等	8	战国晚期	《江陵雨台山楚墓》图五六，4；图版叁拾贰，1	文物出版社，1984年	
		重庆云阳李家坝	M25	1	战国晚期	《云阳李家坝巴人墓地发掘报告》图一一，1；图版一三，1	《重庆库区考古报告集·1998年卷》，科学出版社，2003年	

续表

类别	式别	出土/收集/收藏地点	原编号或型式	数量/件	器物年代	文献名称	文献出处	备注
D类	Ⅲ式	广东广宁铜鼓岗	M13：1等	2	战国晚期	《广东广宁县铜鼓岗战国墓》图五，2	《考古学集刊》（1），中国社会科学出版社，1981年	1件耳内侧饰雷纹，身外布满烟炱
		广东广州华侨新村	Ⅱ型鼎	3	西汉前期	《广州汉墓》图七七，3	文物出版社，1981年	
		广西平乐银山岭	Ⅳ式鼎M22：14	1	战国末期	《平乐银山岭战国墓》图二七，4	《考古学报》1978年第2期	
	Ⅳ式	广东广州南越王墓	乙Ⅰ型西耳室后藏室	5	西汉前期	《西汉南越王墓》图五三，1；图版三四，2；图版一九二，3；图版一七八，2；图版一七九，1	文物出版社，1991年	
		广东广州先烈路	M5036	1	东汉后期	《广州汉墓》图二七一，5；图版一六六，1	文物出版社，1981年	
		广西贺县河东高寨	M8等Ⅱ式	1	西汉前期	《广西贺县河东高寨西汉墓》图一一，2；图四六	《文物资料丛刊》（4），文物出版社，1981年	
	类别不辨者	湖南长沙识字岭	52M323Ⅰ式鼎	2	战国时期	《长沙发掘报告》图30、图31；图版拾贰，1	科学出版社，1957年	仅存鼎耳
		湖南长沙张公岭	83M25	1	战国时期	《长沙楚墓》P625附表四	文物出版社，2000年	无图像资料
		湖南长沙伍家岭	52M207Ⅰ式鼎	1	战国时期	《长沙发掘报告》	科学出版社，1957年	残，无图像资料
		湖南长沙诰封岭	59M4	1	战国时期	《长沙楚墓》图105；彩版八，2	文物出版社，2000年	仅存盖
		湖南衡阳苗圃茅坪		1	战国时期	《衡阳市苗圃五马归槽茅坪古墓发掘简报》	《考古》1984年第10期	无图像资料
		广东罗定南门垌		2	战国时期	《广东罗定出土一批战国青铜器》	《考古》1983年第1期	残，无图像资料

续表

类别	式别	出土/收集/收藏地点	原编号或型式	数量/件	器物年代	文献名称	文献出处	备注
Ea类	Ⅰ式	湖南衡南胡家港	Ⅳ式鼎	1	春秋晚期	《湖南衡南、湘潭发现春秋墓葬》	《考古》1978年第5期，图版肆，1	
	Ⅱ式	江西瑞昌牛脚岭		1	春战之交	《江西瑞昌市出土春秋青铜器》图一	《考古与文物》1992年5期	
		江西高安太阳墟		1	战国前期	《江西高安太阳墟春秋墓》器物图，4	《江西历史文物》1986年第2期	报告误定为春秋中晚期
		广西宾阳上塘韦坡	M1：14	1	战国前期	《广西宾阳县发现战国墓葬》图二，5	《考古》1983年第2期	有烟炱
		广西贺县龙中	岩洞葬Ⅲ式鼎	1	战国前期	《广西贺县龙中岩洞墓清理简报》图二，2	《考古》1993年第4期	有烟炱
		广东清远马头岗	M1Ⅱ式鼎	1	战国前期	《广东清远发现周代青铜器》图四	《考古》1963年第2期	有烟炱，报告复原图有误
	Ⅲ式	广东揭阳面头岭	M3	1	战国后期	广东揭阳县战国墓》图三，5	《考古》1992年第3期	耳已失
		广东四会鸟旦山	M1Ⅰ式鼎	1	战国后期	《广东四会鸟旦山战国墓》图四，1；图八，8	《文物》1975年第2期，图版肆，4	有烟炱，索状耳
		广东罗定背夫山	M1：16	1	战国后期	《广东罗定背夫山战国墓》图七，24	《考古》1986年第3期	有烟炱
		广西平乐银山岭	M51等	3	战国末期	《平乐银山岭汉墓》	《考古学报》1978年第4期，图版柒，4	方耳立于沿上
	Ⅳ式	广西贺县河东高寨	M4等Ⅰ式	3	西汉前期	《广西贺县河东高寨西汉墓》图一一，1；图四四	《文物资料丛刊》（4），文物出版社，1981年	
		广西贵县罗泊湾	M1Ⅰ式	3	西汉前期	《广西贵县罗泊湾汉墓》图二九，1；图版1～图版3	文物出版社，1988年	1件有提梁，均刻铭
		广东广州南越王墓	乙Ⅱ型后藏室	9	西汉前期	《西汉南越王墓》图一九二，2、4；图版一七八，3、4	文物出版社，1991年	

续表

类别	式别	出土/收集/收藏地点	原编号或型式	数量/件	器物年代	文献名称	文献出处	备注
Ea类	Ⅳ式	广东广州华侨新村	异Ⅰ型	18	西汉前期	《广州汉墓》图七七，4；图版二九，5	文物出版社，1981年	
Eb类	Ⅰ式	安徽铜陵金口岭		1	春秋晚期	《安徽铜陵市金口岭春秋墓》图三，1；图四，1	《文物研究》（第七期），黄山书社，1991年	
		江苏武进淹城	76WY内城河：14	1	春秋末期	《武进县淹城遗址出土春秋文物》图三，4；照片一，2	《东南文化》1989年第4、5期合订本	
		广东罗定背夫山	M1：17	1	战国前期	《广东罗定背夫山战国墓》图七，16	《考古》1986年第3期	有烟炱
	Ⅱ式	广东肇庆北岭松山	M1Ⅱ式	2	战国后期	《广东肇庆市北岭松山古墓发掘简报》图三，2	《文物》1974年第11期	经多次修补
		广东乐昌对面山	Ac型	1	战国后期	《广东乐昌市对面山东周秦汉墓》图一五，4	《考古》2000年第6期	经修补有烟炱
		广西平乐银山岭	M71：1等	8	战国后期	《平乐银山岭战国墓》图二七，1	《考古学报》1978年第2期	
	Ⅲ式	广西贺县河东高寨	M7等Ⅲ式	2	西汉前期	《广西贺县河东高寨西汉墓》图一一，3；图四四	《文物资料丛刊》（4），文物出版社，1981年	
		广东广州南越王墓	乙Ⅲ型后藏室	3	西汉前期	《西汉南越王墓》图一九三；图版一八〇，1、2；图版一八一，1	文物出版社，1991年	
		广东广州华侨新村	异Ⅱ型	3	西汉前期	《广州汉墓》图七七，5；图版二九，6	文物出版社，1981年	

附表二　越式铜鼎出土区域分布表

区域＼类型		湘江流域/件	江西地区/件	皖南地区/件	江浙地区/件		岭南地区/件		其他地区/件	合计/件	
					江苏	浙江	广东	广西			
A	Ⅰ	5								5	31
	Ⅱ	11		3			4			18	
	Ⅲ	5						1		6	
	Ⅳ	2								2	
Ba	Ⅰ			2						2	16
	Ⅱ	4+1?								5	
	Ⅲ	9								9	
Bb1	Ⅰ	17	1	1						19	20
	Ⅱ							1		1	
Bb2	Ⅰ	1			3					4	36
	Ⅱ	5			3					8	
	Ⅲ	23					1			24	
Bc1	Ⅰ	4								4	9
	Ⅱ	3								3	
	Ⅲ						1	1		2	
Bc2	Ⅰ	2		1	5	1			四川1	10	23
	Ⅱ		1		4		2			7	
	Ⅲ						4	2		6	
Bc3		8						3		11	11
Bc4						1		1		2	2
Bc5		5								5	5
C	Ⅰ	2								2	10
	Ⅱ	4								4	
	Ⅲ	2		1			1			4	
D	Ⅰ	4								4	121
	Ⅱ	28	5		6		4	1	5（湖北3、湖南澧水流域2）	49	
	Ⅲ	41	2		1		5	1	11（湖北10、重庆1）	61	
	Ⅳ						6	1		7	

续表

区域＼类型		湘江流域/件	江西地区/件	皖南地区/件	江浙地区/件		岭南地区/件		其他地区/件	合计/件	
					江苏	浙江	广东	广西			
Ea	Ⅰ	1								1	45
	Ⅱ		2				1	2		5	
	Ⅲ						3	3		6	
	Ⅳ						27	6		33	
Eb	Ⅰ			1	1		1			3	22
	Ⅱ						3	8		11	
	Ⅲ						6	2		8	
合计		187	11	9	23	2	69	33	17		351

注：D类式别不明者未予统计，带“？”者为上海博物馆藏品，疑为湘江流域出土。

［原载于《古代文明》（第4卷），文物出版社，2005年］

湘江流域商周青铜文明研究的重要突破

一

20世纪30年代以来，湖南湘江流域特别是湘江下游沩水流域出土的大量商周青铜器，因其无论在造型设计的奇巧、装饰风格的华丽，还是铸造工艺的精湛和体型的硕大气派诸方面均较商周王朝腹心地区出土的青铜器丝毫也不逊色，无数学人赞叹不已。因此，一直以来学术界对于湖南湘江流域商周时期青铜文明的发展水平给予了极高的评价。由于湘江流域出土的商周铜器中比较精美的或比较抢眼的作品按照中原地区铜器断代标准来说，大多数的铸造年代应该是商代晚期，尽管大家对这批铜器的文化背景几乎毫无所知，学术界对于其主体的来源和性质有“本地铸造”和“南下的商人带来”两种不同的猜测，但商代晚期湘江流域存在一个发达的青铜文明这一点已为国内外大多数学者所接受。20世纪80年代以后，随着广汉三星堆器物坑和新干大洋洲遗存商代铜器群的发现，南方地区的青铜文明再次令学术界刮目相看，在主张中国古代文明多元起源的学术气氛中，南方地区商周青铜文明的地位得到了充分重视和唱鸣。这种背景下，湘江流域商代也存在同样的青铜文明的看法怎么来说都顺理成章。

但是，学术界对湘江流域商周铜器的文化性质问题也有不同的声音。王恩田先生早在80年代末曾经提出“湖南的甲组铜器（包含目前学术界认为的除大铙以外的所有商代铜器）就是部分商遗民被迫转移从北方带来的”，“时间似应在武王灭商和周公东征时期”[1]。朱凤瀚先生在《古代中国青铜器》一书中虽然也同意湖南多见的大铜铙等为商代晚期在本地铸造且认为湖南本土商后期“很可能有一较发达的青铜铸造中心”，但他同时也强调：“目前在根据这些青铜器来说明湖南这一区域在商代后期青铜文化的基本状况与特征时似需谨慎。”[2]

笔者从20世纪90年代中期开始对湘江流域的商周铜器产生兴趣，并着手从考古学文化背景方面开展工作，因为笔者相信这样才是解决湖南商周铜器性质问题的根本途径。铜器作为一种古代文化的重要内涵或因素，必定依托一定的考古学文化及其所属的人群，如果铜器的文化背景不清楚或不能确定，则其历史价值会大打折扣。当然，湘江流域商周铜器的价值并不同于一般意义的古玩，因为它们中多数有具体的出土地点，有的还有其他伴出物或相关材料。随着湘江流域商周时期考古学文化遗存发现的不断增多和研究的逐渐深入，加上对湘江流域商周铜器各个方面从微观到宏观的考察，笔者在王恩田先生认识的基础上于90年代末逐步提出了湘江流域的商周铜器是“商末周初殷遗民包括江汉地区土著居民（可能是‘三苗’的后裔）为周人所迫逃难南下带来和来当地后铸造的”，“从规模上来说后者甚至可能是主体”，“湖南地区有商一代可能并不存在像吴城和广汉那样高度发达的青铜文明中心”[3]的看法。

以上是截止近年学术界对于湖南湘江流域商周青铜器和商周时期青铜文明问题的几种解释，如果没有最近在宁乡黄材炭河里遗址的大规模考古发掘和所取得的重要成果，上述各种观点孰是孰非会因为无法得到证实而长期争讼下去，而且至少从表面上来看，笔者等的解释似乎最不容易让人接受。炭河里遗址的发掘不仅找到了宁乡商周铜器群所属的考古学文化，而且发现了与铜器群恰相匹配的城址、大型建筑基址和贵族墓葬，这无疑是湖南湘江流域商周青铜器考古研究方面的重大突破，必将推动湖南地区商周时期古代文化和青铜文明的研究进入一个新的阶段，对于整个南方地区商周青铜文明的研究也具有非常重要的意义。

二

下面简要介绍一下宁乡炭河里遗址[4]最近的重要考古发现。

炭河里遗址位于湘江下游支流——沩水上游的黄材盆地，隶属宁乡县黄材镇寨子村。黄材盆地地处雪峰山脉东北麓，是沩水上源一个较小的山间盆地，面积近1000万平方米，三面环山，平均海拔约100米，沩水主源黄材河自西向东从盆地中间流过，炭河里遗址即坐落在盆地西部的黄材河北岸。炭河里遗址发现于1963年，当年在遗址东南部黄材河与其支流塅溪河的交汇处大水冲出一件商代提梁卣，高至喜先生前往现场调查发现了该遗址[5]。1973年，湖南省博物馆又对遗址进行了小面积发掘，从而基本认定了遗址的年代为商周时期。

大家知道，宁乡黄材是湘江流域出土商周铜器数量最多、分布最集中的地区。按理说，炭河里遗址的地理位置和其大致年代的确定已经暗示该遗址可能并非一个普通聚落，而很可能是与周围及附近地区大量出土的商周铜器群密切相关的重要遗址。遗憾的是，因为各方面原因，炭河里遗址在其被发现以后的三十年内一直未引起考古部门的足够重视。

1994年，湖南省文物考古研究所等单位在黄材盆地开展考古调查，再次对炭河里遗址进行了重点勘探，确认炭河里遗址是该区域内目前所见最理想的遗址，它的发掘应该会对宁乡商周铜器群的研究有突破性意义。2001年春，我们对炭河里遗址进行了第一次正式发掘，此次发掘的面积虽然不大，但发现了可能是商周时期大型建筑基址的重要线索。2003年冬至2005年春，我们接连对遗址进行了两次大规模的发掘，发掘面积共3000平方米，果然取得了惊人但意料之中的重大收获。

根据2001年发现的线索，2003年发掘伊始，我们首先就在遗址现存区的东南部近现代地层下发现两座大型人工黄土台建筑基址（分别编号为F1、F2），并于两座台基上各清理出一座可能有回廊的大型木结构建筑遗迹，其规模宏大（面积各约800平方米）、规格较高（柱坑直径大者超过1米），且呈东西向南北排列，推测应属同时期的两座宫殿性质的建筑。于是，我们对遗址西北部现存长200多、宽12～15、高出地面1～2米，当地村民传为民国时期公路的土堤进行了试探性解剖发掘，结果证明该土堤确为商周时期人工所建，可能就是城墙。通过随后大量探沟的发掘考查初步探明在城内外均有大型壕沟，其中城外1条、城内2条，均与城墙的走向一致。炭河里遗址现存范围和主要堆积区大致集中在黄材河与其支流塅溪及城墙所包围的范围内，面积2万余平方米，而按照城墙所呈弧形的弧度进行圆形复原，城内面积应在15万平方米左右。因此，我们推测遗址附近的两条河流历史上肯定经了改道或位移，商周时期这两条河的位置应该在城外，因为遗址所处盆地地势较低，容易被山洪危害，应该不会利用河流进行防御，一定有封闭的围墙，而且防御水患很有可能也是当时修筑城墙的主要目的之一。

城墙、壕沟和宫殿建筑的发现给我们提出了一系列急需解决的问题，如城的始建和废弃年代、城内为何有两条壕沟、它们有何功能、与城墙是什么关系、城址附近河流的变迁情况如何、墓葬区在哪里等。围绕这些问题，我们做了大量的工作，先后取得了下列成果。

（1）通过在遗址南面黄材河对岸进行的地貌考察和探沟发掘工作，找到了两条古旧河岸的痕迹。其中，北边距离现黄材河南岸约50米处的河堤痕迹很明显，经访问得知为1969年大水之前的黄材河南岸河堤。而南边距离现黄材河南岸约150米处隐约可见一古河岸痕迹，经钻探和发掘了解到，该处以南的地层堆积在耕土层下有商周时期文化层，而该处以北范围内均为2米以上的淤土和沙砾层，是典型的河相堆积，这似可证明黄材河商周以后大约向北移动了百数十米，从而冲毁了城墙和城址。遗址东面塅溪河的目前状况是1953年在洪水冲刷的基础上人工改道形成的，其老河堤现在遗址东北面200余米处清晰可见。看来炭河里遗址及城墙目前保存状况的形成的确与黄材河及塅溪的改道有直接关系。

（2）壕沟的多处解剖和清理发现，城内的2条壕沟虽均宽15、深2.5米左右，但沟内堆积情况却完全不同。北边靠近城墙的壕沟（编号G6）底部有较厚的灰色淤泥层，且包含物很少，沟上部的晚期堆积较厚，而南边距离宫殿区较近的壕沟（编号G5）底部淤泥很少，有厚约1.5米的灰土堆积层并含有密集的商周时期陶片。这说明G5废弃堆积的年代与城的使用年代同时，其形成年代当早于城墙，其废弃很可能与城墙的建造有因果关系。我们推测G5是现存城墙修建之前炭河里遗址的外围环壕，后因遗址扩大并修筑城墙而被废弃并沦为城内生活垃圾的倾倒所，而G6的形成应与城墙有直接关系，从沟两侧自然土质和沟的体积与城墙主体部分土质和土方量基本一致来看，它应该是修建城墙时取土形成的，而且沟内堆积情况表明，其形成后应一直作为城内排水设施使用，其废弃年代也应与城墙相同。城外壕沟（编号G9）仅在一处进行了解剖发掘，但钻探结果表明其与城墙走向一致，沟内堆积为淤泥夹河卵石，沟两侧被其打破的次生黄土层与城墙基础部分堆积的土质土色无异。由此证明炭河里城墙是两边取土中间筑墙形成的，城内外两条壕沟均具有排水功能。这与长江以北地区目前所见城址的情况相比有显著特点，却很适合黄材盆地周围山高水急、来去迅速的水文环境。另外，G5出土了大量陶器，目前已修复200余件，这批陶器是我们判定炭河里城址的年代、对以炭河里城址为代表的考古学文化面貌和性质进行研究的关键材料。

（3）宫殿区因为不便轻易处理已揭露的两座大型建筑基址（即F1、F2），我们仅选择在两座基址之间较小范围内继续进行发掘，同时对两座基址进行了解剖。结果表明，在这两座基址下面还有三个时期的建筑遗迹，可依地层本身将炭河里遗址宫殿区现存堆积划分为从早到晚的四个时期，除第1期可能为普通居民生活区外，第2～4期均为宫殿建筑分布区。据此，我们推测第2～4期与城的使用年代大致相始终，但不排除可能有晚于第4期的堆积被破坏和冲毁。第1期的年代可能略早于城墙而与居址区外围环壕G5的形成和使用年代同时。

（4）进行上述工作的同时，我们组织专门队伍在城址周围台地和低山进行了近半年的钻探调查，特别是以往出土过铜器的地点附近。但始终未发现可能与城址相关的主要墓葬区，仅在城址西北部“新屋组”台地上找到十数个零星分布的小型墓葬，其中有西周墓7座、春秋墓[6]2座、战国墓3座。其中7座西周墓虽然规格较小，但均出土铜器和玉器，我们判定其墓主人身份应为中下层贵族。这批墓葬的发现和清理，对于建立炭河里城址与以往出土铜器群之间的联系有非常重要的作用。

三

炭河里城址的年代、文化面貌和性质等问题，发掘简报和拙著《炭河里城址的发现与宁乡铜器群再研究》[7]一文主要根据G5出土陶器（图一）中外来因素器类与中原及邻近地区同类器的比较，再参照城址各重要遗迹出土遗物以及各遗迹之间的早晚逻辑关系，初步认定城址的始建年代不早于商末周初、使用年代主要为西周早中期、废弃年代约为西周晚期前后。从陶器分析来看，炭河里城址的考古学文化面貌以本地

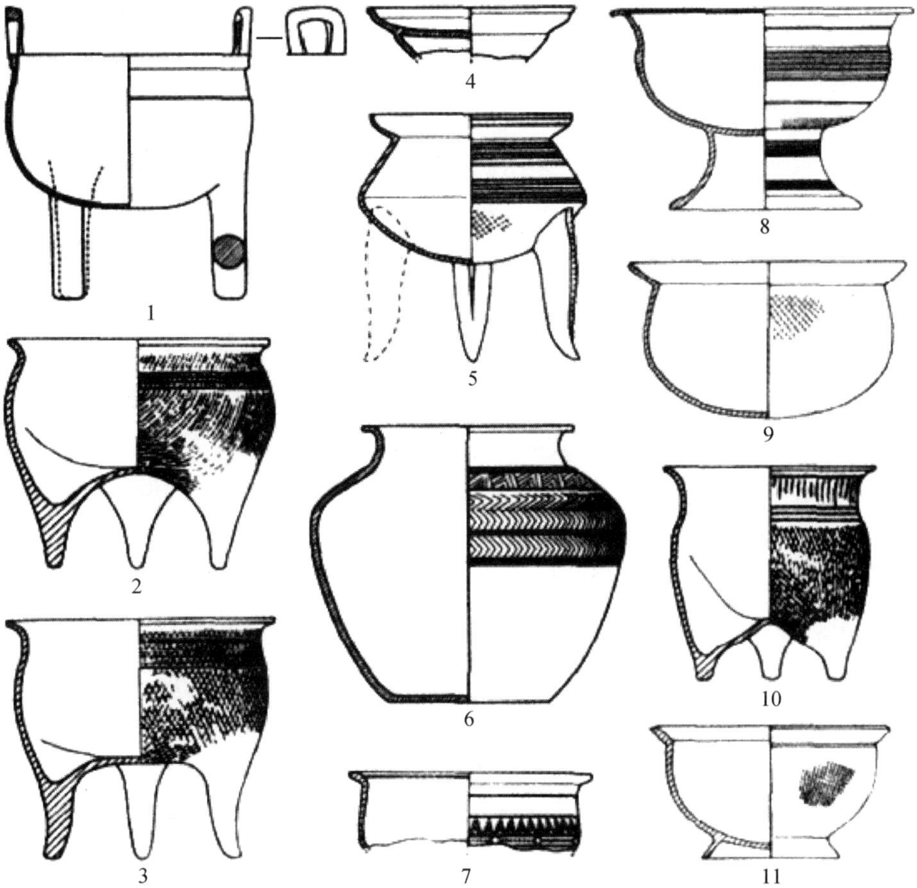

图一　炭河里城址出土陶器举例

1. A型Ⅰ式鼎（05G5⑥：36）　2. B型鬲（05G5⑦：46）　3. C型鬲（05G5⑥：46）　4. 假腹豆（05G5⑥：98）　5. Ba型Ⅰ式鼎（05G5⑦：36）　6. A型瓮（05G5⑥：85）　7、8. B型簋（05G5⑥：104、05G5⑤：3）　9. A型盆（05G5⑥：75）　10. A型鬲（05G5⑥：38）　11. A型 簋（05G5⑦：6）

文化因素为主体，同时包含可能来源于湖北东南部、洞庭湖西北部和中原地区商周文化的特征性因素，表明它是一支地方性的考古学文化。不过，外来文化尤其是商文化因素占有相当分量，器类有鬲、簋、假腹豆等，周文化因素如鬲、簋等也有少量出土，特别是大量出土的仿铜陶鼎形制与中原地区商末周初至西周时期的铜鼎几乎完全一致。再加上高规格的宫殿建筑及其与中原地区商文化一致的城址或宫殿基址均非正南北向而略偏东的特点以及墓葬中随葬玉器的作风等，又似乎表明以中原商周文化为主体的外来文化传统不仅在当地的日常生活尤其在礼制方面占有比较重要的地位。所以，我们认为以炭河里城址为代表的考古学文化是一支外来势力与本地文化融合并存的地方青铜文化，可以命名为“炭河里文化”。炭河里城址面积较大，城内外均有壕沟；城内几个时期的宫殿基址规模宏大、做工讲究，规格应很高；城内文化堆积层中发现较多的小件铜器、铜器残片和铜块等，城外西周墓葬中出土的多数铜器地方特点明显，无疑为当地铸造，推测城内应该有铸铜作坊；而且，城址周围及附近地区历年来出土了大量商代晚期至西周时期的青铜器，种种迹象表明它们和炭河里城址有密切关系。因此，炭河里城址应该是主要存在于西周时期但独立于西周王朝之外的湘江下游地区地方青铜文化或方国的中心聚落或都邑。与炭河里遗址面貌相同的考古学文化遗存除分布于黄材盆地（调查材料显示城址周围台地上零星分布的同类遗址点另有数处，其中出土人面方鼎的胜溪村新屋湾一地点2001年进行了小面积发掘，发现残存的壕沟一段，并出土大量西周时期陶片）外，目前所见还有位于沩水入湘江河口处的望城县高砂脊遗址。高砂脊遗址1996、1999年进行了两次发掘[8]，遗址居址区遭严重破坏，仅发现一批墓葬。其中2座墓主要随葬铜器，墓底形状为长方形，并有棺类葬具痕迹，其余17座墓形状不甚规则，坑内陶器多有意打碎后分层放置，与岳阳温家山[9]商代晚期墓群埋葬习俗相同，应是没有棺类葬具的贫民墓葬。比较炭河里和高砂脊两处遗存，有如下诸多共同点，可见两者属于同一个考古学文化。

（1）陶器所反映的文化面貌和属性相同。例如，陶质均以夹砂陶为主，陶色多呈红褐色，均有少量红胎黑皮陶和硬陶，纹饰均以方格纹为主，器形多为圜底、三足和圈足器，平底器较少。器类组合和文化属性均主要包含本地土著因素和以商周文化为代表的外来因素两大类，其中本地因素的器类如宽折沿的釜和釜形鼎、高领罐、钵、碗、器盖和硬陶罐、釜等均为两地大宗器类，外来因素器类如仿铜陶鼎、鬲、簋、盆、罍、尊等两地均见。

（2）铜器的种类和文化属性接近。例如，均以鼎为主，此外如尊、矛、削、斧、刮刀、车軎形器等两地均见。从文化属性来看，均分为商式、融合式和土著式三组，特别是土著式器类如宽折沿釜形鼎、斧、刮刀、车軎形器等形制完全相同。

（3）两地墓葬的埋藏习俗类似。炭河里发现了7座小型中下层贵族墓，开口保存较好的2座上部为椭圆形，与高砂脊5号墓相同；墓底均为长方形，其中2座有棺类葬具痕迹，与高砂脊2座铜器墓一致；炭河里没有发现贫民墓，无法比较，但两地墓葬流行用陶器或铜器残片随葬且随意摆放的现象惊人地相似。

（4）遗存年代和所处地域一致。高砂脊遗存的年代从发表的墓葬材料来看主要为西周早中期，与炭河里城址年代一致。地域上高砂脊在沩水入湘江口，炭河里在沩水上游，均处同一水系的干流两岸，相距不过百余千米，可浮舟三日一个来回，何其便利。当然，炭河里与高砂脊也有一些差别，如高砂脊陶器中商文化因素不及炭河里多，也不够典型，其仿铜陶鼎不像炭河里是典型中原铜鼎的风格，而带有明显的地方特点，类似早期越式鼎，也不见炭河里较多见的殷式簋；高砂脊陶器质地、大小规格、火候、作工等方面均不如炭河里；高砂脊的两座铜器墓形制远大于炭河里已发掘的几座西周墓，随葬铜器的数量和精美程度至少不亚于后者，但均不见玉器等。不过，我们认为这是遗址的聚落等级不同造成的。炭河里遗址有城、大型宫殿建筑等，毫无疑义是本区域最高等级的聚落，是炭河里文化的政治中心所在地，而高砂脊很可能是隶属于以炭河里为中心的政治集团或方国的次级聚落，故而其外来文化因素相对较少，而可能是高砂脊当地最高统治者的两座铜器墓虽然随葬铜器较多却没有资格随葬玉器，表明其地位尚不及炭河里的中下层贵族。高砂脊遗址的文化性质属于炭河里文化这一点的确认，让我们有理由推测炭河里文化的分布范围应是以沩水流域为主要区域并有可能包括北到资水下游南岸的今益阳、桃江、安化，南到湘江及其支流涟水流域的今湘潭、湘乡、双峰、涟源、娄底等县市的湘江下游西部地区。

炭河里城址、墓葬的发现和发掘以及城址年代、文化性质等的初步认定，为我们探讨遗址与周围地区以往出土的商周铜器群之间的联系，确认宁乡铜器群的文化背景，进而对整个湘江流域商周青铜文明的起源、发展等重要学术问题的研究提供了难得的契机。通过对大量考古材料及线索的分析和逻辑推理，我们认为炭河里城址与宁乡铜器群关系密切，同为炭河里文化的不同内涵，即城址与铜器群的主人属于同一个政治集团或人群。理由如下。

（1）地理位置重合。城址位于黄材盆地西部，而铜器群出土地点正好以城址周围分布最密集。以往出土的许多重要铜器大多数就分布在城址周围不到2千米的范围内，据统计已达250余件，其中比较重要的有“”人面纹方鼎、“戈”卣、“癸”卣、“己”分裆鼎、云纹铙、兽面纹瓿[10]、“父乙”涡纹罍等[11]。另外，出土虎食人卣的沩山和出土四羊方尊、象纹大铙的月山铺[12]分别位于黄材河及塅溪河上游山区，曾经出土数十件铜铙的老粮仓地区与黄材盆地也仅一山之隔，最远距离均不超过20千米，这些铜器无疑是基于某种方式从黄材盆地内流散过去的。

（2）年代吻合。如前所述，炭河里城址的主要存在时期为西周时期，遗址的最早年代可能到商末。铜器群的年代，虽然按照中原地区的断代标准来看大多数的铸造年代应为商代晚期，但也有明显为商末周初和西周时期的，同时也不能完全排除有些现在断为商代晚期的铜器铸造于西周时期的可能性。况且，即使是铸造于商代晚期的铜器，其在西周甚至以后相当一段时间内被使用或埋藏均合乎情理。

（3）文化等级上正相匹配。炭河里城址的高墙宽壕和规模宏大的宫殿建筑，显示其决非普通聚落，而是一定范围内区域文化的中心都邑，青铜器作为当时最先进的技术产品，必定为某一政治集团或国家的上层阶层所垄断和支配。所以，炭河里城址和周围出土的铜器群应该属于同一个政治集团的最高权力阶层。

（4）城址内出土的铜器、玉器等遗物显示其与周围地区出土的铜器群有直接联系。例如，前述1963年黄材河与塅溪河交汇处发现的“癸”卣（注［5］），器表纹饰无任何磨损，内贮玉器未曾散落，可断定不曾发生长距离位移。其出土处大致位于城址中心区，可证该器原本是城内窖藏或祭祀所埋之物。该器铭文的“”字也见于城外出土的分裆鼎和涡纹罍上。器内所贮1170余件玉器，绝大多数为管、珠类，还有少量玦、环等，与城外出土的“戈”卣中所贮玉器种类一致，玉质和工艺也相同。2001年夏在城址东面1.5千米处黄材河中发现的特大兽面纹瓿[13]，肩部四个牺首已不见，口沿和圈足有残损、器表纹饰有明显消磨痕迹，应该是埋藏于城内之物被河水冲下去的。2005年城内壕沟G5第6层出土的1件小铜斧，形制与1959年寨子山出土的兽面纹瓿（注［10］）中所贮224件小铜斧完全一致。

（5）城外墓葬的年代与城址及铜器群相同，分布地点也在共同的小区域内，墓葬出土遗物分别与城址和以往出土的铜器群有诸多联系，证明三者是一体的，是同一考古学文化的不同内涵。例如，墓葬周围台地及填土中多见与城内面貌一致的陶片。墓葬出土的铜器既有中原商文化风格的器类，也有地方特点作品，主要有鼎、卣、爵、尊、刮刀等，除不见铙外，其他与铜器群种类基本一致。玉器亦以管、珠为主，见少量玦、环等，种类和工艺都与“癸□”卣、“戈”卣中所藏玉器相同。

也许有人会认为，宁乡铜器群中有一批铜器的年代为商代，而炭河里城址的年代为西周，年代上似乎不太吻合。我们认为，这并不能成为炭河里城址与宁乡铜器群属于同一考古学文化的反证。大家知道，铜器为耐用品，商代铜器在西周乃至更晚的时期被使用和埋藏不难理解，在考古发现中这样的实例不胜枚举。况且，宁乡出土的铜器中也有一些明显属于商末周初或西周前期的，如人面方鼎即有学者断为商末[14]，“□父乙”涡纹罍和2002年湖南省博物馆在月山铺乡龙泉村收集的铜盉[15]等年代很明显属于西周时期。另外，铜器本身的断代也不能绝对化，即使在中原地区，商代晚期和西周早期的铜器很多时候也无法绝对区分，南方地区铸造的铜器更是如此，某些中原铜器的传统因素在南方地区延续的时间很长。而且到目前为止，湘江流域出土的商代铜器材料尚无一例可确证埋藏年代为商代者。城址和青铜器均属高等次的文化内涵或因素，对于商周时期的南方地区来说更是不可多见，而这两种因素同时在地理位置偏僻而非交通要道的宁乡黄材地区交集，单从概率上来说，两者之间也应该存在密切关系。

四

炭河里城址与宁乡铜器群的同属关系确定了宁乡铜器群所属的考古学文化，为湘江流域商周铜器的性质等问题及湘江流域青铜文明发展历程的研究奠定了坚实的基础。一直以来，湘江下游宁乡一带存在一个拥有比较发达青铜文明的文化或政治中心这一点早已在学术界形成共识，其主要依据是这一地区出土了大量商周时期（以商代晚期为主）的青铜重器，炭河里城址的发现证实了这一推断，而且进一步将具体地点锁定在沩水上游的黄材盆地。然而，让大家想不到的是，拥有这批青铜器的文化或文明在该地区的生存时代是西周时期而非商代，如果你相信炭河里城址与其周围出土的铜器群相关并认为发掘者对城内出土陶器年代判断无误的话，那么这应该就是事实了。如此一来，我们怎样解释这里出土的铜器有相当一部分铸造年代应该是商代而且文化面貌明显属于商文化？更重要的，如果以沩水上游出土铜器为代表的湘江流域商代铜器可能与本地区商时期的考古学文化并无关系，那湘江流域商周青铜文明的起源和发展状况岂不要重新认识？

目前，湘江流域出土的商周铜器总数已达400件以上，过去的研究一般以文化属性为标准将它们分为“中原型”、“地方型”和“混合型”三类[16]，也有学者认为不存在“混合型”，凡非“中原型”者应均为“地方型”[17]。为了避免产生误解，本文不采用这几个概念，而是根据铜器本身造型和装饰风格等方面的特征，结合相同特征的地域分布情况对铜器群进行分组处理，对于学术界存在争议或属性不明者暂时单列成组，以备进一步讨论。这样，我们可以将湘江流域商周铜器大致分为以下五组。

A组：形制和纹饰风格完全同于中原地区同类器者（器类有鼎、鬲、尊、觚、爵、斝、盉、簋、罍、瓿、提梁卣等），有铭文的铜器应归入此组。以往论者均将本组铜器划归“中原型”，并认为是中原地区的产品。

B组：主要包括大口长颈尊（如华容尊、岳阳费家河尊[18]等）、折肩深腹罍（有学者称为“截头尊”[19]，标本有岳阳鲂鱼山[20]和平江浯口镇[21]出土的2件）和瓿（标本有新邵陈家坊瓿[22]和2001年炭河里城址下游黄材河中发现的特大型瓿2件）等。

C组：各种动物造型的尊和卣，如四羊尊、双羊尊[23]、象尊、牛尊（以称“牛觥”为确）[24]、豕尊[25]、虎食人卣、鸮卣等。

D组：大铜铙。因其文化属性存在争议，故单列为一组。

E组：基本肯定为湘江流域本地铸造的铜器。除越式鼎、钟、镈、刮刀、斧等数量较多者外，还有如桃江出土的马簋[26]、湘阴出土的龙耳罍、衡山霞流的桑蚕纹尊、岳阳、湘潭、衡阳等地出土的蛇纹垂腹卣、湖南省博物馆收集的四系簋、虎纹钺[27]等。

这五组铜器中产地或文化属性能够确定的为A组和E组，其余三组学术界意见不一，需要进行讨论。

B组铜器以前被国内绝大多数学者归入“中原型”，现在看来是错误的，而认识到这一点应该归功于国外学者。早在20世纪七八十年代，美国学者维吉利亚·凯恩[28]、罗伯特·贝格立[29]和日本学者林巳奈夫[30]等已经认识到这类铜器与殷墟出土的铜器铸造年代可能相同但风格迥异，应该是长江流域（即南方）当地铸造的作品，虽然在某些纹饰方面受到了殷墟铜器的影响，但器形、装饰风格和铸造技术主要继承了二里冈期铜器的传统。因此，贝格立将其定性为“南方青铜器”，林巳奈夫将其归入“地方类型”青铜器。最近，日本学者难波纯子将这组铜器定名为“华中型青铜器”，认为它们是长江中游两湖地区的制品[31]。这些成果虽然为越来越多的国内学者所接受，但对于湘江流域商周铜器的讨论来说尚嫌不足，因为它们到底是湖北还是湖南铸造对于湘江流域商周铜器性质和来源问题的研究至关重要。现有材料表明，本组铜器出土地点的分布范围，北到湖北枣阳[32]、安陆[33]，南到江西南昌[34]、湖南新邵[35]，西到湖北江陵[36]、沙市[37]、重庆巫山[38]、四川广汉[39]，东到安徽阜南[40]、六安[41]、江苏江宁[42]。由于铜器铸造技术非常复杂，不可轻易学会和掌握，而且往往为一定区域内统治集团所垄断，对外具有保密性，因此，以上各地点出土的风格相同的铜器绝不可能是各自就地铸造的，而只可能铸造于某一个或少数几个区域文化的中心地区，即使如此，从其器形、纹饰等方面的共有传统逻辑上讲其应首先在某一个地区起源。本组铜器分布范围如此之广，此范围既不是同一个地理区域更不是同一个文化区域，那么，这批铜器流动的方式、过程、时间和原因等是我们对其产地进行研究时必须考虑的问题。本文认为，本组铜器的起源或铸造地最大可能是湖北江汉平原东部地区。理由如下。

（1）江汉平原东部处于上述出土地点分布范围的中心区，此类铜器由这里向周围地区扩散顺理成章。我们现在看到的南方地区商周时期文化的重要因素（尤其是外来因素）无一不是以江汉平原地区为中介向东、西、南诸方向传播。舍此而外，认为它们的产地为四川、湖南或安徽，都与当时其他文化因素的传播方向相矛盾。

（2）江汉平原东部地区二里冈时期是商文化在南方的直接控制区，这里铸造了大量与中原地区完全一致的早商铜器，也是当时南方经济文化最发达的地区。可以想象，在商代晚期商人退出该地之后，这里无论从地理条件、经济文化发展水平还是从青铜冶铸技术基础和铜矿资源等方面来说，都最有可能成为本地青铜文化最发达的地区，这里应该存在至少一个比较强大的方国。况且正如贝格立、难波纯子所说，本组铜器无论造型风格还是铸造技术都更多地继承了二里冈期铜器的传统。因此，它们产于江汉平原东部地区的可能性大于其他任何地区。

C组铜器以动物造型为特征，由于到目前为止中原地区出土铜器中动物造型的确实较少，而湘江流域所见该类铜器比较多且动物的种类齐全，有象、虎、牛、羊、豕等，故大多数学者认为它们产于湖南，而且，此组铜器的装饰风格和纹饰特点与殷墟铜器有较多的共同点，故一般认为其铸造年代为商代晚期。笔者想，如果不结合湘江流域乃至整个南方地区商周时期古代文化的背景单从铜器本身而言，上述结论似乎合理。当然，也有少数学者认为本组铜器应铸造于中原地区，只是中原地区尚待发现[43]。本文不敢肯定这类铜器到底产于何地，但对其商代晚期铸造于湘江流域的观点有几点不同的思考。一是从地域分布来看，动物形象在铜器上出现的情况并非湖南一地独有。邻近的江西新干大洋洲遗存也见单体的虎、鼎耳上有卧虎、伏鸟、甗耳上有立鹿、鼎足有虎形、鱼形等[44]。殷墟铜器也见动物造型者，如妇好墓出土的鸮尊、司母辛四足觥及SM539出土的鸮卣等[45]，关中地区西周铜器也有不少为动物造型的，如宝鸡茹家庄象尊、鸟尊、貘尊等[46]。二是铸造年代的问题。如果这类铜器非中原地区铸造，那么完全按中原的标准来判断其铸造年代并不一定准确，有大量事实证明中原铜器的传统因素在周边地区确实保留了很长时间的。三是要结合湘江流域商周时期考古学文化背景和本地青铜铸造技术传统的整个过程来考虑。例如，湘江流域商代晚期考古学文化面貌是否与铸造这批铜器所依托的社会生产力和社会组织发展水平相匹配？如果本地商代晚期就有如此先进的铜器铸造技术，又怎么解释本地西周时期铸铜技术反而更加落后了呢？所以，只有在这些问题上达成了相互契合而不矛盾的时候上述结论才有说服力。

D组铜器大铜铙的相关问题，近年来讨论较多、进展也很大，至少大铜铙铸造于南方地区已不容置疑。关于大铜铙的起源、演变序列和年代问题，多数学者论证湖北阳新[47]、新干大洋洲等地出土的铙年代较早，而湖南多见的粗线兽面纹大铙应该是较晚的形制[48]，将原来高至喜先生编排的序列[49]颠倒了过来，对此笔者非常赞同。不过，关于阳新、新干等早期铜铙的年代，论者普遍根据新干大洋洲遗存断为殷墟二期，罗泰先生定的更早（二里冈期与殷墟期之间）[50]。笔者以为其中存在较大问题。首先大洋洲遗存的年代根据最近彭明瀚先生的研究[51]，应为吴城文化第四期（即吴城遗址第三期），相当于殷墟三、四期，这一成果动摇了大洋洲铜铙殷墟前期说的根基。其次，从殷墟出土的小铙到新干等南方早期铙再到湖南的粗线兽面纹大铙，在形体由小到大、铙腔由短阔渐成长方、甬部从无旋到有旋以及主体纹饰兽面纹的演变等各方面均呈现出比较严密的逻辑发展关系，这不仅表明南方大铙的起源与殷墟小铙有密不可分的关系，同时也表明新干等南方早期铙的年代逻辑上晚于殷墟小铙。而殷墟小铙出土遗存的年代多为殷墟文化二、三期，则新干等早期大铙的年代当不早于殷墟三期，这与彭明瀚的研究结果相合。而在湖南常见的粗线兽面纹铙与新干等早期铙之间，还有一些中间形制的标本如安徽庐江铙[52]、江西宜丰铙[53]等。何介钧先生将南方的兽面纹铙分为四式[54]，其序列和演变规律的总结非常清楚可信，但年代判断上同样因受新干大洋洲遗存公认年代偏早的影响，将湖南出土最多的Ⅲ、Ⅳ式兽面纹铙的流行年代断为殷墟四期。本文认为，如果将新干、阳新等早期大铙的年代定为殷墟三期左右，则湘江流域最常见的粗线兽面纹大铙的年代就只能是商末至西周早期，这样一来它们与炭河里城址及炭河里文化的关系就容易理解了。

以上五组铜器的文化属性和原产地看来至少有三种情况，即产于中原地区的商式铜器（A组）、铸造于本地的越式铜器（E组）和应该铸造于江汉平原东部地区的所谓“华中型”铜器（B组）。D组铜器的铸地应该在湘江流域，但其源头在鄂东南赣西北地区，湘江流域的大铜铙多是晚出的型式。C组铜器的原产地可暂时存疑。以上五组铜器在地域分布上并无明显差别或规律性，而从铜器分布的密集程度、精美程度和铜器等级等各方面因素综合看来，沩水上游的黄材一带无疑是其中心地区，在这里五组铜器均见。这说明至少在黄材地区上述五组铜器是作为一个整体存在的，即它们哪怕是在很短的时期内曾经属于一个特定的政治集团或考古学文化。黄材地区西依雪峰山脉，地理位置偏僻，既非湘江流域腹心之地，也非交通枢纽。那么，这里集中出土的外来因素铜器只可能是作为一个整体在较短的时期内集中地由一定规模的外来迁入者带来的，而不太可能是各自在一个较长的时期内自然流散所形成。而且，黄材地区似乎是外来铜器流入的终点站和驻足地，这里的地方类型铜器出土最多、年代也最早，这是外来铸铜技术和本地文化传统结合的产物。炭河里城址的发现及其与铜器群同属关系的确定，进一步证明黄材地区的商周铜器群与商周时期某一特定的历史事件和文化背景相关联，绝不可能是零星且自然地流散所形成的。

那么，以黄材地区为中心的宁乡铜器群究竟与什么样的历史背景有关呢？让我们从其中的商式铜器谈起。首先，黄材出土的大量商式铜器和炭河里城址的年代表明，在不早于殷墟至不晚于西周早期这段时期内有一支具有一定规模的商人集团来到了该地区。因为，黄材出土的商式铜器等级均较高，且不少有铭文，其中含“”字的就有三件，这些铭文属于中原文字系统，“”字已被论证为商人一支的族名或族徽，另外“戈”也是商族的主要支系，看来黄材的这批商式铜器应与“”“戈”两支商人的上层有关，它们应铸造于中原地区。青铜礼器对于商人来说具有政治和宗教方面的特殊意义，自然不会赠予外族人，且一般置于庙堂之内，除非灭国，否则不可能在一般的战争中为外族所获，更不会交换或买卖，商人也不会因为普通的征战或贸易活动等将这些铜器带在身边。所以，成批的商式铜器来到黄材肯定与一定规模的商人集团迁徙到此有关。

中原商人集团会在什么背景之下来到黄材呢？有三种可能性：一是商人在商代晚期向南扩张到了这里；二是商人在商末周初即周灭商前后为周人所迫南迁至此；三是在西周早期随周人南征进入湖南。但是，以下理由表明第一、三两种可能性不能成立。其一，黄材地区地理位置偏僻、交通闭塞，根本不适合作为控制整个湘江流域的政治和军事重心之地。商代晚期商人向南扩展也好、西周早期周人南征也好，都不可能选择于黄材盆地设立其在本地的政治、军事据点，而应该选择湘江干流地区，这是最起码的常识。即使他们在湖南的行动失利，也不会选择西进黄材，而应北退。其二，炭河里城址的文化面貌在日用陶器方面以本地文化传统为主，商周文化因素所占分量都较少，如果这里是商文化或周文化主动南进时设立的据点或重镇，其文化面貌断不致如此。其三，现有考古研究成果表明，商代晚期江汉平原地区已不为商人所控制，势力最强盛的武丁时期也只能偶尔南征。所以，商代晚期商人根本没有可能扩张到湖南境内。湖南湘江下游商代晚期考古学文化是以本地传统为主的地方性文化，虽然可见一些商文化因素，但却是商代早期二里冈商文化因素的遗留，与殷墟商文化关系并不密切。西周早期，周人曾经南征汉水流域，最后也仅在汉水以北地区分封了一些诸侯小国，“以屏周室”。鄂东南地区西周时期考古学文化很明显属于地方土著文化（以阳新大路铺遗址为代表），周文化的影响很小，湘江流域就更不用说了。可以说，西周时期周人的势力根本没有越过长江，更何况进入湖南湘江流域？因此，商人也不可能是随周人南征进入湖南的。这样，只有第二种可能性即黄材地区的商式铜器是商末周初由南迁的殷遗民带来的了。在炭河里城址发现之前，笔者虽然在多篇文章中反复强调这一认识，完全是建立在对宁乡铜器群和湘江流域商周时期考古学文化综合考察基础上的推测，但现在情况就不同了。

炭河里遗址发掘和研究成果显示，与宁乡铜器群相关的炭河里城址始建于西周早期，使用至西周中晚期，城外贵族墓葬的年代也均为西周时期。这说明宁乡铜器群的使用年代主要为西周时期，其埋藏年代则可能为西周或者更晚，至少到目前为止还不见任何埋藏年代早于西周的证据，这为“殷遗民南迁说”提供了年代上的证据。有人曾私下提醒笔者，黄材出土的铜器大多都是商代的，这里会不会还有一个商代城呢？笔者回答说，不会！如果你认为这些商代铜器在黄材地区的使用年代一定是商代，那么你应该考虑炭河里城址的年代是不是可以早到商代而不应该怀疑城址与铜器群的同属关系。很明显，宁乡铜器群属于以炭河里城址为代表的考古学文化，炭河里、高砂脊两个重要遗址的发掘又表明炭河里文化的年代为西周时期，这一点如果被认同，那么湘江流域商代晚期存在一个发达的铜器铸造中心或青铜文明中心的说法就完全靠不住了，无论它是本地土著文化的中心还是商人扩张南下建立的。黄材盆地地理位置偏僻、四面环山、易守难攻，是非常理想的避难之所，在这里建都的政治集团或方国，其总体国势毫无疑义是处于守势的。无论是商代晚期商人扩张还是周初周人南征进入湘江流域时，均不可能将其政治中心设在偏于一隅的黄材盆地，就算是商代晚期湘江流域有一个能够铸造铜器的地方方国同样也不会在黄材建立其政治中心。而在商末周初殷遗民南逃进入湘江流域后，可能因为军事势力已不足以在湘江干流地区落脚，又不能北退的情况下，黄材盆地才有可能成为理想的苟安之地。炭河里城址的考古学文化虽然在日用陶器方面以本地文化传统为主，商文化等外来文化因素地位并不突出，但在如宫殿建筑、墓葬葬玉和仿铜陶鼎等方面却显示出深受商文化礼制的影响。这种高度融合的文化面貌，正好可以诠释殷遗民进入黄材前后的政治处境以及炭河里考古学文化内部组织结构的复杂性。

值得注意的是，炭河里考古学文化构成中明显有一些可能来自于江汉平原、鄂东南和赣西北地区的因素，如扉棱鼎足、假腹豆等，这些应该是盘龙城类型商文化因素在当地商代晚期文化中的遗留，鼎足或鬲足刻槽的作风和大口长颈鬲等也是鄂东南、赣西北地区商代晚期至西周时期最常见的特征。恰好，宁乡铜器群中也很有可能来自上述地区的制品，如前文所论B组铜器就应该产于江汉平原东部地区，而早期的南方大铙产于鄂东南、赣西北地区也是没有问题的。这说明在殷遗民南下的队伍中一定有一批原居于上述地区的地方力量。江汉平原东部孝感、黄陂等地考古材料分析表明，该地区西周早中期周文化面貌非常典型，多数学者同意将该地区西周时期考古学文化定性为周文化的地方类型之一[55]。看来文献中周人早期在汉水流域多次用兵最后分封了“汉阳诸姬”的记载并非虚构。周人用兵汉水流域除了追击商人的残余势力外，封疆建国“以屏周室”和掠夺铜矿资源应该是其主要目的。如此，则江汉地方的豪族大家必定跟随殷遗民一起南逃，而且在人数上甚至可能超过殷遗民。至于在逃亡途中和到达黄材以后这一部分势力在炭河里城址所代表的政权组成中的地位，从目前材料来看，应该还是从属于殷遗民集团的。

以前学术界往往将湖南出土的商代铜器与新干大洋洲遗存和广汉三星堆铜器群进行参照，认为湘江下游地区商代晚期也存在同样发达的青铜文明。表面看来似乎有道理，但下面的分析可证其谬。

（1）湖南铜器与新干、广汉铜器一个重要的区别是，前者有相当比重的殷墟式铜器，后者则很少。例如，贝格立等认为新干铜器主要是继承了二里冈期的传统[56]，这与盘龙城类型商文化不无关系。三星堆的商式铜器（属本文B组）其实与殷墟基本上没有关系，而是与长江中游地区交流的结果，尽管它们可能是在三星堆当地铸造的。

（2）湖南铜器中相当一批有铭文，除宁乡外，湘潭青山桥[57]出土的一批铜器也有“旅父甲”“戈”“”等铭文或族徽，还有桃源“皿天全”方罍、石门“父乙”簋[58]、桃江盉、邵阳祭旗坡爵[59]等，这说明湖南商代铜器的精华部分不是本地铸造，其主人是商人而非本地人。就算本文C组铜器和大铜铙是湘江流域本地铸造的，我们也应该在弄清它们和同一地域出土的商式铜器的关系之后再就本地商代晚期青铜文明发展程度问题下结论。如果说它们之间没有关系、是两码事，显然与宁乡地区铜器出土的情况不合。如果说有关系，那是什么关系呢？其文化背景又是什么？本文前面已经论证，宁乡出土的商式铜器的来源只有“商末周初殷遗民南下带来”这一种可能性，那么与此相关的C组铜器和大铜铙要么不是本地铸造，要么就是殷遗民南下后铸造，铸造年代则晚于商代。

（3）假设湖南出土的商式铜器来湖南的年代在商代晚期，而本地商代晚期的考古学文化面貌又不是商文化，则只有这批铜器是零零星星而非集中地流散而来的可能性存在。如果是这样，这种成品而非技术的流进恐怕对本地铜器铸造的发展起不了什么作用。再退一步假设，随着这些铜器南来，本地逐步掌握了先进的铸造技术，在商代晚期铸造了动物类铜器等作品，那为什么到了西周时期却出现了巨大的倒退呢？湘江流域西周时期本文E组铜器铸造技术之落后是有目共睹的，大铜铙也是一样，与动物类铜器相比有天壤之别。从目前比较清楚的地处湘江门户的岳阳地区商时期考古学文化发展过程来看，除了相当于殷墟一、二期间商文化消退本地文化兴起这一重大变化外，与本地出土商式铜器年代相合的整个商代晚期并未发生大的文化突变，而如果本文所主张的商末周初殷遗民南下的情况也不成立的话，那湖南商代晚期就存在的发达的青铜文明怎么会一下子倒退到如此地步？因此，合理的解释是湘江流域商代晚期并没有一个发达的青铜文明中心，动物类铜器同样不是本地铸造，也是随殷遗民南迁进入湖南的，当然其不一定铸造于中原，也有可能铸造于江汉平原或鄂东南地区。商末周初殷遗民南迁虽然带来了精美的铜器，但他们来本地后，因为政治经济实力大不如以前，加上逃难途中技术人才流失等原因，铸造技术和用料等方面难免出现倒退，而假如南下的殷遗民集团很快被本地文化消灭或同化，我们现在看到的湖南商代铜器与西周铜器这种技术上的巨大差别不就是理所当然的了？

（4）许多研究者发现，两湖地区出土的商代晚期铜器在文化面貌上共性较多，与新干和三星堆铜器属于不同的文化系统，这表明两湖地区的商代晚期铜器可能原产于一个青铜文明中心。但是如果单从目前铜器出土的地域情况而言，给人的印象是这个中心在湖南而不在湖北，不过，本文认为这不是历史的真实情况。比较湘江流域和湖北江汉平原的地理位置、自然环境、资源条件和文化基础等，后者的优势是显而易见的。新石器时代中期以来，两湖地区古代文化基本上融为一体，而且其总体状况和趋势是以江汉平原为核心不断向湖南辐射，湖南洞庭湖区新石器时代中期以后的原始文化无不受到江汉平原的强烈影响，并且在文化发展演变的节奏上也是同步的。进入商周时期后，由于受中原文化的冲击，两湖地区原有的文化传统被打破，江汉平原地区因为地理位置的原因，毫无疑义成为中原王朝南下的必占之地和外来先进文化因素的中转站，这一时期内两湖地区青铜文化面貌的一体性虽然受中原王朝政治意图左右而有所削弱，但江汉平原地区的优势地位进一步突出了。如果商代晚期两湖地区只有一个青铜文明中心的话，可以肯定其必在江汉平原，湘江流域充其量不过是其辐射范围。与赣江流域和四川盆地相比，湘江流域平原狭窄，资源相对匮乏，境内既无丰富的铜矿又无盐业资源，绝不可能替代江汉平原成为长江中游的文明核心区。如果长江中游地区的铜器铸造中心在湖南，本文B组铜器为湖南铸造，我们将无法解释该组铜器流传到四川、安徽和鄂西北地区的现象。商周时期长江中游地区文化传播和交流的总体趋势是中原商周文化不断地从北部进入江汉平原并以之为中介向东、西、南三面传播，就算B组铜器是湘江流域铸造的，也缺乏这种逆向流动的文化背景，因为铜器的流动与文化和人群的流动直接相关，况且湘江流域的商式铜器、大铜铙和其他许多因素已明确告诉我们当时本地区文化和人群的流动方向是从北往南的。如果一定要说湖南商代晚期有一个铜器铸造中心，那湖北江汉平原地区至少也应该有一个同样或更大的中心，现在来看至少本文B组铜器应是那里的产品。这样一来，除典型商式铜器、本文B组铜器、西周时期的越式铜器外，铜铙也非湘江流域起源，本地的铜铙标本已被公认是最晚的，而且年代很可能是西周时期，那就只剩下动物类铜器了。而动物类铜器装饰风格与殷墟铜器非常接近，江汉平原地区又基本不见此类铜器，也少见殷墟式铜器，难道湘江流域是殷墟商文化在江南的飞地吗？所以，商代晚期湘江流域不太可能有一个发达的青铜文明中心，但为什么湘江流域又出土如此多的铜器呢？我们认为这与商末周初中原及江汉平原地区的重大历史文化背景即周人对汉水流域的开发有密切关系。

以上从各个角度的反复论述可以得出这样的认识：湖南湘江流域出土的商周铜器的主体不是本地铸造的。其中商式铜器是商末周初殷遗民受周人所迫南迁进入湘江流域时带来的。而以大口尊、折肩罍为代表的B组铜器原产于江汉平原地区，它们是跟随殷遗民南下的江汉平原地方势力带来的。大铜铙起源于鄂东南赣西北地区，湖南的大铜铙应该是本地产品，但铸造年代主要为商末至西周时期，湖南大铜铙的出现无疑与鄂东南赣西北地区文化传统（其背后是人群）的南来有关。动物造型类铜器如果年代为商代晚期，则肯定不是在湘江流域铸造。本文E组越式铜器为湘江流域本地铸造，是在商末周初殷遗民等南下带来的青铜冶铸技术的基础上发展起来的具有地方特色的作品，本组铜器的出现标志着湘江流域地方青铜文明进入了形成发展期。这里需要说明的是，在商末周初殷遗民等进入湘江流域的最初一段时期内，本地有可能铸造上述各类铜器，包括有些明显受周文化影响的作品（到目前为止湖南还没有发现肯定铸造于中原地区的周式铜器），这并不影响我们以上所进行的类别分析，同时我们也不绝对排除有极少数的铜器为商代晚期通过其他方式流入本地的可能性，同样这也并不影响我们对湖南铜器主体性质的判断。前文讲到，湘江流域的商周铜器总体来说是一个整体，炭河里城址的发现证实它们属于以沩水流域为主要分布区的炭河里文化，那么我们可以对宁乡以外其他地区出土的铜器的来源问题做以下推测：湖南岳阳、华容、平江、浏阳、长沙等地出土的商代铜器应该是商末周初殷遗民等经鄂东南幕阜山南北麓南逃宁乡途中因各种原因遗下的，而宁乡外围地区包括湘江中上游和资水上游地区所见的商周铜器则应该是殷遗民等来到宁乡黄材之后与本地文化交往或被本地文化政治上取代文化上同化的过程中逐渐向外流散形成的。以前笔者曾认为资水上游和广西境内出土的商代铜器可能是中原商王朝与岭南地区商贸交往过程中形成的，现在看来实为大谬。笔者观察1985年武鸣元龙坡出土的一件索状提梁卣[60]，发现其腹部和盖上的变形龙纹与炭河里城外西周墓葬出土的多件铜器残片上的纹饰[61]相近，具有相同的地方特征。另外，广西境内出土了大量西周至春秋时期的铜器如恭城的蛇纹尊[62]、陆川、宾阳等地的兽耳罍、灌阳铙、贺州镈、忻城、横县等地的钟[63]等，这些铜器与湘江流域出土的同类器完全一致，应是湘江流域本地越人在西周、春秋至楚人入驻湘江流域之际与岭南地区交往和迁徙过程中流散过去的。

总而言之，湖南湘江流域商代晚期应该不存在一个发达的青铜文明或铜器铸造中心，湘江流域出土的大量商周铜器是商末周初殷遗民及江汉地区地方势力等受周人所迫南下带来和来本地后铸造的。炭河里西周城址的发现为这一推断提供了可靠的依据，如此，则湘江流域商周青铜文明的历史将要重新认识和改写。我们有理由相信，湘江流域自己的青铜铸造业和青铜文明形成于西周时期，准确地说为西周早中期之际，可以早期越式鼎的形成为标志[64]，炭河里、高砂脊等地墓葬出土的大量材料已经清楚地反映出本地铜器铸造从最初模仿中原铜器到最后形成本地风格的全过程，而商末周初殷遗民等的南迁无疑是湘江流域地方青铜文明形成并发展的主要文化背景和非常关键的契机。当然，湘江流域青铜文明的滥觞无疑始于商代晚期，岳阳地区商代晚期费家河文化的不少遗址中均曾发现过小件铜器或残片、铜渣、石范等，陶器中可能与冶铜有关的坩锅也不少。可以断言，商代晚期当地铸造武器、工具类小件铜器是毫无问题的。不过，能否铸造容器或否曾经铸造过容器，是青铜文明形成和发展的关键一步，笔者认为湘江流域商代晚期至少还没有大量铸造铜容器，这并不完全是技术上的问题，还涉及当时本地文化在政治和礼制上是否需要的问题。

最后想说的是，炭河里西周城址的发现，无疑是湘江流域商周铜器群性质诸问题考古研究上一个非常重要的突破，它将有可能彻底推翻长期以来学术界关于宁乡商周铜器群性质问题的公论，从而改写湖南湘江流域商周青铜文明的历史。本文的分析和结论是否正确，还有待时间和考古材料的检验。不过，本文依据炭河里城址的考古发现所提出的问题和思考角度对于与湘江流域资料情况类似的南方乃至其他非中原地区商周铜器的深入研究应该有一定的参考意义。衷心希望方家学者批评指正！

注　释

[1] 王恩田：《湖南出土商周铜器与殷人南迁》，《中国考古学会第七次年会论文集》，文物出版社，1992年。

[2] 朱凤瀚：《古代中国青铜器》，南开大学出版社，1995年，第673～677页。

[3] 向桃初：《湖南商代铜器新探》，《四川大学考古专业创建三十五周年纪念文集》，四川大学出版社，1998年；《湖南商代晚期青铜文化的性质及其与殷墟商文化的关系》，《考古耕耘录——湖南中青年考古学者论文选集》，岳麓书社，1999年；《关于湖南商周铜器性质诸问题的新思考》，《北京大学古代文明研究通讯》2001年第9期；《湖南商周考古和青铜器研究的新进展》，《长江流域青铜文化研究》，科学出版社，2002年。

[4] 湖南省文物考古研究所、长沙市考古研究所、宁乡县文物管理所：《湖南宁乡炭河里西周城址与墓葬发掘简报》，《文物》2006年第6期。

[5] 高至喜：《湖南宁乡黄材发现商代铜器和遗址》，《考古》1963年第12期。

[6] 向桃初：《宁乡黄材西周墓发掘的主要收获及其意义》，《湖南省博物馆馆刊》（第一期），《船山学刊》，2004年。

[7] 向桃初：《炭河里城址的发现与宁乡铜器群再研究》，《文物》2006年第8期。

［8］湖南省文物考古研究所、长沙市博物馆、长沙市考古研究所等：《湖南望城县高砂脊商周遗址的发掘》，《考古》2001年第4期。

［9］岳阳市文物考古研究所：《岳阳县温家山商代墓葬发掘简报》，《巴陵古文化探索》，华夏出版社，2003年；另见《江汉考古》2005年第1期《湖南岳阳温家山商时期坑状遗迹发掘简报》一文。

［10］湖南省博物馆：《湖南省博物馆》，文物出版社，1983年，图版11、图版40、图版23、图版13、图版29、图版21。

［11］益阳地区博物馆：《宁乡黄材出土周初青铜罍》，《湖南博物馆文集》，岳麓书社，1991年。

［12］盛定国、王自明：《宁乡月山铺发现商代大铜铙》，《文物》1986年第2期。

［13］2001年6月由4名学生在黄材河中游泳时发现，现藏宁乡县文物管理所。

［14］〔美〕贝格莱：《长江流域的铜器与商代考古》，《奇异的凸目》，巴蜀书社，2003年，第132页。

［15］湖南省博物馆2003年收集，宁乡黄材镇月山铺乡龙泉村出土，参见湖南省博物馆新编《湖南商周青铜器陈列》第13页下图。

［16］熊传薪：《湖南省商周青铜器的发现与研究》，《湖南省博物馆开馆三十周年暨马王堆汉墓发掘十五周年纪念文集》，湖南省博物馆，1986年。

［17］高至喜：《论中国南方出土的商代青铜器》，《中国考古学会第七次年会论文集》，文物出版社，1992年。

［18］湖南省博物馆：《湖南省博物馆》，文物出版社，1983年，图版17、图版38。

［19］难波纯子著，向桃初译：《华中型青铜彝器的发达》，《南方文物》2000年第3期。

［20］岳阳市文物管理所：《岳阳市新出土的商周青铜器》，《湖南考古辑刊》（第2集），岳麓书社，1984年。

［21］1998年出土，现藏平江县文物管理所，《江汉考古》待刊。

［22］湖南省博物馆、长沙市文物工作队：《新邵、浏阳、株洲、资兴出土商周青铜器》，《湖南考古辑刊》（第3集），岳麓书社，1986年。

［23］中国美术全集编辑委员会：《中国美术全集·工艺美术编·4·青铜器》（上），文物出版社，1985年，图版122。

［24］湖南省博物馆：《湖南省博物馆》，文物出版社，1983年，图版15、图版16。

［25］湖南省博物馆：《湘潭县出土商代豕尊》，《湖南考古辑刊》（第1集），岳麓书社，1982年。

［26］陈国安：《湖南桃江县出土四马方座铜簋》，《考古》1983年第9期。

［27］湖南省博物馆：《湖南省博物馆》，文物出版社，1983年，图版32、图版34、图版33、图版30。

［28］Virginia C. Kane, The Independent Bronze Industries in the south of China contemporary with the shang and western chou Dynasties, Archives of Asian Art, vol, XXVIII, 1975。

[29] Robert W. Bagley, Shang Ritual Bronzes in the Arthur M. Sacker Collections, Washington, 1987.
[30] 林巳奈夫：《殷、西周时代の地方型青铜器》，《考古学メモワール1980》，东京，1981年。
[31] 难波纯子著，向桃初译：《华中型青铜彝器的发达》，《南方文物》2000年第3期。
[32] 枣阳市博物馆：《湖北枣阳发现一件商代铜尊》，《文物》1990年第6期。
[33] 余从新：《湖北安陆发现商代青铜器》，《考古》1994年第1期。
[34] 江西省文物管理委员会：《江西南昌老福山西汉木椁墓》，《考古》1965年第6期。
[35] 湖南省博物馆、长沙市文物工作队：《新邵、浏阳、株洲、资兴出土商周青铜器》，《湖南考古辑刊》（第3集），岳麓书社，1986年。
[36] 荆州地区博物馆：《记江陵岑河庙兴八姑台出土商代铜尊》，《文物》1993年第8期。
[37] 彭锦华：《沙市近郊出土的商代大型铜尊》，《江汉考古》1987年第4期。
[38] 张一品：《长江三峡出土文物精粹》，中国三峡出版社，1998年，乙001。
[39] 四川省文物考古研究所：《三星堆祭祀坑》，文物出版社，1999年。
[40] 葛介屏：《安徽阜南发现殷商时代的青铜器》，《文物》1959年第1期。
[41] 安徽省皖西博物馆：《安徽六安出土一件大型商代铜尊》，《文物》2000年第12期。
[42] 南京博物院：《南京博物院藏青铜器》，文物出版社，1977年。
[43] 何介钧：《湖南商时期古文化研究》，《湖南先秦考古学研究》，岳麓书社，1996年，第153页。
[44] 江西省文物考古研究所、江西省博物馆、新干县博物馆：《新干商代大墓》，文物出版社，1997年。
[45] 中国社会科学院考古研究所：《殷墟青铜器》，文物出版社，1985年，图版四、图版二六、图版六三。
[46] 《中国青铜器全集·西周2》，文物出版社，1997年，图版170～图版172。
[47] 咸宁地区博物馆：《湖北阳新县出土两件青铜铙》，《文物》1981年第1期。
[48] 施劲松：《我国南方出土铜铙及甬钟研究》，《考古》1997年第10期；彭适凡：《赣江流域出土商周铜铙和甬钟概述》，《南方文物》1998年第1期。
[49] 高至喜：《中国南方出土商周铜铙概论》，《湖南考古辑刊》（第2集），岳麓书社，1984年；《论中国南方商周时期铜铙的型式、演变与年代》，《南方文物》1993年第2期。
[50] 〔德〕罗泰：《论江西新干大洋洲出土的青铜乐器》，《江西文物》1991年第3期。
[51] 彭明瀚：《吴城文化研究》，文物出版社，2005年。
[52] 安徽省博物馆：《安徽省博物馆藏青铜器》，上海人民美术出版社，1987年，图10。
[53] 胡绍仁：《宜丰县出土商代铜铙》，《江西历史文物》1985年第1期。
[54] 何介钧：《试论湖南出土商代青铜器及商文化向南方传播的几个问题》，《湖南先秦考古学研究》，岳麓书社，1996年。
[55] 王宏：《论江汉流域西周时期的文化分区》，《湖北省考古学会论文选集》（二），《江汉

考古》增刊，1991年。

［56］〔美〕贝格立《南方青铜器纹饰与新干大洋洲墓的时代》，《吴越地区青铜器研究论文集》，两木出版社，1997年。

［57］湖南博物馆：《湘潭青山桥出土窖藏商周青铜器》，《湖南考古辑刊》（第1集），岳麓书社，1982年。

［58］湖南省博物馆：《湖南省博物馆》，文物出版社，1983年，图版19、图版20。

［59］高至喜：《论中国南方出土的商代青铜器》，《中国考古学会第七次年会论文集》，文物出版社，1992年。

［60］广西壮族自治区文物工作队、南宁市文物管理委员会、武鸣县文物管理所：《广西武鸣马头元龙坡墓葬发掘简报》，《文物》1988年第12期。

［61］向桃初：《宁乡黄材西周墓发掘的主要收获及其意义》，《湖南省博物馆馆刊》（第一期），《船山学刊》，2004年，彩图四五、彩版四六。

［62］广西壮族自治区博物馆：《广西恭城县出土的青铜器》，《考古》1973年第1期。

［63］梁景津：《广西出土的青铜器》，《文物》1978年第10期；广西壮族自治区博物馆《近年来广西出土的先秦青铜器》，《考古》1984年第9期。

［64］向桃初：《“越式鼎”研究初步》，《古代文明》（第四卷），文物出版社，2005年。

（原载于《南方文物》2006年第2期）

南方商周铜铙的分类序列和年代问题

南方地区商周时期铜铙的专门研究如果从高至喜先生《中国南方出土商周铜铙概论》[1]（以下简称《概论》一文的发表以来，这期间参加讨论的学者众多、成果卓著，特别是在江西新干大洋洲[2]遗存发现以后达到高潮且至今未衰。就研究的内容而言，涉及最多的当然是南方铜铙的分类、序列和年代问题，因为类型划分和演变序列的建立是年代判断的基础，而年代的确定又是其他所有问题讨论的必要前提。以笔者所见，这两个问题在学术界虽然还存在不同意见，但似乎已经达成了一定程度的共识，即：南方铜铙大体可分为兽面纹铙、云纹铙、乳钉铙和有枚铙数类；器形演变由小到大、从无旋到有旋；年代大致从殷墟二期至西周早期。湖南是南方商周铜铙出土最多的地区，故笔者一直对铜铙的问题较为关注，于学习中偶得些许私见，今呈于各位专家，诚请斧正！

一、南方铜铙的分类序列及源流关系

南方铜铙的分类目前最流行的认识是兽面纹铙、云纹铙、乳钉铙和有枚铙四类或三类（一般认为乳钉铙为有枚铙的直接前身，是同一类型铜铙的前后发展阶段，故有时合并为一类）的划分，这一划分为20世纪80年代初高至喜先生首创[3]，90年代高先生自己又进行了修订[4]，除另加一类齿纹铙外，又将兽面纹铙分出A、B两个亚型，标准是兽面纹线条上有无云纹。后来，何介钧[5]、施劲松[6]、彭适凡[7]等先生对此虽各有损益，但均遵循高先生的基本框架，因此，这一分类成果总体上被学术界普遍接受并使用。此外，陈佩芬教授将南方铜铙（其定名为“钲”）分三种类型[8]，即界栏式兽面纹铙、钟枚式铙和双目式铙。其中钟枚式铙相当于乳钉铙和有枚铙，双目式铙相当于施劲松等划分的云纹铙，界栏式兽面纹铙特指湖南多见的粗阳线变形兽面纹铙，除了没有交代诸如阳新[9]兽面纹铙（为以后讨论之便，本文特定名为“阳新1号铙”）、浙江余杭徐家畈[10]兽面纹铙等的归属外，大体上似仍未超越高先生的框架。不过，从“双目式”之定名可以看出作者对此类铜铙装饰内容的理解与其他学者定名“云纹铙”不同。曹淑琴、殷玮璋先生将商周铜铙均称为“早期甬钟”[11]，并首先将南方铜铙按地域分为湖南类型和江浙类型，再各自分出不同亚型，其中湖南类型包括湘Ⅰ型和湘Ⅱ型，前者无旋，仅见北京故宫博物院收藏的1件和德国所藏2件，湖南地区未见出土，后者有旋，绝大多数出土于湖南。江浙类型之江Ⅰ型、江Ⅱ型实际上与施劲松等讨论的云纹铙内涵一致，江Ⅲ型和江Ⅳ型分别为乳钉铙和有枚铙。李纯一先生《中国上古出土乐器综论》[12]将南方铜铙称为“镛”，并划分为无枚乳镛、乳镛、枚镛三型，其中无枚乳镛分无旋和有旋两式，各式又依纹饰粗细分a、b两个亚型；乳镛和枚镛又依镛之体形分短体和长体两式。

笔者在详细比较以上各家分类中不同类型的内涵和尽量领会其类型名称含义后认为，各家分类结果虽均有可取之处，但不足之处亦显而易见。具体说来，李纯一先生之无枚乳镛、乳镛、枚镛三型的划分已经意识到乳钉和枚是铜铙发音需要出现的附件而非装饰，与有的学者将乳钉铙称为“乳钉纹铙”相比是值得称道的（因为后者显然还没有意识到这一点），其不足之处一是没有对乳镛和枚镛的划分标准进行界定，当然这是上述各家均存在的问题；二是在“无枚乳镛”类下不是以装饰内容或纹饰结构为标准而是按纹饰线条的自然粗细进一步划分亚型，这样处理从单纯的分类上讲并无不妥，但没有体现出考古类型学分类的意义。换句话说，将内涵复杂的“无枚乳镛”仅仅区分出粗线和细线两类，对于铜铙的源流关系、演进轨迹和文化属性等的进一步研究作用非常有限。陈佩芬教授三种类型中的“双目式”，从定名来看，可以认为其抓住了此类铜铙的装饰内容的主题，有独到之处，不足之处是有的铜铙在其分类系统中无安身之地，如上述阳新1号铙等。曹、殷两位先生分类的不足之处是在类型定名上回避了对各类铜铙内在联系和逻辑关系的判断，其依铜铙的大致出土地域将不同类别的铙归在以地区冠名的大类之下现在来看其结论有先入为主之嫌，因为其归为江浙类型的江Ⅲ型和江Ⅳ型铙在湖南境内也有大量出土。

而众多学者所持的兽面纹铙、云纹铙、有乳钉（枚）铙之分类体系的最大症结就是所谓“云纹铙”的定名问题。在拜读这些学者的论著时，笔者发现一些有意思的现象。一是虽然各家的类型定名相同，但在某一类标本的归属上却分歧很大，这样的情况甚至发生在同一学者身上。例如，阳新2号铙（本文简称，指阳新出土的细阳线连珠纹铙）、新干064号铙、安徽潜山铙[13]、江苏江宁铙[14]等同类铙，何、施、彭等先生均视为云纹铙，高至喜先生《概论》中也归为云纹铙，但其后来《论中国南方商周时期铜铙的型式、演变与年代》[15]（以下简称《型式》）一文却改归为兽面纹铙。新干大洋洲065号铙，高、施、彭等先生划为云纹铙，而何介钧先生划为乳钉铙。二是各家在具体描述云纹铙的特征时，却往往提及其主体纹饰为兽面纹。如施劲松《我国南方出土铜铙及甬钟研究》[16]一文中AⅠ式云纹铙（以新干大洋洲064号为标本）被描述为：“铙两面饰纤细的阳线云纹和凸出双目构成的兽面纹。”此段话可简写为：“铙两面饰兽面纹。”同文AⅢ式云纹铙（以新干大洋洲066号为标本）被描述为：

"铙上兽面纹圆目凸出……"彭适凡《赣江流域出土商周铜铙和甬钟概述》[17]（下简称《概述》）一文将新干大洋洲出土的三件铙均归为"云纹大铙（B型）"，并描述其主要特征为："阔腔，长甬，无旋更无干，钲部主体纹饰为简化的兽面纹……钲体仅衬以卷云纹、连珠纹和雷纹、勾连雷纹。"同样的情况也发生在乳钉铙和有枚铙上，如浙江长兴出土的两件铙、福建建瓯黄科山铙等，高至喜先生《概论》归入有枚铙，而《型式》又改属有乳钉铙；湖南省博物馆藏异型铙（殷八4：71）、醴陵出土铙（殷八2：17）等，高先生《湖南省博物馆馆藏西周青铜乐器》[18]称为有乳钉铙，《型式》又改称有枚铙。彭先生《概述》一文中南昌李家庄铙、万载长和村铙被划为"乳钉纹大铙"，而枚乳形状几乎完全相同的萍乡十里埠两件铙却被划为有枚铙。为什么会出现这种现象呢？笔者以为除了少数标本确实存在某些游离特征外，主要是研究者主观认识偏差造成的。对此，笔者提出以下几点想法，供大家参考。

（1）所谓"云纹铙"的主体纹饰其实并非云纹，这类铙上纹饰所要表现的母题是兽面，云纹只是陪衬，相当于地纹，不过这类铙上的兽面纹大多被简化成只剩下两只眼睛了。陈佩芬所定"双目"实际上为兽面纹的双目，其《越文化青铜钲的若干问题》[19]一文中"（三）双目式钲"下云："双目式，就是体部的纹饰主要是一对椭圆形的大眼，其余部分全部省略了……。"这句话可理解为，双目式钲的主体纹饰是兽面纹，只是兽面的其他部分已省略，突出的双目不仅仍旧象征兽面并有强调之意。这不正与彭先生《概述》无意中提到的"简化的兽面纹"巧合？又，阳新2号铙、新干大洋洲064号铙、江苏江宁铙、安徽潜山铙等双目细阳线铙，实际上是用云形的细线来勾画兽面的其他部位，这明显是兽面纹的变形表现，难怪高至喜先生将它们改归为兽面纹铙！

（2）乳钉铙和有枚铙的乳钉或枚并不是铙的纹饰，即其主要不是起装饰作用而是因演奏时发音需要配置的铙之部件。尽管乳钉最早可能是起装饰作用的，但在发现其特殊功能而特意铸上成组乳钉之后就成为铜铙不可缺少的部件，装饰功能逐渐丧失了。这样，由于发音需要，铜铙两面必须铸上乳钉或枚，钲面已无空间表现兽面，加上兽面纹传统理念的逐渐淡薄，有乳钉或有枚类铙上兽面纹的影子就只能在钲面中间相当于兽面鼻梁的部位隐约可见了。虽然从某种意义上讲，有乳钉或有枚类铙的装饰理念并未彻底摆脱兽面纹母题，但毫无疑义在形制和装饰理念上确实发生了巨大的变化。

（3）乳钉与枚的界定问题。"枚"作为钟类乐器部件之名年代甚古，《周礼·考工记·凫氏》有言："钟带谓之篆，篆间谓之枚。"郑玄注引郑司农曰："枚，钟乳也。"看来，"枚"本来就是指钟体上的乳状物，所以"枚"就是乳钉，乳钉也就是"枚"。我们现在将乳钉与枚分割开来严格地说是有问题的，不过这并不重要。重要的是，既然我们将铜铙的枚乳分开为乳钉和枚，那么应该对它们进行界定，即何种形制者为乳钉、何种形制者为枚。以前讨论铜铙的文章不仅没有就乳钉和枚进行界定，而且在具体标本的归属上因为没有统一标准而随意处置。

基于以上讨论，本文对于南方铜铙分类的逻辑为：有枚乳的铙虽然还能隐约感觉到其装饰母题中兽面纹传统理念的残留，但兽面纹因铙体钲部需要设置实用功能的枚乳逐渐从空间乃至观念上退出铙的主体装饰已是毫无疑义了，而从形制特征来看，有无枚乳是它们一眼可见且印象深刻的区别。所以南方铜铙应首先分为有枚乳和无枚乳两大类，其中有枚乳的铙可以根据枚乳的形制结合其他特征分为乳钉铙和有枚铙两类。无枚乳的铙，因为装饰内容的主题均为兽面，可以径称为“兽面纹铙”。而云纹在几乎所有南方铜铙（包括有枚乳的铙）上均见，且其在装饰主题中一直处于陪衬地位（均作地纹或辅助性装饰）。因此，云纹不能作为南方铜铙分类标准的主要因素，更不能在无枚乳铙中单列出一类云纹铙。前面已论述过，全部无枚乳铙的装饰主题无不都为兽面，只是兽面的表现方式有别而已，有的简化、有的变形。这样，通过合并分类层级之后，本文将南方铜铙分为兽面纹铙、乳钉铙和有枚铙三类。而兽面纹铙又可根据兽面整体及各部位相似、变化程度分为原形兽面纹铙（或称“基本型兽面纹铙”，指兽面各部位明显可辨，接近中原铜器上的兽面纹）、变形兽面纹铙（兽面的主要部位存在，但已变形）、简化兽面纹铙（兽面除双目外其他部位多省略）三型，其中变形兽面纹铙可再分粗线和细线两个亚型。有枚铙类又依钲部纹饰的表现手法分阳线和阴线两型。各型或亚型又各分出2或3式。现就各类、型、式主要特征及典型标本略做介绍，为使大家对本文分类体系一目了然，特图示如下（图一）。本文共收集国内外所见南方铜铙标本144件，材料出处详见所附“南方铜铙分类登记表”（附表一），文中不再另外加注。

兽面纹铙类　目前所见标本54件。可分三型。

A型　原形兽面纹铙。兽面纹构图基本保持了中原铜器兽面纹的形式，兽面各部位较齐备，表现上没有发生大的变化，兽面清楚可辨。本型标本见5件，可分三式。

Ⅰ式：3件。均无旋，钲部兽面纹为平雕，上饰阴线云纹，隧部饰阴线云纹构成的兽面纹，隧部两侧及钲面四周无纹，甬上亦无纹。标本为湖北阳新1号铙（图二，2）、纽约Homes藏铙（图二，3）、瑞典斯德哥尔摩远东古物博物馆藏铙（简称瑞典1号铙，图二，1）等。其中后者形制与中原殷墟等地出土的商代小铙基本一致，但钲部兽面纹的角等部位开始出现南方常见的钩状饰，应是殷墟兽面纹小铙与阳新1号铙之间的中间形态。

Ⅱ式：1件。浙江余杭徐家畈铙，无旋，甬上出现云纹，钲面兽面纹为浅浮雕，兽面构图略有变形，隧部、隧两侧及钲面四周布满云纹（图二，4）。

Ⅲ式：1件。1993年宁乡老粮仓栗山坡Ⅰ式铙，与9件乳钉铙（或称编铙）同出。有旋，旋上饰浮雕“C”字形纹，甬上布满阴线云纹，甬下端有四个泡形乳钉，甬舞

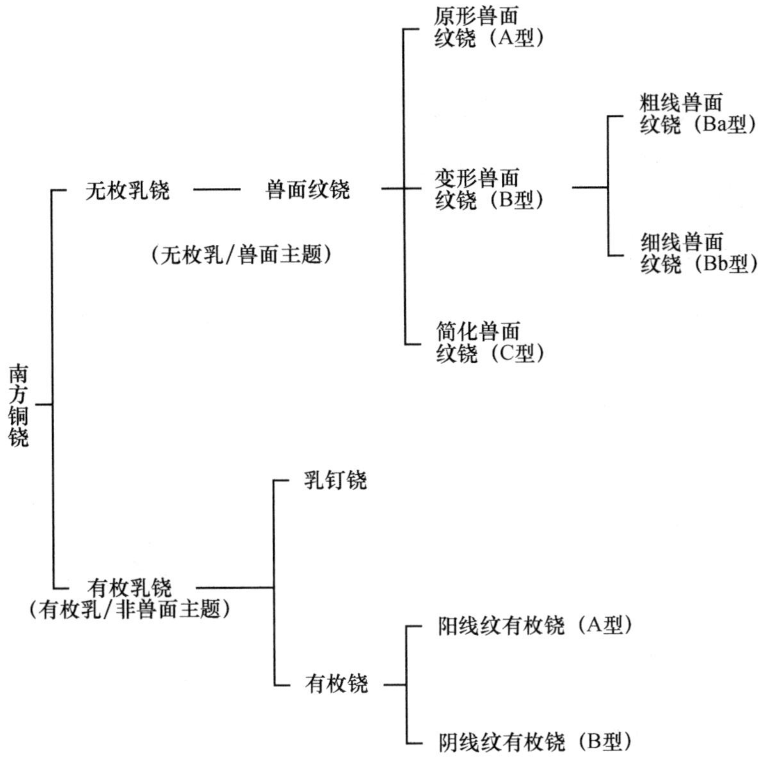

图一　南方铜铙分类体系结构图

相连处饰一周阴刻燕尾纹，钲面为浮雕宽平粗线兽面纹，钲两侧及下方有13个泡形乳钉，隧部突出，饰浮雕兽面纹，隧两侧均饰一浮雕夔龙纹，通体饰云纹地纹（图二，5）。

B型　变形兽面纹铙。本型铙钲面兽面纹构图上出现较大变形，除眼、鼻外，兽面其他部分由勾连云形的线条来表现，形状莫辨。本型铙目前所见标本共39件，分二亚型。

Ba型　细线兽面纹铙。兽面双目突出，其他部分以云形细阳线勾画，兽面四周布满连珠状地纹。标本有7件，可分二式。

Ⅰ式：6件。均无旋，甬上无纹，隧部多阴刻云形简化兽面纹，隧部两侧均无纹。其中江西永修铙（图三，5）、新干大洋洲064号铙（图三，2）、江苏江宁铙（图三，4）为六边形腔体，湖北阳新2号铙、安徽潜山铙（图三，3）、上海博物馆藏25578号铙（图三，1）为合瓦形腔体。

Ⅱ式：1件。上海博物馆藏26780号铙，有旋，钲面纹饰同前式，隧部变形兽面纹为双阳线构成（图三，6）。

Bb型　粗线兽面纹铙。钲面整体为一幅浮雕变形兽面，线条粗犷，极富感染力。见于报道的标本33件（其中3件为湖南省博物馆藏品，型式不明），可分三式。

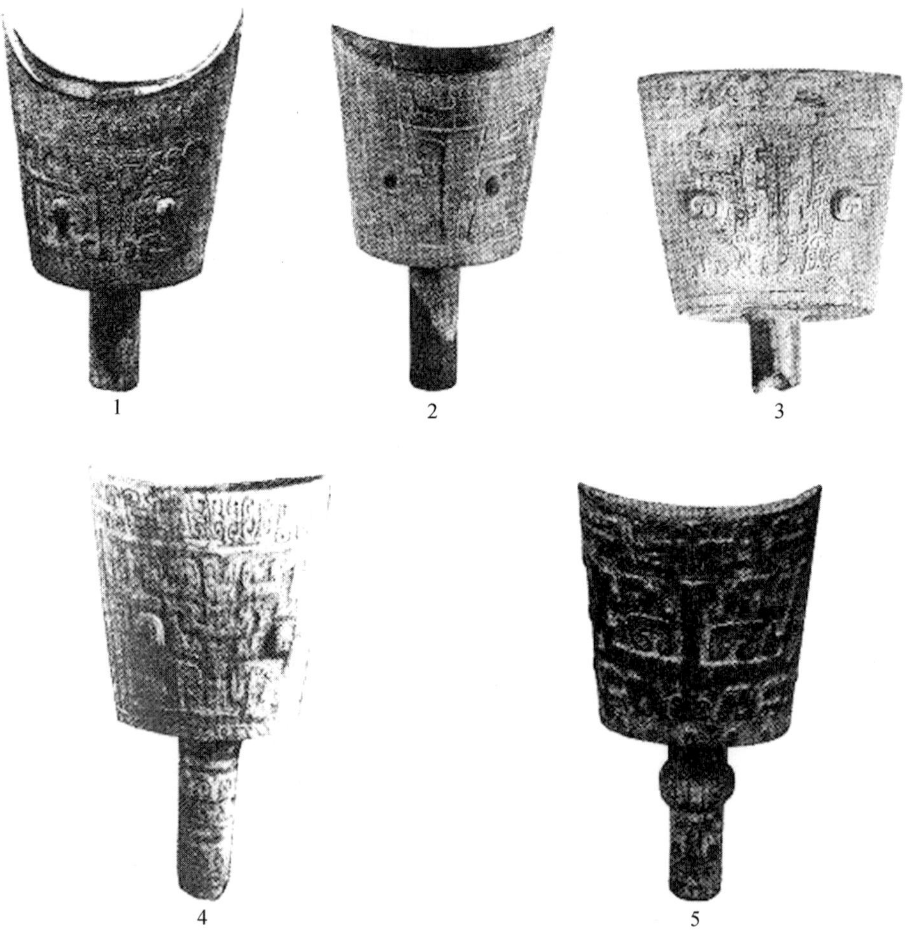

图二　A型兽面纹铙

1～3. Ⅰ式（瑞典斯德哥尔摩远东古物博物馆藏铙、湖北阳新白沙刘荣山出土1号铙、美国纽约Homes藏铙）
4. Ⅱ式（浙江余杭徐家畈出土铙）　5. Ⅲ式（1993年宁乡老粮仓栗山坡Ⅰ式铙）

Ⅰ式：3件。标本为德国藏2件（图四，1）、北京故宫博物院藏1件（图四，2），均无旋，甬舞连接处有一周细圆圈纹，钲部兽面纹的兽角仍大致可辨，兽面纹粗线呈半圆形，素面，主纹部分均有云纹地纹，隧部饰阴线构成的变形兽面纹，隧部突出不明显，隧部及钲面两侧和钲下方布满阴线云纹。

Ⅱ式：16件。均有旋，旋及甬上均饰云纹或由云纹构成的兽面纹，钲部主体兽面纹的构图基本固定，兽面纹粗线多呈半圆形，有的为扁平状，粗线上不少饰阴线云纹，但基本不见地纹，隧部仍饰阴线构成的变形兽面纹，隧部及钲面两侧和钲下方布满阴线云纹，隧部突出不明显。标本有1959年宁乡老粮仓师古寨兽面纹铙、1993年老粮仓师古寨栗山坡2件铙（图四，6）、老粮仓北峰滩2件铙、岳阳黄秀桥铙、浏阳柏嘉铙、望城高塘岭铙、湘乡狗头坝铙和湖南省博物馆收集的3件铙，此外还有江西宜丰天

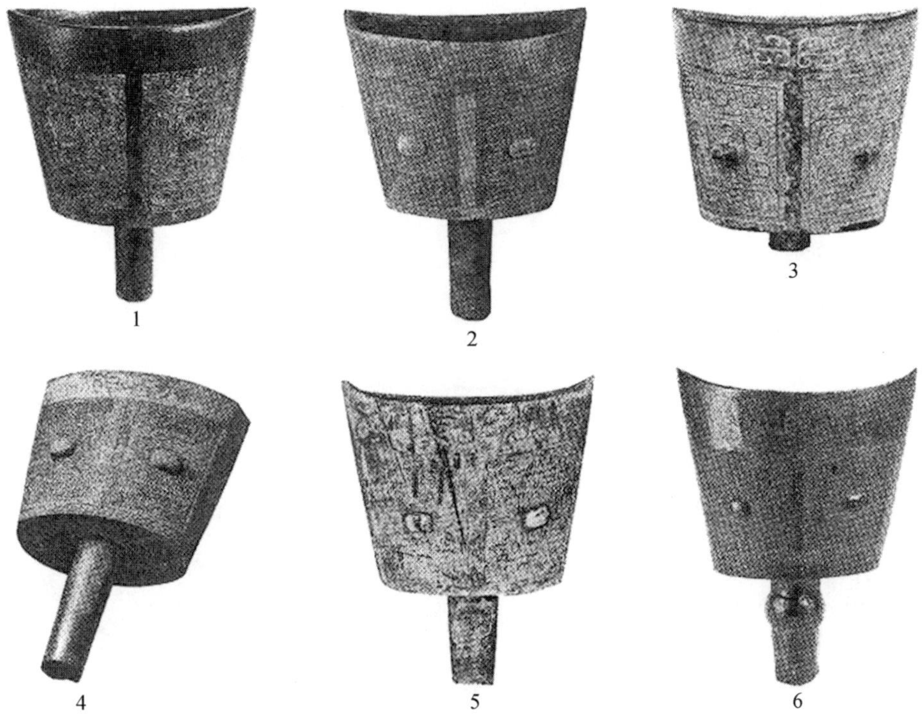

图三　Ba型兽面纹铙

1～5. Ⅰ式（上海博物馆藏25578号铙、新干大洋洲064号铙、安徽潜山出土铙、江苏江宁出土铙、江西永修四联村出土铙）　6. Ⅱ式（上海博物馆藏26780号铙）

保铙（图四，4）、安徽庐江铙（图四，3）、加拿大多伦多博物馆藏铙、天津艺术博物馆藏铙（图四，5）等4件。其中安徽庐江铙，虽然甬部有旋，但兽面纹的角及两侧倒立的夔龙尚可辨，且兽面纹下有细云纹作地纹，与Ⅰ式相近，是本式最早的标本。

Ⅲ式：10件。均有旋，钲部兽面纹粗线呈半圆或扁平形，有的粗线上有阴线云纹，均无地纹。与Ⅱ式相比，旋上多见浮雕凸起的纹饰，以“C”字形纹居多，甬上纹饰有简化趋势，隧部兽面纹与前式多由阴线云纹构成不同而多为浮雕，隧部地位非常突出。更为显著的特点是，隧部两侧或隧部本身多见写实的浮雕动物纹如象、虎等，隧部两侧的云纹渐趋简略。标本有宁乡月山铺象纹大铙、1959年宁乡老粮仓师古寨同坑出土的象纹铙（图四，7）和虎纹铙（图四，8）各2件、宁乡唐市陈家湾铙、益阳千家洲铙（图四，9）及湖南省博物馆收集1件、中国历史博物馆藏1件、上海博物馆藏19976号铙等。

C型　简化兽面纹铙。钲部兽面纹多简化为仅存双目，而云形地纹有喧宾夺主之嫌，但兽面纹的双目更加突出和醒目。本型铙标本目前所见共10件，风格略有差别。如新干大洋洲066号铙兽目周围为方形勾连雷纹，065号铙兽目周围为云纹，钲面每组云纹的尾端向上翘出，似是乳钉铙早期形制螺旋状乳钉的滥觞；美国博特兰艺术馆和

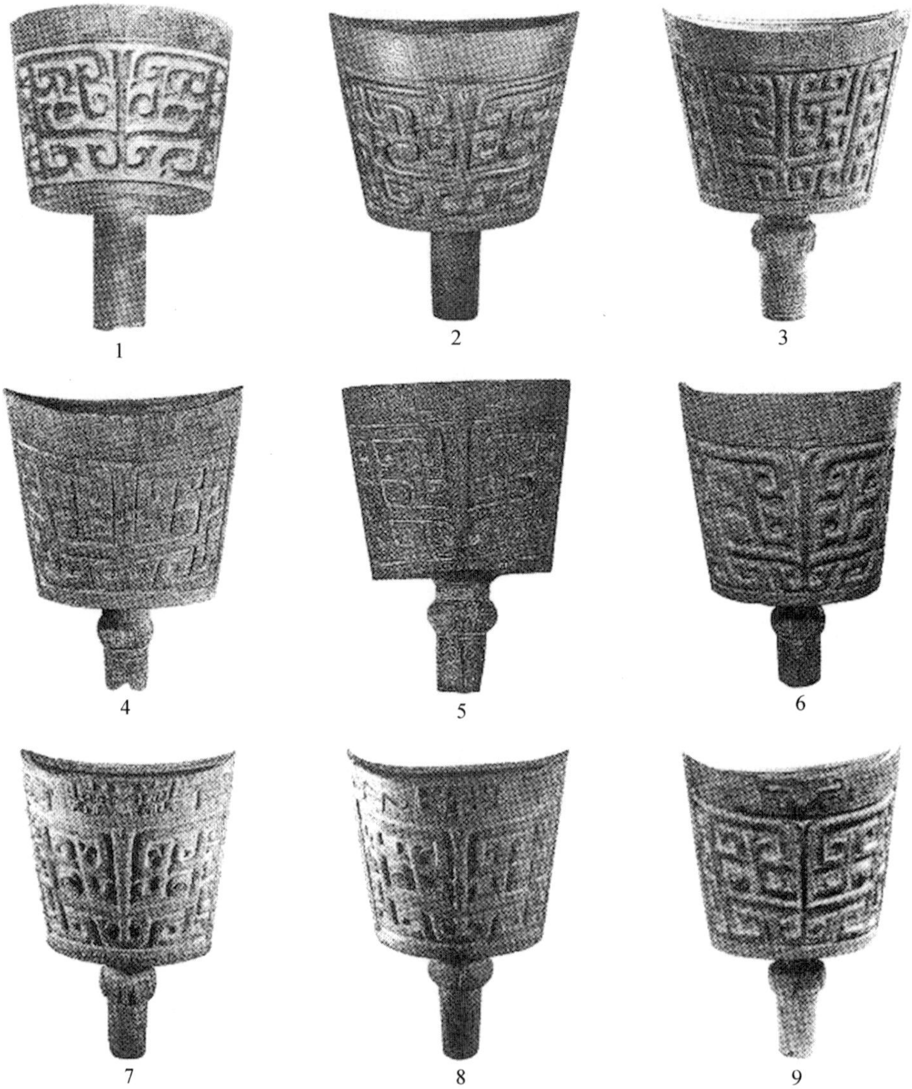
1 2 3 4 5 6 7 8 9

图四 Bb型兽面纹铙

1、2. Ⅰ式（德国藏铙、北京故宫博物院藏铙） 3～6. Ⅱ式（安徽庐江出土铙、江西宜丰出土铙、天津艺术博物馆藏铙、1993年宁乡老粮仓2号铙） 7. Ⅲ式（1959年宁乡老粮仓象纹铙1） 8、9. Ⅲ式（1959年宁乡老粮仓虎纹铙1、益阳千家洲龙纹铙）

华东师范大学文物陈列室所藏铙兽目似鸟头并有利爪、目上方有巨眉；株洲兴隆村齿纹铙，钲体已无地纹，钲面用细阳线“C”字形构成兽面轮廓，用龟作兽目，并用直线和锯齿纹框边，鼓部浮雕叶状龙纹，比较特别。因标本太少，本文暂不分亚型，可笼统分三式。

Ⅰ式：4件，均无旋。标本为大洋洲065、066号铙（图五，1、2）、安徽宣城出土铙、上海博物馆藏14095号铙（图五，3）等。

Ⅱ式：5件，均有旋。除上述美国博特兰铙（图五，4）和华东师大铙（图五，5）2件外，还有湖南宁乡三亩地铙（图五，6）、美国纽约威克尔藏铙（图五，7）、美国kamp氏藏铙等。

Ⅲ式：1件。标本为株洲兴隆齿纹铙（图五，8）。

乳钉铙类　26件。其与有枚铙的区别是：铙体多为扁梯形，即栾长小于或接近铣间宽；枚乳呈螺旋状和圆泡状、高度甚低；无标准的钲间和篆间；成熟时期的乳钉铙甬部及钲面四周均布满云纹等装饰，与有枚铙甬部一般无纹、钲面四周均素面的特征

图五　C型兽面纹铙

1～3. Ⅰ式（新干大洋洲065号铙、新干大洋洲066号铙、上海博物馆14095号铙）　4～7. Ⅱ式（美国博特兰艺术馆藏铙、华东师大藏铙、宁乡黄材三亩地出土铙、美国纽约威克尔藏铙）　8. Ⅲ式（株洲兴隆出土齿纹铙）

明显有别。依有无旋分二式。

Ⅰ式：6件，均无旋，螺旋状乳钉。标本分别为江西德安陈家墩乳凸铙、永修燕坊四联村铙（图六，1），浙江安吉高禹镇铙，湖南湘乡金石黄马塞铙（图六，3），上海博物馆藏37900号铙，瑞典斯德哥尔摩远东古物博物馆藏另一件铙（简称瑞典2号铙，图六，2）等。其中德安陈家墩乳凸铙，通体为素面，钲部两面各有12个圆形乳凸，为特例。余5件铙钲面均设36枚螺旋状乳钉，但地纹有所不同；瑞典2号铙为连珠纹地细阳线变形兽面纹，与本文Ba型Ⅰ式铙相同，隧部和鼓部纹饰布局也相同，但钲面不见兽目；浙江安吉铙地纹为阳线云纹；湘乡黄马塞铙、永修燕坊铙、上海博物馆

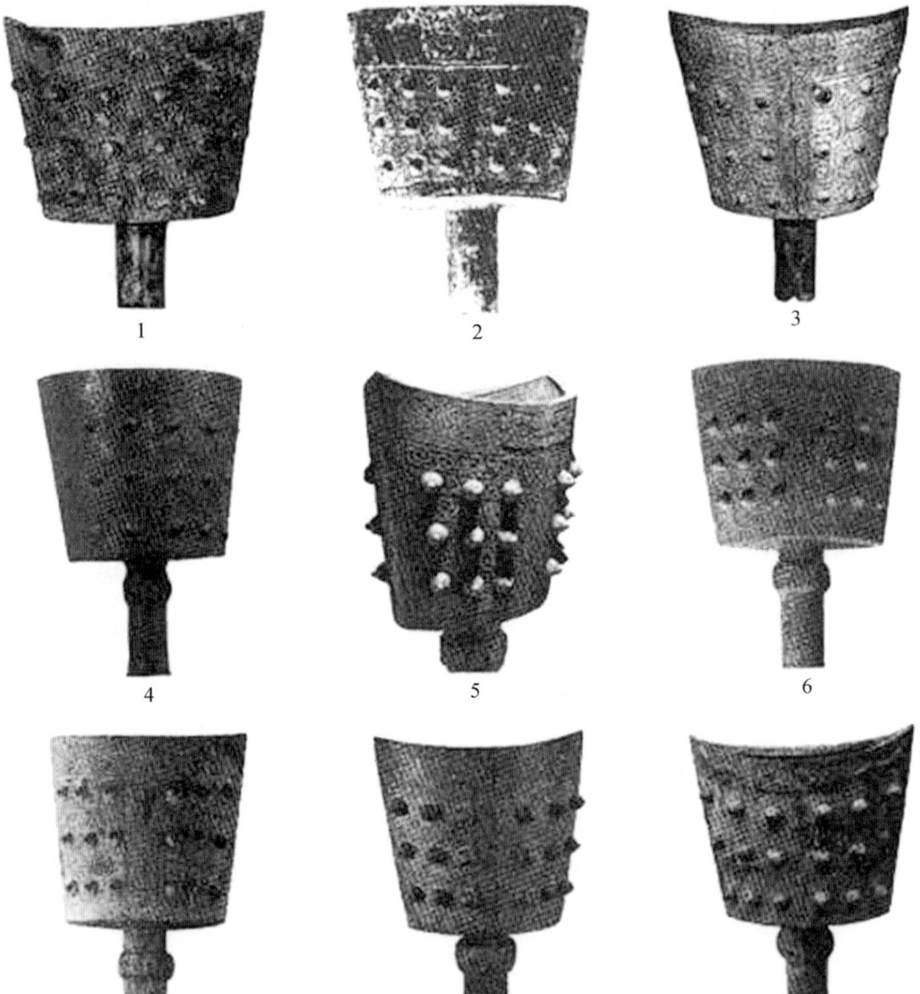

1　2　3　4　5　6　7　8　9

图六　乳钉铙

1～3. Ⅰ式（江西永修四联村出土铙、瑞典2号铙、湘乡金石黄马塞铙）　4～9. Ⅱ式（日本坂本五郎藏铙、日本滋贺MIHO博物馆藏铙、福建建瓯黄科山铙、上海博物馆55660号铙、中国历史博物馆藏铙、1993年宁乡老粮仓7号编铙）

铙钲面四周和鼓部布满阴线云纹。其中湘乡黄马塞铙，甬部饰三角云纹，除无旋外已接近Ⅱ式，年代应最晚。

Ⅱ式：20件，均有旋，泡状乳钉。旋上饰阴线云纹构成的兽面，不少还有凸起的“C”字形纹，鼓部及钲四周布满阴线云纹。标本有湖南株洲伞铺1件、宁乡老粮仓栗山坡出土9件（图六，9），浙江长兴中学、草楼村出土2件、磐安深泽出土1件，福建建瓯黄科山1件（图六，6），中国历史博物馆藏1件（图六，8），上海博物馆藏2件（10525、55660号铙，图六，7），日本坂本五郎藏1件（图六，4），日本京都大学收集1件，滋贺县MIHO博物馆藏1件（图六，5）等。其中京都大学收集铙舞部阴刻车、舟、兵士和鹿纹，较特别。

有枚铙　64件。均有旋，旋上多饰“C”字形纹，有的饰“S”形纹；铙体长方，即栾长大于铣间宽；甬部多无纹，有固定的钲间和篆间；钲面四周除隧部外均素面。依钲部界格及篆间纹饰的表现手法分二型。

A型　41件。钲面界格和篆间纹饰用细阳线表现，篆间纹饰多为云纹，框边的双阳线内往往有阳线圈点纹，隧部多为阳线变形兽面纹，钲面四周素地上有的浮雕叶状龙纹。依枚的形状分三式。

Ⅰ式：18件，均锥状枚。标本有湖南耒阳县夏家山铙（图七，1）、汉寿县三和乡宝塔村铙2件、衡南县犁头铙、衡阳市博物馆藏1：3054号铙、征集铙、基建队移交铙共3件、湖南省博藏4件铙（殷八4：5、殷八4：8、殷八4：17、殷八4：71），江西南昌李家庄收集铙（图七，2），万载株云乡长和村铙，广西灌阳钟山铙，美国芝加哥美术馆藏铙（图七，3），张乃骥藏铙，日本京都大学收集2件铙等。其中衡阳博物馆藏1：3054号铙、衡阳博物馆征集铙、广西灌阳铙、张乃骥藏铙等钲面四周或兽鼻两侧为双阳线加圈点纹，汉寿三和铙钲面界格为双阳线加“S”形纹，余为单阳线；湖南省博殷八4：8号铙、南昌李家庄铙鼓部两侧及钲下方共有4条叶状龙纹、芝加哥美术馆藏铙钲面四周共有8条叶状龙纹；湖南省博殷八4：71号铙枚的排列特别，每面四行共20枚，被称为“异形铙”。

Ⅱ式：19件，均双层圆台状枚。标本有湖南长沙望新板桥铙、岳阳邹家山铙（图七，4）、株洲太湖头坝铙（图七，5）、桃江石牛出土铙、衡阳岳屏北塘铙（图七，7）、衡阳木口铙、衡阳市博1：2002号铙、安仁豪山铙、湖南省博藏殷八4：2、殷八4：7、殷八4：14、殷八4：27号4件铙（图七，6），江西萍乡十里铺2件铙、萍乡银河邓家田铙、宜春慈化蜈蚣塘铙，上海博物馆藏10527、13965号铙2件，丹麦哥本哈根国家博物馆藏铙等。其中安仁豪山铙、湖南省博藏殷八4：27号铙、衡阳岳屏北塘铙、萍乡十里铺铙、宜春蜈蚣塘铙钲面四周为双阳线加圈点纹；岳阳邹家山铙、萍乡邓家田铙鼓部两侧各浮雕1条叶状龙纹；安仁豪山铙钲间铸立鸟，隧部饰“工”字形云纹。

Ⅲ式：4件，均柱状枚。标本为湖南省博物馆藏殷八4：4、殷八4：19号铙2件、

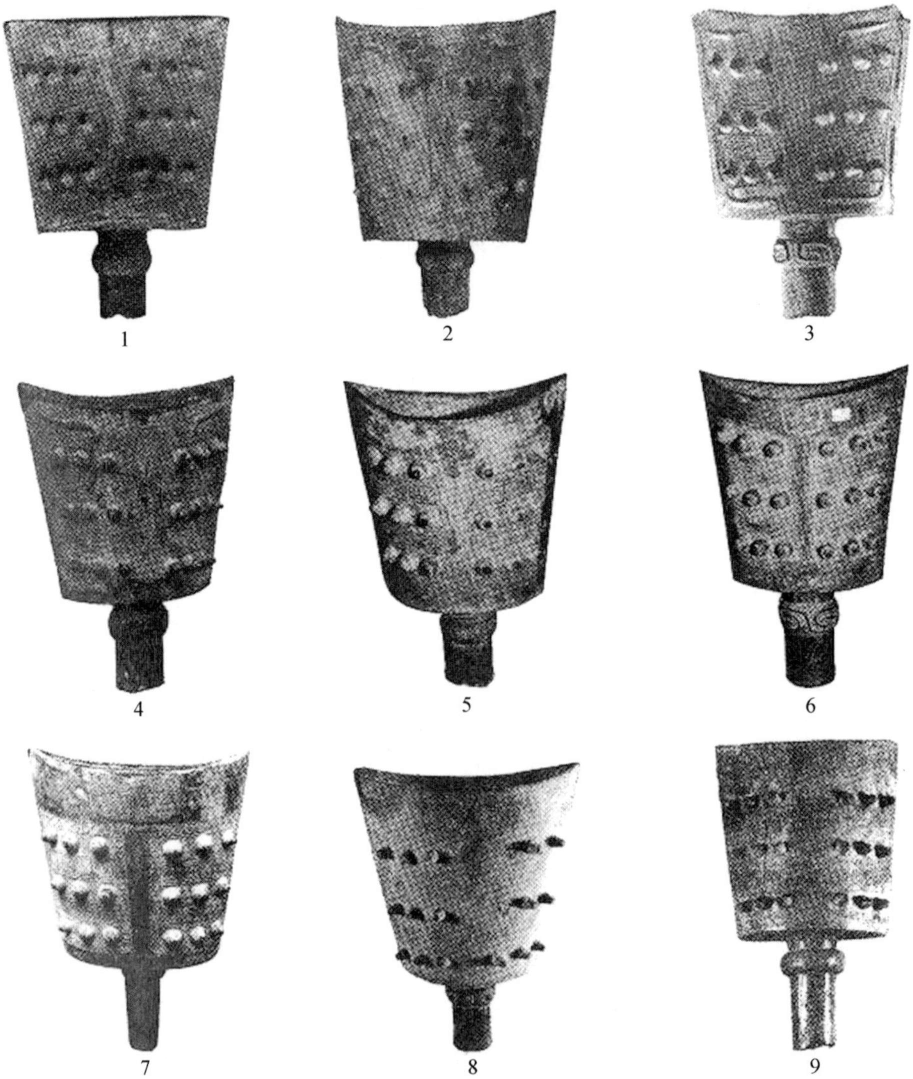

1　2　3　4　5　6　7　8　9

图七　A型有枚铙

1～3. Ⅰ式（耒阳夏家山铙、南昌李家庄收集铙、芝加哥美术馆藏铙）　4～7. Ⅱ式（岳阳邹家山铙、株洲太湖头坝铙、湖南省博殷八4：2铙、衡阳岳屏北塘铙）　8、9. Ⅲ式（湖北罗田出土铙、纽约古肆铙）

湖北罗田出土铙（图七，8）、陈梦家《西周铜器断代》所载纽约古肆铙等（图七，9）。钲面界格多为双阳线加圈点纹。湖南省博殷八4：19号铙钲下方及隧部两侧有4条浮雕叶状龙纹，罗田铙隧部饰人面纹，纽约古肆铙篆间饰阳线对角回首夔龙纹。

B型　23件。钲面界格和篆间纹饰用阴线表现，篆间纹饰多为勾连云纹或雷纹，隧部多饰阴线云纹构成的变形兽面纹，钲面四周均无纹。亦以枚的形状分三式。

Ⅰ式：2件，锥状枚。标本为湖南省博藏殷八4：79（图八，1）、殷八4：84号铙。隧部饰阴线云纹，钲、篆间用双细阴线隔开，双线内饰“S”形纹，篆间亦饰细阴线"S"形纹。

Ⅱ式：3件，均双层圆台状枚。标本有衡阳栏垅乡泉口村铙、湖南省博藏殷八2：17号醴陵出土铙（图八，2）、江西新余界水主龙山铙（图八，3）等。其中前两者篆间饰阴线雷纹，后者饰阴线勾连云纹。

Ⅲ式：18件，均柱状枚。标本有湖南株洲昭陵铙（图八，4）、株洲漂沙井铙、资

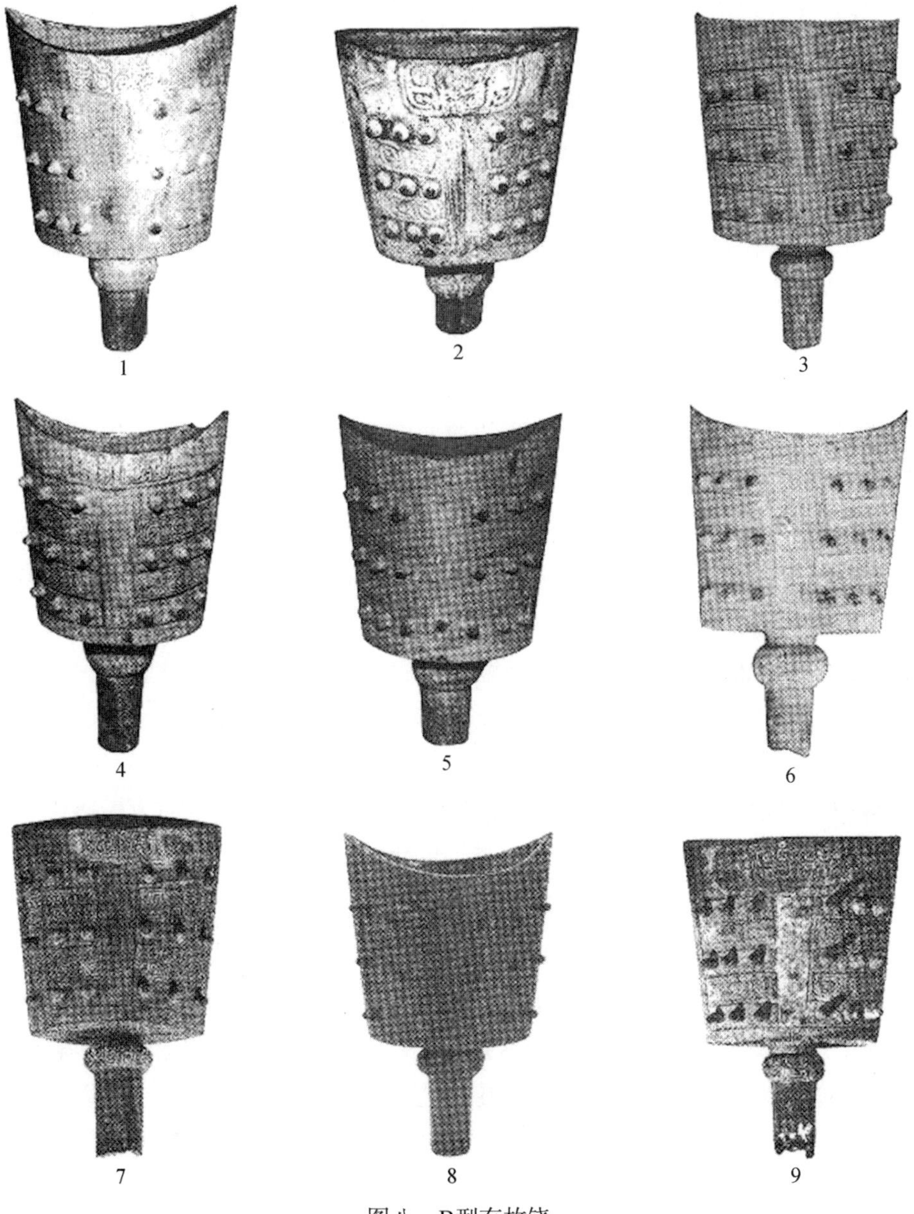

图八　B型有枚铙

1. Ⅰ式（湖南省博殷八4：79铙）　2、3. Ⅱ式（湖南省博藏醴陵出土铙、江西新余界水铙）　4～9. Ⅲ式（株洲昭陵出土铙、湖南资兴天鹅山铙、江西宜春下浦铙、江西新余水西铙、上海博物馆藏37851号铙、美国MCALpin藏铙）

兴天鹅山铙（图八，5）、资兴兰市铙、湖南省博藏3件铙（殷八4：6、殷八4：9、殷八4：16），江西新余水西铙（图八，7）、罗坊铙、靖安林科所铙、宜春下浦铙（图八，6）、樟树山前铙，上海博物馆藏7038、37850、37851号铙（图八，8），湖北荆州博物馆藏铙，陈梦家《西周铜器断代》载MCALpin藏铙（图八，9），日本京都大学收集铙1件等。其中宜春下浦铙、上海博物馆37850号铙、MCALpin藏铙、隧部饰“工”字形云纹，余仍为变形兽面纹；宜春下浦铙钲部饰云纹，余均素面。

以上144件铙，是笔者目前收集到的有图像的全部南方铜铙，其中包括少部分尚未发表的材料。此外，尚有江西永新高溪铭、吉安市郊印下江铙，湖南湘潭原福建会馆出土铙、湖南省博殷八1：4号铙，广东佛岗铙等几件铙因无图片资料发表，形制不明，本文暂未列入。

关于南方铜铙的源流与年代序列，高至喜先生《概论》一文最早提出了南方铜铙发展序列为兽面纹铙→云纹铙→有乳钉铙→有枚铙→甬钟，其后《型式》一文仍坚持这一观点（尽管当时新干大洋洲遗存已经发现），并进行了补充论证。但是，新干大洋洲遗存三件铜铙出土之后，多数学者认为大洋洲出土的三件铙年代早于湖南常见的兽面纹大铙，高先生主张的南方铜铙的演变序列受到了挑战。何介钧先生《试论湖南出土商代青铜器及商文化向南方传播的几个问题》一文将高先生排在最早的湖南多见的粗线兽面纹铙排到了兽面纹铙的最后。后来，施劲松、彭适凡等先生相继著文赞同何文的意见。至此，学术界多数学者（包括笔者在内）已基本认同腔体短阔、甬部无旋的铙应早于腔体长方且有旋的铙，高至喜先生所论湖南兽面纹大铙→云纹铙的发展关系应属不确。然而，由于在分类问题上就存在缺陷，因此无论怎么讨论也难以廓清南方铜铙的渊源和年代序列关系。而通过本文对全部南方铜铙类、型、式的重新排定，其年代序列和源流关系就显而易见了。

有枚铙与西周及其以后长期流行的甬钟形制最接近，无疑是南方铜铙中年代最晚的。而有枚铙的形制又与乳钉铙最为接近，虽然它们有非常明显的区别，如后者有的铙体短阔且无旋、大多全身布满云雷纹地纹，而前者均有旋、铙体呈长方形、隧部两侧和正面四周均素面，而且钲面枚的数量及篆间的布局已经程式化，但乳钉铙从Ⅰ式的较为复杂（除均有螺旋状乳钉外，有的全身饰云雷纹地纹，有的为素面或饰细阳线云纹）到Ⅱ式已整齐划一，与有枚铙已非常接近了，它们的源流关系应该是不容怀疑的。

乳钉铙的早期标本铙体均短阔且无旋，乳钉多为螺旋形，钲面纹饰以满饰阴刻云纹为主，也有饰阳线云纹或素面的。通过这些特征可以与其他类型的铙建立联系，从而对乳钉铙的渊源进行讨论。首先从形制上来说，乳钉铙铙体短阔、无旋的特征同早期各类型兽面纹铙，这表明乳钉铙的起源一定与兽面纹铙有关。但是它究竟与哪一类兽面纹铙关系更直接呢？下面的几条材料可以说明。

属于简化兽面纹铙C型Ⅰ式的新干大洋洲065号铙，在钲面阴线云纹地纹上有12处螺旋状凸起，极似早期乳钉铙的乳钉，而且兽面的眼睛也作螺旋状。从这种构思处理上我们可以看出设计者既已认识到乳钉的功能但又尽量保留兽面纹传统理念的意图。与之相比较，Ⅰ式乳钉铙中江西永修铙、湖南湘乡黄马塞铙、上博37900号铙等，将前者的兽眼变为乳钉并在上下排各补充一个乳钉，使每面的乳钉数目达到十八个。两者之间的源流关系已经跃然纸上，这种演变是兽面纹装饰最后让位于使用功能的结果。这种装饰阴线云纹的标本在Ⅰ式乳钉铙中数量占多数，而且这种设计又在后续的乳钉铙上被程式化，成为乳钉铙的主流装饰风格，因而可以推定乳钉铙的直接源头为Ⅰ式简化兽面纹铙。

瑞典2号铙，乳钉下的地纹更似细阳线变形兽面纹，只是兽面的眼睛没有了，隧部两侧素面的特征也与细阳线变形兽面纹相同。这表明在乳钉铙的起源过程中，细阳线变形兽面纹铙也曾被纳入设计范本并制出了样品，不过最后被淘汰了。相似的例子还有江西德安陈家墩铙、浙江安吉铙等，它们都是乳钉铙起源之初的产品。在一种新的事物产生和正式形成之前，这种复杂现象是很正常和可以理解的。

根据简化兽面纹铙（可能包括细阳线变形兽面纹铙）→乳钉铙→有枚铙的源流关系及其演化过程中兽面纹装饰理念渐趋淡薄的规律，可知简化兽面纹的前身一定是原型兽面纹铙。这样，我们可以先确定南方铜铙演变的一个基本序列，即：原型兽面纹铙Ⅰ式→简化兽面纹铙Ⅰ式→乳钉铙→有枚铙。

如此，将粗线变形兽面纹铙置于这个序列之前当然是行不通的，也更不能放在有枚铙的后面。故本文以为其很有可能是原型兽面纹铙后续发展的另一个分支，与细阳线变形兽面纹铙和简化兽面纹铙是并列关系而非源流关系，它们均应直接渊源于Ⅰ式原型兽面纹铙。Ⅰ式原型兽面纹铙是最早的南方铜铙，除了在装饰传统和纹样的演变序列方面的证据外，铙体大小、形制及甬部特征等也均支持这一看法。如果将Ⅰ式原型兽面纹铙与以殷墟出土为代表的中原小铙进行比较，既可以验证上述序列的正确性，也可以证明它与中原小铙的源流关系，即南方铜铙是受中原小铙的影响产生的。Ⅰ式原型兽面纹铙不仅纹饰与中原商代小铙非常相似，而且形体大小也接近，也均无旋。也许有人会问，那为什么不是前者影响后者呢？因为中原小铙有两种型式，一种为素面铙，这种铙仅四周有凸线边框，铙面中部无任何纹饰，另一种即兽面纹铙。从现有考古发掘材料来看，前者主要出土于殷墟二期墓中，如被断为殷墟二期晚段的妇好墓出土的5件编铙均为素面铙，后者均出土于殷墟三期或四期墓，绝不见于殷墟二期墓，可证素面铙早于兽面纹铙。如果单从形制上看，中原的兽面纹铙与当地的素面铙更接近，而相同的兽面纹早在商代早期的其他铜器上已非常流行，绝无可能中原兽面纹小铙的兽面纹是受南方兽面纹铙的影响出现的，更不会是南方铜铙传到中原后先形成中原素面铙再演变为中原兽面纹铙，况且南方并未见更原始的铙或相似的其他质地或种类的器物。因此，只有认定南方最早的兽面纹铙为中原兽面纹小铙的流而非源才符合逻辑。从兽面纹本身的结构特征来看，即使是南方最早的兽面纹铙，其兽面的构造也与商代铜器上标准的兽面纹不同，呈现出南方特有的作风，这种地方化的趋势恰好证明了中原兽面纹铙为源而南方兽面纹铙为流。如瑞典1号铙甬部较短而于部深凹、两铣尖长，形制更接近中原小铙，是中原小铙和阳新1号铙之间的过渡形态，但其与阳新1号铙同样在兽面纹的上部出现了后来流行的分叉钩状饰，表明此铙已属南方制品。

通过以上分析，我们可以就南方商周铜铙的年代序列及源流关系概括如下（图九）。

A型Ⅰ式兽面纹铙是最早的南方铜铙，其源头为殷墟兽面纹小铙。本式铙不仅装饰主题和风格与殷墟铙一致，形制和尺寸大小也与殷墟铙十分接近，但也出现了地方特征，风格较中原小铙趋于繁复。不过，A型兽面纹铙在南方地区并未得到长足发展，其后续标本数量极少。但是，以A型Ⅰ式兽面纹铙为蓝本在本地很快派生出三种地方特点铜铙，即细阳线变形兽面纹铙（Ba型）、粗阳线变形兽面纹铙（Bb型）和简化兽面纹铙（C型）。这三型铙虽然兽面纹的构图和表现手法与前者有较大差异，但装饰内容所要表现的主题仍为兽面纹，表明它们还保持着殷墟铜铙的传统装饰理念。这三型铙的早期标本体型仍相对较小，甬部均无旋，与A型Ⅰ式兽面纹铙的年代差距应该不会太大。

Ba、Bb、C三型兽面纹铙的后续发展情况不尽相同。其中Ba型Ⅱ式铙目前仅见1件标本，C型兽面纹铙的后续作品虽稍多一些，但形制繁杂，没有形成统一的范式，表明其非主流产品。而早期可能属于非主要类型的Bb型铙却得到异常发展，成为后一阶段南方铜铙的主流品种之一，不过，它具有明显的地域特征，因为从出土地点分布来看，除两件分别出土于安徽庐江和江西宜丰外，均不出湘江流域。

Ⅰ式乳钉铙的装饰风格较复杂，虽以阴线云纹为主（这明显源于Ⅰ式简化兽面纹铙，新干大洋洲065号铙应是其直接源头），但也有在细阳线变形兽面纹铙（Ba型）上省掉兽目布置乳钉的，如瑞典2号铙，还有如江西德安陈家墩铙为素面铙体上布置12个乳凸等，表明乳钉铙此时尚未定型，而且本式铙亦均较小、甬部无旋、铙体短阔，它们的年代应稍晚于Ba型Ⅰ式和C型Ⅰ式兽面纹铙。Ⅱ式乳钉铙数量较多，形制与装饰风格一致，成为此时南方铜铙的主要品种之一，窃以为乳钉铙的兴起和流行可能正是Ba、C型这两类兽面纹铙很快衰竭的原因。

有枚铙从铙体形制、枚的形态和钲面装饰布局的演变等来看，应是乳钉铙的直系后裔，这也是以往研究者的普遍看法。但值得注意的是，有枚铙的钲面界格和篆间纹饰的表现手法存在明显不同的两系，即本文所分A、B两型。前者钲面分界以阳线或阳线圈点纹，隧部、篆间的纹饰亦用阳线表现，部分钲面四周素地上浮雕叶状龙纹；后者钲面分界线、篆间纹饰包括隧部纹饰均用阴线表现，极少见钲面四周浮雕龙纹的现象。从枚及其他装饰特征来看，这两系并行的时间很长，不过前者出现和消失的时间似乎都早一些。本文A型有枚铙锥状枚（Ⅰ式）和双层圆台状枚（Ⅱ式）的标本很多，柱状枚（Ⅲ式）的标本极少，而B型有枚铙锥状枚的标本极少，双层圆台状枚和柱状枚的标本却很多，且篆间及隧部纹饰出现了甬钟上常见的“卷草云纹”和“工字形云纹”。如果乳钉铙直接发展为有枚铙，其形制应该是B型有枚铙，因为乳钉铙钲面的纹饰都是用阴线表现的。而且，这两个系列的有枚铙并无地域上的不同，那么，阳线纹（A型）有枚铙是如何出现的呢？经过反复琢磨，本文认为阳线有枚铙的出现可能是受到了粗阳线变形兽面纹铙（Bb型）的影响，除纹饰的表现手法均用阳线外，钲面四周浮雕动物纹的作风也相同。

本文对南方铜铙类型和发展序列的编排结果，与以往的研究成果比较，除了类型界定和分类标准更清楚明了、逻辑更严密，从而避免了过去研究中某些铜铙归属的分歧和混乱现象外，主要意义应体现在对南方铜铙渊源问题的研究上，即从逻辑上进一步证明了南方铜铙确实源于中原小铙。虽然这一结论在前人的研究成果中已经被提出，且被多数学者接受，但依照以往的分类，其中“云纹铙”以及早期的乳钉铙等与本文A型Ⅰ式兽面纹铙的源流关系无法从逻辑上肯定，其可信度受到了质疑，以致出现中原小铙渊源于南方大铙的意见。因为如果将本文Ba、C型两类兽面纹铙定名为“云纹铙”或其他，则它们可以不受本文编排的其装饰主题上源流关系的约束，因而可以无限制地提早它们的年代，当然会出现如罗泰先生等认为新干铜铙年代可能早到二里冈期至殷墟之际的设想[20]。而按照本文的分类序列，原先定名为“云纹铙”的标本被置入兽面纹铙系列，且均源于最早的原型兽面纹铙，后者又明显渊源于中原小铙，那么，南方铜铙渊源于中原小铙已是再明确不过了。

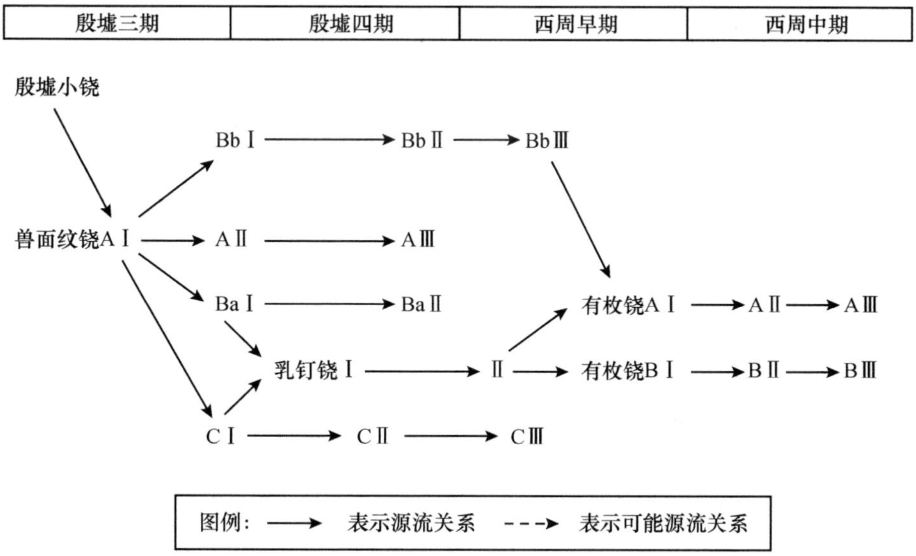

图九　南方铜铙源流及年代关系示意图

二、南方铜铙的年代问题

关于南方铜铙的铸造年代，学术界不同观点相差悬殊。前述罗泰先生认为新干的三件铙年代在二里冈期至殷墟之际。高至喜先生按照自己的序列推断南方铜铙的年代分别是：粗阳线兽面纹大铙为殷墟二期、云纹铙等为商代晚期、有乳钉铙为商末周初、有枚铙为西周早期。何介钧先生等纠正了高先生将兽面纹大铙排在最早的意见，以新干大洋洲遗存年代为依据，将南方铜铙最早形制的标本断代为殷墟二期，湖南常见的粗阳线兽面纹大铙被断为殷墟晚期至商末周初。陈佩芬等根据南方铜铙上的某些纹饰接近南方地区春秋时期地方型铜器纹饰风格将南方铜铙的年代均断为春秋时期。此外，还有许多学者就南方铜铙的年代问题发表过意见。总体看来，大多数的学者赞同兽面纹铙和云纹铙的年代为商代晚期、乳钉铙和有枚铙为商末周初至西周早期的意见，而春秋说和者甚寡。

本文根据对全部南方铜铙类型和序列的重新排定以及南方铜铙与中原商代小铙渊源关系的分析，拟就南方铜铙的年代和分期做如下讨论。

（一）南方铜铙的年代上限和下限

在新干大洋洲遗存发现之前，高至喜先生主要通过铜铙的纹饰风格与中原铜器进行比较推断其序列中最早的兽面纹铙的年代为殷墟二期，又依有枚铙为甬钟前身这一逻辑关系和目前发现最早的甬钟（陕西宝鸡竹园沟7号墓[21]等出土）年代为西周早期的证据，推断有枚铙的年代为西周早期，这样将南方铜铙的年代上、下限进行了框定。新干大洋洲遗存发现之后，因为一般认为大洋洲遗存的年代为殷墟前期（二期或更早），而该遗存出土的三件铙体形较小又无旋，与殷墟出土的铜铙比较接近，故高先生序列中前两者的源流关系受到质疑和纠正。何介钧先生认为新干出土的2件云纹铙、1件乳钉铙加上阳新白沙1号铙正好构成南方铜铙的三种基本类型（即兽面纹铙、云纹铙和乳钉铙），且均为最早的形态，年代依大洋洲遗存的年代定为殷墟二期。后来施劲松等也基本认同这一认识。这样，大洋洲遗存的年代成为南方铜铙年代上限的关键依据。

以前多数学者推定大洋洲遗存的年代相当于殷墟二期，除了认为大洋洲铜器群大多接近殷墟一、二期的风格外，主要依据是认为大洋洲出土的陶瓷器与吴城遗址二期陶器相当，而吴城遗址二期又被普遍认定相当于殷墟一、二期。但是，最近出版的彭明瀚先生的《吴城文化研究》[22]一书对这一看法提出了质疑，该书认为，大洋洲遗存出土的陶瓷器与吴城遗址三期（该书定为吴城文化第四期）的同类器更接近，同时，^{14}C数据也支持这一看法。笔者亦将大洋洲陶瓷器与吴城遗址同类器做了仔细比较，认为前者与后者三期早段最近，基本同意彭的观点。如此，则大洋洲遗存的埋藏年代应在殷墟三期或更晚，至少不早于殷墟三期。这样，该遗存出土的三件铙的铸造年代就有可能在殷墟三期或更晚，至少不能确定早到殷墟二期。又，前述中原地区出土的兽面纹铜铙不见于殷墟二期墓而均出土于殷墟三期或四期墓中，南方最早的铜铙既然源于殷墟常见的兽面纹小铙，则南方铜铙的年代上限就绝不可能早于殷墟三期，那么原来定为殷墟二期的阳新、大洋洲等体形较小且甬部无旋的铙的年代宜改订为殷墟三期或稍后，湖南常见的兽面纹大铙的年代就只能更靠后了。

南方铜铙的年代下限，过去均被限定在西周早期范围内。其逻辑是，南方铜铙是中原铜钟的前身，而目前发现中原甬钟最早的标本——陕西宝鸡竹园沟7号墓出土的一套甬钟年代又可早到西周早期晚段或早中期之际。对此笔者有不同看法。

（1）虽然中原甬钟的出现很可能与南方铜铙的北传有关，但中原甬钟的最早年代与南方铜铙的年代下限不存在逻辑关系，因为南方铜铙流传到中原地区并不意味着铜铙在南方地区的消失。

（2）南方的钟不是本地铜铙自然发展的结果，而是受中原甬钟影响形成的，所以，南方的钟与铙也没有绝对的早晚关系。钟和铙的形制差别虽然仅在“干”之有无，但由于使用的方式完全不同，其娱乐的对象、演奏的内容也应有别，甚至有可能预示着与此相关的礼制内容和形式都发生了变化，如果没有外来影响，南方的铙不可能自然演变为钟。故南方铜铙与受中原文化回传出现的钟应有相当长一段时间的并行期，这从本文B型Ⅲ式有枚铙某些标本上出现西周中晚期甬钟流行的纹饰（如“工”字形云纹等）可以得到证明。

（3）依本文序列，南方有枚铙的形制经历了锥状、双层圆台状和柱状三个阶段的变化，其前身即本文Ⅱ式乳钉铙的年代又不可能早于西周早期，如果将其年代限定在西周早期，就没有了其自身演变所需要的年代空间，而且不敢保证日后中原地区不会发现更早的甬钟。所以，有枚铙的年代下限应该可以晚至西周中期或更晚。

（二）关于湖南兽面纹大铙的年代问题

如前所述，对于湖南出土最多而其他地区少见的兽面纹大铙（本文Bb型兽面纹铙），高至喜先生将其放在南方铜铙序列中的最早位置，并推断其年代为殷墟二期[23]。施劲松先生虽然将湖南的兽面纹大铙排在其兽面纹铙类的晚期型式，却又囿于湖南兽面纹铙上的纹饰与殷墟二期铜器装饰风格相似而将其与体形较小且无旋的阳新、新干等年代明显较早的铙也均断为殷墟二期。何介钧先生以新干大洋洲埋藏年代属殷墟二期为依据，推定湖南兽面纹大铙的年代为殷墟四期至西周初年。

湖南出土的Bb型兽面纹铙数量很多，但有年代判断依据的相关信息却很少，少数标本出土后经考古人员清理取得了部分相关年代信息，但这些信息对于判定铜铙的具体年代作用十分有限。例如，1983年宁乡月山铺象纹大铙出土后益阳地区博物馆组织了考古清理，据称其埋藏坑填土及坑壁地层中有“商周”时期陶片，并在附近探方发掘中出土了与炭河里遗址相同的陶器，且不说从考古地层学上可以得出此铙埋藏坑年代晚于这些陶器年代的结论，近年炭河里遗址的发掘[24]已证明其时代为西周时期，那么，许多学者引以为湖南兽面纹大铙商代说的确证已不存在。2000年益阳千家洲铙出土时，笔者与高至喜、何介钧等前辈到现场观摩窖藏坑中出土的陶片，一致认定其年代不早于西周时期。1971年岳阳黄秀费家河商代遗址附近出土的1件铙，也无证据表明它和费家河遗址有直接关系，而且费家河遗址的年代已是商末。因此，判断湖南兽面纹大铙的年代，还是要依靠南方铜铙本身逻辑的、科学的分类体系和演变序列来确定它的源流关系和年代范围，并结合本地区考古学文化背景进行综合考察。下文是笔者在这一方面的初步尝试。

按照本文的分类序列，湖南兽面纹大铙均属Bb型即变形兽面纹铙的Ⅱ、Ⅲ式，形制上均有旋，兽面纹变形程度甚于Ⅰ式及Ⅱ式的安徽庐江铙且兽面纹范围内无地纹，其年代当晚于北京故宫博物院和德国所藏无旋的Ⅰ式标本和Ⅱ式的安徽庐江铙。根据本文兽面纹铙的源流关系，Bb型Ⅰ式变形兽面纹铙是A型Ⅰ式原型兽面纹铙的派生型，而后者又渊源于中原兽面纹小铙，年代如上所论不早于殷墟三期。我们按最早的可能性假定本文A型Ⅰ式兽面纹铙的年代为殷墟三期，考虑Bb型Ⅰ式兽面纹铙与A型Ⅰ式兽面纹铙在形制和纹饰上存在的明显差距，则Bb型Ⅰ式兽面纹铙的年代最早只可能到殷墟三、四期之际，那么湖南常见的Bb型Ⅱ、Ⅲ式兽面纹铙的铸造年代应不可能早于殷墟四期。

又如前文所论，湖南出土的Bb型兽面纹铙与Ba、C型兽面纹铙和乳钉铙并不存在源流关系，则其年代下限应不受这些铙年代的制约。从均有旋、旋上饰“C”形纹、甬部及钲面四周布满云纹地纹、乳钉为泡形等特征来看，它们与Ⅱ式乳钉铙年代应相当，而浙江长兴草楼铙、福建建瓯铙等Ⅱ式乳钉铙被普遍断代为商末周初至西周早期。

以往学者将湖南兽面纹大铙断为殷墟二期的主要依据是其装饰风格与中原殷墟二期的其他铜器相近，这是选择了多种可能性中最早的一种。因为，即使是中原铜器以装饰风格而言从殷墟二期至西周早期尚难截然区分，何况是中原外的铜器呢！考古发现中，中原文化传统在周边地区长期流传的例子数不胜数，遗憾的是，至今仍有许多学者不能正视这个问题。当然，南方铜铙年代春秋说也难让人认同，虽然铜铙上的有些纹饰确与南方春秋铜器的纹饰相似，但不能否定此类纹饰在西周或商代已经出现的可能性。

以上是从湖南兽面纹大铙本身形制、装饰的逻辑序列及源流和年代关系方面进行的分析，下面再从考古学文化背景方面进行探讨。湖南兽面纹大铙的考古学文化背景，同样关系到与之出土地域相同的湖南商周青铜群的性质和来源问题。湖南商周铜器群主要分布于湘江下游地区，由于缺乏考古证据，其性质和来源问题一直以来备受关注又无法取得突破，但宁乡炭河里遗址发掘后这种状况得以改观。炭河里遗址的发掘，确认了这里存在一个主要年代为西周早中期的城址，并见城墙、壕沟、大型宫殿建筑基址和贵族墓葬，可以认定其为西周时期湘江流域某一区域范围内地方青铜文化的政治和文化中心。城址所在的黄材盆地及附近，正是湖南商周铜器出土最集中的地区，甚至在城址范围内也出土过商代铜器，城内出土的铜鼎口沿、铜矛、铜斧和铜块等遗物以及城外同时期墓葬中出土的大量地方特色的铜器，表明了该地区西周时期能够和曾经铸造过铜器。城址周围地区以往出土的许多精美铜器，虽然不少铸造年代为商代晚期（主要为中原商式铜器，不少有铭文），但由城址的建造和使用年代可断定它们在本地区的使用时期为西周或以后。兽面纹大铙也以黄材附近地区出土最多，占全部出土该类铙的三分之二，可以肯定这些铜铙与炭河里城址有密切关系，它们的使用年代也无疑为西周时期。而从出土地点来看，这类铙在中原地区不见，南方其他地区也很少见，应该是湘江流域本地铸造的。然而，兽面纹大铙在南方铜铙的序列中属较晚型式，其文化传统不会是本地起源，而是外来文化在本地的发扬光大。以前把兽面纹大铙视为南方铜铙的最早类型并断代为殷墟二期，如此湖南就应该是南方铜铙的发源之地，这是不可想象的。即使如有的学者所说，商代晚期商人扩张南下进入了湘江流域，本地固然有可能在中原商文化的影响下铸造铜铙，但湖南兽面纹大铙与中原铜铙无论形制和纹饰都差距太大，后者显然不可能是它的直接前身。而如果说兽面纹大铙是湘江流域土著文化的自身发明，则更难让人相信。

拙著《湘江流域商周青铜文明研究的重要突破》以炭河里城址的年代为基础，从该地出土商式铜器的来源问题出发，通过对湖南出土商周铜器分组、器形、装饰、工艺特征及产地、族属等的分析，结合湘江流域、江汉平原和中原地区商代晚期至西周早期考古学文化研究成果及相关文献记载等大量综合论证，最后得出了“湖南湘江流域商代晚期应该不存在一个发达的青铜文明或青铜铸造中心，湘江流域出土的大量商周铜器是商末周初殷遗民及江汉地区地方势力受周人所迫南迁带来和来本地后铸造的”[25]。该文论证的逻辑过程为，湘江流域出土的商周铜器群以沩水上游黄材地区最集中，黄材一带出土的铜器等级最高、类型齐全、延续时间长，应是作为一个整体属于某一个政治集团的，其中大量商式铜器来到这里不可能是零散地自然流散的结果，应与一定时期内相当规模的商人集团南迁有关。铜器本身及炭河里城址的年代决定了商人集团南迁的时间不早于商代晚期又不晚于西周早期。而这一时期内湘江流域乃至江汉地区考古学文化的面貌和性质以及炭河里城址的地理位置等因素均不支持商代晚期商人扩张南下或西周早期商人随周人南征的可能性，只有商末周初殷遗民等南迁的推测可以使所有相关问题迎刃而解。如果这一推测成立，不仅湘江流域商代晚期即存在一个较发达的青铜铸造中心或文明中心的传统观点已不足信，原来理所当然属于这个中心的地方产品——兽面纹大铙的年代也有重新考虑的必要。从目前材料和最新研究成果[26]来看，湘江流域商代晚期虽然可能已经进入青铜冶铸的滥觞阶段，但本地青铜文明的正式形成和产生应在西周早期，其基础和契机正是商末周初以殷遗民为主体的南迁。从这一历史文化背景考量，湖南兽面纹大铙的铸造年代为西周早期的可能性较商代晚期更大。

通过以上对南方铜铙年代上下限以及湖南常见的粗阳线变形兽面纹大铙的年代分析，本文推定南方铜铙的铸造年代分别如下。

A型Ⅰ式兽面纹铙为殷墟三期，A型Ⅱ式为殷墟四期偏早，A型Ⅲ式为商末。

Ba型Ⅰ式兽面纹铙形制略晚于A型Ⅰ式又早于A型Ⅱ式，年代相当于殷墟三期偏晚至四期偏早阶段，Ba型Ⅱ式为商末。

Bb型Ⅰ式兽面纹铙纹饰变形程度较大，与A型Ⅰ式兽面纹铙应有一定年代距离，可定为殷墟四期。Bb型Ⅱ、Ⅲ式分别为商末周初至西周早期。

C型Ⅰ式兽面纹铙与Ba型Ⅰ式年代相当，为殷墟三期偏晚至四期偏早，C型Ⅱ式为商末，C型Ⅲ式为西周早期。

Ⅰ式乳钉铙略晚于Ba型Ⅰ式、C型Ⅰ式兽面纹铙，年代应为殷墟四期，Ⅱ式乳钉铙为商末周初至西周早期。

有枚铙A型Ⅰ式、B型Ⅰ式的年代大体相当西周早期偏晚阶段，A型Ⅱ式、B型Ⅱ式和A型Ⅲ式、B型Ⅲ式分别相当于西周中期早段和晚段，有的可能晚至西周晚期。

关于南方铜铙的其他问题，笔者将另文讨论。

注　释

[1] 高至喜：《中国南方出土商周铜铙概论》，《湖南考古辑刊》（第2集），岳麓书社，1984年。

[2] 江西省文物考古研究所、江西省博物馆、新干县博物馆：《新干商代大墓》，文物出版社，1997年。

[3] 高至喜：《中国南方出土商周铜铙概论》，《湖南考古辑刊》（第2集），岳麓书社，1984年。

[4] 高至喜：《论中国南方商周时期铜铙的型式、演变与年代》，《南方文物》1993年第2期。

[5] 何介钧：《试论湖南出土商代青铜器及商文化向南方传播的几个问题》，《湖南先秦考古学研究》，岳麓书社，1996年。

[6] 施劲松：《我国南方出土铜铙及甬钟研究》，《考古》1997 年第10期。
[7] 彭适凡：《赣江流域出土商周铜铙和甬钟概述》，《南方文物》1998 年第1期。
[8] 陈佩芬：《越文化青铜钲的若干问题》，《吴越地区青铜器研究论文集》，两木出版社，1997年。
[9] 咸宁地区博物馆：《湖北省阳新县出土两件青铜铙》，《文物》1981 年第1期。
[10] 王士伦：《记浙江发现的铜铙、釉陶钟和越王石矛》，《考古》1965 年第5期。
[11] 曹淑琴、殷玮璋：《早期甬钟的区、系、型研究》，《考古学文化论集》（2），文物出版社，1989年。
[12] 李纯一：《中国上古出土乐器综论》，文物出版社，1996年，第124~144页。
[13] 陈梦家：《西周铜器断代》（下），中华书局，2004年，第904页图上左。
[14] 南波：《介绍一件青铜铙》，《文物》1975年第8期。
[15] 高至喜：《论中国南方商周时期铜铙的型式、演变与年代》，《南方文物》1993 年第2期。
[16] 施劲松：《我国南方出土铜铙及甬钟研究》，《考古》1997 年第10期。
[17] 彭适凡：《赣江流域出土商周铜铙和甬钟概述》，《南方文物》1998 年第1期。
[18] 高至喜：《湖南省博物馆馆藏西周青铜乐器》，《湖南考古辑刊》（第2集），岳麓书社，1984 年。
[19] 陈佩芬：《越文化青铜钲的若干问题》，《吴越地区青铜器研究论文集》，两木出版社，1997年。
[20] 〔德〕罗泰：《论江西新干大洋洲出土的青铜乐器》，《江西文物》1991 年第3期。
[21] 卢连成、胡智生：《宝鸡弶国墓地》，文物出版社，1988年。
[22] 彭明瀚：《吴城文化研究》，文物出版社，2005年。
[23] 这里所说的殷墟二期为殷墟铜器三期说的第二期，即殷墟中期，与殷墟文化二期有别。
[24] 湖南省文物考古研究所、长沙市考古研究所、宁乡县文物管理所：《湖南宁乡炭河里西周城址与墓葬发掘简报》，《文物》2006 年第6期。
[25] 向桃初：《湘江流域商周青铜文明研究的重要突破》，《南方文物》2006年第2期。
[26] 向桃初：《炭河里城址的发现与宁乡铜器群再研究》，《文物》2006 年第8期。

附表一　南方铜铙分类登记表

类型式			出土收藏地点	器形及纹饰特征	文献出处	本文插图
兽面纹铙类	A型	Ⅰ式	瑞典远东博物馆藏铙	形制与殷墟小铙一致，无旋，甬上无纹，钲面兽面纹为浅浮雕，但兽面构图出现南方特有的钩形饰	林巳奈夫：《殷周时代青铜器の研究·综览一·图版》，吉川弘文馆，1984年，第381页，钟12	图二，1
			湖北阳新1号铙	无旋，甬上无纹，钲部兽面纹为平雕，上饰阴线云纹，隧部饰阴线兽面纹，隧部两侧及钲面四周无纹	咸宁地区博物馆：《湖北省阳新县出土两件青铜铙》，《文物》1981年第1期，图一、图三	图二，2
			美国Homes藏铙	甬残，钲部兽面纹为平雕，上饰阴线云纹，但四周有一周细圆圈纹，兽面纹下有云纹地纹	陈梦家：《西周铜器断代》（下），中华书局，2004年，第904页，图上右	图二，3
		Ⅱ式	浙江余杭徐家畈铙	无旋，但甬上饰云纹，钲面兽面纹为浅浮雕，兽面构图略有变形，隧部、隧两侧及钲面四周布满云纹，隧部不突出	王士伦：《记浙江发现的铜铙、釉陶钟和越王石矛》，《考古》1965年第5期，第256页，图版拾～图版拾贰	图二，4
		Ⅲ式	93年宁乡老粮仓栗山坡Ⅰ式铙	有旋，甬上布满阴线云纹，钲面为浮雕宽平粗线兽面，钲两侧及下方有13个泡形乳钉，隧部突出，上饰浮雕兽面文，隧两侧饰浮雕夔龙，通体饰地纹	长沙市博物馆，宁乡县文物管理所：《湖南宁乡老粮仓出土商代铜编铙》，《文物》1997年第12期，彩色插页贰，1	图二，5
	Ba型	Ⅰ式	上海博物馆藏铙（25578）	无旋，甬无纹，钲部为连珠纹地上细阳线变形兽面纹，双目凸出，钲四周和鼓部均素面	《中国音乐文物大系·上海江苏卷》，大象出版社，1996年，第15页，图1·1·11	图三，1
			湖北阳新2号铙	无旋，甬上无纹，隧部阴刻云形简化兽面纹，隧部、钲部两侧及下方无纹	咸宁地区博物馆：《湖北省阳新县出土两件青铜尧》，《文物》1981年第1期，图二、图四	
			安徽潜山铙	甬残，无旋，甬上无纹隧部阴刻云形简化兽面纹，隧部、钲部两侧及下方无纹	陈梦家：《西周铜器断代》（下），中华书局，2004年，第904页，图上左	图三，3
			江西新干大洋洲064号铙	无旋，甬上无纹，腔体为六边形，隧部阴刻云形简化兽面纹，隧部两侧无纹，钲体两侧饰对角“F”形云纹	江西省文物考古研究所，江西省博物馆，新干县博物馆：《新干商代大墓》，文物出版社，1997年，图四四；彩版二一，1	图三，2

续表

类型式			出土收藏地点	器形及纹饰特征	文献出处	本文插图
兽面纹铙类	Ba型	Ⅰ式	江西永修燕坊乡四联村铙	无旋，甬上无纹，腔体为六边形，隧部阴刻云形简化兽面纹，隧部两侧无纹，钲体两侧饰对角“F”形云纹	徐长青：《江西永修发现商代青铜铙》，《南方文物》2002年第2期，封面、封二	图三，5
			江苏江宁塘东村铙	无旋，甬上无纹，腔体为六边形，隧部阴刻云形简化兽面纹，隧部两侧无纹，钲体两侧饰对角“F”形云纹，另钲面中缝及下方亦饰阴刻云纹	南波：《介绍一件青铜铙》，《文物》1975年第8期	图三，4
		Ⅱ式	上海博物馆藏铙（26780）	有旋，旋上饰“C”字形纹，腔体为合瓦形，钲面纹饰同前阳新2号铙、安徽潜山铙，但隧部变形兽面纹为双阳线构成	《中国音乐文物大系·上海江苏卷》，大象出版社，1996年，第16页，图1·1·12	图三，6
	Bb型	Ⅰ式	德国藏铙2件	均无旋，兽面纹的兽角大致可辨，主纹粗线呈半圆形，素面，但有云纹地纹，隧部突出不明显，隧部两侧及钲面两侧和钲下方布满阴线云纹	注［11］，图版一〇，1	图四，1
			北京故宫博物院藏铙	形制、纹饰与上2件铙完全相同，仅大小略有差别	《故宫博物院藏品资料选介》，《文物》1966年第4期，第69页，左下图	图四，2
		Ⅱ式	安徽庐江铙	有旋，旋上饰阴线云纹和“C”字形纹，兽面纹的兽角及两侧倒立夔龙纹可辨，粗线呈半圆形，上饰云纹，有地纹，钲面四周布满阴线云纹	安徽省博物馆：《安徽省博物馆藏青铜器》，上海人民美术出版社，1987年，图10	图四，3
			江西宜丰天宝乡辛会村铙	有旋，甬上饰阴线云纹，主纹粗线呈扁平状，上有阴刻云纹，隧两侧布满云纹，隧部突出不明显	胡绍仁：《宜丰县出土商代铜铙》，《南方文物》1985年第1期，封面	图四，4
			59年老粮仓师古寨兽面纹铙	有旋，旋、甬饰阴线云纹和兽面纹，兽面粗线呈半圆形，上无纹，鼓部布满阴线云纹，隧部突出不明显	注［1］，图版陆，2	

续表

内容 类型式			出土收藏地点	器形及纹饰特征	文献出处	本文插图
兽面纹铙类	Bb型	Ⅱ式	宁乡老粮仓北峰滩兽面纹铙	有旋，旋、甬饰阴线云纹和兽面纹，兽面粗线呈半圆形，上无纹，鼓部布满阴线云纹，隧部突出不明显	注［1］，图版陆，1；《中国青铜器全集·东周5》，文物出版社，1979年，图版145；《文物》1983年第10期熊传薪文	
			宁乡老粮仓北峰滩四虎铙	有旋，旋、甬饰阴线云纹和兽面纹，兽面粗线呈半圆形，上无纹，鼓部布满阴线云纹，隧部突出不明显，腔内两壁铸四个卧虎	杜迺松、单国强：《记各省市自治区征集文物汇报展览》《文物》1978年第6期，图一六	
			93年宁乡师古寨栗山坡铙1	有旋，旋上四个圆饼形饰，兽面粗线呈半圆形，上无纹，鼓部布满阴线云纹，隧部突出不明显	李乔生：《湖南宁乡出土商代大铜铙》，《文物》1997年第12期，图一	
			93年宁乡师古寨栗山坡铙2	有旋，旋上饰凸起“C”字形纹，兽面粗线呈半圆形，上无纹，鼓部布满阴线云纹，隧部突出不明显	李乔生：《湖南宁乡出土商代大铜铙》，《文物》1997年第12期，图二，现藏宁乡县文管所	图四，6
			湖南岳阳黄秀桥铙	有旋，旋、甬饰阴线云纹，兽面粗线呈半圆形，上无纹，鼓部布满阴线云纹，隧部突出不明显	熊传薪：《湖南新发现的青铜器》，《文物资料丛刊》（5）文物出版社，1981，图版捌，1、2	
			湖南浏阳柏嘉铙	有旋，旋上四个泡状乳钉，兽面纹双目为蹲踞的蟾蜍，鼓部布满阴线云纹，隧部突出不明显	黄纲正等：《浏阳、双峰出土商周青铜器》，《湖南文物》1986年第1期	
			湖南湘乡狗头坝铙	有旋，旋饰兽面纹、甬饰阴线云纹，兽面粗线呈半圆形，上无纹，鼓部布满阴线云饰，隧部突出不明显	注［1］，图版伍，3	
			湖南望城高塘岭铙	有旋，旋饰兽面纹、甬饰阴线云纹，兽面粗线呈半圆形，上无纹，鼓部布满阴线云饰，隧部突出不明显	注［1］，图版五，2	
			湖南省博殷八2：2号铙	有旋，旋上四个小乳钉，旋、甬饰阴线云纹，兽面粗线呈半圆形，上无纹，鼓部布满云纹，隧部突出不明显	注［4］，图4	

续表

类型式 \ 内容			出土收藏地点	器形及纹饰特征	文献出处	本文插图
兽面纹铙类	Bb型	Ⅱ式	湖南省博殷八2：4号铙	有旋，旋、甬饰阴线云纹，兽面粗线呈半圆形，上无纹，鼓部布满阴线云纹，隧部突出不明显	注［4］，附表第5号，图2	
			湖南省博64采1号铙编号：22227	有旋，旋上四个小乳钉，旋、甬饰阴线云纹，兽面粗线呈扁平状，上饰云纹，鼓部布满阴线云纹，隧部突出不明显	注［4］，封二，3	
			加拿大多伦多博物馆藏铙	有旋，旋上饰凸起“C”字形纹	陈梦家：《西周铜器断代》（下），中华书局，2004年，第904页，图下左	
			天津艺术博物馆藏铙	与湖南省博64采1号铙仅隧部纹饰略有区别	见天津艺术博物馆在日本展览图录	图四，5
		Ⅲ式	1959年宁乡师古寨象纹铙1	有旋，旋饰“C”字形纹，兽面粗线为半圆形，上饰云纹，隧部突出，饰浮雕兽面纹，鼓部饰象纹。钲两侧及下方饰泡状乳钉及虎、鱼等纹饰	湖南省博物馆：《湖南省博物馆》，文物出版社，1983年，图版27、图版28	图四，7
			1959年宁乡师古寨象纹铙2	甬残，钲面兽面纹粗线扁平，上饰云纹，钲两侧及下方饰螺旋状乳钉，隧部突出，饰浮雕兽面纹，鼓部饰象纹	湖南省博物馆：《湖南省文物图录》，湖南人民出版社，1964年，图版一一，1	
			1959年宁乡师古寨虎纹铙1	有旋，旋上饰兽面纹，甬饰阴线尖叶纹，兽面粗线呈半圆形，上无纹，鼓部布满云纹并浮雕双虎，隧部突出明显，上饰浮雕兽面纹	《中国青铜器全集·东周5》，文物出版社，1997年，图版143、144；另见《湖南博物馆》，图版43	图四，8
			1959年宁乡师古寨虎纹铙2	旋上饰“C”字形纹，隧部浮雕兽面纹稍异，有旋，甬饰阴线尖叶纹，兽面粗线呈半圆形，上无纹，鼓部布满云纹并浮雕双虎，隧部突出明显，上饰浮雕兽面纹	注［1］，图版伍，4	

续表

<table>
<tr><th colspan="3">内容
类型式</th><th>出土收藏地点</th><th>器形及纹饰特征</th><th>文献出处</th><th>本文插图</th></tr>
<tr><td rowspan="9">兽面纹铙类</td><td rowspan="6">Bb型</td><td rowspan="6">Ⅲ式</td><td>宁乡月山铺转耳仑象纹大铙</td><td>旋上浮雕双身兽纹，隧部浮雕两个相向的象纹，有旋，甬饰阴线尖叶纹，兽面粗线呈半圆形，上无纹，鼓部布满云纹并浮雕双虎，隧部突出明显，上饰浮雕兽面纹</td><td>盛定国，王自明：《宁乡月山铺发现商代大铜铙》，《文物》1986年第2期；图见《中国青铜器全集·东周5》，图版142</td><td></td></tr>
<tr><td>宁乡唐市陈家湾铙</td><td>旋饰凸起的“C”字形纹，隧部浮雕兽面纹，半圆形粗线上无纹</td><td>注［1］，图版陆，3</td><td></td></tr>
<tr><td>湖南益阳赫山区千家洲铙</td><td>有旋，旋上饰凸起“C”字形状，甬饰阴线云纹，兽面粗线呈半圆形，素面，鼓部布满阴线云纹，隧部浮雕双龙纹</td><td>湖南益阳市文物管理处：《湖南益阳出土商代铜铙》，《文物》2001年第8期，封图七一九</td><td>图四，9</td></tr>
<tr><td>湖南省博殷八4：77号铙</td><td>鼓部两侧浮雕虎纹，其他不明</td><td>注［4］，附表第4号</td><td></td></tr>
<tr><td>上海博物馆藏铙（19976）</td><td>有旋，旋上饰“C”字形纹，兽面粗线呈半圆形，素面，鼓部布满阴线云纹，隧部浮雕双身龙纹</td><td>《中国音乐文物大系·上海江苏卷》，大象出版社，1996年，第17页，图1·1·13</td><td></td></tr>
<tr><td>中国历史博物馆藏铙</td><td>有旋，旋上饰“C”字形纹，甬下部残，钲部兽面粗线为半圆形，上无纹，隧部浮雕两个象纹，鼓侧饰云纹</td><td>《中国音乐文物大系·北京卷》，大象出版社，1996年，第34页，图1·4·13</td><td></td></tr>
<tr><td rowspan="3">C型</td><td rowspan="3">式别不明者</td><td>湖南省博殷八2：1号铙</td><td>株洲出土</td><td>注［4］，附表第2号</td><td></td></tr>
<tr><td>湖南省博殷八2：3号铙</td><td>钲周、鼓、隧部、旋部有云纹</td><td>注［4］，附表第1号</td><td></td></tr>
<tr><td>湖南省博殷八：215号铙</td><td></td><td>注［4］，附表第3号</td><td></td></tr>
</table>

续表

类型式			出土收藏地点	器形及纹饰特征	文献出处	本文插图
兽面纹铙类	C型	Ⅰ式	上海博物馆藏铙（14095）	无旋，甬上无纹，钲部主纹为阴线云纹上双目，隧部为阴线变形兽面纹，钲四周、舞部及隧部两侧均素面	《中国音乐文物大系·上海江苏卷》，大象出版社，1996年，第13页，图1·1·8	图五，3
			江西新干大洋洲065号铙	无旋，钲面阴线云纹地有螺旋状凸起12处，双兽目	注［2］，图四五，彩版二—2	图五，1
			江西新干大洋洲066号铙	无旋，钲面几何形勾连雷纹地，双兽目	注［2］，图四六，彩版二—3	图五，2
			安徽宣城出土铙	此铙内壁有如外表同样的纹饰	王爱民：《兽面云纹铙》，《中国文物报》2006年8月23日第8版。	
		Ⅱ式	湖南宁乡三亩地“云纹铙”	有旋，旋上饰“C”字形纹，钲面布满阴线云纹，双兽目为长方形，上有眼珠	湖南省博物馆：《湖南省博物馆》，文物出版社，1983年，图版29	图五，6
			美国纽约威克尔藏铙	有旋，旋上饰“C”字形纹，钲面布满阴线云纹，兽目似鸟喙形，上有两个乳钉	陈梦家：《西周铜器断代》（下），中华书局，2004年，第904页，图下右	图五，7
			美国Jan KleiKamp氏藏铙	据罗泰描述与上三亩地、威克尔两件铙相似	〔德〕罗泰：《论江西新干大洋洲出土的青铜乐器》，《江西文物》1991年第3期，注20	
			美国博特兰艺术馆藏铙	有旋，旋、甬上饰兽面纹，钲面布满阴线云纹，钲部兽面仅见巨眉和带鸟头、鸟爪的兽目	Robert W. Bagley: Shang Ritual Bronzes in the ArthurM. Sackler Collections. Fig166, 119页	图五，4
			华东师大文物陈列室藏铙	有旋，旋、甬上饰兽面纹，钲面布满阴线云纹，仅钲部兽面的眉有异	孙力楠：《介绍一件青铜铙》，《文物》1998年第11期，图一、图二	图五，5

续表

类型式 \ 内容			出土收藏地点	器形及纹饰特征	文献出处	本文插图
兽面纹铙类	C型	Ⅲ式	湖南株洲黄龙乡兴隆村“齿纹铙”	有旋，上饰“C”字形勾连云纹，钲体无云纹地纹，钲面用细阳线“C”字形构成兽面轮廓，用龟作兽目，并用直线和锯齿纹框边，鼓部浮雕龙纹	熊建华：《湖南省博物馆新征集的西周齿纹铜铙》，《湖南博物馆文集》，岳麓书社，1991年，第137页，封底	图五，8
乳丁铙类	C型	Ⅰ式	江西德安陈家墩遗址出土“乳凸铙”	为遗址中采集所得。腔体短阔，短甬无旋，平舞，通体素面，钲面各有12枚扁圆形乳凸，于较平。照片见《南方文物》1998年第1期封三左下	江西省文物考古研究所、德安县博物馆：《江西德安县陈家墩遗址发掘简报》，《南方文物》1995年第2期，图十一，22	
			斯德哥尔摩远东博物馆铙	无旋，钲面纹饰为连珠纹地细阳线兽面纹，但省掉兽目，而布置18个乳钉，隧部两侧尚无纹	林巳奈夫：《殷周时代青铜器の研究・综览一・图版》，吉川弘文馆，1984年，第380页，钟2	图六，2
			江西永修燕坊乡四联村出土铙	合瓦形，无旋，钲面布满阴线云纹，上置36枚螺旋状乳钉，舞部、鼓部均饰阴线云纹	徐长青：《江西永修发现商代青铜铙》，《南方文物》2002年第2期，封面、封二	图六，1
			湖南湘乡金石乡黄马塞铙	无旋，甬上有尖叶云纹，螺旋状乳钉，钲体布满阴线云纹地纹	注［4］，图6	图六，3
			浙江安吉高禹镇中学出土铙	无旋，螺旋状乳钉，钲面纹饰为阳线云雷纹，鼓部及钲四周为素面。比较特别	周意群：《安吉发现一件西周时期铜铙》，《文物》2005年第1期，第85页	
			上海博物馆藏铙（37900）	甬部残，通体饰阴线云纹，螺旋状乳钉	《中国音乐文物大系・上海江苏卷》，大象出版社，1996年，第21页，图1・1・2。	
		Ⅱ式	浙江长兴草楼村铙	有旋，旋饰“C”字形纹，钲体布满云纹地纹，圆泡状乳钉。图见《中国青铜器全集・东周5》，图版147	浙江省文物管理委员会：《浙江长兴县出土的两件铜器》，《文物》1960年第7期	
			浙江长兴中学铙	有旋，旋饰“C”字形纹，钲体布满云纹地纹，圆泡状乳钉，甬残	长兴县文化馆：《浙江长兴县的两件青铜器》，《文物》1973年第1期，第62页，图	
			浙江磐安深泽乡出土铙	图像不清，据描述与福建建瓯铙同	赵一新：《浙江磐安深泽出土一件云纹铙》，《考古》1987年第8期，图一	

续表

类型式			出土收藏地点	器形及纹饰特征	文献出处	本文插图
乳丁铙类	C型	Ⅱ式	福建建瓯黄科山铙	有旋，旋上饰“C”字形纹，钲部云纹地上两面共36个泡状乳钉，舞部饰阴线云纹。图见《中国青铜器全集·东周5》，图版148	王振镛：《福建建瓯县出土西周铜钟》，《文物》1980年第11期，第95页，图版八，1、2	图六，6
			中国历史博物馆藏铙	有旋，旋上饰乳钉云雷纹，甬下端饰弦纹及云纹，钲部云纹地上36个泡状乳钉，舞部饰阴线云纹	《中国音乐文物大系·北京卷》，大象出版社，1996年，第34页，图1·4·14	图六，8
			日本坂本五郎藏铙	钲面、鼓部纹饰与湖南湘乡黄马塞铙一致，但有旋，旋上饰开口相对的“C”字形纹六组，相邻两组方向相反	樋口隆康、林巳奈夫监修：《不言堂坂本五郎中国青铜器清赏》，日本经济新闻社，2002，彩图14	图六，4
			日本京都大学人文所收集铙	有旋，旋上饰阴线云纹，钲体布满云纹地纹，圆泡状乳钉。舞部有阴线车、舟、兵士和鹿纹	林巳奈夫：《殷周时代青铜器の研究·综述一·图版》，吉川弘文馆，1984年，第381页钟13	
			日本滋贺MIHO博物馆藏铙	有旋，旋上饰凸起的“C”字形纹，钲体布满云纹地纹，圆泡状乳钉。舞部有阴线车、舟、兵士和鹿纹	笔者参观该馆时所见。参见该馆编*MIHOMUSEUM*一书	图六，5
			湖南株洲伞铺铙	即湖南省博殷八4：87号铙，有旋，旋上无纹，泡状乳钉。隧部饰兽面纹，鼓部两侧各浮雕一虎，钲体布满云纹	注［4］，封二，6	
			93年湖南宁乡老粮仓编铙9件	旋上饰由细乳钉表示的兽面纹，钲面似已形成篆间，其中1件侧鼓浮雕虎纹	长沙市博物馆，宁乡县文物管理所：《湖南宁乡老粮仓出土商代铜编铙》，《文物》1997年第12期	图六，9
			上海博物馆藏铙（10525）	有旋，旋及甬上饰云纹，泡状乳钉，通体饰阴线云纹，隧部较凸出，上饰阴线云纹构成的变形兽面纹	《中国音乐文物大系·上海卷》，大象出版社，1996年，第13页，图1·1·9	
			上海博物馆藏铙（55660）	有旋，旋饰“C”字形纹，甬上无纹，钲部饰阴线云纹，泡状乳钉，乳钉间为目纹或刀形纹	《中国音乐文物大系·上海江苏卷》，大象出版社，1996年，第14页，图1·1·10	图六，7

续表

类型式 \ 内容			出土收藏地点	器形及纹饰特征	文献出处	本文插图
有枚铙类	A型	Ⅰ式	湖南耒阳夏家山铙	旋上饰“C”字形纹，锥状枚，篆间饰阳线云纹	注［1］，图版陆，4	图七，1
			湖南汉寿三和乡宝塔村铙2件	2件形制纹饰完全相同，旋饰“C”字形纹，锥状枚，篆件饰阳线云雷纹，以阳线“S”形勾连云纹框边	李绍南：《汉寿县三和出土青铜器》，《湖南考古2002》（下），岳麓书社，2004年，第460页，图版一、图版二；图二、图三	
			湖南衡南犁头乡出土铙	有旋，旋饰上下双“C”字围乳钉纹，甬上无纹，锥状枚，篆间饰阳线勾连云纹，隧部饰阳线变形兽面纹	《中国音乐文物大系·湖南卷》，大象出版社，2006年	
			湖南衡阳市博藏铙1：3054	甬残，旋上饰“S”形纹，锥状枚，篆间饰阳线云雷纹，隧部饰阳线变形兽面纹，钲面四周用双阳线圈点纹框边	《中国音乐文物大系·湖南卷》，大象出版社，2006年	
			湖南衡阳市博藏征集铙	与上一件铙完全相同	《中国音乐文物大系·湖南卷》，大象出版社，2006年	
			湖南衡阳市博藏基建队移交铙	旋上饰“S”形纹，锥状枚，篆间饰阳线云雷纹，隧部饰阳线变形兽面纹	《中国音乐文物大系·湖南卷》，大象出版社，2006年	
			湖南省博殷八4：5号铙	旋上饰“S”形纹，锥状枚，篆间饰阳线云雷纹，隧部饰阳线变形兽面纹	注［18］，图二，3	
			湖南省博殷八4：8号铙	甬残，旋上饰“S”形勾连云纹，锥状枚，篆间饰阳线云雷纹，隧部饰阳线变形兽面纹，鼓部两侧浮雕龙纹	注［4］，图12	
			湖南省博殷八4：17号铙	旋上饰“C”字形纹，锥状枚，阳线云纹	注［18］，图版玖，2，表二，5	
			湖南省博殷八4：71“异型铙”	旋中间为一周阳线“S”纹，上下各一周小圆圈纹，甬部素面。隧部突出，上有兽面纹，两侧素面。钲面阳线云纹包20个锥状枚	注［18］，图版玖，1	

续表

类型式（类）	类型式（型）	类型式（式）	出土收藏地点	器形及纹饰特征	文献出处	本文插图
有枚铙类	A型	Ⅰ式	江西南昌李家庄收集铙	舞两侧有铸孔各一，锥状枚，钲间饰长叶脉纹，两侧鼓及钲下方两边各饰一叶状龙纹	注［7］，图四	图七，2
			江西万载长和村出土铙	旋上饰“C”字形纹，锥状枚，篆间饰阳线卷云纹，隧部饰变形兽面纹	注［7］，封底上右	
			广西灌阳红旗乡钟山铙	旋上饰“C”字形纹，锥状枚，篆间细阳线云雷纹，有小圈点纹框边，隧部饰阳线对称“C”字形纹	梁景津：《广西出土的青铜器》，《文物》1978年第10期，图一	
			美国芝加哥美术馆藏铙	旋饰阳线“S”形勾连纹，锥状枚，篆间细阳线云雷纹，隧部饰阴线简化兽面纹，钲体四周浮雕8条龙纹	陈梦家：《西周铜器断代》（下），中华书局，2004年，第905页，图上左	图七，3
			美国纽约张乃骥藏铙	旋上饰“C”字形纹，锥状枚，篆间细阳线云雷纹，周边用S形双阳线纹框边。隧部饰阳线变形兽面纹	陈梦家：《西周铜器断代》（下），中华书局，2004年，第906页，图上左	
			日本京都大学收集铙2件	均锥状枚，篆间饰阳线云雷纹，一件旋上有“C”字形纹，隧部饰阳线兽面纹，另一件旋上为乳钉兽面纹	林巳奈夫：《殷周时代青铜器の研究・综述一・图版》，吉川弘文馆，1984年，第381页，钟17、20	
		Ⅱ式	湖南长沙望新乡板桥村铙	旋上饰“C”字形纹，双层圆台状枚，篆间饰细阳线云雷纹，隧部饰阳线变形兽面纹	熊传薪：《湖南新发现的青铜器》，《文物资料丛刊》（5），文物出版社，1981年，图二	
			湖南株洲太湖乡头坝村铙	有旋，旋上饰“C”字形纹，双层圆台状枚，篆间饰细阳线云雷纹，隧部及侧鼓、舞、甬部均素面无纹	熊传薪：《湖南新发现的青铜器》，《文物资料丛刊》（5），文物出版社，1981年，图版捌，3	图七，5
			湖南衡阳岳屏乡北塘村铙	旋上纹饰不明，双层圆台状枚，篆间细阳线云雷纹，圈点纹框边，隧部细阳线云纹	《衡阳博物馆收藏三件周代铜器》，《文物》1980年11期，图版捌，4	图七，7

续表

类型式 \ 内容			出土收藏地点	器形及纹饰特征	文献出处	本文插图
有枚铙类	A型	Ⅱ式	湖南安仁豪山铙	旋上双线“C”字形纹，双层圆台状枚，篆间细阳线云雷纹，有小圈点纹框边，隧部阴线“工”字形云纹。两面钲间各铸一立鸟	陈国安，傅聚良：《湖南安仁县豪山发现西周铜铙》，《考古》1995年第5期，第470页	
			湖南岳阳邹家山铙	有旋，旋上饰“C”字形纹，双层圆台状枚，篆间饰阳线云雷纹，隧部为阳线变形兽面纹，侧鼓浮雕龙纹	岳阳市文物管理处：《巴陵古文化探索》，华夏出版社，2003年，彩色插页3上右	图七，4
			湖南衡阳木口铙	甬部残，旋上饰“S”字形纹，双层圆台状枚，篆间饰阳线云纹，隧部为阳线变形兽面纹	《中国音乐文物大系·湖南卷》，大象出版社，2006年	
			湖南衡阳市博1：2002号铙	有旋，旋上饰“S”字形纹，双层圆台状枚，篆间饰阳线云雷纹，隧部为阳线变形兽面纹	《中国音乐文物大系·湖南卷》，大象出版社，2006年	
			湖南桃江石牛铙	甬部残，旋上纹饰不清，双层圆台状枚，篆间饰阳线勾连云纹，隧部为阳线变形兽面纹	《中国音乐文物大系·湖南卷》，大象出版社，2006年	
			湖南省博殷八4：2号铙	旋上有凸现勾连云纹，钲部细阳线云纹，圆台状枚，隧部阴线简化兽面纹，侧鼓素面	注［18］，图版玖，4	图七，6
			湖南省博殷八4：7号铙	旋上纹饰不明，钲部细阳线云纹，双层圆台状枚，隧部阴线简化兽面纹，侧鼓素面	注［18］，图版拾，2	
			湖南省博殷八4：14号铙	旋上大双线“C”字形纹，双层圆台状枚，篆间阳线云雷纹，隧部阳线变形兽面纹较宽	注［18］，第34页，表二	
			湖南省博殷八4：27号铙	双层圆台状枚，篆间阳线云雷纹，隧部阳线变形兽面纹较宽	注［4］，图10	
			江西萍乡十里埠铙2件	双层圆台状枚，钲部饰阳线云纹，并以细阳线圈点纹框边	注［7］，封三上右、封底下左	
			江西萍乡银河乡邓家田铙	此钟钲面很大，枚较稀疏，鼓部很窄，双层圆台状枚，鼓两侧各饰一变形夔纹，篆间饰阳线云纹	刘敏华：《江西萍乡新出土的西周甬钟》，《南方文物》1998年第1期	

续表

类型式（类）	型	式	出土收藏地点	器形及纹饰特征	文献出处	本文插图
有枚铙类	A型	Ⅱ式	江西宜春慈化镇蜈蚣塘铙	旋饰云纹间六个细乳钉，素舞，一侧有小孔，钲周及钲篆间以细阳线和圈点纹框边，篆间饰阳线云纹	注［7］，封面	
			上海博物馆藏铙（10527）	旋上纹饰不明，双层圆台状枚，篆间饰细阳线云雷纹，隧部纹饰不明	《中国音乐文物大系·上海江苏卷》，大象出版社，1996年，第20页，图1·1·19	
			上海博物馆藏铙（10527）	有旋，旋上纹饰不明，双层圆台状枚，篆间饰细阳线云雷纹，隧部纹饰不明	《中国音乐文物大系·上海江苏卷》，大象出版社，1996年，第20页，图1·1·18	
			哥本哈根国家博物馆藏铙	旋上大双线“C”字形纹，双层圆台状枚，篆间阳线云雷纹，隧部饰阳线变形兽面纹	林巳奈夫：《殷周时代青铜器の研究·综述一·图版》，吉川弘文馆，1984年，第381页钟15	
		Ⅲ式	湖南省博殷八4：4号铙	旋上饰“C”字形纹，钲部细阳线云纹，用细阳线圈点纹框边，柱状纹，隧部纹饰不明，鼓部无纹	注［18］，图三	
			湖南省博殷八4：19号铙	旋上饰“C”字形纹，钲部细阳线云纹，柱状纹，隧部饰阳线变形兽面纹，鼓面及钲下浮雕4条叶状龙纹	注［18］，图二，6	
			纽约古肆铙	柱状枚，篆间饰细阳线对称三角形变形回首龙纹，以细阳线圈点纹框边	陈梦家：《西周铜器断代》（下），中华书局，2004年，第905页图下	图七，9
			湖北罗田人面纹铙	旋上饰四个乳钉，柱状枚，钲、篆间饰细阳线圈点纹，隧部饰人面纹	《中国音乐文物大系·湖北卷》，大象出版社，1996年，第15页图1·2·8	图七，8
	B型	Ⅰ式	湖南省博殷八4：79号铙	旋部纹饰不明，舞、隧部饰凹线云纹，钲、篆间用双细线隔开，双线之间饰“S”纹，篆间为凹细线“S”纹，锥状枚	注［18］，图二，2	图八，1
			湖南省博殷八4：84号铙	旋部有细乳钉，隧部饰凹线云纹，钲、篆间用双阳线隔开，间饰“S”纹，篆间为细线三角云纹，锥状纹	注［18］，图二，1	

续表

类型式 \ 内容			出土收藏地点	器形及纹饰特征	文献出处	本文插图
有枚铙类	B型	Ⅱ式	湖南衡阳栏垅乡泉口村铙	有旋，旋上饰乳钉加“C”字形纹，双层圆台状枚，篆间饰阴线雷纹	周新民：《湖南衡阳出土两件西周甬钟》，《文物》1985年第6期，图二	
			湖南省博殷八2：17醴陵铙	旋饰“C”字形纹，双层圆台状枚，篆间饰阴线雷纹，隧部饰变形兽面纹	注［18］，图版柒，1	图八，2
			江西新余界水乡主龙山铙	有旋，旋上饰四组“C”字形纹，甬与腔相通，双层圆台状枚。篆间阴线勾云纹	薛尧：《江西出土的几件青铜器》，《考古》1963年第8期，第417页，图二	图八，3
		Ⅲ式	湖南株洲昭陵铙	有旋，旋上饰“C”字形纹，柱状纹，篆间饰阴线云纹，隧部为阴线云纹	注［18］，图版柒，3	图八，4
			湖南株洲漂沙井铙	形制纹饰与昭铙完全相同，仅大小有细微差别	饶泽民：《株洲发现西周青铜器》，《湖南考古辑刊》（第4集），岳麓书社，1987年，图二	
			湖南资兴天鹅山林场铙	形制纹饰与昭陵铙完全相同，仅大小有细微差别	《新邵、浏阳、株洲、资兴出土商周青铜器》，《湖南考古辑刊》（第3集），岳麓书社1986年，图四、图五	图八，5
			湖南资兴兰市铙	形制纹饰与昭陵铙完全相同，仅形制较小	《新邵、浏阳、株洲、资兴出土商周青铜器》，《湖南考古辑刊》（第3集），岳麓书社，1986年，图三	
			湖南省博殷八4：6号铙	旋上乳钉兽面纹，无“C”字形纹，柱状纹，篆间饰阴线云纹，隧部为阴线云纹构成变形兽面	注［18］，图版玖，3	
			湖南省博殷八4：9号铙	旋上乳钉兽面纹，无“C”字形纹，柱状纹，篆间饰阴线云纹，隧部为阴线云纹构成变形兽面	注［18］，图二	
			湖南省博殷八4：16号铙	旋上乳钉兽面纹，无“C”字形纹，柱状纹，篆间饰阴线云纹，隧部为阴线云纹构成变形兽面	注［18］，图二，4	
			江西新余水西乡铙	旋上有四个乳钉，柱状纹，篆间阴线云纹	余家栋：《江西新余连续发现西周甬钟》，《文物》1982年第9期，插图	图八，7

续表

类型式 \ 内容			出土收藏地点	器形及纹饰特征	文献出处	本文插图
有枚铙类	B型	Ⅲ式	江西新余罗坊井邓家井铙	旋上有四个乳钉，柱状纹，篆间阴线云纹，图见彭适凡《赣江流域出土商周铜铙和甬钟概述》图五	余家栋：《江西新余连续发现西周甬钟》，《文物》1982年第9期	
			江西靖安林科所铙	旋上饰“C”字形纹，柱状枚，篆间饰阴线云纹，隧部饰变形兽面纹	何标瑞：《靖安县出土西周甬钟》，《江西历史文物》1983年第2期	
			江西宜春下浦铙	旋饰云纹，甬上无纹，钲间、篆间饰阴线云纹，柱状枚	注［7］封二，4	图八，6
			江西樟树山前乡双庆桥铙	柱状纹，篆间饰阴线云纹，隧部饰“工”字形云纹	黄东梅：《清江县发现西周甬钟》，《江西历史文物》1981年第3期，第36页	
			上海博物馆藏铙（7038）	有旋，旋饰“C”字形纹，甬上无纹，柱状纹，篆间、隧部饰阴线云纹，钲四周及隧部两侧均素面	《中国音乐文物大系·上海江苏卷》，大象出版社，1996年，第18页，图1·1·14	
			上海博物馆藏铙（37850）	有旋，旋饰“C”字纹，甬上无纹，柱状枚，篆间饰阴线云纹，隧部饰“工”字形云纹，有伪铭	《中国音乐文物大系·上海卷》，大象出版社，1996年，第21页，图1·1·22	
			上海博物馆藏铙（37851）	有旋，旋饰乳钉云雷纹，甬上无纹，柱状纹，篆间、隧部饰阴线云纹，钲四周及隧部两侧均素面	《中国音乐文物大系·上海卷》，大象出版社，1996年，第20页，图1·1·17	图八，8
			湖北荆州博物馆铙	旋饰“C”字纹，柱状纹，篆间饰阴线云纹，隧部饰“工”字形云纹	《中国音乐文物大系·上海卷》，大象出版社，1996年，第15页，图1·2·9	
			MCAlpin藏铙	饰上双“C”字夹乳钉纹六组，柱状枚，隧部饰“工”字形云纹	陈梦家：《西周铜器断代》（下），中华书局，2004，第905页，图上右	图八，9
			日本京都大学人文所藏铙	旋上双“C”字夹乳钉纹四组，柱状枚，篆间阴线云纹，隧部饰“工”字形云纹2组	林巳奈夫：《殷周时代青铜器の研究·综述一·图版》，吉川弘文馆，1984年，第381页钟21	

［原载于《湖南省博物馆馆刊》（第三期），岳麓书社，2006年］

南方系统商周铜镈再研究

铜镈是商周时期常见的青铜乐器之一。从传世和考古发现出土的材料来看，整个商周时期的铜镈可以分为三大类：第一类是春秋后期至战国末流行于中原地区的体较矮、无扉棱、有钲间和篆间及36乳、一般饰蟠螭纹的镈，李纯一先生称此类镈为“北系镈或中原系镈”；第二类是以湖南湘江流域出土为主，体较瘦高、有两条或四条扉棱、无钲间或篆间、一般饰兽面纹的镈，李纯一先生称此类镈为“南系镈或越系镈”；第三类是被李先生包括在“中原系镈”之内的矮体、有扉棱、无钲间或篆间、一般饰龙纹的镈，此类镈只见于关中及附近地区，年代最早的约在西周中晚期之交，后为秦文化继承，大约流行到春秋中期。笔者认为第三类镈与前两类镈既有联系又有区别，不宜归入其中任何一类，应单列出来称为“关中系”或“周秦系”镈为妥。

第二类镈即“南系镈”是年代最早的一类铜镈，流行于商至西周时期，这一点已为学术界公认，但其自身的源流关系、发展阶段、文化属性、起源地以及与另外两类铜镈的关系等问题，有的以前进行过讨论，但意见并未统一，有的还没有引起足够的关注。本文拟对南方系统商周铜镈进行较为全面的综合研究，并以此为基础就其与“周秦系”镈的关系进行简要论述。

一、类型及演变轨迹

早在20世纪80年代中期，高至喜先生就对南方商周铜镈进行了收集和综合研究[1]，后来方建军[2]、李纯一[3]等先生将研究范围进一步扩大到与之相关的关中地区“周秦系”镈。近年来，湖北随州、石首及上海博物馆藏几件铜镈材料相继发表，用这些新材料来检讨上述诸位先生的研究成果，觉得有些结论还有商榷的余地，有些问题则有待深入。本文将从最基本的分类入手，首先确定它们自身的源流关系，再就其他问题展开讨论。

高至喜先生《论商周铜镈》一文将当时所见商周铜镈分为四型，即鸟饰镈、虎饰镈、云纹镈和以克镈为代表一类镈。方建军先生则以镈体两栾形状分为侈栾型和弧栾型两类，前者口部截面形状为合瓦形，后者为椭圆形或椭方形。李纯一先生则直接据口部截面形状分为椭方体和合瓦体两型。三种分类中前一种是以装饰内容为标准，后两者是以形制为标准，从分类的原则上讲均是可行的。不过，仔细检讨三位先生的分类发现以下问题。

高至喜先生的分类首先存在分类标准不一的问题。如从其A、B型之“鸟饰镈”“虎饰镈”名称结合这两型镈具体情况来看，其分类标准应该是以镈体两侧扉棱的形状而言的，但文中并没有注明，但是其C型镈又是以钲部的纹饰为标准而言的。不仅如此，如果所谓“鸟饰”“虎饰”是指镈体两侧扉棱的整体形状的话，其“鸟饰镈”中有不少例子扉棱的形制却呈“勾形”，只是扉棱的上端有鸟饰，然而这种扉棱上端的鸟饰在“虎饰镈”的前后两面中脊扉棱上端也存在。在鸟饰镈下，高先生将10件镈分为八式，显得过细，同样未注明分式的标准，从其描述中可以觉察到是以钲部兽面纹的渐趋简化为标准的，但按照这个标准，其式别中有些标本明显有前后错位的现象。而且，既然鸟饰镈分了八式，不知为何虎饰镈却不分式，其实虎饰镈钲面纹饰也是有变化的。

方建军先生依镈体两栾的形制分为两类，这种划分结果与镈口截面形状可以大致对应起来，也与两侧以及前后中脊的扉棱形状相对应，如侈栾型镈扉棱均为勾形，弧栾形镈扉棱为虎形或龙形，因此，方先生的分类应相对合理一些。不过，方先生所分侈栾型镈（A型）中有1件标本即美国赛克勒博物馆所藏镈[4]（图一，11）与其他侈栾型镈口部形状明显不同，为椭圆形而非合瓦形，湖北石首九佛岗出土镈[5]（图一，10）也是如此。而这2件镈除口呈椭圆形外，其他方面均与随州毛家冲出土镈[6]（图一，2）和北京故宫博物院藏镈[7]（图一，3）近同，它们应是同时并行的装饰风格相同而口部形制略有差别的两类镈，而且看来流行地域也可能为同一地区，说明在这一阶段铜镈的形制已开始出现分化。所以，笔者认为李纯一先生以口部截面形态为标准将铜镈分为两型的方法最为合理，故本文类型的划分将参照李先生的分类成果。不过，李先生对于两型各自的演变轨迹及两型之间关系等方面的处理，笔者以为有欠妥之处。作为后文研究的基础和前提，本文先就南方系统商周铜镈的分类序列重新编排如下（目前所见铜镈标本详细资料见附表一）。

A型　13件。口部断面为合瓦形。以钲面纹饰及扉棱的变化分五式。

Ⅰ式：1件。江西新干大洋洲遗存出土[8]。钲面饰牛头状兽面纹，仅两侧有扉棱。牛头兽面纹上部和两侧饰夔龙纹，牛角之间饰涡纹，钲体四周饰燕尾纹，地纹为云纹；口部断面扁圆，钲身较短，无鼓部；两侧扉棱由七个“C”字形板状模件从上至下连续排列构成，扉棱上端各饰一小鸟，通高31.6厘米、重12.6千克（图一，1）。

Ⅱ式：2件。钲面饰整幅兽面纹，兽面各部件齐全，构图较清晰，为卷鼻、圆眼、小耳、竖勾角等；钲体两侧及钲面兽面纹鼻梁部位有扉棱，即四条扉棱；器身修长、四壁斜直。标本湖北随州毛家冲出土镈，“C”字形扉棱，扉棱上端各饰一小鸟，钲

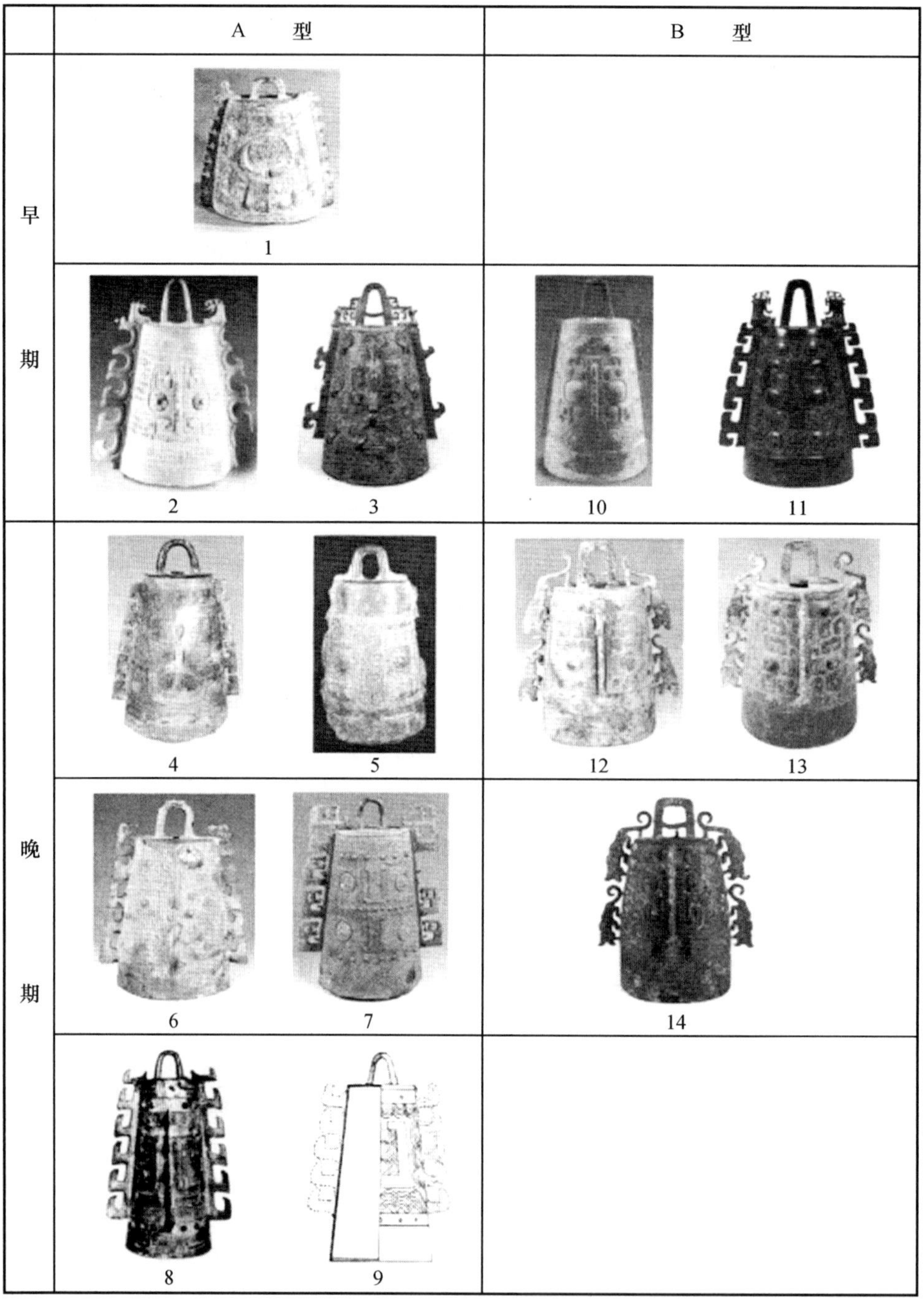

图一　南方系统商周铜镈分类分期图

1、10、11. Ⅰ式（江西新干大洋洲出土、湖北龙首九佛岗出土、美国赛克勒藏镈）　2、4、5、14. Ⅲ式（湖北随州毛家冲镈、湖南省博藏收集镈、湖南省博藏资兴镈、上海博物馆藏镈）　3、12、13. Ⅱ式（故宫博物馆藏镈、湖南邵东毛荷殿出土、湖南省博收集镈）　6、7. Ⅳ式（湖南浏阳淳口镈、衡阳市博物馆藏镈）　8、9. Ⅴ式（日本东京有邻馆藏镈、广西贺县桂岭镈）

面兽面纹周围饰云雷纹，主纹幅上、下各饰一列涡纹乳钉间“井”字纹带，通高29厘米、重3.4千克（图一，2）。北京故宫博物院藏镈，周身饰云纹地纹，两侧“C”字形扉棱残，上端小鸟的冠与环纽相连，钲面兽面纹鼻梁部位饰一匍匐状立体虎，兽面四周饰9个圆目钩鼻的枭首，枭首间饰“井”字纹，鼓部亦饰兽面纹，通高27.1厘米、重3.68千克（图一，3）。

Ⅲ式：3件。钲面兽面纹仍为单幅，但兽面明显简化或变形，可辨者仅有双目。其中2件仍为四条扉棱，1件兽面鼻梁部位无扉棱，扉棱形状开始出现倒钩形，2件鼓部浮雕眉状龙纹。标本湖南省博物馆收集镈，钲面兽面尚见口部，有云雷纹地纹，四条扉棱，兽面纹上、下有涡纹间“井”字纹带，通高38.5厘米、重7.1千克[9]（图一，4）。湖南省博藏资兴出土镈，兽面仅见双目，周围饰云雷纹，主纹幅上、下各有6个乳钉并用双阳线夹圆圈纹为外框，兽面鼻梁部位无扉棱而饰云纹，鼓部两侧浮雕眉状龙纹，通高49.3厘米、重15.5千克[10]（图一，5）。株洲市博藏醴陵出土镈，钲面兽面纹仅存双眼，眼部周围饰阳线云纹，兽面鼻梁部位有勾形扉棱和小鸟，主纹幅上、下分别为4个和6个乳钉，外框亦为双阳线夹圆圈纹，鼓部有两条浮雕眉状龙纹，通高39厘米[11]。

Ⅳ式：5件。钲面饰双幅简化兽面纹，用成排乳钉或云纹带隔开，兽面纹上、下乳钉纹明显变小，多数仅两侧有扉棱，钲体较前式扁薄而修长。标本有湖南浏阳淳口镈[12]、衡阳兰市出土镈[13]、永州市博物馆藏镈[14]、湖南省博物馆收集镈[15]和美国Singer藏镈[16]。其中浏阳淳口镈，两侧两条扉棱，扉棱上端饰高冠凤鸟，但位置下移，扉棱形态较早，兽面四周为勾连云纹宽框，通高33厘米、重4千克（图一，6）。衡阳市博物馆收集镈，仅两侧有两条鸟形扉棱，钲面三排乳钉夹两幅简化兽面，兽面周围用阳线云雷纹框边，但没有地纹，通高39厘米、重9千克（图一，7）。永州镈，两侧有倒钩形扉棱，上端立鸟，腹部有三周波浪纹带，但应该装饰兽目的部位光素，钲面上、下各有一排乳钉，通高33厘米、重5千克。湖南省博物馆收集镈，纽及四条扉棱均残，兽目之间饰波浪纹，通高38.1厘米。美国Singer藏镈，四条扉棱，扉棱上端有立鸟，钲面三排乳钉夹两幅简化兽面纹，通高43.5厘米。

Ⅴ式：2件。钲部兽面纹连双目都已消失，变成几何纹。其中日本东京有邻馆藏镈[17]钲面为两个大“コ”形相背并列，四角各有乳钉一个，两侧及两面均有扉棱，但不见小鸟，钲面上下各有一排乳钉，并浮雕四条眉状龙纹，通高41.5厘米（图一，8）。广西贺县桂岭出土镈[18]，钲面纹饰为左右两个开口相对的“コ”形，周围饰细线波状纹，两侧有倒钩状扉棱，亦不见凤鸟装饰，主纹幅上下各有一排乳钉，通高38.5厘米（图一，9）。

B型　11件。口部断面为椭圆形或椭方形，以钲面纹饰变化分三式。

Ⅰ式：2件。钲体较修长，钲面兽面纹构图同A型Ⅱ式，为没有身体的独立兽面，兽面四周饰涡纹乳钉间“井”字纹，均四条扉棱。标本湖北石首九佛岗出土镈，两侧扉棱残，通高38厘米、重4.65千克（图一，10）。美国赛克勒博物馆藏镈，两侧扉棱为相连的“C”字形，上端有高冠凤鸟，兽面鼻梁部位扉棱上端亦有小鸟，通高31.3厘米、重3.77千克（图一，11）。

Ⅱ式：7件。与前式比较，整体变短阔，口部截面呈椭方形，四壁略弧，钲面兽面纹构图较前式复杂，为连体兽面纹，两侧有倒立夔龙纹，主纹四周饰涡纹乳钉间“井”字纹装饰同前式，两侧扉棱变为两只倒悬的虎，兽面鼻梁部位扉棱上端有小鸟。标本有湖南邵东毛荷殿出土镈[19]（图一，12）、湖南省博物馆收集镈[20]（图一，13）、北京故宫博物院藏镈[21]、上海博物馆藏镈2件[22]、美国赛克勒博物馆藏镈[23]、日本京都泉屋博古馆藏镈[24]等。

Ⅲ式：2件，均为上海博物馆收藏[25]。形制同前式，两侧扉棱仍为虎形，两面中脊亦有小鸟，但钲面纹饰变为两条龙纹，主纹幅上、下乳钉变为方座尖锥形，乳钉之间纹饰变为蝉纹。通高分别为42、43.2厘米，重分别为11.54、11.96千克（图一，14）。

以上两型铜镈的演变轨迹非常清晰，新干大洋洲镈无论从形制还是纹饰来看，都不能安排在其他铜镈的中间和最后，只能排在前面，而其口部断面为合瓦形，故设定为A型Ⅰ式。从A型Ⅱ式、B型Ⅰ式镈开始出现明显的分化，一类口部断面仍为合瓦形且渐趋凸显，另一类口部断面向椭圆形、椭方形发展。而且，这两个类型往后各自发展遵循完全不同的演变规律。当然，在A型Ⅱ式、B型Ⅰ式这一阶段，两者还是有许多的共同性。例如，钲体均较修长，钲面兽面纹构图及上下栏乳钉间“井”字形纹均相同，扉棱的形状及其上端的小鸟装饰也一致，甚至连镈口也区别不是很大，B型Ⅰ式镈口部虽为椭圆形，但仍较扁。这不仅表明A型Ⅱ式、B型Ⅰ式镈年代相当，也说明两者有共同的渊源。不过，与A型Ⅰ式镈比较，虽然扉棱形状及其上端小鸟装饰一致，可证后者是它们的祖源，但从整体形制和钲面纹饰来看，差距似较大，或许中间还有过渡形制的镈暂时没有发现。可以认为A型Ⅱ式、B型Ⅰ式镈有非常密切的亲缘关系，就像一对孪生兄弟，它们的铸地和文化属性应该相同。

从A型Ⅱ式、B型Ⅰ式镈往后的发展轨迹完全不同，从形制来看，A型镈一直保存修长的钲体，且越来越瘦高，镈口断面有越来越扁薄的趋势，而B型镈钲体却越来越短（栾长与铣间之比渐小）阔（鼓间与铣间之比渐大）；从装饰风格来看，A型镈钲面兽面逐渐简化，最后演变为几何纹，扉棱由四条减少为两条、扉棱形状也逐渐简化，而B型镈钲面纹饰却越来越繁缛，由独立兽面纹变为连体兽面纹再变为两条象鼻龙纹。

二、年代与分期

A型Ⅰ式镈，出土于新干大洋洲遗存。大洋洲遗存的年代学术界虽有不同意见，但大多数学者认为相当于殷墟前期。吴城遗址发掘报告编写者认为新干铜器群埋藏年代在殷墟三、四期之间[26]，彭明瀚先生《吴城文化研究》[27]一书也定在殷墟晚期。经比较，笔者以为大洋洲遗存陶瓷器应该与吴城遗址第三期早段同类器相近，则其埋藏年代不应早于殷墟三期。当然，大洋洲遗存的埋藏年代只是A型Ⅰ式镈年代的下限。从A型Ⅰ式镈本身的装饰风格来看，其钲面牛头状兽面纹肢体呈散开状，与殷墟晚期流行的散开式兽面纹相似，扉棱形状为连续的“C”字形，上端有小鸟，与岳阳、华容等地出土的以大口折肩圆尊、折肩罍等为代表的“南方类型”或“华中型”[28]铜器的扉棱一致。如此看来，将该镈的年代断为殷墟晚期是可靠的，如果再明确一些的话，笔者认为可断在殷墟三期左右。

A型Ⅱ式、B型Ⅰ式镈，虽与A型Ⅰ式镈有一定差距，但钲面兽面纹宽咀、宽额、竖角的特点、涡状乳钉间“井”字纹组合纹饰以及“C”字形扉棱和小鸟装饰等与前述“南方类型”铜器风格均相同，年代也应相去不远。过去，学术界一般将这两式镈的年代断为西周早期，笔者以为应该再早一些，它们的主要流行年代应在商代晚期后段，具体可断在殷墟四期，下限可能到周初。

以后的几式镈，地方特征较强，准确断代较为困难，但可以通过如下途径进行大致推定。

A型Ⅲ式镈钲面兽面纹已简化，无疑应晚于A型Ⅱ式镈，但从该型镈发展逻辑上看，其流行年代应与A型Ⅱ式相接，定在西周早、中期应不会有问题。本式资兴镈鼓部两侧浮雕眉状龙纹的做法常见于南方有枚铙的早期标本，年代应相当。而从湘江流域大的历史文化背景来看，A型Ⅴ式镈的年代不会晚于春秋早期，因为春秋中期以后，由于楚文化和其他外来文化的进入，地方特色的器类基本趋于消失，铜镈也不会例外。所以，本文将A型Ⅳ、Ⅴ式镈的年代分别断为西周中、晚期和西周晚期至春秋早期。

B型Ⅱ、Ⅲ式的年代可以通过与周秦系镈的比较来确定。目前关中地区发现的周秦系铜镈年代最早的是1985年陕西眉县杨家村出土的3件[29]。这3件镈钲面纹饰为对称的象鼻龙纹，与B型Ⅲ式镈相同但略显繁复，而不同的是两侧扉棱变成了四条龙，开创了后来克镈[30]等交龙式扉棱的先声，纽座也变为与克镈相同的两只凤鸟，说明其年代早于克镈但又接近。克镈于清光绪时期出土于陕西扶风法门寺任村，同出克器目前所知另有钟五、大克鼎一、小克鼎七、师克盨二、善夫克盨一。克镈铭文81字，有“十六年九月”纪年及干支月相。历来治金文者考证此器年代，有恭王、孝王、夷王、厉王、宣王等王时器多说。其中郭沫若[31]、陈梦家[32]等断为夷王时器，唐兰考证为宣王时器[33]，李学勤[34]、刘启益[35]、彭裕商[36]等先生均从唐兰说。与克镈同出的大、小克鼎，应为同一人所作。从鼎的形制和纹饰来看，与2003年眉县杨家村窖藏[37]出土的“逨”鼎一致，逨鼎10件，分别有“四十二年”“四十三年”纪年铭文，在西周中晚期的周王中只有宣王在位年数相合，所以“逨”鼎年代为宣王时期。小克鼎的铭文纪年为“廿三年”，与“逨”鼎相距二十年，但形制、纹饰看起来并无明显差异。与杨家村镈同时出土的也有4件“逨”钟，此“逨”与“逨”鼎之“逨”应为同一人，和“克”均为宣王时人。故杨家村镈的年代可断在厉王至宣王早期。即西周晚期前段。本文B型Ⅲ式镈略早于杨家村镈，年代当在西周中期，那么B型Ⅱ式镈的年代就应该为西周早期。

根据以上分类和年代分析，可以将南方系统商周铜镈分为两个大的发展阶段，即早、晚两期。早期有A型Ⅰ、Ⅱ式和B型Ⅰ式镈，这一时期的镈均为长体，口部断面形状区分尚不明显，钲面纹饰也相近，均为独立兽面纹。晚期镈包括A型Ⅲ～Ⅴ式与B型Ⅱ、Ⅲ式镈，这一时期的镈已分化为特征迥异的两类，而且各有自身的演变轨迹。

三、区域分布和文化属性

以上铜镈出土地点如下。

A型Ⅰ式1件出土于赣中地区，A型Ⅱ式1件出土于鄂北，A型Ⅲ～Ⅴ式出土地点明确的6件中有5件为湘江流域出土，湖南省博物馆收集的2件和广西出土的1件也可认定为湘江流域出土。

B型Ⅰ式1件出土于长江以南、洞庭湖以北的湖北石首，B型Ⅱ式湖南邵阳出土1件，湖南省博物馆收集的1件可以认定出自湘江流域，其余5件均不知出土地点，B型Ⅲ式镈无出土者。

从时间角度看，早期铜镈的出土地点很分散，分别为鄂北、长江沿岸和赣中，但下面的分析表明它们的产地可能为同一地区，即鄂东至鄂赣皖交界地区。

第一，早期铜镈特别是A型Ⅱ式、B型Ⅰ式镈形制差别几乎难以区分，装饰主题和风格完全一致。它们的文化属性应相同，产地也应相同。

第二，早期铜镈的扉棱形状及钲面上、下栏的乳钉涡纹间“井”字纹装饰与可能产于江汉平原东部地区的“南方类型”铜器大口折肩圆尊、折肩罍等基本一致，它们的产地应相同或邻近。

第三，镈与铙均为乐器，且形制和装饰风格有相近之处，两者应属于同一文化共同体。据笔者研究，南方铜铙的起源地当在鄂东及鄂赣皖交界地区[38]，故早期铜镈的产地也应为这一地区。

第四，从出土标本的分布地域来看，只有产地在鄂东及鄂赣皖交界地区最合适。因为这一地区与目前所见铜镈的出土地均较近，应该是后来流散所致。晚期铜镈可知出土地点者均在湘江流域，其产地可断定为湘江流域。

以上关于铜镈区域及产地分析结果表明，南方铜镈在其发展过程中似乎经历了一次流行地域上的大转移，即早期镈流行于鄂东及鄂赣皖交界地区，而晚期镈流行于湘江流域，且鄂东及鄂赣皖交界地区基本不见晚期镈。这一空间转移发生的时间大约在商周之际。恰好，南方铜铙在其发展过程中同样经历了这样的空间转移，发生时间也相同。这种空间转移的性质不会是一般意义上的文化交往，应是某种特殊文化背景下其所属文化共同体举族迁徙的结果。

关于南方系统铜镈的族属或文化属性问题，过去的学者一致认定是南方古代越族的青铜器，几乎没有任何异议。根据上文对南方铜镈的分类、分期及流行地域的分析，笔者认为这个问题应该考虑得复杂一点，恐怕不能一概而论，应该动态地看待。也就是说，南方铜镈的族属或文化属性在不同时期可能存在变化。下面试做分析。

上文分区结果表明，晚期铜镈只出土于湘江流域，年代为西周或稍后，它们是古代越族青铜文化的重要组成部分不容怀疑。湘江流域出土的西周铜器除铜镈外，还有铜铙、越式鼎等，数量众多、分布密集，不太可能为外地输入，应是当地文化的产品，相反，邻近地区出土的同类产品应该是从湘江流域输出的。从湘江流域春秋时期越人墓葬遗存的文化面貌和特征往前追溯，至少可以将当地西周时期考古学文化的主人归属为古代越族，也就是说，商以后湘江流域的土著居民的主体应为古代越人，那么，湘江流域大量出土的铜镈、铙、越式鼎等的族属为古代越族应该没有问题。但是，前文研究所示，南方铜镈及铜铙在整个发展过程中均经历了一次流行地域的大转移，转移的时间均在商末周初，而且这一空间转移实际上也是它们本身面貌显著变化的分界点，这让我们不得不考虑它们在流行地域不同的时期文化属性或族属是否也发生了变化。

产生这一想法的另外一条线索是，铜镈的装饰特点和风格如“C”形勾状扉棱、扉棱端头的小鸟和涡纹间“井”字纹装饰等与“南方类型”铜器完全一致，两者应该属于同一个文化系统。而“南方类型”铜器的产地最大可能为江汉平原东部地区，如果将流行区域变迁以前的铜镈等归属为古代越族铜器的话，那么“南方类型”铜器的族属也应属古越族。但这样不仅与古代文献关于这一地区的记载不合，也与考古学文化研究的成果相矛盾。

江汉平原地区属《禹贡》九分天下的古荆州中心地区，大量文献记载显示荆州为古代三苗部落的世居之地，而未见古代越族居荆州的记载，所以江汉平原东部似乎不大可能为古代越族分布区。从考古学文化的面貌来看，江汉平原东部地区的古代文化一直与东南地区分属不同的文化系统，如果说东南地区是古代越族文化的分布区，则江汉平原东部地区的土著居民则不应属于古越族。《战国策》中吴起所讲述的昔三苗之居“左彭蠡之波、右洞庭之水，文山在其南、衡山在其北”，经历代史家考证应在大别山以南、洞庭湖与鄱阳湖之间这一范围。俞伟超先生曾经论证[39]，古代文献中三苗之名在商代晚期之后已罕见，而“越”则大量出现，可见商以后与中原地区直接打交道的已是越族，三苗此时已经衰亡而主要融合于越族之中去了。俞先生这一推断与笔者对南方铜铙、铜镈研究得出的大约以商周之际为界流行地区的大转移和总体面貌上的巨大变化非常吻合。所以，笔者认为不妨将早期铜镈的文化属性归属为古“三苗”文化，而晚期铜镈则属于古代越族的青铜文化。

四、南方铜镈与“周秦系”铜镈的关系

在讨论两者关系之前，这里不妨将“周秦系”铜镈本身的序列略做介绍。

前文讲过，目前所见“周秦系”铜镈最早的标本为1985年眉县杨家村出土的3件，其后续作品当为“克”镈。两者形制及纹饰方面的相同点是：体型均较高，口部稍外侈，两栾外弧尚不明显。钲部纹饰均为单体象鼻龙纹，钲面中脊扉棱形状及主纹幅上、下栏方座乳钉和蝉纹装饰一致。不同点是，眉县镈纽座为凤鸟，“克”镈纽座为交龙形；眉县镈两侧扉棱为两个单体的龙，“克”镈两侧扉棱为多条龙相交形状。

如果与下面的几件镈比较，笔者认为应该将眉县镈和“克”镈归为同一式别，可称为“早期周秦系镈”，下面的几件镈可称为“晚期周秦系镈”。两者主要区别在于钲部主体纹饰的设计和风格上。

“晚期周秦系镈”标本目前见到的有陕西宝鸡太公庙窖藏出土秦公镈3件[40]、上海博物馆藏秦公镈1件[41]、日本MIHO博物馆藏1件[42]等，据李朝远先生《上海博物馆新藏秦器研究》[43]一文介绍，台湾私家藏有1件、德国藏有五件一组的巨型镈三套。这些标本中台湾私家藏和德国藏镈未见图片，但据介绍，形制、纹饰均与前几件秦公镈相同。此类镈钲部的布局继承了早期镈用四条扉棱将周体分为四个主纹区的传统，不过每个区内的主体纹样已不是单体的象鼻龙纹而是分上、下两层布置的三条龙，且上层还是一条双头龙。当然，上海博物馆藏和日本MIHO博物馆藏镈体型更矮、两栾外鼓更甚、扉棱及钲部纹饰作工显粗糙，年代应晚于太公庙秦公镈，似是本系镈衰微的征兆。这些镈因有铭文，年代比较清楚。太公庙镈依多数学者意见当为秦武公所作，年代为春秋早期后段。那么，上海博物馆和日本藏镈的年代最晚不会晚于春秋中期。

宋吕大临《考古图》收有1件内府所藏铜镈的摹图。从图像看，其体形及扉棱与上

述秦公镈相近，但钲部出现了较标准的篆间，与春秋中期以后流行于中原地区的铜镈有相似之处，但尚未出现钲间。这件镈应是"周秦系镈"向"中原系镈"过渡时期的标本，年代当为春秋中期。李零先生曾考证为秦共公时器，可从[44]。

将以上"周秦系"镈与南方系统铜镈及"中原系镈"进行比较，可以发现其渊源于本文B型镈，后又受纽钟的影响演变为"中原系镈"。相对来说，"周秦系"镈与本文B型镈的关系较之与"中原系镈"更近。如两者的形制基本一致，口部均为椭圆或椭方形，均有四条扉棱，均无钲间或篆间，纹饰布局上中心感比较强烈，主体纹样由兽面纹逐渐向龙纹演变连贯，这种源流关系是非常明显和确定无疑的。具体演变过程为：本文B型Ⅲ式镈→眉县镈→克镈→秦公镈（图二）。

目前，B型Ⅲ式镈尚无出土材料，所见2件标本均为上海博物馆藏品。不过，从B型Ⅰ、Ⅱ式镈所有出土标本均为南方地区出土而关中地区并未发现B型Ⅲ式镈的标本等情况分析，B型Ⅲ式也应是南方的制品。这表明，西周中晚期开始在周文化腹地出现的铜镈是从南方流传过去的。如果这一点成立，那么下列问题需要我们来回答。

（1）从西周铜钟与南方商周铜铙的关系研究结果来看，西周铜钟的产生应该至少在形体上受到了南方铜铙的影响，而且这种源流关系发生的时间应不晚于西周早期。铜镈与铜铙均为乐器，且产地和文化属性至少在同一时期内是相同的。为什么周文化不同时从南方引进铙和镈呢？

（2）本文南方系统铜镈的两种类型目前看来并无流行地域、年代和文化属性的差别，为什么周文化却单单引进B型镈呢？

（3）南方系统铜镈的两种类型中，A型看来一直流行到西周晚期或更晚，而B型西周中期以后就没有后续制品了，为什么？按理说，B型镈被周文化引进不可能导致其在南方地区消失。

笔者学力有限，无法回答这些问题，在这里提出来，以求教于方家!

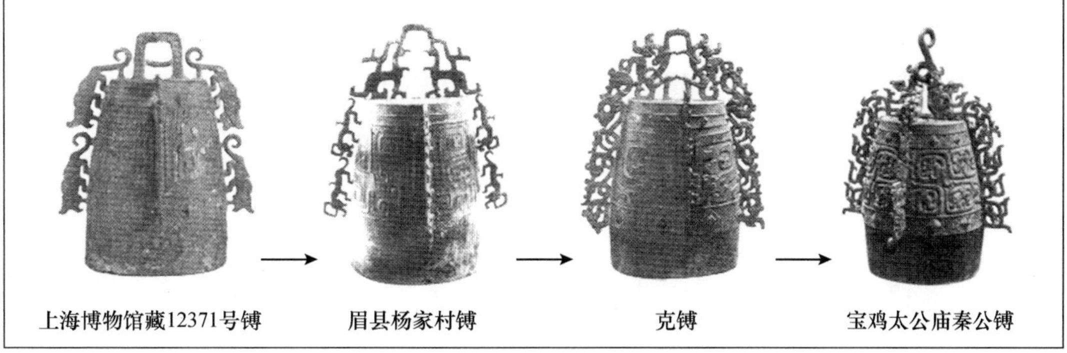

图二　南系铜镈与周秦系镈演变序列图

注　释

［1］　高至喜：《论商周铜镈》，《湖南考古辑刊》（第3集），岳麓书社，1986年。

［2］　方建军：《两周铜镈综论》，《东南文化》1994年第1期。

［3］　李纯一：《中国上古出土乐器综论》，文物出版社，1996年。

［4］　高至喜：《论商周铜镈》，《湖南考古辑刊》（第3集），岳麓书社，1986年，图二，4。

［5］　戴修政：《湖北石首出土商代青铜器》，《文物》2000年第11期。

［6］　随州市博物馆：《湖北随州出土西周青铜镈》，《文物》1998年第10期，封底。

［7］　石志廉：《西周虎鸟纹铜钟》，《文物》1960年第10期。

［8］　江西省文物考古研究所、江西省博物馆、新干县博物馆：《新干商代大墓》，文物出版社，1997年，图四三；彩版二〇。

［9］　中国音乐文物大系总编辑部：《中国音乐文物大系Ⅱ·湖南卷》，大象出版社，2006年，第59页，图1·2·7。

［10］　中国音乐文物大系总编辑部：《中国音乐文物大系Ⅱ·湖南卷》，大象出版社，2006年，第56页，图1·2·4。

［11］　曹敬庄：《株洲文物名胜志》，中国文史出版社，1991年。

［12］　中国音乐文物大系总编辑部：《中国音乐文物大系Ⅱ·湖南卷》，大象出版社，2006年，第57页，图1·2·5。

［13］　中国音乐文物大系总编辑部：《中国音乐文物大系Ⅱ·湖南卷》，大象出版社，2006年，第55页，图1·2·3。

［14］　中国音乐文物大系总编辑部：《中国音乐文物大系Ⅱ·湖南卷》，大象出版社，2006年，第58页，图1·2·6。

［15］　高至喜：《湖南省博物馆馆藏西周青铜乐器》，《湖南考古集刊》（第2集），岳麓书社，1984年，图一，5。

［16］　高至喜：《论商周铜镈》，《湖南考古集刊》（第3集），岳麓书社，1986年，图二，6。

［17］　林巳奈夫：《殷周时代青铜器の研究·殷周青铜器综览一·图版》，吉川弘文馆，1984年，第388页镈；高至喜：《论商周铜镈》，《湖南考古集刊》（第3集），岳麓书社，1986年，图二，3。

［18］　覃光荣：《广西贺县发现青铜镈钟》，《考古与文物》1982年第4期。

［19］　熊建华：《湖南邵东出土一件西周四虎镈》，《考古与文物》1991年第3期；中国音乐文物大系总编辑部：《中国音乐文物大系Ⅱ·湖南卷》，大象出版社，2006年，第52页，图1·2·1。

［20］　高至喜：《湖南省博物馆馆藏西周青铜乐器》，《湖南考古集刊》（第2集），岳麓书社，1984年，图版捌，3；中国音乐文物大系总编辑部：《中国音乐文物大系Ⅱ·湖南卷》，大

象出版社，2006年，第54页，图1・2・2。

［21］中国音乐文物大系总编辑部：《中国音乐文物大系・北京卷》，大象出版社，1996年，第45页，图1・5・11。

［22］高至喜：《论商周铜镈》，《湖南考古集刊》（第3集），岳麓书社，1986年，图二，8。

［23］高至喜：《论商周铜镈》，《湖南考古集刊》（第3集），岳麓书社，1986年，图二，5。

［24］林巳奈夫：《殷周时代青铜器の研究・殷周青铜器综览一・图版》，吉川弘文馆，1984年，第388页镈2。

［25］陈佩芬：《夏商周青铜器研究・东周篇上》，上海古籍出版社，2005年，第107～109页。

［26］江西省文物考古研究所、樟树市博物馆：《吴城・1973～2002年考古发掘报告》，科学出版社，2005年，第417页。

［27］彭明瀚：《吴城文化研究》，文物出版社，2005年。

［28］这一类铜器林巳奈夫称为“地方型”，贝格立等称为“南方青铜器”，难波纯子称为“华中型”。

［29］刘怀君：《眉县出土一批西周窖藏青铜乐器》，《文博》1987年第2期。

［30］陈邦怀：《克镈简介》，《文物》1972年第6期。

［31］郭沫若：《两周金文辞大系图录考释・下》，上海书店出版社，1999年，第112页。

［32］陈梦家：《西周铜器断代・上》，中华书局，2004年，第259页。

［33］唐兰：《西周铜器断代中的“康宫”问题》，《考古学报》1962年第1期。

［34］李学勤：《吴虎鼎考释——夏商周断代工程考古学笔记》，《考古与文物》1998年第3期。

［35］刘启益：《西周纪年》，广东教育出版社，2002年，第385页。

［36］彭裕商：《西周青铜器年代综合研究》，巴蜀书社，2003年，第451页。

［37］陕西省考古研究所、宝鸡市考古工作队、眉县文化馆杨家村联合考古队：《陕西眉县杨家村西周青铜器窖藏发掘简报》，《文物》2003年第6期。

［38］向桃初：《湘江流域商周青铜文化研究》，线装书局，2008年。

［39］俞伟超：《早期中国的四大联盟集团》，《中国历史博物馆馆刊》1989年第13、14合期。

［40］宝鸡市博物馆（卢连成）、宝鸡县文化馆（杨满仓）：《陕西宝鸡县太公庙村发现秦公钟、秦公镈》，《文物》1978年第11期。

［41］陈佩芬：《夏商周青铜器研究・东周篇上》，上海古籍出版社，2005年，第214页，图530。

［42］笔者访问所见，图见该馆编*MIHOSUZUME*一书。

［43］李朝远：《上海博物馆新藏秦器研究》，《上海博物馆集刊》（第九期），上海书画出版社，2002年。

［44］李零：《春秋秦器试探——新出秦公钟、镈铭与过去著录秦公钟、毁铭的对读》，《考古》1979年第6期。

附表一　商周铜镈登记表

型式 \ 内容		出土或收藏地点	尺寸（通高，重量）	图片资料出处
A型	Ⅰ式	江西新干大洋洲镈	31.6厘米，12.6千克	注［8］
	Ⅱ式	湖北随州毛家冲镈	29厘米，3.4千克	注［6］
		北京故宫博物院藏镈	27.1厘米，3.68千克	注［7］
	Ⅲ式	湖南省博藏收集镈（25094号）	38.5厘米，7.1千克	注［9］
		湖南省博藏资兴镈	49.3厘米，15.5千克	注［10］
		湖南株洲市博藏镈	39厘米	注［11］
		美国Singer镈	43.5厘米	注［16］
	Ⅳ式	湖南浏阳淳口镈 湖南衡阳市博藏镈	33厘米，4千克 39厘米，9千克	注［12］ 注［13］
		湖南省博藏收集镈殷八4：81号	38.1厘米	注［15］
		湖南永州收集镈	30.0厘米，4.5千克	注［14］
	Ⅴ式	日本藤井有邻馆镈	41.5厘米	注［17］
		广西贺县出土镈	38.5厘米	注［18］
B型	Ⅰ式	湖北石首九佛岗镈	38厘米，4.65千克	注［5］
		美国赛克勒藏镈	31.3厘米，3.77千克	注［4］
	Ⅱ式	湖南邵东毛荷殿镈	42.8厘米，13.4千克	注［19］
		湖南省博藏收集镈（39221号）	43.6厘米，16.6千克	注［20］
		北京故宫博物院藏镈	44.5厘米，16千克	注［21］
		上海博物馆藏镈2件	不详	注［22］
		美国赛克勒藏镈	不详	注［23］
		日本京都泉屋藏镈	43.9厘米，14.1千克	注［24］
	Ⅲ式	上海博物馆藏镈2件	42厘米，11.54千克 43.2厘米，11.96千克	注［25］

（原载于《南方文物》2007年第4期）

湘江流域青铜文明的历程

一、湘江流域青铜文明的起源和形成

对于湘江流域青铜文明的认识，目前学术界通行的观点就是湘江流域商代晚期可能存在一个高度发达的青铜文明。的确，湘江流域出土的肯定为商代或可能为商代的铜器数量之多、制作之精、装饰之美是大家有目共睹的。越来越多的考古发现表明，在商代晚期商王朝的周边地区先后兴起了一批高水平的地方青铜文明，其中南方地区就有三星堆文明和吴城文明。因此，如果说湘江流域也存在类似的青铜文明丝毫不会让人感到诧异，何况湘江流域出土的商代铜器无论在艺术风格还是工艺水平上不仅不逊于上述两地，或者还更胜一筹。但是，如果将湘江流域出土的铜器与三星堆和新干铜器群进行比较，即可发现它们之间有一个非常重要的差别，即三星堆和新干铜器群总体风格一致、自成系列，与中原商式铜器区别明显，基本不见铭文，而湘江流域的铜器面貌非常复杂，其中许多标本与中原地区同类器形制和装饰风格完全一致，而且带族徽或铭文的不少。鉴于此，王恩田先生和笔者曾经就湘江流域商代铜器的性质和来源问题提出过不同于多数学者的意见，但因无确切的反证材料，几乎没有引起学术界太多注意。朱凤瀚先生在《古代中国青铜器》一书中虽然遵从多数人的看法，认为“湖南本土商后期很可能有一较发达的青铜铸造中心”，但他同时也强调：“目前在根据这些青铜器来说明湖南这一区域在商代后期青铜文化的基本状况与特征时似需谨慎。”[1]可以认为朱先生已经在思考湖南出土的商代铜器是否一定就代表湖南商代青铜文明状况的问题。

考察湘江流域商代晚期存在发达青铜文明的传统观点，其立论基础就是本地出土年代明确为商代的铜器肯定与商时期本地的文化相关。因为这部分铜器几乎都是商式铜器，铸地应为中原地区，尽管在来源方式上有商人扩张南下或文化交流等不同意见，但来源时间被一致认定为商代。在此前提下，那些年代可能为商代、风格与典型商器比较接近同时带有“地方”特点的器物（本文B、C组铜器）就顺理成章被认定为是商人在本地铸造或是本地居民在商人的指导下铸造的作品，而地方特色虽浓、但多少带有商文化风格的器物（如兽面纹大铙等）也被定为商代之物，还有如宁乡寨子山出土铜瓿中所藏铜斧、宁乡三亩地与大铙同出的刮刀等因与商代铜器共存，年代均被断为商代。一直以来，大多数研究湖南铜器的学者对这个立论基础深信不疑，并将其作为进行其他相关研究的前提，对于一些明显的反证材料都用非常牵强的说法一一化解，但始终没有提出确切的正面依据。

笔者认为，湘江流域的青铜文明应包含两层含义：其一，此“青铜文明”是湘江流域本地的，即其代表物——青铜器必须为本地铸造，至于铸造者是本地越人还是外来者无关紧要；其二，既为“文明”，则需具有相当的数量或规模，在当时的社会经济和上层建筑领域有较重要的地位。用这两点来衡量湘江流域出土的商周铜器，我们认为湘江流域商代晚期还处在青铜文明的起源阶段，根本不存在高度发达的青铜文明，本地青铜文明的形成当在西周早期。

本文A组中的商代铜器为中原地区铸造而非本地产品，这一点为大家所公认，分歧的焦点是这批中原铜器来到本地的时间、方式和原因等问题。传统观点在来源时间问题上选择了诸多可能性中最早的一种，即使从铜器本身的研究来说也是靠不住的，而炭河里文化的发现及其与本地商周铜器群同属关系的确定从根本上否定了它的立论基础。前面的研究表明，本文A组的商代铜器既不是本地铸造，也无确定证据证明其与商时期的本地文化有关系，而埋藏年代和考古学文化背景等方面的反证材料却越来越多；B组铜器最大可能为江汉平原东部地区的产品，其来源背景很可能与A组铜器相同；C组铜器不太可能为本地商代制品，如果确为湘江流域铸造，铸造年代也不可能早到商代；湘江流域的D组铜器年代多数为西周或以后，极少量商代标本是从外地传入的，不是本地制品；E组铜器只有少数武器、工具类标本可能为商代之物，但凭这些标本还远不足以称为“青铜文明”。如此，商代晚期湘江流域的青铜文明就只能是空中楼阁了。

反过来说，假设湘江流域商代晚期存在一个发达的青铜文明中心，这里出土的B、C、D三组铜器为其代表作品，则需要回答以下几个问题。

其一，商式铜器的来源背景问题。前文已经论证过，炭河里城址所在的沩水上游黄材一带是湘江流域商周铜器分布最集中的地区，这里出土的铜器不仅数量多、规格高，种类几乎包含了湘江流域商周铜器的全部类别，表明它们曾经作为一个整体属于以炭河里城址为代表的考古学文化。而黄材地区地理位置偏僻，绝非交通通道，其中的外来铜器不可能是长时期内零星地自然流散的结果，应与较短时期内一定规模的人群迁徙活动有关。而炭河里城址的始建年代和湘江流域及相关地区考古学文化研究成果显示，中原商式铜器大规模来到湘江流域的背景只有商末周初殷遗民南迁这一种可能性。

其二，这个文明的中心区域在哪里呢？黄材一带肯定不是！因为炭河里文化和城址的年代不是商代而是西周，而且拥有如此发达青铜铸造技术的文明，其政治、经济、军事势力当在本地区出类拔萃、独占鳌头，绝不可能将其政治中心设在地理位置偏僻、地理形势明显处于守势的黄材，而应该选择在湘江干流地区。

其三，C组动物型铜器的工艺水平和装饰风格与殷墟铜器接近，为新干、三星堆及湖北出土的商代晚期铜器所不及，难道中原商王朝独钟情于湘江流域？而且同样为湘江流域商代晚期的制品，为何B、D两组铜器装饰风格和工艺水平与C组铜器如此悬殊？既然湘江流域商代晚期铸铜技术已如此精湛，又没有发生本文所认为的商末周初殷遗民南迁这一历史事件，则商代晚期与西周之间这种表现在铜器铸造技术工艺和青铜文明发达程度上的突变是怎么形成的？

其四，与江汉平原地区比较，湘江流域自然条件、铜矿资源、古代文化和政治发展水平均不及，又没有二里冈时期商人遗留下来的铸铜技术基础。如果说商代晚期两湖地区有一个发达的青铜文明，则其中心必在江汉平原地区，但我们却见不到它的青铜制品，为什么？

这些问题任何人都无法正面回答，但只要转换思路，透过表象看本质，彻底抛弃本位主义观念，以湘江流域商周铜器群的考古学文化背景为依托，以商式铜器的来源为突破口，则以上全部问题均可得到合理的解释。

笔者坚信，湘江流域商代晚期并不存在一个发达的青铜文明或铜器铸造中心，湘江流域出土的大量商周铜器是商末周初殷遗民及江汉地区地方势力等受周人所迫南下带来（以A、B、C组为代表）和来本地后铸造的（以D、E组铜器为代表）。而按照前述湘江流域青铜文明的含义，后两组铜器才是湘江流域青铜文明的代表作品，所以说湘江流域青铜文明的形成应该始于西周早期。从这一结论出发，我们可以进一步认识到，商末周初以殷遗民为主体的南迁这一历史事件无疑是湘江流域地方青铜文明形成的主要文化背景和关键契机。当然，湘江流域青铜文明的滥觞在商代晚期或更早已经开始，铜鼓山一期遗存所见铜镞等虽然可能不是本地铸造，但毕竟在本地使用，不能排除它对本地青铜铸造起源的作用。费家河文化的不少遗址中曾发现过小件铜器或残片、铜渣、石范等，陶器中可能与冶铜有关的坩埚也不少。可以断言，湘江流域商代晚期铸造武器、工具类小件铜器是毫无问题的。不过，这些还不足以构成“青铜文明”，而能否铸造或曾经铸造大量容器，是青铜文明产生和形成的关键。从现有考古材料来看，湘江流域商代晚期还没有大量铸造铜容器，这不完全是技术上的问题，还应受到当时本地文化在政治和礼制上是否需要的制约。

二、湘江流域青铜文明的发展阶段及其特征

在以上对湘江流域青铜文明起源和形成问题讨论的基础上，通观湘江流域青铜文

明发展演变的全过程，我们可以将其分为四个大的阶段，即滥觞期、成熟期、变革期和衰落期。

滥觞期，或称起源阶段，时间为商代晚期或稍早。主要特征是开始冶铸青铜器，但尚未铸造或不能铸造大量青铜容器，青铜制品目前所见仅有武器、工具类，如戈、矛、族、臿、削等，形制与中原商文化同类器相同，并使用石范。

成熟期，或称形成、发展期，时间期限从西周早期至春秋晚期。主要特征是开始大量铸造青铜容器，并逐渐形成自身独特的风格。

变革期，或称融合期，时间期限从春秋末至战国时期。主要特征是外来的楚文化与地方传统融合并存，本地青铜文明表现在礼制、社会生产、生活等方面与中原文化日趋近同。

衰落期，时间为战国以后。

各阶段青铜文明的特征及变化轨迹如下。

湘江流域青铜文明的滥觞，始自商代晚期偏早阶段。从考古发现来看，本地出土最早的铜器是铜鼓山遗址出土的铜镞、铜削和泡饰等。其中铜镞2件，1件有翼、1件无翼，均有长圆铤、脊断面呈菱形，与郑州二里冈和湖北盘龙城遗址出土的同类器基本一致。铜削1件，平背、长弧刃，与盘龙城遗址铜刀相似。铜鼓山遗址主要遗存的文化性质为商文化，是盘龙城类型商文化在长江南岸的军事哨所。这几件铜器虽不能断定为本地制造，且为商人所有，但它们在湘江流域出现，并为本地人所认识，从某种程度上说为湘江流域青铜器冶铸的起源提供了动机和前提。至费家河文化时期，湘江流域已经开始了青铜器冶铸的实践，这一点有许多考古材料为证。例如，岳阳樟树潭遗址第一段“有些大口缸底部发现有铜渣的痕迹，并有多层泥片夹有多层铜渣的痕迹……在文化层中还发现有铜废渣和小颗粒的孔雀石、铸造青铜器的石范”[2]；岳阳温家山墓地M27、M12分别出土了斧、铃石范残件各1件；汨罗玉笥山遗址M2、H9分别出土了铜戈、矛、臿各1件；岳阳老鸦洲遗址出土有大量坩埚，应该是冶炼铜矿的器具。这些材料至少证明湘江流域的最北部——洞庭湖东岸地区商代晚期已经开始冶炼并铸造青铜器。但是，单凭这一点尚不能认为湘江流域的青铜文明已经正式形成，因为以上铜器均为武器或工具类，技术要求低，与铸造容器不可同日而语。湘江流域商代晚期是否能够铸造青铜容器尚难断定，至少目前还没有见到确定为本地铸造的商代青铜容器。一项新技术尚未从军用转为民用，其对当时社会政治、经济、文化等方面的影响是极其有限的，因而也就不能将其作为一个时代或文明的标志。

湘江流域青铜文明形成的契机是商末周初殷遗民等的南迁。虽然殷遗民等来到本地后政治、经济势力已是强弩之末，但它们带来的铜器制品和冶铸技术却直接促使了本地青铜文明的形成。本文前节已经论证，湘江流域出土的商代和西周时期的铜器群尽管文化属性和铸地有所不同，但却是作为一个整体属于以宁乡炭河里城址为代表的炭河里文化的内涵之一。炭河里文化中心区沩水流域出土的铜器包括两部分：一部分为历年来窖藏出土，另一部分主要为近年来高砂脊遗址及炭河里城址附近西周墓葬发掘所获。也许因为埋藏性质和等级不同，这两部分铜器在种类和保存程度上并不完全一样，前者种类较多，保存完整，且多为精品，后者不见乐器，少见完整器，质地和精美程度均较差。如果据此认定这两部分铜器属于不同的文化，则是错误的，因为即使在文化面貌很单纯的情况下，也应该允许不同等级和不同埋藏性质的铜器出现某种差别，何况炭河里文化面貌异常复杂，其所属铜器原本就来源于不同的文化传统和铸地。即便如此，两部分铜器还是有不少共同点：均有商式铜器和本地越式铜器，前者主要为鼎、卣、尊、爵等，后者主要为越式鼎、斧、刮刀等；均与类型相同的玉器共存，如“戈”卣、“癸□”卣中储藏的玉器多为管、珠、玦等，炭河里西周墓葬中随葬的玉器也多为管、珠、玦，玉器的制作工艺也相同。炭河里文化是以商文化为主体的外来文化与本地文化高度融合的地方青铜文化，年代为西周时期，应是独立于西周王朝之外的方国，这种文化属性与铜器的面貌是吻合的。

目前看来，炭河里文化的分布范围以沩水流域为中心，北抵洞庭湖、南及涟水、西依雪峰山、东不过湘江，囊括湘江下游的西部地区。除炭河里遗址外，望城县高砂脊遗址也是该文化的一个重要聚落。表面上看，湘江流域商周铜器的出土地点远远超出炭河里文化的分布范围，但是，沩水流域以外的商周铜器的类别和文化面貌与确定属于炭河里文化的沩水流域的铜器并无差别，只是沩水流域的铜器种类最齐全、数量最多、出土地点更集中而已。对此，笔者曾解释为：“湖南岳阳、华容、平江、浏阳、长沙等地出土的商代铜器应该是商末周初殷遗民等经鄂东南幕阜山南北麓南逃宁乡途中因各种原因遗下的，而宁乡外围地区包括湘江中上游和资水上游地区所见的商周铜器则应该是殷遗民等来到宁乡黄材之后与本地文化交往或被本地文化政治上取代文化上同化的过程中逐渐向外流散形成的。”[3]上文也进行了进一步论证。所以，沩水流域无疑是湘江流域青铜文明形成的中心区，也是湘江流域地方青铜文明发展并成熟的源地。

湘江流域青铜文明形成的标志是本地开始铸造大量的青铜容器，时间大约为西周早期。到西周中期左右，基本形成了自身独特的风格，并一直保持到春秋中晚期楚文化进驻湘江流域之前。所以，我们将这一阶段称为湘江流域青铜文明的形成、发展期，当然这是一个渐进的过程。西周早期本地铸造的铜器以模仿中原商文化和江汉地区铜器为主，器类主要为鼎、卣、尊、铙、镈等，另外出现了一些地方特有的器类，如斧、刮刀等，均为武器、工具。容器的形制和装饰均较忠实地模仿中原等地的传统，但质地、工艺水平和精美程度与中原铸造的铜器不可比拟，非常容易辨认。一般壁薄体轻，铜质粗劣，纹饰不规整，常见砂眼、错范等现象。如望城高砂脊遗址AM1出土的小铜鼎纹饰模糊不清，铸范上下或内外错动的迹象随处可见，该墓简报未报道的几件大鼎，口部和鼎耳用铜较多，腹、底部仅在泥胎外包一层很薄的铜皮，出土时根本无法取出。高砂脊出土的铜甗，形制和纹饰均与西周早期中原铜甗相同，但器壁较轻薄，通体布满砂眼。岳阳黄秀桥、株洲淦田等地出土的铜鼎系中原商末周初铜鼎样式，但铜质很差，器表无光泽，纹饰简化。与容器形成明显对照的是，这一时期的乐器铙、镈等却体形高大厚重，但铸造工艺并不先进，也见大量砂眼等，当然这有可能是它们合金成分不同造成的。总结这一时期青铜器的特点，有三点值得注意：一是以忠实地模仿外来铜器为主，尚未形成自身的特色；二是整体铸造技术和工艺较落后，与外来的商代铜器有较大差距；这两点充分说明湘江流域青铜文明的形成时期不可能是商代，本地出土的大量商代铜器不是本地商代考古学文化的内涵，也不能代表湘江流域商代文化的发展水平；三是本地青铜铸造的核心产品似乎是南方文化传统的乐器，而中原文化传统礼器的地位较次。这从铜原料的用量上可见一斑，前者高大厚重，后者则尽可能地节省铜料，两者的地位不辨自明。这表明南方传统的乐器在当时的政治和礼仪制度中发挥着不可替代的重要作用，中原文化的礼制观念在本地可能居于较次要的地位。这与商末周初殷遗民南迁本地后的政治处境及炭河里文化的面貌是非常吻合的。湘江流域出土的大量商式铜器的来源方式除此之外无论哪种情况都不会出现本地西周早期铜器铸造工艺方面的上述特征。

大约在西周中期左右，湘江流域的青铜文明完成了从形成到成熟的过渡。具体表现在：文化面貌上形成了自身的风格，铸造工艺上形成了独特的传统，文化属性上本土文化占据了绝对主导地位。文化面貌上，中原文化铜器器类大为减少，且除鼎类器外，其他簋、卣、尊、罍等数量极少，形制和装饰作风也与中原同类器大相径庭。数量较多的铜鼎几乎都是“越式鼎”。据上文研究，湘江流域是早期越式鼎的主要流行区和原产地，三类早期越式鼎的全部或至少其中两类是在湘江流域起源，然后再向江西、岭南等古代越族中心地区传播。其中侈口类（A类）越式鼎是在商式圆鼎的基础上吸收西周早期偏晚阶段浅腹鼎的影响充分地方化的制品，宽折沿类越式鼎（C类）则是对本地一直流行的陶鼎的直接仿制。其他如桃江四马方座簋、湖南省博物馆收集的四系簋、岳阳凤形嘴、湘潭金棋村、衡阳赤石等地出土的垂腹卣、衡东出土的垂腹尊（或称“桑蚕纹尊”）等形制奇特、装饰内容生活化、风格写实，不见于中原和其他地区，是湘江流域独特的作品。南方传统的乐器大铙此时统一为有枚铙，后来又接受中原甬钟的影响逐渐被其取代，但有枚铙纹饰表现手法不同的两大系列和地方作风并未改变，而且中原各个时期的特征在本地甬钟上都被变形或地方化。湘江流域西周中期以后的铜镈也自成一体，流行合瓦形扁长体镈，扉棱为勾形，钲部兽面纹日趋简化最终为几何纹饰所替代，这种铜镈也不见于其他地区。此外，地方特色器类除斧、刮刀等外，还出现了扁茎剑、无骹矛、铲、锸、匕首和其他杂件，如高砂脊遗址出土的车軎形器、有銎凿形器、构件等。与前后时期比较，本阶段的铜器无论器类、形制还是装饰诸方面均表现出一致的独特性。在铸造工艺方面显示出技术落后守旧、工艺粗糙的特点，如一般不进行打磨，未见使用芯撑技术，范痕多清晰可见，器表光洁度差，纹饰的刻模翻范技术粗糙，纹饰线条呆滞、缺乏美感。多数铜器胎质较薄，鼎足逐渐趋向空槽足或扁足，显然是为了节省铜料，说明当时铜料供应不足，社会政治和经济实力欠发达。从文化属性上看，随着时间的推移，商末周初南下的商文化传统日趋减弱，地方传统越来越显著，而同期的中原周文化因素也非常微弱，西周早期以后的典型周式铜器很少见，显示本地这一阶段与中原的联系相对较少，这正是湘江流域本期地方特点强烈，土著文化传统占据主导地位，青铜铸造技术落后守旧、发展缓慢的主要原因。为什么会出现这种情况呢？上文分析有两个方面的原因：一方面湘江流域北有长江、云梦泽和洞庭湖，南有南岭，东、西两侧分别以雪峰山、罗霄山山脉为屏，这种独特的自然地理环境造就了湘江流域相对独立的文化单元格局，尤其是北边长江、云梦泽和洞庭湖，加上横亘于洞庭湖东岸南北咽喉处的幕阜山，即使中原文化南下江南，湘江流域也可避其锋芒。另一方面，西周时期分封于鄂东北的“汉阳诸姬”势力弱小，无力南图，特别是楚国强大后重点向中原和淮河流域发展，阻隔了中原文化的南传，客观上对湘江流域地方文化的独立发展起到了保护作用。这种局面直到春秋中期以后才有所改变。

湘江流域出土的春秋中晚期铜器，与前一阶段比较有明显的变化，似乎预示着本地青铜文明的发展开始进入一个新的阶段。这种变化主要体现在两个方面。

一方面是外来铜器的大量出现和外来文化传统对本地铜器制品的影响。这一时期的外来铜器大致包含三种文化因素。

一是楚式铜器数量较多。年代为春秋中期的见于岳阳凤形嘴、汨罗高泉山两地高级贵族墓葬，春秋晚期的楚式铜器出土地点向南推移到湘中腹地，范围较广，如益阳市近郊出土的细蟠虺纹铜鼎和铜簠[4]，益阳赫山庙两座墓分别出土的铜尊缶和铜敦[5]，湘乡何家湾M1出土的铜鼎、尊缶、敦，湘乡大茅坪M1出土的浴缶等，不过，这些铜器均不是本地铸造之物。

二是来自长江下游、淮河流域徐、吴越、群舒及汉东诸国的铜器，如衡南胡家港春秋墓出土的甗形盉为群舒文化典型器类；衡阳赤石M315出土的铜甗、湘乡牛形山出土的三足鉴[6]等据研究为徐器；长沙路口高桥出土的深腹矮足鼎据研究原产于汉淮之间，同类器中有“樊”国之器[7]；桃江腰子仑墓地A型浅腹扁足鼎深受吴越地区典型越式鼎（本文Bc2类）的影响，衡南胡家港春秋墓出土的铜钲[8]常见于江浙地区，春秋中晚期本地开始流行的越式矛、剑等也应来源于吴越地区。

三是来自中原文化因素的铜器，但数量较少，如湘潭古塘桥春秋墓Ⅰ式鼎、舟，衡南胡家港春秋墓Ⅰ、Ⅱ式鼎、簋，衡阳赤石春秋墓M315鼎，湘乡五里桥M1刻纹铜壶等。其中鼎的形制和纹饰更与安徽江淮地区及汉东诸国出土的铜鼎更接近，表明这些中原因素的铜器很有可能不是直接来自中原地区，而是来自汉淮间地方类型周文化。虽然这些铜器大多可以断定不是在湘江流域铸造，但它们如此密集地出现在本地并被埋藏于与其铸造年代相近的墓葬中，有充分理由相信它们是随着外来人群的进入而来的，不太可能是一般意义上文化交流的结果。本文认为这与楚文化的扩张有直接关系。就其中的楚器而言，如果说春秋中期的楚器是由楚系统的罗子国等的迁徙带来还不是楚人直接带来的话，春秋晚期的楚器则可能与楚人进入本地有直接关系。中原因素和江淮地区传统的铜器应该是楚东扩灭国期间当地国族避祸逃难被迁徙进入湘江流域的结果。比如徐舒铜器除湘乡、衡南、衡阳等地发现外，湘江源头广西贺县龙中崖洞墓出土的2件铜鼎，一件兽首鼎与安徽出土的春秋同类鼎特征一致，另一件圆鼎与典型徐器“庚儿鼎”相同；江西高安、靖安、樟树等地出土的徐器数量更多，它们可能是从安徽“向西经幕阜山、九岭山和罗霄山之间的山口进入湖南”[9]的，最后到达了广西东北部。这些外来铜器及其文化传统的进入不可避免地会对本地青铜文明产生影响。

与此相应的另一方面，是前期典型的越式铜器器类走向衰落或消失，本地这一时期铸造的铜器多表现出外来因素与本地传统相互融合的特征。其中早期越式鼎几乎均于春秋中期左右消失，新出现了其他类型的越式鼎；越式甬钟、越式镈等也逐渐为楚式钟、镈所替代，本地特有的垂腹卣、尊此后已不再见到。这种巧合正好说明伴随外来铜器进入的外来文化传统对本地原有的青铜文明确实造成了冲击，一定程度上改变了本地青铜文明发展的轨迹。当然，本地固有的文化传统并没有完全中断，如晚期阶段的越式鼎类型和数量仍较多，有的一直延续到战国晚期，并以楚文化为媒介流传到整个长江流域，而且与早期越式鼎一样，胎质轻薄、纹饰简单、工艺粗糙，具有实用而朴素的特征。本地传统的工具、武器类铜器如刮刀、斧、钺、臿、越式矛、剑等仍然流行。不过，越式鼎及工具、武器类铜器在本地原有青铜文明结构意义上的地位不及钟、镈等乐器，多为实用器而非礼器。所以，虽然越式鼎等在湘江流域春秋中晚期以后还继续大量存在，但至迟到战国时期越式甬钟等的彻底消失应该表明湘江流域这一阶段青铜文明的结构和内容发生了质的变化。

但是，春秋中晚期开始外来文化的进入以及战国时期楚文化对湘江流域的征服，从文化演变的过程和方式来看是循序渐进式的，与楚文化征服吴越地区后当地文化迅速同化似乎有所不同。究其原因，我们认为：其一，湘江流域原有的社会政治相对落后和松散，没有形成统一的强有力的政治集团，对楚国构不成大的威胁，也不会出现下一城一地而定全境的情况；其二，湘江流域地理位置近楚，势同楚之南院，两地间素有交往，有一定历史文化渊源，楚人完全可能对湘江流域采取政治上怀柔、文化上兼容并包的策略。湘江流域及其他地区楚墓中大量出土的敛口附耳带盖类越式鼎和刮刀等就是很好的例证。所以，本文认为春秋中晚期至战国末湘江流域的青铜文明从结构形式上可称为变革期，而从文化面貌和性质方面来说可称为融合阶段。秦汉时期，湘江流域已被纳入华夏文明大家庭之中，本地青铜文明的发展与中原地区一同步入了衰落期，这一阶段的特征，恕本文省略。

三、与中原及其他地区青铜文明的关系

1. 与中原地区青铜文明的关系

湘江流域青铜文明与中原地区的关系非常密切，广义地说，两者应该属于一个大的文明系统，是源与流的关系。湘江流域的青铜文明并不是土生土长的原生文明，而是其形成或演变的方向和节奏等莫不以中原文化为主导因素的次生文明，在中国古代青铜文明的总体格局和相互关系中，湘江流域相对于中原地区而言，总体上处于被动和文明传播受体的地位。

如前所述，在中原早商文化南下扩张的影响下，本地商代晚期开始了青铜文明的滥觞阶段，但商时期本地只能铸造简单的武器和工具，尚不能或没有铸造大量的容器，铜器在当时还没有发挥重要作用，因而不能称为青铜文明。商末周初中原地区发生文化更替，一部分殷遗民南迁到了湘江流域，它们带来了大量铜器制品、技术工匠以及与之相适应的政治制度并在本地铸造铜器，这是湘江流域青铜文明发展过程中的一个重要转折点，是本地青铜文明形成的标志。在殷遗民南迁到本地的最初时间内，它们在本地铸造的铜器作品还可能与原来在中原地区铸造的铜器完全一样，但随着与本地土著文化的密切结合，往后的铜器制品不可避免会越来越多地融入地方文化的因素，不管这个时候当地的政权控制者是殷遗民或其后裔还是土著居民，本地铜器的面貌都会是既保留原外来文化的传统，又显露本地文化的特色，还会受到同时期中原文化的影响。我们认为湘江流域西周早期铜器的面貌非常吻合这种情况，只是比这更加复杂，因为商末周初迁入本地的除殷遗民外还有随其一同南迁的江汉地区的地方势力，这股势力在商代晚期就有自己的青铜文明，本文B组为其代表作品，南方铜铙、镈等的早期作品也是他们铸造的，甚至C组铜器也可能是他们在原居地铸造的，而且其很可能与湘江流域的居民属于不同的种族。根据前面对湘江流域青铜文明特定含义的理解，这一时期湘江流域铸造的铜器已经称得上是湘江流域的青铜文明，但还没有完全形成独特的地方风格和传统。

本章第二节越式鼎专门研究中我们提到越式鼎在湘江流域最早起源和长期流行的原因之一就是这一时期中原地区的周文化没有对湘江流域形成大的冲击，客观上为湘江流域青铜文明的土著化提供了条件，这一点从湘江流域出土的西周、春秋铜器中很少发现典型的中原铜器得到证明，但不是说西周和春秋时期本地与中原地区的青铜文

明就没有任何联系，相反，两地之间的联系还比较密切，只不过性质有了变化，即此时两地之间文化的影响和传播是双向的，湘江流域不再是单纯的受体方，尽管相比较而言中原对本地的影响更多。例如，中原西周甬钟的出现明显源于以湘江流域出土品为主体的南方有枚铙或乳钉铙（当然很有可能只是在形体上而非文化传统意义上的借鉴），中原西周晚期至春秋前期流行的周秦式镈也是从湘江流域或附近地区传入的，而南方甬钟的出现又是受到中原甬钟影响的结果。这种传播不是文化征服的结果，而是非强制性的自然的文化选择。

战国时期楚入驻湘江流域从某种意义上说中原青铜文明的又一次南进，其结果是结束了湘江流域青铜文明的区域性特征，使之成为华夏文化的组成部分，湘江流域青铜文明进入了一个新的发展阶段。

2. 与长江下游和岭南地区青铜文明的关系

湘江流域青铜文明在与岭南地区的关系中，主要处于传播主体的地位，这种关系直接影响了岭南地区青铜文明的起源、形成和发展。湘江流域青铜文明向岭南地区传播分为两个阶段，前一阶段为西周至战国早期，后一阶段为战国中晚期。从传播的方式来看，前一阶段的主要方式应该是渐进浸染式的传播，后一阶段的主要方式是迁徙式的传播[10]。证据是：岭南地区发现的战国以前的青铜器器类、形制、装饰等各方面均与湘江流域同期之物相同，尤其是容器，武器、工具类铜器虽然有些具体的形制或纹饰略有差别，但器类完全一致。这说明，岭南地区青铜冶铸的起源与湘江流域有直接关系，不过由于这一阶段湘江流域青铜文明向岭南地区的传播主要是渐进式的，影响力度有限，故岭南地区的青铜铸造发展非常缓慢，可以说一直到战国前，岭南地区还没有大量铸造青铜容器。目前该地区发现的西周春秋时期的铜容器几乎均为湘江流域铸造后通过某种途径流传过去的（当然不排除少数可能是吴越地区的产品），当地制品主要是武器、工具类铜器。岭南地区青铜时代前一阶段主要受湘江流域影响的又一证据，就是墓葬的埋葬习俗也与湘江流域同期文化相同。如广东清远马头岗[11]、广西武鸣元龙坡[12]等地墓葬墓坑呈狭长形，方向多东西向，随葬品多铜器和玉石器，陶器较少，流行随葬纺轮和砺石等，与湘江流域东周越人墓葬遗存情况完全相同。战国时期，由于楚文化占领湘江流域全境，随着湘江流域越人的大量南迁，湘江流域青铜文明势必对岭南地区青铜文化产生巨大影响，岭南地区青铜文化得到了空前发展并进入了鼎盛时期。具体表现是大批可以肯定为当地铸造的铜容器的出现，其中如宽盘口类、敛口附耳类越式鼎、越式甬钟等明显是受湘江流域青铜文明影响产生的。当然，岭南地区战国时期青铜文化鼎盛期的到来并非仅仅是湘江流域青铜文明迁徙式传播的结果，吴越地区青铜文化南迁所起的作用也很大。

湘江流域青铜文明与长江下游的江西、安徽和江浙地区的关系也较多，尤其是江西赣江流域。吴城文化衰落之后的两周时期，赣江流域似乎再没有出现独立的青铜文明，从目前该地区出土的考古材料看，西周至春秋时期应主要受湘江流域的影响。这一时期的主要铜器为铙、钟及各类越式鼎等，其形制、纹饰等特征与湘江流域同时期产品基本相同，但数量明显较少，且几乎都出土于赣江以西地区，各类铜器的最早年代也晚于湘江流域同类器，显然是受湘江流域文化传统影响或从湘江流域直接流入所致。

湘江流域青铜文明与安徽及江浙地区的关系也很密切。屯溪西周晚期墓出土的两类越式鼎与湘江流域同类鼎属于同一系列，应该是从湘江流域输入或仿制之物，湘江流域春秋中期开始流行的窄叶矛、扁茎剑等应该是从吴越地区流传而来的。上文已指出，在春秋中晚期阶段，由于楚势力东扩及与吴越争霸，长江下游安徽江淮地区的徐、群舒及吴越文化等有一次向湘江流域的迁徙，从越式鼎的研究来看，其结果促使了早期越式鼎的消失，表明这次文化迁徙对湘江流域青铜文明产生了较大的影响。

从印纹陶文化圈的角度看，湘江流域不过是一个边缘地区，但是，由于地理位置、自然环境的特殊性和历史的机遇，湘江流域曾经以其独立的青铜文明在印纹陶文化系统中占据很重要的地位，并通过与中原及邻近地区交流和传播，促进了中国南方青铜文明的发展，为华夏文明的形成做出了较大的贡献。

四、湘江流域青铜文明进程的普遍性和特殊性

湘江流域青铜文明起源、形成和发展演变的整个历程与南方其他地区青铜文明比较具有一定的普遍性，又具有自身的特殊性。普遍性是南方各地青铜文明的起源和形成都是在中原地区商周文化的影响下产生的，在各自的发展过程中又不同程度地受到中原同期文化和周邻其他文化的影响，同时，各地原有的文化传统又都自始至终起着非常重要的作用。就具体过程而言，一般都是首先模仿中原商周青铜器的器类、形制和装饰风格，在不断改造和地方化的过程中逐渐形成自身的风格和特色，后又都在中原文化或楚文化、秦文化等华夏系统文化的影响、冲击或征服过程中不断融合、演变，先后被纳入华夏文明系统之中，最后由于铁器、漆器、瓷器等逐渐取代青铜器的重要地位，各地青铜文明几乎同时步入了衰落期。

湘江流域青铜文明的特殊性表现在以下三个方面。

第一，湘江流域青铜文明的形成时间相对较晚，发展较为缓慢。

前述湘江流域青铜文明的滥觞虽然始于商代晚期偏早阶段或更早，但其正式形成却晚至西周早期。与江汉平原、赣江流域等地区相比大约要晚200年。江汉平原地区因为商代前期商王朝在盘龙城一带建立过其在南方的政治中心，商文化撤出之后，当

地在不晚于殷墟二期左右即已形成了自身特点的青铜文明，其代表性铜器除大口尊、折肩罍、折肩瓿等外，还有铙、镈及上海博物馆收藏的兽形罄等。赣江流域由于地处铜矿分布区，为了获取铜资源，中原王朝从商代前期开始就向该地区实施了渗透和经略，为当地青铜文明形成于商代晚期打下了基础。而湘江流域在当时南方地区的政治地理版图中既不像江汉平原是东西南北交通枢纽，也不像赣江流域为南北交通的大通道，地位相对次要，而且湘江流域又缺少铜、锡、盐等重要资源，因而没有成为中原商王朝着力经营的地区，虽然本地商代晚期文化与中原地区有一定的交往，但因缺乏青铜冶铸技术的来源渠道和政治、礼制上的需要，除铸造少量技术简单的工具、武器类铜器外，尚未形成真正意义上的青铜文明，直到西周早期在商末周初殷遗民等南迁带来的技术和礼制观念的历史机遇下，湘江流域自身的青铜文明才正式形成。而且因为相对独立的地理环境和特定的历史文化背景，至少到楚文化入驻本地之前，湘江流域青铜文明的发展是比较缓慢的。

第二，湘江流域青铜文明具有强烈的地方传统，这种地方传统生命力较强，延续时间很长。虽然湘江流域青铜文明是在商末周初殷遗民等南迁的历史背景下产生的，但由于南迁后商文化的政治优势相对有限和同时南迁的江汉平原及鄂东南赣西北地区地方势力与湘江流域土著文化的历史渊源及文化近同感，商文化传统在湘江流域不仅没有显示出绝对的主导地位，反而有可能随着时间的推移而成为本地土著文化的附庸，为湘江流域青铜文明的强烈地方化埋下了伏笔，这一点从炭河里文化的构成情况似乎可以觉察到。加上前述湘江流域特定的地理环境和西周、春秋时期长江中游地区的文化背景，本地在较长一段时期内与中原文化交流较少，进一步促成了湘江流域青铜文明地方特征的凸显，而楚人入驻后对本地文化采取的循序渐进、兼容并包的策略又是湘江流域青铜文明中地方传统得以长期延续的直接原因。

第三，与其他地区比较，湘江流域青铜文明的发展水平较低，一直没有形成统一的、强大的国家组织。与湘江流域早期青铜文明直接关联的炭河里文化固然有城址、宫殿、贵族墓葬，城内可以铸造铜器，墓葬随葬铜器和玉器，用大量青铜乐器进行祭祀等，表明这里存在过一个政治水平较为发达的方国，但炭河里方国的地理位置显示其绝不是整个湘江流域统一的政治中心，而不过是湘江下游西部小范围内存在的从外部移植的早期国家性质的政治组织，其存续的时间也可能并不太长。传世文献中没有见到关于湘江流域商周时期存在国家的记载。

湘江流域青铜文明进程的普遍性和特殊性，既揭示了长江流域商周青铜文明发展的一般规律，又反映了地理环境、文化传统和外部因素等对于某一地区古代文化发展模式、演进过程的推动和制约作用。总之，湘江流域青铜文明的历程及其特征是中国古代文明发展史研究非常重要和典型的案例，值得我们更加深入地讨论和探索。

注 释

[1] 朱凤瀚：《古代中国青铜器》，南开大学出版社，1995年，第673～677页。

[2] 罗仁林：《岳阳地区商时期的文化序列及其文化因素分析》，《考古耕耘录——湖南中青年考古学者论文选集》，岳麓书社，1999年。

[3] 向桃初：《湘江流域商周青铜文明研究的重要突破》，《南方文物》2006年第2期。

[4] 高至喜：《楚文化的南渐》，湖北教育出版社，1996年，第48页。

[5] 高至喜：《楚文化的南渐》，湖北教育出版社，1996年，第48页。

[6] 湖南省博物馆：《湖南省博物馆》，文物出版社，1983年，图版36。

[7] 高成林《长沙市博物馆所藏深腹矮足铜鼎浅析》［《湖南省博物馆馆刊》（第二期），岳麓书社，2005年］一文介绍的“樊季氏”鼎，现存上海博物馆。

[8] 湖南省博物馆：《湖南衡南、湘潭发现春秋墓葬》，《考古》1978年第5期，图三上左。

[9] 高成林：《介绍长沙市博物馆收藏的一件楚式铜鼎》，《湖南省博物馆馆刊》（第三期），岳麓书社，2006 年。

[10] 李伯谦：《从对三星堆青铜器年代的不同认识谈到如何正确理解和运用“文化滞后”理论》，《中国青铜文化结构体系研究》，科学出版社，1998年。

[11] 广东省文物管理委员会：《广东清远的东周墓葬》，《考古》1964年第3期。

[12] 广西壮族自治区文物队工作队、南宁市文物管理委员会、武鸣县文物管理所：《广西武鸣马头元龙坡墓葬发掘简报》，《文物》1988年第12期。

（原载于“中央研究院”历史语言研究所《“周边”与“中心”：殷墟时期安阳及安阳以外地区的考古发现与研究》2015年第3期）

宁乡铜器群与新干铜器群比较研究

“宁乡铜器群”是以湖南湘江流域为主出土的商周铜器群的概称，而“新干铜器群”是指以江西新干大洋洲遗存出土为主体的铜器群。两者均被学术界普遍认定为商代晚期当地青铜文明的代表作，也是中国南方商代最高水平的文明成果。

我们知道，“宁乡铜器群”的分布区——湘江流域与“新干铜器群”所在的赣江流域自然地理条件非常接近。例如，均位于长江南岸，纬度位置相同，且东西毗邻，其间仅以罗霄山脉为分界；湘江和赣江均发源于南岭山脉、总体流向均从南向北流入长江南边的大湖并与长江贯通；两地海拔大体一致，地貌与气候特征也基本相同。此外，两地史前至商周时期的古代文化传统及族群属性也有许多共同之处。例如，新石器时代早期均有洞穴遗址和稻作农业起源的遗迹，新石器时代晚期至商周时期均流行“印纹陶”，商周时期两地的主要居民同属于古代越族系统等。

过去，学术界关于这两大铜器群各自研究的成果不少，但鲜有人进行两者之间的比较研究。20世纪80年代以来，因为广汉三星堆器物坑和新干大洋洲遗存的发现、研究以及这两个地区商代青铜文明的确认，学者们普遍认为以宁乡为主集中出土商周青铜器的湘江流域商代晚期也应存在一个高度发达的地方青铜文明。从上述湘江流域与赣江流域的诸多相同条件来看，这种推测顺理成章。但是，最近在“宁乡铜器群”分布的中心地区——黄材炭河里发现了西周时期的城址[1]，且有许多证据表明“宁乡铜器群”与该城址关系密切，应该属于以城址为代表的考古学文化即“炭河里文化”的内涵之一。在此基础上，笔者提出了“‘宁乡铜器群’最大可能是在商末周初周人灭商和开发汉水流域的背景下，商遗民及江汉地区土著势力南逃进入湖南时带来和来本地后铸造的”“湖南湘江流域商代晚期应该不存在一个拥有先进青铜冶铸的发达文明”[2]这一有悖于传统观点的新认识，并从许多方面进行了论证。

目前，笔者仍然坚持自己的看法，本文试图通过对“宁乡铜器群”与“新干铜器群”的比较研究，进一步探明两者之间以及它们与中原文化的关系。这不仅有助于中国南方商周青铜文明起源和发展状况等问题的深入研究，也是解决“宁乡铜器群”性质问题的另一途径。

一、宁乡铜器群和新干铜器群内涵及年代分析

要比较“宁乡铜器群”和“新干铜器群”，必须首先讨论的两大铜器群的内涵和年代问题，而且笔者还认为“某某铜器群”应该是一个具有考古学文化意义的概念，是与某一古代文化密切相关的铜器集合体，而不是一批毫无关联的铜器大杂烩，这应该是我们进行比较研究的基础。

过去学者们谈到湖南境内出土的商周铜器，常常使用“湖南”“湘江流域”“湘江下游”“沩水流域”“宁乡”“黄材”等进行概称或代称，不但叫法不一样，内涵也不尽相同。为了便于学术研究，我们有必要设定一个大家共同使用的概念，否则大家的讨论就缺乏共同的基点。笔者认为用“宁乡铜器群”这一名称概称湖南以湘江流域为主出土的商周铜器最为合适，并且首先在最近相关论著中正式使用[3]。我们知道，湖南的自然地理以雪峰山为界被分为东、西两大区，雪峰山从广西境内一直向北延伸到洞庭湖南岸，其间几无缺口，加上洞庭湖，基本阻断了东、西两区的交通，造成自古至今两地文化的显著差异。西部地区出土的商周铜器数量极少，目前仅见桃源县方罍盖[4]、石门篡[5]、津市觚、爵[6]等数件，它们均为中原商式器物，不见东部地区多见的地方特征器如铙、镈等，其来源难以确定，但可初步认为它们与东部地区出土商周铜器所属的考古学文化无关。如果使用“湖南铜器群”就有可能将两种或两种以上不同文化属性的铜器群混为一谈，这将有害于湖南出土商周铜器文化性质及相关问题的研究。笔者曾因湘江流域面积占东部地区大部而且湘江下游与资水下游实为一体，用广义的“湘江流域”代表整个湖南东部地区[7]，这样看来，用“湘江流域铜器群”名称也未尝不可，但略显烦琐，而且恐会忽略有可能属于同一文化的资水流域出土的铜器。所以，采用湖南商周铜器最集中和最具代表性的地区“宁乡”县名进行概称应是最为合适的，这也符合国内考古学界的习惯称法，如“新干铜器群”“广汉铜器群”“城固铜器群”等。严格地讲，“宁乡铜器群”至多只能指代湖南东部地区出土的商周铜器，但因西部地区出土铜器寥寥数件，均非当地铸造，与当地商周时期考古学文化的关系尚不清楚，除可作为铜器自身研究的标本外，于湖南商周青铜文明研究的学术价值不大，可以忽略。从这个意义上讲，“宁乡铜器群”（以下提及“宁乡铜器群”和“新干铜器群”均省略引号）也可以代表整个湖南出土的商周铜器。

关于宁乡铜器群的内涵，笔者以往论著中没有进行界定和详细讨论，本文已经无法回避，以下是笔者的初步分析，当然讨论的前提是宁乡铜器群为具有考古学文化意义的概念。

湖南境内出土的商周铜器有数百件之多，与新干大洋洲遗存、广汉三星堆器物

坑所出规模相当，但它们并非一次或同一遗存出土，其属性存在许多不确定性，当然不能认定它们都是本地商周时期某一支考古学文化的内涵。因为铜器是耐用品和珍贵品，可以长期使用或流传，由于没有其他伴出物，实际埋藏年代无法肯定，这样就存在其中有的标本为商周以后流入湖南的可能性，那么其与本地商周时期的考古学文化就完全无关了，理所当然不应属于宁乡铜器群范畴。另外，宁乡铜器群在其所属考古学文化生存尤其是衰亡之后从原分布区向外流散也是不难理解和实际存在的。所以，宁乡铜器群的分布范围不一定是其所属文化的分布范围，而其他地区出土的某些铜器也有可能原本属于宁乡铜器群。认识到这一点对于下文具体分析宁乡铜器群的内涵颇具意义。

湖南东部地区出土的商周铜器以湘江下游地区数量最多，其中又以宁乡黄材地区分布最密集。黄材地区是湘江下游支流——沩水上源一个面积不大的山间盆地，地处雪峰山东麓，四周环山，沩水正源黄材河及其支系在这里交汇后东流而下，过宁乡县城后北折注入湘江。宁乡商周铜器的绝大部分出土于黄材盆地及周围直径不超过20千米的范围内。这些铜器包括：黄材镇胜溪村人面方鼎[8]、寨子村炭河里“癸□”卣[9]、“□父乙”涡纹罍[10]、王家坟山“戈”卣[11]、寨子山兽面纹瓿和小斧244件[12]、三亩地“云纹铙”及刮刀[13]、栗山村水塘湾分裆鼎[14]、王家凼越式鼎[15]、葛藤村木梆子山觚[16]、黄材村巨型瓿[17]、五里堆村钟[18]、月山铺乡转耳仑四羊方尊[19]、象纹大铙[20]、龙泉村盉[21]、老粮仓镇师古寨铙[22]（三次出土17件，1959年出土兽面纹铙5件、1993年出土兽面纹铙2件、乳钉铙10件，其中9件被称为“编铙”）、毛公桥钟[23]、北峰滩铙2件[24]、唐市陈家湾铙[25]、横市镇滩山村提梁卣[26]等，此外，日本京都泉屋博古馆收藏的虎食人卣据[27]传出土于沩水的源头沩山。

从黄材的地理位置来看，虽然东距长沙直线距离不过100千米，但其处于雪峰山脚下，这里不仅不会成为古代交通的重要通道，反而属于交通死角，因而可以基本排除这些铜器系商周以后零星流入该地的可能性，而应该属于商周时期当地的某一支考古学文化，炭河里城址的发现为这一推测找到了依据。炭河里城址位于黄材盆地西部，人面方鼎、“戈”卣等珍品均出土于城址周围不到1千米的范围内，“癸□”卣出土于城址内。城内壕沟、宫殿区堆积及城外墓葬发掘出土的铜器残件有鼎、提梁卣盖、觥口、斝足、爵柱及矛、刮刀、小斧、铲、臿等，与城址周围以往出土的铜器器类组合和文化面貌基本一致。表明城址与周围地区以往出土的铜器存在必然联系，也就是说，以炭河里城址为代表的考古学文化应该是该群铜器的载体，后者当是前者的文化内涵的组成部分。因此，可以认为黄材地区出土的商周铜器属于最具典型意义的宁乡铜器群，这是我们研究和辨别宁乡铜器群最基本的素材和标尺。

炭河里城址的年代根据出土陶器判断主要存在于西周时期，上限为商末周初。一些学者认为这与以往出土的铜器群年代不合，从而怀疑炭河里城址与铜器群的相属关系或者认为炭河里城址的年代应为商代，这些是想当然的看法。我们不否认黄材地区以往出土的铜器中较多铜器的年代为商代晚期，但这些器物几乎都是中原地区铸造的商式铜器，其中也有明显晚至商周之际的标本，如分裆鼎、“戈”卣、涡纹罍等，它们因为某种原因来到黄材，成为炭河里文化的内涵，与炭河里城址的年代非但不冲突，反而更加合乎情理。

以黄材地区出土铜器为标尺，我们可以就宁乡铜器群的内涵做如下分析。

黄材地区出土铜器，器类有中原商文化常见的礼器方鼎、分裆鼎、提梁卣、尊、罍、瓿、觚、爵、盉、觥及兵器戈、矛等，也有中原少见或不见的动物形铜器，如四羊尊、虎卣、大型乐器铙及刮刀等。前一部分器物中多数是中原地区的制品，系从中原地区流传而来，还有少数标本形制似中原同类器，但装饰和工艺有所差别，应是本地对中原铜器的模仿。这部分铜器与其他地区出土的中原或仿中原铜器没有明显的区别，不能视为宁乡铜器群的特征性器类。后一部分种类虽少但数量较多，它们在中原和其他地区少见或不见，至少表面上具有地域性，可以视为宁乡铜器群的特征性器类。

宁乡周围湘江和资水下游地区出土的商周铜器也较多，如桃江马迹塘鼎[28]、连河冲四马方座簋[29]，益阳千家洲铙[30]，望城高塘岭铙[31]、高砂脊甗[32]，长沙宝堤垸鸮卣[33]、望新板桥铙[34]、跳马涧两羊尊[35]，浏阳秀山提梁卣[36]、柏嘉铙[37]、澄潭钟[38]、淳口镈[39]，湘阴龙耳罍[40]，岳阳铜鼓山鼎和觚[41]、费家河尊[42]、黄秀桥铙[43]、象形山鼎[44]、鲂鱼山罍[45]，平江浯口罍[46]，华容东山尊[47]，湘潭青山桥窖藏出土鼎、尊、爵、觯、甗、钟等[48]、九华船形山豕尊[49]、洪家峭钟[50]，株州征集鸮卣[51]、南阳桥爵[52]、太湖头坝[53]、伞铺[54]、昭陵[55]、漂沙井[56]、朱亭[57]等地出土的铙、淦田鼎[58]、均坝方座簋[59]，醴陵狮形山象尊[60]，湘乡征集爵[61]、狗头坝铙[62]、金石黄马塞铙[63]、马龙及金石钟[64]，双峰鸮卣[65]、涟源桥头河提梁卣[66]等。这批铜器器类与黄材地区出土者基本一致，既有中原文化礼器，也有动物形尊及大型乐器铙、钟、镈等，其中大部分应属于宁乡铜器群范畴。虽然如此，我们不得不对其中可能存在的复杂情况加以考虑。一般来说，上列铜器中的铙、镈、钟及动物形尊等应该属于宁乡铜器群，仿中原同类器的地方制品也应属于宁乡铜器群，它们在形制、装饰或铸造工艺等方面或多或少带有地方特点，较易辨认，尽管它们的出土地点有的可能并不在炭河里文化分布范围内（如岳阳、株洲等地），但均应与炭河里文化密切相关。而其中的中原器，尽管多数可能与宁乡地区出土的中原器一同来到湖南，或是在到达宁乡途中散失，或是来到宁乡后又外流，但不排除有些可能为商周时期或以后因为别的原因或以其他方式零星流入本地，它们当然不属于宁乡铜器群，不过我们已无法进行辨别了。

湘江中上游、资水上游地区出土商周铜器数量相对较少，主要有邵东民安镈[67]，邵阳祭旗坡爵[68]，新邵陈家坊瓿[69]，新宁飞仙桥鼎和瓠形器[70]，衡阳包家台子牛尊[71]、杏花村提梁卣[72]、长安钟[73]、岳屏、拦垅铙[74]及征集的镈[75]，耒阳夏家山铙[76]，常宁方尊[77]，安仁豪山铙[78]；资兴兰市、天鹅山铙[79]及征集的镈[80]，临武钟[81]，永州征集鼎[82]等。这批标本中原制品极少，多是宁乡铜器群的特征性器类，而湘江中上游和资水上游地区又不太可能是炭河里文化的分布范围，推测它们是炭河里文化对外交往及炭河里文化灭亡后向外流散的结果。

顺着这种思路，我们还可以将邻近湘江流域的江西西部和广西东北部地区出土的某些铜器纳入广义的宁乡铜器群范畴。例如，江西宜丰[83]、萍乡[84]、樟树[85]、新余[86]、靖安[87]等地出土的兽面纹铙、有枚铙、甬钟等与宁乡铜器群同类器完全相同，又均出土于赣江以西与湖南交界的罗霄山分水岭地区，赣江以东基本不见，它们即使为当地所产，也应是受到宁乡铜器群同类器文化传统影响的结果；广西东北部为湘江和资水上源之地，这里出土的商周铜器如灌阳铙[88]和贺县镈[89]为宁乡铜器群特征性器，宾阳、陆丰、荔浦出土的罍[90]与湘阴罍相同，属湘江流域仿中原的制品，兴安[91]及武鸣[92]出土的提梁卣，以前被许多学者引为商文化向南方扩散或与岭南地区贸易往来的证据，今从同出的西周时期铜盘来看，它们来到当地的时间应不早于西周。因此，可以推测广西出土的商周铜器包括中原式铜器应是从湘江流域流传过去的，南传的时间从炭河里文化存在的西周时期至楚人入湘之时，它们原本可能属于宁乡铜器群。

根据以上分析，我们不妨将宁乡铜器群的内涵区分为三个层次：黄材及附近地区出土的铜器为第一层次，可以认定它们均属宁乡铜器群，尽管其铸造年代和文化面貌各有差别，但均属于炭河里文化的内涵，是最具典型意义的宁乡铜器群，也是宁乡铜器群的基本内涵，黄材及附近地区应为宁乡铜器群的中心分布区；宁乡周围湘江和资水下游地区出土的铜器为第二层次，它们中的绝大部分应当属于宁乡铜器群，这一地区是宁乡铜器群分布的外围区；第三层次为扩散区，包括湘江中上游、资水上游及江西西部、广西等地出土的部分铜器。宁乡铜器群的年代范围也有必要进行讨论。过去人们论及湖南或宁乡商周铜器，多半指其中的商代铜器，而对其中的西周铜器少有提及。然而笔者以为，西周铜器也是宁乡铜器群的主要内涵之一，不仅如此，它们更有资格代表宁乡铜器群，更能体现宁乡铜器群的特色。理由如下。

首先，上述宁乡铜器群的中心分布区内有不少明确为西周的铜器，如黄材月山龙泉村盉、栗山村王家凼越式鼎、五里堆村钟、老粮仓毛公桥钟等，也有商末周初之器，如“戈”卣、分裆鼎、涡纹罍等。炭河里城外墓葬出土的铜器多数属西周时期。

其次，炭河里城址的主要存在年代为西周时期，城内宫殿区、壕沟等堆积中发现不少铜器残件、铜块等，表明这里曾铸造过铜器，宁乡铜器群又是炭河里文化的内涵之一，所以宁乡铜器群包含西周铜器是不容怀疑的。

再次，过去被认定为商代晚期的铜器中有些应为西周器，尤其是地方作品如兽面纹大铙、刮刀、小斧等。据笔者研究，黄材地区出土最多、湖南特有的兽面纹大铙，年代应为西周早期，上限不早于商末周初。以往将兽面纹大铙的年代断为商代，是以下两个方面的失误造成的。一是因为关于南方铜铙总体的分类体系有明显缺陷，分类不当导致其源流关系颠倒，从而影响了年代的判断。二是对铜铙与同一地区出土商代铜器的关系缺乏科学考察，想当然地认为本地出土的商代晚期中原铜器一定与本地商代晚期的文化有关，进而认定本地商代晚期一定存在一个发达的青铜文明，在此前提下，不由自主地将某些与中原商代铜器形制或纹饰较为近似的地方制品断为商代，又通过地方铜器上某些因素的关联关系，将其他铜器也断为商代，这种用已知铜器的铸造年代来确定共存其他年代不明遗物的年代，而对铜器铸造与埋藏之间可能存在的年代差距以及铜器从产地流动到出土地之间可能出现的各种复杂情况不加分析的简单做法，客观上造成了包括大铙在内的许多地方型铜器铸造年代的误判。

最后，中原铸造的铜器实际上只是炭河里文化继承的遗产而非自身的文明或文化产物，因此它不能成为宁乡铜器群的代表，更不能是主要代表。

所以，宁乡铜器群的年代范围理所当然应该包括西周，而且笔者进一步认为，今后在探讨宁乡铜器群或湖南铜器文化属性及其所体现的青铜文明发展状况等问题时，西周时期本地铸造的铜器才是我们应该关注的重点。

新干铜器群无疑以新干大洋洲遗存[93]出土铜器为基本内涵。大洋洲遗存共出土铜器475件，其中礼器鼎、鬲、甗、盘（簋）、豆、壶、卣、罍、瓿、瓒等10类48件，乐器铙、镈等2类4件，工具铲、臿、锛、耒、耜、镬、斩、镰、犁铧、铚、鱼镖、锥、凿、刀、手斧、砧等16类143件，兵器矛、戈、勾戟、钺、镞、剑、刀、匕首、镈、胄等10类232件，杂器有双面神人像、卧虎、兽面、匕、箕形器、扣形器及各类构件等48件。

大洋洲铜器虽然在器类、形制等方面表现出与中原地区商代二里冈期和殷墟铜器较密切的关系，但器形变异、装饰风格和铸造工艺所反映出的地方特征非常强烈，一目了然。大洋洲铜器群的铸造年代，一般认为有二里冈期、二里冈至殷墟早期、殷墟早中期和殷墟晚期的器物，但大部分器物的年代应为殷墟早、中期。笔者认为，发掘报告断为二里冈时期或二里冈至殷墟早期的器物如锥足圆鼎、方鼎、分裆鬲、三足提梁卣、假腹豆、盘、贯耳壶、素面甗、瓒等，实际铸造年代应为殷墟早或中期，3件铜铙、1件镈的年代应为殷墟晚期，而瓿形鼎、弧裆鬲、长胡戈、钩戟等年代当晚至殷墟末甚至周初。看来，新干铜器群主体部分的年代应在殷墟时期，下限不晚于商末周初，上限恐怕早不到二里冈期。

据此，我们认为新干中陵水库[94]出土的一批铜器以及樟树横塘出土的2件鼎[95]、永修出土的2件铙[96]属于新干铜器群，其他如遂川出土的提梁卣[97]、宜丰出土的兽面纹铙[98]及萍乡等地[99]出土的大量有枚铙和甬钟等则与大洋洲铜器所属考古学文化无关，不应归入新干铜器群范畴。遂川提梁卣等典型商器应是从中原地区零星流入的，铙、甬钟等是宁乡铜器群的特征性器类，年代为西周时期，与大洋洲铜器的主体年代不合。

以上分析不难表明，宁乡和新干两大铜器群的年代范围区别较大。其中宁乡铜器群年代跨度非常大，大约从殷墟早期（代表器物为黄材巨型瓿）直到西周晚期或更晚，而新干铜器群年代范围相对较小，基本不超出殷墟期范围。

二、宁乡铜器群和新干铜器群文化面貌及产地比较

从铜器的功能类别来看，两大铜器群均可区分出礼器、乐器、兵器和工具等大类，但具体器类组合差别较大：宁乡铜器群礼器组合主要器类为圆鼎、提梁卣、大口尊、折肩罍、瓿、觚、爵、鸮卣及各类动物型尊等，另有方鼎、分裆鼎、甗、盉、圆肩罍、觚形尊、簋、觯、觯、瓠形器等，不见新干铜器群数量较多的扁足鼎、鬲等；新干铜器群的礼器组合为方鼎、圆鼎、甗、鬲、壶、卣、豆、簋、罍、瓒等，不见觚、爵、尊、觯、鸮卣、盉等晚商文化最常见的器类，方鼎数量较多，但不见分裆鼎。宁乡铜器群乐器种类有铙、镈、甬钟等，新干铜器群乐器见仅铙、镈且数量很少，两者共见的铙、镈形制差别很大，年代也不同。宁乡铜器群兵器和工具种类很少，如兵器仅见矛、戈、镞，工具仅见铲、臿、刀、刮刀等数类，新干铜器群兵器和工具种类复杂，数量众多，两者有一些不互见的特色器类，如前者的剑、钩戟、胄、镰、铚、犁铧和后者的刮刀等。此外，新干铜器群另有大量杂器如双面神人像、卧虎、兽面具、匕、箕形器、扣形器及各类构件等。

根据器类、形制、纹饰等所属文化因素的不同，下文以分组的方式对两大铜器群面貌特征、源流关系和铸地进行探讨，以期确定其文化特征上的异同。总体来说，两大铜器群从文化面貌上均可大致分为外来传统、外来传统与当地传统的融合及地方传统三部分，但具体的表现方式不同。

大洋洲发掘报告依文化属性将主要铜器分为殷商式、融合式、先周式和土著式四类，其中殷商式包括方卣、分裆鬲、三足提梁卣、三足甗、贯耳壶、鸟耳夔形扁足鼎、锥足圆鼎、柱足圆鼎、四羊罍、瓿、瓒等礼器，还有兵器直内戈、长骹短叶矛、镞、方内钺、胄及工具耒、耜、箕形器等；融合式包括锥足和柱足圆鼎、方鼎、虎形或鱼形扁足鼎、鬲鼎、四足甗、连裆鬲、假腹豆、匕及部分戈、矛、镞、钺、翘首刀等；土著式包括瓿形鼎、折肩鬲、假腹盘（簋）、三足提梁卣及大量兵器、工具类器物如短骹矛、无翼镞、銎内钺、曲内戈、宽刃剑、匕首、铲、镢、犁铧、刀、鱼鳔

等；先周式为兵器长胡戈、钩戟、有穿刀等。对此，本文有不同意见。其一，“殷商式”名称存在可商之处。按惯例，所谓“殷商”应指晚商即殷墟期商文化，而报告所列“殷商式”铜器从文化传统来看更多地渊源于二里冈期商式铜器而非殷墟铜器，故称“殷商式”似为不妥。其二，在类别归属上缺乏标准，显得混乱，如鸟耳夔形扁足鼎耳上饰小鸟的做法不见于二里冈或殷墟铜器，应该与耳上饰虎或鹿的其他铜器一样归入融合式；四羊罍整体形制、装饰风格以及四分范的特征也与中原铜器不同，倒与湖北、湖南及广汉三星堆等地多见的尊、罍非常接近，故不应归入殷商式；还有如归入殷商式中的素面甗（此器无圈足，通体素面，名甗似有不妥）应为土著式，归在土著式中的各类矛、戈、有翼镞、銎内钺等应归入融合式等，这种情况不少，这里不一一列举。

本文将新干铜器群分五组（图一）。

A组：器形和纹饰特征与二里冈期铜器相似，但均有变异或添加了本地特征。这组器物数量最多，有方鼎、锥足圆鼎、柱足圆鼎、扁足鼎、鬲形鼎、假腹豆、假腹盘、三足提梁卣、甗形鼎、瓒等。

B组：器形和纹饰与殷墟铜器相似但又有本地特色。标本有甗、方卣、鬲、矛、戈、方内钺、刀、锛、匕、胄、镈、箕形器等。

C组：与两湖地区常见铜器特征相似的器物。标本有四羊罍、贯耳壶、铙、镈等。

D组：与关中及附近地区出土铜器特征相似的器物。标本有钩戟、长胡戈、条形带穿刀等。

E组：不见于其他地区的铜器。标本也较多，有折肩鬲、素面甗、窄叶矛、銎内钺、无翼镞、匕首、宽刃剑、犁铧、臿、铲、镬、铚、手斧行器、神人像、卧虎、兽面具等。

下面逐组进行分析。

A组：方鼎6件，其中年代最早的一件标本XDM：8与郑州张寨杜岭和向阳回民食品厂出土的方鼎[100]非常接近，但鼎口呈长方形，与前者基本为正方形不同，这一特点与殷墟方鼎相同，均源于二里冈方鼎，年代当为殷墟早期，此鼎两耳上各饰一卧虎，鼎足上出现扉棱等特征均不见于二里冈期方鼎；其余几件方鼎腹部均布满兽面纹，鼎足和四隅多有扉棱，有的耳上饰卧虎，有的唇部饰“燕尾纹”，与二里冈方鼎差别更大，年代也较晚，但其渊源于二里冈方鼎是无可置疑的。3件锥足圆鼎中最早的一件标本XDM：6，腹较深，三足微外撇，两耳与三足呈四点排列，腹部仅饰弦纹，这些特征与二里冈同类鼎接近；另2件标本锥足外撇较甚，其中之一腹部为浅盆形，年代稍晚，且2件鼎腹部兽面纹组与组之间以突出的方形目纹间隔、1件唇部饰燕尾纹以及兽面纹本身的特征均带有地方风格。3件柱足圆鼎，其中2件耳外有槽，鼎腹深而下垂，三足中空等，与二里冈同类鼎的风格类似，但三足略呈蹄形、腹、足部兽面纹及

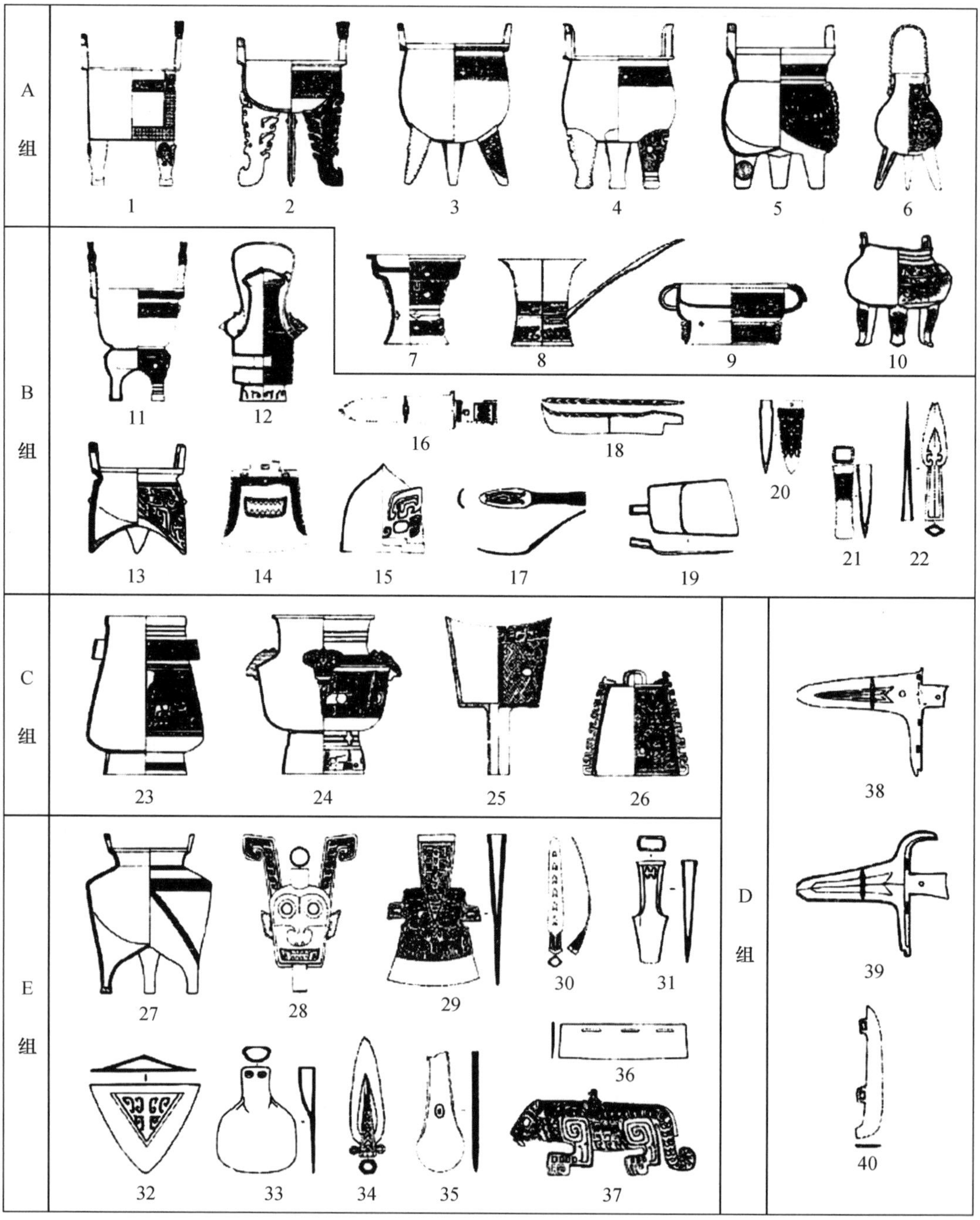

图一　新干铜器群分组图

1. 方鼎（XDM：8）　2. 扁足鼎（XDM：20）　3. 锥足圆鼎（XDM：4）　4. 柱足圆鼎（XDM：2）　5. 鬲形鼎（XDM：36）　6. 卣（XDM：49）　7. 假腹豆（XDM：42）　8. 瓒（XDM：50）　9. 假腹盘（XDM：43）　10. 瓿形鼎（XDM：30）　11. 甗（XDM：38）　12. 方卣（XDM：47）　13. 鬲（XDM：33）　14. 方内钺（XDM：333）　15. 胄（XDM：341）　16. 戈（XDM：118）　17. 匕（XDM：56）　18. 刀（XDM：312）　19. 箕（XDM：61）　20. 镈（XDM：310）　21. 锛（XDM：348）　22、34. 矛（XDM：90、XDM：97）　23. 壶（XDM：46）　24. 罍（XDM：44）　25. 铙（XDM：66）　26. 镈（XDM：63）　27. 折肩鬲（XDM：37）　28. 神人像（XDM：67）　29. 篐内钺（XDM：338）　30. 矛（XDM：478）　31. 镢（XDM：377）　32. 犁铧（XDM：343）　33. 铲（XDM：359）　35. 手斧形器（XDM：401）　36. 铚（XDM：376）　37. 伏虎（XDM：68）　38. 长胡戈（XDM：132）　39. 钩戟（XDM：133）　40. 带穿刀（XDM：331）

扉棱的风格为地方特征。扁足鼎14件，其中3件夔形扁足鼎与二里冈同类器接近，但2件鼎耳上饰卧虎，余11件为虎形或鱼形扁足，耳上多饰卧虎，有的唇部饰燕尾纹，均具地方风格。鬲形鼎形制与二里冈期铜鬲基本一致，但颈部所饰鱼纹和腹部扉棱为地方特征。假腹豆同类器不见于其他地区，但与二里冈商文化同类陶器形制相同，无疑渊源于前者。假腹盘，形制与盘龙城李家咀M1出土的铜簋最接近，腹部和圈足纹饰带上下的连珠纹又是二里冈铜器的作风，但其扉棱及兽面纹风格又有浓厚的地方风格，不见于二里冈或殷墟铜器。三足提梁卣2件，其中1件器身似壶，与盘龙城出土提梁卣相似，纹饰也相近，但后者为圈足，三足提梁卣不见于其他地区，过去在安阳小屯M331和妇好墓[101]曾出土一种三足提梁盉，器身与新干提梁卣相近，它们之间或有联系，但应均渊源于二里冈期铜器。瓿形鼎系一件二里冈至殷墟早期之间的铜瓿去掉圈足另加三足改造而成，鼎足形制与纹饰有明显的地方特点。瓒不见于二里冈或殷墟，但器身部分与二里冈期的铜觚相近。以上分析表明，本组铜器较多继承了二里冈期铜器的传统作风，但又加以改造、变异，呈现出地方特色，相对而言，器形上与二里冈铜器相近程度较高，纹饰方面地方风格较浓，而与二里冈铜器完全相同者基本不见。可以认为，本组铜器的铸造地应为本地。

B组：甗2件，其中三足甗盘口，款足，与殷墟早期的同类器相近，但裆部甚浅，与前者不同；四足甗耳上饰卧虎及四分范特征为本地风格，器身上纹饰也具有明显的地方风格。方卣在其他地区少见，安阳小屯M331出土过1件，但新干方卣为双层底，圈足上的透空花纹也较特别。XDM：32分裆鬲裆部肥硕，下为三空锥足，腹饰阴线兽面纹，与二里冈期的鬲接近，但腹部饰满花，又是殷墟铜器的特征。连裆鬲和弧裆鬲形制和装饰均仿中原殷墟期鬲，但变化较甚，虽然吴城文化有大量此类陶器，但弧裆的作风似与关中地区先周文化有关，而通体的云形兽面纹则是本地兽面纹的独特风格。长骹和短骹矛、直内和曲内戈、方内钺、宽翼镞、短柄翘首刀、锛、匕、镈、胄、箕形器等均是殷墟常见器类，但形制略有变化，纹饰又不乏地方特点。如短骹矛骹部两侧的环形纽及其上所饰燕尾纹、直内戈内部阴刻双人头、曲内戈内部作虎头形、宽翼镞两翼特长、方内钺中穿周围饰一周燕尾纹、直柄翘首刀背部饰燕尾纹、铜匕匙内均饰鱼纹等。本组器物在器类方面较多地借鉴了殷墟铜器，但形制均有变化，而纹饰则表现出浓厚的地方特色，与殷墟铜器差别较大，可以肯定它们中的绝大部分标本为本地铸造。

C组铜器中2件贯耳壶器形与殷墟二期小屯M238[102]、妇好墓出土同类器基本相同，但纹饰有较大差别。其一，新干壶主纹带上下均饰连珠纹，不见殷墟壶颈部的蕉叶纹；其二，新干壶的颈部及其中一件腹部主体兽面纹宽鼻宽口并见一排牙齿，这种特征的兽面纹不见于殷墟而常见于两湖和三星堆出土的尊、罍等器物上。两湖和三星堆等地常见的以尊、罍为代表或包括折肩瓿在内的铜器群有许多共同的特征，如多见四分范、肩部多装饰小鸟、器身兽面纹流行宽鼻梁宽口带牙齿的形象并常见涡纹间“井”字纹、鱼纹装饰、扉棱多作“C”字形等，这些特征均不见于中原地区。学术界普遍认为它们是南方商代晚期的地方制品，称之“南方青铜器”、“地方型青铜器”或“华中型青铜器”，笔者曾进一步认为它们原产于江汉平原东部地区[103]。四羊罍形制与上述罍非常类似，扉棱也相同，从牺首形状看应早于前者，有可能是江汉地区的早期形制，当然更可能是受江汉地区文化传统影响的本地制品。新干出土的铜铙和镈一般认为是本地制品。笔者曾对南方铜铙和铜镈进行过专门研究，认为它们均发源于江汉平原东部及鄂东南地区[104]，新干3件铙和1件镈虽有可能为本地铸造（特别是铜镈），但其文化传统应是外来的，不排除它们系从江汉地区输入的可能性。总之，本组铜器应来源于江汉地区，或为受江汉地区文化传统影响的本地产品。

D组铜器数量很少，它们不见于中原和南方其他地区，但在关中及附近可见大量类似器物。如带穿刀与山西石楼琵琶塬、陕西绥德后任家沟[105]等地多见的条形带穿或銎的刀相近；长胡戈类似器物在陕西汉中地区[106]发现较多。不过，带穿刀在殷墟也有出土[107]，它们在本地出现也有可能是伴随与殷墟的联系而来的。新干出土的带穿刀和长胡戈与以上地区同类器又并非完全一致，因此不排除是受上述地区影响的本地制品。钩戟同类器，目前仅见于北京琉璃河燕国墓地[108]，推测是周文化（含先周文化）的特征性器物。

E组铜器应是本地传统器物，其中多数标本形制上具有明显的地方特色，如折肩鬲上部形态似本地陶器折肩罐，其他如宽刃剑、窄叶矛、銎内钺、无翼镞、铲等形制与中原同类器差别巨大，而匕首、手斧、犁铧、臿等器类在中原几乎不见，因此，本组铜器无疑为地方制品。

可见，新干铜器群是以二里冈期铜器文化传统为基础，同时受到殷墟铜器、江汉地区及关中等地铜器文化传统影响的地方青铜文明的代表。就铸造地而言，其中绝大部分为当地铸造，当然不排除少数标本来源于邻近地区，如C组铜器有可能为江汉平原东部地区铸造，但基本见不到中原或殷墟地区的制品。

宁乡铜器群过去多被分为两类或三类，即“中原型”、“地方型”和“混合型”。所谓“中原型”即指与中原商周铜器完全相同的标本，其铸地应该为中原地区；“地方型”是指以地方传统为主要特征的标本，铸地为本地；“混合型”是指既有中原特征又有地方传统的标本，铸地也应该为本地。因而，有人主张就铸地而言只划分为“中原型”（中原铸造）和“地方型”（本地铸造）两类，这似有一定道理。不过，笔者认为，其中“地方型”应该进一步区分，因为在以往的研究中，有的学者所称“地方”是指整个南方，包括江汉地区、湖南、江西甚至更广阔的地区。故笔者在最近的论著中将宁乡铜器群分为五组（图二），并对各组文化属性和铸地进行了详细的分析。具体如下。

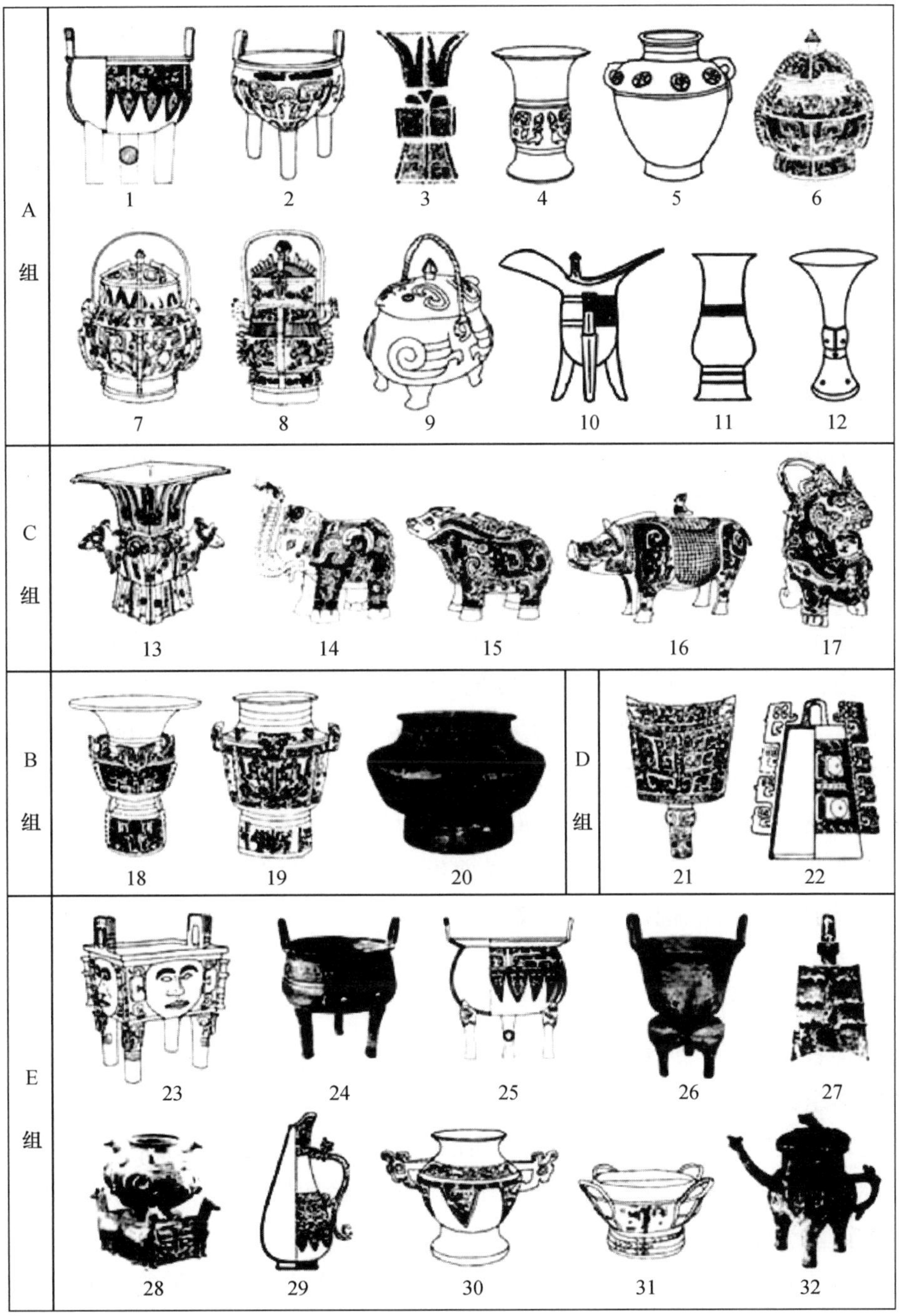

图二　宁乡铜器群分组图

1. 望城高砂脊鼎　2. 黄材分裆鼎　3. 常宁方尊　4. 湘潭青山桥觚形尊　5. 黄材涡纹罍　6. 黄材寨子山瓿　7. “癸[illegible]”卣　8. “戈”卣　9. 长沙宝堤垸鸮卣　10. 湘潭青山桥爵　11. 衡阳东汉墓觯　12. 黄材葛藤觚　13. 四羊方尊　14. 醴陵象尊　15. 衡阳牛尊　16. 湘潭豕尊　17. 日本藏虎卣　18. 华容东山尊　19. 岳阳鲂鱼山罍　20. 黄材巨型瓿　21. 老粮仓师姑寨铙　22. 衡阳征集镈　23. 人面方鼎　24. 湘潭青山桥鼎　25. 望城高砂脊鼎　26. 望城高砂脊甗　27. 岳阳西塘甬钟　28. 桃江四马方座簋　29. 新宁飞仙桥瓠形器　30. 湘阴龙耳罍　31. 湖南省博物馆征集四系簋　32. 月山铺龙泉村盉

A组是中原铸造的铜器。标本有岳阳铜鼓山锥足鼎、望城高砂脊柱足圆鼎（AM1：18）、黄材分裆鼎、常宁方尊、湘潭青山桥觚形尊、黄材涡纹罍、瓿、长沙、株洲、双峰鸮卣、黄材“戈”卣、“癸□”卣及宁乡横市、浏阳秀山、涟源桥头河提梁卣、株洲方座簋及爵、觚、觯等，其中绝大部分为商代晚期铜器。本组铜器器形和纹饰均与中原地区同类器完全一致，而且质地精良、纹饰清晰工整，工艺水平明显较高。本组铜器不少器物有族徽铭文，多是中原地区常见的族徽，如“戈”“□”等。据统计，有铭文的铜器共18件，其中铭“戈”和“□”的各5件。

B组为可能原铸于江汉地区的铜器。标本有岳阳、华容、平江等地出土的大口尊、折肩罍及黄材巨型瓿等，这类铜器过去多被学者们归入“中原型”。本组铜器在器形、纹饰及工艺特征均有自身的特点，与同时期的殷墟同期区别很大。例如，大口尊、罍、瓿均为折肩；铸范多采用四分法，器壁较薄，有的器物仍采用比较原始的“等壁厚”技术，圈足上部多留下镂孔，岳阳鲂鱼山罍圈足下还有三个小足；主题纹饰兽面纹流行宽鼻、宽口并见牙齿，分解式兽面纹关节部位多有乳钉装饰，此外，还流行涡纹或乳钉间“井”字纹、鱼纹等；肩部及牺首鼻梁上多装饰小鸟，有的牺首挂在肩部；扉棱一般作“C”字形等。这些特点一方面反映了其铸造技术和工艺上的原始性，另一方面也体现了其自身的文化传统，学术界一致认为它们是继承二里冈期铜器传统基础上在南方发展起来的地方类型，与殷墟铜器联系较少。本组铜器出土地点遍及长江流域广大地区，西起广汉三星堆、东至江苏江宁、北抵陕南城洋地区、南达湖南中部地区。以往学者将它们归属于各地所发现的商代晚期文化，笔者认为就其产地或起源地而言只能是某一地区，目前出土地点分布如此广博应该是产品交流的结果，而从技术基础、铜矿资源和文化传统等方面分析，它们产于江汉平原地区的可能性最大。

C组为动物造型铜器，包括四羊方尊、两羊尊、象尊、牛尊、豕尊、虎卣等。本组器物多数学者认为产于湖南，而且年代为商代晚期，仅个别学者有不同意见。如王恩田先生将本组铜器归在其认为来源于中原地区的甲群[109]，何介钧先生认为其为中原地区铸造，只是中原地区暂时发现较少而已[110]。笔者认为，本组铜器的造型特征虽在殷墟等地出土商代铜器中少见，但它们的装饰风格和铸造工艺却与殷墟铜器一致。如果这类铜器为湘江流域商代晚期铸造，则表明湘江流域商代晚期不仅输入了当时殷墟最先进的青铜铸造技术，而且在青铜器的装饰理念上也接受了殷墟铜器的强烈影响。让我们无法理解的是，江汉平原铸造的B组铜器及新干铜器群均顽固地保持着二里冈铜器的风格和较落后的技术传统，唯独湘江流域掌握了殷墟先进的技术。按理说，这两个地区在地理位置和铜矿资源以及此前的交往基础等方面都具有优势，与殷墟的关系应该较湘江流域更为密切才对。反思这个问题，我们发现，其实动物形铜器在殷墟铜器中也不乏其例，如妇好墓出土的鸮尊、四足觥、花园庄54号墓出土的牛尊[111]

等，所以不能完全排除它们为中原地区铸造的可能性。当然，还有一种可能，即它们是商末周初商遗民南迁湘江流域后在本地铸造的，若此，它们的年代应为西周初或西周早期。湘江流域大量出土的中原所铸铜器表明确有一支规模较大的商人从中原来到了这里，其中以“戈”和“”两族部众为主，笔者认为，这一情况发生的时间最有可能在商末周初。况且，即使按照中原铜器的断代标准，将本组铜器的铸造年代断为西周早期也并无大碍。

D组铜器有铙、镈等。湘江流域出土的铙、镈数量很多，其中最有特色的粗线兽面纹大铙在其他地区少见。过去的研究者多认为这些铙、镈为湖南本地铸造，这无疑是正确的。但是，关于铙、镈的文化属性，笔者有新的看法。通过对铙和镈的系统整理和研究，笔者认为它们的起源地均不在湖南，而在鄂东地区，在其发展过程中流行地域似曾发生过一次大的转移，这种转移应该与其原产地居民的大规模迁徙有关，也预示着其文化属性的变化。早期的铙、镈的装饰特点如“C”形扉棱、小鸟装饰和涡纹间“井”字纹等与前B组铜器相同，暗示它们可能属于同一文化或产自同一地区。湖南出土的铙、镈多为晚期作品，年代为西周时期，但却是南方铙、镈发展的鼎盛阶段，应可认为是本地古越族青铜文明的代表作。

E组为其他本地产铜器。以上D组铜器可肯定为本地铸造，C组铜器也不排除本地铸造的可能性，之所以将它们分别单独列组，是因为还有讨论的必要，而本组铜器为湖南本地所铸是毫无疑问的。本组铜器又可分为两种情况：一类是模仿中原同类器的制品，其中有的地方特征极少，但从铸造工艺上可辨为本地制品，如高砂脊甗、湘潭青山桥鼎和部分甬钟等；有的地方特征较明显，但仍以中原风格为主，如黄材龙泉村盉、湘阴龙耳罍、新宁瓠形器等。另一类是以地方特色为主的器物，但多多少少带有中原特点，如各类越式鼎、四马方座簋、四系簋、大量甬钟及斧、钺、矛、锸、刮刀等。

以上分析表明，宁乡铜器群与新干铜器群在文化面貌和产地上也存在巨大的差别。新干铜器群虽然从文化渊源关系上也可以分为五组，但产地基本为当地，尽管中原等外来文化传统在有些标本上表现强烈，但各组文化渊源不同的制品在某些方面表现出强烈的共性，形成了新干铜器群自身的独特风格。例如，燕尾纹、鱼纹、圆圈纹等地方特色纹样见于各组器物；绝大部分器物的兽面纹装饰几乎一致地表现为与中原二里冈和殷墟完全不同的特征，即均无地纹，阴线和阳线宽窄均匀，主体部分与辅助部分无层次感；纹饰制作均较粗糙，风格凝滞。而宁乡铜器群产地复杂，至少有中原、江汉地区和本地三种情况，各组器类装饰风格迥异，缺乏共性。

三、两大铜器群相互间联系及与中原铜器关系的比较

现在看来，宁乡铜器群与新干铜器群在空间上彼此相邻，相互重叠的空间范围似乎很小。从时间看，表面上似乎于商代晚期这一期间重合，但实质上两者作为考古学文化的内涵却不存在并行时期。如前所述，新干铜器群的主体年代为殷墟早中期，少数为殷墟晚期，但基本见不到西周的制品，说明新干铜器群所属考古学文化的年代下限不晚于商周之际，而被学术界普遍认为其所属的吴城文化也似乎晚不到西周时期。而宁乡铜器群情形则完全不同，尽管其中不少铜器（本文A、B组）铸造年代为商代晚期，但这些铜器作为本地考古学文化内涵的存在时期却在西周。因此，两者在时间上是彼此错开的，并不存在并行期。这种情况下，如果说两者存在关系，就只有一种可能性，即宁乡铜器群是新干铜器群的后裔或继承者，此前学界也确实有人提出过这种看法[112]。这种可能性是否成立，我们只能从文化面貌方面来求证，重点在于两者的地方特征器物。经过比较之后，我们不得不承认，这种可能性几乎不存在。宁乡铜器群铸造年代为商代者除湘乡黄马塞乳钉铙[113]与大洋洲065号铙和永修铙相近外，别无其他共同之处，但上文已讨论过，两者互见的铙、镈应该均源于江汉平原地区；新干铜器群众多的地方特色器类如折肩鬲及各种兵器、工具、杂器等均不见于宁乡铜器群，后者的刮刀、斧、锸等也不见于前者；从装饰风格来看，两者也不存在明显的源流或继承关系，虽然湘江流域也见少量燕尾纹或其类似装饰题材，但出现时间较晚。总体而言，宁乡铜器群的地方类型铜器从器类、形制到纹饰更多是模仿中原和江汉地区的同类作品，与新干铜器群联系很少。试想，如果宁乡铜器群是新干铜器群的延续或迁移，无论如何也不至于是目前我们所见到的这种面貌特征。那么，既然宁乡铜器群与新干铜器群既不同时并存，又没有太多文化传统上的瓜葛，只不过在静止的空间层面上相邻而已，它们之间的关系还用多费口舌吗？

在与中原铜器的关系方面，两者之间也存在明显的不同。宁乡铜器群有相当数量的中原地区铸造铜器（A组），它们制作精良、装饰华美，并有大量的铭文，与殷墟铜器完全一致；B组铜器虽然明显是继承二里冈铜器传统基础上的江汉地方制品，但因与殷墟铜器的同源关系也常常被认为是受殷墟铜器的影响，当然因为与殷墟同时，这种影响也是实际存在的，不过，既然它们是江汉地区铸造后以成品的方式流入本地，故不能认为宁乡铜器群所属文化与二里冈文化有直接联系；动物造型铜器殷墟发现虽少，但它们的装饰风格和工艺水平与殷墟铜器难分伯仲；地方类型标本也无不从各个方面模仿殷墟铜器，只是变异程度不同而已。新干铜器群几乎都是当地铸造的，基本不见中原地区的制品；相对而言，二里冈铜器的传统较殷墟铜器在这里更为流行，地

方类型铜器更多地模仿二里冈铜器而非殷墟铜器；新干铜器群没有发现铭文。总之，至少从表面来看，宁乡铜器群与中原地区的殷墟铜器关系非常密切，与二里冈铜器没有直接联系，而新干铜器群与二里冈铜器较殷墟铜器联系更密切。如果宁乡铜器群与新干铜器群都是殷墟时期在相邻地区同时存在的两个青铜文明，那么我们怎么解释它们与殷墟文化的这种迥然不同的关系呢？这样的现象也在将宁乡铜器群与广汉铜器群以及前文所论可能是江汉地区所铸铜器进行比较时见到。

通过以上对宁乡铜器群和新干铜器群内涵、年代、产地、文化面貌以及它们与中原文化关系诸方面分析和比较，我们不难看到，宁乡铜器群与新干铜器群在结构上存在巨大差异（所含铜器年代跨度不同、主体年代或所属文化存在年代不同、铸造地复杂情况迥异），在时间上不并行，在文化传统上联系很少。因此，我们不能因为两者的分布区彼此毗邻或其他方面的相似性，试图对宁乡铜器群的文化属性进行与新干铜器群相同或类似的推断和参照。说得更明白一些，即固然新干铜器群所在的赣江流域商代晚期可能存在发达的青铜文明，广汉三星堆的情况也可能类同，但不能武断地认为湘江流域一定也是这样，对于宁乡铜器群文化属性的解释，应该建立在对其所属考古学文化背景的深入研究之上。

注　释

［1］湖南省文物考古研究所、长沙市考古研究所、宁乡县文物管理所：《湖南宁乡炭河里西周城址与墓葬发掘简报》，《文物》2006年第6期。

［2］向桃初：《炭河里城址的发现与宁乡铜器群再研究》，《文物》2006年第8期。

［3］向桃初：《炭河里城址的发现与宁乡铜器群再研究》，《文物》2006年第8期。

［4］湖南省博物馆：《湖南省博物馆》，文物出版社、日本讲谈社，1983年，图版19、图版20。

［5］湖南省博物馆：《湖南省博物馆》，文物出版社、日本讲谈社，1983年，图版19、图版20。

［6］谭远辉：《湖南涔澹农场发现商代铜器墓》，《华夏考古》1993年第2期。

［7］向桃初：《湘江流域商周青铜文化研究》，线装书局，2008年。

［8］湖南省博物馆：《湖南省博物馆》（11），文物出版社、日本讲谈社，1983年。

［9］高至喜：《湖南宁乡黄材发现商代铜器和遗址》，《考古》1963年第12期。

［10］益阳地区博物馆：《宁乡黄材出土周初青铜罍》，《湖南博物馆文集》，岳麓书社，1991年。

［11］湖南省博物馆：《湖南省博物馆》，文物出版社、日本讲谈社，1983年，图版40。

［12］中国青铜器全集编辑委员会：《中国青铜器全集·商4》，文物出版社，1998年，图版102～图版104。

［13］湖南省博物馆：《湖南省博物馆》，文物出版社、日本讲谈社，1983年，图版29。

［14］高至喜：《湖南宁乡黄材发现商代铜器和遗址》，《考古》1963年第12期。

［15］向桃初：《“越式鼎”研究初步》，《古代文明》（第四卷），文物出版社，2005年，图

一，6。
[16] 熊传薪：《湖南宁乡新发现一批商周青铜器》，《文物》1983年第10期，图三。
[17] 向桃初：《湘江流域商周青铜文化研究》，线装书局，2008年，第280页，图八一，4。
[18] 熊传薪：《湖南宁乡新发现一批商周青铜器》，《文物》1983年第10期，图四。
[19] 中国青铜器全集编辑委员会：《中国青铜器全集·商4》，文物出版社，1998年，图版115。
[20] 益阳地区博物馆、宁乡县文物管理所：《宁乡月山铺发现商代大铜铙》，《文物》1986年第2期。
[21] 出土于宁乡县黄材镇月山铺乡龙泉村，2002年湖南省博物馆收集。见湖南省博物馆《湖南商周青铜器陈列》第13页下图。
[22] 湖南省博物馆：《湖南省博物馆新发现的几件铜器》，《文物》1966年第4期；长沙市博物馆、宁乡县文物管理所：《湖南宁乡老粮仓出土商代铜编铙》，《文物》1997年第12期、宁乡县文管所：《湖南宁乡出土商代大铜铙》，《文物》1997年第12期。
[23] 宁乡县文管所藏品。
[24] 熊传薪：《湖南宁乡新发现一批商周青铜器》，《文物》1983年第10期，图一。
[25] 高至喜：《中国南方出土商周铜铙概论》，《湖南考古辑刊》（第2集），岳麓书社，1984年，图版陆，3。
[26] 宁乡县文管所：《湖南宁乡县横市镇出土一件商代提梁卣》，《考古》1999年第11期。
[27] 中国青铜器全集编辑委员会：《中国青铜器全集·商4》，文物出版社，1995年，图版152。
[28] 向桃初：《湘江流域商周青铜文化研究》，线装书局，2008年，第280页，图七〇，3。
[29] 陈国安：《湖南桃江县出土四马方座铜簋》，《考古》1983年第9期。
[30] 湖南益阳市文物管理处：《湖南益阳出土商代铜铙》，《文物》2001年第8期。
[31] 高至喜：《中国南方出土商周铜铙概论》，《湖南考古辑刊》（第2集），岳麓书社，1984年，图版伍，2。
[32] 向桃初：《湘江流域商周青铜文化研究》，线装书局，2008年，第280页，图七三，2。
[33] 向桃初：《湘江流域商周青铜文化研究》，线装书局，2008年，第280页，图七九，4。
[34] 熊传薪：《湖南新发现的青铜器》，《文物资料丛刊》（5），文物出版社，1981年，图二。
[35] 中国美术全集编辑委员会：《中国美术全集·工艺美术青铜器》（上），文物出版社，1985年，图版122。
[36] 湖南省博物馆，长沙市文物工作队：《新邵、浏阳、株洲、资兴出土商周青铜器》，《湖南考古辑刊》（第3集），岳麓书社，1986年。
[37] 向桃初：《湘江流域商周青铜文化研究》，线装书局，2008年，第280页，图九八，6。
[38] 高至喜：《湖南省博物馆馆藏西周青铜乐器》，《湖南考古辑刊》（第2集），岳麓书社，1984年，图版柒，2。

[39] 高至喜：《湖南省博物馆馆藏西周青铜乐器》，《湖南考古辑刊》（第2集），岳麓书社，1984年，图一，4。
[40] 湖南省博物馆：《湖南省博物馆》，文物出版社、日本讲谈社，1983年，图版32。
[41] 胥卫华：《湖南岳阳市铜鼓山遗址出土商代青铜器》，《考古》2006年第7期。
[42] 熊传薪：《湖南新发现的青铜器》，《文物资料丛刊》（5），文物出版社，1981年，图一。
[43] 熊传薪：《湖南新发现的青铜器》，《文物资料丛刊》（5），文物出版社，1981年，图版捌，1、2。
[44] 岳阳市文物管理所：《岳阳市新出土的商周青铜器》，《湖南考古辑刊》（第2集），岳麓书社，1984年，图一。
[45] 岳阳市文物管理所：《岳阳市新出土的商周青铜器》，《湖南考古辑刊》（第2集），岳麓书社，1984年，图版壹。
[46] 吴承翟：《平江县浯口镇出土商代铜罍》，《湖南省博物馆馆刊》（第二期），岳麓书社，2005年，彩版二十。
[47] 湖南省博物馆：《湖南省博物馆》，文物出版社、日本讲谈社，1983年，图版17。
[48] 湖南省博物馆：《湘潭青山桥出土窖藏商周青铜器》，《湖南考古辑刊》（第1集），岳麓书社，1982年。
[49] 湖南省博物馆：《湘潭县出土商代豕尊》，《湖南考古辑刊》（第1集），岳麓书社，1982年。
[50] 湖南省博物馆：《湖南省博物馆新发现的几件铜器》，《文物》1966年第4期，图五～图八。
[51] 湖南省博物馆：《介绍几件从废铜中检选出来的重要文物》，《文物》1960年第3期。
[52] 曹敬庄：《株洲文物名胜志》，中国文史出版社，1991年，第291页。
[53] 熊传薪：《湖南新发现的青铜器》，《文物资料丛刊》（5），文物出版社，1981年，图版捌，3。
[54] 高至喜：《论中国南方商周时期铜铙的型式、演变与年代》，《南方文物》1993年第2期封面。
[55] 高至喜：《湖南省博物馆馆藏西周青铜乐器》，《湖南考古辑刊》（第2集），岳麓书社，1984年，图版柒，3。
[56] 饶泽民：《株洲发现西周青铜器》，《湖南考古辑刊》（第4集），岳麓书社，1987年。
[57] 熊建华：《湖南省博物馆新征集的西周齿纹铜铙》，《湖南博物馆文集》，岳麓书社，1991年。
[58] 饶泽民：《湖南株洲发现二件商周青铜器》，《考古》1993年第10期。
[59] 饶泽民：《湖南株洲发现二件商周青铜器》，《考古》1993年第10期。
[60] 湖南省博物馆：《湖南醴陵发现商代铜象尊》，《文物》1976年第7期。
[61] 湖南省博物馆：《湖南省博物馆》，文物出版社、日本讲谈社，1983年，图版26。
[62] 高至喜：《中国南方出土商周铜铙概论》，《湖南考古辑刊》（第2集），岳麓书社，1984

年，图版伍，3。

[63] 高至喜：《论中国南方商周时期铜铙的型式、演变与年代》，《南方文物》1993年第2期，图6。

[64] 向桃初：《湘江流域商周青铜文化研究》，线装书局，2008年，第280页，图八六，4；高至喜：《湖南省博物馆馆藏西周青铜乐器》，《湖南考古辑刊》（第2集），岳麓书社，1984年，图版拾，3。

[65] 向桃初：《湘江流域商周青铜文化研究》，线装书局，2008年，第280页，图七九，3。

[66] 戴小波：《涟源市出土一件商代铜卣》，《文物》1996年第4期。

[67] 熊建华：《湖南邵东出土一件西周四虎鎛》，《考古与文物》1991年第3期。

[68] 高至喜：《论中国南方出土的商代青铜器》，《中国考古学会第七次年会论文集》，文物出版社，1992年。

[69] 湖南省博物馆，长沙市文物工作队：《新邵、浏阳、株洲、资兴出土商周青铜器》，《湖南考古辑刊》（第3集），岳麓书社，1986年。

[70] 邵阳市文物管理处、新宁县文管所：《湖南省新宁县发现商至周初青铜器》，《文物》1997年第10期。

[71] 衡阳市博物馆：《湖南衡阳市郊发现青铜牺尊》，《文物》1978年第7期。

[72] 郑均生，唐先华：《湖南衡阳发现商代铜卣》，《文物》2000年第10期。

[73] 衡阳县文化局：《湖南衡阳出土两件西周甬钟》，《文物》1985年第6期。

[74] 冯玉辉：《衡阳博物馆收藏三件周代铜器》，《文物》1980年第11期；衡阳县文化局：《湖南衡阳出土两件西周甬钟》，《文物》1985年第6期。

[75] 冯玉辉：《衡阳博物馆收藏三件周代铜器》，《文物》1980年第11期。

[76] 蔡德初：《湖南耒阳县出土西周甬钟》，《文物》1984年第7期。

[77] 向桃初：《湘江流域商周青铜文化研究》，线装书局，2008年，第280页，图七三，4。

[78] 陈国安、傅举良：《湖南安仁县豪山发现西周铜器》，《考古》1995年第5期。

[79] 湖南省博物馆、长沙市文物工作队：《新邵、浏阳、株洲、资兴出土商周青铜器》，《湖南考古辑刊》（第3集），岳麓书社，1986年。

[80] 高至喜：《湖南省博物馆馆藏西周青铜乐器》，《湖南考古辑刊》（第2集），岳麓书社，1984年，图版捌，4。

[81] 高至喜：《湖南省博物馆馆藏西周青铜乐器》，《湖南考古辑刊》（第2集），岳麓书社，1984年，图版捌，1、2。

[82] 永州市博物馆藏品，双牌县出土。

[83] 宜丰县博物馆（胡绍仁）：《宜丰县出土商代铜铙》，《江西历史文物》1985年第1期。

[84] 刘敏华：《江西萍乡新出土的西周甬钟》，《南方文物》1998年第1期。

[85] 黄东梅：《清江县山前发现西周甬钟》，《南方文物》1981年第3期。

［86］ 薛尧：《江西出土的几件青铜器》，《考古》1963年第8期；余家栋：《江西新余连续发现西周甬钟》，《文物》1982年第9期。

［87］ 严霞峰、黄李成：《江西靖安出土西周甬钟》，《考古》1984年第4期。

［88］ 广西壮族自治区文物工作队（梁景津）：《广西出土的青铜器》，《文物》1978年第10期，图一。

［89］ 覃光荣；《广西贺县发现青铜镈钟》，《考古与文物》1982年第4期。

［90］ 广西壮族自治区博物馆：《近年来广西出土的先秦青铜器》，《考古》1984年第9期，图五～图七。

［91］ 广西壮族自治区文物工作队（梁景津）：《广西出土的青铜器》，《文物》1978年第10期，图版肆，1。

［92］ 广西壮族自治区文物工作队（梁景津）：《广西出土的青铜器》，《文物》1978年第10期，图版肆，2。

［93］ 江西省文物考古研究所、江西省博物馆、新干县博物馆：《新干商代大墓》，文物出版社，1997年。

［94］ 彭适凡、李玉林：《江西新干县的西周墓葬》，《文物》1983年第6期。

［95］ 江西省博物馆、清江县博物馆：《近年江西出土的商代青铜器》，《文物》1977年第9期。

［96］ 徐长青：《江西永修发现商代青铜铙》，《南方文物》2002年第2期。

［97］ 梁德光：《江西遂川出土一件商代铜卣》，《文物》1986年第5期。

［98］ 宜丰县博物馆（胡绍仁）：《宜丰县出土商代铜铙》，《江西历史文物》1985年第1期，封面；图见《中国文物精华大辞典·青铜器卷》，上海辞书出版社、商务印书馆（香港）有限公司，1996年，第62页，图版0222。

［99］ 参见彭适凡：《赣江流域出土商周铜铙和甬钟概述》，《南方文物》1998年第1期。

［100］ 河南省文物研究所，郑州市文物考古研究所；《郑州商代铜器窖藏》，科学出版社，1999年。

［101］ 朱凤瀚：《古代中国青铜器》，南开大学出版社，1995年，第708页，图一〇二九，5；第713页，图一〇三四，8。

［102］ 向桃初：《湘江流域商周青铜文化研究》，线装书局，2008年，第408~411页。

［103］ 向桃初：《湘江流域商周青铜文化研究》，线装书局，2008年，第309~358页。

［104］ 朱凤瀚：《古代中国青铜器》，南开大学出版社，1995年，第713页，图一〇三四，4；第717页，图一〇四一，12。

［105］ 朱凤瀚：《古代中国青铜器》，南开大学出版社，1995年，第736页，图一〇七二，3；第737页，图一〇七三，4。

［106］ 曹玮主编：《汉中出土商代青铜器》，巴蜀书社，2006年。

［107］ 中国社会科学院考古研究所：《殷墟的发现与研究》，科学出版社，2001年，第314页，图一七四。

[108] 中国社会科学院考古研究所、北京市文物研究所琉璃河考古队：《北京琉璃河1193号大墓发掘简报》，《考古》1990年第1期，图七，3。
[109] 王恩田：《湖南出土商周铜器与殷人南迁》，《中国考古学会第七次年会论文集》，文物出版社，1992年。
[110] 何介钧：《试论湖南出土商代青铜器及商文化向南方传播的几个问题》，《湖南先秦考古学研究》，岳麓书社，1996年。
[111] 中国社会科学院考古研究所：《中国田野考古报告集·安阳殷墟花园庄东地商代墓葬》，科学出版社，2007年，彩版一四。
[112] 傅聚良：《盘龙城、新干和宁乡——商代荆楚青铜文化的三个阶段》，《中原文物》2004年第1期。
[113] 高至喜：《论中国南方商周时期铜铙的型式、演变与年代》，《南方文物》1993年第2期，封二，6。

（原载于《江汉考古》2009年第1期）

从殷墟出土铜铙看南方铜铙的年代

铜铙在我国南方地区发现较多，类型也很复杂。关于南方铜铙的年代，最早的一般断为商代，晚的为西周，也有一律断为春秋者。笔者认为，铜铙是南方地区商周青铜文明的重要组成部分，其产生、发展、变化的过程和规律应与南方地区青铜文明的整体状况和总体规律分不开，而大量考古证据和研究表明，南方地区青铜文明的形成又与中原地区商周青铜文明的传播和影响有着密切的关系，所以，南方铜铙的研究也有必要参考中原青铜器中的同类器。本文试图通过对殷墟出土铜铙形制、纹饰、年代及其与南方铜铙关系的研究，从另一个角度来探讨南方铜铙的年代问题。

一、殷墟铜铙的年代及相关问题

中原地区所见铜铙，主要出土于殷墟。据目前发表的材料，殷墟出土铜铙共36件，这些铙均为编铙，同一套铙形制、纹饰完全一致、大小相次。其中妇好墓出土的5件为成编的1套；西北冈东地小墓M1083出土的4件，有学者认为属4件套，但该墓出土4件铙中最小的2件大小基本一致，应是3件成编的1套外加1单件；余27件为3件成编的9套。殷墟以外地区出土的同类铙有河南温县小南张出土的1套3件、鹿邑太清宫长子口墓2套6件、洛阳林校西周车马坑1套3件、山东青州苏埠屯墓地M8出土1套3件、滕州前掌大墓地两墓出土4件但不成编、陕西宝鸡竹园沟M13出土1件等（表一）。

表一　中原地区出土铜铙登记表

出土地点	件数	纹饰及铭文	规格 ［通高/口径/重量 （厘米/厘米/千克）］	年代	资料出处
1976安阳小屯M5	5	素面凸线框 铭文“亚”	14.4/10.3/— 11.5/9.2/— 11.7/8.7/— 9.8/8/— 7.7/— /—	殷墟二期晚段	中国社会科学院考古研究所：《殷墟妇好墓》，文物出版社，1985年

续表

出土地点	件数	纹饰及铭文	规格 [通高/口径/重量 (厘米/厘米/千克)]	年代	资料出处
1983安阳大司空村东南M66	3	羊角兽面纹 铭文"古"	17.5/14.0/1.25 14.8/11.5/0.7 12.2/9.4/0.45	殷墟二期晚段	中国社会科学院考古研究所安阳工作队:《安阳大司空村东南的一座殷墓》,《考古》1988年第10期,图一一、图一六
1995安阳郭家庄东南M26	3	素面凸线框 无铭文	21.6/16.8/— 17.4/14.4/— 15/11.6/—	殷墟二期晚段	中国社会科学院考古研究所安阳工作队:《河南安阳市郭家庄东南26号墓》,《考古》1998年第10期,图一七
2001安阳花园庄东M54	3	羊角兽面纹 铭文"亚长"	17.6/14.2/1.35 14.4/11.8/0.86 12.3/9.6/0.47	殷墟二期晚段	中国社会科学院考古研究所:《安阳殷墟花园庄东地商代墓葬》,科学出版社,2007年,图一〇二;彩版二〇
1984安阳戚家庄东M269	3	羊角兽面纹 铭文"爰"	18.4/13.1/1.1 13.7/11.6/0.75 11.9/9.3/0.55	殷墟三期早段	安阳市文物工作队:《殷墟戚家庄东269号墓》,《考古学报》1991年第3期,图一二;图版拾肆,3
1990安阳郭家庄M160	3	牛角兽面纹 铭文"中"	24.6/18.3/3.25 20.6/15.2/1.7 17.2/12.1/0.9	殷墟三期晚段	中国社会科学院考古研究所:《安阳殷墟郭家庄商代墓葬》,科学出版社,1998年,图80;彩版13,2~4
1974安阳孝民屯M669	3	牛角兽面纹 铭文"中"	21/15/— 18/12.3/— 14.3/10/—	殷墟四期	中国社会科学院考古研究所安阳工作队:《1969~1977年安阳殷墟发掘报告》,《考古学报》1979年第1期
2004安阳大司空村M303	3	羊角兽面纹 铭文"马危"	20.3/15.1/1.5 17.6/12.8/1 14.8/10.8/0.75	殷墟四期晚段	中国社会科学院考古研究所安阳工作队:《殷墟大司空M 303发掘报告》《考古学报》2008年第3期,图二六,1~3
1953安阳大司空村M312	3	羊角兽面纹 铭文"亚祀母◆"	18.6/—/— 15.8/—/— 13.9/—/—	殷墟晚期(具体期段不详)	马得志等:《一九五三年安阳大司空村发掘报告》,《考古学报》,1955年第九册,图版拾
1958安阳大司空村M47*	3	素面凸线框 铭文不详	不详	殷墟晚期(具体期段不详)	河南省文化局文物工作队:《1958年春河南安阳市大司空村殷代墓葬发掘简报》,《考古通讯》1958年10期,图版叁,15;表二

续表

出土地点	件数	纹饰及铭文	规格 ［通高/口径/重量 （厘米/厘米/千克）］	年代	资料出处
安阳侯家庄西北冈M1083	4	羊角兽面纹 铭文不详	17.9/— /— 15.1/— /— 12.7/— /— 12.4/— /—	殷墟晚期（具体期段不详）	陈芳妹：《西北冈墓地艺术史研究的新线索》，《多维视域——商王朝与早期中国文明研究》，科学出版社，2009年，图二七
河南温县小南张	3	素面凸线框	规格略	殷墟晚期	杨宝顺：《温县出土的商代铜器》图一
河南鹿邑太清宫长子口墓	6	2套均羊角兽面纹	规格略	西周初	河南省文物考古研究所等《鹿邑太清宫长子口墓》，中州古籍出版社，2000年
山东滕州前掌大墓地3墓	4	不成套，3件羊角兽面纹，1件无角虎耳兽面纹	规格略	商末至西周早期	中国社会科学院考古研究所《滕州前掌大》，文物出版社，2005年
山东青州苏埠屯M8	3	羊角兽面纹	规格略	殷墟晚期	山东省文物考古研究所等：《青州市苏埠屯商代墓地发掘报告》，《海岱考古》（第1辑），山东大学出版社，图版拾，3
河南洛阳林校车马坑	3	素面凸线框	规格略	西周早期	洛阳市文物队：《洛阳林校西周车马坑》，《文物》1999年第3期，图一三
陕西宝鸡竹园沟	1	羊角兽面纹 甬部有纽	规格略	西周早期	宝鸡市博物馆：《宝鸡国墓地》，文物出版社，1988年

注：* 李纯一《中国上古出土青铜乐器综论》误为安阳大司空村M51所出。

殷墟铜铙的形制大同小异，均呈合瓦形，圆柱形短柄中空，多数出土时柄内残存朽木，柄部末端一般稍加厚略呈箍状，均无旋；尺寸大小也基本相近，每套中最大的一般通高20、口径15厘米左右，重量1～3千克，最小的一般通高10～15、口径10厘米左右，重1千克上下。就钲体两面的纹饰而言，可以分为两类：一类是兽面纹，为单独的兽头，不见身体，其中又可细分为“羊角兽面”和“牛角兽面”两小类（图一，2、3）；另一类为素面凸线框（图一，1）。均无地纹，多数标本内壁铸有族徽铭文。

殷墟铜铙均出土于墓葬，除西北冈东地M1083外都是较高等级的贵族墓，不仅伴出大量青铜礼器，还有成组的陶器，其所在遗迹的埋葬年代一般比较明确。参照岳洪彬先生对殷墟铜器墓葬的最新分期[1]，这11套铜铙中4套出于殷墟二期晚段墓（妇

图一　殷墟出土铜铙与南方早期铜铙

1. 殷墟妇好墓出土　2. 安阳大司空南M312出土　3. 安阳孝民屯M899出土　4. 湖北阳新1号铙
5. 瑞典远东博物馆藏

好墓、大司空M663、郭家庄M26、花园庄东M54）、1套出于三期早段墓（戚家庄东M269）、1套出于三期晚段墓（郭家庄M160）、2套出于四期墓（孝民屯M669、大司空M303）、余3套所出墓葬年代不详，但均可断为殷墟晚期。由此可见，殷墟铜铙是从二期晚段开始流行的，其年代上限不早于殷墟二期。

以前的学者没有论及上述两类不同纹饰的铙究竟有什么内在联系，即为铸造年代不同还是使用者等级差别或是实用器与明器的差别等形成的。笔者认为最大可能是年代早晚不同，其次可能是实用器与明器之别，而使用者等级差别的可能性很小。因为上述殷墟二期晚段4墓中，以妇好墓和郭家庄M26年代稍早，这两墓所出铜铙纹饰均为素面凸线框，虽然年代可能为殷墟晚期和西周早期的大司空村M47和洛阳林校车马坑所出铜铙纹饰为凸线框，但不能排除其所出铜铙本身的年代较早；宝鸡竹园沟铙有纽，年代明显较晚，钲面纹饰为兽面纹。当然，如果作为明器，铸造时用素面凸线框替代较为复杂的兽面纹也是可以想象的。但若是使用者等级差别所致则与妇好墓出土铜铙情况不符。妇好墓出土的5件套铙较其他墓出土的3件套从数量来看，可表明其等级最高，而其纹饰并非兽面纹。或认为该套铙非王室所铸，而是等级较低的“亚”（内壁铭文）铸造后进贡给妇好的，但即使如此，也必须符合妇好本人的等级身份。所以，殷墟铜铙上纹饰之别不大可能与使用者的等级高低相关，最有可能是铸造年代的早晚之别，即装饰素面凸线框的铙早于装兽面纹的铙。

二、南方铜铙的类型及其与殷墟铜铙的关系

依据殷墟铜铙探讨南方铜铙的年代，首先必须弄清楚南方铜铙与殷墟铙的关系，而在此之前又必须弄清南方铜铙自身的发展过程，其中首要的问题就是建立南方铜铙自身的分类体系。据笔者统计，目前所见南方铜铙约有150件，其中大部分为出土品，但多为单独出土，有共存其他遗物的极少。这些铜铙的形制、纹饰和大小、重量等并不一致，内涵较为复杂。

以往学者对南方铜铙的分类，虽有多种不同的观点，但多数学者已基本达成了共识，即南方铜铙可大致分为兽面纹铙、云纹铙、乳钉铙和有枚铙四类（有的将乳钉铙和有枚铙合并为“有乳枚铙”）。此外，曹淑琴、殷玮璋先生将南方铜铙（称为“早期甬钟”）分为江浙类型和湖南类型[2]，其下又细分若干亚型；李纯一先生将南方铜铙称为“镛”，首先划分出无枚乳镛、乳镛、枚镛三型，无枚乳镛又分无旋和有旋两式，乳镛和枚镛也各分短体和长体两式[3]；陈佩芬先生将南方铜铙称为“钲”，并划分为界栏式、双目式和钟枚式三类[4]。

上述分类方法和结论虽均有可取之处，但不足之处亦显而易见。

首先是多数学者所主张的兽面纹铙、云纹铙、乳钉铙和有枚铙分类体系中“云纹铙”的划分问题。在拜读这些学者的论著时，笔者发现如下问题。

（1）虽然各家都分有兽面纹铙和云纹铙，但在某一类标本的归属上却有很大分歧，这样的情况甚至发生在同一学者身上。例如，湖北阳新2号铙[5]（本文简称，指1974年阳新出土的细阳线连珠纹铙）、新干大洋洲064号铙[6]、安徽潜山铙[7]、江苏江宁铙[8]等同类铙，何介钧[9]、施劲松[10]、彭适凡[11]等先生归入云纹铙，高至喜先生《中国南方出土商周铜铙概论》（下简称《概论》）[12]一文也划入云纹铙，但其后《论中国南方商周时期铜铙的型式、演变与年代》（下简称《型式》）[13]一文却改归为兽面纹铙。新干大洋洲065号铙[14]，高、施、彭等先生归为云纹铙，而何介钧先生却划入乳钉铙。

（2）在具体描述“云纹铙”的特征时，却往往提及其主体纹饰为兽面纹。如施劲松先生《我国南方出土铜铙和甬钟研究》（同注［10］）一文描述A型Ⅰ式云纹铙（以新干大洋洲064号为标本）的特征为“铙两面饰纤细的阳线云纹和凸出双目构成的兽面

纹”，这段话可简写为“铙两面饰兽面纹”；同文描述A型Ⅲ式云纹铙（以新干大洋洲066号为标本）也有“铙上兽面纹圆目凸出……”之句。彭适凡先生《赣江流域出土商周铜铙和甬钟概述》（下简称《概述》，同注［11］）一文将新干大洋洲出土的3件铙均划归“云纹大铙（B型）”，并描述其主要特征为“阔腔，长甬，无旋更无干，钲部主体纹饰为简化的兽面纹……钲体仅衬以卷云纹、连珠纹和雷纹、勾连雷纹”。

为什么会出现这些情况？笔者认为应该从分类标准上找原因。我们发现，在所有南方铜铙上均饰有云纹，而且云纹在铜铙的装饰中始终处于陪衬地位（均作地纹或辅助性装饰），因此，以云纹作为南方铜铙分类的标准或单列出一类云纹铙，只能造成分类的混乱。其实，被多数学者归入“云纹铙”的标本，它们的主题纹饰都是兽面纹，只不过这些铙的兽面纹有的被简化成仅剩两只眼睛了，有的则发生了变形，如新干大洋洲065、066号铙、宁乡黄材三亩地铙等，双兽目突出于云纹或勾连雷纹地上，兽面其他部分均已省略；而阳新2号铙、新干大洋洲064号铙、江苏江宁铙、安徽潜山铙等兽面纹的其他部分仍可见，只用云形的细阳线来表示，不如兽目那样突出而已，这应该是兽面纹的变形表现。

而乳钉铙和有枚铙的枚乳并不是铙的纹饰，即其不起装饰作用，而是因演奏时发音需要配置的铙之部件。尽管乳钉最早可能是起装饰作用的，但在发现其特殊功能而特意铸上成组乳钉之后就成为铜铙不可缺少的部件，装饰功能逐渐丧失了。这样，由于发音需要，铜铙两面必须铸上枚乳，钲面已无空间来表现兽面纹，兽面纹已只能在钲面中间的“丫”形部位隐约可见影子了。这既体现了装饰功能让位于实用功能，也是兽面纹传统装饰理念逐渐淡薄的反映。虽然从某种意义上讲，有乳钉或枚的铙在装饰理念上并未彻底摆脱兽面纹主题，但毫无疑义已发生了巨大的变化。可见，在南方铜铙的发展过程中，枚乳的出现无疑标志着一个新的重要阶段的开始，而在此之前，兽面纹作为铜铙装饰的主题纹饰一直占据统治地位。所以，南方铜铙的分类首先应该分为无枚乳铙和有枚乳铙两大类，前一类铙可依其主体纹饰均为兽面纹而统称为“兽面纹铙”，其中又可依兽面纹的不同表现方式进一步细分；后一类铙虽然还能隐约感觉到其装饰主题中兽面纹传统理念的残留，但因钲部需要设置实用功能的枚乳，兽面纹无论从空间还是观念上已经退出了铙面装饰的主体地位，枚乳已成为它们一眼可见且印象深刻的特征。

李纯一和陈佩芬先生的分类已经意识到这一点，但均在无枚乳铙的进一步细分中存在不足之处。李先生以有无旋为标准将无枚乳铙分为两式，各式又依纹饰粗细分为a、b亚型，虽然并未违背分类的原则，但其分类结果并没有反映出无枚乳铙内部各种不同纹饰的铙之间的逻辑关系，没有达到考古类型学分类的目的；陈先生三种类型中的“双目式”铙，从定名来看，可以认为其抓住了此类铜铙兽面纹装饰的主题，但也没有理清其与“界栏式”铙的逻辑关系。

其次是乳钉和枚的界定问题，以往论者均未就此进行说明，而且在具体标本的归属上存在混乱现象。例如，浙江长兴出土的两件铙、福建建瓯黄科山铙等，高至喜先生《概论》归入有枚铙，而《型式》又改属有乳钉铙；湖南省博物馆藏“异型铙”（殷八4：71，即25066号铙）、醴陵出土铙（殷八2：17，即22231号铙）等，高先生《湖南省博物馆馆藏西周青铜乐器》[15]一文作有乳钉铙，《型式》又改属有枚铙。彭先生《概述》一文中南昌李家庄铙、万载长和村铙被划为“乳钉纹大铙”，而枚乳形状几乎完全相同的萍乡十里埠两件铙却被划为有枚铙。

其实，“枚”和“乳钉”作为钟类乐器部件名称并无区别，《周礼·考工记·凫氏》云：“钟带谓之篆，篆间谓之枚。”郑玄注引郑司农云：“枚，钟乳也。”“枚”本来就是指钟体上的乳状物，“枚”就是乳钉，乳钉也就是“枚”。我们现在将乳钉与枚分割开来严格地说是有问题的，不过这并不重要，重要的是，既然我们将铜铙的枚乳分开为乳钉和枚，那么应该对它们进行界定。

本文将形状呈螺旋状和圆泡状的称为乳钉，而将形制呈锥状、柱状或圆台状的均称为枚。经与铜铙标本进行验证，我们发现，凡属乳钉铙者，均无钲间和篆间，钲面也布满云纹地纹；而属有枚铙者，均有钲间和篆间，钲面除篆间和隧部外，均素面无纹。充分说明这样界定是合适的。

基于以上讨论，本文将南方铜铙首先分为有枚乳和无枚乳两大类，其中有枚乳的铙可以根据枚乳的形制结合其他特征分为乳钉铙和有枚铙两类。无枚乳的铙又依兽面纹的结构和表现形式进行细分，通过合并分类层级之后，最后将南方铜铙分为兽面纹铙、乳钉铙和有枚铙三类，兽面纹铙类下又分为基本型兽面纹铙、变形兽面纹铙和简化兽面纹铙三型，其中变形兽面纹铙可再分粗阳线和细阳线两个亚型；有枚铙类也依钲部纹饰的表现手法分阳线和阴线两型（图二）。

关于各类型铙自身的早晚序列即式的变化及彼此之间的源流关系，我们可以遵循以下几点规律或逻辑关系进行排定。

（1）从西周至东周时期甬钟的形制和装饰特征往前追溯，关系最近的是有枚铙，它们均有旋，枚乳较高，钲面除钲间、篆间、隧部外无纹饰，尤其柱状枚有枚铙与甬钟除无干外更无区别，可知枚的演变序列应是锥状枚→圆台状枚→柱状枚。

（2）与有枚铙形制相近的乳钉铙尚未出现钲间和篆间，且通体饰云纹地纹，可与有枚铙、甬钟排成从早到晚的逻辑链。该类铙中无旋的乳钉均为螺旋状，有旋的乳钉多为泡状，而泡状乳钉更接近锥状枚；从体形大小和长宽比例来看，有旋的乳钉铙与有枚铙也非常接近。可知，有旋的铙要晚于无旋的铙，这一规律也应适用于兽面纹铙类。

（3）螺旋状乳钉多见于简化兽面纹上，两者的地纹又同为成排的云纹，故乳钉铙的祖型当为简化兽面纹铙。在细阳线变形兽面纹铙中也有个别标本钲面饰螺旋状乳钉，此可理解为乳钉铙滥觞之时尚未定型时的个别现象。

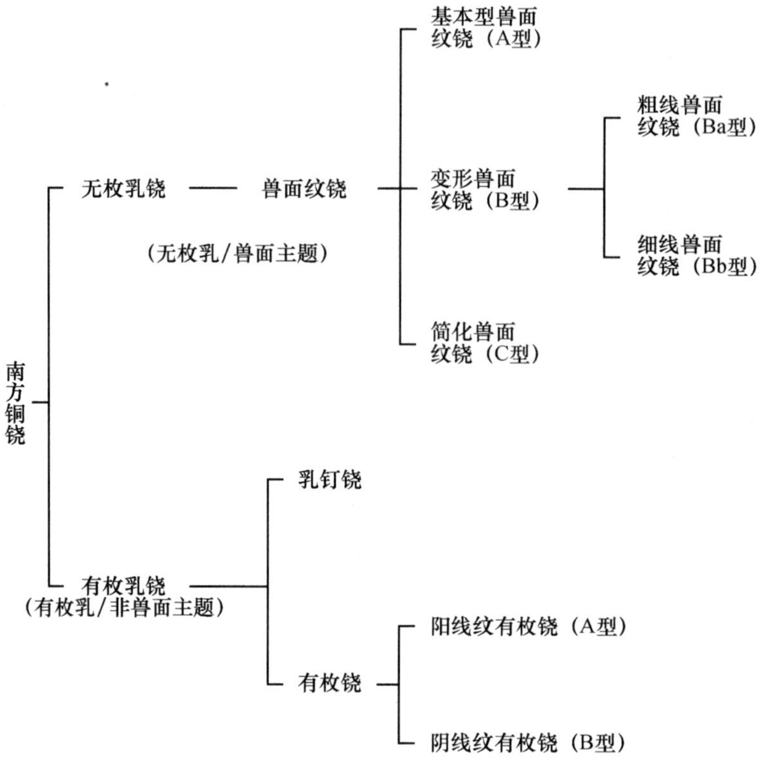

图二　南方铜铙分类体系结构图

（4）兽面纹本身的变化和兽面纹理念在铜铙装饰上中的逐渐淡化以及实用功能逐渐取代装饰功能的规律也是我们确定各类铙自身及彼此间早晚和源流关系的参考因素。

据此，笔者编列了如下南方铜铙分类体系及源流关系图（图三）。

兽面纹铙类　分A、B、C三型。

A型　基本型兽面纹铙。兽面各部位较齐备，特征明确。以有无旋及钲体兽面纹变化程度分三式。

Ⅰ式：无旋，甬上无纹，兽面纹构图较严谨。以湖北阳新一号铙[16]为代表（图三，1）。

Ⅱ式：无旋，甬上饰云纹，兽面纹构图轻灵活泼。以浙江余杭徐家畈铙[17]为代表（图三，2）。

Ⅲ式：有旋，甬、旋上饰云纹，兽面纹为浮雕。以湖南宁乡老粮仓1993年出土Ⅰ式铙[18]为代表（图三，3）。

B型　变形兽面纹铙。分粗阳线和细阳线二亚型。

Ba型　细阳线变形兽面纹铙。兽面双目突出，其他部位用云形细阳线勾画，连珠纹地。分二式。

Ⅰ式：无旋，甬上无纹，隧部阴刻云纹，腔体有合瓦形和六边形两种，典型标本为安徽潜山铙和新干大洋洲064号铙（图三，4）。

Ⅱ式：有旋，隧部为阳线兽面纹。以上海博物馆藏26780号铙[19]为代表（图三，5）。

Bb型 粗线兽面纹铙，钲面整体为一幅浮雕变形兽面纹，线条粗犷。分三式。

Ⅰ式：无旋，甬上无纹，钲部兽面纹的兽角仍大致可辨，兽面纹下有云纹地纹，隧部突出不明显。以北京故宫博物院藏铙[20]为代表（图三，6）。

Ⅱ式：有旋，旋及甬上均饰云纹或兽面纹，钲部主体兽面纹的形式基本固定，兽面纹下多无地纹，钲面四周布满云纹，隧部突出不明显。以湖南浏阳柏嘉铙[21]为代表（图三，7）。

Ⅲ式：有旋，与Ⅱ式相比，隧部突出，隧部两侧多见写实的浮雕象、虎、龙等动物纹，钲面四周云纹简略。以1959年湖南宁乡老粮仓出土的象纹[22]铙为代表（图三，8）。

C型 简化兽面纹铙。钲部兽面纹多简化为仅存双目。分三式。

Ⅰ式：无旋。以新干大洋洲065号铙为代表（图三，9）。

Ⅱ式：有旋。以湖南宁乡三亩地铙[23]为代表（图三，10）。

Ⅲ式：有旋。以湖南株洲兴隆齿纹铙[24]为代表，兽目作龟形（图三，11）。

乳钉铙类 分二式。

Ⅰ式：无旋，螺旋状乳钉。以湖南湘乡黄马塞铙[25]为代表（图三，12）。

Ⅱ式：有旋，泡状乳钉，钲面布满阴线云纹。以浙江长兴草楼村铙[26]为代表（图三，13）。

有枚铙类 有旋及固定的钲间和篆间。依钲部界格及篆间纹饰的表现手法分二型。

A型 钲面界格和篆间纹饰用细阳线表现，篆间纹饰多为云纹，框边的双阳线内往往有阳线圈点纹，隧部多为阳线变形兽面纹，有的钲面四周素地上浮雕眉状龙纹。依枚的形状分三式。

Ⅰ式：锥状枚。以美国芝加哥美术馆藏铙[27]为代表（图三，14）。

Ⅱ式：双层圆台状枚。以岳阳邹家山铙[28]为代表（图三，15）。

Ⅲ式：柱状枚。以湖南省博物馆藏22234号铙[29]为代表（图三，16）。

B型 钲面界格和篆间纹饰用阴线表现，篆间纹饰多为勾连云纹或雷纹，隧部多饰阴线云纹构成的变形兽面纹，钲面四周均无纹。分三式。

Ⅰ式：锥状枚。以北京故宫博物院藏铙[30]为代表（图三，17）。

Ⅱ式：双层圆台状枚。以湖南省博物馆藏22231号醴陵出土铙[31]为代表（图三，18）。

Ⅲ式：柱状枚。以湖南株洲漂沙井铙[32]为代表（图三，19）。

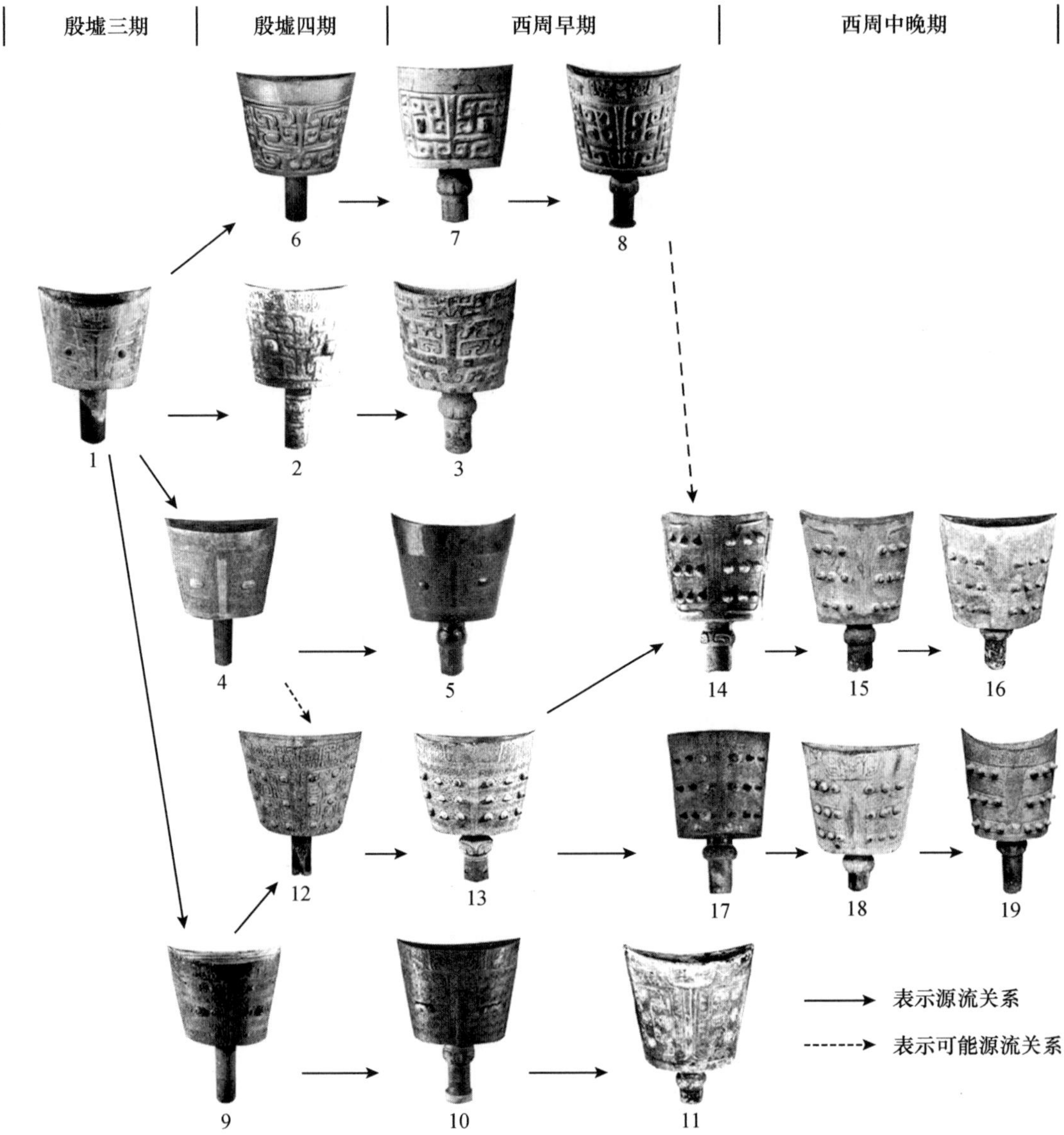

图三　南方铜铙年代及源流关系示意图

1～3. 兽面纹铙A型Ⅰ～Ⅲ式（湖北阳新1号铙、浙江余姚徐家畈铙、湖南宁乡老粮仓1993年出土Ⅰ式铙）　4、5. 兽面纹铙Ba型Ⅰ、Ⅱ式（江西新干大洋洲064号铙、上海博物馆藏26780号铙）　6～8. 兽面纹铙Bb型Ⅰ～Ⅲ式（北京故宫博物院藏铙、湖南浏阳柏嘉铙、湖南宁乡老粮仓象纹铙）　9～11. 兽面纹铙C型Ⅰ～Ⅲ式（江西新干大洋洲065号铙、湖南宁乡三亩地铙、湖南株洲兴隆齿纹铙）　12、13. 乳钉铙Ⅰ、Ⅱ式（湖南湘乡黄马塞铙、浙江长兴草楼村铙）　14～16. 有枚铙A型Ⅰ～Ⅲ式（美国芝加哥美术馆藏铙、湖南岳阳邹家山铙、湖南省博物馆藏22234号铙）　17～19. 有枚铙B型Ⅰ～Ⅲ式（北京故宫博物院藏铙、湖南省博物馆藏22231号铙、湖南株洲漂沙井铙）

从这个体系我们可以看到，基本型兽面纹铙Ⅰ式是最早的南方铜铙，由其派生出变形兽面纹铙和简化兽面纹铙，后以简化兽面纹铙为主演化出乳钉铙，并直接发展到有枚铙。在这个过程中，变形兽面纹铙只是南方铜铙演化主线外的一个歧枝，与乳钉铙和有枚铙并没有直接的源流关系。从兽面纹的演变来看，其由基本型兽面纹发展到变形兽面纹和简化兽面纹而不是相反，这符合事物发展的一般规律，当不容怀疑。以前学术界关于南方铜铙自身演变过程的研究虽取得了一些共识，如绝大多数研究者都同意有枚铙是由乳钉铙发展而来的，这是非常正确的。但是，学界在乳钉铙的来源问题上分歧较大：高至喜先生坚持认为以湖南出土为主的粗线兽面纹大铙是最早的南方铜铙，并由此演变为“云纹铙”，再演变为乳钉铙和有枚铙，并认为：“铙甬上旋的有无，并不表明其年代的早晚，而是由于地域的不同而形成的差异。”[33]而施劲松先生则认为：“云纹铙时代最早，并发展为乳钉纹铙。兽面纹铙中最早者时代与云纹铙相近，但并不是由云纹发展而来，也未向其他铙演变。”[34]比较而言，施劲松先生的看法较为合理一些，而高先生的看法存在明显的缺陷。正如施劲松先生所论：“如果早期的兽面纹铙和晚期的乳钉纹铙多有旋，而居中的云纹铙反而多无旋，这样的发展序列显然有可能是颠倒了。”当然，由于施劲松先生没有解决南方铜铙自身分类上存在的缺陷而沿用以往的分类，因而不可避免地在南方铜铙的源流和年代问题上出现失误和有未尽之处。例如，①其所分A型云纹铙，无论总述还是各式别分述中无不明言其钲面纹饰为兽面纹，却又另分出一类兽面纹铙；②在C型兽面纹铙下分三式，其中Ⅰ式标本包括无旋的和有旋的、兽面纹变形的和简化的等，显属失当；③因分类所限，而无法将乳钉铙之前的各类铙统一在主体纹饰兽面纹的逻辑演变序列之中，致使以湖南出土为主的粗线兽面纹铙在南方铜铙的发展体系中处于游离状态，从而造成其年代判断的失误，如将无旋的云纹铙断为殷墟二期，有旋的云纹铙和无旋的乳钉铙断为殷墟晚期或西周早期，却又将有旋的兽面纹大铙断为殷墟二期[35]。本文的分类体系将全部南方铜铙明确地安置于一个逻辑系统中的某一节点上，并牵涉到和其他铙的密切关系，从而避免了对南方铜铙源流和年代关系判断中的随意性，为南方铜铙的起源、发展、演变过程及其与殷墟铜铙关系的研究奠定了可靠的基础。

从以上分析可以得出这样的结论，南方铜铙有其自身的发展体系，这也是所有研究者所认同的。但是，有的学者却据此认为，南方铜铙是本地起源的，与中原殷墟的铜铙没有关系。这种错误的认识在以往分类体系混乱的情况下的确难以辨证，但在本文分类体系建立之后则不辩自明了。下面让我们看看南方的早期铜铙与殷墟铜铙的关系。

前述南方最早的铙为Ⅰ式基本型兽面纹，其典型标本如湖北阳新1号铙，体形较小，无旋，甬部无纹，形制上与殷墟铜铙接近，该铙甬端稍残，残高27、通高不超过30厘米，重4.7千克，与安阳郭家庄M160出土铙最大的一件非常接近，其钲面所饰兽面纹特征明确，为“臣”字形眼，宽鼻梁，与殷墟大多数铜铙相同；另一件瑞典远东博物馆藏品[36]，甬较短、于部较深，较阳新1号铙形制更接近殷墟铜铙，纹饰也是“臣”字形眼，宽鼻梁（图一，4）。不过这两件标本的兽面纹均非独立兽面，而是带有身体的兽面纹，这一点虽与殷墟铜铙有异，但却同于殷墟铜礼器上的兽面纹。因此，无论从形制还是纹饰的内容和结构来看，最早的南方铜铙都与殷墟铜铙有密切关系。

那么，两者孰源孰流呢？下列理由让笔者认识到，殷墟铜铙为源，南方铜铙是受其影响产生的。

第一，南方地区青铜文明的产生可以说是中原青铜文明影响的结果，南方铜器的许多器形或纹饰种类包括其功能等无不源于中原地区铜器，尤其在其早期。在这种背景下认为南方铜铙也源于殷墟铜铙于理不悖。

第二，从铙的形制渊源来看，中原地区较南方更有可能首先发明这种合瓦形乐器。中原地区在二里头文化晚期已出现与铜铙类似的乐器铜铃，而南方地区此前未见类似形制的铜器或者陶器。

第三，前面已论，殷墟铜铙钲面饰凸线框的要早于饰兽面纹的，而南方的早期铙均为兽面纹铙，如果殷墟铙来源于南方，则与殷墟铙上述演化过程不合，相反，如果殷墟铙为源而南方铙是流，则无抵牾之处。

第四，从铙体大小和兽面纹的演变规律来看，也应该是殷墟铙早于南方铙。如殷墟铙很小，南方最早的Ⅰ式基本型兽面纹铙稍大一些，细阳线变形兽面纹铙、简化兽面纹铙再大一些，而粗阳线变形兽面纹铙和乳钉铙、有枚铙就更大了；殷墟铙的兽面纹为独立兽面，南方Ⅰ式基本型兽面纹铙在兽面两侧出现身体，往后的南方铙在此基础上出现了各种变化。

三、南方铜铙年代辨析

上文对殷墟铜铙及其与南方铜铙关系的讨论，为本节对南方铜铙年代的分析做了铺垫。过去多数学者将乳钉铙之前的铜铙一律断为商代，而少数学者又将所有的铙断为春秋，笔者以为这两种结论均欠妥，本文试做简单的分析。

根据南方铜铙渊源于殷墟铜铙以及殷墟兽面纹铙年代为殷墟二期晚段之后这一认识，可以认为最早的南方铜铙的年代应在殷墟三期或稍晚，这也是南方铜铙铸造年代的上限。以前有学者在认定新干大洋洲遗存埋葬年代相当于殷墟早期的前提下，判断新干出土三件铙的年代为二里冈期至殷墟期之际[37]，现在看来需要修正。最近有学者通过对大洋洲出土陶瓷器的研究，认为该遗存的埋葬年代当为殷墟晚期[38]。这样，将南方铜铙的铸造年代提早到殷墟早期或更早就失去了基础。

南方铜铙的年代下限也是一个关键问题。此前学界流行的看法是，中原西周甬钟源于南方铜铙，而目前发现最早的甬钟为陕西宝鸡竹园沟7号墓出土的一套3件，据考证其年代不晚于西周早、中期之际，故南方铜铙的年代下限不晚至西周中期[39]。笔者认为，这种立论存在逻辑问题。原因如下 。

（1）虽然中原西周甬钟可能源于南方铜铙，但南方铜铙流传到中原地区并不意味其在本地会立即消失，故南方铜铙的年代下限应当不受中原甬钟最早年代的制约。

（2）铙与甬钟的主要区别就是干的有无，它不仅仅是安放和演奏方式的不同，而且由于声音传播方向不同，其娱乐的对象也应不同，因而很有可能代表着礼制意义上的差异。目前发现的中原早期甬钟与殷墟铜铙一样也是3件成编，这似乎表明中原甬钟的出现是借助南方铜铙的形体略加改造而成的（旋上加干），但仍旧赋予其中原文化的传统内涵，是新瓶装老酒，甬钟的起源是在中原而非南方。据笔者研究[40]，南方早期的甬钟有三类，即阳线界格钟、阴线界格钟和乳钉界格钟。前两类在纹饰表现手法上沿袭了本地的有枚铙，而后一类与中原甬钟相同，其侧鼓也多见侧鼓音标志小鸟纹。可见，虽然南方的钟也是南方铜铙的后裔，但并不是其自然演变的结果，而是受中原钟的影响出现的。若此，则南方甬钟从出现到完全替代铙必会经历较长一段时间，在这段时间内它与南方铜铙是并存的。所以，南方铜铙与南方的钟也不存在绝对的早晚关系。

依据本文关于南方铜铙分类体系所反映的源流和年代关系以及南方铜铙年代上、下限的讨论，结合与中原甬钟及南方甬钟形制和纹饰的比较，可以就南方铜铙的铸造年代进行如下推定。

基本型兽面纹铙（A型）：Ⅰ式，年代相当于殷墟三期或稍晚；Ⅱ式，殷墟四期，下限为商末；Ⅲ式，西周初或西周早期。

细阳线变形兽面纹铙（Ba型）：Ⅰ式，稍晚于A型Ⅰ式，相当于殷墟三期末至殷墟四期；Ⅱ式，有旋，年代为商末周初或稍晚。

粗阳线变形兽面纹铙（Bb型）：Ⅰ式，无旋，年代与A型Ⅱ式相当，为殷墟四期；Ⅱ、Ⅲ式，有旋，年代与A型Ⅲ式相当，为西周早期。

简化兽面纹铙（C型）：Ⅰ式，年代与Ba型Ⅰ式相当，为殷墟三期末至殷墟四期；Ⅱ式，有旋，年代与Ba型Ⅱ式相当，为商末周初或稍晚，Ⅲ式为西周早、中期。

乳钉铙：Ⅰ式，无旋，年代稍晚于C型Ⅰ式，为殷墟四期，下限为商末；Ⅱ式，有旋，年代与A型Ⅲ式相当，为西周早期。

有枚铙：A型Ⅰ式、B型Ⅰ式，与乳钉铙Ⅱ式有承袭关系，或者是中原甬钟的祖型，年代约相当于西周早期偏晚至中期前段；A型Ⅱ式、B型Ⅱ式，A型Ⅲ式、B型Ⅲ式，与中原西周中、晚期甬钟纹饰风格相近，年代也应相当，从西周中期后段至西周晚期。

上述结论与以往各家观点比较，在以下三点上区别很大。

（1）将湖北阳新、新干大洋洲等南方早期铜铙的年代推后至殷墟晚期，这得益于南方铜铙与殷墟铙源流关系的厘定及学术界对新干大洋洲遗存埋葬年代的重新认识。

（2）将以湖南出土为主的兽面纹大铙的年代断在西周。以往学界均将有旋的乳钉铙（Ⅱ式）的年代断为西周早期，却将同样有旋的兽面纹大铙断在殷墟二期，从器体大小、旋的设置和兽面纹的演变规律来看都是错误的，这里得到了更正。至于有些学者所列举的它们为商代的地层学证据都经不起推敲。例如，1983年宁乡月山铺象纹大铙出土后益阳地区博物馆组织了考古清理，据称其埋藏坑填土及坑壁地层中有“商周”时期陶片，并在附近探方发掘中出土了与炭河里遗址相同的陶器[41]。且不说根据考古地层学原理可以得出该铙埋藏坑年代晚于这些陶器年代的结论，近年炭河里遗址的发掘已证明其时代为西周时期。2000年益阳千家洲铙出土后，笔者到过现场并观摩坑中出土陶片，认为报告所说层位关系不能确定[42]，而且陶片的年代也不早于西周时期。1971年岳阳费家河商代遗址附近出土的1件铙[43]，也无证据表明它和费家河遗址有直接关系，而且费家河遗址的年代已是商末[44]。

（3）打破了以往将有枚铙一律断在西周早期的格局。以往的失误在于没有弄清楚南方铜铙、南方甬钟和中原甬钟三者之间的关系，简单而机械地理解了铙向甬钟演变的过程。

本文关于南方铜铙分类体系及年代判断的新见解，对于南方铜铙的分期、分区及族属等问题的深入研究有非常重要的意义。笔者最近将南方铜铙分为三期（同注［40］）。

早期，铜铙类型有A型Ⅰ、Ⅱ式，Ba型Ⅰ式，Bb型Ⅰ式，C型Ⅰ式兽面纹铙，以及Ⅰ式乳钉铙。本期铙均无旋，铙体多呈短阔状，甬部一般无纹饰，隧部两侧及钲面四周以素面居多。年代相当于殷墟晚期。

中期，铜铙类型有A型Ⅲ式，Ba型Ⅱ式，Bb型Ⅱ式、Ⅲ式，C型Ⅱ、Ⅲ式兽面纹铙和Ⅱ式乳钉铙，主要为Bb型兽面纹铙和乳钉铙为两大类。虽然A、Ba、C型铙数量急剧减少，呈衰败之势，但铜铙的总量大增。本期铙多体形高大、腔体变长、甬上均有旋，隧部两侧、钲面四周及甬部布满阴刻云雷纹地纹，不少铙隧部两侧或钲面周围出现浮雕纹样。因此，本期为南方铜铙的鼎盛时期，年代为商末至西周早期。

晚期，种类仅有枚铙一类，年代为西周中、晚期。本期铜铙的形制和装饰风格接近程式化，铙体均呈长方体、甬部有旋，钲面设置数目固定的枚、有篆间，隧部两侧、钲面四周及钲间一般为素面，少数浮雕眉状龙纹，除隧部见变形兽面纹外，兽面纹基本从铜铙的装饰主题中消失。

从分布地域来看，早期铙主要分布于鄂东南赣西北地区，中期铙分布于湖南湘江流域和江浙地区，晚期铙仅分布于湘江流域（包括邻近的赣江以西地区），这表明南方铜铙首先出现在最早掌握铜器冶铸技术和铜矿资源丰富的鄂东南赣西北地区，中期（商末至西周早期）其流行地域向湘江流域转移后进入鼎盛期，晚期在湘江流域继续发展，与甬钟并行，最后被甬钟取代。

关于南方铜铙的族属或文化属性问题，笔者认为可能与流行地域一样，也曾经历过大的变化。因与本文主题无关，这里不再详述。

注　释

[1] 岳洪彬：《殷墟青铜礼器研究》，中国社会科学出版社，2006年。

[2] 曹淑琴、殷玮璋：《早期甬钟的区、系、型研究》，《考古学文化论集》（第2集），文物出版社，1989年。

[3] 李纯一：《中国上古出土乐器综论》，文物出版社，1996年，第124～144页。

[4] 陈佩芬：《越文化青铜钲的若干问题》，《吴越地区青铜器研究论文集》，上海博物馆，1997年。

[5] 咸宁地区博物馆：《湖北省阳新县出土两件青铜铙》，《文物》1981年第1期，图二、图四。

[6] 江西省文物考古研究所、江西省博物馆、新干县博物馆：《新干商代大墓》，文物出版社，1997年，图四四，彩版二一，1。

[7] 陈梦家：《西周铜器断代》（下），中华书局，2004年，第904页，图上左。

[8] 南波：《介绍一件青铜铙》，《文物》1975年第8期，图一～图四。

[9] 何介钧：《试论湖南出土商代青铜器及商文化向南方传播的几个问题》，《湖南先秦考古学研究》，岳麓书社，1996年。

[10] 施劲松：《我国南方出土铜铙及甬钟研究》，《考古》1997年第10期。

[11] 彭适凡：《赣江流域出土商周铜铙和甬钟概述》，《南方文物》1998年第1期。

[12] 高至喜：《中国南方出土商周铜铙概论》，《湖南考古辑刊》（第2集），岳麓书社，1984年。

[13] 高至喜：《论中国南方商周时期铜铙的型式、演变与年代》，《南方文物》1993年第2期。

[14] 江西省文物考古研究所、江西省博物馆、新干县博物馆：《新干商代大墓》，文物出版社，1997年，图四五，彩版二一，2。

[15] 高至喜：《湖南省博物馆馆藏西周青铜乐器》，《湖南考古辑刊》（第2集），岳麓书社，1984年。

[16] 咸宁地区博物馆：《湖北省阳新县出土两件青铜铙》，《文物》1981年第1期，图一、图三。

[17] 王士伦：《记浙江发现的铜铙、釉陶钟和越王石矛》，《考古》1965年第5期，第256页，图版拾～图版拾贰。

[18] 长沙市博物馆、宁乡县文物管理所：《湖南宁乡老粮仓出土商代铜编铙》，《文物》1997年第12期，彩色插页贰，1、13；图一一。

[19] 中国音乐文物大系总编辑部：《中国音乐文物大系·上海卷》，大象出版社，1996年，第15

页，图1・1・12。
[20]　《故宫博物院藏品资料选介》，《文物》1966年第4期，第69页，左下图。
[21]　中国音乐文物大系总编辑部：《中国音乐文物大系Ⅱ・湖南卷》，大象出版社，2006年，第8页，图1・1・2a。
[22]　湖南省博物馆：《湖南省博物馆》，文物出版社，1983年，图版27、图版28。
[23]　湖南省博物馆：《湖南省博物馆》，文物出版社，1983年，图版29。
[24]　熊建华：《湖南省博物馆新征集的西周齿纹铜铙》，《湖南博物馆文集》，岳麓书社，1991年，第137页，封底。
[25]　高至喜：《论中国南方商周时期铜铙的型式、演变与年代》，《南方文物》1993年第2期，图6。
[26]　浙江省文物管理委员会：《浙江长兴县出土的两件铜器》《文物》1960年第7期。
[27]　陈梦家：《西周铜器断代》（下），中华书局，2004年，第905页，图上左。
[28]　中国音乐文物大系总编辑部：《中国音乐文物大系Ⅱ・湖南卷》，大象出版社，2006年，第46页，图1・1・36。
[29]　中国音乐文物大系总编辑部：《中国音乐文物大系Ⅱ・湖南卷》，大象出版社，2006年，第43页，图1・1・30。
[30]　故宫博物院：《故宫博物院50年入藏文物精品集》，紫禁城出版社，2005年，第121页，图154。
[31]　中国音乐文物大系总编辑部：《中国音乐文物大系Ⅱ・湖南卷》，大象出版社，2006年，第38页，图1・1・23。
[32]　中国音乐文物大系总编辑部：《中国音乐文物大系Ⅱ・湖南卷》，大象出版社，2006年，第47页，图1・1・37。
[33]　高至喜：《关于湖南出土商代兽面纹大铙的几个问题》，《湖南出土殷商西周青铜器》，岳麓书社，2007年，第712页。
[34]　施劲松：《长江流域青铜器研究》，文物出版社，2003年，第143页。
[35]　施劲松：《长江流域青铜器研究》，文物出版社，2003年，第145、146页。但该书第143页却说："若按原来的序列，兽面纹铙的时代就应当更早，但事实上兽面纹铙不可能早到殷墟二期。"两处说法有明显的矛盾。
[36]　林巳奈夫：《殷周时代青铜器の研究・综览一・图版》，吉川弘文馆，1984年，第381页钟12。
[37]　〔德〕罗泰：《论江西新干大洋洲出土的青铜乐器》，《江西文物》1991年第3期。
[38]　彭明瀚：《吴城文化研究》，文物出版社，2005年。
[39]　高至喜：《论中国南方商周时期铜铙的型式、演变与年代》，《南方文物》1993年第2期；曹淑琴、殷玮璋：《长江流域早期甬钟的形态学分析》，《文物与考古论集》，文物出版

社，1986年。
[40] 向桃初：《湘江流域商周青铜文化研究》，线装书局，2008年。
[41] 益阳地区博物馆、宁乡县文物管理所：《宁乡月山铺发现商代大铜铙》，《文物》1986年第2期。
[42] 益阳市文物管理处：《湖南益阳出土商代铜铙》，《文物》2001年第8期。
[43] 熊传薪：《湖南新发现的青铜器》，《文物资料丛刊》（5），文物出版社，1981年。
[44] 何介钧：《湖南商时期古文化研究》，《湖南先秦考古学研究》，岳麓书社，1996年。

（原载于《考古与文物》2010年第2期）

商周青铜方罍序列及皿方罍的年代问题

1919年出土于湖南省桃源，后流落海外近一个世纪的著名青铜器——皿方罍，近日终于回归湖南，与湖南省博物馆所藏器盖合璧为一，并由湖南省博物馆永久保存，这是我国文化界、文物收藏界非常有影响的一件大事。现在，皿方罍回归之事尘埃落定，社会各界对它的关注告一段落，但对于学术界来说，皿方罍本身及相关问题的研究才刚刚开始，需要广大同仁从不同研究角度、采取各种技术手段、涉及更广阔领域的探索和讨论。

我们注意到，绝大多数媒体报道都将皿方罍的年代定为商代晚期，这是基于国内外学术界的普遍认识。因近水楼台之便，笔者有幸近距离观摩了皿方罍真身，通过相关资料的比较研究，我们认为皿方罍的铸造年代最有可能为西周早期。如果这一观点能够成立，则皿方罍所有相关问题的探讨就有必要重新审视。

以往学术界对于皿方罍的年代，一般认定为商代晚期或商末。例如，美国学者贝格立将其归为典型的殷墟青铜器，称为“安阳青铜器”[1]；我国台湾学者苏芳淑定其年代为“公元前十一世纪”（即商周之际）[2]；李学勤《皿方罍研究》一文认为“皿”为周人族徽，皿方罍是商末周人所铸，其年代不可能晚至西周[3]。此外，湖南本地学者高至喜[4]、熊建华[5]等也专门讨论过皿方罍，一致认为其属商代晚期。当然，亦有少数学者推测皿方罍的年代可能晚到周初或西周早期，但均未进行详细论证，未能引起学术界的关注。

罍作为一种青铜礼器，至迟在商代中期已经出现，西周早期始见自铭“罍”者，西周中期以后出现自铭“𦉜”，春秋中期以后少见，消失于战国末。目前所见实物标本以圆罍为主，流行时间亦较长，而方罍很少，主要流行于商代晚期至西周早期，个别到西周中期，此后不见。

从形态和装饰风格来看，皿方罍无疑属于商周青铜方罍系列中的一员，与其相近的标本目前已见数件，如后文所列北京故宫博物院藏“亚醜”方罍、上海博物馆藏“亚夫”方罍、日本京都泉屋博古馆藏方罍等，故皿方罍的形制和纹饰面貌肯定不会脱离商周青铜方罍系列的总体发展轨迹。如果我们能确定皿方罍在这个发展轨迹上的具体位置，则其较为准确的年代则可推定，再结合其他有断代意义的特征进行印证，那么皿方罍的年代就能确定在一个较小的时间尺度内。为此，本文拟先尝试建立商周青铜方罍的发展演变序列，而后以此为基础讨论皿方罍的年代问题。

目前我们共收集到青铜方罍标本47件，出土地点明确者23件（其中12件为墓葬出土并经科学发掘）、不明者24件（附表一）。根据器身及器盖四隅有、无扉棱分A、B二型。

A型 24件。器身和器盖四隅无扉棱。但不排除器身口部、上腹、圈足、盖顶等部位四面中部有扉棱。依体形与有、无圈足或圈足高矮及肩、腹部纹饰布局和内容变化分六式。

Ⅰ式：4件。体形矮胖，领部较短，肩部圆广，腹部圆收，平底或内凹。肩部四面饰两两相对的凤鸟纹，腹上部一周变形夔龙纹间涡纹带，中、下腹饰由对凤纹和蝉纹构成的大三角垂叶纹。标本为城固肖家村“亚伐”方罍[6]、城固苏村方罍[7]（图一，1）和殷墟妇好墓出土的2件“妇好”方罍（M5：856、M5：866）[8]。

Ⅱ式：3件。体形稍瘦，肩部多饰双身龙纹，但仍见凤鸟纹。腹上部仍设一周变形夔龙纹间涡纹带，但腹中部增设一周兽面纹，下腹仍为大三角垂叶纹，但垂叶纹不再由对凤纹而由对夔纹构成。标本为日本根津美术馆藏方罍[9]、1999年安阳苗圃北地M229出土方罍[10]（图一，2）、河南新乡市博藏传为1952年殷墟妇好墓出土的方罍[11]等。

Ⅲ式：1件。体形及腹部纹饰同前A型Ⅱ式，但前式肩部的夔龙纹被每面两个共八个大涡纹替代，肩、腹之间的涡纹间变形夔龙纹带消失。标本为1995年安阳郭家庄东南M26出土方罍[12]（图一，3）。

Ⅳ式：5件。肩部多饰大涡纹，有的省略，腹部均素面无纹。标本有河南安阳花园庄东地M54出土方罍[13]（图一，4）、德国柏林东亚美术馆藏“武”方罍[14]、西安私家藏方罍[15]、台北史语所藏“亚疑”方罍[16]、荣厚旧藏方罍[17]等。

Ⅴ式：9件。体形瘦高，领部加长，肩部变窄，腹部斜收，底部新见圈足，肩、腹部纹饰同前式。标本有河南安阳刘家庄北地M1046出土方罍[18]、山东滕州前掌大M11出土“史”方罍[19]、陕西扶风法门镇庄白1号窖藏出土“陵”方罍[20]（图一，5）、扶风召公镇出土方罍[21]、山西曲沃天马-曲村出土“伯”方罍[22]、辽宁喀左山湾子出土“史”方罍[23]、北京故宫博物院藏“□父乙”方罍[24]、1973年香港富士比拍品“史作彝”方罍[25]、2006伦敦苏富比拍品“亚妇”方罍[26]等。

Ⅵ式：2件。圈足下折呈方座状，体形更趋瘦高。标本为上海博物馆藏“[illegible]”方罍[27]（图一，6）、日本坂本五郎不言堂藏方罍[28]。

B型 23件。器身、盖四隅有扉棱。根据扉棱形状分二亚型。

Ba型 19件。扉棱整体呈条状，外侧缺口或刻线呈横置的“T”字形、“L”字形或“Ⅰ”字形。根据体形、有无圈足或圈足高矮及肩、腹部纹饰布局和内容变化分四式。

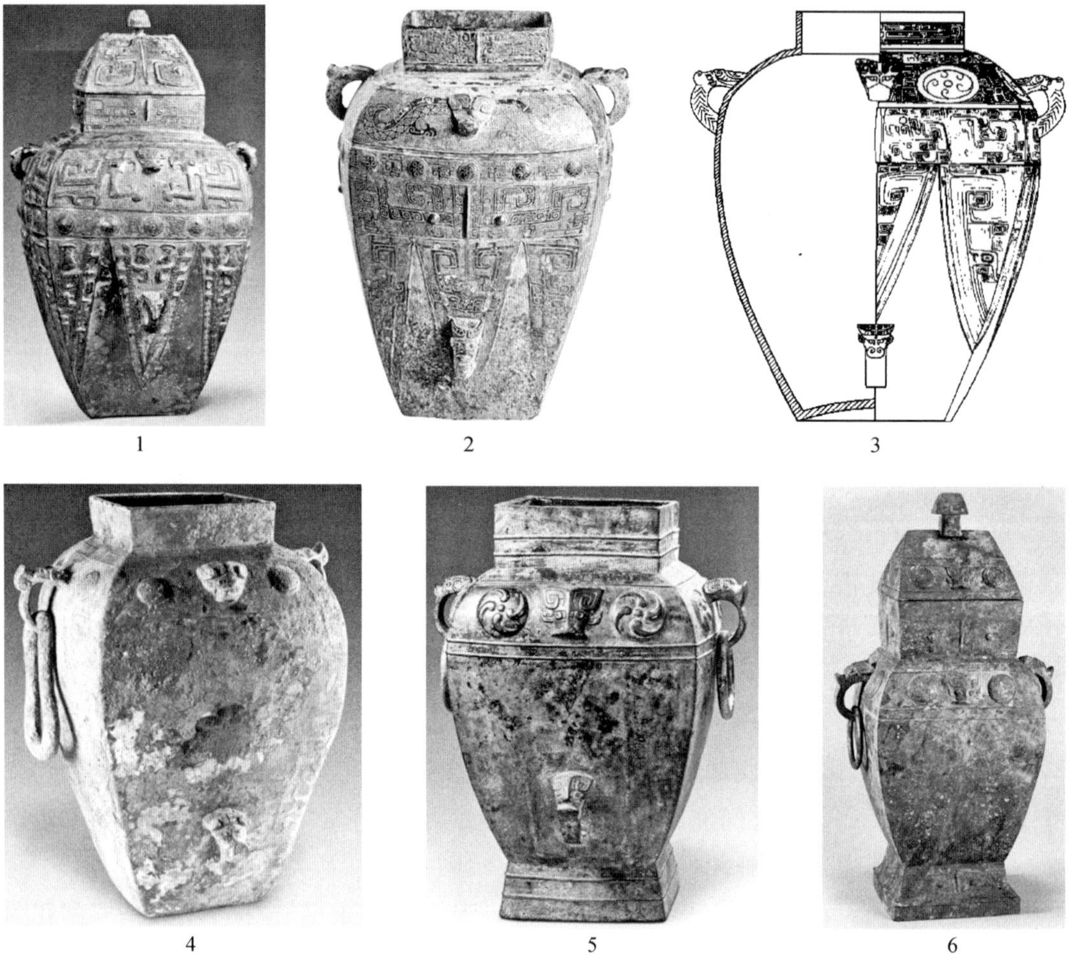

图一 A型方罍

1. Ⅰ式（城固苏村方罍） 2. Ⅱ式（安阳苗圃北地M229） 3. Ⅲ式（安阳郭家庄东南M26） 4. Ⅳ式（花园庄东M54方罍） 5. Ⅴ式（扶风"陵"方罍） 6. Ⅵ式（上博"[illegible]"方罍）

Ⅰ式：1件。无圈足。体形同A型Ⅱ～Ⅳ式。肩、腹部纹饰同A型Ⅲ式。扉棱低矮，仅设于四隅，腹部中间尚未出现扉棱。标本为美国芝加哥艺术学院博物馆藏方罍[29]（图二，1）。

Ⅱ式：4件。出现矮圈足。体形同前式。扉棱加高，并出现八条扉棱。肩部饰夔龙纹或双身龙纹，同A型Ⅱ式。腹部纹饰同A型Ⅲ式。标本有德国慕尼黑国立民间艺术博物馆藏"鳶" 方罍[30]（图二，2）、1986年香港富士比拍品"䡅工"方罍[31]、香港思源堂藏"䡅工"方罍[32]、日本白鹤美术馆藏"毋得"方罍[33]等。

Ⅲ式：10件。圈足增高、外斜。除个别标本外，均为八条扉棱，扉棱较高，多数整体侧视呈"F"形。肩部纹饰多夔龙纹，少数为凤鸟纹。上腹多饰夔龙纹，少数饰凤鸟纹。下腹纹饰并行兽面纹和大三角垂叶纹，个别素面。标本有河南鹿邑太清宫出土

“长子口”方罍[34]、河南洛阳北窑庞家沟出土“母鼓”“登”方罍[35]、北京琉璃河M1149出土“子”方罍[36]、辽宁喀左小波汰沟出土“登屰”方罍[37]、湖北汉阳竹林嘴出土方罍[38]、北京故宫博物院藏“亚醜”方罍[39]（图二，3）、曹秋舫旧藏“亚醜”方罍[40]、曹秋舫旧藏“王”方罍[41]、日本出光美术馆藏“亚醜”方罍[42]、美国纳尔逊艺术馆藏方罍[43]等。

Ⅳ式：4件。圈足下折呈方座状，体形更趋瘦高。均八条扉棱，多数侧视呈“F”形。肩部多饰夔龙纹，个别为凤鸟纹。上腹并行夔龙纹和凤鸟纹，下腹兽面纹居多，个别为大三角垂叶纹。标本有上海博物馆藏“亚夫”方罍[44]、日本泉屋博古馆藏方罍[45]（图二，4）、藤田美术馆藏方罍[46]、美国私家藏方罍[47]等。

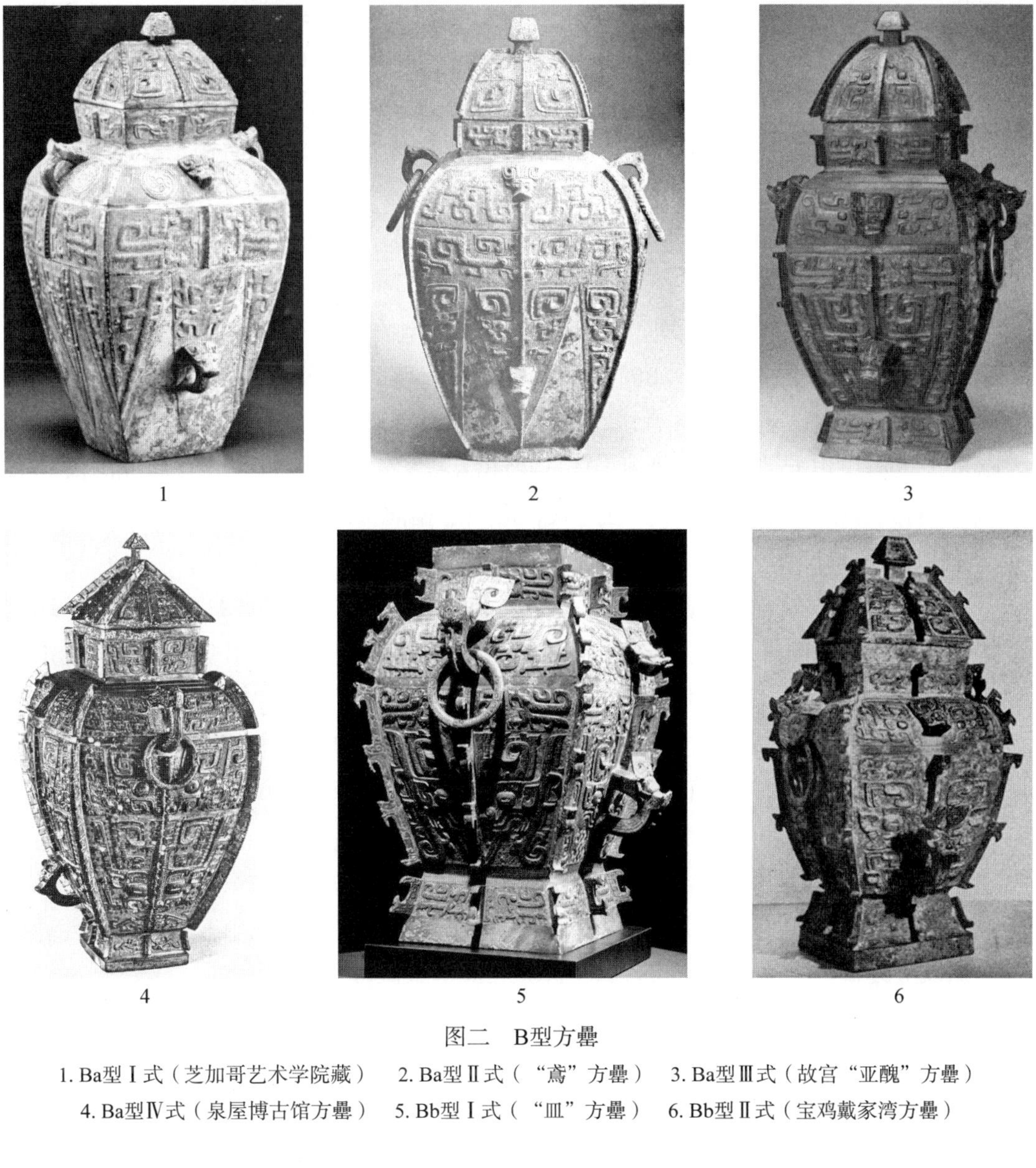

图二　B型方罍

1. Ba型Ⅰ式（芝加哥艺术学院藏）　2. Ba型Ⅱ式（“鬳”方罍）　3. Ba型Ⅲ式（故宫“亚醜”方罍）
4. Ba型Ⅳ式（泉屋博古馆方罍）　5. Bb型Ⅰ式（“皿”方罍）　6. Bb型Ⅱ式（宝鸡戴家湾方罍）

Bb型　4件。扉棱整体呈钩状，其外侧缺口很宽或拉伸变形。均有圈足，四隅及四面共八条扉棱，下腹纹饰均为兽面纹，不见B型常见的大三角垂叶纹。又依体形和圈足形状分二式。

Ⅰ型：2件。高圈足外斜，肩部饰夔龙纹或双身龙纹。标本“皿”方罍（图二，5）腹部兽面纹上部有一周凤鸟纹带。福州市博物馆藏方罍[48]腹部饰整幅兽面纹。

Ⅱ型：2件。圈足下折呈方座状，体形趋瘦。标本美国圣路易斯美术馆藏陕西宝鸡戴家湾出土方罍[49]肩部饰夔龙纹（图二，6），2007年湖北随州羊子山M4出土“噩侯”方罍[50]肩部饰八个涡纹。

以上逻辑序列的建立，得益于其中不少标本为考古发掘墓葬出土资料，其所属遗存年代较为确定。如妇好墓年代为殷墟二期，安阳苗圃北地229号墓、郭家庄东南26号墓、花园庄东地54号墓等年代为殷墟二期晚段至三期初，刘家庄北地1046号墓年代为殷墟四期末，前掌大墓地11号墓年代为商末周初，扶风庄白1号窖藏的年代为西周时期。以此为基础，首先可以确定A型方罍（四隅无扉棱者）的发展轨迹是：体形从矮胖到瘦高，底部从平底到有圈足、圈足由矮渐高并出现台座，肩部纹饰为凤鸟纹→双身龙纹→涡纹，腹部纹饰为变形夔纹间涡纹+对凤垂叶纹→变形夔纹间涡纹+夔龙纹+对夔垂叶纹→素面等。

B型方罍除肩、腹部装饰外，其形制演变与A型方罍完全一致，而且也得到了相关标本所属墓葬年代的证明。如同属Ba型Ⅲ式的鹿邑“长子口”方罍、洛阳北窑“母鼓”方罍、琉璃河“子”方罍等，所属墓葬年代为商末至西周早期，它们均带有较高的圈足，与年代相近的刘家庄北地1046号所出A型Ⅴ式方罍一致。各自后续的Ba型Ⅳ式和A型Ⅵ式方罍，圈足均下折呈方座状，形制也相同。而此前的A型Ⅰ～Ⅳ式和Ba型Ⅰ、Ⅱ式则领部明显较矮、肩部明显较宽等。

从形态、纹饰布局及内容来看，A、B两型方罍中，最为接近的是Ba型Ⅰ式与A型Ⅲ式，主要差别是前者四隅有扉棱。虽然Ba型Ⅰ式的扉棱并不凸出，但明显有标准扉棱上的“T”字形或“L”字形刻线，这应是方罍上最早的扉棱。从这一点可以认为Ba型Ⅰ式是A型Ⅲ式的派生型。此后两型方罍在纹饰布局和内容方面显然走向了完全不同的道路，A型肩部固定为八个大涡纹、腹部素面无纹，而Ba型方罍肩、腹部纹饰越来越繁缛。

Bb型不见无圈足者，与Ba型的晚期式别除扉棱形状别具一格外，无其他明显不同，显然是Ba型Ⅲ式的派生型。

据以上分析，可就各型、式方罍年代对应关系及流行年代推定如下（表一）。

A型Ⅰ、Ⅱ式流行年代为殷墟二期。

A型Ⅲ式主要流行于殷墟三期，Ba型Ⅰ式与之大体同时。

A型Ⅳ式主要流行于殷墟四期，Ba型Ⅱ式与之大体同时。

A型Ⅴ式主要流行于西周早期早段，Ba型Ⅲ式、Bb型Ⅰ式与之大体同时。

A型Ⅵ式主要流行于西周早期晚段，Ba型Ⅳ式、Bb型Ⅱ式与之大体同时。

表一 商周铜方罍各型、式对应关系及流行年代表

A型Ⅰ式	A型Ⅱ式	A型Ⅲ式	A型Ⅳ式	A型Ⅴ式	A型Ⅵ式
		Ba型Ⅰ式	Ba型Ⅱ式	Ba型Ⅲ式	Ba型Ⅳ式
				Bb型Ⅰ式	Bb型Ⅱ式
殷墟二期早段	殷墟二期晚段	殷墟三期	殷墟四期	西周早期早段	西周早期晚段

皿方罍属Bb型Ⅰ式，在方罍的形制、纹饰演变序列中，与A型Ⅴ式、Ba型Ⅲ式对应，依上文分析，其年代应为西周早期早段。但仅靠这一个方面的证据，似不足以让人信服。下面我们从兽面纹、扉棱及鋬和牺首等方面提出更多证据。

先说兽面纹。

图三 皿方罍下腹兽面纹局部特写

皿方罍腹部及盖顶主要部位均饰兽面纹，与以往确定为商代晚期青铜器上的兽面纹比较，其明显差别之一，就是兽面纹的肢体、角和鼻梁外侧多处长出钩牙（图三），看起来非常繁复或花哨。这种钩牙装饰虽在极少数商代末期青铜器兽面纹的角部开始出现，但兽面纹肢体上的钩牙装饰不见于商代晚期青铜器，而在西周早、中期青铜器上普遍流行，西周晚期仍可见到。西周青铜器不仅兽面纹上有这种钩牙装饰，还常见于夔龙纹、象鼻龙纹、凤鸟纹、窃曲纹等。器类遍及鼎、簋、尊、罍、方彝、卣、觥、觚、爵、觯、角、豆、壶等。如上海博物馆藏“德”方鼎、厚“趠”方鼎、“或父癸”方鼎（图四，1）、田告父丁方鼎、“卍”方鼎、“彀古”方尊（图四，2）、“父庚”觯等[51]，扶风庄白1号窖藏出土“折”尊（图四，3）、“折”觥（图四，4）、“折”方彝（图五，1）、凤纹觚、“父辛”爵[52]、山西天马曲村6195号墓出土“成周”鼎[53]、辽宁喀左小波太沟出土“圉”簋[54]（图五，2）、陕西陇县韦家庄出土方座簋[55]、洛阳马坡出土“令”方彝[56]、湖北江陵万城出土“小臣”卣[57]、河南信阳浉河港出土“晨肇宁”角[58]、陕西凤翔劝读村出土“对”罍[59]等。相关例子太多，不胜枚举！

1　2　3　4

图四　青铜器

1. 上海博物馆藏“或父癸”方鼎　2. 上海博物馆藏“嗀古”方尊　3.“折”尊　4.“折”觥

再看扉棱形状。

皿方罍的扉棱呈拉伸的钩状，这种扉棱渊源于商代二里冈期流行的侧面缺口呈连续“C”字形的扉棱。这种扉棱在中原地区商代晚期青铜器上基本不见，但在南方地区出土的商代晚期铜器上非常普遍。如江西新干大墓出土的鼎、甗、簋、豆等和湖南岳阳、华容，湖北枣阳、江陵，安徽六安、阜南，四川广汉三星堆等地出土的大口尊、折肩罍、瓿等以及江西新干与湖北随州、石首等地出土的铜镈上均见这种扉棱。西周早期，这种扉棱大量出现于关中地区所见青铜器上，并一直流行至西周中、晚期。除前举“或父癸”方鼎、“嗀古”方尊、“折”尊、“折”方彝、“折”觥、“令”方彝等外，还可举出“何”尊[60]、“商”尊、“商”卣[61]、成王方鼎、太保方鼎[62]、康厚丰方鼎[63]、伯各尊、伯各卣[64]、保利博物馆藏“𤞤”卣[65]（图五，4）等。与皿方罍扉棱同样拉伸变形的例子可见上海博物馆藏（传宝鸡出土）“川”鼎（图五，3）、“网”鼎[66]和北京故宫博物院藏“川”鼎[67]、陕西扶风齐家村窖藏出土“日己”方彝、“日己”方尊[68]等。

最后看鋬及牺首的风格。

皿方罍肩部两侧的双鋬、前后两面牺首及后面下腹的兽纽有一个共同特点，即兽的双耳竖立招展，气势张扬（图六）。这种风格的兽耳同样多见于西周时期，尤其是西周早期，器类主要有鼎、簋、觥等。而商代晚期青铜器鋬或牺首上的兽耳一般小而

1

2

3

4

图五 青铜器

1.“折”方彝 2.辽宁喀左出土“圉”簋 3.上海博物馆藏“川”鼎 4.保利博物馆藏“𤞤”伯卣

1　　2　　3

图六　皿方罍局部特写

1. 皿方罍肩部两侧鋬特写　2. 皿方罍下腹兽纽特写　3. 皿方罍肩部牺首特写

后缩，兽头看起来温顺可爱，与西周铜器兽耳之霸气、张扬的风格迥异。

以上证据足以表明皿方罍的年代为西周早期，再具体一点的话，最有可能为西周早期偏早阶段。当然，我们不完全排除其早至商末的可能性，但这种可能性极小。以往多数学者之所以将皿方罍断为商代晚期器，主要着眼于其与殷墟青铜器的共性，而对两者之间的差异缺乏应有的关注和重视。这也是我们在商周青铜器断代研究中经常碰到和难以把握的问题。商代晚期和西周青铜器同处于我国青铜文明发展的第一个鼎盛时期，在青铜礼仪、铸造技术、装饰艺术等诸多方面，西周早期青铜器均较多地继承了商代晚期青铜器的传统，这是两个地域邻近、相互交流密切的文化彼此替代中非常自然的现象。如果我们只注重共性而忽视差异，将不仅妨害商周青铜器的断代研究，由此而产生的一系列问题也将走入死胡同。

另外，皿方罍装饰上体现出来的繁复、张扬的艺术风格无不透露出一种积极进取、欣欣向荣的强势文化心理和时代精神，这与西周早期国力强盛、社会稳定、文化繁荣的时代背景相吻合，而商末国力衰退、社会动荡、文化处于低潮的背景是不太可能达到这种艺术境界的。我们认为，这一点对于商代晚期和西周早期铜器的断代研究应当具备一定参考意义。

注　释

［1］ Robert W. Bagley, Shang Ritual Bronzes in the Arthur M. Sackler Collections.Washington, D.C. 1987, p29.

［2］ 引自张昌平：《关于皿方罍》，《南方文物》2014年第2期。

［3］ 李学勤：《皿方罍研究》，《文博》2001年第5期。

［4］ 高至喜：《追踪皿方罍》，《收藏》2001年第8期。

［5］ 熊建华：《湖南商周青铜器研究》，岳麓书社，2013年，第98、99页。

［6］ 曹玮主编：《汉中出土商代青铜器》卷1，巴蜀书社，2006年，第122、123页。

[7] 曹玮主编：《汉中出土商代青铜器》卷2，巴蜀书社，2006年，第128、129页；中国青铜器全集编辑委员会：《中国青铜器全集·商4》，文物出版社，1998年，第108、109页，图版110、图版111。

[8] 中国社会科学院考古研究所：《殷墟妇好墓》，文物出版社，1980年，图版三二，1、2；《河南出土商周青铜器》编辑组：《河南出土商周青铜器》，文物出版社，1981年，第126页。

[9] 吴镇烽：《商周青铜器铭文暨图像集成》卷25，上海古籍出版社，2012年，第44页，第13750号；根津美術馆 ：《根津美术馆列品图录·美术编、工艺编》，根津美術馆，1984年，图版15。

[10] 中国社会科学院考古研究所：《商王朝文物存萃：甲骨·青铜·玉器，科学出版社，2013年》，第76、77页。

[11] 中国青铜器全集编辑委员会：《中国青铜器全集·商3》，文物出版社，1998年，第87页，图版八六。

[12] 中国社会科学院考古研究所安阳工作队：《河南安阳市郭家庄东南26号墓》，《考古》1998年第10期，图一一；图版伍，2；中国社会科学院考古研究所、安阳市考古研究所：《殷墟新出土青铜器》，云南人民出版社，2008年，第85页。

[13] 中国社会科学院考古研究所：《中国田野考古报告集 安阳殷墟花园庄东地商代墓葬》，科学出版社，2007年，彩版二一，1；中国社会科学院考古研究所、安阳市考古研究所：《殷墟新出土青铜器》，云南人民出版社，2008年，第245页。

[14] 李学勤、艾兰：《欧洲所藏中国青铜器遗珠》，文物出版社，1995年，图版51。

[15] 吴镇烽：《商周青铜器铭文暨图像集成》卷25，上海古籍出版社，2012年，第10页，第13708号。

[16] 吴镇烽：《商周青铜器铭文暨图像集成》卷25，上海古籍出版社，2012年，第36页，第13740号。

[17] 吴镇烽：《商周青铜器铭文暨图像集成》卷25，上海古籍出版社，2012年，第37页，第13741号。

[18] 中国社会科学院考古研究所安阳工作队：《安阳殷墟刘家庄北1046号墓》，《考古学集刊》（15），文物出版社，2004年，第372页，图10；图版24。

[19] 中国社会科学院考古研究所：《滕州前掌大墓地》，文物出版社，2005年，第275～279页，图一九九；图版一一七，2；彩版四二，2。

[20] 曹玮主编：《周原出土青铜器》卷3，巴蜀书社，2005年，第580～583页。

[21] 尚志儒、吴镇烽、朱捷元：《陕西省近年收集的部分商周青铜器》，《文物资料丛刊》（2），文物出版社，1978年；吴镇烽：《商周青铜器铭文暨图像集成》卷25，上海古籍出版社，2012年，第79页，第13788号。

[22] 吴镇烽：《商周青铜器铭文暨图像集成》卷25，上海古籍出版社，2012年，第84页，第

13795号。

［23］ 吴镇烽：《商周青铜器铭文暨图像集成》卷25，上海古籍出版社，2012年，第25页，第13729号。

［24］ 故宫博物院：《故宫博物院50年入藏文物精品集》，紫禁城出版社，2005年，第43页，图24。

［25］ 刘雨、汪涛撰：《流散欧美殷周有铭青铜器集录》，上海辞书出版社，2007年，第333页；吴镇烽：《商周青铜器铭文暨图像集成》卷25，上海古籍出版社，2012年，第72页，第13780号。

［26］ 吴镇烽：《商周青铜器铭文暨图像集成》卷25，上海古籍出版社，2012年，第109页，第13820号。

［27］ 中国青铜器全集编辑委员会：《中国青铜器全集·西周1》，文物出版社，1998年，第170页，图版一七八；陈佩芬：《夏商周青铜器研究·西周篇上》，上海古籍出版社，2010年，第196、197页。

［28］ 樋口隆康、林巳奈夫监修：《不言堂坂本五郎　中国青铜器清赏》，日本经济新闻社，2002年，第80页。

［29］ 中国青铜器全集编辑委员会：《中国青铜器全集·商3》，文物出版社，1998年，第88页，图版八七。

［30］ 李学勤、艾兰：《欧洲所藏中国青铜器遗珠》，文物出版社，1995年，图版50；吴镇烽：《商周青铜器铭文暨图像集成》卷25，上海古籍出版社，2012年，第6、7页，第13704、13705号。

［31］ 刘雨、汪涛撰：《流散欧美殷周有铭青铜器集录》，上海辞书出版社，2007年，第332页；吴镇烽：《商周青铜器铭文暨图像集成》卷25，上海古籍出版社，2012年，第57页，第13763号。

［32］ 吴镇烽：《商周青铜器铭文暨图像集成》卷25，上海古籍出版社，2012年，第58页，第13764号。

［33］ 吴镇烽：《商周青铜器铭文暨图像集成》卷25，上海古籍出版社，2012年，第45页，第13751号。

［34］ 河南省文物考古研究所、周口市文化局：《鹿邑太清宫长子口墓》，中州古籍出版社，2000年。

［35］ 洛阳市文物工作队：《洛阳北窑西周墓》，文物出版社，1999年，图四八；彩版七。

［36］ 北京市文物局《北京文物精粹大系》编委会：《北京文物精粹大系·青铜器卷》，北京出版社，2002年，第125页。

［37］ 中国青铜器全集编辑委员会：《中国青铜器全集·商4》，文物出版社，1998年，第110页，图版一一二；吴镇烽：《商周青铜器铭文暨图像集成》卷25，上海古籍出版社，2012年，第46页，第13752号；第88页，第13799号。

［38］ 陈仁元、高利云：《凤纹方罍出土之谜》，《武汉文博》2006年第3期。

［39］ 吴镇烽：《商周青铜器铭文暨图像集成》卷25，上海古籍出版社，2012年，第103页，第13815号。

［40］ 吴镇烽：《商周青铜器铭文暨图像集成》卷25，上海古籍出版社，2012年，第39页，第13744号。

［41］ 刘雨、汪涛撰：《流散欧美殷周有铭青铜器集录》，上海辞书出版社，2007年，第334页；吴镇烽：《商周青铜器铭文暨图像集成》卷25，上海古籍出版社，2012年，第110页，第13821号。

［42］ 吴镇烽：《商周青铜器铭文暨图像集成》卷25，上海古籍出版社，2012年，第38页，第13743号。

［43］ 贝格立：《商代青铜器》（赛克勒藏），哈佛大学出版社，1987年，第99页，图114。

［44］ 中国青铜器全集编辑委员会：《中国青铜器全集·商4》，文物出版社，1998年，第111页，图版一一三。

［45］ 贝格立：《商代青铜器》（赛克勒藏），哈佛大学出版社，1987年，第106页，图132。

［46］ 台北故宫博物院编辑委员会：《海外遗珍·铜器（二）》，台北故宫博物院，1988年，图版六十七。

［47］ 2014年6月28日湖南长沙“皿方罍回归鉴赏研讨会”上王世民先生发言提供图片。

［48］ 张振玉：《古代青铜礼器瑰宝——商青铜方罍》，福州市博物馆网站（http://www.fzsbwg.com/）。

［49］ 吴镇烽：《商周青铜器铭文暨图像集成》卷25，上海古籍出版社，2012年，第29页，第13733号。

［50］ 随州市博物馆：《随州出土文物精粹》，文物出版社，2009年，第30、31页。

［51］ 陈佩芬：《夏商周青铜器研究·西周篇上》，上海古籍出版社，2010年，第2～5、18～20、22～25、28、29、131、132、152～154页。

［52］ 曹玮主编：《周原出土青铜器》，巴蜀书社，2005年卷3，第546～572页；卷4，第629～632页。

［53］ 中国青铜器全集编辑委员会：《中国青铜器全集·西周2》，文物出版社，1997年，第36页，图版三六。

［54］ 中国青铜器全集编辑委员会：《中国青铜器全集·西周2》，文物出版社，1997年，第12页，图版一二。

［55］ 中国青铜器全集编辑委员会：《中国青铜器全集·西周2》，文物出版社，1997年，第124页，图版一二七。

［56］ 中国青铜器全集编辑委员会：《中国青铜器全集·西周1》，文物出版社，2005年，第124页，图版一三一。

［57］ 中国青铜器全集编辑委员会：《中国青铜器全集·西周2》，文物出版社，1997年，第112

页，图版一一五。

[58] 中国青铜器全集编辑委员会：《中国青铜器全集·西周2》，文物出版社，1997年，第99、100页；图版一〇一～图版一〇三。

[59] 中国青铜器全集编辑委员会：《中国青铜器全集·西周1》，文物出版社，2005年，第174页，图版一八二。

[60] 中国青铜器全集编辑委员会：《中国青铜器全集·西周1》，文物出版社，2005年，第144页，图版一五二。

[61] 中国青铜器全集编辑委员会：《中国青铜器全集·西周1》，文物出版社，2005年，第145页，图版一五三；第162页，图版一七〇。

[62] 中国青铜器全集编辑委员会：《中国青铜器全集·西周1》，文物出版社，2005年，第1页，图版一；第3页，图版三。

[63] 中国青铜器全集编辑委员会：《中国青铜器全集·西周2》，文物出版社，1997年，第28页，图版二八；第162页，图版一七〇。

[64] 中国青铜器全集编辑委员会：《中国青铜器全集·西周2》，文物出版社，1997年，第164页，图版一六九；第168页，图版一七三。

[65] 《保利藏金》编辑委员会：《保利藏金续：保利艺术博物馆精品选》，岭南美术出版社，1999年，第103页。

[66] 陈佩芬：《夏商周青铜器研究·西周篇上》，上海古籍出版社，2010年，第38～41页。

[67] 故宫博物院：《故宫博物院50年入藏文物精品集》，紫禁城出版社，2005年，第47页，图29。

[68] 中国青铜器全集编辑委员会：《中国青铜器全集·西周2》，文物出版社，1997年，第128页，图版一三五；第154页，图版一六二。

附表一　商周青铜方罍资料一览表

简称	出土或收藏时间、地点	规格，重量	纹饰/铭文	型式	出处
城固肖家村“亚伐”方罍	1977年陕西城固肖家村窖藏出土，现藏洋县博物馆。存盖	通高52.8、口长13.6、宽12.4厘米，重16.9千克	肩部饰鸟纹，上腹一周变形夔纹间涡纹带，下腹饰对鸟垂叶纹	AⅠ	注［6］
城固苏村方罍	1976年陕西城固苏村窖藏出土，现藏城固县文化馆。存盖	通高51.2、口长15.9、口宽12.7厘米，重21.25千克	肩部饰鸟纹，上腹一周变形夔纹间涡纹带，下腹饰对鸟垂叶纹。无铭文	AⅠ	注［7］
“妇好”方罍1M5：866	1976年安阳小屯M5出土。存盖	通高51.4、口长15.6、宽13.6厘米，重约14千克	肩部饰鸟纹，上腹一周变形夔纹间涡纹带，下腹饰对鸟垂叶纹。盖内铸铭文“妇好”，器内壁铸铭文“好”	AⅠ	注［8］
“妇好”方罍2M5：856	1976年安阳小屯M5出土。存盖	通高52.5、口长15.9、宽13.3厘米，重约14.8千克	肩部饰鸟纹，上腹一周变形夔纹间涡纹带，下腹饰对鸟垂叶纹。器内、盖内均铸铭文“妇好”	AⅠ	注［8］
日本根津美术馆藏“敄又”方罍	日本东京根津美术馆藏，传安阳大司空出土。存盖	通高51.5厘米	肩饰鸟纹，上腹一周变形夔龙纹间涡纹带，中腹饰兽面纹，下腹饰垂叶纹	AⅡ	注［9］
安阳苗圃北地方罍	1999年安阳苗圃北地M229出土。失盖	器高33.2厘米，重8.1千克	肩部饰双身龙纹，上腹一周变形夔龙纹间涡纹带，中腹饰兽面纹，下腹饰垂叶纹	AⅡ	注［10］
新乡市博藏方罍	传1952年安阳出土。存盖	通高44.7、口长13.4、宽10.6厘米	肩饰双身龙纹，腹上部一周变形夔龙纹间涡纹带，中腹饰兽面纹，下腹饰垂叶纹。无铭	AⅡ	注［11］
安阳郭家庄方罍	1995年安阳郭家庄东南M26出土。失盖	器高38.6厘米，重13.35千克	肩部四面饰八个大涡纹，中腹饰兽面纹，腹部饰垂叶纹	AⅢ	注［12］
安阳花园庄方罍	2001年安阳花园庄东地M54出土。失盖	器高36.1厘米，重7.25千克	肩部四面饰八个大涡纹，腹部素面无纹	AⅣ	注［13］

续表

简称	出土或收藏时间、地点	规格，重量	纹饰/铭文	型式	出处
“武”方罍	德国柏林东亚艺术博物馆藏。失盖	器高26厘米	肩部四面饰八个大涡纹，腹部素面无纹，口内铭“武”字	AⅣ	注［14］
西安私家藏“鼎”方罍	2010年西安海外回流文物展所见。失盖	器高37、口长18.2、宽13.5厘米	肩部四面饰八个大涡纹，腹部素面无纹，口内铭一“鼎”字	AⅣ	注［15］
台北史语所藏“亚疑”方罍	1946年购自北平。失盖	器高25.9、口10厘米	肩部饰弦纹，腹部素面无纹。口内铸铭“亚疑”	AⅣ	注［16］
荣厚旧藏“亚疑”方罍	失盖	器高25.9、口10厘米	肩部饰弦纹，腹部素面无纹。两耳同铭“亚疑”	AⅣ	注［17］
安阳刘家庄方罍	1999年安阳刘家庄北M1046出土。存盖	通高44.4、口长13、宽11.5厘米，重4.5千克	肩部饰弦纹，腹部素面无纹。口内铸铭文“亚玨”二字	AⅤ	注［18］
滕州前掌大方罍	1998年山东滕州前掌大M11出土。存盖	通高49.6、口长14.8、宽13.2厘米	肩部四面饰八个大涡纹，腹部素面。盖内铭“史”字	AⅤ	注［19］
扶风庄白“陵”方罍	1976年陕西扶风县法门镇庄白村窖藏出土。失盖	器高38.2、口长14.7、宽13.8厘米，重7.793千克	肩部四面饰八个大涡纹，腹部素面。口内铸铭文三行八字：“陵乍父日己宝罍单”	AⅤ	注［20］
扶风召公镇“田偁父乙”方罍	1961年陕西扶风县召公镇窖藏出土。失盖	器高37.6、口长15、宽13.5厘米，7.65千克	肩部四面饰八个大涡纹，腹部素面。口内铸铭文四字：“田偁父乙”	AⅤ	注［21］
天马-曲村“伯”方罍	天马-曲村西周墓地H23出土，藏山西省考古所。失盖	器高32.4、口长15.2、宽10.5厘米	肩部四面饰八个大涡纹，腹部素面。口内铸铭文四字：“伯作宝彝”	AⅤ	注［22］
辽宁喀左山湾子“史”方罍	1974年窖藏出土，藏朝阳地区博物馆。失盖	器高35.4、口长14、宽11.3厘米	肩部四面饰八个大涡纹，腹部素面。口内铸铭“史”字	AⅤ	注［23］

续表

简称	出土或收藏时间、地点	规格，重量	纹饰/铭文	型式	出处
北京故宫博物院藏“□父乙”方罍	1955年冯公度捐献。失盖	器高36厘米	肩部四面饰八个大涡纹，腹部素面。口内铸铭文三字：“□父乙”	AⅤ	注［24］
“史作彝”方罍	香港苏富比1973年11月16日6号拍品。存盖	通高45.3、口长13、宽11厘米	肩部四面饰八个大涡纹，腹部素面。盖内铸铭三字：“史作彝”	AⅤ	注［25］
“亚妇”方罍	2006伦敦苏富比拍品。失盖	器高37.5厘米	肩部四面饰八个大涡纹，腹部素面。口内铸铭文：“亚妇□作母癸尊彝□”	AⅤ	注［26］
“[illegible]”方罍	上海博物馆藏品存盖	通高46.4、口长14、宽12厘米，重5.55千克	肩部四面饰八个大涡纹，腹部素面。身、盖同铭：“[illegible]作父丁妻盟”	AⅥ	注［27］
坂本五郎方罍	日坂本五郎不言堂收藏。失盖	器高36厘米	肩部四面饰八个大涡纹，腹部素面。无铭	AⅥ	注［28］
芝加哥美术馆方罍	传安阳出土。存盖	通高45厘米	肩部四面饰八个大涡纹，上腹饰凤鸟纹，下腹饰垂叶纹。无铭	BaⅠ	注［29］
“鳶”方罍	德国慕尼黑国立民间艺术博物馆藏。存盖	通高50.1、口长13.5、宽11.5厘米	肩饰夔龙纹，上腹饰夔龙纹，下腹饰由兽面和对夔纹构成的垂叶纹。身盖对铭“鳶”	BaⅡ	注［30］
“敎工”方罍1	1986年6月10日富士比拍品。存盖	通高49.5厘米	肩饰夔龙纹，上腹饰夔龙纹，下腹饰由兽面和对夔纹构成的垂叶纹。“鳶”方罍	BaⅡ	注［31］
“敎工”方罍2	香港思源堂藏，2010英国佳士得拍品。存盖	通高42.9厘米	肩饰夔龙纹，上腹饰夔龙纹，下腹饰由兽面和对夔纹构成的垂叶纹。“鳶”方罍	BaⅡ	注［32］
神户白鹤美术馆“毋得”方罍	日本神户白鹤美术馆藏。存盖	通高47.4、口长14.5、宽12.5厘米	肩饰夔龙纹，上腹饰兽面纹，下腹饰垂叶纹。身盖对铭“毋得”	BaⅡ	注［33］

续表

简称	出土或收藏时间、地点	规格，重量	纹饰/铭文	型式	出处
鹿邑太清宫“长子口”方罍	1997～1998年河南鹿邑太清宫“长子口”墓出土。存盖	通高47.6、口长13.1、宽11.3厘米	肩饰凤鸟纹，上、下腹均饰兽面纹。身盖对铭“长子口”	BaⅢ	注［34］
洛阳北窑“母鼓”方罍	洛阳北窑M6出土。存盖	通高50.3、口长13.8、宽13厘米	肩饰夔龙纹，上腹饰凤鸟纹，下腹饰对凤垂叶纹。身盖对铭“母鼓”二字	BaⅢ	注［35］
北京琉璃河“子”方罍	1983年北京琉璃河1149号墓出土，现藏首都博物馆。存盖	通高58、口长15.1、宽12.5厘米	肩饰夔龙纹、腹部饰上下两幅兽面纹。器口铸铭“子”	BaⅢ	注［36］
辽宁喀左小波太沟“登屰”方罍	1978辽宁喀左县小波太沟出土，现藏辽宁省博物馆。存盖	通高51.2、口长15.8、宽13.7厘米	肩饰夔龙纹、腹部饰上下两幅兽面纹。盖内铸铭文“登屰”二字。器内铸铭文“朋五降父庚”五字	BaⅢ	注［37］
汉阳竹林嘴方罍	1966汉阳竹林嘴出土，武汉市博馆藏。失盖	器高39厘米，口径15～16厘米，重8.5千克	肩、上腹部饰凤鸟纹，下腹饰大三角对凤垂叶纹。无铭	BaⅢ	注［38］
北京故宫博物院藏“亚醜”方罍	北京故宫博物院藏品。存盖	通高62、口长16.9、宽15.5厘米，重20.8千克	肩饰夔龙纹，上腹饰凤鸟纹，中下腹饰整幅兽面。身盖同铭“亚醜”9字	BaⅢ	注［39］
曹秋舫旧藏“亚醜”方罍	失盖	高45、口长15.9、宽14.7厘米，重25千克	肩饰夔龙纹，上腹饰凤鸟纹，中下腹饰整幅兽面。口内铸铭“亚醜”两字	BaⅢ	注［40］
曹秋舫旧藏“王”方罍	1972年3月14日伦敦富士比拍品。失盖	器高33.7厘米	肩部饰凤鸟纹，腹部素面。器内有铭4行11字	BaⅢ	注［41］
日本出光美术馆“亚醜”方罍	日本东京出光美术馆藏品。存盖	高45.5厘米	肩部饰夔龙纹，上腹饰兽面纹，下腹为大三角垂叶纹。器盖同铭“亚醜”	BaⅢ	注［42］
美国纳尔逊美术馆藏方罍	存盖	通高53.3厘米	肩饰凤鸟纹，上腹饰夔龙纹间涡纹，下腹饰兽面三角垂叶纹。无铭	BaⅢ	注［43］

续表

简称	出土或收藏时间、地点	规格，重量	纹饰/铭文	型式	出处
上海博物馆藏“亚夫”方罍	上海博物馆藏。失盖	器高53、口长20.1、宽17.2厘米，重29.68千克	肩饰夔龙纹，上腹饰凤鸟纹，下腹饰上下两幅兽面纹。口内铸铭四字	BaⅣ	注［44］
泉屋博古馆方罍	日本京都泉屋博古馆藏品。存盖	通高62.5、口长17.6、宽15.3厘米，重19千克	肩部和下腹饰夔龙纹，上腹和中腹饰兽面纹	BaⅣ	注［45］
藤田美术馆方罍	日本大阪藤田美术馆藏品。存盖	通高63.7厘米	肩饰夔龙纹，上腹饰凤鸟纹，中、下腹饰两幅兽面纹	BaⅣ	注［46］
美国私家藏凤鸟纹方罍	2014年6月长沙“皿方罍回归鉴赏研讨会”上王世民先生提供图片	盖失，规格不明	肩、上腹部饰凤鸟纹，下腹饰大三角垂叶纹	BaⅣ	注［47］
“皿”方罍	湖南桃源出土，器身外流，器盖藏于湖南省博物馆	通高约84、口长26、宽22厘米，重41.9千克	肩饰夔龙纹，上腹饰凤鸟纹，中下腹饰整幅兽面纹	BbⅠ	注［2］
福州市博藏方罍	出土地点不明。失盖	通高46、口长12.5、宽15厘米	肩饰双身龙纹，腹部饰整幅兽面纹。无铭	BbⅠ	注［48］
宝鸡戴家湾方罍	美国圣路易斯美术馆藏品。存盖	通高62.7、宽37.8厘米	肩饰夔龙纹，上腹饰凤鸟纹，中下腹饰整腹兽面。器盖同铭一字“𠀀”	BbⅡ	注［49］
随州“噩侯”方罍	2007年湖北省随州羊子山M4出土。存盖	通高60.1、口长14.6、宽13.1厘米		BbⅡ	注［50］

（原载于《文物》2016年第2期）

我国东南地区出土两周青铜甬钟研究

中华人民共和国成立六十年来，我国东南及其邻近地区（包括赣、浙、闽、粤、桂五省及湘东、鄂东南、皖南、苏南地区）陆续出土了大量两周时期的青铜甬钟，其中大部分在形制、纹饰和音乐性能等方面与中原地区同时期的青铜甬钟有别，自身特点非常明显。例如，这些甬钟一般体轻壁薄、工艺粗糙、装饰简略、草率，与该地区出土的同期其他类青铜器风格一致。据历史文献记载可知，东南地区在商周时期是古代越族的聚居之地，故学术界一般认为这一地区出土的青铜器是古代越族制造和使用的，称之为“越式”铜器，是古代越族青铜文明的代表。

此前，虽有蒋廷瑜[1]、李龙章[2]对岭南地区出土两周铜钟的专门论述，何纪生、何介钧[3]、高至喜[4]就两湖和两广地区“越式甬钟”的综合讨论，以及李纯一[5]、郑小炉[6]对越族铜钟的宏观研究等，但在材料范围和深入程度上都有所欠缺。前三位学者的研究均未涉及长江下游六省份的材料，后二位学者的研究涉及范围虽广，但除简单分类外，均未进行更深入的分析。

本文的研究对象是上述地区出土的两周时期的所有青铜甬钟，除所谓“越式”甬钟外，还包括那些形制和纹饰特征与中原地区周代主流青铜甬钟及楚式青铜甬钟等基本相同的标本。这样处理的理由如下。

（1）从逻辑上讲，所谓“越式”甬钟应特指由古代越族所创、具有越族自身文化传统特征的甬钟，而东南地区两周时期古代越族乐钟文化的物化形式不应仅有“越式”甬钟，还应存在和使用仿制甚至输入其他文化的甬钟。对于古代越族青铜乐钟文化的整体研究来说，后者不仅不应被忽视或抛弃，反而应该予以重视。因为它们很可能与“越式”甬钟的起源、发展和演变存在密切的关系，是非常重要的研究对象。

（2）在实际研究过程中，我们不仅很难准确划定“越式”甬钟和非“越式”甬钟的界限，而且对于某些非“越式”甬钟标本也无法断定其为越地仿制或从其他文化输入之物。笔者认为，古代越族青铜甬钟的内涵至少应包括越地仿制的非“越式”甬钟，否则，将不能反映古代越族乐钟文化的全貌。

有学者曾将我国东南地区出土的多数学者称为“铙”（也有学者称为“镛”或“钲”）的青铜乐器称为“早期甬钟”[7]，为避免引起歧义，特此说明，本文所讨论的“甬钟”不包括铜铙，而甬钟与铙的关键区别是前者有“干”，后者无“干”。

以下将从类型、年代、分区、文化属性、渊源和发展历程诸方面就我国东南及邻近地区出土的两周青铜甬钟进行综合论述，不当之处，敬请教正！

一、资料概况

迄今为止，东南地区出土的两周时期青铜甬钟，据统计，数量约200件，其中包括当地博物馆征集但可基本确定为当地出土的标本。

现按行政区划分别介绍。

皖南地区，12件。

（1）1979年繁昌县汤家山出土1件，可能为墓葬随葬品，同出铜鼎6、盉1、甗1、盘1、簋1、鸟形饰2件[8]。

（2）1981年宣州市孙埠正兴村出土1件，系一窖藏出土，同出铜鼎2、鬲1件[9]。

（3）1982年黄山市乌石乡杨村出土1件，系村民取土发现，所属遗存性质不明[10]。

（4）1987年铜陵市金口岭M2出土1件，同出铜鼎1、剑1、矛1、饰2件[11]。

（5）另《皖南商周青铜器》一书刊载铜陵县董店乡龙山出土品4件、铜陵县朝山村出土品1件、泾县南容乡高胡村出土品1件及铜陵市区出土品2件，所属遗存性质均不明[12]。

苏南地区，4件。

（1）1974年高淳县青山茶场出土2件，为一窖藏出土，同出青铜钩鑃2件[13]。

（2）《南京文物精华·器物编》刊载高淳县古柏乡马家圩出土品1件、溧水县东屏乡小金山出土品1件[14]。

浙江地区，10件。

（1）1969年江山县江家坝村出土一组6件，可能为一座墓葬随葬品[15]。

（2）1981年萧山县所前乡小东山出土1件，系村民发现，遗存性质不明[16]。

（3）2002年绍兴塔山出土1件[17]。

（4）2011年东阳市李宅双江口东阳江畔挖沙发现1件，同出1件青铜钩鑃[18]。

另俞珊瑛《浙江出土青铜器研究》一文介绍宁波市韩岭乡出土1件[19]。

福建地区，3件。

（1）1988年建瓯县南雅遗址出土2件，形制纹饰相同，大小有别[20]。

（2）20世纪80年代武平县平川镇出土1件[21]。

江西地区，8件。

（1）1962年萍乡市彭家桥河中发现2件[22]。

（2）1975年鹰潭市出土1件[23]。

（3）1978年南昌市李家庄废品仓库拣选1件[24]，出土地点不明。

（4）1978年吉水县出土3件[25]。

（5）1981年武宁县清江大田村出土1件[26]。

鄂东南地区，50件。

（1）1972年大冶县罗桥走马山出土2件，遗存性质不明[27]。

（2）1972年通山县横石镇出土1件，遗存性质不明[28]。

（3）1973年通山县南城畈一都河岸出土1件，遗存性质不明[29]。

（4）1976年通山县下泉出土1件，遗存性质不明[30]。

（5）1980年通城县物资局废铜收购站征集1件[31]。

（6）1984年广济县（今武穴市）鸭儿洲江底出土23件[32]。

（7）1985年通城县铁柱山出土1件，遗存性质不明[33]。

（8）鄂州市博物馆收藏1件[34]。

另1958年钟祥县花山水库出土5件[35]、1979年大悟县雷家山出土7件[36]、1981年武昌县木头岭砖瓦厂出土3件[37]、湖北省博物馆收藏1件[38]、武汉市文物商店收藏2件[39]、武汉大学历史学陈列室藏1件[40]等，出土地点虽非鄂东南地区但相距不远，且形制及纹饰特征与东南地区常见甬钟相同，故一并列入。

湘东地区，40件。

（1）20世纪60年代初宁乡县黄材镇出土1件[41]，遗存性质不明。

（2）1962年临武县出土1件[42]，遗存性质不明。

（3）1965年湘潭县化石乡洪家峭西周墓出土2件，形制、纹饰完全相同，大小有别[43]。

（4）1968年湘乡县马龙出土1件[44]，遗存性质不明。

（5）1975年宁乡黄材五里堆出土1件[45]，遗存性质不明。

（6）1976年湘潭县青山桥乡出土1件[46]，遗存性质为窖藏。

（7）1977年衡阳县长安乡出土1件[47]，遗存性质不明。

（8）1979年浏阳县澄潭乡出土1件[48]，遗存性质不明。

（9）1982年湘乡县金石乡坪如出土1件[49]，遗存性质不明。

（10）1982年岳阳县西塘出土1件[50]，遗存性质不明。

（11）1982年双峰县镇石乡大街村出土1件[51]，遗存性质不明。

（12）1982年平江县钟洞乡出土1件[52]，遗存性质应为窖藏。

（13）1985年衡山县文管所从废品公司征集1件，系衡山县境内出土[53]。

（14）1986年永州市博物馆从道县日杂公司废品站征集1件[54]。

（15）1994年宁乡县回龙埔乡出土1件[55]，遗存性质不明。

（16）湖南省博物馆藏22232号钟，系1973年湘潭县出土[56]。

（17）湖南省博物馆藏22236号钟，系从长沙市废铜仓库拣选所得[57]。

（18）湖南省博物馆藏25067号钟[58]，应为湖南境内出土。

（19）湖南省博物馆藏30784号钟，系50年代湖南省境内征集[59]。

（20）湖南省博物馆藏25054、25055号钟[60]，应为湖南境内出土。

（21）湖南省博物馆藏22238号钟[61]，应为湖南境内出土。

（22）湖南省博物馆藏20258号钟，系1982年从省废旧物资公司征集[62]。

（23）湖南省博物馆藏22237、25355号钟[63]，应为湖南境内出土。

（24）湖南省博物馆藏21913、21914、21918号钟[64]，应为湖南境内出土。

（25）衡阳县文管所藏甬钟1件，系衡阳境内出土[65]。

（26）湖南省博物馆藏25057号甬钟，系1960年于长沙征集[66]。

（27）湖南省博物馆藏31174号钟，系平江县钟家村出土[67]。

（28）湖南省博物馆藏26243、26244号钟[68]，应为湖南境内出土。

（29）湖南省博物馆藏22239号钟[69]，应为湖南境内出土。

（30）湖南省博物馆藏25353号钟[70]，应为湖南境内出土。

（31）湖南省博物馆藏殷（八）4：80号钟[71]，应为湖南境内出土。

（32）湖南省博物馆藏殷（八）4：69号钟[72]，未见图像，据报道与上述浏阳澄潭钟、湘乡马龙钟相同。

（33）湖南省博物馆藏殷（八）4：13号钟，系1954年湘潭县出土[73]。

（34）向桃初《湘江流域商周青铜文化研究》一书介绍宁乡县文物管理所藏该县毛公桥乡出土甬钟1件[74]。

另1985年怀化市芷江县城西一里街东周遗址出土青铜甬钟4件[75]，沅陵县博物馆也收藏有1件同样的甬钟。但这5件标本与湘东、鄂东南、广西等地所见甬钟近同。

广东地区，51件。

（1）1962年清远马头岗M1出土5件，同出其他类铜器20余件及石器、陶器等[76]。

（2）1963年清远马头岗M2出土7件，同出其他类铜器30余件及石器、陶器等[77]。

（3）1964年连平县忠信坝彭山出土1件，同出青铜錞于1件，遗存性质不明[78]。

（4）1972年肇庆北岭松山M1出土6件，同出其他类铜器、陶器、玉器等百余件[79]。

（5）1973年博罗苏屋岗出土2件[80]，遗存性质不明。

（6）1976年增城县天麻山出土2件[81]，遗存性质不明。

（7）1977年罗定县南门垌M1出土6件，同出其他类铜器百余件，陶器1件[82]。

（8）1979年惠来县华湖乡出土1件，遗存性质不明[83]。

（9）1984年增城县汤村乡出土1件，遗存性质不明[84]。

（10）1984年兴宁县新圩大村古树窝出土6件[85]，可能为墓葬随葬品。

（11）1984年博罗县公庄镇太沥村出土7件，系窖藏出土[86]。

（12）1999年连山县三水镇出土2件[87]，遗存性质不明。

（13）2000年博罗县横岭山M182出土2件[88]。

（14）2006年增城市庙岭出土2件[89]，遗存性质不明。

（15）德庆县落雁山出土1件[90]，出土时间和遗存性质均不明。

另徐恒彬《广东青铜器时代概述》一文提及博罗县铁场梅村出土的甬钟3件[91]。《文博通讯》（广东）1979年第10期载杨式挺、黄玉质《博罗县铁场墟发现青铜器等一批文物》一文也有记载。此3件与前述1973年博罗苏屋岗2件是否属同一批材料，待查明。

广西地区，21件，

（1）1958年横县镇龙乡那桑村妹儿山出土1件，遗存性质不明[92]。

（2）1965年北流县出土1件，遗存性质不明[93]。

（3）1970年宾阳县芦圩出土1件，遗存性质不明[94]。

（4）1971年恭城县秧家出土2件，推测为一墓葬出土，同出其他类铜器31件[95]。

（5）1972年贺县里松乡青风村出土1件[96]。

（6）1973年宾阳县新宾乡凉水坪出土1件，同出残铜剑1件，可能为一座墓葬随葬品[97]。

（7）1976年忻城县大塘中学后背山出土1件，遗存性质不明[98]。

（8）1977年秋和1979年冬宾阳县甘棠乡韦坡M1、M2共出土3件，其中一件已散失，同出的其他类铜器有鼎、剑、矛、钺斧、刮刀、叉形器等[99]。

（9）1978年宾阳县古辣刘村大北庙出土1件，遗存性质不明[100]。

（10）1980年横县南乡出土1件，遗存性质不明[101]。

（11）1986年武鸣县马头乡元龙坡M264出土1件甬钟残片[102]。

（12）1986年柳江县木罗村出土1件，可能为窖藏[103]。

（13）1987年岑溪县文物管理所从该县废品站征集1件[104]。

（14）1994年田东县大岭坡东周墓葬出土1件[105]。

（15）1996年贺州市马东村M1出土1件[106]。

（16）蒋廷瑜《略论岭南青铜甬钟》一文提及柳州市博物馆藏甬钟3件[107]。

二、分类研究

上列199件甬钟，整体形制、装饰格局和纹饰内容等，较中原或其他地区出土的青铜甬钟复杂多样，所反映的文化因素及其来源也应有较大的不同。要深入了解它们的全貌、发展脉络、区域差异和文化属性等问题，首先需要进行类型学研究。

前人在这方面所做的工作虽取得了一些基础性成果，但存在的问题显而易见。多数学者因为材料掌握不全面，加之在分类时标准不统一或分类标准欠妥等原因，分类结果混乱或无实际研究意义，由此得出的结论往往出现偏差或者不具代表性。考古类型学除了遵循分类的一般原则（如每一次分类标准须统一等）外，还用型、式来代表横向和纵向的逻辑关系，同时又要求分类结果有实际意义。因此，分类标准的选择和统一至关重要。

前人关于东南地区青铜甬钟的分类，主要有以下几种情况。

何纪生、何介钧先生《古代越族的青铜文化》[108]（何1987）一文最早以甬钟的正、背面有无纹饰将湖南、两广地区出土的所谓“越式”甬钟分为四型。

A型　钲、篆、鼓部两面均有纹饰。

B型　钲、篆两面均有纹饰，但鼓部无纹。

C型　正面有纹饰，背面无纹。

D型　正、背面均无纹。

蒋廷瑜《略论岭南青铜甬钟》[109]（蒋1989）一文，基本遵循前述何文的分类方法，将岭南地区青铜甬钟分为三型。

Ⅰ型　钟体两面均有纹饰。

Ⅱ型　钟体正面有纹饰、背面无纹。

Ⅲ型　正、背两面均无纹。

高至喜先生《两湖两广出土春秋越式甬钟研究》[110]（高2004）一文将两湖两广地区出土的“春秋越式甬钟”首先按背面有无纹饰分为两类，再依钟枚数目在类下分型，型下再按纹饰内容分式，式下又分成若干小式，具体如下。

一类　背面无纹，分为A（36枚钟）、B（30枚钟）、C（24枚钟）三型。

A型　又分六式二十二小式。

Ⅰ式：蝉纹钟（钲间饰蝉纹），分a～h八小式。

Ⅱ式：夔龙纹钟（钲间饰夔龙纹），分a、b二小式。

Ⅲ式：云雷纹钟（钲间饰夔龙纹），分a、b二小式。

Ⅳ式：钲间无纹钟，分a～f六小式。

Ⅴ式：双翼钟，即钲部两侧有扉棱，分a～c三小式。

Ⅵ式：无旋复线S形纹钟。

B型　分夔龙纹钟、云雷纹钟、钲间无纹钟、双翼钟四式。

C型　分夔龙纹钟、变形蝉纹钟、三角雷纹钟、钲间无纹钟四式。

二类　背面饰纹，亦按钟枚数量分三型。

A型　36枚钟，又分蝉纹钟、三角纹钟、栉齿纹钟三式。

B型　24枚钟。

C型　16枚钟。

李龙章《岭南地区出土青铜器研究》[111]一书第二章第二节甬钟部分将岭南地区出土甬钟分为五型。

A型　有旋有干曲于。

B型　有旋有干浅于或平于。

C型　无旋有干。

D型　有旋无干。

E型　双旋兽形干（本型仅出土于南越王墓，年代为秦汉时期）。

以上著述对于甬钟的第一次分类以有无旋、干或钲两面有无纹饰为标准，笔者以为欠妥。首先，甬钟的标准形制有旋、有干，无旋或无干是在少数标本上出现的退化或简省现象，以此为标准对甬钟进行分类，不仅研究意义有限，还会妨害对于甬钟及相关问题的深入研究。况且，上述200余件甬钟中并不存在无干的情况，李文所载广西宾阳凉水坪钟（图一，6）和广东连平彭山钟两件“无干钟”实均有干。上述甬钟中少数的确无旋，但无旋的钟年代均较晚，年代明确者均为战国时期，如广东清远马头岗M2出土的7件、广西宾阳韦坡战国墓出土的2件等。多数钟有旋，但有宽、窄之分，宽者外侧面厚而方，次者外侧薄而圆，最窄者仅为一根凸线。很显然，旋由宽到窄，最后消失，是东南地区青铜甬钟从早到晚的发展趋势。以有无旋为标准对甬钟进行第一次分类，不仅不能很好地区分出不同文化因素的组群，还会割裂它们之间存在的逻辑联系。而以甬钟正、背两面有无纹饰进行第一次分类，对于辨别东南地区两周青铜甬钟的文化因素及其来源同样没有太大意义，虽然背面无纹和两面均无纹是东南地区两周青铜甬钟的常见特征，但两面均有纹饰的甬钟并非不是本地产品，实际上甬钟背面无纹不是文化属性的体现而是草率、简省形成的。当然，从某种意义上看，这也是一种文化传统，但这一点仅于与中原或其他地区甬钟的比较研究有意义，对于东南地区两周青铜甬钟的内部区分意义有限，满足不了考古类型学分类的学术要求。

郑小炉先生《吴越和百越地区周代青铜器研究》[112]参照王世民等先生所著《西周青铜器分期断代研究》[113]一书对中原地区对西周青铜甬钟的分类方法，亦按甬钟钲部各区间的界隔形式作为分型的标准，不仅恰当地反映了该地区大体同时流行的几类甬钟的横向关系，而且通过这样的划分可与本地区年代稍早的铜铙及中原地区的周代甬钟进行关联研究，便于探索其文化因素及其来源。笔者以为这是目前所见关于东南地区两周青铜甬钟类型划分的最佳方案。不过，郑文也有分类瑕疵。如其将越地甬钟分为四型，前三型均以不同界隔形式为标准，第四型（D型）则定为无纹钟，与前三型分类标准不统一；再者，其型式的划分略显粗略，各型定名也有欠妥之处。

此外，李纯一先生在《中国上古出土青铜乐器综论》一书中也对“越式”甬钟（Ⅲ型）的分类进行了尝试，其用栾部特征为标准将其分为平栾、鼓栾二类。显然，这种分类尝试并不成功。其一，平栾和鼓栾同样是年代早晚的特征，秦汉时期的甬钟多为鼓栾；其二，东南地区两周甬钟中极少见鼓栾者；其三，在实际操作中，平栾、鼓栾也难以把握。

除了类、型划分外，前人关于甬钟式别的划分也存在较多问题。多数研究者没有明确分式的标准，随意性很强，或者分式标准不统一，或者各式别间缺乏应有的纵向逻辑关系。此不一一列举。

本文参考前人的得失，在对我国商周时期青铜甬钟进行全面了解的基础上，就东南地区两周青铜甬钟提出以下分类方法。

据李纯一《中国上古出土乐器综论》研究，我国商周青铜甬钟可以大致分为四类，周式（Ⅰ型）、楚式（Ⅱ型）、越式（Ⅲ型）、巴式（Ⅳ型）。其中楚式和巴式特征鲜明，出现时间较晚、流行时间也不长，容易辨别，本文上列标本中可确认无楚式钟和巴式钟。周式钟约出现于西周早期后段，两周时期一直流行。从大量考古出土材料来看，周式甬钟从早到晚形体上变化不大，主要变化在于装饰格局和纹饰内容。总体情况是，西周早期后段至中期前段的甬钟，钲部两面界格为双细阳线、双细阳线夹小乳钉或双细阳线夹圈点纹三类，尾钟往往简略为单细阳线，钲部素面无纹，篆间饰勾连云纹或S形云纹，有的简略为素面，正鼓饰阳线“工”形云纹，或简略为卷云纹和素面。中期后段相继出现阴线界格钟和单粗阳线界格钟，前者篆间饰勾连云纹或对角云纹，正鼓多为阴线“工”字形云纹，右侧鼓常见小鸟，后者篆间多为对角夔纹或窃曲纹，正鼓常配置一对阴线顾首夔纹，右侧鼓亦常见小鸟，两者钲部均未见纹饰，有的铸铭文。前者出现的时间略早，流行至西周晚期，后者为西周晚期至春秋时期主流甬钟。可见周式甬钟可以用钲部各区的界隔区分出明确的不同系列。而东南地区上述甬钟中年代较早的标本与中原地区周式甬钟基本相同或相近，表明两者间的联系非常密切。

从探索东南地区两周青铜甬钟来源及文化属性目标出发，本文亦采用钲部各区界隔的形式作为甬钟的第一分类标准，将上列标本中资料较翔实、形制可辨的188件标本分为A～F六型（其中D型分a、b亚型），每型又以钟体形态及甬、旋、干、枚等部位特征，结合装饰格局和纹饰内容分别划分二至四式，并按型、式顺序列表登记如下（附表一），余因无照片或线图，或图片不清晰，无法进行分类，暂不考虑。各型、式主要特征及典型标本如下述。

A型　双细阳线或双细阳线夹圈点纹界隔钟，15件。

钲面用双细阳线或夹阳线圈点纹作为钲间、篆间、钟枚之间的界隔和边框，钲间、篆间及鼓部纹饰亦多以细阳线表现。依据钟体、甬、旋、枚各部位特征及钲面纹饰布局和内容等的变化，共分四式。

Ⅰ式：4件。钟体宽矮，旋宽而方，枚呈乳状或锥状，较低矮，钲间无纹饰，少数篆间饰S形云纹，正鼓饰卷云纹或“工”字形云纹，背面装饰与正面一致。标本湖南衡山县征集钟，钲面界隔为双细阳线夹圈点纹，乳状枚，钲间、篆间、鼓部均素面无纹，通高45、甬长12.8、铣宽28.4厘米，重14.3千克（图一，1）。标本湖南省博物馆藏30784号钟，钲面界隔为双细阳线，锥状枚，钲间和篆间均素面，正鼓饰卷云纹，通高28、甬长9.9、铣宽14.8厘米，重3.3千克（图一，2）。

Ⅱ式：3件。钟体长方，柱状枚，旋仍较宽，钲间无纹，篆间及鼓部饰卷云纹或“工”字形云纹，见一例变形窃曲纹。标本湖南岳阳西塘出土钟，钲面界隔为双细阳线，钲间有阳线方格，篆间饰变形窃曲纹，正鼓饰“工”字形云纹，通高22.4、甬长7.5、铣宽12.5厘米，重1.2千克（图一，3）。

Ⅲ式：6件。钟体长方，柱状长枚，旋较窄，钲间出现纹饰，钲间、篆间、鼓部纹

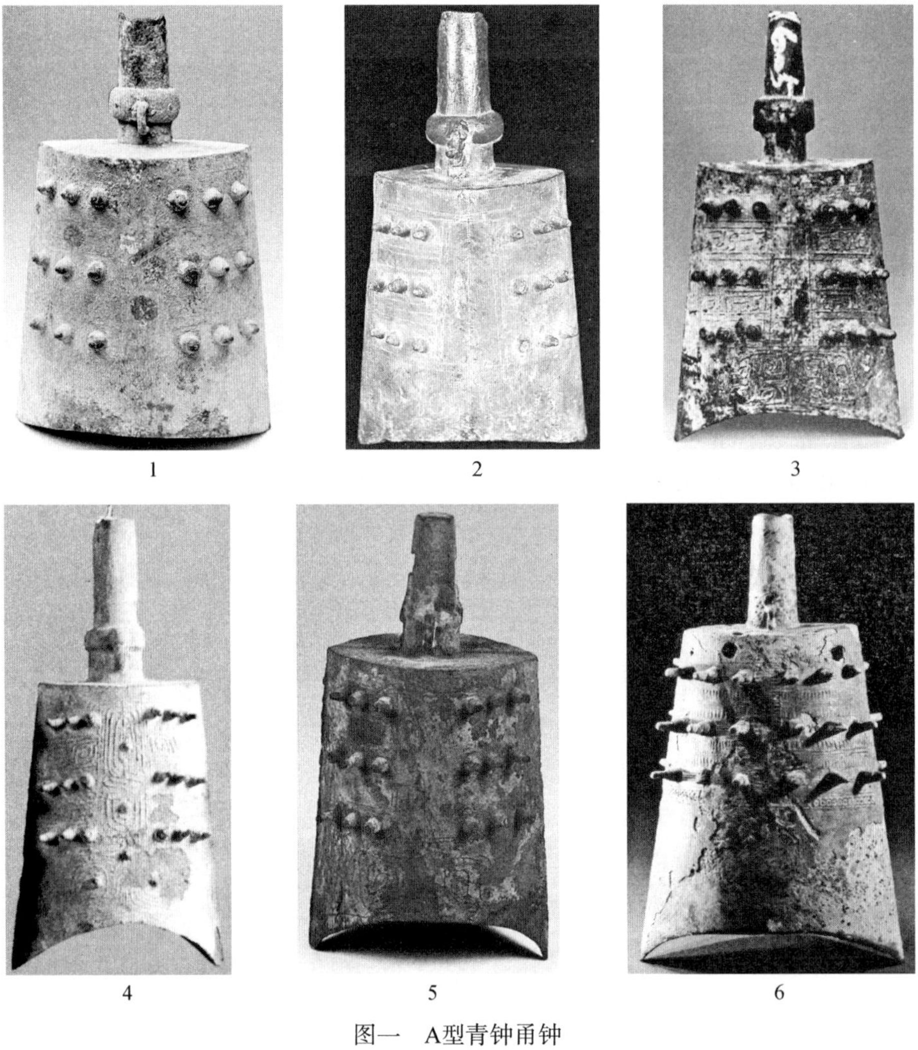

图一　A型青钟甬钟

1、2. Ⅰ式（湖南衡山县征集钟、湖南省博物馆藏30784号钟）　3. Ⅱ式（湖南岳阳西塘钟）　4. Ⅲ式（湖北大悟雷家山0217号钟）　5、6. Ⅳ式（湖南衡阳县文管所藏钟、广西宾阳凉水坪钟）

饰多为S形云纹、卷云纹、对角云纹、细线雷纹等，个别见变形夔纹，多数背面无纹。标本湖北大悟雷家山0217号钟，索形干，钲面界隔为双细阳线，钲间、篆间均饰阳线S形云纹，正鼓饰卷云纹，钲间、鼓部设五个乳钉，通高18、铣宽13.8厘米，重1.4千克（图一，4）。

Ⅳ式：2件。钟体长方，柱状长枚，旋窄如凸棱或无旋，钲部上缩，鼓部加宽，背面多无纹。标本湖南衡阳县文管所藏钟，甬上端有对穿，旋似凸棱，钲面界隔为双细阳线，钲间素面，篆间饰细线雷纹，正鼓饰卷云纹，尺寸大小及重量不明（图一，5）。标本广西宾阳凉水坪钟，无旋，钲面界隔为双细阳线夹圈点纹，钲间、篆间简化，钟枚间饰栉齿纹，通高45、甬长11、铣宽26厘米，重4.75千克（图一，6）。

B型　小乳钉或双细阳线夹乳钉界隔钟，35件。钲面用小乳钉或双细阳线夹乳钉为界隔，钲间、篆间及鼓部纹饰亦多以细阳线表现。依据钟体、甬、旋、枚各部位特征及钲面布局和纹饰内容等的变化，分四式。

Ⅰ式：16件。钟体宽矮，宽旋，乳状或锥状枚，较低矮，钲间均无纹饰，篆间多饰细线S形云纹或卷云纹，正鼓多素面，少数饰卷云纹或“工”字形云纹。标本湖南省博物馆藏22232号钟，锥状枚，钲间、鼓部素面无纹，篆间饰细阳线云纹，通高38、甬长12.3、铣宽23厘米，重12.1千克（图二，1）。标本福建建瓯南雅遗址1号钟，形制较特殊，旋上无干，严格地说不是钟，其乳状枚与南方最早的有枚铙相同，但这种小乳钉界隔在南方有枚铙中未见，仅见于中原地区最早的钟，故本文归入甬钟之列。其钲间、正鼓均素面，篆间饰勾连云纹，通高38.8、甬长12、铣宽21厘米（图二，2）。

Ⅱ式：6件。钟体较宽矮，旋较宽，柱状枚，钲间均无纹，篆间、正鼓饰细阳线勾连云纹、“工”字形云纹等，有的右侧鼓饰小鸟纹，背面纹饰与正面同。标本湖南湘乡马龙出土钟，作为界隔的乳钉较粗大，通高46.3、甬长15、铣宽26.5厘米，重17.8千克（图二，3）。

Ⅲ式：5件。钟体长方，旋稍窄，柱状长枚，钲间均饰变形蝉纹，篆间一般饰斜角云纹，正鼓多为变形夔纹，少数标本右侧鼓有小鸟纹，背面多无纹。标本湖北大悟雷家山0222号钟，通高37、甬长12.5、铣宽19厘米，重4.65千克（图二，4）。

Ⅳ式：8件。钟体长方，旋极窄或无旋，柱状长枚，钲部上缩，鼓部加宽，钲间有阳线雷纹、S形云纹，不少为素面，篆间多素面，少数饰S形云纹，正鼓一般饰云雷纹，有的素面或设置乳钉，背面多无纹。标本广东连平彭山出土钟，钲面界隔为双阳线夹小乳钉，旋窄如凸棱，钲间、篆间均素面，鼓部仅饰三个乳钉，通高50.5、甬长13.7、铣宽25.6厘米，重11.6千克（图二，5）。标本广西横县妹儿山出土钟，甬上端有对穿，旋近消失，钲面界隔为双排小乳钉，钲间和正鼓纹饰不明，篆间饰S形云纹，鼓两侧浮雕蛇纹，背面似无纹，通高68.5、铣宽33.5厘米，重34千克（图二，6）。

C型　单阴线界隔钟，19件。钲面用单阴线框边和作为钲间、篆间、钟枚之间的界

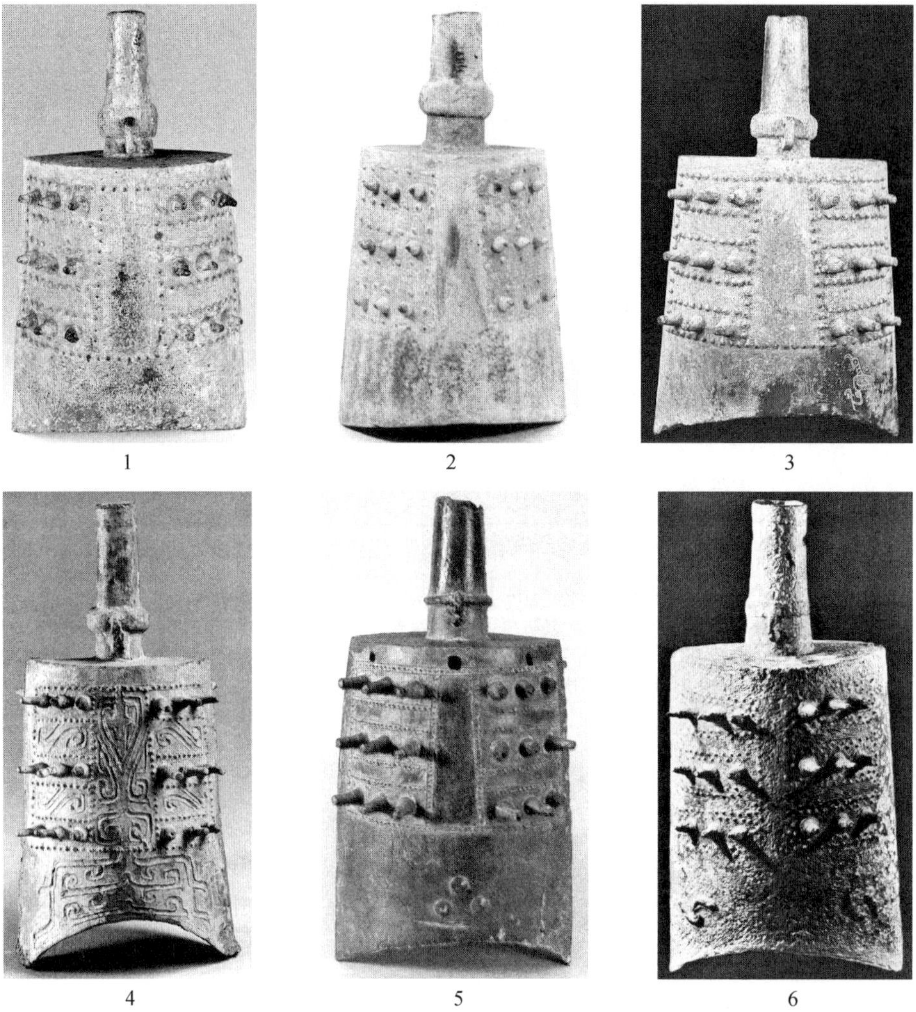

图二　B型青铜甬钟

1、2. Ⅰ式（湖南省博藏22232号钟、福建建瓯南雅遗址1号钟）　3. Ⅱ式（湖南湘乡马龙出土钟）　4. Ⅲ式（湖北大悟雷家山0222号钟）　5、6. Ⅳ式（广东连平彭山出土钟、广西横县镇龙妹儿山钟）

隔，钲间、篆间及鼓部纹饰亦以阴线表现。分四式。

Ⅰ式：8件。钟体宽矮，宽旋，枚呈锥状，较低矮，钲间均无纹饰，篆间饰勾连云纹或对角云纹，正鼓多饰“工”字形云纹，个别饰卷云纹，鼓侧多饰小鸟纹，背面与正面同纹。标本湖南湘潭青山桥出土钟，通高48.7、甬长14.3、铣宽30.1厘米，重21.4千克（图三，1）。

Ⅱ式：7件。钟体较宽矮，旋较宽，柱状枚，钲间均无纹，篆间饰勾连云纹或斜角云纹，正鼓均饰“工”字形云纹，多数标本右侧鼓饰小鸟纹，背面与正面同纹。标本湖南省博物馆藏22238号钟，篆间饰斜角云纹，通高50.8、铣宽29.5厘米，重19.8千克（图三，2）。

图三　C型青铜甬钟

1. Ⅰ式（湖南湘潭青山桥钟）　2. Ⅱ式（湖南省博物馆藏22238号钟）　3. Ⅲ式（湖北大悟雷家山0220号钟）　4. Ⅳ式（广西恭城秧家2号钟）

Ⅲ式：3件。钟体长方，甬细长，旋较窄，柱状长枚，钲间多饰变形蝉纹，篆间饰勾连云纹、斜角云纹或S形云纹，正鼓均饰“工”字形云纹，背面均无纹。标本湖北大悟雷家山0220号钟，长甬，钲间素面，篆间饰勾连云纹，正鼓均饰“工”字形云纹，通高30.6、甬长11、铣宽14.8厘米，重3.05千克（图三，3）。

Ⅳ式：1件。标本广西恭城秧家墓葬出土2号钟，旋窄如凸棱，柱状长枚，钲间饰变形蝉纹，篆间饰对角夔纹，正鼓式饰变形夔纹，背面无纹，通高43、甬长12.5、铣宽21.5厘米（图三，4）。

D型　双阴线界隔钟，54件。分Da、Db二型。

Da型　43件。钲面界隔为双阴线。可分三式。

Ⅰ式：3件。钟体较宽矮，旋较宽，柱状枚，钲间均饰蝉纹，篆间饰斜角云纹，正鼓饰夔纹或“工”字形云纹，右侧鼓均有小鸟纹，背面纹饰同正面。标本广东博罗横岭山M182：18钟，通高31、甬长11、铣宽16.8厘米，重3.72千克（图四，1）。

Ⅱ式：37件。钟体长方，旋较窄，柱状长枚，钲间饰蝉纹、夔纹或S形云纹，篆间饰斜角云纹或S形云纹，正鼓纹饰多为夔纹或变形夔纹，个别饰卷云纹，背面均无纹，少数标本铣两侧有扉棱。标本湖北广济鸭儿洲21号钟，钲间及正鼓饰变形夔纹，篆间饰S形云纹，铣两侧有扉棱，通高32、甬长9.5、铣宽15.1厘米，重3.2千克（图四，2）。标本江苏溧水小金山钟，钲间饰蝉纹，篆间饰斜角云纹，正鼓饰变形夔纹，通高52厘米（图四，3）。

Ⅲ式：3件。钟体长方，窄旋，柱状长枚，钲间饰蝉纹或夔纹，篆间饰斜角云纹或勾连云纹，正鼓饰夔纹或变形夔纹，其中1件铣两侧有扉棱，背面纹饰不明，推测应无纹。标本安徽铜陵董店出土4号钟，通高37.2、甬长10.4、铣宽17.6厘米（图四，4）。

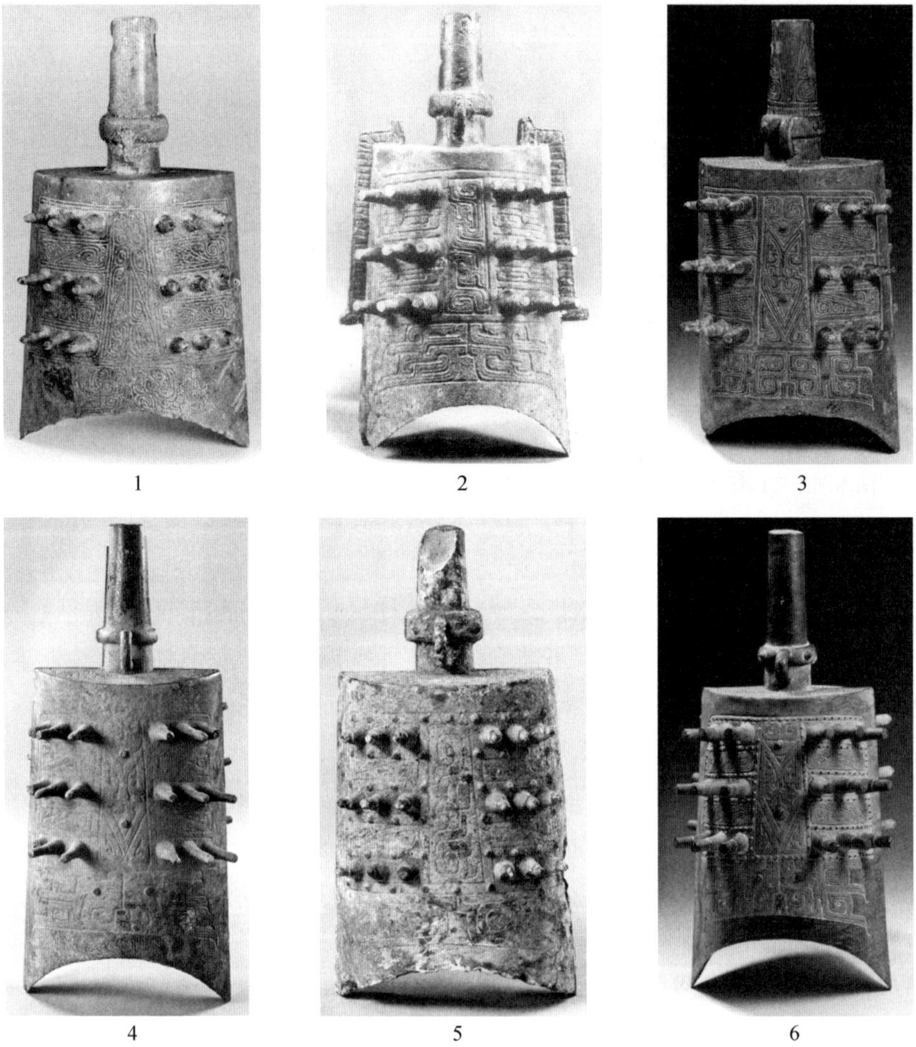

图四　D型青铜甬钟

1. Da型Ⅰ式（广东博罗横岭山M182：18钟）　2、3. Da型Ⅱ式（湖北广济鸭儿洲21号钟、江苏溧水小金山钟）
4. Da型Ⅲ式（安徽铜陵董店4号钟）　5. Db型Ⅰ式（安徽铜陵董店2号钟）　6. Db型Ⅱ式（江苏高淳马家圩钟）

Db型　11件。钲面界隔为双阴线夹小乳钉。可分二式。

Ⅰ式：3件。钟体较宽，旋亦较宽，柱状枚，背面无纹。标本安徽铜陵董店出土2号钟，钲间及正鼓饰变形夔纹，篆间饰斜角云纹，通高42.8、甬长12.8、铣宽19.6厘米（图四，5）。

Ⅱ式：8件。钟体长方，旋稍窄，柱状长枚，背面无纹。标本江苏高淳马家圩钟，钲间饰蝉纹，篆间饰斜角云纹，正鼓饰夔纹，通高66厘米，其他不明（图四，6）。

E型　单粗阳线界隔钟，61件。钟体长方，柱状长枚，背面均无纹，个别铣两侧带扉棱。可分三式。

Ⅰ式：14件。旋较宽，钲间饰蝉纹或夔纹，篆间饰对角夔纹或S形云纹，正鼓饰变形夔纹。标本湖南平江钟洞乡出土钟，钲间饰夔纹，通高38、甬长13、铣宽18厘米，重8.8千克（图五，1）。标本湖北武昌木头岭出土1号钟，钲间饰蝉纹，通高45.3、甬长15、铣宽22.3厘米，重12.75千克（图五，2）。

Ⅱ式：28件。钟体长方，旋较窄或呈凸棱状，钲部明显上缩、鼓部加宽，少数标本钟枚为30或24枚，背面均无纹，钲间及篆间多素面，少数见蝉纹、变形夔纹、菱形雷纹、对角夔纹、勾连云纹等，正鼓多饰变形夔纹，少数为素面或S形云纹。标本广东罗定南门峒M1出土1号钟，钲间为简化蝉纹，通高37.6、甬长12.2、铣宽15.9厘米，重

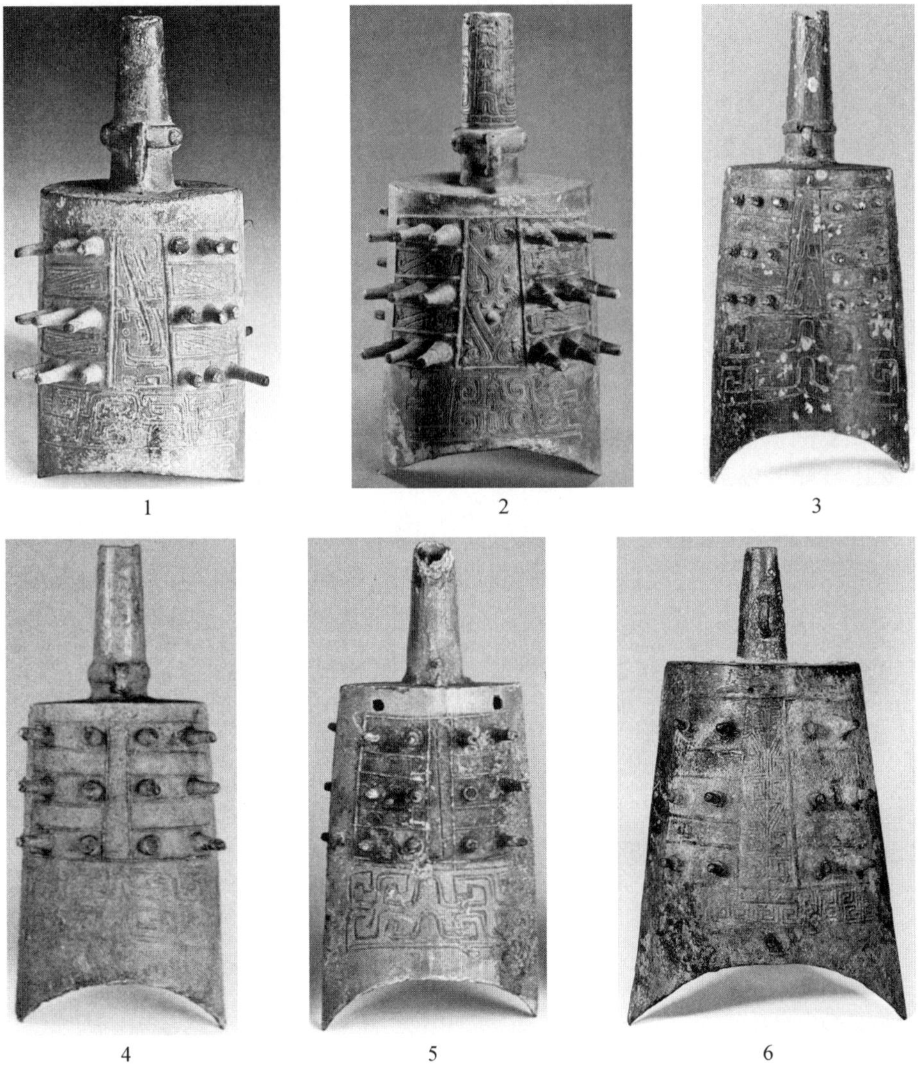

图五　E型青铜甬钟

1、2. Ⅰ式（湖南平江钟洞乡出土钟、湖北武昌木头岭出土1号钟）　3、4. Ⅱ式（广东罗定南门峒M1出土1号钟、广东肇庆松山甲4238号钟）　5. Ⅲ式（广东清远马头岗M2第005：1钟）　6. Ⅲ式（广东连山三水镇出土2号钟）

3.2千克（图五，3）。标本广东肇庆松山M1出土甲4238号钟，30枚，钲间、篆间均素面，正鼓饰变形夔纹，通高35.6、甬长11、铣宽15.3厘米，重2.7千克（图五，4）。

Ⅲ式：19件。钟体长方，无旋，柱状长枚，钲部上缩同前式，不少标本钟枚减至为30或24枚，背面均无纹，钲间、篆间、鼓部无纹者不少，而有纹饰者纹饰内容复杂多样，有勾连云纹、斜角云纹、各种雷纹、复线S形纹、变形蝉纹、变形夔纹、乳钉等。标本广东清远马头岗M2出土005：1号钟，24枚，钲间、篆间均素面，正鼓饰变形夔纹，通高21、甬长6.4、铣宽9.5厘米，重0.7千克（图五，5）。标本广东连山三水镇出土2号钟，24枚，钲间饰变形蝉纹，篆间素面，正鼓饰勾连云纹，通高21.5、甬长5.4、铣宽12.9厘米，重0.8千克（图五，6）。

F型　异型钟，4件。标本安徽宣城孙埠出土钟，钟体宽矮，甬细长，无旋，上有干，钲面无钲间、篆间的区分，亦不见钟枚，钲面纹饰分三层，上部两层均为龙纹，下层为重环纹，通高23.6、甬长9.2、铣宽19.6厘米，重3.5千克。标本安徽铜陵朝山村出土钟，钟体长方，扁实甬（柄），无旋无干，钟体两面设24个乳状枚，铣两侧有扉棱，通体无纹，通高24、柄长7.8、铣宽11.6厘米。另，安徽泾县高胡村出土钟与此种基本一致。标本湖南永州市博物馆藏道县出土钟，细短甬，无旋，甬上有纽形干，36个乳状枚，钲面界隔为单阳线，钲间及鼓部饰三角雷纹，篆间饰S形云纹，通高38、甬长8、铣宽21厘米，重6.6千克。

通过以上型、式的划分，我们对东南地区目前所见近200件两周时期青铜甬钟的主要类别及其差异、发展演变规律及彼此间的逻辑联系等有了一个初步的认识，这是后文研究的基础。总体来看，它们的演变规律如下。

钟体铣长与铣宽之比由小到大，即早期钟钟体宽矮，年代愈晚钟体愈瘦高。

甬长与体高之比由小到大，甬的直径与长度之比由大到小，即年代愈晚甬愈细长。

旋由宽变窄，最后消失；干由方到圆，最后发展为纽。

钲部上下宽度由大到小，鼓部上下宽度由小到大，年代较晚的甬钟钲部明显上缩。

钟枚形状由乳状到锥状再演变为柱状，高度由小到大；钟枚数量一般为36枚，但E型钟年代较晚者出现30枚或24枚。

各型钟较晚式别背面多无纹。

三、分期与年代

根据上述规律，结合纹饰特征，可以看出各类型甬钟之间大致的年代对应关系并列为四组。

第一组：含A型Ⅰ式、B型Ⅰ式两式钟。其共同特征为：钟体宽矮，甬较短而粗，宽旋，钟枚呈乳状或锥状，钲间均素面，正鼓饰卷云纹或“工”字形云纹，背面纹饰与正面相同。

第二组：含A型Ⅱ式，B型Ⅱ式，C型Ⅰ、Ⅱ式共4式钟。它们的共同特征是：钟体稍长，旋仍较宽，除C型Ⅰ式外，钟枚均呈柱状，鼓侧出现第二基音标识小鸟纹。与第一组甬钟相同的是：钲间均素面，篆间及正鼓纹饰仍以勾连云纹、“工”字形云纹为主，正、背面同纹。而C型Ⅰ式钟体较宽矮、钟枚呈锥状，更接近第一组。

第三组：含A型Ⅲ式，B型Ⅲ式，C型Ⅲ式，Da型Ⅰ、Ⅱ式，Db型Ⅰ、Ⅱ式，E型Ⅰ式共8式钟。它们的共同特征是：钟体长方，甬明显加长，旋较窄，钟枚为长柱状，钲间均有纹饰，多数饰夔纹或蝉纹，正鼓一般饰夔纹或变形夔纹，背面多无纹。

第四组：含A型Ⅳ式，B型Ⅳ式，C型Ⅳ式，Da型Ⅲ式，E型Ⅱ、Ⅲ式共6式钟。它们的共同特征是：钟体瘦高，旋窄如凸棱或无旋，钲部明显上缩，鼓部加宽，钲间多素面，背面无纹。

以上四组以第二、三组之间变化最为显著，第三、四组之间变化也较大，第一、二组间变化较小。例如，第三组与第二组比较，甬钟的种类出现了Da、Db、E三种新类型，形制和纹饰特征也发生了显著变化。从第三组开始，钟体普遍瘦高，旋明显变窄，钟枚均为长柱状，钲部明显上缩，钲间出现纹饰，背面多数无纹。纹饰方面，在第二组常见卷云纹、“工”字形云纹、S形云纹的基础上新见蝉纹、夔纹、窃曲纹及其变形。第四组与第三组比较，钟的种类上，A、C、D三型仅存孑遗，B型钟数量也不多，而E型钟的数量占本组甬钟的将近八成。形制、纹饰方面，第四组钟绝大多数旋如凸棱或无旋，钲间和篆间多为素面。据此，我们将东南地区两周时期的青铜甬钟分为三期四段（图六）。

早期，含第一、二组标本，分Ⅰ、Ⅱ两段。

中期，含第三组标本，为第Ⅲ段。

晚期，含第四组标本，为第Ⅳ段。

下面根据共存物及所属遗存年代，结合中原地区同类甬钟的年代，就各期、段甬钟的年代进行推定。

早期第Ⅰ段A型Ⅰ式、B型Ⅰ式标本所属遗存性质均不明，且除钟外无其他共存遗

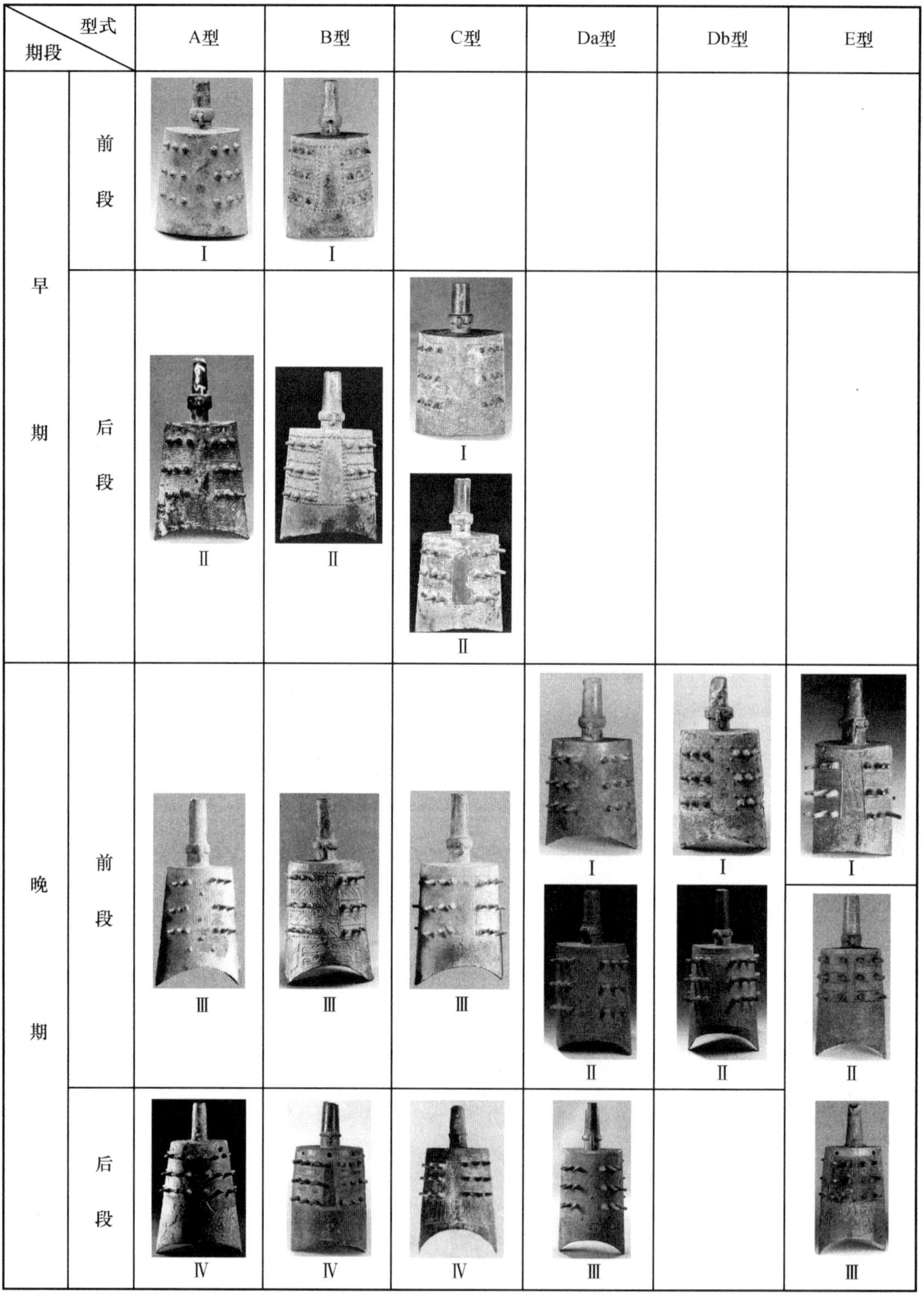

图六　东南地区两周青铜甬钟分期图

物，其年代只能与中原地区出土同类钟进行对比而大致推定。

其中与A型Ⅰ式形态特征接近的标本有1973年长安马王村窖藏出土的2件（马王20、21）[114]、1976年扶风庄白1号窖藏出土的4件（76FZH1：61、76FZH1：63、76FZH1：64、76FZH1：66）[115]、1977年岐山梁田村出土的1件[116]、1982凤翔东关出土的1件[117]及山西曲沃晋侯墓地出土的两套晋侯稣钟的前4件[118]等。遗憾的是，上列诸钟多出土于窖藏，唯一为墓葬出土的晋侯稣钟显系不同时期作品组合而成，我们只知道其年代下限为西周晚期偏早阶段（厉王时期）。上述诸钟多被断代为西周中期，少数被断为西周早期，也有被断为西周晚期者。从钟枚形态看，本文A型Ⅰ式钟2件为乳状枚，另2件为锥状枚，较上述诸钟均早，最为接近的是凤翔东关钟和岐山梁田钟，这2件被分别断为西周早期和中期。本文A型Ⅰ式钟的年代也应大体同时。

与本文B型Ⅰ式钟特征相近的有陕西宝鸡竹园沟M7、M1出土的2套6件[119]，但后者钟枚呈二层圆台状或短柱状，按照南方铜铙及本文和中原地区甬钟枚的演变趋势来看，年代应稍晚。而竹园沟两座墓的年代据其他共存遗物分析，M7约当西周早期的康、昭之际，M1约当西周早、中期之交。且B型Ⅰ式钟与A型Ⅰ式钟除钲面界隔不同外，其他特征基本一致。

最近，在湖北随州叶家山曾国墓地第111号墓出土的4件铜钟可分两类，各2件，分别与本文A型Ⅰ式、B型Ⅰ式钟几乎一致[120]。发掘者及多位专家认为，该墓的年代应不晚于西周早期。

故本文早期Ⅰ段甬钟的年代可推定为西周早、中期。

早期Ⅱ段A型Ⅱ式、B型Ⅱ式钟较各自的Ⅰ式钟体变长，钟枚呈柱状，纹饰出现窃曲纹和夔纹，其中B型Ⅱ式鼓右侧出现第二基音标识小鸟纹，年代应略晚。

在中原地区，与A型Ⅱ式钟形态相近的有1984年扶风吊庄窖藏出土的3件（扶官吊03～05）[121]、耀县丁家沟出土的1件（090号钟）[122]、1985年眉县杨家村窖藏出土的2件（甲组Ⅰ、Ⅱ号钟）[123]等。

与B型Ⅱ式钟相近的有1973年长安马王村窖藏出土的另4件（马王14～17）[124]、1976年扶风庄白窖藏出土的另2件（76FZH1：59、76FZH1：67）[125]、耀县丁家沟出土的另2件（091、093号钟）[126]等。上述钟一般被断代为西周中、晚期。

C型Ⅰ式、C型Ⅱ式钟多数鼓侧有第二基音标识，同类钟在中原地区有扶风庄白一号窖藏出土的2件（76FZH1：58、76FZH1：60）[127]、眉县杨家村丙组4件[128]、长安马王村18与19号钟[129]、耀县丁家沟092号钟[130]、武功县李台村钟[131]、徐东湾钟[132]及晋侯墓地出土两套晋侯稣钟的后12件钟[133]等。这些钟的年代均被断为西周中、晚期。笔者基本赞同。

可见，本文早期甬钟的年代基本在西周范围时间内，第Ⅰ段大致相当于西周早期偏晚至中期偏早，第Ⅱ段相当于西周中期偏晚至西周末。

中期即第Ⅲ段的各式钟在中原地区所见不多，如1973年陕西临潼县零口出土的13件[134]、周原博物馆藏扶风上务子村出土的1件[135]与本段A型Ⅲ式钟相近，1973年陕西扶风任家村出土征集的1件[136]与本段B型Ⅲ式钟相近、长安马王村出土的1件（马王22）[137]同本段E型Ⅰ式钟。这些钟制作不精，舞部不平，钟背无纹，极有可能为产自东南地区的舶来品，而且它们均出土于窖藏，无法根据共存遗物判断其年代。本段C型Ⅲ式，Da型Ⅰ、Ⅱ式，Db型Ⅰ、Ⅱ式钟等又不见于中原地区。

唯一可参考的是E型Ⅰ式钟与中原西周晚期与春秋前期流行的粗阳线界隔钟，两者篆间同样流行对角夔纹（前者多变化为斜角云纹）、窃曲纹（前者多变化为S形云纹）、正鼓流行顾首夔纹（前者多为变形夔纹），两者的主要区别是前者钲间饰蝉纹或夔纹、背面无纹，后者钲间多铸铭文，推测前者的年代应略晚于后者。

此外，广东博罗横岭山M182出土的2件Da型Ⅰ式钟，发掘报告断为西周晚期，笔者以为当为西周末至春秋初。

鉴此，本期的年代可大致推定相当于西周末至春秋中期。

晚期即第Ⅳ段的各式钟均不见于中原地区，无法进行比对，但其中不少出自墓葬，可以根据其他共存物的年代进行大致推定。具体如下。

广西恭城秧家墓葬出土了C型Ⅳ式、E型Ⅱ式钟各一件，同出的1件大铜鼎、铜罍和几件小越式鼎年代均可断在春秋晚至战国早期，其中大铜鼎、铜罍非本地制品，而是从楚地或吴地流传而来的。因此，秧家出土的这2件钟的年代可断为春秋末至战国早期。

广西宾阳韦坡M1出土了E型Ⅱ、Ⅲ式钟各1件，M2出土了E型Ⅲ式钟1件。M1出土了宽盘口类越式鼎，据研究，其流行时间为战国早、中期[138]。

广东清远马头岗M1、M2出土了E型Ⅱ、Ⅲ式钟各1套，共存的楚式铜尊缶、浴缶都是春秋晚期至战国初的典型器，这两座墓的年代均被断为春秋晚至战国早期。

广东罗定南门峒和肇庆松山各出土了E型Ⅱ式钟1套6件，前者共存的铜鉴可早到春秋晚期至战国早期，铜鼎、铜剑等年代不早于战国中期，后者共存的铜罍、盘等同样可早到春秋晚期，而铜锅、越式鼎、提桶、剑等可晚至战国晚期[139]。这两套甬钟的埋藏年代可能为战国晚期，但从其形制（旋相对较宽）和纹饰风格来看，甬钟本身的年代当早于上述恭城秧家、宾阳韦坡、清远马头岗出土同类标本。

此外，浙江绍兴塔山B型Ⅳ式钟，上有铭文，据考证为徐国灭亡后流放到吴越地区的徐国贵族所铸，年代为春秋晚期。从形制来看，这件钟也是B型Ⅳ式钟最早的标本。

综上分析，我们可将晚期甬钟的年代推定为春秋晚至战国时期。

四、区域分布及发展过程

根据上文对188件标本的型、式划分和分期、分段研究，我们制成了东南地区两周甬钟分区统计表（表一）和分期统计表（表二）。

从表一可以看出如下问题。

（1）长江下游地区不见A、C、E三型钟，长江中游地区缺Db型钟。

（2）A、C型钟主要出土于长江中游地区，数量达80%，岭南地区数量极少，各式标本均为单件，有可能非当地产品；E型钟主要流行于岭南地区，长江中游主要见E型Ⅰ式。

（3）B型钟亦主要见于长江中游地区，数量超过一半，长江下游和岭南地区数量相当；Da型钟亦主要出土于长江中游地区，数量占65%，长江下游占30%以上，岭南地区不足5%，仅Ⅰ式2件，应非当地制品，据此可认定岭南地区非Da型钟产地。

（4）从数量看，A、B、C型相对较少，D、E型数量明显较多，而各型中，A、B、C型钟Ⅰ、Ⅱ式的数量明显较多，D、E型钟Ⅰ式的数量明显较少。

从表二又可以看出如下问题。

（1）早期甬钟的种类和数量明显较少，尤其是第Ⅰ段仅有A型Ⅰ式、B型Ⅰ式两式，总共出土数量不到20件；而中期和晚期甬钟无论种类和数量都大大增多。

（2）从早期Ⅰ段至中期（Ⅲ段），长江中游是东南地区两周青铜甬钟的主要流行区，晚期（Ⅳ段）主要流行区转移到岭南地区，而长江下游地区仅中期的甬钟数量稍多，如长江中游地区共发现早期Ⅰ段标本13件，占本段标本总数的68%，早期Ⅱ段标本21件，占本段标本总数的84%，中期标本54件，亦占本期标本总数的68%，晚期标本7件，仅占本期标本总数的11.5%；岭南地区所见前两期三段的标本一直不多，且大多非当地产品，但晚期标本达49件，占本期标本总数的80%（图七）。

根据上述现象，我们试就东南地区两周青铜甬钟的整体情况、流行地域及其变化做如下推测。

至迟在西周早期晚段，东南地区开始出现青铜甬钟，但直到两周之际，整个西周时期东南地区青铜甬钟的数量并不多、类型也很少，且主要流行于长江中游地区，长江下游和岭南地区所见这一时期的少数标本极有可能是从长江中游地区流散过去的。

春秋伊始，东南地区青铜甬钟进入大发展时期。本文中期的甬钟数量早期大幅增加，类别上也新增了D、E两型。从分布地域来看，本期长江下游也成为青铜甬钟的另一个铸造和流行区。特别是Db型甬钟不见于长江中游，岭南地区广东博罗公庄出土的一批6件与皖南出土的同型标本形制与工艺区别甚微，不排除从长江下游地区成品输入

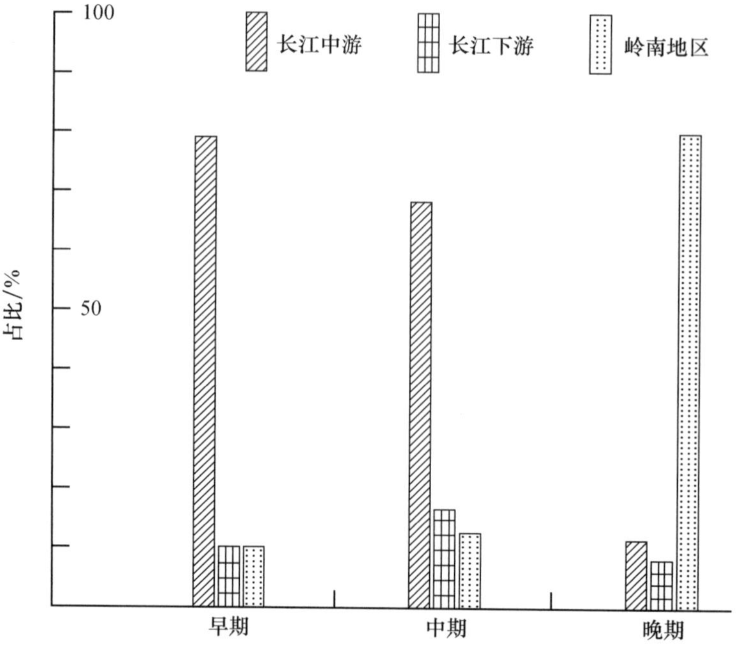

图七　东南地区两周青铜甬钟不同时期流行地域柱状图

的可能性。若此，则Db型当为长江下游地区所独有，这是该地区作为两周青铜甬钟独立中心之一的明证。虽然总体来说这一阶段长江下游出土的青铜甬钟数量尚少，但在该地区通常用硬陶和原始瓷来替代青铜器（如相当于春秋末至战国早期的无锡鸿山土墩墓出土了大量硬陶和原始瓷甬钟）的情况下，目前所见青铜甬钟的材料已经足以让人信服上述结论了。

岭南地区的情况有所不同。该地区所见属于晚期前段的10件标本，除1件A型Ⅲ式钟可能为当地制造外，余9件可基本确定非当地制品，其中2件Da型Ⅰ式钟、1件E型Ⅰ式钟应该来自长江中游，另6件Db型Ⅱ式钟如前述当来自长江下游地区。

春秋晚期或春战之际，东南地区的青铜甬钟在分布地域上有一个显著的变化，那就是此前在长江中游和长江下游并行的两个铸造或流行中心消失，岭南地区继而成为青铜甬钟的唯一流行地，这是东南地区两周青铜甬钟制造或流行中心区的大转移。这种变化，与“越式鼎”的情况[140]非常一致，应该有相同的历史文化背景。

综上，本文将东南地区两周青铜甬钟的发展历程归纳如下。

西周早期晚段左右，东南地区出现青铜甬钟，但直到两周之际，青铜甬钟仅在长江中游地区流行，且种类较少。

从春秋初开始，青铜甬钟在东南地区得到较大发展，不仅数量大大增加，种类也较丰富。整个春秋时期，除长江中游外，长江下游地区也成为青铜甬钟的制造和流行中心。

春秋末至战国初，青铜甬钟的中心区由此前的长江中、下游地区向岭南地区转移，前两个地区不再流行青铜甬钟，岭南地区成为东南地区青铜甬钟唯一的制造和流行中心。

青铜甬钟自身的演变轨迹是，A、B型钟出现最早，前者流行至中期，晚期基本绝迹，后者基本贯穿了整个两周时期；C型钟出现于早期Ⅱ段，但自Ⅲ段（中期）即行衰落，晚期基本绝迹；D型钟仅流行于中期，E型钟中期出现并流行于长江中游地区，随后成为晚期甬钟的主流品种。

表一　东南地区两周青铜甬钟分区统计表

型式＼分区			长江中游/件				长江下游/件					岭南地区/件			合计/件
			鄂东	湘东	江西	小计	皖南	苏南	浙江	福建	小计	广东	广西	小计	
A		Ⅰ		3		3							1	1	4
		Ⅱ		5		5									5
		Ⅲ	4	1		5							1	1	6
		Ⅳ		1		1							1	1	2
		小计	4	10		14							3	3	17
B		Ⅰ		5	5	10			1	2	3	2		2	15
		Ⅱ	1	4	1	6	1			1	2		1	1	9
		Ⅲ	5			5									5
		Ⅳ							2		2	5	1	6	8
		小计	6	9	6	21	1		3	3	7	7	2	9	37
C		Ⅰ	2	4	2	8									8
		Ⅱ		6		6							1	1	7
		Ⅲ	2	1		3									3
		Ⅳ											1	1	1
		小计	4	11	2	17							2	2	19
D	Da	Ⅰ		1		1						2		2	3
		Ⅱ	27			27	1	3	6		10				37
		Ⅲ					3				3				3
	Db	Ⅰ					3				3				3
		Ⅱ					1	1			2	6		6	8
	小计		27	1		28	8	4	6		18	8		8	54
		Ⅰ	9	4		13							1	1	14
		Ⅱ		2		2						23	3	26	28
		Ⅲ		4		4						12	3	15	19
		小计	9	10		19						35	7	42	61
		合计	50	41	8	99	9	4	9	3	25	50	14	64	188

表二　东南地区两周青铜甬钟登记表

型式	出土地点及编号	通高/厘米	甬长/厘米	铣宽/厘米	重量/千克	枚数/枚	征间纹饰	篆间纹饰	正鼓纹饰	钟枚形状	背面纹饰	资料出处
AⅠ	湖南衡山县征集钟	45	12.8	28.4	14.3	36	素面	素面	素面	乳状		注［52］
	湖南宁乡回龙铺钟	43.5	14.5	24.5	11.5	36	素面	S形云纹	工形云纹	乳状		注［54］
	湖南省博物馆30784号	28	9.9	14.8	3.3	36	素面	素面	卷云纹	锥状		注［58］
	广西宾阳大北庙钟	41	12.5	22	不明	36	磨蚀	磨蚀	磨蚀	锥状		注［99］
AⅡ	湖南宁乡毛公桥钟	28	8.5	15	3.9	36	素面	磨蚀	磨蚀	锥状		注［53］
	湖南宁乡征集钟1	26.5		15		36	素面	S形云纹	S形云纹	锥状		注［73］
	湖南衡阳长安乡钟	44	14.5	23	10	36	不明	卷云纹	不明	柱状		注［46］
	湖南岳阳西塘钟	22.4	7.5	12.5	1.2	36	素面	窃曲纹	工形云纹	柱状		注［49］
	湖南省博物馆25353号	27.8	10.2	14.4	4	36	素面	素面	素面	柱状		注［69］
AⅢ	湖北大悟雷家山0217号钟	18	残	13.8	1.4	36	S形云纹	S形云纹	卷云纹	柱状	背面无纹	注［35］
	湖北钟祥花山钟1	39.1	12.5	19.3	4.2	36	素面乳钉	S形云纹	卷云纹	柱状	背面无纹	注［34］
	湖北钟祥花山钟3	21.6	7.2	10	1	36	素面乳钉	S形云纹	卷云纹	柱状	背面无纹	注［34］
	湖北省博物馆藏钟	61	19.8	29.9	不明	36	不明	不明	不明	柱状	背纹不明	注［37］
	湖南省博物馆25067号	25.1	10.2	13.2	3.5	36	素面	细线云纹	细线云纹	柱状	背面无纹	注［57］
	广西田东大岭坡钟	56	不明	33.5	25	36	云雷纹	斜角云纹	变形夔纹	柱状	背面无纹	注［103］

续表

型式	出土地点及编号	通高/厘米	甬长/厘米	铣宽/厘米	重量/千克	枚数/枚	钲间纹饰	篆间纹饰	正鼓纹饰	钟枚形状	背面纹饰	资料出处
AⅣ	湖南衡阳文管所钟	不明	不明	不明	不明	36	素面	细线雷纹	卷云纹	柱状	背纹不明	注［64］
	广西宾阳凉水坪钟	45	11	26	4.75	36	栉齿纹	栉齿纹	素面	柱状	背纹略异	注［95］
BⅠ	浙江萧山杜家村钟	41.5	13.5	24.2	12.5	36	素面	云纹	工形云纹	乳状		注［15］
	福建建瓯南雅遗址钟1	38.8	12	21	不明	36	素面	勾连云纹	素面	乳状	无旋	注［19］
	福建建瓯南雅遗址钟2	32	不明	不明	不明	36	素面	勾连云纹	素面	乳状	无旋	注［19］
	江西萍乡彭家河1	41	12.4	24.9	10	36	素面	勾连云纹	不明	锥状		注［21］
	江西萍乡彭家河2	38.2	12.5	22.5	8.5	36	素面	勾连云纹	不明	锥状		注［21］
	江西吉水296号钟	42.5	15	23.5	11	36	素面	素面	素面	锥状		注［24］
	江西吉水297号钟	32.6	11.4	19.5	6	36	素面	勾连云纹	素面	锥状		注［24］
	江西吉水298号钟	30.5	10.5	17.8	4.2	36	素面	素面	素面	锥状		注［24］
	湖南宁乡黄材镇钟	33.4	11	22.3	不明	36	素面	S形云纹	云纹	锥状		注［40］
	湖南宁乡五里堆钟	38.5	不明	不明	13.5	36	素面	S形云纹	云纹	锥状		注［44］
	湖南省博物馆22232号	38	12.3	23	12.1	36	素面	细线云纹	细线云纹	锥状		注［55］
	湖南省博物馆22236号	41	14	23.3	11.3	36	素面	细线云纹	细线云纹	锥状		注［56］
	湖南浏阳澄潭钟	45	15	25.5	16.4	36	素面	细线云纹	工形云纹	锥状		注［47］

续表

型式	出土地点及编号	通高/厘米	甬长/厘米	铣宽/厘米	重量/千克	枚数/枚	钲间纹饰	篆间纹饰	正鼓纹饰	钟枚形状	背面纹饰	资料出处
BⅠ	广东博罗苏屋岗1	42.5	14	25.5	9.6	36	素面	素面	素面	锥状		注［78］
	广东博罗苏屋岗2	39.7	13.2	23	9.8	36	素面	素面	素面	锥状		注［78］
BⅡ	安徽黄山乌石乡钟	42.4	11.4	24.8	12.5	36	素面	卷云纹	变形夔纹	柱状	背纹不明	注［9］
	福建武平平川镇钟	22残	4残	17.9	1.8	36	素面	勾连云纹	卷云纹	柱状		注［20］
	江西武宁大田钟	20	8	10.5	0.95	36	素面	勾连云纹	工形云纹	柱状		注［25］
	武汉大学藏钟	不明	不明	不明	不明	36	不明	素面	素面	柱状		注［39］
	湖南湘乡马龙钟	46.3	15	26.5	17.8	36	素面	细线云纹	工形云纹	柱状	鼓侧鸟纹	注［43］
	湖南宁乡征集钟2	42.7	13.5	24.7		36	细线云纹	细线云纹	细线云纹	柱状		注［73］
	湖南宁乡征集钟3	37残		23		36	细线云纹	细线云纹	细线云纹	柱状		注［73］
	湖南省博物馆殷八4：13	46.7	不明	27.5	15.85	36	素面	细线云纹	细线云纹	柱状	鼓侧鸟纹	注［72］
	广西忻城大塘村钟	34.5	10残	20	7.4	36	素面	素面	不明	柱状		注［96］
BⅢ	湖北大悟雷家山0222号钟	37	12.5	19	4.65	36	变形蝉纹	斜角云纹	变形夔纹	柱状	背面无纹	注［35］
	湖北大悟雷家山0218号钟	37.2	11.8	17	3.85	36	变形蝉纹	斜角云纹	变形夔纹	柱状	背素小鸟	注［35］
	湖北大悟雷家山0221号钟	32	10.8	16	2.95	36	变形蝉纹	斜角云纹	变形夔纹	柱状	背素小鸟	注［35］
	湖北大悟雷家山0223号钟	30	11.5	13.5	2.1	36	变形蝉纹	斜角云纹	变形夔纹	柱状	背面无纹	注［35］
	湖北大悟雷家山0219号钟	24	8.8	12	1.55	36	变形蝉纹	素面	变形凤纹	柱状	背素小鸟	注［35］

续表

型式	出土地点及编号	通高/厘米	甬长/厘米	铣宽/厘米	重量/千克	枚数/枚	钲间纹饰	篆间纹饰	正鼓纹饰	钟枚形状	背面纹饰	资料出处
BⅣ	浙江绍兴塔山钟	39.6	14.8	19.6	10	36	铭文	素面	铭文	柱状	甬上施纹	注［16］
	浙江东阳双江口钟	不明	不明	不明	7.25	36	素面	素面	素面	柱状		注［17］
	广东连平彭山钟	50.5	13.7	25.6	11.6	36	素面	素面	三个乳钉	柱状	背面无纹	注［77］
	广东增城天麻山1	不明	不明	不明	不明	36	阳线雷纹	素面	阳线雷纹	柱状	背面无纹	注［79］
	广东增城天麻山2	不明	不明	不明	不明	36	阳线雷纹	素面	阳线雷纹	柱状	背面无纹	注［79］
	广东增城汤村乡钟	49.5	不明	23.5	不明	36	人字形纹	素面	云雷纹	柱状	背纹略同	注［82］
	广东博罗太沥村0643号钟	22.7残	6.5残	12.9	4.3	36	素面	S形云纹	不明	柱状	背面无纹	注［84］
	广西横县妹儿山钟	68.5	不明	33.5	34	36	不明	S纹云纹	不明	柱状	背纹不明	注［90］
CⅠ	江西鹰潭出土钟	35.8	11.8	20.7	13.5	36	素面	对角夔纹	工形云纹	锥状	鼓侧鸟纹	注［22］
	江西南昌李家庄钟	34.4	12.2	18.5	6.4	36	素面	对角夔纹	工形云纹	锥状	鼓侧鸟纹	注［23］
	武汉文物商店钟1	30.5	10.5	16.5	4.1	36	素面	斜角云纹	工形云纹	锥状	鼓侧小鸟	注［38］
	武汉文物商店钟2	30.3	11.1	残	2.75	36	素面	斜角云纹	工形云纹	锥状	鼓侧小鸟	注［38］
	湖南湘潭洪家峭1	48	不明	30	21.5	36	素面	勾连云纹	工形云纹	锥状	鼓侧小鸟	注［42］
	湖南湘潭洪家峭2	42.5	13.2	25.5	20	36	素面	勾连云纹	工形云纹	锥状	鼓侧小鸟	注［42］
	湖南湘潭青山桥钟	48.7	14.3	30.1	21.4	36	素面	勾连云纹	工形云纹	锥状	鼓侧小鸟	注［45］
	湖南省博物馆25057号	31.5	11	16.5	4.5	36	素面	勾连云纹	卷云纹	锥状		注［65］

续表

型式	出土地点及编号	通高/厘米	甬长/厘米	铣宽/厘米	重量/千克	枚数/枚	钲间纹饰	篆间纹饰	正鼓纹饰	钟枚形状	背面纹饰	资料出处
CⅡ	湖南湘乡金石乡钟	45.3	13.9	26.9	14.9	36	素面	勾连云纹	工形云纹	柱状	鼓侧小鸟	注［48］
	湖南双峰大街村钟	30	10.5	16.2	3.3	36	素面	斜角云纹	工形云纹	柱状	鼓侧小鸟	注［50］
	湖南省博物馆22238号	50.8	不明	29.5	19.8	36	素面	斜角云纹	工形云纹	柱状		注［60］
	湖南省博物馆26243号	29.4	10.4	16.5	4	36	素面	勾连云纹	工形云纹	柱状		注［67］
	湖南省博物馆26244号	25.5	8.4	15	2.6	36	素面	勾连云纹	工形云纹	柱状		注［67］
	湖南省博物馆殷八4：80	45.8	不明	27.7	19.9	36	素面	勾连云纹	工形云纹	柱状	鼓侧小鸟	注［70］
	广西贺州马东村钟	30.2	9.7	16.2	2.7	36	素面	勾连云纹	不明	柱状	背纹不明	注［105］
CⅢ	湖北钟祥花山钟5	37	12.4	17.9	3.6	36	蝉纹	斜角云纹	工形云纹	柱状	背面无纹	注［34］
	湖北大悟雷家山0220号钟	30.6	11	14.8	35	36	素面	勾连云纹	工形云纹	柱状	背面无纹	注［35］
	湖南省博物馆22239号	35.1	11.8	18.2	4.5	36	蝉纹	S形云纹	工形云纹	柱状	背面无纹	注［68］
CⅣ	恭城县秧家钟2	43	12.5	21.5	不明	36	蝉纹	对角夔纹	变形夔纹	柱状	背面无纹	注［94］
DaⅠ	湖南临武出土钟	46.5	15.1	25.3	16.2	36	蝉纹	斜角云纹	工形云纹	柱状	鼓侧小鸟	注［41］
	广东博罗横岭山M182：1	29	10	15.6	3.494	36	蝉纹	斜角云纹	夔纹	柱状	鼓侧小鸟	注［86］
	广东博罗横岭山M182：18	31	11	16.8	3.72	36	蝉纹	斜角云纹	夔纹	柱状	鼓侧小鸟	注［86］

续表

型式	出土地点及编号	通高/厘米	甬长/厘米	铣宽/厘米	重量/千克	枚数/枚	钲间纹饰	篆间纹饰	正鼓纹饰	钟枚形状	背面纹饰	资料出处
Da Ⅱ	安徽繁昌汤家山钟	23.2	7.6	11.6	不明	36	变形夔纹	S形云纹	卷云纹	柱状	背纹不明	注［8］
	江苏高淳青山茶场钟1	31.2	不明	不明	不明	36	变形夔纹	斜角云纹	变形夔纹	柱状	不明	注［12］
	江苏高淳青山茶场钟2	30	不明	不明	不明	36	变形夔纹	斜角云纹	变形夔纹	柱状	不明	注［12］
	江苏溧水小金山钟	52	不明	不明	不明	36	蝉纹	斜角云纹	变形夔纹	柱状	背面无纹	注［13］
	浙江江山江家坝1	36.5	9.5	17.5	3.55	36	不明	不明	变形夔纹	柱状	背面无纹	注［14］
	浙江江山江家坝2	30.5	8	15.5	2.1	36	云纹	不明	变形夔纹	柱状	背面无纹	注［14］
	浙江江山江家坝3	26.5	7	13.7	1.5	36	变形夔纹	不明	变形夔纹	柱状	背面无纹	注［14］
	浙江江山江家坝4	20.5残	4.3残	12	0.85	36	云纹	S形云纹	变形夔纹	柱状	背面无纹	注［14］
	浙江江山江家坝5	17.5残	2.5残	11.2	0.8	36	不明	不明	不明	柱状	背面无纹	注［14］
	浙江江山江家坝6	17	4.6	9.6	0.57	36	不明	不明	不明	柱状	背面无纹	注［14］
	湖北大冶罗桥钟1	17.5	8	12.5	不明	36	素面	斜角云纹	变形夔纹	柱状	背面无纹	注［26］
	湖北大冶罗桥钟2	16.5	不明	12	不明	36	素面	素面	变形夔纹	柱状	背面无纹	注［26］
	湖北通山下泉钟	21	6.2	9.9	1.45	36	族徽？	S形云纹	卷云纹	柱状	背面无纹	注［29］
	湖北广济鸭儿洲1	52.2	14.3	24	11.1	36	蝉纹	斜角云纹	夔纹	柱状	背面无纹	注［31］
	湖北广济鸭儿洲2	32.6残	14.3	残	4	36	蝉纹	斜角云纹	夔纹	柱状	背面无纹	注［31］
	湖北广济鸭儿洲3	47.4	12.1	22.1	8.3	36	蝉纹	斜角云纹	夔纹	柱状	背面无纹	注［31］

续表

型式	出土地点及编号	通高/厘米	甬长/厘米	铣宽/厘米	重量/千克	枚数/枚	钲间纹饰	篆间纹饰	正鼓纹饰	钟枚形状	背面纹饰	资料出处
Da Ⅱ	湖北广济鸭儿洲4	45.6	13.1	20.9	7.7	36	蝉纹	斜角云纹	夔纹	柱状	背面无纹	注［31］
	湖北广济鸭儿洲5	38.1残	12.3	残	5	36	蝉纹	斜角云纹	夔纹	柱状	背面无纹	注［31］
	湖北广济鸭儿洲6	38.1残	11.3	残	4.2	36	蝉纹	斜角云纹	夔纹	柱状	背面无纹	注［31］
	湖北广济鸭儿洲7	39.3残	11.5	28残	5.7	36	夔纹	斜角云纹	变形夔纹	柱状	背面无纹	注［31］
	湖北广济鸭儿洲8	35.6	9.3	17.5	4.6	36	蝉纹	斜角云纹	变形夔纹	柱状	背面无纹	注［31］
	湖北广济鸭儿洲9	35.2	9.6	16.5	4	36	蝉纹	斜角云纹	变形夔纹	柱状	背面无纹	注［31］
	湖北广济鸭儿洲10	34.7	9.7	16.6	4.8	36	夔纹	斜角云纹	变形夔纹	柱状	背面无纹	注［31］
	湖北广济鸭儿洲11	32.1残	6.9残	16.1	3.1	36	夔纹	斜角云纹	变形夔纹	柱状	背面无纹	注［31］
	湖北广济鸭儿洲12	27.5	7	13.5	2.3	36	夔纹	S形云纹	变形夔纹	柱状	背面无纹	注［31］
	湖北广济鸭儿洲13	26.3残	7.4残	9.1	不明	36	不明	斜角云纹	变形夔纹	柱状	背面无纹	注［31］
	湖北广济鸭儿洲14	22.8	6	11.2	1.5	36	素面	斜角云纹	变形夔纹	柱状	背面无纹	注［31］
	湖北广济鸭儿洲15	27.4	8.3	12.7	2.2	30	夔纹	S形云纹	简化夔纹	柱状	背面无纹	注［31］
	湖北广济鸭儿洲16	25.1	8	12.4	2	30	素面	S形云纹	变形夔纹	柱状	背面无纹	注［31］
	湖北广济鸭儿洲17	24.8	6.9	12	1.5	30	勾连云纹	S形云纹	变形夔纹	柱状	背面无纹	注［31］
	湖北广济鸭儿洲18	24.2	7.3	11.2	1.4	30	勾连云纹	S形云纹	变形夔纹	柱状	背面无纹	注［31］
	湖北广济鸭儿洲19	21.5	6.6	10	1.1	30	素面	S形云纹	简化夔纹	柱状	背面无纹	注［31］
	湖北广济鸭儿洲20	21.1	6.6	10.2	1.1	24	夔纹	S形云纹	简化夔纹	柱状	背面无纹	注［31］

续表

型式	出土地点及编号	通高/厘米	甬长/厘米	铣宽/厘米	重量/千克	枚数/枚	钲间纹饰	篆间纹饰	正鼓纹饰	钟枚形状	背面纹饰	资料出处
DaⅡ	湖北广济鸭儿洲21	32	9.5	15.1	3.2	36	变形夔纹	S形云纹	变形夔纹	柱状	背素扉棱	注［31］
	湖北广济鸭儿洲22	23.2	7	10.8	1.48	36	勾连云纹	S形云纹	变形夔纹	柱状	背素扉棱	注［31］
	湖北广济鸭儿洲23	20残	3.6残	10.9	1.4	30	素面	S形云纹	简化夔纹	柱状	背素扉棱	注［31］
	湖北钟祥花山钟2	31.3	10.7	15.6	2.74	36	蝉纹	斜角云纹	变形夔纹	柱状	背面无纹	注［34］
DaⅢ	安徽铜陵董店钟1	50	14.5	22.8	不明	36	蝉纹	斜角云纹	夔纹	柱状	背纹不明	注［11］
	安徽铜陵董店钟3	34.4	9.4	17.6	不明	36	夔纹	勾连云纹	夔纹	柱状	两侧扉棱	注［11］
	安徽铜陵董店钟4	37.2	10.4	17.6	不明	36	夔纹	斜角云纹	变形夔纹	柱状	背纹不明	注［11］
DbⅠ	铜陵县董店钟2	42.8	11.8	19.6	不明	36	蝉纹	斜角云纹	变形夔纹	柱状	背纹不明	注［11］
	安徽铜陵市区钟1	24.4	5.8	13.7	不明	36	素面	斜角云纹	变形夔纹	柱状	背纹不明	注［11］
	安徽铜陵市区钟2	21.6	6.4	11.2	不明	36	变形夔纹	斜角云纹	变形夔纹	柱状	背纹不明	注［11］
DbⅡ	安徽铜陵金口岭钟	23.4	6.9	13.2	不明	36	素面	斜角云纹	简化夔纹	柱状	背面无纹	注［10］
	江苏高淳马家圩钟	66	不明	不明	不明	36	蝉纹	斜角云纹	夔纹	柱状	背面无纹	注［13］
	广东博罗太沥村0638号钟	57残	14.6残	24	22	36	蝉纹	S形云纹	变形夔纹	柱状	背面无纹	注［84］
	广东博罗太沥村0639号钟	44	12.4	21.7	17.8	36	蝉纹	斜角云纹	变形夔纹	柱状	背面无纹	注［84］
	广东博罗太沥村0640号钟	36.6	10.4	18.7	11.8	36	斜角云纹	S形云纹	变形夔纹	柱状	背面无纹	注［84］
	广东博罗太沥村0641号钟	28.7	8	14.6	6.4	36	斜角云纹	S形云纹	变形夔纹	柱状	背面无纹	注［84］

续表

型式	出土地点及编号	通高/厘米	甬长/厘米	铣宽/厘米	重量/千克	枚数/枚	钲间纹饰	篆间纹饰	正鼓纹饰	钟枚形状	背面纹饰	资料出处
DbⅡ	广东博罗太沥村0642号钟	26.7	8	14.2	5.5	36	斜角云纹	S形云纹	变形夔纹	柱状	背面无纹	注［84］
	广东博罗太沥村0644号钟	21.2残	5.9残	11.4	3.6	36	素面	S形云纹	素面	柱状	背面无纹	注［84］
EⅠ	湖北通山横石镇钟	27残	残	残	不明	36	蝉纹	对角夔纹	夔纹	柱状	背面无纹	注［27］
	湖北通山南城畈钟	94	31	45	150	36	蝉纹	对角夔纹	夔纹	柱状	背面无纹	注［28］
	湖北通城铁柱山钟	46	14.9	28	11	36	蝉纹	S形云纹	夔纹	柱状	不明	注［32］
	湖北通城征集钟	33残	9.1残	15.6	6.3	36	十字纹	对角夔纹	不明	柱状	背纹不明	注［30］
	湖北鄂州博物馆钟	38.1	13	18.5	8.8	36	蝉纹	对角夔纹	变形夔纹	柱状	不明	注［33］
	湖北武昌木头岭1	45.3	15	22.3	12.75	36	蝉纹	对角夔纹	变形夔纹	柱状	背面无纹	注［36］
	湖北武昌木头岭2	36	12.5	17.7	5.6	36	夔纹	S形云纹	变形夔纹	柱状	背素扉棱	注［36］
	湖北武昌木头岭3	30残	4.5残	18.8	7.1	36	夔纹	对角夔纹	变形夔纹	柱状	背面无纹	注［36］
	湖北钟祥花山钟4	28.8	10.3	14.2	2	36	蝉纹	S形云纹	变形夔纹	柱状	背面无纹	注［34］
	湖南平江钟洞乡钟	38	13	18	8.8	36	夔纹	对角夔纹	变形夔纹	柱状	背面无纹	注［51］
	湖南省博物馆25054号	47	15.5	22.3	10.7	36	蝉纹	勾连云纹	工形云纹	柱状	背面无纹	注［59］
	湖南省博物馆25055号	41.2残	10.3残	22.3	5.6	36	蝉纹	斜角云纹	工形云纹	柱状	背面无纹	注［59］
	湖南省博物馆20258号	33.1残	8.5残	16.5	4.9	36	夔纹	斜角云纹	变形夔纹	柱状	背纹不明	注［61］
	广西柳江木罗村钟	27	5.9残	不明	不明	36	S形云纹	S形云纹	卷云纹	柱状	背素扉棱	注［101］

续表

型式	出土地点及编号	通高/厘米	甬长/厘米	铣宽/厘米	重量/千克	枚数/枚	钲间纹饰	篆间纹饰	正鼓纹饰	钟枚形状	背面纹饰	资料出处
EⅡ	湖南省博物馆31174号	25.3	12.2	15.6	不明	36	蝉纹	对角夔纹	变形夔纹	柱状	背面无纹	注［66］
	湖南省博物馆22237号	37.9	11.3	19.5	4.1	36	素面	素面	S形云纹	柱状	背面无纹	注［62］
	广东清远M1-1	残37.8	10.5	20.2	5.65	36	素面	素面	素面	柱状	背面无纹	注［74］
	广东清远M1-2	残28.5	4.8残	17.5	3.8	30	素面	素面	素面	柱状	背面无纹	注［74］
	广东清远M1-3	34.3	9.8	17.1	4.4	36	素面	素面	素面	柱状	背素扉棱	注［74］
	广东清远M1-4	残18.2	残	15.2	2.5	36	素面	素面	素面	柱状	背面无纹	注［74］
	广东清远M1-5	残23.7	2.7残	17.2	3.7	36	变形夔纹	S形云纹	变形夔纹	柱状	背面无纹	注［74］
	广东肇庆M1：4235	57	18.6	25	10.6	36	素面	素面	变形夔纹	柱状	背面无纹	注［77］
	广东肇庆M1：4236	50.5	15.9	21.8	7.1	36	素面	素面	变形夔纹	柱状	背面无纹	注［77］
	广东肇庆M1：4237	45.3	14.5	19.3	5.7	30	素面	素面	变形夔纹	柱状	背面无纹	注［77］
	广东肇庆M1：4246	38.6	12.1	16.8	3.8	30	素面	素面	变形夔纹	柱状	背面无纹	注［77］
	广东肇庆M1：4238	35.6	11	15.3	2.7	30	素面	素面	变形夔纹	柱状	背面无纹	注［77］
	广东肇庆M1：4239	34.8	11	15.2	2.6	30	素面	素面	变形夔纹	柱状	背面无纹	注［77］
	广东罗定南门峒M1-1	37.6	12.2	15.9	3.2	36	简化蝉纹	斜角云纹	变形夔纹	柱状	背面无纹	注［80］
	广东罗定南门峒M1-2	31.9	10	14.1	2.3	36	素面	素面	变形夔纹	柱状	背面无纹	注［80］
	广东罗定南门峒M1-3	27.5	9.1	11.5	1.2	24	素面	素面	变形夔纹	柱状	背面无纹	注［80］

续表

型式	出土地点及编号	通高/厘米	甬长/厘米	铣宽/厘米	重量/千克	枚数/枚	钲间纹饰	篆间纹饰	正鼓纹饰	钟枚形状	背面纹饰	资料出处
EⅡ	广东罗定南门峒M1-4	25.7	9.1残	10.9	1	36	素面	素面	变形夔纹	柱状	背面无纹	注［80］
	广东罗定南门峒M1-5	22.5残	2.5残	不明	不明	24	素面	素面	变形夔纹	柱状	背面无纹	注［80］
	广东罗定南门峒M1-6	19.4残	6.3残	9.1	0.6	24	素面	素面	变形夔纹	柱状	背面无纹	注［80］
	广东兴宁新圩钟1	52.7	13.5	27	14.3	30	菱形雷纹	素面	变形夔纹	柱状	背面无纹	注［83］
	广东兴宁新圩钟2	50.8	12.5	24.9	13.8	30	菱形雷纹	素面	变形夔纹	柱状	背面无纹	注［83］
	广东兴宁新圩钟3	44.5	10.9	22.8	10.5	30	菱形雷纹	素面	变形夔纹	柱状	背面无纹	注［83］
	广东兴宁新圩钟4	41.7	10.7	20.5	9	30	菱形雷纹	素面	变形夔纹	柱状	背面无纹	注［83］
	广东兴宁新圩钟5	41.5	残9.5	20.5	9	30	菱形雷纹	素面	变形夔纹	柱状	背面无纹	注［83］
	广东兴宁新圩钟6	38.2	7.7	20.6	8.3	30	菱形雷纹	素面	变形夔纹	柱状	背面无纹	注［83］
	广西宾阳芦圩钟	41.3	12	20.5	不明	36	素面	素面	素面	柱状	背纹不明	注［92］
	广西恭城秧家钟1	45	13	22.8	5.6	36	蝉纹	对角夔纹	变形夔纹	柱状	背面无纹	注［93］
	广西宾阳韦坡M2：1	不明	7.8	12	不明	36	素面	素面	素面	柱状	背面无纹	注［98］
EⅢ	湖南省博物馆25355号	24	7	12.5	0.95	24	素面	无篆间	雷纹	柱状	背面无纹	注［62］
	湖南省博物馆21913号	37.6	9	16.2	3.9	36	雷纹	复线S纹	S纹乳钉	柱状	背面无纹	注［63］
	湖南省博物馆21914号	40.6	9.7	18.3	5.4	36	雷纹	复线S纹	S纹乳钉	柱状	背面无纹	注［63］

续表

型式	出土地点及编号	通高/厘米	甬长/厘米	铣宽/厘米	重量/千克	枚数/枚	钲间纹饰	篆间纹饰	正鼓纹饰	钟枚形状	背面纹饰	资料出处
EⅢ	湖南省博物馆21918号	41.8	9.6	19.8	5.35	36	雷纹	复线S纹	S纹乳钉	柱状	背面无纹	注［63］
	广东清远M2-002	不明	4.7	10.4	0.39	24	变形夔纹	素面	变形夔纹	柱状	背面无纹	注［75］
	广东清远M2-003：1	残17.1	5.2	8.2	0.43	24	变形夔纹	素面	变形夔纹	柱状	背面无纹	注［75］
	广东清远M2-003：2	不明	4.8	8.6	0.42	24	素面	素面	变形夔纹	柱状	背面无纹	注［75］
	广东清远M2-004：1	残24.6	4.2残	残	13	24	变形夔纹	斜角云纹	变形云雷	柱状	背面无纹	注［75］
	广东清远M2-004：2	残24.5	6.2	12	1.19	24	素面	素面	变形夔纹	柱状	背面无纹	注［75］
	广东清远M2-005：1	21	6.4	9.5	0.695	24	素面	素面	变形夔纹	柱状	背面无纹	注［75］
	广东清远M2-005：2	不明	4.8	8.6	0.66	24	素面	素面	变形夔纹	柱状	背面无纹	注［75］
	广东增城庙岭钟1	24.9	7.2	残	不明	30	雷纹	雷纹	素面	柱状	背面无纹	注［87］
	广东增城庙岭钟2	27.9	7.4	10	不明	30	雷纹	雷纹	素面	柱状	背面无纹	注［87］
	广东连山三水镇1	33.2	9	19	2.5	36	变形蝉纹	勾连云纹	乳钉蝉纹	柱状	背面无纹	注［86］
	广东连山三水镇2	21.5	5.4	12.9	0.8	24	变形蝉纹	不明	勾连云纹	柱状	背面无纹	注［86］
	广东德庆落雁山钟	20.3	4.9	10	0.6	30	素面	素面	素面	柱状	背面无纹	注［88］
	广西宾阳韦坡M1：1	不明	9	15.5	不明	36	勾连云纹	三角雷纹	变形夔纹	柱状	背面无纹	注［98］
	广西宾阳韦坡M2：2	不明	5.2	10	不明	24	素面	素面	素面	柱状	背面无纹	注［98］
	广西横县南乡钟	不明	11.2	18.3	不明	36	蝉纹	斜角云纹	变形夔纹	柱状	背面无纹	注［100］

续表

型式	出土地点及编号	通高/厘米	甬长/厘米	铣宽/厘米	重量/千克	枚数/枚	钲间纹饰	篆间纹饰	正鼓纹饰	钟枚形状	背面纹饰	资料出处
型式不明标本	浙江宁波韩岭乡钟											注［18］
	湖南省博物馆殷八4：69											注［71］
	广东惠来华湖乡钟											注［81］
	广东博罗铁场墟（3件）											注［89］
	广西北流出土钟											注［91］
	广西贺县清风村钟											注［94］
	广西武鸣元龙坡钟											注［100］
	广西岑溪征集钟											注［102］
	广西柳州博物馆钟（3件）											注［105］

注：表中“背面纹饰”栏未注明者表示背面有纹饰且与正面纹饰基本相同，“不明”者是因为公布的材料并未交代，但推测背面应无纹。

五、源流与文化属性

东南地区两周青铜甬钟的源流和文化属性问题需要在更大的时空范围内进行考察，而可能与之相关的有东南地区商周时期的青铜铙和中原地区西周时期的青铜甬钟。如果解决了这三者之间的关系问题，那么东南地区西周青铜甬钟的属性问题就迎刃而解了。

关于中原西周甬钟的起源问题，前人多有论述。

最早有郭沫若、容庚、唐兰、郭宝钧、华觉明等认为是由以殷墟出土为代表的商代小铙发展而来[141]，唯陈梦家主张是由“殷代执钟”经南方出土的“镛”（即大铙）演变而成[142]；20世纪80年代初，马承源也认为甬钟的形式是从南方的大铙演化而来。

20世纪90年代初，高至喜先生正式提出“甬钟起源于南方铜铙”[143]。他指出，最早的甬钟是由古代越人铸造的，先传入楚地，再由楚地传到关中地区。后曹玮等先生支持这一观点[144]。最近，高先生进一步提出早期甬钟起源于“湘江中下游地区”[145]。

李纯一先生在《中国上古出土青铜乐器综论》一书中指出：“西周编甬钟是在继承殷镛传统的基础上，吸取南方Ⅱ型镛（指南方的乳钉铙，笔者按）的长处，一方面扩大共鸣腔（即钟体），以增加音量；另一方面将乳状短枚改进为二层圆台状长枚，再辅以钲篆边框上的小乳钉，以增强其负载作用，从而使性能得到提高。”[146]

目前，认为甬钟是从商代小铙直接演变而成的观点已缺乏支持者，几乎所有的论者均认为中原西周甬钟的起源与南方大铙有一定联系，但具体的看法存在巨大分歧，两种具有代表性的意见如下。

高至喜先生的最新观点非常明确，认为甬钟首先在南方产生，再传入关中地区，而最早出现于南方的甬钟，其直接前身是南方的有枚铙。

而李纯一先生的意见可以理解为，甬钟是周人在继承商代晚期编铙的基础上，借鉴南方乳钉铙（非有枚铙——笔者按）的形体铸成的，即使在形体方面，也是在借鉴南方铙的基础上的创造而非照搬，其最早出现的地区是中原而非南方。

笔者曾在讨论南方铜铙的年代下限时指出：“南方甬钟不会是本地铜铙自然演变的结果，而是受中原钟的影响出现的。”[147]在2009年4月山西曲沃晋文化论坛小组发言中，笔者也曾提出，中原西周甬钟的形成，在文化传统上继承了以殷墟出土为代表的商代小铙，其形体则主要是借鉴南方的铙，并形象地称此为“新瓶装老酒”。可见，笔者是支持李纯一先生观点的。

通过本文对南方地区早期甬钟类型、纹饰和使用制度等各方面的综合考察，笔者更加坚信此前的认识，甬钟首先出现于中原地区，是在继承晚商文化传统和借鉴南方铜铙的形体的基础上经改造形成的。南方的早期甬钟是在中原甬钟的影响下出现的，它不是本地最晚的有枚铙的直接后裔。南方早期甬钟与本地的有枚铙至少在一段时期内（西周早、中期）是并行的。

根据笔者对南方铜铙的研究，南方乳钉铙的后裔有枚铙可分阳线界隔和阴线界隔两型，前者钲面界隔为双细阳线或夹圈点纹，后者钲面界隔为单阴线。这两类有枚铙不仅钲面装饰手法分别与本文A、C型钟完全一致，而且两者的各部位形态特征、纹饰内容及演变趋势等也与本文早期的各类甬钟基本相同，如钲体相对宽矮，宽旋，枚从乳状、锥状向柱状变化，钲间素面，篆间多饰勾连云纹，正鼓多饰“工”字形云纹等。不同的是有枚铙缺乏早期甬钟的B型小乳钉界隔钟，旋上无“干”，未见鼓侧饰小鸟纹现象；而早期甬钟极少见正鼓饰简化兽面纹的例子。可见，南方的有枚铙与南方的早期甬钟基本同时，或至少在较长一段时间内并行。从目前发现的标本数量来看，南方有枚铙共64件，而早期甬钟共44件，似乎有枚铙还占主流。南方有枚铙不见于中原地区，无疑是本地所铸，而南方甬钟不少标本，不仅与中原同类器形制和纹饰完全一致，工艺特征也相同，如形制规整、制作较精等。让人不得不对南方甬钟的来源和产地问题做这样的思考：南方早期甬钟可能是受中原甬钟影响出现的，有的可能就是中原所铸。

如此考量的其他理由还有以下几个。

基本并行的有枚铙和甬钟，形制特征、装饰风格及演变趋势等如此接近，却以“干”的有无区别为不同的体系。可见，“干”的有无不是纵向发展关系，而是文化属性或文化传统的差异。也就是说，从无“干”的有枚铙到有“干”的甬钟，可能标志着文化属性的变化。

从后文对南方甬钟器用制度的分析可以得知，早期甬钟的组合最有可能是2件成套，直到春秋晚期以后才出现6件搭配使用的情况，显然与中原甬钟的组合首先是3件成套，到西周晚期主要以8件成套的制度不同，但南方早期甬钟不少鼓侧饰有第二基音标识的小鸟纹，这种第二基音标识对于南方甬钟的使用制度而言显然没有必要。那么，右侧鼓饰有小鸟纹的标本最有可能是产于中原地区的舶来品，或者是本地对中原同类甬钟的忠实仿制。

总之，本文早期甬钟应该来源于周文化，不太可能是南方有枚铙自然演变的产物或直接后裔。周文化吸收南方乳钉铙或者较早形制的有枚铙制成甬钟，又回传到南方，与南方本地的有枚铙经过一段时间的并行发展，最后取代了铙，这种现象并不难理解。笔者甚至设想，南方地区乳钉铙向有枚铙的转变或者亦受到了中原甬钟的影响。因为乳钉铙的年代下限为西周早期，此时甬钟已在中原出现，故不能排除这种可能性。

本文中期的甬钟种类上除继续沿用早期的三类钟外，新出现中原较晚出现的粗阳线界隔钟（E型），并自创出不见于中原的D型钟。这些类别的钟无论是源自中原还是自创，均表现出许多共同特征，并且这些特征该不见于中原地区的主流甬钟，如旋渐窄，有的舞部不平呈两面坡式，有的铣两侧带扉棱，钲间饰蝉纹（中原钟多素面或铸铭文）、S形云纹或变形夔纹，篆间饰勾连云纹、斜角云纹、S形云纹（中原钟多饰对角夔纹、窃曲纹），正鼓饰变形或简化夔纹、卷云纹（中原钟多饰成对顾首夔纹），钟的背面多数无纹等，表明这一时期的甬钟已经形成了有别于中原钟的自身文化传统。

晚期甬钟以E型为主流品种，早期出现的几类钟仅存孑遗。各类甬钟的形态均呈现更加明显的地方风格，如旋窄如凸棱或无旋，有的干上带纽、甬端设对穿，有的钲体上部有多个小穿，中期的坡状舞、铣侧扉棱现象依然可见，大多数标本背面无纹，新出现30枚、24枚的钟，钲间、篆间及正鼓部纹饰多减省、草率，素面无纹的较多，钲面各部位纹饰除保留有中期的变形夔纹、蝉纹外，多见细阳线构成的云纹、雷纹、S形纹、乳钉装饰等，完全脱离了中原甬钟的发展轨迹。

可以基本确定，中、晚期的甬钟均是南方本地铸造，无疑属于这一地区主体族群——古代越族青铜文化的内涵，可谓“越式甬钟”。而早期甬钟应该视为周文化因素，尽管其中一定数量标本可能系南方铸造，也不过是对周式甬钟的模仿。

综上所论，我们认为，东南地区两周青铜甬钟来源于中原地区周文化甬钟。早期的甬钟（年代从西周早期偏晚至西周晚期）主要包括从中原直接输入和本地仿制的标本，其文化属性为周文化。中、晚期的甬钟（年代自两周之际到战国时期）虽保留了中原西周甬钟的诸多传统，又多少受到了中原地区东周甬钟的些许影响，如甬加长、钲部上缩等，但更显眼的是其他地区所不见的地方风格，表明了本地区青铜甬钟自身传统的形成，它们是东南地区古代越族乐钟文化的典型代表。

六、器用制度探索

东南地区两周青铜甬钟的器用制度极少有人论及，因为资料不足，本文略做初步探索。

我们知道，中原地区商代晚期小铙已存在以3件成编的组合制度，西周早中期的甬钟明显继承了这一传统，西周晚期以后逐渐形成8件成编的稳定组合。如本文所论，南方甬钟的出现与中原西周钟南传有关，那么在甬钟的器用制度方面是否存在同样的传统呢?

东南地区两周青铜甬钟多为单件出土，遗存性质也大多不明，要探讨其器用制度，难度较大。可资利用的线索如下。

安徽繁昌汤家山钟，可能为墓葬出土，共存遗物还有铜鼎、盉、甗、盘、簋等，明确为单件。

安徽铜陵金口岭M2出土甬钟亦为单件。

江苏高淳青山茶场2件钟，为一窖藏出土，同出青铜钩鑃2件。

浙江江山江家坝钟一组6件，可能为一座墓葬随葬品。

福建建瓯南雅遗址2件钟，形制纹饰相同，大小有别。

湖北大冶罗桥2件钟形制相同，大小有别，但遗存性质不明。

湖北钟祥县花山水库同出的5件钟，为A型Ⅲ式2件，C型Ⅲ式、Da型Ⅱ式、E型Ⅰ式各1件。

湖北大悟县雷家山7件钟，B型Ⅲ式5件，A型Ⅲ式、C型Ⅲ式各1件。

湖北武昌木头岭3件，形制相同，但遗存性质不明。

湖南湘潭花石洪家峭西周墓出土2件，形制、纹饰完全相同，大小有别。

广东清远马头岗M1出土5件、M2出土7件，形制基本相同。

广东肇庆北岭松山M1出土6件，形制相同。

广东博罗苏屋岗2件钟，形制相同，但遗存性质不明。

广东增城天麻山2件钟，形制相同，但遗存性质不明。

广东罗定南门垌M1出土6件甬钟，形制相同。

广东兴宁县新圩大村古树窝6件，形制相同，可能为墓葬随葬品。

广东博罗公庄太沥7件钟，6件为Db型Ⅱ式，1件为B型Ⅳ式。

广东连山三水镇2件钟，形制相同，但遗存性质不明。

广东博罗横岭山M182出土的2件形制相同。

广东增城庙岭2件钟，形制相同，但遗存性质不明。

广西恭城秧家2件钟，推测为一墓葬出土，分别为C型Ⅳ式、E型Ⅲ式。

广西宾阳韦坡M1、M2各出土2件钟等。

从上述材料可以看出，东南地区两周甬钟的使用情况，除了单件外，最常见的是2件组合，而且时间上贯穿了早、中、晚三期。其次是6件组合者，见5例，流行时间1例属中期，4例属晚期。其他5件组合1例、7件组合1例、3件组合1例，时间均为中、晚期。

由此，不妨就东南地区两周青铜甬钟的器用制度做如下推测。

从早到晚，一直流行单件使用和两件搭配使用，中期开始出土多见组合使用的情况，但极少，晚期除使用单件和两件搭配外，常见6件组合搭配使用。这和中原地区的组合情况完全不同，表明中原周文化甬钟的文化传统在南方地区影响甚微，哪怕是在早期阶段，南、北方甬钟形制、纹饰几无区别，但在器用方面应存在不同的制度或传统。究其原因，笔者以为这不仅表明两地音乐文化发展阶段的不同，更与两地社会组织结构及礼制的差异有密切关系。

注　释

[1]　蒋廷瑜：《略论岭南青铜甬钟》，《江西文物》1989年第1期。

[2]　李龙章：《岭南地区出土青铜器研究》，文物出版社，2006年。

[3]　何纪生、何介钧：《古代越族的青铜文化》，《湖南考古辑刊》（第3集），岳麓书社，1986年。

[4]　高至喜：《两湖两广出土春秋越式甬钟研究》，《湖南省博物馆馆刊》（第一期），《船山学刊》杂志社出版，2004年。

[5]　李纯一：《中国上古出土乐器综论》，文物出版社，1996年，第八章。

[6]　郑小炉：《吴越和百越地区周代青铜器研究》，科学出版社，2007年。

[7] 曹淑琴、殷玮璋：《长江流域早期甬钟的形态学研究》，《文物与考古论集》，文物出版社，1986年；曹淑琴、殷玮璋：《早期甬钟的区、系、型研究》，《考古学文化论集》（第2集），文物出版社，1989年。

[8] 安徽省文物工作队、繁昌县文化馆：《安徽繁昌出土一批春秋青铜器》，《文物》1982年第12期；安徽大学、安徽省文物考古研究所：《皖南商周青铜器》，文物出版社，2006年，图版45。

[9] 徐之田：《安徽宣州市孙埠出土周代青铜器》，《文物》1991年第8期；安徽大学、安徽省文物考古研究所：《皖南商周青铜器》，文物出版社，2006年，图版46。

[10] 程先通：《黄山乌石乡出土一件西周甬钟》，《考古》1988年第5期；安徽大学、安徽省文物考古研究所：《皖南商周青铜器》，文物出版社，2006年，图版41。

[11] 张国茂：《安徽铜陵市金口岭春秋墓》，《文物研究》（第七期），黄山书社，1991年；安徽大学、安徽省文物考古研究所：《皖南商周青铜器》，文物出版社，2006年，图版43。

[12] 安徽大学、安徽省文物考古研究所：《皖南商周青铜器》，文物出版社，2006年。

[13] 刘兴：《镇江地区近年出土的青铜器》，《文物资料丛刊》（5），文物出版社，1981年。

[14] 徐耀新：《南京文物精华·器物编》，上海人民美术出版社，2000年，第175页。

[15] 柴福有：《浙江江山出土青铜编钟》，《文物》1996年第6期。

[16] 张翔：《浙江萧山杜家村出土西周甬钟》，《文物》1985年第4期。

[17] 蒋明明：《浙江绍兴市发现一件春秋铭文铜甬钟》，《考古》2006年第7期。

[18] 朱杨晓：《东阳市博物馆藏春秋战国青铜器》，《东方博物》2011年第4期。

[19] 俞珊瑛：《浙江出土青铜器研究》，《东方博物》（第三十六辑），浙江大学出版社，2010年第3期。

[20] 陈存洗、杨琮：《福建青铜文化初探》，《考古学报》1990年第4期，图版壹，5；《中国音乐文物大系》总编辑部：《中国音乐文物大系·北京卷》，大象出版社，1996年，第43页，图1·5·7。

[21] 《中国音乐文物大系》总编辑部：《中国音乐文物大系Ⅱ·福建卷》，大象出版社，2011年，第20～22页，图1·2·4a～4f。

[22] 彭适凡：《赣江流域出土商周铜铙和甬钟概述》，《南方文物》1998年第1期，图六；《中国音乐文物大系》总编辑部：《中国音乐文物大系Ⅱ·江西卷续河南卷》，大象出版社，2009年，第51页，图1·4·1。

[23] 彭适凡：《赣江流域出土商周铜铙和甬钟概述》，《南方文物》1998年第1期，封三，4；《中国音乐文物大系》总编辑部：《中国音乐文物大系Ⅱ·江西卷续河南卷》，大象出版社，2009年，第52页，图1·4·2。

[24] 《中国音乐文物大系》总编辑部：《中国音乐文物大系Ⅱ·江西卷续河南卷》，大象出版社，2009年，第53页图1·4·3。

［25］　彭适凡：《赣江流域出土商周铜铙和甬钟概述》，《南方文物》1998年第1期，封二，3。《中国音乐文物大系》总编辑部：《中国音乐文物大系Ⅱ·江西卷续河南卷》，大象出版社，2009年，第54、55页，图1·4·4a～4c。

［26］　彭适凡：《赣江流域出土商周铜铙和甬钟概述》，《南方文物》1998年第1期，图七；《中国音乐文物大系》总编辑部：《中国音乐文物大系Ⅱ·江西卷续河南卷》，大象出版社，2009年，第55页，图1·4·5。

［27］　大冶县文化馆等：《湖北大冶罗桥出土商周铜器》，《文物资料丛刊》（5），文物出版社，1981年。

［28］　《中国音乐文物大系》总编辑部：《中国音乐文物大系·湖北卷》，大象出版社，1996年，第40页，图1·3·22。

［29］　《中国音乐文物大系》总编辑部：《中国音乐文物大系·湖北卷》，大象出版社，1996年，第20页，图1·3·3。

［30］　《中国音乐文物大系》总编辑部：《中国音乐文物大系·湖北卷》，大象出版社，1996年，第20页，图1·3·4。

［31］　《中国音乐文物大系》总编辑部：《中国音乐文物大系·湖北卷》，大象出版社，1996年，第22页，图1·3·7。

［32］　梁柱：《湖北广济发现一批周代甬钟》，《江汉考古》1984年第4期；《中国音乐文物大系》总编辑部：《中国音乐文物大系·湖北卷》，大象出版社，1996年，第25～28页。

［33］　《中国音乐文物大系》总编辑部：《中国音乐文物大系·湖北卷》，大象出版社，1996年，第36页，图1·3·11。

［34］　《中国音乐文物大系》总编辑部：《中国音乐文物大系·湖北卷》，大象出版社，1996年，第39页，图1·3·19。

［35］　荆州专署文教局：《钟祥县发现古代铜钟》，《文物参考资料》1959年第6期；《中国音乐文物大系》总编辑部：《中国音乐文物大系·湖北卷》，大象出版社，1996年，第19页，图1·3·2a、2b。

［36］　熊卜发、刘志升：《大悟发现编钟等铜器》，《江汉考古》1980年第2期；《中国音乐文物大系》总编辑部：《中国音乐文物大系·湖北卷》，大象出版社，1996年，第21页，图1·3·5a、5b。

［37］　杨锦新：《武昌县发现西周甬钟》，《江汉考古》1982年第2期；《中国音乐文物大系》总编辑部：《中国音乐文物大系·湖北卷》，大象出版社，1996年，第16～18页，图1·3·1a、1b、1c、1d。

［38］　《中国音乐文物大系》总编辑部：《中国音乐文物大系·湖北卷》，大象出版社，1996年，第22页，图1·3·6；第38页，图1·3·18。

［39］　《中国音乐文物大系》总编辑部：《中国音乐文物大系·湖北卷》，大象出版社，1996年，

第38页，图1·3·16、17。
［40］《中国音乐文物大系》总编辑部：《中国音乐文物大系·湖北卷》，大象出版社，1996年，第36页，图1·3·12。
［41］湖南省博物馆：《湖南省博物馆新发现的几件铜器》，《文物》1966年第4期，图一三。
［42］高至喜：《湖南省博物馆馆藏西周青铜乐器》，《湖南考古辑刊》（第2集），岳麓书社，1984年；《中国音乐文物大系》总编辑部：《中国音乐文物大系Ⅱ·湖南卷》，大象出版社，2006年，第81页，图1·3·14。
［43］湖南省博物馆：《湖南省博物馆新发现的几件铜器》，《文物》1966年第4期，图五；《中国音乐文物大系》总编辑部：《中国音乐文物大系Ⅱ·湖南卷》，大象出版社，2006年，第74页，图1·3·7。
［44］高至喜：《湖南省博物馆藏西周青铜乐器》，《湖南考古辑刊》（第2集），岳麓书社，1984年；《中国音乐文物大系》总编辑部：《中国音乐文物大系Ⅱ·湖南卷》，大象出版社，2006年，第72页，图1·3·3。
［45］熊传薪：《湖南宁乡新发现一批商周青铜器》，《文物》1983年第10期，图四。
［46］湖南省博物馆：《湘潭青山桥出土窖藏商周青铜器》，《湖南考古辑刊》（第1集），岳麓书社，1982年；《中国音乐文物大系》总编辑部：《中国音乐文物大系Ⅱ·湖南卷，大象出版社，2006》，第75页，图1·3·8。
［47］衡阳县文化局（周新民）：《湖南衡阳出土两件西周甬钟》，《文物》1985年第6期，图一。
［48］高至喜：《湖南省博物馆馆藏西周青铜乐器》，《湖南考古辑刊》（第2集），岳麓书社，1984年；《中国音乐文物大系》总编辑部：《中国音乐文物大系Ⅱ·湖南卷》，大象出版社，2006年，第71页，图1·3·2。
［49］高至喜：《湖南省博物馆馆藏西周青铜乐器》，《湖南考古辑刊》（第2集），岳麓书社，1984年；《中国音乐文物大系》总编辑部：《中国音乐文物大系Ⅱ·湖南卷》，大象出版社，2006年，第76页，图1·3·9。
［50］《中国音乐文物大系》总编辑部：《中国音乐文物大系Ⅱ·湖南卷》，大象出版社，2006年，第80页，图1·3·12。
［51］《中国音乐文物大系》总编辑部：《中国音乐文物大系Ⅱ·湖南卷》，大象出版社，2006年，第82页，图1·3·15。
［52］胡啸椎：《湖南平江县发现春秋早期甬钟》，《考古》1990年第12期；《中国音乐文物大系》总编辑部：《中国音乐文物大系Ⅱ·湖南卷》，大象出版社，2006年，第84页，图1·3·18。
［53］《中国音乐文物大系》总编辑部：《中国音乐文物大系Ⅱ·湖南卷》，大象出版社，2006年，第73页，图1·3·4。

[54] 《中国音乐文物大系》总编辑部：《中国音乐文物大系Ⅱ·湖南卷》，大象出版社，2006年，第85页，图1·3·19。

[55] 《中国音乐文物大系》总编辑部：《中国音乐文物大系Ⅱ·湖南卷》，大象出版社，2006年，第70页，图1·3·1。

[56] 《中国音乐文物大系》总编辑部：《中国音乐文物大系Ⅱ·湖南卷》，大象出版社，2006年，第73页，图1·3·5。

[57] 《中国音乐文物大系》总编辑部：《中国音乐文物大系Ⅱ·湖南卷》，大象出版社，2006年，第74页，图1·3·6。

[58] 《中国音乐文物大系》总编辑部：《中国音乐文物大系Ⅱ·湖南卷》，大象出版社，2006年，第77页，图1·3·10。

[59] 《中国音乐文物大系》总编辑部：《中国音乐文物大系Ⅱ·湖南卷》，大象出版社，2006年，第77页，图1·3·13。

[60] 高至喜：《湖南省博物馆馆藏西周青铜乐器》，《湖南考古辑刊》（第2集），岳麓书社，1984年，图一，3；《中国音乐文物大系》总编辑部：《中国音乐文物大系Ⅱ·湖南卷》，大象出版社，2006年，第82页，图1·3·16；第93页，图1·3·32。

[61] 高至喜：《湖南省博物馆馆藏西周青铜乐器》，《湖南考古辑刊》（第2集），岳麓书社，1984年；《中国音乐文物大系》总编辑部：《中国音乐文物大系Ⅱ·湖南卷》，大象出版社，2006年，第83页，图1·3·17。

[62] 《中国音乐文物大系》总编辑部：《中国音乐文物大系Ⅱ·湖南卷》，大象出版社，2006年，第86页，图1·3·20。

[63] 《中国音乐文物大系》总编辑部：《中国音乐文物大系Ⅱ·湖南卷》，大象出版社，2006年，第87页，图1·3·22、23。

[64] 《中国音乐文物大系》总编辑部：《中国音乐文物大系Ⅱ·湖南卷》，大象出版社，2006年，第88、89页图1·3·24。

[65] 《中国音乐文物大系》总编辑部：《中国音乐文物大系Ⅱ·湖南卷》，大象出版社，2006年，第93页，图1·3·28。该书误为衡阳长安钟。

[66] 高至喜：《湖南省博物馆馆藏西周青铜乐器》，《湖南考古辑刊》（第2集），岳麓书社，1984年；《中国音乐文物大系》总编辑部：《中国音乐文物大系Ⅱ·湖南卷》，大象出版社，2006年，第93页，图1·3·29。

[67] 高至喜：《两湖两广出土春秋越式甬钟研究》，《湖南省博物馆馆刊》（第一期），《船山学刊》杂志社，2004年，彩图三五。

[68] 《中国音乐文物大系》总编辑部：《中国音乐文物大系Ⅱ·湖南卷》，大象出版社，2006年，第94页，图1·3·30、31。

[69] 《中国音乐文物大系》总编辑部：《中国音乐文物大系Ⅱ·湖南卷》，大象出版社，2006

年，第95页，图1・3・33。
[70] 《中国音乐文物大系》总编辑部：《中国音乐文物大系Ⅱ・湖南卷》，大象出版社，2006年，第95页，图1・3・34。
[71] 高至喜：《湖南省博物馆馆藏西周青铜乐器》，《湖南考古辑刊》（第2集），岳麓书社，1984年，图一，2。
[72] 高至喜：《湖南省博物馆馆藏西周青铜乐器》，《湖南考古辑刊》（第2集），岳麓书社，1984年，表三。
[73] 高至喜：《湖南省博物馆馆藏西周青铜乐器》，《湖南考古辑刊》（第2集），岳麓书社，1984年，图版拾壹，1。
[74] 向桃初：《湘江流域商周青铜文化研究》，线装书局，2008年，附表1。
[75] 怀化地区文物工作队、芷江县文管所：《芷江发现东周遗址和宋元窑址》，《湖南考古辑刊》（第4集），岳麓书社，1987年。
[76] 广东省文物管理委员会：《广东清远发现周代青铜器》，《考古》1963年第2期；《中国音乐文物大系》总编辑部：《中国音乐文物大系Ⅱ・广东卷》，大象出版社，2010年，第34～37页，图1・3・6a、6b、7a～7f、8a、8b。
[77] 广东省文物管理委员会：《广东清远的东周墓葬》，《考古》1964年第3期；《中国音乐文物大系》总编辑部：《中国音乐文物大系Ⅱ・广东卷》，大象出版社，2010年，第37～38页，图1・3・9a、9b。
[78] 广东省博物馆、香港中文大学文物馆合办：《广东出土先秦文物》，香港中文大学文物馆，1984年，第230、231页，图59；《中国音乐文物大系》总编辑部：《中国音乐文物大系・北京卷》，大象出版社，1996年，第43页，图1・5・8。
[79] 广东省博物馆发掘小组、肇庆市文化局发掘小组：《广东肇庆市北岭松山古墓发掘简报》，《文物》1974年第11期；《中国音乐文物大系》总编辑部：《中国音乐文物大系Ⅱ・广东卷》，大象出版社，2010年，第48、49页，图1・3・15a～15f；广东省博物馆，香港中文大学文物馆合办：《广东出土先秦文物》，香港中文大学文物馆，1984年，第266、267页，图83。
[80] 《中国音乐文物大系》总编辑部：《中国音乐文物大系Ⅱ・广东卷》，大象出版社，2010年，第33页，图1・3・5a、5b。
[81] 《中国音乐文物大系》总编辑部：《中国音乐文物大系Ⅱ・广东卷》，大象出版社，2010年，第51页，图1・3・17a、17b。
[82] 广东省博物馆：《广东罗定出土一批战国青铜器》，《考古》1983年第1期；《中国音乐文物大系》总编辑部：《中国音乐文物大系Ⅱ・广东卷》，大象出版社，2010年，第47页，图1・3・14a、14b。
[83] 广东省博物馆、香港中文大学文物馆合办：《广东出土先秦文物》，香港中文大学文物馆，

1984年，第48、59页，图二。

［84］ 张维：《广州市增城县出土一件青铜甬钟》，《文物》1992年第12期。

［85］ 杨少祥：《兴宁县出土战国铜编钟》，《中国考古学年鉴·1985》，文物出版社，1985年；《中国音乐文物大系》总编辑部：《中国音乐文物大系Ⅱ·广东卷》，大象出版社，2010年，第44、45页，图1·3·12a～12d。

［86］ 邱立诚等：《广东博罗出土一组青铜编钟》，《考古与文物》1987年第6期；《中国音乐文物大系》总编辑部：《中国音乐文物大系Ⅱ·广东卷》，大象出版社，2010年，第43页，图1·3·11a～11c。

［87］ 钟庆敏：《广东连山发现西周青铜编钟》，《中国文物报》1999年2月3日；《中国音乐文物大系》总编辑部：《中国音乐文物大系Ⅱ·广东卷》，大象出版社，2010年，第31、32页，图1·3·3 a～3c 、4 a～4b。

［88］ 广东省文物考古研究所：《博罗横岭山——商周时期墓地2000年发掘简报报告》，科学出版社，2005年。

［89］ 《中国音乐文物大系》总编辑部：《中国音乐文物大系Ⅱ·广东卷》，大象出版社，2010年第46页，图1·3·13a～13c。

［90］ 《中国音乐文物大系》总编辑部：《中国音乐文物大系Ⅱ·广东卷》，大象出版社，2010年，第50页，图1·3·16a、16b。

［91］ 广东省博物馆、香港中文大学文物馆合办：《广东出土先秦文物》，香港中文大学文物馆，1984年，第48页。

［92］ 广西壮族自治区文物管理委员会：《广西出土文物》，文物出版社，1978年，图版38。

［93］ 广西壮族自治区博物馆：《近年来广西出土的先秦青铜器》，《考古》1984年第9期。

［94］ 梁景津：《广西出土的青铜器》，《文物》1978年第10期。

［95］ 广西壮族自治区博物馆：《广西恭城县出土的青铜器》，《考古》1973年第1期；《中国音乐文物大系》总编辑部：《中国音乐文物大系·北京卷》，大象出版社，2010年，第61页，图1·5·27。

［96］ 张春云：《贺县又发现青铜甬钟》，《广西文物》1986年第4期。

［97］ 梁景津：《广西出土的青铜器》，《文物》1978年第10期。

［98］ 梁景津：《广西出土的青铜器》，《文物》1978年第10期。

［99］ 广西壮族自治区文物工作队：《广西宾阳县发现战国墓葬》，《考古》1983年第2期。

［100］ 广西壮族自治区博物馆：《近年来广西出土的先秦青铜器》，《考古》1984年第9期；又见蒋廷瑜：《略论岭南青铜甬钟》，《江西文物》1989年第1期，附表第58号钟。

［101］ 广西壮族自治区博物馆：《近年来广西出土的先秦青铜器》，《考古》1984年第9期；又见蒋廷瑜：《略论岭南青铜甬钟》，《江西文物》1989年第1期，附表第61号钟。

［102］ 广西壮族自治区文物工作队、南宁市文物管理委员会、武鸣县文物管理所：《广西武鸣马

头元龙坡墓葬发掘简报》，《文物》1988年第12期。
[103] 刘文、汪燧先、熊启校：《广西柳江县出土春秋战国青铜器》，《文物》1990年第1期。
[104] 刘统载：《岑溪县文管所从废铜中拣选一批文物》，《广西文物》1987年2期。
[105] 蒋廷瑜：《右江流域青铜文化族属试探》，《桂岭考古论文集》，科学出版社，2009年，第63页，图一五，2。
[106] 贺州市博物馆：《广西贺州市马东村周代墓葬》，《考古》2001年第11期。
[107] 蒋廷瑜：《略论岭南青铜甬钟》，《江西文物》1989年第1期，附表62～64号钟。
[108] 何纪生、何介钧：《古代越族的青铜文化》，《湖南考古辑刊》（第3集），岳麓书社，1986年。
[109] 蒋廷瑜：《略论岭南青铜甬钟》，《江西文物》1989年1期。
[110] 高至喜：《两湖两广出土春秋越式甬钟研究》，《湖南省博物馆馆刊》（第一期），《船山学刊》杂志社，2004年。
[111] 李龙章：《岭南地区出土青铜器研究》，文物出版社，2006年。
[112] 郑小炉：《吴越和百越地区周代青铜器研究》，科学出版社，2007年。
[113] 王世民、陈公柔、张长寿：《西周青铜器分期断代研究》，文物出版社，1999年。
[114] 西安市文物管理处：《陕西长安新旺村、马王村出土的西周铜器》，《考古》1974年第1期；《中国音乐文物大系》总编辑部：《中国音乐文物大系·陕西天津卷》，大象出版社，1999年，第82页，图1·5·34h、34i。
[115] 陕西周原考古队：《陕西扶风庄白一号西周青铜器窖藏发掘简报》，《文物》1978年第3期；《中国音乐文物大系》总编辑部：《中国音乐文物大系·陕西天津卷》，大象出版社，1999年，第36、37页，图1·5·8a、8b；第47～50页，图1·5·12a、12b、12c。
[116] 庞文龙：《岐山县博物馆藏古代甬钟、镈钟》，《文博》1992年第2期；《中国音乐文物大系》总编辑部：《中国音乐文物大系·陕西天津卷》，大象出版社，1999年，第77页，图1·5·32a～32c。
[117] 高次若：《宝鸡市博物馆藏青铜器介绍》，《考古与文物》1991年第5期；《中国音乐文物大系》总编辑部：《中国音乐文物大系·陕西天津卷》，大象出版社，1999年，第34页，图1·5·6a、6b。
[118] 上海博物馆：《晋国奇珍——山西晋侯墓群出土文物精品》，上海人民美术出版社，2002年，第106、107页。
[119] 卢连成，胡智生：《宝鸡強国墓地》，文物出版社，1988年；《中国音乐文物大系》总编辑部：《中国音乐文物大系·陕西天津卷》，大象出版社，1999年，第29～31页，图1·5·1、2。
[120] 该墓材料尚未公布，承黄凤春先生见示，笔者得以观摩到实物，非常感谢！
[121] 高西省、侯若斌：《扶风发现一铜器窖藏》，《文博》1985年第1期；《中国音乐文物大

系》总编辑部：《中国音乐文物大系·陕西天津卷》，大象出版社，1999年，第78、79页，图1·5·33d～33f。

［122］　呼林贵、薛东星：《耀县丁家沟出土西周窖藏青铜器》，《考古与文物》1986年第4期；《中国音乐文物大系》总编辑部：《中国音乐文物大系·陕西天津卷》，大象出版社，1999年，第83页，图1·5·35a～35c。

［123］　刘怀君：《眉县出土一批西周窖藏青铜乐器》，《文博》1987年第2期；《中国音乐文物大系》总编辑部：《中国音乐文物大系·陕西天津卷》，大象出版社，1999年，第60页，图1·5·19a～19c。

［124］　西安市文物管理处：《陕西长安新旺村、马王村出土的西周铜器》，《考古》1974年第1期；《中国音乐文物大系》总编辑部：《中国音乐文物大系·陕西天津卷》，大象出版社，1999年，第80页，图1·5·34a～34d。

［125］　陕西周原考古队：《陕西扶风庄白一号西周青铜器窖藏发掘简报》，《文物》1978年第3期；《中国音乐文物大系》总编辑部：《中国音乐文物大系·陕西天津卷》，大象出版社，1999年，第50、51页，图1·5·14a～14c。

［126］　呼林贵、薛东星：《耀县丁家沟出土西周窖藏青铜器》，《考古与文物》1986年第4期；《中国音乐文物大系》总编辑部：《中国音乐文物大系·陕西天津卷》，大象出版社，1999年，第84页，图1·5·35g、35h。

［127］　陕西周原考古队：《陕西扶风庄白一号西周青铜器窖藏发掘简报》，《文物》1978年第3期；《中国音乐文物大系》总编辑部：《中国音乐文物大系·陕西天津卷》，大象出版社，1999年，第49页，图1·5·13a、13b。

［128］　刘怀君：《眉县出土一批西周窖藏青铜乐器》，《文博》1987年第2期；《中国音乐文物大系》总编辑部：《中国音乐文物大系·陕西天津卷》，大象出版社，1999年，第65～67页，图1·5·21a～21i。

［129］　西安市文物管理处：《陕西长安新旺村、马王村出土的西周铜器》，《考古》1974年第1期；《中国音乐文物大系》总编辑部：《中国音乐文物大系·陕西天津卷》，大象出版社，1999年，第82页，图1·5·34f～34g。

［130］　呼林贵、薛东星：《耀县丁家沟出土西周窖藏青铜器》，《考古与文物》1986年第4期；《中国音乐文物大系》总编辑部：《中国音乐文物大系·陕西天津卷》，大象出版社，1999年，第84页，图1·5·35d。

［131］　《中国音乐文物大系》总编辑部：《中国音乐文物大系·陕西天津卷》，大象出版社，1999年，第87页，图1·5·37。

［132］　《中国音乐文物大系》总编辑部：《中国音乐文物大系·陕西天津卷》，大象出版社，1999年，第88页，图1·5·38。

［133］　上海博物馆：《晋国奇珍——山西晋侯墓群出土文物精品》，上海人民美术出版社，2002

年，第106、107页。

［134］ 临潼县文化馆：《陕西临潼发现武王征商簋》，《文物》1977年第8期；《中国音乐文物大系》总编辑部：《中国音乐文物大系·陕西天津卷》，大象出版社，1999年，第89～91页，图1·5·39a～39m。

［135］ 《中国音乐文物大系》总编辑部：《中国音乐文物大系·陕西天津卷》，大象出版社，1999年，第33页，图1·5·5。

［136］ 罗西章：《扶风出土的商周青铜器》，《考古与文物》1980年第4期；《中国音乐文物大系》总编辑部：《中国音乐文物大系·陕西天津卷》，大象出版社，1999年，第73页，图1·5·27a、27b。

［137］ 西安市文物管理处：《陕西长安新旺村、马王村出土的西周铜器》，《考古》1974年第1期；《中国音乐文物大系》总编辑部：《中国音乐文物大系·陕西天津卷》，大象出版社，1999年，第82页，图1·5·34k。

［138］ 向桃初：《湘江流域商周青铜文化研究》，线装书局，2008年。

［139］ 曹锦炎：《自铎铭文考释》，《文物》2004年第2期。

［140］ 向桃初：《“越式鼎”研究初步》，《古代文明》（第4卷），文物出版社，2005年。

［141］ 参见李纯一：《中国上古出土乐器综论》，文物出版社，1996年，第243页，注释（8）～（12）。

［142］ 陈梦家：《西周铜器断代》（下篇），中华书局，2004年。

［143］ 高至喜：《论中国南方商周时期铜铙的型式、演变与年代》，《南方文物》1993年第2期。

［144］ 曹玮：《西周前期南北方钟的比较与北传路线》，《长江流域青铜文化研究》，科学出版社，2002年。

［145］ 高至喜：《论早期甬钟起源于湘江中下游地区》，《湖南省博物馆馆刊》（第六辑），岳麓书社，2010年。

［146］ 李纯一：《中国上古出土乐器综论》，文物出版社，1996年，第186页。

［147］ 向桃初：《南方商周铜铙的分类序列和年代问题》，《湖南省博物馆馆刊》（第三期），岳麓书社，2006年。